예배의 신학

Theology of Worship

(수정증보판)

예배의 **신학**

초판 1쇄	2018년 6월 15일
지 은 이	정장복
펴 낸 이	김현애
펴 낸 곳	예배와 설교 아카데미
주 소	서울특별시 광진구 광장로5길 11-4
전 화	02-457-9756
팩 스	02-457-1120
홈페이지	www.wpa.or.kr
등록번호	제18-19호(1998.12.3)

디 자 인	디자인집 02-521-1474
총 판 처	비전북
전 화	031-907-3927
팩 스	031-905-3927
I S B N	978-89-88675-72-4

값 32,000원

예배의 신학

Theology of Worship

정장복 지음

하나님이 창조하시고 말씀하시고 구속의 은총을
주시기에 거기에 감격한 그의 무리들이 모여
경배와 찬양과 감사와 참회의 응답을 드리는
현장이 예배이다.

(수정증보판)

목차

목차

목차

목차

증보판을 내면서

• • • •

예배는 하나님이 주신 창조의 은총과 구원의 은총에 감격하여 드리는 보답의 행위라고 늘 외쳐왔습니다. 그 외침은 지난 38년간 다음과 같이 활자화되어 한국교회 앞에 내놓았습니다. 1985년의 『예배학 개론』, 1999년의 『예배학 개론』(수정증보판), 『예배의 신학』, 2000년의 『예배학 사전』(공저), 2014년의 『예배와 설교의 뿌리』(편저)입니다. 그리고 맥스웰의 『예배의 발전과 그 형태』, 화이트의 『기독교예배학 입문』 외 5권의 역서를 펴냈습니다. 한국교회 최초의 예배·설교학 교수로서 바른 길잡이의 사명은 저로 하여금 집필을 멈추지 못하게 하였습니다. 그래서 예배학 분야에서 보고 느끼고 깨달음이 있을 때마다 쉼 없이 붓을 들었습니다.

『예배의 신학』이 장신대 출판부에서 출판을 이어가지 못한 지가 10년이 지났습니다. 여기저기서 출판에 대한 독촉이 많았습니다. 죄송한 마음으로 침묵을 지켰습니다. 그 이유는 예배 분야의 글을 쓰는 일을 마감하는 날, 그 글들을 합쳐 수정증보판을 내려고 의도했기 때문입니다. 폴 틸리히가 은퇴 후에 72세의 몸으로 그동안 발표했던 글들을 『문화의 신학』이라는 이름으로 햇빛을 보게 했던 거성의 그림자를 나도 밟고 싶었기 때문이었습니다.

본 증보판에는 그동안 연구논문으로 발표했던 한국교회 최초의 예배학 교육의 실상을 볼 수 있는 곽안련(Allen Clark)의 예배신학과 이론을 비롯하여 5편의 논문과 기타의 글 10여 편이 실려 있습니다. 수정증보판으로 만들고 보니 내용과 분량이 방대합니다. 문제는 예배학 분야에 관심을 가지고 있는 독자님들이 얼마나 유용하게 활용할 수 있는 책이 될 것인지가 관건입니다. 본 저자의 마음은 그리스도교의 예배를 좀 더 깊게 연구하고 싶은 목사와 신학도들이 이 책을 통하여 도움을 받을 수 있다면 더 이상 바랄 것이 없겠습니다.

본서가 새롭게 단장하여 독자들을 찾아가기까지는 서문에서 밝힌 분들의 도움 외에 여기 고마운 손길이 있습니다. 먼저는 예설멘토링센터를 운영하도록 도와준 생명샘교회(박승호 목사)와 조교를 파송해 준 주안장로교회(주승중 목사)입니다. 실로 큰 도움의 손길이었습니다. 그리고 나의 저·역서 출판을 언제나 기꺼이 맡아 주신 예배와 설교 아카데미의 김현애 박사입니다. 그리고 본서를 단순한 수정증보의 작업으로 하지 않고 처음부터 끝까지 원고의 모든 부분을 새롭게 읽고 편집하여 아름다운 책으로 만들어 낸 윤혜경 편집장입니다. 이 분들에게 고마운 마음을 보냅니다.

본서가 저의 생애에 예배학 분야의 마지막 책이 될지 모른다는 생각을 하자 솟아오르는 온갖 느낌이 오가고 있습니다. 이제는 은퇴자로서 그동안 써 두었던 원고들을 정리하여 『설교의 신학』을 펴내는 일과 기타의 글들을 정리하여 후학들의 손에 들려주는 일에 매진하렵니다. 아무리 생각해도 믿어지지 않는 기적입니다. 청산도에서 복음을 받고 종지기 소년이었던 저를 이렇게 불러 쓰신 하나님의 은혜를 도무지 헤아릴 길이 없습니다. 작은 도구로 명을 받았기에 본서에 정성을 다 모았습니다. 오직 하나님이 원하시는 예배를 한국교회가 드리는 데 본서가 중요한 기틀이 되기를 비는 마음뿐입니다.

2018년 5월 성령님 강림하신 절기에
예설멘토링센터에서

초판 서문

예수님이 수가성의 우물가에서 한 여인에게 예배에 대하여 주셨던 말씀은 깊은 의미를 지니고 있었습니다. 특히 그 말씀 중에서도 "너희는 알지 못하는 것을 예배하고 우리는 아는 것을 예배한다"는 말씀은 우리의 가슴에 깊은 의미를 심어주고 있습니다. 사마리아에서도 예배라는 이름과 행위는 있었으나 그들은 어떤 대상을 무슨 이유에서 예배하는지에 대한 대답을 갖추지 못하고 있었습니다. 그러나 이스라엘 백성들은 비록 위선과 탈선이 많았어도 하나님이 누구이신지, 그분의 은총이 얼마나 지대(至大)한지를 잘 알고 그들의 예배는 지속되었습니다.

한국교회는 어느 나라보다 '예배'라는 단어를 이곳저곳에 붙여서 많이 사용하고 있습니다. 뿐만 아니라 예수님께서 언급하신 신령과 진정으로 하나님께 예배드리려는 뜨거운 열정도 대단합니다. 그러나 그 열정은 예배의 내용을 알고 내뿜는 것이 아닙니다. 때로는 의무적인 행위였고, 때로는 울적한 심정의 정화를 위한 것으로 예배가 진행된 때도 많았습니다. 그럴 수밖에 없는 우리의 실정이었습니다. 한국의 신학교육에 『예배학』이라는 과목이 본격화되기 시작한 것은 20년도 채 되지 못합니다. 그래서 예배에 대한 지식과 상식은 아직도 매우 낮은 수준입니다. 예배의 집례자가 예배를 모르는데 회중이 그 수준을 능가할 수 없는 것은 당연한 일입니다. 결국 예배인도자나 예배드리는 회중은 예배에 대한 기본 지식도 없이 예배를 드리게 되는 결과를 초래합니다.

한국교회는 국제사회 속에서 위상이 달라져 가고 있습니다. 선진국의 교회들과 어깨를 나란히 하고 함께 걸어야 할 한국교회입니다. 머리를 맞대고 예배의 역사와 신학을 논할 때가 되었습니다. 그러나 아직까지 이러한 수준에 미달되어 있음을 우리 모두는 수긍하고 있습니다. 이렇게 되기까지의 책임을 져야 할 사람은 다름 아닌 저자 자신이라고 스스로 반성합니다. 1985년『예배학 개론』을 처음으로 펴낸 이래 지금까지 이 분야에 대한 좀 더 학문적인 책을 펴내지 못하고 있었다는 것은 질책을 받을 만합니다. 여기에 대한 책임 의식은 그동안 저자의 가슴에서 한 번도 떠나지 않았습니다. 저자는 이 한 권의 책으로 소임을 다했다고 말하지 않겠습니다. 일찍부터 착수하여 마무리를 짓지 못하고 있는『예배학 원론』이 세상의 빛을 보게 되는 날 홀가분한 마음을 갖게 될 듯싶습니다.

여기 독자들에게 선을 보이게 되는『예배의 신학』은 예배의 역사와 내용과 신학을 좀 더 전문적으로 다룬 학술논문들이 대부분입니다. 지난 20년 동안에『장신논단』을 비롯하여『교회와 신학』과『기독교사상』등 많은 학술지에 발표했던 글들을 모은 것이 상당량이 됩니다. 그리고 새롭게 발굴된 자료를 가지고 20세기 예배의 역사와 신학까지 찾아 서술해 보았습니다. 특별히 동방 정교회를 비롯하여 모든 기독교 교단이 가지고 있는 예배신학을 여기에 싣게 된 것은 매우 자랑스러운 일입니다. 이 글들은 각 교단의 대표적인 예배신학자들에 의하여 발표된 글들로서 마지막 장에 실었습니다. 본서를 통하여 자신의 교단이 가지고 있는 고유한 예배의 신학이 무엇인지를 새롭게 인식할 수 있기를 바랍니다.

이 책은 예배의 세계를 학문적으로 알고 싶어 하는 신학도나 목사들만을 대상으로 한 책이 아닙니다. 그리스도인이면 누구나 예배에 대한 관심이 깊습니다. 이 책은 기독교 예배에 대한 역사적 뿌리와 전통의 틀을 알고 싶어 하는 모든 사람을 위한 것입니다. 또한 오늘의 한국교회 예배의 줄기가 어디서부터 이어졌는지 알고자 하는 사람들을 위해 엮어진 책입니다.

이 한 권의 책이 반듯한 얼굴을 가다듬고 나오기까지는 다음의 몇 분들의 숨은 땀과 애정이 있었습니다. 대학원에서 저의 문하생으로서 연구실을 지키고 있는 곽성환, 안성봉, 최진봉 연구 조교들의 수고가 컸습니다. 그들은 스승의 책에 흠이 보이지 않게 하기 위해 정성을 기울여 문맥과 단어들을 낱낱이 살피고 편집을 도왔습니다. 또 한 분은 무더운 여름철에 본서의 마무리를 지어갈 때 정성어린 연구비를 손에 쥐어준 박옥선 목사님이십니다. 그리고 변함없이 저의 곁에서 책을 펴낼 때마다 섬세한 교정을 보아주고 자료를 구하여 나의 책상에 펼쳐 놓은 김준희님의 따뜻한 애정입니다.

모쪼록 이 한 권의 책이 신학교의 예배학 강의실과 예배의 현장에 필요한 지침서가 되어 하나님을 바르게 예배할 수 있게 된다면 이 저자는 더 이상 바랄 것이 없습니다.

1999년 2월 25일
정 장 복

제1장
한국교회 예배·예전 형태 백년

내일을 위한 발전은 오늘의 정확한 진단과 처방이 있어야 한다. 그러나 한국교회는 그동안 '오늘의 부흥'에만 전심전력을 기울였을 뿐 새로운 시대를 위한 대비에는 깊은 관심을 기울이지 못하였다. 급변하는 시대 속에서 존재해야 하고 그 시대를 이끌고 나아가야 할 교회로서 내일에 대한 혜안(慧眼)을 갖고 있지 못한다면 그것은 내일에 대한 이상과 기대와 설계가 없다는 뜻이다. 내일에 대해 무방비적(無防備的) 상태인 교회는 변천하는 시대의 물결을 슬기롭게 헤쳐 나가지 못한 채 힘없이 침몰하는 결과를 맞이하게 된다.

한국교회는 한 세기 반의 역사를 통하여 성숙한 교회로서 자리매김을 하고 있다. 이 시점에서 일차적인 과제는 우리의 예배가 정상적인 궤도에 들어서는 일이다. 그러기 위해서는 한국교회의 지난 예배·예전의 형태를 성찰의 눈으로 살펴볼 필요가 있다. 하나님과의 수직관계에 최우선인 예배가 살아야 교회가 살고 미래의 길이 순조롭게 열리기 때문이다.

1. 예배·예전에 대한 한국교회의 관심

한국교회를 관찰한 외국의 예배신학자들의 공통된 결론은 한국교회에
는 "집회가 있을 뿐 예배는 없다"는 말이다. 참으로 가슴 아픈 평가이다.
우리는 여기서 예배가 없다는 외국의 신학자들을 향하여 돌을 들기 전에
한국교회가 이러한 평가를 받게 된 원인이 무엇인지를 추적할 필요가 있
다. 어느 나라의 교회보다 뜨겁게 예배를 드리는데 어찌하다가 '예배가 없
는 교회'라는 평가를 받게 되었는지를 신속히 검진하고 그 처방을 연구
해야 한다.

한국교회의 성도들은 세계의 어느 교회도 따라올 수 없는 하나님을 섬
기는 열정이 솟구쳐 오른 교회의 주역들이다. 선천적으로 노래를 좋아하는
이 민족의 그리스도인들이 성스러운 교회의 찬송을 대하고 반기며 곧 익
숙하여 아름답고 힘차게 부르는 찬양의 생활은 우리의 교회를 찾는 외국
성도들에게는 커다란 감동을 안겨준다. 한국의 그리스도인들의 기도의 열
정은 365일의 새벽을 깨우고 있다. 하나님의 것은 하나님께 드려야 한다는
십일조 생활과 감사의 사연은 모두가 하나님의 은혜 때문이라는 아름다운
신앙의 형태는 봉헌의 신앙에 주축을 이루었다. 뿐만 아니라 목이 쉬도록
일 년이면 200편이 넘는 설교를 감당하는 설교자들이 예배를 주관한다.

이처럼 한국의 개신교는 복음을 받은 순간부터 지금까지 말씀의 사역
(Preaching Ministry)에 힘을 다하여 하나님 나라의 확장에 뜨거운 열정을
쏟아 왔다. 그 결과 선교의 기적을 이룩하는 양적 부흥의 결실을 낳았고,
세계의 관심을 모으는 교회로 등장하게 되었다. 이 사실 앞에 부정적 비
평을 던질 의도는 없다.

그러나 그 말씀 중심만의 뜨거운 열정의 목회가 한 세기에 걸쳐 계속되어
오는 동안 잃어버린 것들도 적지 않음을 지적하지 않을 수 없다. 그 가운데
무엇보다도 심각한 것은, 하나님 앞에 나온 무리에게 말씀을 통하여 하나

님을 섬기는 구체적 행위를 부여하지 못했다는 점이다. 설교의 사역은 매우 충만해서 매주일 한 영혼의 성장을 위한 양식이 공급 차원을 넘어설 정도이나[1] 그 심령들이 하나님을 올바르게 예배하도록 하는 예배·예전(禮拜 禮典, Liturgy)의 내용이나 그 형태는 너무 빈약했다. 그러기에 개신교의 성도들은 단지 '교회에 가는 존재'(Church-Goer) 또는 '설교를 들어보는 존재'(Sermon-Hearer)로 머물게 되었다. 대조적으로 구교의 성도들은 주일이면 출발부터 마음의 준비를 갖춘 채 하나님께 예배(미사)를 드리기 위하여 교회를 찾아 나섰고, 예전(Liturgy)을 통해 하나님과의 만남(Encounter)을 경험하는 흐뭇한 삶을 생활 속에까지 지속시켜 왔다.

필자는 개신교의 예배 현장이 설교자의 설교에 예배의 성패를 걸고 있다는 사실과, 말씀으로 양육된 성도들이 하나님을 섬기는 예전의 의미와 기쁨을 경험하지 못한 데서 문제의 심각성을 느낀다. 마틴 루터가 "하나님을 찾는다는 것은 하나님을 예배하는 것이다"[2]라고 말한 것처럼 예배란 하나님을 섬기는 믿음을 표현하는 가장 고상한 기회이다. 이 값진 기회가 오늘의 개신교 안에서는 "말씀을 들어보는 시간"으로 전락되고 있다는 데 우리의 새로운 관심과 지난날의 반성이 필요하다고 본다.

2. 한국 개신교 예배·예전의 실상

제2 스위스 신앙고백 17장에서는 "교회란 무엇인가?"라는 질문의 대답을 "말씀과 성경에 의하여 그리스도 안에서 참 하나님을 바르게 알고 바르게 예배드리는 사람들의 공동체"라고 말하고 있다. 이 정의에 따라 한국

---

1 필자는 여기서 우리의 설교가 그 선포의 신관과 이론이 갖추어진 것임을 예찬한 것이 아니다. 다만 설교 중심의 사역만이 성행했음을 말한다.

2 Donald Macleod, *Presbyterian Worship: Its Memory & Method* (Richmond: John Knox Press, 1966), p. 17 재인용.

교회를 비추어 볼 때 하나님을 바르게 알려는 뜨거운 열심은 존재해 왔으나, 그 하나님께 바르게 예배드리는 공동체로서의 노력은 지극히 빈약했음을 우선적으로 지적하지 않을 수 없다.

힘있게 부르는 찬송과 간절한 기도, 그리고 소리 높이 외치는 설교만 있으면 예배의 전부가 된다는 지극히 단순한 생각이 지금까지 계속되어 온 예배의 관습이다. 그러기에 저명한 예배신학자들은 한국교회를 다녀갈 때마다 우리의 예배를 가리켜 "예배·예전이 심각하게 결여된 교회" 또는 "회중 집회지 결코 예배는 아니다"라는 말을 남기고 간다.

개혁자들의 정신을 이어받은 교회를 자처하는 우리의 교회가 100년 전 전해 받은 복음전도자들의 예배에 미약한 관심을 가지며, 아직도 우리의 것으로 고수하고 있는 현실은 실로 부끄러운 일이다. 더 나아가 그것을 철저히 지키는 것이 마치 복음적이고 보수의 첨경인 양 고집하는 현상을 볼 때마다 하나님의 도움을 청할 수밖에 없다. 이제 우리의 교회는 허심탄회하게 우리의 실상을 직시하여야 한다. 문제가 발견될 때 그것을 겸손히 고쳐 나가려는 의지의 실천이 곧 개혁교회의 바른 정신이며 당연한 의무라고 본다.

이제 우리의 예배가 안고 있는 문제를 보자.

먼저, 우리의 예배는 지나친 설교 위주의 예배가 되었다.

역사적으로 개신교의 예배는 말씀 중심을 우선적으로 주장하였다. 칼빈주의의 핵심도 (1) 복음의 설교, (2) 성례전의 올바른 집행, (3) 교인훈련이라는 순서를 참된 교회의 표지로서 세우면서 가톨릭 교회와 대결한 바 있다.[3] 특별히 모국어를 통한 하나님 말씀의 선포와 해석과 적용이라는 설교의 사역은 개신교 특유의 사건으로서 종교개혁의 으뜸가는 요소였음에는 아무도 이의를 제기할 수 없다. 그러기에 포사이스(Forsyth) 같은 신

---

3 "The second Helvetic Confession" in John H. Leith, (ed.), *Creeds of the Churches: A Reader in Christian Doctrine, from the Bible to the Present* (Atlanta: John Knox Press, 1982), p. 141.

학자는 "교회는 말씀과 함께 살고 말씀과 함께 죽는다"[4]는 강력한 표현을 서슴지 않고 쓰고 있다.

그러나 여기서 유의해야 할 것은 설교의 사역이 예배의 전부는 아니라는 점이다. 이는 예배 가운데서 선포되는 하나님의 메시지로서 최고의 가치성을 말하는 것이지, 결코 예배가 그 말씀을 위하여 존재한다는 의미가 아니다. 그렇기 때문에 설교를 듣기 위하여 예배에 참석한다는 말도 타당성이 있는 말이 되지 못한다. 예배란 피조물인 인간이 하나님의 구원의 역사와 수많은 은총에 감격하여 그 하나님을 경외하고 찬양하고 감사하며 봉헌하려는 피조물의 응답적인 당연한 행위이다. 이 행위의 실천자들과 만남을 허락하시고 찾아 주시는 과정이 바로 성경과 설교를 통하여 주시는 하나님의 말씀이다. 그렇기 때문에 설교에 예배의 성패를 걸고 있다는 것은 하나의 모순이다. 그런데 우리는 예배를 설교만을 위한 모임으로 이해하였고, 목사는 예배집례자로서의 위치를 망각하고 설교자로서의 준비에만 급급해 왔다.

둘째로 성례전과 연관된 예배의 결함을 본다.

많은 개혁신앙의 대부분의 신조에서는 말씀의 선포 다음에는 성례전의 올바른 집례가 행해지는 곳이 교회라고 표현하고 있다. 성례전이란 보이는 말씀이요 구원의 언약을 확인해 주는 실로 소중한 예전이다. 개혁가들이 가톨릭의 7성례 중 성만찬과 세례만을 지켜야 한다는 주장 자체에서도 그 중요성을 충분히 보여주고 있다. 그러기에 개혁가들의 절대수가 매주일의 성례전 거행을 주장하였다. 그리고 그 존엄성을 높이 인정하면서 성례전을 그리스도와의 만남의 현장으로 이해하고 있다. 그리고 이는 그리스도의 지체로서의 당연한 의무이기에 이 예전을 통하여 공동체의 재확인을 거듭할 것을 촉구했으며 매주 말씀의 예배와 병존할 것을 가르쳤다. 그러나 불행히도 쯔빙글리(Zwingli)는 말씀 중심의 예배와 성례전 중심의 예배

---

4 P. T. Forsyth, *Positive Preaching & the Modern Mind* (Grand Rapids: Wm. B. Eerdmans, 1966), p. 89.

를 분리시켰고, 성례전 예배는 연중 4회로 드리고 성만찬의 의미는 단순한 기념설로만 확정했다.

여기에 흥미로운 것은 한국의 대부분의 개신교회가 쯔빙글리의 주장을 변할 수 없는 하나의 전통으로 간주하고 있다는 사실이다. 이러한 현상은 말씀과 나만을 연결시켜 나가는 개인주의 신앙으로 오늘에 이르게 했고, 그리스도와의 연합을 확인하면서 살 수 있는 행동적 신앙의 결여를 가져왔다. 그리스도와의 보이는 연합이 재현되는 성례전이 연중 2회로 밀려나고 단순한 기념행위로 가볍게 평가되는 현상이 바로 한국교회 예배의 모습이다. 그 결과 예배의 깊은 의미와 듣는 메시지와 보는 메시지의 균형을 잃어버린 예배로 퇴보되는 결과를 초래할 수밖에 없었다.

셋째로 의식에 대한 관심이 부족하다.

예배를 드린다는 것은 뜨거운 열심만 가지고 되는 것이 아니다. 그렇다고 해서 영적인 구원의 경험이나 뜨거움이 없이 의식만 거행하는 것도 예배가 아니다. 프랑스의 신학자 윌(R. Will)의 "영(Spirit)이 없는 의식은 죽은 것이고 의식이 없는 영은 삶의 현장과 무관하기 쉽다"[5]는 표현은 타당성 있는 말이다. 우리의 한국교회는 지난 100년 동안 '신령과 진정'(요 4:24)으로 예배하려는 뜨거운 영은 있었으나 신령과 진정이 표현되는 알맞은 의식이 충분치 못했음을 인정하지 않을 수 없다. 예배의 예전이란 하나님을 경배(Adoration)하고 감사하는 성실한 표현을 비롯하여 겸손과 회개, 이웃과 자신을 위한 기도, 그리고 하나님의 말씀의 경청과 수용이 우선적으로 있어야 한다. 그리고 전체 교회가 그리스도의 몸이 되는 인식 속에서 공동체의 확인 등이 수반되는 의식이 필연적으로 있어야 한다. 칼빈을 비롯한 개혁가들이 사용했던 스트라스부르크(Strasbourg)의 예식은 바로 그러한 내용을 충분히 담고 있다.

이러한 견지에서 볼 때 우리의 예배 의식은 단순한 기도회의 성격을 벗

---

5   John M. Barkley, *Worship of the Reformed Church* (Richmond : John Knox Press, 1967), p. 10 재인용.

어나지 못하고 있음을 손쉽게 발견한다. 말씀과 기도, 찬송으로만 이어지는 우리의 예배이기에 '집회의 형태'를 벗어나지 못한 예전이라는 지적을 받게 되었다.[6]

3. 반성적 요소들

다음은 예배·예전 현장의 문제들로서 반성적 시각을 집중시키고 새로운 관심과 실천을 요구하는 문제들이다.

1) 집례자들(목사)의 자기 위치 정립과 자신이 집례하는 예전에 관한 이해가 충분하지 못함을 우선 반성해야 된다.

앞에서 지적한 대로 목사는 말씀만을 전하기 위하여 주일의 제단에 서지 않는다. 그날 하나님 앞에 하나님의 백성들이 제단을 쌓는 데 모든 것을 주관하는 사제(priest)로서 사역(ministry)을 담당해야 할 책임이 있다. 그리고 거기에 수반되는 예전의 절차와 내용을 준비해야 한다. 여기에서 의미하는 것은 희랍정교회나 구교와 같이 그리스도의 대행자로서 권위의 시범적 실연을 독려한 것이 결코 아니다. 오히려 섬기는 사역의 본을 예전 속에서 실현해야 한다는 주장이다.

2) 설교의 사역에 대한 문제를 다시 언급하지 않을 수 없다.

'말씀의 대언자', '말씀의 사자'라는 화려한 이름 아래서 외쳐진 설교의 내용이 회중을 살찌게 한 것이 아니라 오히려 병들게 한다는 부정적 평가

---

6 여기서 지적한 의식의 결여는 한국 전체 개신교회를 대상으로 하지 않는다. 그 이유는 1970년대 후반부터 개정되어 사용하고 있는 기독교장로회와 대한예수교장로회(통합)의 예식서 등에서는 그 의식의 보완을 가져오기 시작했기 때문이다.

에 오늘의 사역자는 긴장해야 한다. 하나님의 말씀을 바르게 선포하고 정확히 해석하고 효율적으로 적용시켜야 하는 말씀의 증거자가 아니라 자신의 허탄한 생각과 환상을 나열시키는 탈선된 전달자의 모습이 우리의 예배 가운데서 빈번히 발생[7]하고 있다.

3) 죄의 고백과 사함의 선언을 우리의 예배 순서에서 찾아볼 수 없다.

이 의식은 최근에 개발된 예배 이론이 아니다. 칼빈을 비롯한 개혁자들이 예배 순서에서 매우 중요하게 여기고 사용했던 순서이다. 공동체로서 함께 죄를 고백하는 것과 그 죄가 사함 받는 말씀(성경)의 선언이 없이 단순한 찬송과 기도는 깊은 예배·예전의 의미를 상실시킬 우려가 있다.

이 의식은 레이번이 지적한 대로 하나님의 거룩한 존전에 서있는 실존으로서 자신을 내놓고 거기에 하나님의 용서와 임재를 간구하는 의미 깊은 부분이다.[8] 이러한 순서가 한국 개신교의 예배에 없었다는 것은 아직도 성년으로서의 예배에 임하지 못했다는 증거이다.

4) 목회기도를 회복시켜야 한다.

목회기도(중보기도)가 집례자에 의하여 계속되지 않고 평신도에 의해서 진행되고 있다는 사실에 혼돈을 거듭하지 않을 수 없다. 초대 선교사들이 전도 집회나 예배 인도를 할 때마다 언어의 제한성 때문에 평신도에게 맡겨서 인도하게 했던 것이 오늘 우리의 예배 가운데 정착되었다는 사실은 실로 부끄러운 일이다. 목자로서의 목회자가 주의 백성들과 사회와 민족과 세계 교회를 위하여 드리는 기도를 들을 수 없는 것은 매우 안타까운 일이다.

그러나 지금 한국교회는 평신도의 기도를 주일 낮 예배에서 금지할 수 없는 상황이다. 또한 제2 바티칸 공의회 이후 평신도들의 예배 순서의 참여는

---

7   예레미야 14:14.

8   Robert G. Rayburn, *O Come Let us Worship* (Grand Rapids: Baker Book House, 1980), p. 187.

적극적으로 검토되고 있는 실정이다. 그러므로 이제 한국교회는 평신도들에게 참회와 봉헌의 기도 등을 장려하는 것도 하나의 대안이 될 수 있다.

5) 우리의 예배 예전에서 또 하나 회복되어야 할 문제는 교회력과 성서 정과에 대한 관심이다.

1953년 스코틀랜드교회의 총회가 교회력에 맞추어 기도서를 출판하면서부터 각 교회는 그 타당성을 인정하게 되었다. 그리고 거기에 맞추어 각 개신교회가 발전시킨 성서정과(Lectionary)는 오늘의 예배복고운동(Liturgical Movement)에 결정적인 촉매 역할을 감당해 왔다. 이러한 소중한 제정이 우리의 예전에 도입되어야 할 필요성이 시급히 요청된다.

6) 신학교육에서의 예배학에 대한 교육이 실시되어야 한다.

로마 가톨릭 교회가 1965년 제2차 공의회를 끝내면서 공포한 공의회 문헌을 읽은 개신교는 심각한 충격을 받았다. 그 이유는 지금껏 미사 곧 성만찬의 바퀴만을 가지고 있던 구교에서 설교를 신학교의 필수과목으로 정하고, 개신교보다 더욱 진지한 설교를 모든 예배에서 행하도록 결정하였기 때문이다. 이러한 구교의 결정을 주시한 개신교의 신학교육의 주역들은 즉시 그동안 예전의 바퀴를 경시했던 개신교의 신학교육에 자성의 진단을 하기 시작하였다. 그리고 모든 신학교가 예배학을 필수 과목으로 정하고 개신교 역시 말씀과 예전의 두 바퀴를 소유해야 한다는 당위성을 주장하기에 이르렀다.

그러나 한국교회의 신학교육은 이러한 면에 너무나 어두운 현실을 달리고 있다. 예배학교육을 받아보지 못한 신학교육의 주역들과 교단의 지도자들은 아직도 이론신학을 최우선으로 여길 뿐 우리 앞에 시급하게 다가온 예배·예전의 교육을 가볍게 취급하고 있다.

그러나 새로운 세기에는 설교의 이론을 철저히 배운 목회자가 설교를 행해야 하며, 예배를 철저히 공부하고 훈련을 받은 목사가 예배를 인도하여야 우리의 교회는 건실하게 예배하는 공동체가 될 것이다. 가톨릭 교회의 사제가 서품을 받기 전까지 성만찬 집례의 실습을 1천 번 정도를 거친다는 사실은 우리에게 심각한 교훈을 준다. 단 한 번의 성만찬 집례교육이나 실습을 거치지 않고 목사로 안수를 받고 엄숙한 성례전을 집례한다는 사실은 하나님 앞에 실로 송구스러운 일임에 틀림이 없다.

그 외에도 경건하게 일어서서 불러야 할 찬송을 앉아서 태연하게 부르는 문제를 비롯하여 예배드리는 사람들의 경건하지 못한 몸가짐 등은 너무나 눈에 띄는 취약점들이다. 그 뿐만이 아니다. 예배가 시작되면서 일제히 묵도로 생동감을 잃게 해버리는 특유의 예배 출발 형태 등도 깊이 고려해 볼 문제이다.

4. 새로운 과제들

1963년부터 1965년까지 있었던 제2 바티칸 공의회는 피선교국의 성도들에게 찬송을 작사 작곡할 수 있는 자유를 부여했고, 예배 의식 속에 그 땅의 문화권의 도구들(Cultural Instruments)이 활용될 수 있는 가능성을 열어주었다. 이러한 결정은 한국 개신교에서도 조심스러운 접근을 시도해 볼 수 있게 한다. 여기에서 깊이 유의해야 할 점은 기독교의 예전은 결코 형태를 바꾼 재래종교의 답습을 허용할 수 없다는 전제를 내세우지 않을 수 없다. 예를 들면 시주를 대신한 봉헌(헌금)이 될 수 없고, 불상이나 조상단지를 대신하여 십자가가 그 자리에 앉혀질 수 없다는 점이다. 그 이유는 기독교가 이 땅을 그동안 지배해 왔던 샤머니즘이나 유교나 불교와는 근본적으로 입장을 달리하는 종교이기 때문이다.

그러나 우리의 전통적 문화의 도구들을 외면하면서 우리의 예배가 선교

국들의 교육 그대로를 답습해야 할 것인가에 관한 문제는 풀어야 할 과제이다. 예를 들면 미국의 국경일인 11월의 감사주일이 우리의 교회력에 머물러 있어야 하고 우리의 마음을 움직이지 못하는 그들의 찬송의 운율을 억지로 배우고 불러야 하는가의 문제도 생각해야 한다. 그 외에도 결혼이나 장례를 비롯한 우리 고유의 표현이 필요한 예배 예전에 이 땅의 전통적 관습과 문화적 요소를 배제하는 것은 100년을 넘긴 우리 기독교 예배의식을 이방종교로 머물게 하고 있다. 니버(Richard Niebuhr)는 "문화란 인간의 마음과 손의 행위이다"[9]라고 표현하였다. 우리의 심성(心性)과 습성이 그리스도의 도구가 되고 그를 섬기는 예배의 현장에서 사용될 수 있다면 서양적인 그리스도가 이 땅의 그리스도로 자리매김되는 감회[10]를 느낄 수 있으리라 생각한다.

그 이유는 내 언어와 내 표현 속에서 섬길 수 있는 예배의 대상을 추구하는 것은 너무나 당연한 인간 본연의 자세이기 때문이다. 종교개혁의 불길도 이러한 문제의 해결을 위하여 치솟기 시작했으며, 그것을 성취할 때 하나님과의 만남은 새로운 역동적 관계 속에서 이룩되었고, 하나님의 나라는 온 세계 속에 확산되었다. 기독교는 구속의 종교로서의 그 본질과 하나님을 섬기는 특유한 방법(禮典)을 가지고 있다. 그러기에 복(福)만을 추구했던 이 땅의 종교적 심성과 그 손길들에게 어떻게 예배하게 하는가를 이해시키는 것이 우리의 숙제로 남아 있다.

함축된 의미

기독교 예배란 존 헉스터블(Huxstable)의 말대로 '하나님과 그의 백성과

---

9 Richard Niebuhr, *Christ and Culture* (N.Y.: Harper Torchbooks, 1956), p. 33.
10 Ibid., p. 31.

의 대화'이다.[11] 하나님이 창조하시고, 말씀하시고, 구속의 은총을 주시기에 거기에 감격한 그의 무리들이 모여 경배와 찬양과 감사와 참회의 응답을 드리는 현장이 예배이다. 이 현장이 '신령과 진정으로' 시작이 되고 표현이 될 때 그것을 가리켜 의미 깊은 예전(禮典)이라고 부른다. 단순한 인간 고뇌의 발산이나 내려주는 복만을 받는 현장이 아니다. 기독교 역사에 이러한 목적을 앞세우고 예배를 드렸던 흔적은 찾기 힘들다. 오히려 주님의 수난에 동참하는 순교적 자세 속에서 기독교의 예배는 시작되었다. 사도들과 그 후계자들의 예배가 그러했고, 로마의 학정 속에서 빛을 보지 못한 채 드렸던 카타콤의 예배가 그러했다.

이제 새로운 세기의 문턱에 들어서면서 우리의 미숙과 탈선을 점검해 보아야 한다. 특별히 하나님을 섬기는 가장 구체적인 행위가 표현된 예배 의식 속에 우리 관심이 모아져야 하겠다. 오늘도 우리는 의미 없는 찬송을 부르고 습관적인 기도를 드리면서 구수한 예화나 즐기는 탈선된 예배를 계속하고 있지는 않은지? 더 나아가 겸손히 사제적 사명을 다 해야 할 목자가 거기에 대한 교육과 훈련을 충분하게 받았는지? 아니면 아무런 질서와 의미를 모르는 채 임의로 예배를 드리면서 습관화된 예배로 고착되지는 아니한지…?

---

11 John Huxstable, The Bible Says (Richmond : John Knox Press, 1962), p. 109.

제2장
한국교회 최초의 예배학교육의 실상
- 곽안련(Charles Allen Clark)의 『목사지법』에 나타난 예배의 신학 -

선교의 기적이라고 자랑하는 한국교회의 예배에 대한 교육이 누구에 의하여 언제 어떻게 시작되었는지를 알고자 하는 것이 본 글의 목적이다. 이러한 목적을 풀기 위하여 본 글은 한국교회 최초의 신학교육의 요람지였던 평양신학교에서 실천신학을 담당했던 교수는 누구였으며, 그가 남긴 초기 예배의 사상과 이론은 어떤 것이었는지를 탐색하려 한다. 거기에는 중요한 이유가 있다. 첫째는, 한국교회의 예배를 위한 초기의 가르침을 찾아내려는 의도 때문이며, 둘째는, 한국교회 첫 신학교육의 장에서 보여 준 초인적인 노력과 결실의 주인공으로 40년을 보낸 최초의 실천신학 교수 곽안련이 필자의 선임자라는 차원에서 본 글의 의미는 더해진다. 그가 직간접으로 맡았던 교회가 150여 교회였고, 1939년부터 1941년까지 그는 가장 어려웠던 평양신학교의 교장 직무를 수행하였으며, 51권의 책을 출판했다는 사실은 그의 일을 계승한 필자의 가슴에 언제나 존경과 애정으로 남아 있기 때문이다.

흔히 서구의 기독교 국가에서 발전한 최근의 신학에 관해서는 수많은 신학자들이 머리를 싸매고 연구를 한다. 그러한 결과 우리의 어제에 대해서는 돌아볼 겨를이 없고, 그에 대한 문헌의 개발이나 정보도 빈약한 실정이다. 이 땅에서 출발했던 기록들을 살펴보지 않고 새로운 것만을 도입하여 가르친 것은 혼돈을 가중시켰다. 특별히 한국교회 초기의 예배에 대한 교육 내용이 좀 더 상세하게 분석된 연구 자료가 빈약함을 알게 된 필자의 입장에서는 이 글의 중요성을 스스로 인정하지 않을 수 없다.

사실 이 글의 출발은 설교학 교수로 절대적인 영향을 끼쳤던 그의 예배와 설교 분야의 최초 교육을 찾아보려 하는 데 있었다. 그런데 연구를 진행하던 중 제한된 지면으로 두 분야를 모두 살핀다는 것은 무리라고 생각되어, 그의 설교 분야의 이론과 실제에 대한 연구는 『설교의 신학』에서 다루기로 하겠다.

목회자의 지침서인 『목사지법』이 한국교회 초기(1919)에 출판되어 목회의 현장에 직접적인 도움을 준 지 36년 후인 1955년, '곽안련 기념출판위원회'에서는 『목사지법』을 현대어로 새롭게 정리하고 수정·보완하여 『목회학』이라는 이름으로 재출간하였다. 이 수정보완판은 한국교회의 현대 목회에까지 기틀을 잡아 주는 책으로 막대한 영향을 끼친 바 있다. 그러나 본 글은 수정보완판을 분석하지 않고, 거의 한문으로 띄어쓰기가 전혀 없고 '예수님'을 '야소'(耶蘇)로 '예배로 부름-Call to worship'을 '하총설'(何總說)로 기록한 초판을 가지고 분석하려고 한다. 그 이유는 수정보완판에서는 초판의 내용과 다른 부분들이 보이기 때문이다.

그러므로 본 글은 독자들이 곽안련과 그의 예배학교육을 직접 접할 수 있도록 하기 위해 가급적이면 그가 남긴 예배학교육에 대한 2차 자료 인용과 참고를 최소화했다. 그리고 오직 그가 남긴 『회고록』과 『목사지법』만을 통해 순수한 그의 실상을 찾아보고 그가 남긴 예배 이론과 실제를 그대로 발췌하고자 한다.

1. 곽안련의 1910년대의 예배신학과 이론

A. 『목사지법』의 중요성

한국교회가 1907년 대각성부흥운동의 여파로 급성장을 계속하던 때는 목회자는 부족한 상태였고 목사의 자질 또한 문제가 되고 있던 때였다. 목회자가 목회의 현장에서 실수를 한다는 것은 언제나 실천신학 교수에게 큰 부담을 안겨 주는 일이다. 그러한 까닭에 실천신학 교수로서 그는 목회자가 갖추어야 할 기본 지식을 제공하는 것이 급선무였다. 실천신학 교수 곽안련은 1910년 설교학 교재였던 『강도요령』을 맨 먼저 펴내고, 이어서 『장로교회사 전휘집』(1918)과 『교회 정치문답 조례』(1917)를 펴낸 후 바로 1919년에 목회신학을 담은 『牧師之法』(Pastoral Theology)을 펴냈다. 이 책은 한국교회에서 초대교회의 목회 지침서였던 『디다케-열두 사도의 교훈』과 같은 몫을 한국교회에서 감당한 책이었다. 이 책은 한국교회의 목회 현장에서 한글로 된 어떤 참고도서도 얻지 못하여 방황하던 목사들에게는 필휴서로서 그 진가를 발휘한 책이었다. 아래의 내용 구성에서 볼 수 있듯이 목회자가 직면하는 거의 모든 부분에 필요한 지침서로서 한국교회의 목회의 틀과 질을 바르게 잡아 주었던 지침서였다.

B. 『목사지법』의 구성

이 책은 520쪽 분량의 방대한 내용으로 되어 있고, 그 구성은 30장으로 다음과 같은 항목을 담아 목사들이 기초적인 목회신학을 갖출 것을 권하고 있었다.[1]

---

[1] 곽안련, 『牧師之法』(京城: 朝鮮耶蘇教書會, 伍十八年). 『목사지법』은 각 장을 공과(工課)로 표시하였다. 예를 들어 15장을 第十伍工課로 표기하였는데, 이 내용 목차는 지면상 수록된 대로 옮기지 못하고 항목만 그대로 실었다.

총론(總論), 목사(牧師)의 직분(職分), 목사의 성품(性品), 상제(上帝)의 소(召)하심, 목사의 개인적(個人的) 생활(生活), 목사의 기도생활(祈禱生活), 목사의 개인적 공부(工夫), 목사의 교수(敎授)하는 사(事), 목사의 개인(個人) 전도(傳道), 목사와 사기택(事棄擇)함, 목사의 책임(責任)의 범위(範圍), 예배회(禮拜會)의 예비(豫備), 목사와 공예배(公禮拜), 부흥회(復興會), 목사와 기도회(祈禱會), 목사와 성경(聖經) 주일학교(主日學校), 목사와 심방(尋訪)하는 사(事), 목사와 성례(聖禮), 목사와 혼례(婚禮)와 상례(喪禮), 목사와 음악(音樂), 목사와 학교(學校), 목사와 노동자(勞動者), 목사와 인쇄기(印刷機), 목사와 교회(敎會)의 유희(遊戱), 목사와 재정(財政), 목사와 사경회(査經會), 목사와 당회(堂會), 목사와 상치리회(上治理會), 목사와 타교파(他敎派)나 타회(他會), 회당(會堂) 건축(建築).

곽안련이 제시한 목사가 기초적으로 갖추어야 할 내용들은 실로 놀랍다. 이토록 다양한 내용을 목사들이 갖추고 있어야 한다는 그의 실천신학교육은 매우 철저히 다루어졌고, 이 사실은 그 교육을 받은 우리의 초기 목회자들의 자질이 매우 우수했다는 것을 입증하기도 한다. 솔직히 오늘의 신학교육이 따를 수 없었던 실천신학이 당시 목회자들에게는 으뜸가는 교육으로 자리를 잡게 되었다. 다양한 학설로 치장된 오늘의 실천신학이 새롭게 눈여겨보아야 할 현장의 문제들이 1910년대 초기 장로교 목사들에게 철저히 교육되었고 훈련되었다는 점은 깊은 성찰을 요하는 부분이기도 하다.

C. 예배에 대한 관심

『목사지법』은 앞에서 열거한 대로 30개 항목을 다루었다. 그 가운데 예배와 관계된 부분은 예배회(禮拜會)의 예비(豫備), 목사와 공예배(公禮拜), 부흥회(復興會), 목사와 기도회(祈禱會), 목사와 성례(聖禮), 목사와 혼례

(婚禮)와 상례(喪禮), 목사와 음악(音樂) 등 7개 분야로 나누어서 서술하였다. 곽안련은 평양신학교 초창기의 첫 실천신학 교수로서, 목사들이 하나님을 향하여 드리는 바른 예배와 그 말씀을 선포하는 바른 설교에 대해 그가 가졌던 관심은 대단한 수준이었다. 그래서 그는 어떤 분야보다 우선적으로 예배의 중요성을 강조하면서, 목회 가운데 가장 중요한 일은 예배를 인도하는 일임을 다음과 같이 밝히고 있다.

> 목사의 제반 책임으로 말하면 … 공예배 시간에는 아주 다른 관계가 있다 할지니 목사가 강단에 올라서 말할 때는 하나님의 사자와 대표자로 교우에게 말씀을 공포하고 다시 일방으로는 교우의 수종자와 대표자로 하나님께 간구를 드릴 것이니 교회의 목적한 바와 같이 죽게 된 영혼을 죄의 부정함과 형벌 가운데서 구원하여 내는 시간 곧 공예배 시간 이전 7일 중에 제일이라.[2]

이처럼 그는 목회자의 일차적 임무로 예배 인도와 말씀 선포를 꼽았다. 그리고 목회자들이 수행해야 할 예배의 내용을 상세히 설명하면서 교육하고자 노력했다.

2. 주일 예배에 대한 이론과 실제

A. 예배 환경에 대한 교육

곽안련은 예배는 언제나 "신령한 일이다"라는 전제를 가지고 단순한 정신과 마음으로 되는 것이 아니라 예배가 바르게 되도록 예배 환경이 따라주어야 함을 강조한다.

---

2 Ibid., p. 174.

그러기 위해서는 먼저, 예배당은 언제나 정결해야 하고 성스러운 면이 있도록 세우고 가꾸어야 함을 강조한다. 이를 위해 예배당을 늘 정결하게 하는 관리집사의 임무를 강조하며 관리집사들에게 언제나 "악인의 장막에 사는 것보다 내 하나님의 성전 문지기로 있는 것이 좋사오니"(시 84:10b)라는 말씀을 마음에 간직하고 기쁨으로 그 일을 다할 것을 특별히 부탁한다.

둘째, 엄숙해야 할 예배에서 어린이들이 떠들고 다니는 문제를 마음 아파하면서, 이 문제에 대한 목사의 특별한 관심을 불러일으키고 있다. 그는 "예배당은 하나님이 친히 계신 집이니 대단히 엄중한 곳이라. 누구든지 예배당 문 안에 들어올 때마다 하나님의 엄하신 보좌 앞에 오는 줄로 알 것이니라"[3]고 가르치고 있다.

셋째, 이어서 유아를 가진 부모의 특별 주의를 환기시키면서 아이가 울어 엄숙히 예배하는 사람들에게 지장이 되지 않도록 하는 문제를 언급하고 있다. 심지어 어린아이를 데려온 어머니의 위치는 출입문 근처가 되도록 하고, 젖을 먹일 때는 조용히 나가서 젖을 먹이고 돌아오도록 하는 지침을 주고 있다.

넷째, 예배 시간에 축도가 끝나지도 않았는데 자리를 뜨는 교인들에 대하여 특별 주의를 주고 있다.

다섯째, 예배 시작 시간을 엄수하지 못하는 목사나 늘 지각을 일삼는 교인들에 대하여 주의를 환기시키고 있다.

여섯째, 예배를 한 시간 내에 끝내지 못하고 목사의 임의대로 30분이나 40분을 넘겨서 끝나는 것은 결코 유익이 없음을 가르치고 있다.

끝으로 교인들이 예배당에 들어왔을 때 서로가 인사하는 것보다 먼저 하나님께 기도하고 묵상으로 준비할 것을 강조한다. 그는 한두 마디 조용히 속삭이는 것은 무방하나, 어떤 소리도 내지 말고 "오직 여호와는 그 성전에 계시니 온 천하는 그 앞에서 잠잠할지니라"(합 2:20) 하는 말씀을 따

---

3   Ibid., p. 168.

를 것을 강조한다.

B. 주일 예배의 내용과 절차[4]

그는 웨스트민스터 예배모범을 언급하면서 다음과 같은 예배 순서를 제시하고 있다.

먼저, 그는 예배하는 무리가 "하나님 앞에 가까이할 때 마땅히 마음을 안돈케 하기" 위하여 예배의 선언이나 예배의 부름, 또는 예배의 기원과 같은 짧은 기도로 예배를 시작할 수 있다고 말한다. 또는 입례송과 같은 찬송으로 시작하는 것도 가하다고 말한다.

둘째로 칼빈이나 루터가 사용했던 순서처럼 '죄의 고백' 시간을 갖도록 권유한다. 여기서 그는 "하나님께 가까이 된 후에 그 거룩하심을 생각함으로 누구든지 자기 죄를 깨닫고 자복할 생각이 날 것"을 언급하고 있다.[5]

셋째로 성경 봉독이 있어야 한다.

넷째로 사도신경으로 예배하는 공동체의 신앙을 고백하는 것이 기본이나, 그 교회가 만든 신앙고백서를 함께 읽을 수 있음을 언급하고 있다.

다섯째로 기도가 있어야 함을 말하면서 이 공기도에서 주의해야 할 점들을 매우 상세하게 다루고 있다.

여섯째로 찬송인데 이때의 찬송은 "기도와 강도에 합하도록 택할 것"을 언급하고 있다.

일곱째로 봉헌의 순서로서 자신의 모든 것을 바치는 자세와 준비를 강조하며, 여기서 십일조도 언급하고 있다. 그리고 이러한 봉헌은 전후에 봉헌기도를 할 것을 가르치고 있다.

여덟째로 광고 순서를 언급하면서 이 순서는 예배 순서가 아님을 밝히며, 간결하게 또는 구두로 할 수 있으나 광고판이나 인쇄물을 통한 광고의

---

4   Ibid., pp. 174-202.
5   Ibid., p. 178.

활용을 권하고 있다.

아홉째로 강도(講道)의 순서다. 여기서 그는 설교의 길이에 깊은 관심을 보이는데, 설교는 30분 내에 간결하게 끝낼 것을 강조하면서 설교를 길게 하는 문제를 매우 심각하게 다루고 있다.

> 죠선교회 안에서 가장 흔히 실수되는 바 긴 강도이니라. 이 습관을 늘 행하게 되면 이만큼 교회를 해롭게 하는 실수가 없나니 거진 죄가 되나니라. … (교우들은) 40분 이상 되는 강도를 들을 능력과 인내가 없으리니 목사가 30분가량 강도를 하면 교우들에게 괴로울 것 없이 유익이 많을 줄 아노라.[6]

끝으로 안수 축복(축도)으로 폐회할 것을 말한다. 여기서 그는 바울의 축도를 사용한 경우 "너희에게"라는 표현을 회중이 거부하거나 본인이 사용하기를 꺼려서 "우리에게"라고 고쳐 사용하는 문제를 적극 반대하면서 차라리 "여러분에게"로 고쳐 사용할 것을 권하고 있다.

그가 제시한 예배의 순서는 다음과 같다.

1. 총설: 성경 요절이나 기도나 찬송
2. 자복: 시편 51; 32; 38; 60; 102; 130; 143
3. 찬송: 합창
4. 예정한 성경 랑독
5. 찬송: 합창이나 별찬송
6. 강도에 관한 성경 랑독
7. 공기도
8. 찬송: 합창이나 별찬송

---

6 Ibid., pp. 191-2.

9. 연보와 연보에 관한 기도

10. 광고

11. 찬송: 합창이나 별찬송

12. 강도

13. 강도 후 기도

14. 찬송: 제 1, 2, 3(장 중에서)

15. 안수 축복

16. 묵상기도: 앉은 채로

이러한 주일 예배 순서 외에 지금은 찾아볼 수 없는 예배회(禮拜會)의 부회(府會)라는 것을 언급하고 있다. 이것은 그날의 설교에서 큰 감동을 받은 사람들이 귀가하기를 원치 않고 좀 더 말씀을 사모하는 경우에 갖는 부차적 모임을 말한다. 그때는 모든 교인이 일어서서 찬송을 부르며, 귀가하고 싶은 사람은 다 가게 하고 원하는 사람들만 모여서 말씀을 더 듣고 찬송을 할 수 있으나 30분을 초과하지 말 것을 권하고 있다.

C. 주일 저녁 예배회와 수요일(水曜日) 집회(集會)에 대한 이론

1) 주일 저녁 예배회[7]

곽안련은 주일 저녁 찬양예배를 '주일 저녁 예배회'라고 이름 붙였다. 그는 주일 저녁 찬양예배가 주일 오전 예배를 다시 반복하는 인상을 주지 않도록 하기 위해 다음과 같은 다양한 대안을 내놓고 있다.

먼저, 저녁 예배에서 목사들이 "긴 강도는 결단코 하지 말지니" 30분을 넘기는 설교는 "실수뿐 아니라 거진 죄"가 된다.

둘째, 저녁 예배는 1시간으로 하되 약 30분간 찬양의 시간을 갖고 20분 정도의 설교 시간을 갖도록 한다. 이때의 음악은 전체가 함께 부르는 것

---

7   Ibid., pp. 198-202.

외에 "어머니 찬송과 아버지 찬송, 4인 합창과 2인 병창과 독창' 등등 다양하게 할 수 있다.

셋째, 성경을 많이 읽는 시간으로 예배를 진행하기 위하여 읽을 성경 구절을 써서 벽에 걸어놓고 함께 교독하는 것이 유용하다.

넷째, 목사가 몇 주 전부터 미리 광고를 한 후, 저녁 예배 시에 어떤 주제를 가지고 연속 강의를 하도록 한다.

다섯째, 주일 예배에서 미처 다루지 못한 주제를 정하고 그 주제에 따른 특별 설교나 강의를 하면서 회중의 관심을 끌도록 한다.

여섯째, 시청각 기구를 통하여 강의나 설교를 시도해 본다. 이때는 유익한 영화도 상영할 수 있다.

일곱째, 저녁 예배를 위하여 모이는 장소를 예배당 안으로만 국한시킬 필요는 없고, 석양에 교회의 뜰에 모여 예배를 드리는 것도 신선함을 줄 수 있다.

곽안련은 주일 저녁 예배회는 다양한 변화가 있는 예배로 진행되어야 함을 다음과 같이 강조하고 있다.

> 이상의 여러 가지 방침 외에도 많을 것이나 통(統)히 말하면 저녁
> 예배는 늘 새 방침으로 변경하여 행하자는 주의(主意)라. … 이
> 런 예배회를 잘 진행하고 못함으로 다수한 군중의 영혼생사가 달
> 렸나니 목자장 되시는 주께서 늘 바라보시고 도와주시 난 것이라.[8]

2) 수요일 집회[9]

곽안련은 『목사와 기도회』의 공과를 시작하는 첫머리에서 주일의 낮과 밤의 예배는 강도회(講道會), 즉 설교가 필요한 예배지만 그 외의 모임은

---

8   Ibid., p. 201.
9   Ibid., p. 252.

공부회(工夫會)나 기도회로 정의한다. 그러나 한국교회는 수요일 집회에서 하나의 작은 강도회라 할 정도로 설교하기 때문에 진정한 의미에서 기도회라 이름하기가 어렵다는 것을 지적하면서, 로마 가톨릭처럼 신부를 통하여 하나님께 나아가는 신학을 신봉한다면 "우리 교회 안에서도 기도회를 하지 말고 매 수요일 저녁에 목사가 강도하고 장로 몇 사람이 기도하고 폐회하는 것이 좋을 것이요, 만일 그 생각이 합당치 아니하면 우리는 기도회를 할 것인데 신자들이 모여서 함께 기도하고 각기 은혜 받은 것을 간증하고 권면하는 것이 합당하니…"라고 강력하게 기도회의 신학적 타당성을 주장하고 있다.

그는 이러한 기도회의 중요성을 주장하면서 유익한 기도를 할 수 있는 14가지의 지침을 제시한다.[10] 여기서 그는 기도회가 개별적으로 은혜 받는 시간이 될 수 있음을 강조하면서, 지극히 비공식적인 공간과 분위기를 형성할 것을 강조하고 있다. 그리고 공기도자는 3분을 넘기지 말며, 전체 기도회 시간은 1시간으로 할 것을 가르치고 있다. 기도회 인도는 목사가 단독으로 하지 말고 장로와 집사들이 인도하는 방안도 검토할 것을 말하고 있다.

이상과 같이 주의를 기울여 진행된 기도회가 잘 운영될 때 무엇보다도 교회가 살아 움직이는 공동체로서 활성화될 것이며 교우들이 서로 화목하고 긍정적인 공동체로 변할 것을 그는 언급하고 있다. 거기에 더하여 기도회는 서로를 이해하고 도우며 교우들이 가지고 있는 잠재력을 알게 되는 기회가 될 뿐만 아니라 기도회를 통하여 교회에 새로운 능력이 발생함을 가르치고 있다.

---

10   Ibid., pp. 226-43.

3. 성례전의 이론과 실제

A. 성례전의 필요성과 그 시기

곽안련은 성례를 예배의 어느 부분보다 그 필요성과 중요성을 강조하고 있다. 그는 여기서 "이 성례는 목사가 항상 강도하는 이치를 물건으로 표하는 것이 되고 눈앞에 보이는 증거로 그 이치를 확정하나니, 이를 봄으로 이 성례가 얼마나 귀중한지 알지라"[11]고 밝히고 있다. 그는 성례를 목사가 책임져야 할 설교의 연장선상으로 보고 있다. 그러한 까닭에 "세례를 베푸는 권(權)은 목사에게만 있고, 성부 성자 성신의 이름으로 세례를 주는 것과 포도즙을 붓는 것과 떡을 떼는 권(權)이 그 사람에게만 있나니라"[12]라고 말하고 있다. 그리고 성례를 갖게 되는 날은 "특별히 복 받은 날로 인정할 것"을 강조한다. 목사는 성례주일을 정하였을 경우 설교를 통하여 점차적으로 교인들이 성례에 근접해 올 수 있도록 가르치고 준비시킬 것을 권장하면서, 부흥회가 끝나는 주일에 이 성례전을 통하여 부흥회 기간 동안 받은 은혜를 절정에 이르게 하는 것이 현명한 것임을 조언하고 있다.

B. 세례 성례전

먼저, 곽안련은 세례 성례전에 대한 신학적인 정의에 대해 장로교신조에 실린 것을 그대로 다음과 같이 옮겨 놓았다.

세례는 성부 성자 성신의 이름으로써 물로 씻음이니 그리스도와 연합하여 성신으로 말미암아 중생하고 새롭게 함과 우리 주의 종이 되는 언약을 얻는 것을 인(印)쳐 증거하는 표인즉 이 예는 그

---

11 Ibid., p. 308.
12 Ibid.

리스도를 믿는 자와 그의 자녀들에게 행하는 것이라.[13]

　그는 이와 같은 정의에 입각하여 세례를, (1) 예수님께서 대신하여 흘리신 피의 공로로 우리의 죄를 다 씻게 된 표이며, (2) 하나님의 식구로 하나님의 나라에 입적한 표이며, (3) 하나님의 사람이 된 표요, (4) 우리가 복을 받을 능력이 생기는 대로 성신께서 복을 더 많이 주시고자 하는 표요, (5) 수세자가 맹세하여 바침으로 다시는 자기의 뜻대로 살지 아니하고 예수님의 뜻대로 살기를 작정하는 표임을 밝히고 있다.

　둘째로 집례자와 수세자에 대한 문제를 언급하고 있다. 먼저, 세례를 베풀 수 있는 자격에 대해, 천주교는 급한 경우에 신부의 위탁으로 세례를 줄 수 있으나, 장로교는 오직 "부름 받은 그리스도의 목사"에게만 있다는 사실을 확인하면서 그 법적 근거를 1907년에 채용한 조선장로교회 정치에 두고 있다. 여기서 또 하나 관심을 끄는 것은 타교단에서 세례를 받은 사람에 대한 문제다. 이것은 당회가 다시 세례를 요구하든지 그대로 받든지 결의하여 진행할 것을 제안하고 있다. 특별히 천주교에서 영세를 받은 사람들에 관하여 당회는 문답을 하고 그 믿음의 질을 잘 판단하여 그대로 받든지, '긴요(緊要)한 도리(道理)'에 대하여 부족하면 공부를 하고 다시 세례를 주든지, 아니면 세례 없이 입교 문답만 하고 받을 수 있다고 말한다. 여기서 그는 성삼위 하나님의 이름으로 주는 세례는 단회적인 것이므로 천주교의 영세도 인정하는 입장을 취하고 있다.

　셋째로 세례의 형태 문제다. 세례를 주는 방법은 그 기본 형태를 웨스트민스터 대요리문답에 근거하여 "성부 성자 성신의 이름을 부르면서 물로 그 사람의 면(面)에 붓든지 물방울로 떨어뜨림으로 세례를 주고 다른 예식을 더 하지 아니할 것이라"고 언급하고 있다. 여기서 특기할 만한 사실은 이러한 세례의 형태에 대하여 목사가 교육을 시켰음에도 불구하고 수세자

13　Ibid., p. 310.

가 침례교와 같이 물에 온몸을 잠그는 형태의 세례를 원한다면 줄 수 있음을 다음과 같이 말하고 있다. "그러한 세례를 청하면 감리회나 장로회가 그러한 세례를 허락하고 목사가 그대로 베풀지라도 책망이 없으리라."[14] 또 하나는 성부 성자 성령의 이름을 부를 때마다 물을 세 번 뿌리는 형태로, 장년 세례에는 좋으나 유아 세례에는 어린이를 괴롭히는 결과를 주기 쉽기에 한 번으로 할 것을 권하고 있다.

넷째로 유아 세례는 필히 그 부모가 당회 앞에서 유아 세례의 뜻과 필요한 문답을 미리 하도록 하여 준비해야 하고, 어떤 경우도 즉흥적으로 자녀에게 유아 세례를 받게 하기 위하여 앞으로 나오는 일이 없도록 해야 한다. 유아 세례에 있어 흥미로운 부분은, 유아 세례 시에 부모가 함께 앞으로 나와야 하는데 아버지가 없는 경우에는 친척이나 외가 중에서 한 남자가 함께 서약에 동참할 것을 권하고 있다는 점이다. 그리고 호적이 정리되지 않아 아직 이름이 없는 어린이는 목사나 당회가 그 아이 형제의 항렬자를 합쳐 이름을 지어 주고 세례를 줄 것을 말하고 있다. 유아 세례의 나이는 6, 7세까지로 하고, 장년 세례는 14세부터 할 것을 권한다.

다섯째로 수세자는 자기의 이름이 쓰여 있는 푯말을 들고 있도록 하여 목사가 쉽게 호명을 하도록 하되, 푯말을 분실하여 이름을 알 수 없는 경우는 "하나님의 언약대로 자녀 된 자여!"라고 부르도록 한다. 특별히 이름을 잘 사용하지 않았던 당시의 여자 수세자의 경우 "뉘의 어머니라 뉘의 안해라 부르지 말고 각기 저의 이름을" 정확히 불러야 함을 말한다.

여섯째로 세례 성례전이 있는 주일에 목사는 예배 시간이 지연됨을 방지하기 위하여 설교를 매우 간단하게 해야 함을 권한다. 설교가 세례 성례전보다 더 중요하다고 볼 수 없는 관계로 "세례식과 강도를 같은 시간에 아름다운 모양으로 행하지 못하겠으면 그날 강도는 정지함이 가하니

---

14   Ibid., p. 313.

라"[15]고 말하고 있다.

일곱째로 세례와 성찬은 예배당에서 하는 것이 정상이지만, 환자와 같은 특수한 경우는 당회의 결의에 의하여 해당 교인의 가정에서도 행할 수 있으며, 이때는 증인이 될 만한 사람과 동행한다.

여덟째로 세례를 주게 되는 성례전은 담임목사가 있는 경우 4개월에 한 번씩이 좋으나 담임목사가 없는 경우는 1년에 1회 이상 갖도록 한다.

C. 성찬 성례전

첫째로 성찬 성례전의 신학적 의미를 밝히고 있다.

곽안련은 성찬 성례전이 없는 공예배를 하나님께 드리는 부분과 하나님께서 예배하는 무리에게 주시는 부분으로 분류하고 있다. 그 가운데 성찬 성례전은 "이 두 가지를 겸하였으니 바치는 것과 받는 것이 완전히 연합함이니라"[16]고 설명한다. 성찬의 참뜻은 구약의 화목제물을 바치는 법과 화목절기가 되는 유월절기에서 찾아볼 것을 말한다. 그리스도의 보혈이 우리 죄를 담당해 주셨기에 용서함 받은 무리가 "예수님의 십자가의 공로로 와서 그 피로 자복과 회개와 믿음을 드리면 아버지께서 의롭다 하심을 주시고 그 사람을 받으시느니라"는 성찬의 본래적인 신학을 밝히고 있다.

여기에 더하여 성찬 성례전에서 있게 되는 주님의 영적인 임재를 다음과 같이 설명하고 있다. "성찬 잔치할 때 예수께서 주인이요 신자는 빈이요 잔치는 자기의 집안에서 하고 예수께서 특별히 그 중에 계시고 참예하시나니라."[17]

둘째로 성찬 성례전의 목적이 (1) 십자가 위해서 희생당하신 주님을 깊이 생각하여야 하고, (2) 참예자들이 모두 예수님과 연합하는 데 목적을

---

15   Ibid., p. 320.

16   Ibid., p. 325.

17   Ibid., p. 329.

두어야 하며, (3) 영혼의 양식으로 그 몸과 피를 마셔야 영원히 산다는 주님의 문(요 6:53)을 명심하게 하는 데 있어야 함을 강조한다.

셋째로 포도즙과 떡에 관하여 그는 매우 깊은 관심을 기울이고 있다. 특히 당시의 어떤 목사들이 포도주를 사서 물을 많이 타서 사용하는 것을 보면서, "물을 암만 많이 탈지라도 술맛은 거저 있어 자미가 없는지라. 술을 끊은 자 중에 이런 술을 마심으로 다시 마시는 자가 되기 쉬우니 너무 위태한지라"[18]라고 지적하면서 교회가 포도즙을 성공적으로 만들 수 있는 방법을 자세하게 설명하고 있다.

떡은 "유대 사람들이 항상 누룩 없는 떡을 썼으니 누룩이 없는 조선 떡도 쓰는 것이 좋은지라"라고 말하면서, 경우에 따라서는 구약(레 7:13)에서도 누룩 있는 떡을 쓰는 경우가 간혹 있었으므로 둘 다 사용이 가능하나 당회가 작정할 것이며, 준비는 장로와 집사들이 정중히 할 것을 말한다.

넷째로 성찬 성례전에 대한 목사의 철저한 교육은 필히 있어야 하고, 개인의 생활에 거리끼는 문제에서부터 교인들끼리 화목하지 못한 부분에 이르기까지 회개하지 아니한 사람이 "성찬에 참여하면 벌 받는다 말할지니라"고 가르치고 있다.

다섯째로 성찬 성례전의 실제 방법은 다음의 몇 가지 수칙을 제시한다.

(1) 다른 교단의 입교인들도 참예케 한다. (2) 분병 분잔 위원의 할 일과 위치를 자세하게 정한다. (3) 제정의 말씀을 봉독하기 전에 온 교우가 일어서서 찬송을 부르면서 세례 교인을 분류하여 앉게 하여 분병 분잔의 질서를 쉽게 한다. (4) 본 예전은 엄숙히 하기 위하여 목사의 소리 외에는 일체의 잡음이 나오지 않도록 하고, 어린이들의 무질서한 행동은 일체 엄금한다. (5) 모든 교인은 정숙한 자세로 자신을 살피는 시간이 되도록 한다. (6) 목사는 예식서의 성찬 예식의 말들을 읽을 수 있으나 가급적 목사가 잘 외워서 사용하도록 한다. (7) 정결하게 덮어 놓은 상보는 장로가 나와

---

18 Ibid., p. 332.

조심스럽게 벗기되 정중하고 절도 있게 한다. (8) 목사는 성물을 교우들보다 먼저 받으나 장로는 모든 수종을 다 든 다음에 든다. (9) 유아 세례를 받았더라도 입교 문답을 필하지 아니하였으면 성물을 주지 아니한다. (10) 분병 분잔이 끝나면 상보를 다시 덮고, 찬송과 축도로 예식을 끝내고 모두가 조용히 집으로 돌아가면서 성찬의 깊은 뜻을 음미한다.

여섯째로 성찬기와 기타의 성물에 관한 가르침은 다음과 같다.

성찬상은 교회의 크기에 따라 정할 것이며, 성찬상보는 흰색의 좋은 것으로 준비할 것을 권한다. 포도즙 잔과 떡 접시는 예루살렘 성전에 있었던 기명(器皿)들을 생각하면서 좋은 것으로 준비하고, 위생을 생각하여 유리잔과 사기잔은 좋으나 당시에 흔히 사용하던 비위생적인 나무그릇이나 독성이 나오는 놋쇠는 삼갈 것을 말한다. 분잔의 경우 큰 그릇 하나로 교인들이 돌려가면서 마실 수 있으나, 비위생적인 결과를 줄 염려가 있기에 개별 잔을 사용할 것을 언급하고 있다.

끝으로 그는 성찬의 횟수와 예식서에 대한 문제를 다루고 있다.

그는 여기서 성찬 예전을 교단에 따라 매주 또는 일 년에 한 번 행하는 경우가 있으나 일 년에 4회 정도가 좋다고 하면서 이것은 당회가 결정하여 시행할 문제임을 언급하고 있다.

곽안련은 성례전에 대하여, 우리의 교회가 가지고 있는 이 두 성례는 가장 핵심적인 부분으로서 세례를 통하여 죄를 용서받고 성찬을 통하여 예수님과 연합이 이룩됨을 강조하면서 다음과 같이 결론을 맺고 있다.

성찬(聖餐)과 세례(洗禮)는 아교회내(我教會內)에 차이예식(此二禮式)우긔 업스나 차이(此二)이 아(我)의 종교(宗教)의 도리(道理)의 심장(心腸)이니 일(一)은 야소(耶蘇)의 아(我)의 혈(血)의 공로(功勞)로 죄세(罪洗)슴을 수(受)는 표(表)요 이(二)는 변화산(變化山)과 가치

야소(耶蘇)와 연합(聯合)함이라.[19]

여기서 그는 이 성례를 집례하는 일은 목사에게 '최존(最尊)한 것'으로 규정하면서, 모든 어려움과 걱정은 예전을 집례할 때 내어 물리치게 되므로 이 일은 "하나님의 명을 가지고 다니는 자의 특권과 영광임"을 강조하고 있다.

4. 분석과 평가

평양신학교에 곽안련이 발을 들여놓은 때에 실천신학은 이길함(Graham Lee)이 가르치던 목회학이라는 과목이 전부였다. 그러나 곽안련이 이길함의 뒤를 이어 실천신학 교수로서 평양신학교에서 강의를 시작한 지 몇 년 후에 평양신학교의 실천신학은 획기적인 기틀을 마련하고 있었다. 『강도요령』과 『목사지법』만을 가지고 있었던 실천신학의 분야가 주경신학과 조직신학과 역사신학보다 더 많은 과목을 개설하였다. 실천신학에서는 설교학을 비롯하여 교회 정치, 교수학과 모든 종교교육, 예배학 및 그 이론, 개인전도학, 신자의 사회봉사, 목회학을 개설하여 목사 양성에 심혈을 기울였다.[20] 그의 실천신학 교육 이념은 "타인을 구원하며 하나님께 영광을 돌리는 사역을 하게 하는 데"[21] 있었음을 술회하고 있다.

교회의 현장을 위해 남다른 뜻을 가지고 실천신학의 기수로 있었던 그가 한국교회의 초기에 가르친 예배에 대한 교육은 아무 이론(異輪)이 없이 그대로 수용되었다. 그리고 그 예배의 줄기가 한국 장로교에 정착되어

---

19 Ibid., p. 343.

20 장로회신학대학교 100년사 편찬위원회, 『장로회신학대학교 100년사』 (서울: 장로회신학대학교, 2002), pp. 116-20.

21 곽안련, 『목회학』 (서울: 대한기독교서회, 1967), p. 2.

오늘에 이르고 있다.

먼저, 그의 예배에 대한 정의는 매우 특수하다. 그는 예배 시간이 하나님께서 주신 창조의 은총과 그리스도이신 예수님을 통하여 주신 구원의 은총에 대한 응답이라는 현대 예배의 정의보다는 예배하는 그 시간에 초점을 두고 "죽게 된 영혼을 죄의 부정함과 형벌 가운데서 구원하여 내는 시간"으로 정의하고 있다.

둘째로 1895년 마펫(Samuel Moffet)의 『위원입교인규도』(位願入敎人規道)에 나타난 예배 순서는 9개 항목(찬송, 기도, 성경 봉독, 기도〈회중〉, 찬송, 성경 강도, 기도, 헌금, 찬송)이었으나, 곽안련은 앞에서 본 대로 17개 항목을 제시한 바 있다. 특히 그는 여기서 예배의 부름이나 죄의 고백과 같은 순서를 도입하여, 칼빈의 예배 순서와 맥을 같이했던 웨스트민스터 예배 모범의 정신을 도입하였음을 보게 된다.

셋째로 언더우드와 같은 초기 선교사들이 미국의 서부 개척기에 있었던 변방예배(FrontierWorship)의 집회에서 보여주었던 예배 의식의 영향을 받은 것과는 달리, 그는 예전적 감각을 살리는 데 노력을 기울이고 있음을 본다.

넷째로 그는 예배 환경에 남다른 관심을 기울이고, 예배하는 처소의 청결과 예배하는 사람들의 정숙함 등에 깊은 관심을 표명하고 있다.

다섯째로 주일 낮 예배와 저녁 찬양예배와 수요 기도회를 구분하여 예배와 기도회의 특성화를 기하였고, 모든 모임이 설교 중심으로 이어지는 것을 원치 아니한 것을 보게 된다.

여섯째로 세례와 성찬 성례전에 관한 그의 신학적 바탕, 즉 "세례를 통하여 죄를 용서받고 성찬을 통하여 예수님과의 연합을 이룬다는 것은 장로교의 성례전 신학으로 자리매김하는 데 일조를 하였다.

일곱째로 성례전의 실제를 위한 구체적인 지침은 초기 한국교회에 성례전이 바르게 정착하는 데 소중한 교육이었다. 특별히 한국교회가 성례전을 연중 4회로 수행할 것을 1910년대부터 주장했었다는 사실은, 연중

2회로 만족하게 여기는 오늘의 교회가 새롭게 음미해 봐야 할 부분이다.

끝으로 설교학에 누구보다 조예가 깊은 교수로서 그는 예배 가운데 가장 핵심적 부분인 설교는 30분 이내로 짧아야 하며, 그 이상을 넘기면 그것은 목사의 실수일 뿐만 아니라 "거의 죄니라"라고 지적한 점은 오늘의 설교자들에게 많은 의미를 던져 주고 있다.

함축된 의미

곽안련이 실천신학자로 한국교회에서 섬긴 40년의 기간(1902-1941)은 한국교회가 신학적으로 태동하여 기초를 쌓고 있던 시기였다.[22] 그가 전 생애를 거의 평양신학교에서 실천신학 교수로 바치는 동안 1,600명의 제자들을 양성했다는 그의 술회는 한국교회에 그의 교육이 얼마나 큰 몫을 감당했는지를 입증하고 있다.

개혁자들이 교회를 근본적으로 예배하는 무리들의 공동체(worshiping community)라고 정의한 것을 잘 알고 있던 곽안련은, 한국교회가 전도와 성경공부, 그리고 각종 집회를 통하여 모인 교회였기에 정상적으로 예배하는 공동체의 본질을 회복해야 함에 남다른 책임감을 느꼈음을 본다. 이러한 책임감으로 인해 곽안련은 선임 선교사들이 서부개척기에 있었던 집회 중심의 변방예배(frontier worship)의 예배 형태를 도입했을 때, 과감하게 장로교 예배의 모범인 웨스트민스터 예배모범에 따른 예배를 가르치고 있었음을 본다. 한국교회가 아직도 집회 성격의 예배에 머물고 있는 현장을 보게 될 때, 그가 노력하고 가르쳤던 예배의 신학과 이론이 모두 수용

---

22 류동식, 『한국 신학의 광맥』 (서울: 전망사, 1971), pp. 30-32. 류동식은 한국교회 신학의 발전을 다음의 세 시대로 구분하고 있다. 1900-1927까지를 한국 신학의 태동기, 1928-1939까지를 한국 신학의 정초기, 그리고 1960년 이후를 한국 신학의 전개기로 구분하고 있다.

되지 못한 것에 대한 아쉬움을 느끼게 된다. 이것은 단순히 그의 예배신학이나 이론에 문제가 있었던 것이 아니라 집회와 예배를 애써 구분할 필요 없이 말씀 중심으로만 이어진 한국교회의 정황 때문이었다. 그러나 그가 참된 예배를 위해 뿌린 씨앗은 지금의 대한예수교장로회 예배모범을 비롯하여 예식서에서 주종을 이루고 있음을 본다. 실천신학 교수로서 예배의 기본 사상과 틀을 잡아 주었던 그가 있었기에 장로교는 한국 땅에서 거대한 몸체를 갖출 수 있었고, 오늘날 하나님을 위한 예배의 정신을 갖출 수 있게 되었다.『목사지법』을 통하여 한국의 초기 목회자들에게 안겨 주었던 예배교육은 분명 예배를 알지 못했던 이 땅에 소중한 가르침이었으며, 이것은 오늘의 목회자들도 재음미해 보아야 할 소중한 보고임을 확신한다.

제3장
한국문화와 기독교 예배·예전의 연접(連接)

어느 세계나 의식주의 문제가 해결되지 않은 단계에서는 외부의 도움을 필요로 한다. 그리고 그 외원(外援)을 타고 오는 타문화권의 요소들을 분별없이 수용하고 거기에 쉽게 동화된다. 그러나 훗날 정치, 경제, 사회가 정상적인 궤도에 오르고 국민들의 교육 수준이 어느 정도 성장하면 그때야 그 민족의 주체적인 의식을 회복하려 하고 고유한 문화의 복원을 서두르게 된다.

우리의 한국 사회도 이상과 같은 이론이 그대로 적용된 경우이다. 1910년 한국의 통치권이 일본에 빼앗긴 국치(國恥)의 한일합방 이래 이 땅에는 일본의 의식과 문화가 지배를 하였고, 1945년의 광복과 6·25의 참화(慘禍)와 그 복구의 과정에서 미국을 비롯한 서구의 의식구조와 문화의 물결이 이 민족의 삶 속에 깊숙이 자리를 잡아왔다. 그 결과 이 나라는 그들의 정치, 군사, 경제의 그늘에서 우리의 주체적 사상과 문화의 활발한 전개를 펴지 못한 채 최근까지 지내왔다.

특별히 하나님을 섬기는 예전의 형식은 어디서나 그 민족의 심성과 문화의 옷을 입을 필요가 있는 데도 불구하고, 우리의 예배와 고유문화 사이에는 그동안 접촉이나 대화가 완전히 차단된 채 지금까지 지속해 왔다.

이제 우리나라는 세계의 무대 위에 활발하게 뛰어들 정도의 교육과 경제의 수준을 이룩하고 있다. 과거처럼 의식주를 위하여 외국의 원조를 얻지 않아도 된다. 그리고 그들의 사상과 문화가 더 이상 이 땅을 지배하는 것도 거부하고 있다. 이제는 모두가 그동안 묵혀두었던 한국의 고유한 의식과 문화의 옷을 입어야 한다는 당위성이 여러 분야에서 강조되고 있다. 여기에 우리의 교회도 70년대 초반부터 기독교가 수입된 종교가 아니라 이 땅의 옷을 입은 종교로서 이 민족 속에 영원한 뿌리를 내려야 한다는 주장이 대두되고 있다.

한국의 개신교가 한국 문화권에 상륙하여 두 세기째 접어든 오늘도 고집스럽게 한국의 문화와의 연접을 기피하고 가능한 옷을 입기를 거부하는 종교로 버티는 것이 바른 길인지, 아니면 주체성을 회복하면서 우리 옷의 소중함을 인식하고 입히는 작업을 해야 하는지를 생각할 때가 되었다.

지금까지는 한국의 고유한 문화와 예배의 현장의 관계에 대한 구체적인 주장들을 좀처럼 들을 수 없었다. 있었다 해도 그것들은 평범한 원칙과 표상(表象)적인 것에 불과하였다. 그러기에 필자는 이 글에서 반만년의 뿌리 깊은 우리의 문화에서 예배·예전과 관련 있는 주된 요소를 추출(抽出)하고 그 바탕에서 우리의 옷을 입어야 할 구체적인 부분들을 찾아보려고 한다.

1. 문화와 종교의 상관성

일반적으로 문화란 인간이 자연 그대로의 상태에 머물지 않고 인간의 노력에 의해 자연을 변화시키고 스스로 자연상태로부터 벗어나와서 형성된 물질적이며 정신적인 모든 성과를 말한다. 그러나 여기서 말하는 자연상태로부터의 벗어나옴이란 주어진 자연조건으로부터의 이탈을 의미하지 않는다. 오히려 자연의 조건 속에서 존재한 인간들이 보다 나은 생존의 조건과 안일을 위하여 노력한 대가로서 창출된 상태를 의미한다. 이러한 기본적인 바탕에서 니버(Richard Niebuhr)는 문화를 다음과 같이 정의하고 있다.

> 문화란 인간이 자연에 덧붙이는 것으로서 먼저는 인공적인 것이며 둘째는 환경적인 것이다. 이것은 언어, 습관, 사상, 신앙, 풍습, 사회의 구조, 고유한 가공품, 기술의 진행, 그리고 가치관 등을 내포한다.[1]

이상과 같은 문화에 관한 정의는 모두가 자연의 환경과 조건 위에서 인간 공동체가 집단을 이루면서 형성한 제 요소들을 일컫는다. 그러나 여기서 유의해야 할 것은 인간은 단순한 문화의 제 요소만으로 만족하거나 삶을 영유하지 않고 그 문화를 바탕으로 하여 종교를 형성하고 그 종교와 함께 생의 의미와 미래를 꾸려 간다는 점이다. 이러한 의미에서 굳이 버크(Edmund Burke)의 말을 빌리지 않더라도 인간은 천성적으로 종교적 동물이라고 말할 수 있다.

그 이유는 인간의 형성과 그 사고의 구조 자체가 종교적인 본성을 소유하기 때문이다. 이러한 종교적인 본성 가운데서 형성된 사고의 구조를 가지고 있는 인간들은 어느 지역에 정주를 하든지 그들의 종교성을 표현한 문화를 창조한다. 이러한 문화는 실질적으로 한 종족의 삶의 종합적인 표현이며 그 내용이다. 그래서 니버는 "문화는 인간의 성취이다"[2]라고 서술하였다. 이러한 성취의 결정체인 문화는 바로 고유한 종교의 바탕이 되고,

---

1   H. Richard Niebuhr, *Christ and Culture* (New York: Harper & Row Publisher, 1951), p. 32.
2   Ibid., p. 33.

거기서 생성한 종교는 문화의 결정체로서 나타나고 한 종족의 삶의 양태를 보여주기도 한다.

그러기에 어떤 종교도 문화적인 배경이 없이 발생되는 경우는 없다. 반드시 고유한 문화의 본질을 담고 있으면서 그것을 우주적 진리로 보편화시키고 있다. 이러한 차원에서 문화와 종교의 상관성을 이해한다면 틸리히(Paul Tillich)의 "문화는 종교의 형태(Form)이고 종교는 문화의 본질(Substance)이다"³라고 갈파한 말이 깊은 설득력을 갖게 된다.

문화의 본질로서의 종교를 간직하고 살아간 가장 대표적인 예로 바로 유대민족을 들 수 있다. 그들의 히브리 문화는 자신들의 유일신 여호와를 섬기기 위한 끊임없는 예전의 실천이었고, 이것은 어느 민족도 따를 수 없는 특유한 문화를 형성했다. 이들은 지리적으로 정착된 조국을 갖지 못한 채 세계의 이곳저곳으로 흩어진 민족(Diaspora)으로 살았어도 고유한 문화의 결실인 종교는 끝까지 보존하였다.

이러한 역사적 기록은 종교는 심오한 한 민족의 경험의 소리이고, 그 경험의 깊은 심성은 문화라는 방주에서 적셔지고 용해된 결실이라고 하지 않을 수 없다. 그러므로 일정한 문화권에서 생성된 종교가 타 문화권에 진입할 때는 그곳에서 형성된 문화와 종교, 그리고 그 민족의 종교심성에 대하여 진지하게 관찰할 필요가 있다.

이러한 문화의 고유성을 인정하면서 한민족(韓民族)의 문화를 제의문화(祭儀文化)라 이름하고 이 땅에서 살아온 민족을 제의적 민족(祭儀的 民族)이라 부르는 데 별다른 이의를 제기할 수 없다고 본다. 그 이유는 천 년 동안 신라와 고려를 지배했던 불교와 그 예불(禮佛)의 영향이 우리 한민족의 생활 속 깊이 파고들었기 때문이다. 그리고 유교가 500년 동안 이조시대 양반계급의 사회 속에 깊숙이 파고들어 조상숭배와 제사제도의 일상화를 가져오게 하였기 때문이다. 거기에 더하여 상인계급(常人階級)으로 분

---

3 Paul Tillich, *Systematic Theology* (Chicago: The University of Chicago Press, 1963), Vol. III, p. 158.

류된 일반대중은 비록 뚜렷한 조직을 갖추지는 못했을지라도 무교(巫敎)를 민간신앙으로 지탱하며 대대로 살아왔기 때문이다. 그러기에 우리의 장구한 역사는 제의적(祭儀的)인 심성과 종교심으로부터 독립될 수 없는 문화의 성(城)을 쌓아왔다.

이러한 까닭에 우리의 민족은 새로운 종교에 대하여 어느 민족보다 민감한 반응을 보였고, 때로는 너무나 쉽게 그 종교들을 수용하면서 그 안에서 자신의 운명을 의지하고 험준한 삶의 피난처로 삼았다. 특별히 이러한 현상은 이 땅이 세계에 개방된 이후 물밀듯이 들어온 허다한 종교들을 맞아들이는 과정에서 너무나 뚜렷하게 나타난다. 제의문화라는 특수한 상황에서 남달리 경험하고 익숙해진 감각과 함께 많은 사람들은 새 종교가 심어준 제의행위 속에서 나름대로의 희열을 경험하였다. 이러한 상황 속에서 새로운 종교는 급속도로 확산되었다. 이처럼 종교성이 강한 문화의 땅에 사는 사람들을 찾아온 종교들은 자신들의 교의(敎義-Dogma)의 변화나 타협에는 조금의 양보도 없이 나아가면서도 그들의 교의를 표현하는 방법과 형태는 이 민족의 고유한 종교적인 심성과 제의적 문화와 쉽게 타협을 하면서 포교(布敎)를 하였다는 사실이다. 그렇기에 이 땅에 들어온 불교나 유교는 한국적 종교로 뿌리를 내리는 데 별로 어려움을 겪지 않고 오늘까지 이어오고 있다. 심지어 개신교보다 100년을 앞서서 입국했던 천주교까지도 수입된 종교의 냄새를 숨기고 마치 이 땅의 고유한 종교처럼 우리 민족의 숨결과 함께 명맥을 유지해 보려는 몸부림을 치고 있다.

그러나 유독 한국의 기독교만은 이 제의문화의 성(城)안에 살면서 이 세계에서 사용되는 언어와 심성과 표현의 양식(樣式)과는 거리를 두었다. 이러한 현상을 일컬어 배타주의(exclusivism)라 한다. 그러나 이러한 배타주의는 당대의 세기에서는 활발한 발전과 승세(勝勢)를 확보할 수 있으나 다음 세기에서는 깊은 고립주의에 빠질 가능성이 많다는 것을 예단(豫斷)하지 않을 수 없다.

2. 한국의 옷이 필요 없던 기독교

기독교가 이 땅을 찾던 19세기 말엽의 한국사회는 쇠퇴와 흑암, 혼돈의 와중에 있었다. 불교나 유교가 종교로서의 기능을 상실하여 더 이상이 민족의 미래를 맡기고 의지할 수가 없었다. 특별히 샤머니즘이 기독교의 하나님과 영적인 세계의 가르침을 받아들일 수 있는 분위기를 만들어 놓았고 유교가 하나님을 섬기고 이웃을 사랑하라는 기독교의 윤리를 받아들이도록 그 바탕을 제시한 상태였다. 특별히 나라를 빼앗긴 정치적 상황은 민족의 구원을 이룩해 줄 절대신을 찾지 않을 수 없던 상황이었다.[4]

이러한 배경 하에 한국인과 접촉한 기독교는 한국인의 심성과 문화의 옷을 구태여 입을 필요가 없었다. 우선적으로 "구원의 종교"라는 기독교의 교의(敎義) 하나만을 가지고도 교회는 방황하는 민중의 피안처가 되었고, 잃어버린 나라와 자신들의 장래를 보면서 이 민족의 머리 둘 곳이 바로 기독교라는 인식을 스스로 터득하게 되었다. 그러기에 이수정과 서상륜과 같은 선구자들은 외국 땅에서 이 진리와 접촉하기가 무섭게 성경을 번역하고 고향땅(솔내)에 교회를 세워 이 땅을 찾은 선교사들을 놀라게 하였다.[5]

선교의 뜨거운 열정을 품고 이 땅에 상륙한 선교사들이 선교 초기부터 하나님을 섬기는 예배·예전에 우선적인 관심을 기울이는 것은 전혀 상상도 할 수 없었다. 더욱이 그들은 오직 말씀만을 중시하면서 탈 예전적인 경향을 취했던 퓨리탄의 후예였다는 사실을 고려한다면 예배·예전에 관한 관심과 수준이 어느 정도였는지를 충분히 짐작할 수 있다.[6]

뿐만 아니라 개신교 선교의 역사를 관찰할 때 어느 나라에서도 선교의

---

4 유동식, 『한국종교와 기독교』 (서울: 기독교서회, 1965), pp. 143-6.
5 여기에 대한 기록은 민경배 교수가 섬세한 자료를 가지고 집대성한 『한국기독교회사』 (서울: 기독교서회, 1972), 제3장에 상술되어 있다.
6 퓨리탄주의와 반예전운동에 대한 것은 James Hastings Nichols, *Corporate Wroship* (Philadelphia: The Westminister Press, 1968), 제5장에 상술되어 있다.

초창기부터 하나님을 섬기는 방법과 표현에 그 땅의 문화를 고려하고 그 민족의 심성을 바탕으로 하면서 복음을 전달한 곳은 그리 많지 않다. 선교 초기에는 어디서나 복음의 선포와 구원의 확대에 열을 올릴 수밖에 없기 때문이다. 특별히 칼빈과 쯔빙글리의 영향을 받은 개신교는 의식보다는 말씀이 우선적이었다.

이상과 같은 배경을 가지고 있는 장로교를 중심으로 한 개신교가 한국 땅에 들어와서도 구원의 도리와 성경말씀을 가르치기에 땀을 흘렸다. 그리고 그들이 가르친 찬송은 비록 토착적 감정과는 무관했을지라도 한(恨)을 승화시키는 노래로 환영을 받았다. 소원 성취를 위한 기도는 재래종교에 익숙한 우리의 민족에게는 조금도 어색하지 않았다. 물론 전통적인 제사행위에 대한 수용이 심각한 갈등을 몰고 온 것이 사실이나 당시에는 정치·사회·개인의 구원문제가 이보다 더 우선이었다. 이런 과정을 겪으면서 선교사들이 가져다준 제반 신학과 교리와 예배 행위는 절대적인 것으로 정착하게 되었고 한국 문화의 옷을 입을 필요성을 느끼는 사람은 거의 없을 정도였다. 그리고 한국인의 심성이 표현된 신앙 행위가 과연 필요한 것인지조차 생각할 겨를도 갖지 못한 채 기독교는 이 땅에 뿌리를 내리게 되었다.

3. 한국문화와 연접이 필요한 기독교 예배의 이해

성숙한 그리스도인들에게 우선적으로 요구되는 것은 창조주로서 구원의 경륜을 이 땅에 펴신 하나님을 향하여 신령과 진정으로 예배하는 일이다.[7] 이것은 단순한 인간의 신학에서 유래한 것이 아니라 그리스도의 명령으로서 세계의 교회가 가장 진지하게 따르는 계명이요 행동강령이다. 미성숙한 단계에 있는 그리스도인들은 그 의미의 발굴이나 내용에 깊은 관심을

---

7 요한복음 4:23.

가지지 않은 채 피동적인 자세나 방관적 자세에서 예배를 계속한다. 그러나 유아기를 벗어나 성숙한 성도의 반열에 선 그리스도인들은 예배에 대한 깊은 이해를 시도하고 그 예배를 통하여 하나님과의 만남을 추구한다.

오늘의 시점에서 한국교회를 완숙(完熟)한 교회라 이름하기는 여러 면에서 부족하다. 그러나 한 세기를 넘긴 한국교회는 이제 자신들이 섬기는 신을 향하여 수없이 드리는 예배의 의미를 재음미해 볼만큼 성장했고 시기도 도래하였다. 특별히 이 땅에서 드리는 예배가 단순한 서구사회의 것이 아닌 한국인들이 드리는 예배라는 것을 보여주기 위해서는 예배에 대한 확고한 이해가 필요하다.

기독교에서 말하는 예배는 하나님과의 관계 형성이 되어 있는 사람들의 세계에서만 존재하고 실천하는 신앙 행위이다. 즉, 예배의 대상인 하나님의 창조와 구속의 은총을 깨달은 그의 백성(Laos)이 그 은총을 내리신 분에게 나아가 그 앞에서 감격하고 경배와 감사와 찬양과 헌신과 고백의 기도를 통하여 드리는 것이 예배이다. 이러한 의미에서 헉스터블(John Huxtable)은 "기독교 예배란 하나님과 그 백성간의 대화이다"[8]라고 말하고 있다. 즉, 신으로부터 받고 거기에 응답하면서 드리는 대화적 관계의 행위이다.

은총과 응답이라는 대화적 관계는 기독교만이 가지는 생동력 있는 예배의 내용이라 아니할 수 없다. 이러한 내용을 집합하여 지글러(Franklin Segler)는 "기독교의 예배는 예수 그리스도 안에 나타난 하나님 자신의 인격적인 계시에 대한 인간들의 인격적인 신앙 안에서의 정성어린 응답"[9]이라고 말하고 있다.

여기서 정성어린 응답이란 예수님의 지적대로 예배하는 사람의 신령과 진정이 포함된 응답이다. 더욱이 남의 감정이나 언어를 빌려서 드려서는 안 된다. 이 예배는 자신이 섬기는 하나님의 존재와 그 사역, 그리고 은총

---

8   John Huxtable, *The Bible Says* (Richmond: John Knox Press, 1962), p. 109.
9   Franklin Segler, *A Theology of Church and Ministry* (Nashville: Broadman Press, 1960), p. 195.

을 깨닫고 자신의 신앙과 언어와 감정과 행동으로 표현해야 올바른 예배의 의미가 살아나게 된다. 어렸을 때의 신앙상태에서는 가르치는 대로 따르고, 인도하는 대로 표현하고, 남이 고정시켜 놓은 언어를 복창하면서 예배 행위에 임한다. 그러나 유아기를 벗어난 사람은 남의 감정과 방법을 통한 하나님과의 만남보다는 자신의 감정과 언어와 표현을 통하여 하나님을 예배하기 원한다. 이것은 어떤 법도, 제도도 제재할 수 없는 너무나 당연한 과정이다.

이상과 같은 예배의 실상을 인정하면서 우리는 다음과 같은 근본문제에 유의하여야 한다. 먼저, 하나님은 이스라엘을 선택하여 그들의 문화와 사고와 심성과 생활을 통하여 위대한 사역의 장을 펼쳤다. 그 안에서 예수 그리스도의 구속의 사건이 발생되었고 기독교의 복음의 근원지는 유대 땅이 되었다. 그리고 사도들의 활동과 함께 복음은 세계로 확산되었다. 그렇기에 기독교의 출발과 복음서의 기록은 모두가 유대민족의 문화와 역사를 터전으로 하였다는 데 아무도 부정할 수 없다.

다음은 세계로 번진 기독교의 현장을 찾아 아무리 살펴보아도 유대민족의 문화와 심성을 그대로 고수하는 기독교의 모습은 보기 어렵다는 점이다. 비록 복음의 근본적인 진리는 동일하게 지키고 있다 하더라도 그 표현과 적응은 모두가 자신들의 문화와 접목하였음을 쉽게 발견할 수 있다. 즉, 복음이 들어간 그 땅의 일정한 문화적인 양태와 그 민족의 고유한 심성이 예배의 형식으로 구체화되어 있다. 아무리 동일한 교단이라고 하더라도 나라와 문화의 배경에 따라 그 표현과 진행에서 약간의 차이를 쉽게 발견할 수 있다. 그 이유는 예배가 단순한 모방과 답습만으로는 생동감이 넘치는 예배를 드릴 수 없기 때문이다.

신을 향한 경외와 감사의 표현이 민족에 따라 다를 수밖에 없으며 찬양의 내용과 감정이 그 문화마다 특유할 수밖에 없다. 그 대표적인 예로서 남 인도교회(The Church of South India)의 예배를 들 수 있다. 세계의 예배신학자들은 이들의 예배를 주의 깊게 연구한 후 "살아있는 예배·예전은 예배하는 공동체의 삶으로부터 성장되어야 한다"[10]고 결론지었다. 그리고 그 나라의 예배를 에큐메니칼 예배연구서의 일부로 엮어 세계교회에 소개하기도 하였다.

그리고 또 하나의 중요한 문제는 한국 땅에 들어온 기독교 예배가 하나님이 사용하셨던 유대세계에서 원형 그대로일 것이라는 착각을 벗어나야 한다. 이 땅에서 맞이한 기독교의 예배는 지난 2천 년 동안 유대문화를 벗어나 헬라문화와 앵글로색슨문화를 거쳐 미국의 신대륙에서 100년이 넘도록 머물러 있다가 이 땅을 찾은 예배이다. 그런 까닭에 자연적으로 우리가 맞이한 기독교 예배는 여러 문화의 옷을 갈아입은 것이고 그 문화권의 사람들을 위하여 다양한 내용을 가감(加減)한 형태를 띠고 있다.

이러한 사실을 우리가 인정한다면 한국교회는 이제는 더 이상 남의 옷을 입고 있을 수 없다는 논리가 형성된다. 따라서 백 년을 넘긴 한국교회가 보다 더 활기찬 생명력을 회복하기 위해서는 기독교의 고유한 진리의 몸체에 한국의 옷을 입혀 보려는 노력을 기울여야 한다. 특히 예배 행위만은 이제 성숙한 의식을 가지고 우리의 문화 속에서 생성(生成)해 온 심성과 표현의 방법이 사용되어야 한다고 본다.

4. 한국문화의 옷이 필요한 예배의 부분들

우리 예배의 문제점을 서술할 때마다 필자는 마음 아팠던 다음의 대화를 잊을 수 없다. 이 대화는 어느 주일 오후에 미국의 대표적인 교단본부에서 찾아온 의식이 있는 젊은 목사와의 사이에서 있었던 내용이다. 필자는

---

10   T. S. Garrett, *Worship in the Church of South India, Ecumenical Studies in Worship No. 2* (Richmond : John Knox Press, 1958), p. 5.

그를 만나자 서울에서 예배를 잘 드렸느냐는 질문을 던졌다. 그가 "yes"라고 대답을 하기에 한국교회에 가서 한국인의 예배를 드렸느냐고 물었다. 그는 "no"라고 대답을 하였다. 외국인들이 모여서 예배를 드리는 Union Church를 다녀왔겠지 하는 생각이 들어 "그럼 Union Church에서 아는 친구도 만나고, 또 함께 드리는 예배는 즐거웠는지"를 물었다. 그의 대답은 여전히 "no"였다. 두 번이나 "no"라는 대답을 들은 나는 약간 혼란스러웠다.

내용인즉, 한국교회를 분명히 갔는데 예배당 건물과 내부구조가 미국의 것과 조금도 차이가 없었고, 회중이 부르는 찬송도 자신들이 부르는 것과 같은 것이었는데 단지 거기 모인 사람들만이 미국사람들이 아니었다는 대답이었다. 그래서 자신은 한국 땅에서 한국 사람들과 함께 서구식 예배당에서 서구 찬송을 부르면서 서구식 예배를 드렸다고 말하였다.

이 대답을 들으면서 필자는 생애 처음으로 외국인 앞에서 수치감에 젖어 얼굴을 붉히고야 말았다. 바로 고유한 문화와 전통, 그리고 이 땅의 주체성의 흔적을 우리의 예배당과 예배에서는 찾아볼 수 없다는 것을 새삼스럽게 느끼지 않을 수 없었다. 이제 우리의 한국교회는 겸허한 자세로 우리의 예배를 성찰해 볼 필요가 있다.

먼저, 예배를 드리는 성전의 구조와 모습에서 우리의 것을 볼 수 없다.

비록 기독교는 유대민족으로부터 시작이 되었다고 하더라도 기독교의 하나님을 섬기는 성전은 그 나라마다 고유한 건축양식을 따르고 있다. 그러나 한국의 예배당은 한국인의 숨결을 느낄 수 있는 모습이나 공간이 전혀 없다. 서양인들의 문화와 그들의 고유한 양식으로 지어진 공간에서 예배를 드리는 것을 오히려 당연하게 생각하고 있다. 좁은 공간 때문에 아우성을 치고 있는 이 땅 위에 막대한 예산을 들여 세운 성전의 어느 구석에서도 한국 냄새를 풍기는 부분이 없다는 것은 실로 수치에 가까운 일이다. 특별히 후대들이 한국 땅에 이방의 집처럼 즐비한 예배당의 외모를 보고 무엇이라 평가를 할 것인지 깊은 성찰을 필요로 한다.

둘째, 예배에서 회중이 가장 힘 있게 참여하는 찬송의 곡조가 거의 모두 서구의 곡들이다.

유럽의 사교장에서 술잔을 기울이고 춤출 때 연주되는 곡이나 그들의 민요가 한국교회에서는 찬송으로 얼마나 많이 불렸는지 헤아릴 수 없다. 그들은 이미 이러한 곡을 찬송에서 제외시켰는 데도 한국교회는 아직도 은혜롭게 부르고 있다. 더욱이 이해할 수 없는 것은 이러한 곡조의 찬송을 계속 부르면 보수적인 신앙인으로 인정을 받고, 우리 가락으로 작곡 작사된 찬송을 부르는 사람은 모두 자유신학의 후예들로 이단시되는 현상은 참으로 부끄러운 일이다.

노래를 부름에 있어서 소리의 길이와 높낮이의 어울림은 철저히 그 민족의 문화와 국민성이 융합되어 형성된 하나의 공통분모이다. 그래서 노래의 곡과 가사는 문화의 내용이며 그 민족의 역사와 속성을 말해 주는 가장 정확한 기록이기도 하다. 그래서 음악을 통하여 민족의 통일성을 강조하고 사상을 집합하려는 시도를 하기도 한다.

기독교 예배에서 부르는 찬송 역시 동일한 신앙과 예배의 마음을 모으는 효과적인 도구이다. 그래서 찬송은 성도들이 곡을 붙여 드리는 기도요 신앙고백이며 결단의 표현이다. 그런데 문제는 찬송의 가사가 아니라 가사의 내용을 표현하는 곡조이다. 즉, 한국의 문화권에서 반만년 동안 이 민족의 심성에 뿌리내린 음정과 가락이 찬송에 전혀 없다는 데 심각한 문제가 있다. 우리의 한국교회는 남의 감정을 가지고 찬송을 부르고 있다는 진단을 내리게 된다.

셋째, 한국의 악기들이 철저히 외면당하고 있다.

교회의 악기로 사용되고 있는 오르간과 피아노는 그 기능과 효과에 있어서 대단히 중요한 위치를 차지하고 있다. 그러나 그러한 악기의 출현은 서양의 문화권에서 사는 사람들의 음악적 심성을 기준으로 한 것이지 한반도의 문화권에 사는 민족의 심성을 위한 것은 아니다. 비록 그러한 악기가 세계적인 영향력을 이미 확보하고 있고, 이 땅에서도 그 위력을 발휘하고 있다고 할지라도, 그것이 서양인의 심성을 기초로 한 악기임을 부인할 수는 없다.

한국의 전통악기들이 비록 전통종교를 위하여 사용된 기록이 있더라도 그것을 우상종교의 도구로 보기에는 무리가 있다. 그것은 어디까지나 종교심의 능동적인 개발을 위한 것이지 결코 우상종교의 예전이나 교리의 확장을 위한 것은 아니었다.

한반도에서 수천 년의 역사와 문화를 남긴 한국의 민족은 일찍부터 시와 문학과 음악을 사랑하는 높은 예술성을 가지고 있었다. 이들이 개발한 음악과 그 도구들은 대단한 수준이라는 사실은 이미 객관적인 평가를 받고 있다. 이러한 음악의 도구들을 우리의 예배에서 활용할 수 있다면 한국의 교인들이 훨씬 더 진한 종교심을 발휘할 수 있을 것이라고 본다. 이 땅의 민족을 위하여 개발된 우리의 고유한 악기를 함께 사용하여 잊혀진 한국인의 예배 감각을 일깨움은 너무나 당연한 시도라고 본다. 그 이유는 아직도 우리의 악기가 오르간이나 피아노보다 심금을 울리는 경우가 많기 때문이다. 예배는 언제나 예배하는 무리들의 지성과 감성이 동반되어야 한다는 당위성을 인정할 때 이러한 필요성은 더욱 강조될 수밖에 없다.

넷째, 한국의 예배 현장에서는 한국인의 신앙고백과 죄의 고백이 없다.

칼빈과 루터와 같은 개혁자들은 자신들의 목회 현장을 생각하면서 거기서 용서받아야 할 사연을 한목소리로 아뢰는 "죄의 고백"을 예배 순서에 사용하였다. 당시의 개혁자들은 의미를 상실한 예배를 다시 회복시키며 성도들과 하나님과의 생생한 만남에 대단한 관심을 기울였다. 그 결과 성도들이 직접 자신들의 언어로 하나님을 부르짖고 자신들의 신앙과 죄를 한목소리로 아뢸 수 있는 "신앙고백"과 "죄의 고백"을 예배에 도입하였다. 이는 성도들에게 예배의 신선함과 하나님과의 만남의 감격, 그리고 용서의 말씀을 통한 기쁨을 경험하게 하였다.

한국의 교회도 번역된 신앙고백을 외움으로 예배 순서를 채우기보다는 이 땅의 문화권에서 발생하는 사연을 이 땅의 사람들의 언어와 사고와 표현을 통하여 고백하고 용서를 구할 수 있다면 예배는 더욱 깊은 생동감을 더해 줄 것이다. 그리고 하나님을 이 땅의 우리 하나님으로 모시는 감격을 느낄 수 있을 것이다.

다섯째, 교회력, 즉 대강절, 성탄절, 주현절, 사순절, 부활절, 오순절은 어느 민족의 문화에 영향을 받은 것이 아닌 성경에 나타난 예수 그리스도의 생애를 중심으로 하여 만든 성경과 예배신학자들의 노력의 결실이다.

그러나 우리의 한국교회는 이러한 교회력에 대하여 관심이 적고 성탄절과 부활절과 추수감사절만을 지키고 있다. 그 중에서도 우리가 지키고 있는 추수감사절은 구약적 근거에 의하여 지켜지지 않는다. 이것은 순수한 미국의 국경일을 도입한 것에 불과하다. 한 해의 감사를 창조주 하나님께 드리고 조상의 은덕을 생각하는 추석과 같은 우리의 고유한 절기는 외면하고 남의 나라 국경일을 교회력으로 착각하고 있는 현실을 무어라고 표현해야 할까? 이러한 절기 하나도 정확한 이해를 하지 못하고 있는 한국교회의 무관심은 깊이 반성해야 할 대목이다.

그 외에도 예배·예전의 순서, 예배를 인도하는 성직자의 예복, 성가대의 복장 등과 같은 많은 부분에 한국적 감각과 심성의 표현이 필요한 곳이 산적해 있다. 토착적 감각을 가지고 끝없는 토론과 실험을 거쳐 우리의 예배에 도입해야 한다. 그 땅의 문화와 민족의 심성이 표현되지 못한 채 예배가 진행된다면 그것은 우리의 마음과 성품과 뜻과 정성을 모둔 예배라고 말하기가 어렵다.

제2의 종교개혁이라고 일컬을 수 있는 제2차 바티칸 공의회(1962-1965)의 기록에서 "민족의 특성과 전통에 적응시킴에 관한 규정"은 20세기 후반의 많은 예배신학자들에게 새로운 시각을 제공해 주고 있다.

"성(聖)교회는 신앙이나 공익에 관계없는 일에 엄격한 통일성을 강요하고자 하지 않으며, 전례에 있어서도 또한 그러하다. 오히려 여러 종족과 민족의 훌륭한 정신적 유산은 이를 보호 육성한다. 또한 민족들의 풍습 중에 미신이나 오류와 끊을 수 없는 관계에 있지 않은 것이면 무엇이나 호의를 가져 고려하고, 할 수 있다면 잘 보존하고자 한다. 그것들이 참되고 올바른 전례의 본 정신에 적합하다면, 때로는 전례 자체에도 이의 도입을 허용한다."[11]

그토록 완고하게 로마 교황청 중심을 외치던 그들이 어떻게 이러한 거대한 결정을 내렸는지 믿지 못할 정도이다. 니버(Richard Niebuhr)의 말대로 그리스도를 통하여 문화를 해석하는 길보다는 문화를 통하여 그리스도를 이해하는 길을 택하려는 시대적 요청을 감지한 결과라고 본다.[12]

환언하면 이제는 한국의 그리스도인들도 이 땅의 옷을 입고 나아가 성삼위 하나님을 주님이라 부르면서 예배를 드릴 때가 되었다. 그리고 민족과 문화의 주체성을 진하게 논할 후대들을 위하여 길을 열어 주어야 하고, 책임을 느껴야 할 광장에 오늘의 우리가 서있다는 것을 알아야 한다.

함축된 의미

우리 기독교의 예배·예전이 인간에게 드리는 것이 아니라 하나님께 드리는 행위이기에 그 내용과 형태가 문화와의 상관성을 가질 필요가 없다고 주장할 수 있다. 어떤 지역에서나 문화 속에서도 형태의 구애를 받지 않고 성도들이 드리는 신령과 진정만 있다면 그것으로 족하다는 단순논리

---

11   한국천주교중앙협의회, 『제2차 바티칸 공의회 문헌』(서울: 한국천주교중앙협의회, 1984), p. 16.
12   Richard Niebuhr, *Christ and Culture*, pp. 83-84.

를 펼 수 있다. 이러한 논리는 자신의 언어와 감정과 표현을 무시해도 된다는 이론이 되기 쉽고 신령과 진정으로 드리는 사람들의 문화적 배경을 전면적으로 무시한 논리이기도 하다. 이러한 주장은 자칫 1884년 선교사들이 하나님의 손을 잡고 이 땅을 찾아왔고 그 하나님은 이 땅과는 무관한 백인의 하나님이었다는 결론을 맺게 할 수도 있다. 그러나 선교의 공헌은 이 땅의 백성들과 예수 그리스도의 십자가 사건을 연결시켜 준 데 있다. 그리고 그들이 정성을 모아 예수 그리스도를 통하여 주신 하나님 말씀을 이 땅에 선포하였다는 데 깊은 의의를 둘 수 있다.

이제는 한국교회가 성숙한 교회로서 하나님은 외국으로부터 수입된 하나님이 아니라 이 땅의 민족과 역사와 문화를 이끌어 가신 태초부터 계신 우리의 하나님이라는 사실을 먼저 확인하여야 한다. 그리고 이러한 시각에서 한국교회는 이 땅의 문화에서 하나님을 섬기는 예배·예전에 관심을 기울여야 한다.

예배에 있어서의 토착화의 대표적인 예는 개혁가 루터이다. 그는 미사가 경건과 열정으로 집례되도록 힘을 쓰면서 라틴어 일변도의 미사에 독일어와 독일어 찬송을 첨가하여 게르만민족으로 하여금 살아있는 예배를 드리도록 하였다.[13] 여기서 유의해야 할 것은 이러한 예배를 통하여 루터는 복음의 빛이 더욱 빛나게 하는 데 초점을 두었다는 점이다.

토착적 전개라는 시도에는 하나님 앞에서의 예배보다는 예배하는 자들의 심성을 즐겁게 해주는 오류를 가져올 위험이 언제나 존재한다. 예를 들면, 아무리 우리의 가락이 좋다 하더라도 음악은 감성을 통해서 이성으로 흐르기에, 이성을 통해서 감성으로 가는 언어보다 민감한 주의를 기울이지 않을 수 없다. 그러기에 복음의 본질이 토착적 전개의 그늘에 가리거나 퇴색되지 않도록 주의해야 한다. 그러므로 여기서 제기된 주장은 그 교의

---

13 이러한 실상에 대한 보고는 루터파가 1530년 찰스 5세에게 바치기 위하여 준비했던 아우구스부르크 신앙고백 24장에 잘 나타나 있다. 필자는 졸저, 『예배학 개론』, p. 45ff에서 이 부분을 상술하였다.

를 지키고 따르는 사람들이 진리의 주인이신 하나님을 섬기는 표현에 대한 부분이다. 이러한 문제는 한국교회의 토착화를 남달리 외쳤던 유동식의 말에서 이미 우리에게 주어졌다.

> 토착화(土着化)는 복음(福音)의 변질(變質)을 목적(目的)하는 것이 아니다. 다만 초월적(超越的)인 보편적(普遍的) 진리(眞理)가 어떻게 개별적(個別的)인 현실(現實) 속에 내재(內在)하여 그 생명력(生命力)을 발휘하게 하느냐 하는 방법론(方法論)에 대한 명칭(名稱)이다.[14]

예전에 있어서 문화의 수용이 강조될 때, 신학적인 내용과 예전의 형태가 대단한 혼돈을 가져올 것이라는 우려는 일찍부터 있어왔다.[15] 그러나 그 우려 때문에 남의 국경일을 우리의 감사절로 지키고, 흥겹게 술을 들고 춤을 추라고 불러주는 무드 음악에 가사를 넣어 예배 가운데 찬송으로 부르는 일은 벌써 중단했어야 한다. 이제는 우리의 옷을 입고 우리의 심성을 가지고 예배를 드리고 하나님과의 만남을 가져올 때가 되었다.

---

14 유동식, 『한국종교와 기독교』, p. 248.
15 Anscar J. Chupungco, *Liturgies of the future* (New York: Paulist Press, 1989), p. 71.

제4장
한국교회 기도에 대한 이해와 성찰

하나님의 선택받은 무리들이 타고 있는 교회라는 수레는 두 개의 바퀴를 갖추어야 한다. 또한 그 두 개의 수레바퀴는 동일한 크기와 속도를 유지해야 한다. 그럴 때 교회는 하나님이 원하시는 방향대로 항진(航進)할 수 있고 평정(平靜)을 유지할 수 있기 때문이다. 이 두 바퀴는 바로 말씀의 바퀴와 기도의 바퀴이다.

개신교는 하나님의 말씀인 성경의 내용과 약속을 주춧돌로 하여 일어섰고, 그 말씀 가운데서 준엄하게 명령된 기도에 의하여 호흡하면서 살아 있는 생명체로 오늘에 이르렀다. 그러나 이러한 두 바퀴를 이상적으로 소유한 교회를 찾기가 쉽지 않다. 다행히 우리가 몸담고 있는 이 땅의 개신교회는 이 말씀과 기도의 두 바퀴를 생명처럼 소중하게 여기면서 지난 한 세기를 보냈다.

그러나 반성의 시각으로 오늘의 현실을 진단해 볼 때 우리가 소유한 두 바퀴는 이상적인 균형을 잡지 못하고 있음을 쉽게 알 수 있다. 다행스럽게도 한국교회는 글을 사랑하는 이 땅의 토양(土壤)에 힘입어 말씀을 사모하고 터득하는 길은 어느 정도의 틀을 잡았다. 신학교육이 이 땅에서 시작될 때부터 주경신학(註經神學)을 강조한 결과 말씀 위에 교회가 일어섰고 그 말씀으로 성장하게 되었다. 그러기에 한국교회는 숱한 이단 사설의 협공을 막을 수 있는 저력을 가졌다.

하지만 기도의 바퀴는 그렇지 않다. 어느 민족보다 선천적으로 타고난 뜨거운 종교심은 기독교에서 강조한 '기도'라는 의식에 쉽게 연접이 되었다. 그리고 기도의 함성은 365일 하루도 쉼 없이 새벽부터 이 땅의 하늘에 울려 퍼지고 있다. 그러나 그 우렁찬 기도의 내용을 주의하여 들어볼 때마다 이 땅의 기도가 진정 성경적이고 기독교의 초대교회에서부터 내려온 기도의 가르침대로 이해되고 실천되는지에 대한 의문을 던지지 않을 수 없다. 그 이유는 한국교회가 기도의 필요성과 그 열심은 강조하여 왔으나 실제로 그 기도의 성경적이고 신학적인 이해를 돕는 데는 소홀하였기 때문이다.

이러한 문제점을 발견한 필자는 이 글에서 우선 우리의 역사와 문화 속에서 뿌리를 내리고 있는 기도의 보편적인 현상을 먼저 살펴보고자 한다. 그리고 이 민족의 생활 속에 깊이 파고든 기도의 심성을 기독교의 신학적인 차원에서 다시 정리하여 보고 이 땅의 기도자들이 기본적으로 소유해야 할 기본 요건들을 추려 보고자 한다.

1. 이 땅의 종교문화와 기도의 심상(心狀)

한국의 오랜 토양에 자리잡은 종교문화를 먼저 이해한다는 것은 바로 오늘의 한국 기독교의 현주소를 파악하는 좋은 길이라고 본다. 특히 본 글에서 취급하고 있는 기도의 관심과 내면을 이 땅에 뿌리내린 타 종교의 현상에서부터 고찰한다는 것은 한국 기독교의 기도 현실을 진단하고 그 처방을 가져오는 데 있어서 필수적인 작업이라 생각한다.

A. 무교(巫敎)의 기복신앙

한국 땅과 민족 속에 내린 종교문화의 지각(地殼)은 무교라고 보는 견해가 이미 일반화된 정론이다.[1] 이 무교는 원시시대 때 생성되었다가 사라진 종교가 아니다. 오히려 21세기의 첨단을 달리고 있는 현대의 문화 속에서도 민간 신앙의 형태로 살아남아 한국의 역사적 종교 현상으로 깊은 뿌리를 내리고 있다. 외국인들은 한국에서의 무교는 "가장 오래되고 현대까지도 가장 보편적으로 수반되고 있다"는 결론을 서슴없이 내리고 있다.[2]

농경사회로 반만년을 이어온 이 땅의 선조들은 하늘의 신을 비롯하여 각종 신의 보호가 있어야 농사를 지을 수 있고 병고가 없는 삶을 살 수 있다고 믿었다. 특별히 순박한 우리의 조상들은 공격하는 일보다 나라를 수비하는 일에 온 정신을 쏟아야 했기에 각종 수호신을 찾아야만 했다. 특히 지정학적(地政學的) 여건은 자연적으로 민중신앙의 기도 내용이 삶의 장에 필요한 것을 요구하는 것으로 채워지게 하면서 수천 년을 이어왔다.[3]

이러한 한국 무교의 중요한 기능과 활동에는 대체적으로 다음과 같은 것이 있었다. 먼저는 신령을 제사하고 복을 비는 기복(祈福), 둘째는 인생의 모든 질병과 재앙을 가져온다는 악령을 제거하기 위한 제사로서의 양재(禳災), 셋째는 신의 지시를 받아 알지 못하고 해결할 수 없는 사건이나 운명을 판단하는 점복(占卜), 그리고 운명의 모든 영을 가무(歌舞)로서 달래는 가락(歌樂) 등이다.

다음은 이 민족의 민간신앙에 가장 깊이 뿌리를 내린 무교신앙의 핵심 부분인 기복과 양재의 내용을 정리하여 한국인의 기도에 대한 마음 상태

---

1 유동식, 『韓國巫敎의 歷史와 構造』 (서울: 연세대학교 출판부, 1980), p. 15.

2 Allen Clark, *A History of the Church in Korea* (Seoul: The Christian Literature Society, 1977), p. 41.

3 기복제에 대한 서술은 윤성범, 『우리 주변의 종교』 (서울: 우리주변의 종교, 1965), pp. 31-32에서 간결하게 요약해 놓았다.

를 이해하는 데 도움을 주고자 한다.[4]

　　기복신사(祈福神事) : 인간의 운명을 좌우하는 신령에게 필요한 복을 희구하는 제사로서 다음과 같은 구체적인 기도 행위가 있다.
　　기우제(祈雨祭)-농사가 잘 되기 위한 제사로서 천신과 산신에게 드리는 것
　　기은(祈恩)-국가의 안녕을 위해 드리는 왕가의 국가적인 기원의 제사
　　기자(祈子)-아들을 얻기 위해 드리는 기원의 제사
　　성황제(城隍祭)-마을의 재해를 없이하고 평안과 축복을 토지 신께 드리는 제사
　　별신사(別神祀)-시장에서 장사가 잘 되라고 드리는 제사
　　안택신제(安宅神祭)-일가의 재앙을 없이하고 1년의 행복을 비는 제사
　　양재(禳災)-인생의 모든 질병과 재액(災厄)을 가져온다는 악령과 악귀들을 제거하기 위한 기원의 제사
　　치병기도(治病祈禱)-무당이 병을 고치기 위한 의무적(醫巫的) 직능을 수행하면서 드리는 기도 행위
　　액제기도(厄除祈禱)-재해액운(災害厄運)을 기도로서 방지 제거하려는 기도 행위
　　무주(巫呪)-무당이 영의 힘을 이용해서 사람에게 재화를 주려는 저주의 행위
　　금염(禁厭)-재앙이나 화를 벗어나기 위해 부적을 붙이거나 주문을 외워 악령을 제거하려는 것

4　여기에 정리한 자료는 한국무교에 관하여 남다른 연구를 한 유동식 교수의 『한국종교와 기독교』(서울: 기독교서회, 1965), 제1장 '이조의 무교'에서 발췌한 내용이다.

이상과 같은 무교(巫敎)의 신앙 행위는 이 민족의 대표적인 전례(典禮)로 일상화되기에 이르렀다. 그리고 수천 년의 역사를 거치며 한국인의 종교 심성을 결정하게 되었다. 한국의 무교가 한국 땅에 현존한 모든 종교에 절대적인 영향을 끼치고 있는 연유는 다음의 서술에서 잘 표현되고 있다.

> 한국 무교란 이미 사라져 버린 고대종교(古代宗敎)도 아니요, 미개민족(未開民族)의 단순한 원시종교(原始宗敎)도 아니다. 이것은 고대종교의 잔유계승(殘留繼承)된 것이요, 한국의 현대문화사회(現代文化社會) 속에서도 민간신앙(民間信仰)의 형태로 살아남아 있는 역사적(歷史的) 종교현상(宗敎現像)이다. … 이것은 한국의 문화사(文化史)를 통하여 형성된 한국적 특수성(特殊性)을 지닌 것이다.[5]

B. 불교와 소원성취의 기원 행위

17세기 전 이 땅에 들어와 나라의 종교로 천년을 누려 온 불교는 기본적으로 기복 종교는 아니었다. 이 종교의 가르침은 기본적으로 '사체 팔정도'(四諦 八正道)[6]로서 인간세계를 생성과 소멸의 순환 속에 일어나는 고뇌로 보고 이 고뇌를 벗어나서 열반의 세계로 들어가는 것을 인간의 구원으로 보았다. 그리고 이 진리를 깨달은 자가 곧 불타가 되며, 바로 이것이 최상의 목적이기에 팔정도를 수행하게 된다. 이처럼 불교가 가지고 있는 본래의 교리 어느 부분에서도 이 땅에서의 삶을 위한 부귀영화를 추구하는 가르침은 없다. 다시 말하면 불교의 기본 가르침은 기복의 교리가 아니었다는 사실이다.

---

5 유동식, Ibid., p. 16.
6 사체는 인생은 고뇌라는 고체(苦諦), 인생 고뇌의 기원으로서의 집체(集諦), 고뇌를 극복하는 진리로서의 멸체(滅諦), 그리고 고뇌를 극복하고 열반에 이르는 수도법으로서의 도체(道諦)를 말한다. 팔정도(八正道)는 불교의 실천체계인 정견(正見), 정사(正思), 정어(正語), 정업(正業), 정명(正命), 정정진(正精進), 정염(正念), 정정(正定)을 말한다.

그러나 불교가 이 땅에 들어왔을 때 강력한 종교문화를 형성하고 있던 무교와의 접목을 피할 길이 없었다. 비록 그들의 고유한 교리와 의식이 있었다고 하더라도 한국의 불교는 이 땅의 민중이 수천 년간 젖어 온 무교의 기복신앙을 그들의 중요한 부분으로 수용할 수밖에 없었다. 그리고 그들의 종교의식도 여기에 맞추어 새롭게 설정하고 한국의 불교로서 그 정체성을 일구고 있었다. 여기서 좀 더 구체적으로 한국 불교의 주요 의전 행사(儀典行事)를 살펴보면 사체 팔정도와는 거리가 먼 기복의 기도 행위를 발견할 수 있다.

불교는 일반적으로 세 종류의 의전 행사를 가진다. 그 첫째는 불교 본연의 불사를 다루기 위한 예불이며, 둘째는 내세 명복을 비는 사령제(死靈祭)이다. 그리고 셋째가 현세 복락을 위해 소원성취를 기원하는 각종 기도회들이다. 이러한 의식을 위하여 한국의 불교는 예불을 위한 불당과 사령제를 위한 명부전(冥府殿), 그리고 각종 기도 의식을 위한 삼성각(三聖閣)을 갖는다. 그러나 명부전을 가지고 있는 사찰은 절반에 불과하고 모두가 불당과 삼성각만을 위한 사찰을 가지고 있으며, 일반 민중은 대부분이 칠성기도(七星祈禱)를 비롯한 각종 기도를 통하여 자식을 얻고 장수(長壽)하는 복을 비롯하여 사업 성공과 기타의 번영을 빌기 위하여 사찰을 출입하고 있다.[7]

이들이 수행한 기도의 종류와 그 내용을 분석하여 발표한 다음의 도표는 이 땅에서 1600년을 넘긴 불교의 기도 세계를 이해하는 데 중요한 도움을 주고 있다.[8]

---

7   유동식, 『한국종교와 기독교』, p. 262.
8   Ibid., p. 265.

기도의 종류	기도의 내용과 목적
칠성(七星)기도	기자연명(祈子延命)
산신(山神)기도	소원성취(所願成就), 기자연명, 사업성공(事業成功)
독성(獨聖)기도	소원성취, 속성속달(速成速達), 재복(財福)
관음(觀音)기도	소원성취, 복락기원(福樂祈願), 치료(治療)
신중(神衆)기도	병마퇴치(病魔退治), 소원성취, 제재수호(除災守護)
지장(地藏)기도	명복(冥福)
용왕(龍王)기도	치료와 기복(祈福)
아미타불 기도	소원성취, 사후복락(死後福樂)

이상과 같이 이 땅에 정착한 불교는 불교의 그 진리 자체보다 민중이 자신이 원하는 목적의 달성을 위하여 기도할 수 있는 창구로서의 종교로 대부분 수용하고 있다는 사실을 쉽게 발견할 수 있다.

C. 민속신앙의 확장을 도운 유교와 천도교

이 태조의 혁명 주체 세력에 의하여 나라의 종교로 자리잡은 유교 역시 이 땅의 사람들에게 결과적으로 기복과 주술의 신앙을 남기는 결과를 가져왔다. 공자의 인의사상(仁義思想)을 그 중심으로 했던 유교는 그 윤리적인 완성의 보수를 내세적인 것보다는 세상의 복(福)에다 두었다. 그리고 유교의 모든 것은 특권층에 속한 양반 지식인들의 독점물이 되었을 뿐이다. 이들은 나라의 운명이나 민중의 평강보다는 권력의 쟁취를 위한 피나는 싸움을 계속할 뿐이었다.

반면에 유교의 밑에 있던 민중은 오직 전통과 권위에 복종만을 강요당하고 있을 뿐이었다. 그들은 미래에 대한 희망이나 참된 신의 존재나 가르침을 논할 길이 없었다. 그래서 당시의 우리 민중은 무신론적인 현실주의와 사회 불안 속에서 방황하고 있었다. 그리고 부패한 권력자들과 타락한 양반 계급의 착취 속에서 자신을 버티어 나갈 길은 각종 영과 신에게 제사하고 길흉을 점치면서 불안한 오늘을 타개하려는 몸부림을 치고 있었다.

환언하면 유교가 지배했던 이조 500년은 오히려 무종교적인 상태에서 초자연적인 존재나 신비적인 세력을 빌어 여러 가지 현상을 일으켜 길흉을 점하고 화복을 가져오는 주술신앙만을 소유하도록 하였다.[9] 그 결과 이 나라의 민중이 조상들의 혼을 비롯하여 각종 신들의 보호와 복의 손길을 기원하는 것이 너무나 자연스러운 삶의 방편이 되었다. 바로 이러한 현상이 한국의 종교문화가 복합적으로 얽혀 민간신앙으로 정착되는 결과를 가져왔다는 사실을 다음의 서술에서 더욱 분명히 보게 된다.

> 이 민간신앙(民間信仰)에서 가장 많은 것이 가신제(家神祭)로서, 그 안택(安宅)과 고사(告祀)는 대개 가정(家庭)의 주부(主婦)가 이를 거행(擧行)하고, 이 주술종교(呪術宗敎)의 의례(儀禮)가 복잡(複雜)해지면 샤머니즘의 계통(系統)에 속(屬)하는 전업(專業)의 무격(巫覡; 남자는 판수, 여자는 무당)이 점복(占卜)과 기도, 가무(歌舞)와 강영(降靈)으로 혼(魂)의 재(災)를 쫓고 신(神)의 복(福)을 빌었으니, 여기에는 불교(佛敎), 도교(道敎)의 일부(一部)가 습합(習合)되기도 하였다.[10]

그밖에도 이 땅에는 천도교와 같은 한국의 고유한 종교가 발생한 적이 있다. 민족종교로서 일어선 이 종교는 유교나 불교와는 달리 세상을 구원하려는 의도를 가진 종교였으며 태평성세(泰平聖世)의 새 시대를 이룩하려

---

9   유동식, 『한국종교와 기독교』, 제3장.
10   진단학회, 『한국사: 근세전기편』 (서울: 을유문화사, 1970), p. 734.

는 종말론적인 비전을 가진 종교였다. 이들은 양반의 특권계급의 묵은 사상을 타파하고 사민(四民-士, 農, 工, 商)평등의 민주 이념과 아울러 인내천(人乃天)이라는 신선한 교리와 사상을 가지고 대중종교로서 뿌리를 내리고자 하였다.[11] 이러한 신앙과 사상은 전국에 전파되었고 수십만의 민중이 움직이는 동학이라는 혁명운동까지 일으키는 위력을 펼쳤다. 그러나 혁명의 실패와 종단의 분열로 이 종교의 이상은 실현되지 못하였다.

그러나 이 종교 역시 이 땅의 종교문화와의 접목을 피할 길이 없었고, 오히려 '토착'이라는 명제의 수행을 위하여 "당시의 민간신앙인 샤머니즘과 서교(西敎)인 천주교(天主敎)의 요소(要素)까지도 삽입함으로써 한국의 모든 종교를 융합(融合)한 일대 혼합종교(一大 混合宗敎)"[12]의 한계를 벗어나지 못하였다.

이상과 같이 한국을 찾아온 종교나 이 땅에서 자생한 종교들은 모두가 한결같이 그들의 고유한 교리의 수호와 확산보다는 이 땅의 종교문화와 타협을 서슴지 않았다. 오히려 혼합을 통한 토착화를 수용하고 거기서 자리를 잡아 나아가는 모습을 보여주고 있다. 그래서 한결같이 기복의 예전을 으뜸으로 만들고 전쟁과 가난과 질병과 억눌림의 한으로 가득한 이 땅의 민중을 흡수하는 데 우선적인 관심을 두었다.

2. 기독교 기도의 고유성에 대한 이해

한국교회에서의 기도 열기는 대단하다. 이러한 현상을 본 세계 교회는 한국교회를 기도하는 교회로 평가하고 있다. 뿐만 아니라 한국교회의 성장이 바로 이 기도의 힘에 의한 것이라고 결론짓는다.

---

11 진단학회, 『한국사: 최근세편』, p. 130.
12 유동식, 『한국종교와 기독교』, p. 108.

그러나 여기 뜻이 있는 한국의 기독교인들은 자신들이 드리고 있는 기도와 이 땅의 무교와 불교와 기타의 종교에서 드리고 있는 기도 차이가 어떤 것인지에 대하여 고민한다. 그 차이점을 발견하지 못하고 기도생활을 계속한다는 것은 바로 이 땅의 비기독교적인 기도생활이 교회 안에서 지속되고 있다는 비난을 피할 수 없기 때문이다.

이 땅에 복음을 뿌리던 선교사들은 자신의 종교문화가 기독교였기에 타종교의 기도 형태나 내용을 기독교와 비교·연구하고 그것을 상세히 가르칠 필요성이 없었다. 그러나 한국의 기독교인들은 수천 년 동안 기독교 이전에 각종 종교와 접촉을 해왔고 그 종교가 문화로서 한국인의 마음 바탕에 자리를 잡고 있다. 그러기에 순수한 기독교 기도의 정신과 내용과 형태를 올바르게 이해시키는 것은 쉽지 않다. 이러한 문제의 해결을 위해서는 타종교에서 볼 수 없는 기독교 기도의 특수한 신학을 소화하고 그 고유한 내용을 지키는 것이 필요하다.

A. 예수 그리스도의 이름으로 드리는 기도

대부분의 종교는 기도의 대상과 기도자 사이에 아무런 중보자를 내세우지 않는다. 그러나 기독교의 기도는 어느 종교에서도 볼 수 없는 특유한 형태가 있는데 그것이 바로 모든 기도는 '예수 그리스도의 이름으로' 드려야 한다는 가르침이다. 이 가르침은 기독교의 이천 년 역사에서 한 번도 그 내용이 변질되거나 위치가 변경되어 본 적이 없다. 기독교가 이 문제를 이토록 소중하게 생각하고 수행하는지에 대한 이해가 없이 습관적으로 기도마다 '예수님의 이름'을 사용할 수는 없다. 여기에 대한 대답은 크게 두 가지로 찾아볼 수 있다.

먼저는 예수 그리스도의 가르침에 따라야 하는 당위성이다. 예수 그리스도는 기도에 대하여 대단한 민감성을 가지고 기도의 표본과 가르침을 주었다. 그는 요한복음에 나타난 고별 설교에서 모든 기도는 자신의 이름으로 할 것을 가르치고 있다. 그러면서 "지금까지는 너희가 아무것도 내 이름으로 구하지 않았다"는 사실에 깊은 관심을 표하면서 진정한 응답은 오직 그의 이름으로 기도가 이루어질 때만이 가능하다는 사실을 가르치고 있다.[13]

어떤 종교에서도 볼 수 없는 이 기도의 형태는 기독교의 독특성 가운데 하나이며 기독교인들의 특권임에 틀림이 없다. 특별히 "내 이름으로 - ἐν τω ονοματἴ μου - "에 나타난 헨(ἐν)의 해석은 신학적으로 그리스도의 인격과 활동이 함께 한다는 심오한 의미를 가지고 있다.[14] 이러한 가르침은 기독교의 모든 기도의 완전성은 예수 그리스도의 이름 안에서만 가능하다는 것을 말해 주고 있다.

둘째는 예수 그리스도가 기도자의 대변자요, 화해자라는 신학적인 바탕 때문에 우리의 기도는 예수님 이름으로 드려야 한다. 인간이 하나님의 말씀에 순종하지 않고 타락했다는 사실은 신인과의 철저한 관계의 단절을 의미한다. 에덴에서의 인간 타락이 하나님과의 관계를 단절시켰다는 사실은 아담과 이브가 선악과를 따먹은 이후에 "주의 낯을 피하여 숨었다"[15]는 기록에서 뚜렷이 나타나고 있다. 이것은 인간의 죄가 하나님과 나누었던 영적인 교제의 관계성을 파괴했다는 것을 말해 주고 있다.

이 단절의 회복은 바로 인간의 소망일 뿐만 아니라 하나님의 원하시는 바이기에 구원의 대 은총의 역사를 예수 그리스도의 구속의 역사를 통하여 펼치셨다. 참 신이시요 참 인간으로 오셔서 인류가 치러야 할 죗값을 십자가의 사건을 통하여 치르신 예수 그리스도이기에 그분만이 하나님과 인간 사이의 유일한 중보자의 위치를 가지게 되셨다.[16] 그리고 그분만이 "우리의 원수에 대적하는 싸움을 도맡으심으로써 … 태초에 아담 안에서

---

13 요한복음 14:13-14; 15:16.

14 Gerhard Kittel, *Theological Dictionary of the New Tesstament*, trans. by Geoffrey W. Bromiley (Grand Rapids Mich.: Wm. B. Eerdmans Publishing Co., 1964), pp. 538-43.

15 창세기 3:8.

16 John T. McNeill, *Calvin: Institutes of the Christian Religion* (Philadelphia: The Westminster Press, 1967), Book III: 18.

우리를 포로되게 한 자를 쳐부수고, 그의 머리를 짓누름으로써 만물을 새롭게 하셨고"[17] 그 안에서 하나님을 향하여 기도를 드릴 수 있는 길이 열리게 되었다. 그래서 히브리서 기자는 우리에게 큰 대제사장이 있으니 그분이 바로 하나님의 아들 예수님이시며 그분에 의하여 우리는 담대하게 하나님 앞에 나아가서 자비를 받고 은혜를 입을 수 있음을 밝히고 있다.[18]

이상과 같은 기도의 원칙적인 조건을 이해하고 그리스도의 이름으로 기도의 장에 나아갈 때에 칼빈의 말대로 "공포의 면류관이 은혜의 면류관"[19]으로 바뀌게 되고 확신과 즐거움이 수반된 기도를 드릴 수 있게 된다.

B. 은총에 대한 응답으로서의 기도

한국 땅에 뿌리내린 모든 종교의 기도는 기도자의 바람과 필요한 사연을 내용에 담고 있다. 하지만 그들이 섬기는 신은 오직 그들의 요구를 들어주는 존재로서 설정되어 있을 뿐 기도자들로부터 경배나 감사를 받아야 할 존재로서의 가치는 부여되어 있지 않다. 자세히 살펴보면 그들은 기도하고 있는 대상과의 관계를 정확하게 이해하지 않은 상태에서 기도하고 있음을 알 수 있다. 그 신이 자신을 위하여 무엇을 하였으며 현재에 무엇을 하고 있는지, 그리고 앞으로 그가 어떻게 할 것인지에 대한 확실성을 열거하지 못하기 때문이다. 이러한 부정확한 신(神) 이해는 가끔 그 대상의 존재에 대한 확실성까지도 의심하게 한다. 그러므로 그러한 기도는 자신의 필요한 요구를 일방적으로 쏟을 뿐이다.

그러나 기독교의 기도는 쌍방적이고 대화적이다. 기독교인들은 기본적으로 자신의 생명과 자신이 머물고 있는 이 대자연이 자신이 섬기는 창조주

---

17 Irenaeus, "Against Heresis," *Early christian Fathers*, ed. Cyril Richardson(Philadelphia: Westminster Press, 1953), Book 2, ss. 2 and 19, pp. 389–90. Robert Webber, 정장복 역, 『그리스도교 커뮤니케이션』 (서울: 대한기독교출판사, 1985), p. 123 재인용.

18 히브리서 4:14-16.

19 John T. McNeill, *Calvin: Institutes of the Christian Religion*, Book III: 17.

하나님의 말씀으로 창조되었다는 진리를 수용한 사람들이다. 그리고 인간 원조의 타락과 자신의 범죄 행위로 사망의 문전에 있던 존재들이 하나님의 독생자 예수 그리스도에 의하여 영원한 생명 세계로 구원받았다는 사실에 모두가 감격한 무리이다.

그러한 까닭에 기독교인들의 기도는 무엇보다도 먼저 창조와 구원의 하나님을 향한 경배와 감사와 찬양으로 채워져야 한다. 즉, 은총에 대한 응답이 우선이고, 자신의 욕구와 필요를 위한 사연은 다음 단계에 속한다.[20] 바로 이것이 다른 종교의 기도와의 근본적인 차이점이다. 이러한 이유 때문에 무교나 불교에서는 전혀 찾아볼 수 없는 경배와 찬양과 감사와 중보와 봉헌의 기도가 말씀의 선포와 함께 기독교 예배의 핵심을 이루고 있다. 좀 더 구체적으로 보면 진정한 기독교의 기도 유형은 다음의 여섯 형태로 요약될 수 있다.

먼저, 경배(Adoration)의 기도를 통하여 예배자의 마음과 정신과 신앙 속에 숭배와 흠모와 동경의 심정이 가득한 응답의 행위를 명상과 예배에서 드리는 형태이다.

둘째, 찬양(Praise)의 기도로서 하나님을 경배하고 찬양하는 응답을 감정을 수반하는 언어와 음악과 축제의 형태로 드리는 공동체의 예배·예전의 기도 행위이다.

셋째, 감사의 기도(Thanksgiving)로서 받은 바 창조와 구원의 은총에 만족하고 고마워하는 마음이 적극적이고 능동적으로 표현되는 기도이다. 이상과 같은 기도들의 성격과 내용에 대해서는 성전에 올라가는 순례자의 노래에서 정확히 표현되고 있다. "그때에 우리의 입에는 웃음이 가득하고 우리 혀에는 찬양이 가득찼었도다. 그때에 뭇 나라 가운데에서 말하기를 '여호와께서 우리를 위하여 큰 일을 행하셨으니 우리는 기쁘도다.'"[21]

---

20 James White, 정장복 역, 『기독교예배학 입문』(서울: 도서출판 엠마오, 1992), p. 16.
21 시편 126:2.

넷째, 고백의 기도(Confession)로서 자신들이 범한 죄가 되는 사연들, 즉 하나님의 명령을 거역하거나 순종함에 부족함을 가져온 자신들의 행위에[22] 대한 용서를 구하는 기도이다.

다섯째, 중보의 기도(Intercessory prayer)로서 나의 유익과 무관한 순수한 이웃을 위한 기도이다. 하나님이 주시는 평강과 위로가 나보다는 나의 이웃에게 먼저 있기를 비는 실로 아름다운 기독교의 기도이다.

이상의 기도들은 대체적으로 두 경로를 통하여 드려지는데 하나는 교회라는 공동체를 통하여, 그리고 다른 하나는 개인적인 차원에서이다. 구약에서부터 이어진 이러한 기도의 유형은 일반 종교에서는 찾아볼 수 없는 고유성을 가지고 있다.

끝으로 가장 보편화되어 있는 탄원(Petition or Supplication)의 기도로서 자신과 자신의 주변의 유익과 필요를 구하는 기도이다. 이 기도는 다른 종교에서도 볼 수 있는 가장 원시적이고 대중적인 형태의 기도이다. 한국의 기독교에서도 이 탄원의 기도가 주종을 이루고 있으나 기독교에서는 근본적으로 이 기도는 가장 낮은 차원의 기도(the lowest form of prayer)[23]로 간주하면서 나보다는 이웃을, 이웃보다는 하나님의 나라와 그 의를 위하여 기도하는 중보의 기도를 강조한다.

결국 기독교 기도의 기본 성격과 형태의 대부분은 하나님의 은총을 깨닫고 구원받은 기쁨과 하나님의 자녀된 자신의 정체성을 지키면서 감격의 응답을 하는 것이 기도의 기본 정신이다.

C. 주어진 모형을 따르는 기도

한국 땅에 뿌리내린 일반 종교의 기도는 모두가 기도자에 의해서 생성

---

22 죄에 대한 정의는 스코틀랜드교회가 기초하고 영국의 웨스트민스터 성총회에서 1646년에 통과된 *The Larger Catechism*, 제24항과 *The Shorter Catechism*, 제14항에서 잘 정리되어 있다.

23 J. G. Davies, (ed.), *A Dictionary of Liturgy and Worship* (New York: The Macmillan Company), p. 320.

되고 정형화되었다. 수천 년 동안 이러한 기도는 전승에 전승을 거듭하면서 기준화되었다.

그러나 기독교는 타종교에서는 전혀 발견할 수 없는 탁월한 기도가 주어졌고 그 기도가 기독교 기도의 전형적인 모형이 되었다. 그 모형은 바로 예수 그리스도에 의하여 주어진 기도이다. 이 기도는 '주님의 기도'라는 이름으로 복음서에 기록되었고 수천 년의 역사 동안 교회에서는 그 기도를 드리고 있다.

사도들이 교회를 시작하면서 가르쳤던 기도에 대한 교훈은 이 '주님의 기도'가 얼마나 중요하게 기도의 모형으로서 사용되었는지를 잘 말해 주고 있다. 예수님의 사도들은 자신들에 의하여 세워진 교회들이 바른 기초 위에서 발전해야 한다는 사명감에 그들은 목회 지침서로서 디다케(The Didache)를 만들어 사용하였다. 이 지침서는 "열두 사도의 가르침"이라고 하여 성경에 버금가는 권위를 가지고 사용되었는데, 이 지침서에서 사도들은 초대교회의 성도들에게 기도에 대한 교훈을 다음과 같이 주고 있다.[24]

여러분은 위선자들처럼 기도하지 마시오. 오직 주님이 그의 복음에서 우리에게 가르쳐 준대로 다음과 같이 기도하시오.

하늘에 계신 우리 아버지,
아버지의 이름이 거룩이 여김을 받으시오며,
나라가 임하게 하시오며,
뜻이 하늘에서 이루어진 것같이 땅에서도 이루어지게 하시옵소서,
오늘 우리에게 필요한 양식을 주시옵고,

---

24 "The Teaching of the Twelve Apostles, Commonly Called the Didach" in Cyril C. Richardson, ed. *Early Christian Fathers* (Philadelphia : The Westminister Press, 1963), p. 174.

우리가 우리에게 죄지은 사람을 용서하여 준 것같이
우리 죄를 용서하여 주시옵고, 우리를 시험에 들게 하지 마시고,
악에서 구하시옵소서. 나라와 권세와 영광이
영원히 아버지의 것이옵나이다.

이상과 같은 방법으로 여러분은 하루에 세 번씩 기도해야 합
니다.

이 소중한 기도의 모형은 한 제자가 스승인 예수님에게 기도하는 것을
가르쳐 달라는 요청에 의하여 주어졌다. 주어진 과정은 단순했으나 이 기
도에는 실로 기도의 종합적인 신학이 담겨 있다. 그 안에서는 무엇보다 먼
저 하나님을 경배하고 찬양하고 하나님 나라의 실현을 기도한다. 그리고
용서를 구하는 고백과 삶의 영위를 위한 보호를 탄원하고 있다. 그러나 최
종적으로 모든 영광과 주권의 하나님을 다시 확인하는 내용이 들어 있다.
버트릭(G. A. Buttrick)의 표현대로 이 기독교 기도의 유일한 모형은 수천
년 동안 예수님께서 가르쳐 주신 대로 반복되고 있지만 울려 퍼지는 종소
리처럼 풍요롭고 다양한 의미를 날로 새롭게 해주는 완벽한 기도가 되고
있다.[25] 이 기도를 음미하면서 감동을 받고 드디어는 이 기도를 본문으로
하여 아홉 번에 걸쳐 설교를 했던 게르하르드 에벨링(G. Ebeling)은 마지막
설교를 끝맺으면서 "우리 크리스천들의 생명이 종착점에 도달하여도, 설
혹 그것이 죽음이라도 하나님의 나라와 권세와 영광이 영원히 하나님께
있도록 하는 데 모든 기도의 노력과 초점이 모아져야 된다"[26]라는 인상 깊
은 말로 결론을 맺었다.
이처럼 이 기도는 기독교 기도의 기준이 되며 초대교회 때부터 가르쳐

---

25 George Arthur Buttrick, *Prayer* (New York: Abingdon-Cokesbury Press, 1941), p. 31.
26 Gerhard Ebeling, *On Prayer* (Philadelphia: Fortress Press, 1966), p. 143.

왔고 하루에 세 번씩 이 기도를 반복하도록 훈련을 시켰다. 지금도 이 기도는 기독교에서 가장 으뜸가는 기도로서 성도의 마음에 자리잡고 있다. 그 이유는 단순히 주님이 가르쳐 주셨다는 이유 때문만이 아니라 그 내용의 완벽함이 헝클어진 기도의 내용을 정리해 주고 있기 때문이다.

D. 절대자의 뜻에 맡기는 기도

한국인은 기도를 인간이 필요한 경우에 한하여 신 앞에 나아가 간구하는 행위로 받아들였다. 이러한 현상은 기도를 자신의 필요를 채우는 도구로 생각하게 했고 기도의 대상이 언제나 자신의 뜻을 수용하리라는 기대를 갖게 하였다. 그러기에 가난과 질병과 위기의 현장에서는 기도의 절박한 함성이 있었다. 하지만 평화와 번영의 현장에는 경건한 기도의 모습 대신 각종 범죄와 탈선이 있을 뿐이었다.

기독교는 기도를 인간의 뜻에 따라 행사하는 기도자의 전유물로 인정하지 않는다. 기독교에서 말하는 진정한 기도는 하나님을 섬기는 예배 행위의 일부로서 출발되었다. 그러기에 기독교의 기도는 케스틸(John L. Casteel)의 말대로 하나님이 주권을 행사하시면서 진행시키는 그 백성들과의 커뮤니케이션이다.[27] 이 기도를 통하여 하나님과 그 백성 간의 대화가 형성되고 하나님을 경배하는 내용이나 자신의 간구를 아뢸 수 있게 된다. 그러나 어떠한 경우도 자신의 요구가 하나님의 뜻을 능가하는 경우는 있을 수 없다. 바로 이런 신학적인 관계성은 예수 그리스도가 십자가의 수난을 앞에 두고 심각하게 드리는 기도의 내용에서 충분히 실증하고 있다.

나의 아버지, 하실 수만 있으시면 이 잔을 내게서 지나가게 해 주십시오. 그러나 내 뜻대로 하지 마시고, 아버지의 뜻대로 하시

---

27 John L. Casteel, *Rediscovering Prayer* (New York: Association Press, 1955), p. 16.

옵소서.[28]

그리스도의 생애와 사역 중에서 가장 심각하고 어려운 순간을 앞에 두고 드린 이 기도는 기독교 기도의 중요한 기본 모형으로 남겨지고 있다. 이 기도 가운데서 진정한 기도란 언제나 기도를 들으시는 분의 절대권에 맡기는 순종의 자세를 갖추어야 한다는 사실을 지시하고 있다. 즉, 자신의 의욕이나 욕구보다는 기도를 들으시고 응답의 여부를 진행하실 하나님의 뜻에 겸허하게 맡기고 어떠한 응답도 그대로 순응하여야 한다는 것이 그리스도가 보여준 기도의 내용이다.

그리스도의 사랑을 받았던 사도 요한은 스승의 이러한 기도의 본질을 분명하게 이해하고 있는 듯하다. 그는 기도와 하나님의 뜻에 관하여 다음과 같이 서술하고 있다. "우리가 하나님 앞에서 가지는 확신은 이것이니, 곧 무엇이든지 우리가 하나님의 뜻을 따라 구하면, 하나님께서는 우리의 간구를 들어주신다는 것입니다."[29] 기독교의 기도는 근본적으로 하나님의 절대권에 따라야 한다는 절대적인 요구를 확인할 수 있는 말씀이다.

문제는 기도자가 하나님의 뜻을 깨달을 수 있는 방편이다. 여기서 칼빈은 그 대답으로서 기도자가 먼저 "하나님 앞에서 자신의 감정이나 욕구를 죽이지 않고서는 누구나 하나님의 뜻을 따를 수 없다"는 전제를 걸면서 기도자의 자세 정립을 촉구한다. 그리고 그는 다음과 같은 방법을 제시하면서 하나님의 자녀나 주의 종들이 기도에서 지켜야 할 일차적인 내용을 강조하고 있다.[30]

하나님의 영광을 위한 열심과 소망을 가지고 "하나님의 이름이

---

28   마태복음 26:39.
29   요한일서 5:14.
30   Calvin's *Institutes*, III:20:43.

거룩이 여김을 받으시옵소서", "하나님의 나라가 임하시옵소서", "하나님의 뜻이 이루어지이다"라고 기도하지 않는 사람은 하나님의 자녀나 종으로 간주할 수 없다."

비록 자신의 기도 내용이 정당하다고 여겨지더라도 절대자의 뜻에 맡기는 신 위주의 기도가 바른 자세이다. 경우에 따라 자아 중심의 기도가 펼쳐지더라도 종국에 가서는 하나님의 뜻에 맡기는 겸허한 기도가 성경에서 보여준 바른 기도의 모형이다. 그래서 신실한 기도자는 기도의 응답자이신 하나님의 뜻을 먼저 헤아리는 지혜를 찾게 된다.

3. 기독교 기도의 필수 요건

A. 믿음의 자세

기독교에 있어서 기도와 믿음은 깊은 함수 관계를 맺고 있다. 믿음이 없는 기도는 질책을 당하고 믿음이 있는 기도는 칭찬을 받는 현장을 교회생활에서 숱하게 경험하게 된다. 하지만 자신이 기도를 통하여 간구한 사항이 이루어지지 않았을 때 믿음의 부족 때문이라고 자책하는 현장에서 더욱 믿음에 대한 혼돈을 가져오게 된다. 교회에서 기도생활을 강조하면서 언급된 믿음이란 기도의 응답에 대한 확신을 주로 표현하는 경우이다. 그러나 자신의 기도에 대한 확신과 자신이 가지고 있어야 할 믿음은 차원이 다르다.

구약에서는 아브라함과 하나님의 경우를 통하여 믿음이란 하나님과 한 인간과의 관계성을 말하고 있다. 그리고 신약에서는 예수님을 "그리스도 이시요 살아계신 하나님의 아들"로 영접하는 것을 믿음이라고 말한다. 더 나아가 그가 십자가 위에서 우리 인간들의 죄를 스스로 담당하셔서 대속물로 희생당하시고 우리를 죽음으로부터 살리신 '구원의 주님'이 되셨다는 진리를 받아들이는 것이 진정한 믿음의 내용이어야 한다.[31] 이러한 믿음의 정의는 기독교 교리의 일반적인 것으로서 예배와 기타의 신앙생활에서 이어지는 기도와는 직접적인 관계가 없는 것인가? 특별히 개인의 탄원과 간구의 기도를 드림에 있어서 갖추어야 할 믿음의 내용은 좀 더 구체적으로 설명할 필요가 있다고 본다. 하나님이 응답하시고야 말 것이라는 용기 있는 신앙의 태도도 귀한 것이지만 좀더 성숙된 믿음의 태도는 더욱 중요한 것이라고 본다.

기도자가 먼저 갖추어야 할 믿음의 자세는 하나님의 실존에 대한 의심 없는 태도이다. 자신의 기도의 대상이 된 신의 존재에 대한 반신반의의 태도는 기도 그 자체의 신실성을 무너뜨리는 원인이 된다. 기도를 하나님과 그 자녀와의 커뮤니케이션이라고 말하는 것은 기도자와 그 기도를 받는 상대의 존재를 먼저 인정하는 것에 있다. 이 믿음이 확고하지 못할 때 기도는 허무한 독백이 되고 만다. 이것은 단순한 신학적 해석이 아니라 다음과 같은 성경의 기록에서 요구된 사항이다.

"믿음이 없이는 하나님을 기쁘시게 하지 못하나니 하나님께 나아가는 자는 반드시 그가 계신 것과 또한 그가 자기를 찾는 자들에게 상 주시는 이심을 믿어야 할지니라."[32]

둘째, 하나님의 생각과 기도자의 생각은 언제나 일치할 수 없다는 사실을 아는 믿음이다. 이기적인 신앙인들은 하나님은 기도자의 생각을 따르

---

31 K. Rahner & H. Vorgrimler, *Dictionary of Theology*, trans. by R. Strachan (New York : The Crossroad Publishing Co., 1985), pp. 167-72.

32 히브리서 11:6.

90 · 예배의 신학

는 존재로 오해하고 있다. 그러나 기도를 드리는 인간의 존재는 한 시대 한 순간이라는 지극히 제한된 무대 위에 서있는 존재이다. 그러므로 기도자의 사고와 판단은 유한성을 가진 불완전한 것일 수밖에 없다. 그러나 하나님은 시간과 장소와 환경을 초월한 영원자로서 완전한 판단과 응답을 하시는 존재이다. 여기에서 기도자는 응답이 없는 자신의 기도에 대한 허탈감에 빠질 것이 아니라 오히려 다음의 말씀에 귀를 기울이며 인내와 감사를 표할 줄 알아야 한다.

> 이는 내 생각이 너희 생각과 다르며 내 길은 너희의 길과 다름이니라 여호와의 말씀이니라 이는 하늘이 땅보다 높음같이 내 길은 너희의 길보다 높으며 내 생각은 너희의 생각보다 높음이니라.[33]

셋째, 우리의 기도를 들으시는 하나님은 진노와 공의를 행사하시는 엄격한 속성뿐만 아니라 자애(慈愛)의 속성을 가지신 하나님이심을 믿는 믿음의 자세가 필요하다. 율법을 통하여 자신의 선택한 백성들을 이끄시던 시대에는 공의와 진노의 손을 지니신 하나님의 이미지가 강했다면 그의 독생자 예수 그리스도를 통한 구원의 실현을 통하여 하나님은 거대한 자애의 속성을 그대로 인간세계에 보여주셨다. 이러한 하나님의 속성을 이해한 야고보는 하나님을 "후히 주시고 꾸짖지 아니하시는 하나님"[34]으로 묘사하면서 기도를 장려하고 있다. 예수 그리스도의 구속사를 통하여 접근된 하나님이 자애의 속성으로 우리를 대하신다는 믿음이 있기에 오늘도 우리는 접근이 가능하고 예배가 가능하고 친근한 기도가 가능하다.

---

33 이사야 55:8-9.
34 야고보서 1:56.

B. 사은(謝恩)의 심상

한국인의 심성은 어느 민족에서도 찾아보기 드문 은혜를 감사하는 마음이 바탕에 깔려 있다. 자신의 힘으로 된 일도 조상과 신의 돌봄으로 여기고 고마운 마음을 갖는다. 그러나 이 땅의 민족이 외세의 침략과 함께 겪어야 했던 불안과 초조와 가난과 질병의 늪은 언제나 자기의 그릇을 가득히 채워 놓아야 하는 지혜가 필요했다. 언제 어떠한 환경에 처할 줄 모르는 불확실한 미래에 대한 대비가 곧 생존을 위한 생활의 방식이 되었다. 이러한 생활양식은 종교생활에도 그대로 반영이 되어 기도의 내용은 언제나 만족하지 못하고 불안한 자신의 여건을 채워 달라는 희구로 가득하게 되었다.

이러한 현상은 목욕재계한 후 상 위에 물을 떠놓고 두 손을 비비면서 빌고 있는 모습이나 불상 앞에서 그토록 애타게 절을 하면서 빌고 있는 현장에서 더욱 실감하게 된다. 그러한 기도의 현장에서는 지난 사연들에 대한 감사보다는 모두가 새로운 사연들에 대한 희구(希求)로 모든 기도가 채워지고 있다는 데 관심을 두지 않을 수 없다.

그러나 기독교의 기도는 이러한 형태와는 근본적으로 달라서 모든 진실된 기도의 바탕으로 욕구불만 대신 고마움의 마음 상태를 요구한다. 무엇보다도 창조의 은총과 구속의 은총을 깨닫고 고마움으로 가득한 삶을 살아가는 성숙한 성도의 모습을 찾는다. 자신이 죗값으로 죽을 수밖에 없는 생명이 분명한데 예수님의 십자가의 구속 사건으로 구원받아 하나님의 자녀가 되었다는 감격의 사건에서부터 모든 기도는 출발되어야 한다. 이러한 기독교의 가르침을 수용한 성도는 언제나 평화와 감사의 삶으로 하나님을 찾아 하나님의 영광이 중심이 되는 기도를 드리게 된다.

구약에서 보여준 하나님의 노여움은 고마움을 모르고 탈선을 일삼는 이스라엘 백성들 앞에 자주 나타난다. 하나님이 진노의 손길을 들 때는 이스라엘 백성들은 과거의 고마운 사연들을 망각하고 연단의 현장에서 불만과 불평으로 가득한 경우들이었다. 특별히 이스라엘 백성을 이집트에서 구출하여 광야를 행진시킬 때 그 백성이 고마운 사연들을 마음에서 지워 버리고 하나님을 향하여 원망과 불평을 계속할 때 하나님은 가장 슬퍼하셨다.

신약에서 하나님은 광야의 기적과는 비교할 수 없는 자비로서 독생자 예수님의 처절한 희생을 통하여 인간과 새로운 계약을 맺으셨다. 그리고 새롭게 선택받은 그의 백성들의 마음이 고마움으로 가득할 것을 요구하신다. 요한복음에 나타난 예수님의 기도도 감사의 마음을 바탕으로 하여 이어지고 있음을 읽게 된다. 이러한 뜻을 정확히 헤아렸던 바울은 "범사에 감사하라 이것이 그리스도 예수 안에서 너희를 향하신 하나님의 뜻이니라"[35]라고 단호하게 권면하고 있다. 또한 바울은 "기도를 계속하고 기도에 감사함으로 깨어 있으라"[36]는 말과 함께 다음과 같은 부탁을 남기고 있다.

> 감사한 마음으로 시와 찬미와 신령한 노래로 여러분의 하나님께 마음을 다하여 찬양하십시오. 그리고 말이든 행동이든 무엇을 하든지, 모든 것을 주 예수의 이름으로 하고, 그분에게서 힘을 얻어서, 하나님 아버지께 감사를 드리십시오.[37]

실질적으로 감사의 표현과 행동은 유아기에는 발생하지 않는다. 사고의 수준이 향상되고 인격이 갖추어진 다음에 발생되는 것이 고마움의 실현이다. 그러므로 감사로 가득한 마음의 바탕과 기도를 소유한다는 것은 성도들의 성숙도를 측정할 수 있는 좋은 기준이 되고 있다. 이러한 차원에서 바운즈(E. M. Bounds)가 언급한 "감사를 드리는 것이 바로 기도생활이다. 그것은 기도의 향기이자 음악이요, 기도의 시며 기도의 면류관이다."[38] 이상과 같은 차원에서 기독교의 기도는 자신의 필요를 채우기 위한 항목의

---

35 데살로니가전서 5:18.

36 골로새서 4:2.

37 골로새서 3:16a-17(새번역).

38 E. M. Bounds, 정원태 외 편역, 『기도선집』(서울: 생명의말씀사, 1981), p. 64.

나열이 있기 전에 받은 바 은혜에 대한 감사가 우선되어야 한다. 이 감사가 우선적으로 선행되어야 하는 이유는 감사의 심상이 바탕이 되어 있는 마음의 세계에서만이 하나님과의 만남이 순조롭고 막혀진 커뮤니케이션이 회복될 수 있기 때문이다. 그리고 진실된 감사의 심상은 불평을 제거시키고 감사를 촉진시킬 수 있기 때문이다.

C. 자아의 결핍(缺乏) 인정

인류의 타락은 금지된 선악과를 따먹음으로부터 발생되었다고 성경에서는 가르치고 있다. 그리고 이 불순종의 행위 뒤에는 하나님과 동일한 면들을 가져보라는 사탄의 유혹과 인간의 교만이 결합되어 있다. 그러나 이러한 결과는 몰트만(Moltman)의 표현대로 "절망과 체념과 타성과 우울증"[39]으로 점철되어 인간의 부패가 심화되었을 뿐이었다. 이처럼 타락한 인간은 늘 신 앞에서 겸손하지 못한 자세를 펼치면서 자아에게 스며 있는 결핍과 죄악된 사고와 행동에 대한 반성을 외면한다. 현실적으로 자기 지식에 도취되고 자신의 사고와 행위에 모든 기준을 두고 살아가는 사람에게는 종교성을 찾기 힘들고 더 나아가 기도라는 구체적인 신앙의 형태가 필요하지 않다.

기도의 일반적인 정의는 인간이 자기 능력의 한계를 느끼고 자기 스스로 할 수 없는 사연들을 전능하신 신을 찾아 해결을 간구하는 종교적인 행위이다. 특별히 기독교의 기도는 은총의 진리를 깨닫고 그 진리에 감동되어 진리의 주인을 찾아 경배와 감사와 찬양을 드리면서 그의 뜻에 어긋나는 삶을 고백해야 한다. 그리고 자신이 신의 도움을 필요로 하는 부분을 아뢰고, 주어진 말씀에 의하여 새로운 삶의 양태를 갖추어 나아가야 한다. 이러한 기도의 행위는 어떤 경우도 자신이 모든 면에서 결핍된 존재

---

39 Jurgen Moltmann, *Theology of Hope*, trans. by James W. Leitch (New York: Harper & Row Publishers, 1967), p. 22.

임을 인정하는 데서부터 출발될 수 있다.

이런 까닭에 하나님은 인간의 죄악 중에서 교만의 죄에 관심을 가지셨다. 그리고 자신의 백성들이 겸손한 인격과 고백을 가지고 나아와 예배와 기도를 드릴 때 즐겨 받으신 기록을 수없이 보게 된다. 예를 들면 아브라함이 자신을 비하하여 "나는 티끌이나 재와 같사오나 감히 주께 아뢰나이다"[40]라고 기도할 때 대화를 즐겨 해주신 하나님의 입장을 보게 된다. 뿐만 아니라 솔로몬이 왕위에 올라 자신을 어린아이와 같은 존재로 낮추면서 나가고 들어오는 처신도 제대로 할 줄 모르는 존재로 고백하며 지혜를 구할 때 하나님은 기꺼이 응답하셨다. 그러나 그가 성전을 짓고 지혜의 명성을 획득한 말년에 하나님의 도움은 더 이상 필요하지 않다고 교만해 할 때 하나님의 분노가 극치에 달한 것을 볼 수 있다.

신약에서도 예수 그리스도께서 자기 결핍을 모르고 사뭇 교만한 자세로 일관한 바리새인과 같은 종교지도자들에게 퍼부은 진노의 함성은 실로 엄청난 것이었다. 심지어 그들의 기도가 자신들의 업적을 나열하는 교만으로 채워졌을 때 매서운 질타를 가하신 것을 보게 된다. 반면 "하나님이여 불쌍히 여기옵소서 나는 죄인이로소이다"라는 고백을 남긴 세리를 칭찬하신 예수님의 모습에서 자신의 모순과 결핍을 기도자가 우선적으로 인정한다는 것이 얼마나 중요한가를 실감하게 된다.[41]

이러한 가르침을 받았던 사도들은 하나님 앞에 자신의 결핍을 인정하고 겸손하게 엎드리는 기도의 자세가 얼마나 중요한지를 계속적으로 그들의 목회에서 강조하였다. 베드로는 "하나님은 교만한 자를 대적하시되 겸손한 자들에게는 은혜를 주시느니라"[42]는 사실을 강조하면서 이것이 진실된 기도의 방법이며 이 방편을 통해서만이 하나님과의 만남이 가능함을 가

---

40 창세기 18:27.
41 누가복음 18장에 나타난 바리새파 사람과 세리의 비유는 바로 이러한 내용을 상세히 서술하고 있다.
42 베드로전서 5:5.

르치고 있었다. 바로 이러한 가르침은 초대교회의 공동체를 기도하는 공동체로서 지속하는 데 절대적인 역할을 하였으며, 거기에 더하여 '겸손과 온유'는 '사랑과 기쁨'과 함께 그리스도를 섬기는 초대교회 공동체의 표어처럼 사용되어 왔다.

이와 같은 성경의 가르침을 이해하고 감명 깊은 기도의 경험을 소유한 사람들은 지금도 기도의 기본 요소로서 기도자의 자기 결핍의 인정과 거기에 따른 겸손을 강조한다. 우리의 기도의 대상이신 하나님은 지금도 교만을 증오하고 자신의 부족과 허물을 인정하고 겸손히 엎드린 기도자를 찾고 있기 때문이다. 이러한 차원에서 바운즈는 기도자의 겸손과 자기 결핍의 인정이란 "그리스도인들에게 주어진 아주 귀한 은혜이며 하늘나라에서는 대단히 높이 평가하는 것으로서, 효력 있는 기도를 하기 위해서는 없어서는 안 될 조건"[43]으로 주장한다.

D. 경건의 사고와 실천

종교의 진정한 맛을 내게 하는 것이 바로 경건의 사고와 실천이다. 이것은 모든 종교의 우선적인 신앙의 요건이다. 특별히 기독교에서는 이 경건이 신앙을 맛나게 하는 소금이요 광채를 발하는 빛으로 간주한다. 기독교에서 말하는 경건이란 맑은 영성을 소유하고 있는 사람들의 일상적인 생각과 마음가짐의 기초이다. 즉, 하나님만을 생각하고 그에게 삶의 전폭적인 부분을 드리는 사고와 생활의 형태이다. 하나님은 이러한 인간과 의사소통을 하시고 쉼 없는 대화를 즐기심을 우리는 성경을 통하여 충분히 알 수 있다.

그러나 이러한 막중한 비중을 가진 경건의 사고와 실천은 시대의 변천과 함께 문제성을 유발하고 있다. 농경 사회와 같이 단순한 삶의 장에서는 이 경건의 삶이 깊은 명상과 함께 쉽게 이어질 수 있었으나 후기 산업 사회에 승선하여 살아가는 사람들에게는 가장 어려운 조건이다. 첨단을 달

---

43   E. M. Bounds, 『기도선집』, p. 45.

리고 있는 삶의 조건과 말초신경을 자극하는 쾌락 위주의 삶 속에서 이 경건을 수호한다는 것은 실로 어려운 일 중에 하나이다. 그러나 이러한 시대적인 여건을 구실로 하여 경건을 외면한 채 기도만을 강조하거나 그 응답을 기대한다는 것은 심각한 모순을 유발하게 된다. 물론 경건 없는 기도가 있을 수 있다. 경건의 모습이나 내용을 갖추지 못한 채 주님을 영접했던 죄인들의 모습을 성경에서도 볼 수 있다. 그러나 예수 그리스도를 구원의 주님으로 이미 영접한 사람의 정신과 생활 속에 경건함이 없다면 그 사람의 기도는 지극히 형식적이 되기 쉽다. 그리고 시간을 채우는 자기 독백으로 일관하게 될 가능성이 크다.

현대의 많은 크리스천들은 자신의 기도에 대한 응답이 없을 때 방황하거나 포기해 버리는 경우를 종종 보게 된다. 때로는 이 무응답의 기도의 결과를 놓고 목회자는 직접적인 언급을 삼가한 채 '기다림'을 강조한다. 그러나 가장 일차적인 무응답의 원인은 바로 기도자의 성결한 사고와 삶과의 관계에서 살펴보아야 한다. 성경에서는 기도의 응답을 즉각적으로 받은 고넬료의 가정을 예로 들어 그 가정이 경건하고 온 집이 하나님을 경외하면서 항상 기도하는 사람이었음을 보여주고 있다.[44] 여기서 기도자의 경건성이 얼마나 중요한 것인지를 새롭게 인식시키고 있다.

하나님의 자녀가 간구한 기도에 대한 응답이 없이 살아가야 하는 것은 실로 어려운 생을 이어가는 일이다. 그러기에 기도자는 응답을 기대하고 최선의 자세를 갖추어 신 앞에 나아가게 된다. 현대의 기도자들은 기도의 내용과 그 응답에 관한 관심은 대단한 수준을 유지하면서 기도자로서 준비되어야 할 맑은 정신과 삶의 내용은 무관심한 경우를 보게 된다. 여기에 하나님은 기도의 응답과 성결한 기도자의 삶을 다음과 같이 연관시켜 들려주고 있다.

---

44 사도행전 10:2.

여호와의 손이 짧아 구원하지 못하심도 아니요 귀가 둔하여 듣지 못하심도 아니라 오직 너희 죄악이 너희와 너희 하나님 사이를 갈라 놓았고 너희 죄가 그의 얼굴을 가리어서 너희에게서 듣지 않으시게 함이니라 이는 너희 손이 피에, 너희 손가락이 죄악에 더러워졌으며 너희 입술은 거짓을 말하며 너희 혀는 악독을 냄이라[45]

이러한 진리를 깨달은 사도들은 하나님과 만나려면 거룩한 하나님을 만날 수 있는 경건성이 필수적으로 있어야 함을 깨닫게 되었다. 그리하여 그들은 그들이 보살핀 성도들을 향하여 경건함에 이르도록 자기를 훈련할 것을 권하고 그것만이 이 세상과 장차 올 세상의 생명을 약속해 준다고 갈파하였다.[46]

한국에 들어온 기독교도 이러한 사도들의 정신을 이어받아 초기부터 높은 도덕성과 생활의 윤리를 가르쳤다. 그리고 하나님과의 만남에 거리낌이 되는 모든 것을 과감히 버리도록 철저한 훈련을 시키면서 이 땅에 복음을 확산시켰다. 그러기에 한국의 초기 성도들은 사회적으로 그들의 경건한 생활의 모습과 삶의 내용이 존경을 받았다. 이러한 한국교회 초기의 가르침은 다음의 설교에서도 쉽게 발견하게 된다.

사람은 누구나 다갓치 청결(淸潔)한 것을 원한다. 그리하야 얼굴과 수족(手足)은 ㅅ개긋이 하여야 될 줄 알고 날마다 씨스며 음식(飮食)도 ㅅ개끗한 그릇에 ㅅ개끗한 음식 먹기를 조화고 ㅅ개끗한 의복(衣服)닙기를 조와하야 자조 세탁(洗濯)하여 닙으며 ㅅ개끗한 집에 거처(居處)하기를 조와함으로 날마다 가옥(家屋)은 청소(淸掃)하고 청결(淸潔)한다. 그러나 사람들은 흔히 자기의 오예

45   이사야 59:1-3.
46   디모데전서 4:7-8.

(汚穢)한 맘은 삶혀 청결하지 않는다. 우리는 무엇보다도 맘을 몬저 청결하여야 하겟다. 받게 잇는 물건(物件)이 부정(不淨)하고 청결치 못하면 사람에게 병(病)이 생기고 병이 생기면 생명(生命)이 위태(危殆)하다. 위태할 뿐더러 사망(死亡)까지 니른다. 아! 두렵다. 더럽고 악취(惡臭)가 나는 곳에 파리가 모히는 것갓치 더러움 맘이 잇는 곳에 사망이 니를터이니 엇지 두렵지 안이하랴. 그런즉 우리의 더러운 맘을 청결하여야 하겟다.[47]

경건한 사고와 생활의 실천은 진정 하나님과의 만남을 더욱 활발하게 이어갈 수 있는 지름길임에 틀림이 없다. 경건의 체질화와 기도의 생활화는 이처럼 밀접한 관계를 가지고 있기에 오늘의 기도자들은 한결 무거운 책임감을 느끼지 않을 수 없다. 더욱이 성령님의 모든 은혜는 경건한 분위기에서 활발하게 역사한다는 사실을 인정할 때 험준한 오염의 바다를 어떻게 성공적으로 헤엄쳐 나가면서 경건의 모습과 내용을 갖출 것인지 무거운 숙제가 아닐 수 없다.

함축된 의미

어느 종교가 일정한 토양에 정착되어 뿌리를 내리고 수백 년의 역사를 넘기게 되면 그 종교는 그 땅의 문화가 되고 그 땅의 사람들은 그것을 정설로 인정하는 전통이 형성된다. 이러한 이론적인 바탕은 이 땅에 수천 년을 이어온 무교와 불교가 얼마나 강하게 종교문화를 형성하고 있는가를 보면 너무나 자명한 일이다. 이러한 바탕 위에 겨우 100년의 역사를 넘긴 기독교는 고유한 교리의 전수(傳授)는 성공했으나 기독교 고유의 신앙생활

---

47   玄錫七, "淸潔의 福", 『조선의 강단』 (경성: 朝鮮耶蘇敎書會, 1928), p. 92.

을 지키는 데는 많은 문제점을 남기고 있다. 특별히 기도생활은 그 내용과 방법이 기존 종교의 것들과 동화되어 버린 느낌을 누구나 쉽게 발견하게 된다. 솔직히 교회 안에서 절규에 가까운 기도의 내용에서 우리는 그것이 기독교의 고유한 기도의 전통과 그 형태를 따르기보다는 이 땅의 재래적인 종교의 기도 형태를 그대로 교회 안에 도입하여 혼돈을 가져오고 있음을 인정하지 않을 수 없다. 이러한 까닭에 우리는 기독교 기도에 대한 성경의 가르침과 그의 고유한 신학적인 이해를 다시 회복할 필요가 있다. 즉, 기도자의 욕구가 위주가 된 유아기적인 기도의 틀을 벗어나 하나님의 나라와 그의 뜻을 찾는 성숙되고 승화된 기도의 경지에 진입해야 하겠다. 이러한 성숙된 기도의 열과 내용은 한국교회가 이 땅의 잡다한 종교문화로부터 해방되었다는 의미뿐만 아니라 성숙한 교회로서 제 위치를 잡았다는 증거이기도 하다.

기도는 분명히 종교의 심장이고 중심이다. 이 기도는 어떤 교리나 제도나 의식이나 윤리적인 이상에 있지 않고 신앙생활의 특유한 내용이다. 이 기도는 가장 일차적이고 쉬운 신앙의 행위처럼 단순하게 보이지만 가장 어렵고 가장 숭고한 가치를 가지고 있다. 그 이유는 이 기도를 통하여 하나님의 자녀들이 살아있는 하나님과의 커뮤니케이션을 이룩하기 때문이다. 그리고 말씀을 통한 지적인 기능으로만 해결할 수 없는 하나님의 신비한 세계와 영성의 세계를 이 기도를 통하여 경험할 수 있기 때문이다. 그래서 기도는 살아있는 성도들의 숨결이며 하나님의 존전을 출입하는 발길이 된다. 뿐만 아니라 올바른 요건을 갖추고 진정으로 드리는 기도는 한 인생의 아침을 여는 햇살이 될 수 있고 죄악의 밤을 닫는 빗장이 될 수 있다.

제5장
기독교 예배의 정의와 특수성

20세기의 문이 닫히고 새로운 세기의 문이 우리 앞에 열린다. 한 세기가 넘도록 집회로 일관했던 한국교회가 새로운 세기에는 하나님을 위한 예배의 문을 열 수는 없을까? 이제는 세계 교회가 우러러볼 수 있는 성숙한 교회의 모습을 갖출 수는 없을까? 수평적인 확산에만 관심을 두었던 우리가 하나님과의 수직적인 관계에서 칭찬받는 교회가 될 수 없을까? 이러한 질문들을 앞에 놓고 기도하는 그리스도인들이 적지 않다.

사실 우리의 교회는 집회의 성격으로 규정할 수밖에 없는 예배의 내용과 형태를 지속하여 왔다. '축복'에 초점을 맞춘 집회는 하나님을 위한 것이 아니다. 이것은 예배라는 이름으로 모이는 사람들을 위함이다. 그 현장에 와 있는 사람들의 마음을 편하게 하고 소원성취를 지향하는 재래종교의 심성이 그대로 존속하는 것은 예배가 아니다. 설교자의 말과 회중의 귀만이 중심이 된 것은 집회이다.

그러나 예배는 그 반대의 성격을 가지고 있다. 진정한 예배는 하나님의 자녀들이 하나님께 영광과 기쁨을 드리는 예배이다. 더 많은 것을 받기 위하여 하나님을 찾는 것이 아니라 이미 받은 창조와 구원의 은총에 감격하여 응답하는 행위가 발생된 현장이 진정한 예배이다. 즉, 나보다는 하나님을 위함이 진정한 예배이다. 이러한 예배의 정신과 내용과 형태는 우선적으로 우리 기독교의 예배에 대한 정확한 이해를 요구하는데, 그 예배가 타종교에 비교하여 어떠한 특성을 가지고 있는지를 파악해야 한다. 그럴 때 예배하는 그리스도인으로서의 정체성을 갖출 수 있다. 그리고 그 예배를 신령과 진정으로 하나님께 드릴 수 있다. 거기에 더하여 자신이 집회에 앉아 있는지 예배에 앉아 있는지를 알게 된다.

1. 예배에 관한 기본 용어 이해

A. 구약에서 사용된 예배 용어

예배라는 용어는 교회가 시작하기 이전부터 사용되어 왔다. 하나님이 인간을 창조하고, 그들이 창조주를 찾아 나서는 발길부터 예배라는 용어는 여러 형태로 표현되고 있었다. 구약에서 제일 많이 사용된 단어는 두 단어이다.

하나는 샤하(shachah)라는 용어로서 '예배하다', '절하다', '경배하다', '엎드리다'의 의미를 가지고 있다. 이 용어가 가장 먼저 사용된 때는 아브라함이 하나님의 명령대로 이삭을 번제물로 드리기 위하여 모리아 땅의 어느 산에 거의 도달했을 때 종들에게 "내가 아이와 함께 저기 가서 예배하고 우리가 너희에게로 돌아오리라…"[1]라고 말할 때이다. 그리고 아브라함의 종이 이삭의 배필을 찾기 위해 떠나 리브가를 만나기까지의 여정에

---

1 창세기 22:5b. 개역성경에서는 이 단어를 '경배'라고 번역하였으나 영어의 KJV을 비롯하여 NIV에 이르기까지 모두 Worship으로 번역하였으며, 표준새번역이나 공동번역에서는 '예배'로 바르게 번역하고 있다.

서 두 번 사용한다.[2] 이 단어는 출애굽기와 신명기, 그리고 시편에서도 매우 활발하게 사용되고 있다.[3] 그 외에도 이 용어는 구약의 역사서와 대·소 선지서에서 매우 활발하게 사용되고 있다.

또 다른 용어는 아바드(abad)로서 '일하다', '봉사하다', '종노릇하다', '예배하다'의 의미로 사용되었다. 이 단어 역시 아브라함 때에 가장 먼저 사용되었다. 하나님이, 장차 아브라함의 후손이 이집트에서 400년 간 종으로서 그들을 '섬길 것'을 미리 알려준 말씀에서 시작된다. 그런데 이 단어가 예배를 위한 용어로서 가장 정확하고 활발하게 사용된 곳은 출애굽을 위하여 펼쳐진 모세의 10가지 재앙과 그 목적을 바로 왕에게 알리는 말에서였다. 모세가, 하나님이 주신 "나의 백성을 보내어 그들이 광야에서 나에게 예배하게 하라"[4]는 말에서 '아바드'라는 용어를 끝까지 사용하였다. 그런데 여기서 매우 흥미로운 점은 바로 왕의 대답이다. 전반부의 재앙을 경험하면서 바로는 "너희 주께 제사를 드릴 수 있게 너희를 보내 주겠다"라고 대답했다. 그때 그는 자신이 섬기는 신들을 예배할 때 사용하였던 '자바흐'(zabach)라는 용어를 사용하였다.[5] 그러나 바로가 견디기 힘든 여덟째와 아홉째 재앙을 경험하면서 "너희는 가서 주 너희의 하나님께 예배하라"는 허락을 한다. 이때 그는 지금까지 사용했던 자신의 단어로 말한다. 즉, 하나님(엘로힘)을 예배하라고 한다.[6]

이상과 같은 두 단어는 모두가 예배를 말할 때 가장 활발하게 사용된 용어들이다. 그 대표적인 예가 십계명의 제2계명에서 나타난다. "…그것들

---

2   창세기 24:26, 48.

3   출애굽기 11:8, 20:5, 23:24, 24:1, 34:14; 신명기 4:19, 8:19, 11:16, 26:10, 30:17; 시편 5:7, 22:27, 29, 29:2, 45:11, 66:4, 81:9, 86:9, 95:6, 9, 97:7, 99:5, 9, 132:7, 138:2.

4   이 말은 모세가 첫째, 둘째, 넷째, 다섯째, 일곱째, 여덟째, 아홉째 재앙을 펼치면서 바로 왕에게 하나님의 명령대로 요구한 문장이다. 개역성경에는 "섬기게 하라"로 번역되었으나 표준새번역에는 원어대로 "예배드리게 하라"로 번역되어 있다(출 7:16, 8:1, 20, 9:1, 13, 10:3, 24).

5   출애굽기 8:8.

6   출애굽기 10:8, 24. 성서공회의 표준새번역은 출애굽기 12:31에서 바로가 사용한 "아바드"를 '섬기다'로 번역하였다. 필자는 동일한 단어를 동일한 정황에서 '예배'와 '섬기다'로 각각 달리 번역한 이유가 궁금했다. 그래서 성서공회에 질의한 결과 번역의 오류임이 인정되었고, 다음 판에서는 정정하겠다는 회신을 받았다.

에게 절하지 말며, 그것들을 섬기지 말라"에서 앞의 '절하지 말라'는 샤하로 표기하고, '섬기지 말라'는 아바드로 표기했다. 이렇듯 두 단어는 예배를 가리키는 공통된 용어로 사용되고 있다.

또 하나의 단어는 카보드(Kabod)로서 이사야가 "거룩하다 거룩하다 거룩하다 만군의 여호와여 그의 영광이 온 땅에 충만하도다"(사 6:3) 하고 부르짖는 가운데 나타난 '영광'을 뜻하는 용어이다. 이 용어는 사람이 하나님을 경배하기 위하여 그 앞에 나아갈 때 하나님께 돌리는 순수한 예배 용어이다. 이 '영광'이라는 말은 하나님의 존귀와 존엄을 내포하는 말로서, 하나님이 찬양과 존귀를 받으시기에 합당하다는 가치성을 인식하고 표현하는 말이다.

그 외에도 아람어에서 유래한 다니엘서의 세기드(segeed)를 비롯하여 몇 단어가 더 있으나 활발히 사용되지 않은 용어들로 남아 있을 뿐이다.[7]

B. 신약에서 사용된 예배 용어

신약성경은 부활하신 그리스도이신 예수님의 복음을 전하는 데 중점을 둔다. 그러한 까닭에 흔히들 구약에서 활발하게 전개된 예배에 대한 언급이나 용어가 신약에서는 비교적 단조로울 것이라고 생각하는 경향이 많다. 그러나 신약에서도 예배에 대한 용어는 매우 활발히 사용되고 있다. 한국 개역성경에서는 예배라는 용어를 겨우 14회 정도로 번역하였으나, 헬라어 성경에서는 예배에 관한 용어를 약 90회 정도 사용하고 있다. 그리고 전개된 정황에 따라 대체적으로 8개 정도의 각각 다른 단어를 사용하고 있다. 그 중에서 가장 활발하게 사용된 용어는 다음과 같은 것들이다.

첫 번째로, 프로스쿠네오라는 단어이다. 이것은 경의의 표시로서 '남의 손에 입을 맞추다', '땅에 무릎을 꿇고 입을 맞추다'라는 기본 뜻을 가지고 있다. 신약성경에서는 경의를 표하거나 충성을 맹세하기 위하여 '무릎

---

7   아차브(atsab, 렘 44:19), 페라흐(pelach, 단 3:12) 등이다.

을 꿇거나 절한다'는 의미를 내포하고 있다. 이러한 경의의 대상은 하나님, 그리스도이신 예수님 또는 유대교의 대제사장들이었다. 반면 하나님과 반대 개념의 대상, 즉 사탄을 언급할 때도 이 용어가 사용되었다.

이 용어가 신약성경에서 최초로 사용된 것은, 마태복음에서 동방박사들이 그리스도이신 예수님의 탄생을 알리는 별을 보고 찾아와 "그의 별을 보고 그에게 예배(경배)하러 왔노라"고 서술한 부분이다. 특별히 사도 요한은 그의 복음서와 계시록에서 예배를 언급할 때마다 이 용어만을 사용하는 특수한 입장을 보이고 있다.

이 용어를 살핌에 있어 우리의 깊은 관심을 끄는 것은, 예수님께서 예배에 관한 관심이 어떠하였으며, 예배를 언급할 때 무슨 단어를 사용했는지에 관한 문제이다. 지금까지 예수님께서는 말씀만을 전할 뿐 예배와는 무관한 분으로 생각하는 경향이 없지 않았다. 그러나 그분은 공생애의 시작부터 가장 먼저 예배에 관심을 보였고, 사역의 초기에도 하나님 앞에 예배하는 것이 실로 중요한 일임을 밝히고 있다. 성경에 나타난 다음 두 가지의 기록이 바로 이러한 문제의 대답을 상세하게 하고 있다.

예수님께서 공적인 사역을 담당하기 위하여 세례를 받고 난 다음에 사탄에게 이끌리어 시험을 받으신 과정에서 남긴 예배에 관한 용어 사용을 보면 다음과 같다.

사탄아 물러가라 기록되었으되 주 너의 하나님께 경배하고 다만 그를 섬기라 하였느니라(마 4:10).

그리고 수가성 밖의 우물 곁에서 사마리아 여인과 나눈 대화에서 예수님께서 남긴 예배에 관한 관심과 언어의 사용은 기독교 예배의 연구에 지대한 방향을 제시해 주고 있다.

너희는 알지 못하는 것을 예배하고 우리는 아는 것을 예배하노
니 이는 구원이 유대인에게서 남이라 아버지께 참되게 예배하는
자들은 영과 진리로 예배할 때가 오나니 곧 이 때라 아버지께서
는 자기에게 이렇게 예배하는 자들을 찾으시느니라(요 4:22-23).

여기서 요한을 비롯한 4복음서의 기자들은, 예배를 주로 프로스쿠네오
로 표기하였다.[8]

특별히 이 용어는 계시록 5장 14절에서 스물네 명의 장로들이 엎드려
경배하는 예배의 행위를 가리킬 때 더욱 선명하게 그 의미가 드러난다. 여
기서 예배란 절대자 앞에 존경과 순종과 경배를 표하기 위하여 엎드려 절
하는 행위로서, 자신이 경배하는 대상에게 정신과 육체가 경배의 표시를
실천할 때 사용된 용어임을 다시 한 번 확인하게 된다.[9]

두 번째로 많이 사용된 용어는 레이투르기아이다. 이 용어는 역사적으
로 자원봉사나 군복무 등을 가리키는 말이었다. 그러나 성경에서는 하나
님 앞에 희생 제사를 맡아 집전하고 기도하는 제사장의 직무를 일컫는 용
어로 사용되었다. 때로는 가난한 사람들이나 난민을 위한 자선의 선물이
나 행위를 일컬을 때 사용되기도 하였다.[10]

이 용어가 신약성경에서 맨 먼저 등장한 경우는, 제사장 사가랴가 당
시 제사장 직분의 관례를 따라 제비를 뽑아 그가 주의 성전에서 분향하
는 일을 맡았고, 자신의 임무를 다 끝내고 집으로 돌아갔다는 기록에서
이다(눅 1:23).

그리고 사도행전에서는 기독교의 예배가 아직 정착되지 못하고 유대교적

---

8 마태복음 2:2, 8, 4:9, 10; 마가복음 7:7; 누가복음 4:7, 8; 요한복음 4:20, 21, 22, 23, 24, 12:20. 요한은
   계시록 3장 9절을 비롯하여 14회에 걸쳐 예배의 용어를 사용하는데, 그는 요한복음과 동일한 용어를 사용
   하고 있는 특색을 보인다.
9 Gerhard Friedrich, (ed.), *Theological Dictionary of the New Testament*, trans. by G. W. Bromiley
   (Grand Rapids: Wm. B. Eerdmans Publishing Co., 1973), Vol. VI, pp. 759-60.
10 누가복음 1:23; 빌립보서 2:17, 25, 30; 히브리서 8:6, 9:21; 고린도후서 9:12.

인 예배의 관습에 있을 무렵, 그들이 드리는 예배의 행위를 서술할 때 이 단어를 사용하고 있다. "그들이 주님께 예배하며 금식하고 있을 때에, 성령이 그들에게 말씀하셨다"(행 13:2a, 새번역)라는 기록에서도 그들은 부활하신 주님을 위한 예배의 내용과 행위 그 자체를 일컫고 있다. 또한 이 용어가 예배의 정신보다는 행위와 내용과 그 형태를 가리키고 있음이 더욱 명백해 보이는 부분은, 히브리서에서 "사제가 날마다 성전에서 예배 의식을 거행하는 것"을 설명하는 본문이다(히 10:11). 이러한 의미를 내포한 본 용어는 훗날 의식을 갖춘 예배를 일컫는 '예배·예전' 또는 '전례'라고 번역할 수 있는 'Liturgy'의 모체가 되기도 한다. 이러한 의미에서 구약의 제사장들이 예배에 적용했던 아바드라는 히브리 용어를 헬라어로 옮겨 놓았다는 주장이 타당성을 갖게 된다.[11]

세 번째로 세보마이라는 용어이다. 이것은 경건한 마음으로 '숭배하다', '예배하다', '경배하다'의 뜻을 가지고 있다. 이 용어는 예수님께서 바리새파 사람들과 율법학자들을 향하여 '위선자'라고 지적하면서 하시는 말씀에서 분명하게 나타난다. 예수님께서 이사야 29장 13절의 "이 백성이 … 입술로는 나를 공경하나 … 마음은 내게서 멀리 떠났나니"라는 말씀을 인용하시고, 이어서 "사람의 계명으로 교훈을 삼아 가르치니 나를 헛되이 경배하는도다"(막 7:7)라는 말씀에서 사용한 예배의 용어이다. 여기서 이 용어는 예배의 행위나 형태보다는 정신을 강조한다. 뿐만 아니라 유대인들이 바울을 갈리오 총독에게 끌고 가서, 바울이 "율법을 어기고 하나님을 예배하라"고 사람들을 선동한 사실을 고발한 데서도 역시 예배의 형태나 행위보다는 예배의 정신을 의미하고 있다.[12]

이상과 같은 어휘들은 신약성경에 기록된 예배라는 어휘에 대한 분석에

11　Richard C. Leonard, "New Testament Vocabulary of Worship," *The Complete Library of Christian Worship*, Vol. I, Robert E. Webber, ed. (Nashville: Star Song Publishing Group, 1993), p. 15.
12　마태복음 15:9; 마가복음 7:7; 사도행전 18:13, 19:27.

불과하다. 또 다른 측면에서 이 어휘보다 더 중요한 것은 부활하신 주님을 예배하는 가운데 매주일 성찬 성례전을 준수하면서 지켜야 할 그들의 태도에 대한 언급 등에서 나타난다. 특별히 그리스도이신 예수님께서 십자가 위에서 죽으신 것이 단순한 죽음이 아니라 모든 성도의 구원을 위한 위대한 사건이었다는 사실을 알게 되었을 때, 그리고 그 예수님께서 죽은 지 사흘 만에 부활하신 사건을 확인했을 때 그들은 패배자들이 아니라 승리자들로서의 예배를 드리게 되었다. 거기서 기쁨과 감사와 협동의 태도를 가지고 어떻게 기도와 찬미를 하면서 예배를 드릴 것인지에 대한 가르침은 예배의 용어를 연구하는 또 하나의 분야라고 하겠다.[13]

C. 현대 교회의 예배 용어[14]

LITURGY. 이 용어는 현대교회가 많이 활용하고 있는 레이투르기아이다. 앞에서 이 용어는 직분을 가지고 '섬김' 또는 '봉사'를 통한 예배 행위로 설명한 바 있다.

영어에서는 레이투르기아라는 단어를 각각 달리 번역하여 그 의미를 살리고 있다. 사가랴의 직무에서는 봉사(Service), 그리스도의 직분에서는 섬김(Ministry), 그리고 공동체의 예배를 일컬을 때는 예배(Worship)로 번역하고 있다.

이 용어는 현대교회에서 예배 예전(liturgy)이라고 불리며 많이 사용되고 있는데, 일반적으로 하나님을 예배하는 절차가 보다 엄격하고 정교한 교회의 예배 예전을 의미한다. 이런 이유 때문에 예배 순서가 대폭 생략되어 설교 위주로 예배를 계속하고 있는 개신교의 경우는 이 용어를 잘 사용하지 않는다. 지금도 동방교회에서는 성찬 성례전이 없는 예배일 경우 이 용

---

13 여기에 대한 연구는 Richard C. Leonard가 설명한 글에서 매우 상세하게 설명해 놓았다.
14 현대 교회의 예배 용어는 세계의 모든 언어를 찾아 분석하는 것이 마땅하나, 여기서는 우선 영어와 독일어에 국한하였음을 밝혀 둔다.

어를 사용하지 않고 있다. 그래서 이 용어는 가시적인 예전 의식의 형태를 갖춘 공중예배를 지칭하는 용어가 되었고 동방교회를 비롯하여 가톨릭 교회, 성공회, 루터교회에서 지금도 활발하게 사용하는 용어가 되었다.

GOTTESDIENST와 SERVICE. 영어권이나 독어권의 개신교에서 많이 활용되고 있는 이 용어는, 앞에서 본 대로 사가랴의 직무, 레이투르기아라는 용어에 근거하고 있다. 이것은 인간이 하나님을 위하여 드리는 섬김의 예배를 지칭하는 말로 통용되고 있다. 그러나 이 용어의 뜻은 독일어의 고테스딘스트(Gottesdienst)라는 단어에서 아주 구체화되고 있다. 이 말의 뜻은 하나님의 인간에 대한 봉사, 그리고 인간의 하나님에 대한 봉사(God's service and our service to God)라고 풀이할 수 있다.[15] 이 말에 대한 가장 가까운 동의어가 바로 영어의 서비스(Service)이다. 그러나 영어의 서비스라는 용어는 다른 사람을 섬기기 위하여 사로잡혀 있는 노예를 가리킨 라틴어의 'servus'에서 유래되었다. 그러나 제임스 화이트(James White)는 이 용어의 진정한 의미를 "오히려 자기를 비워 종의 형체를 가지사 사람들과 같이 되신"(빌 2:7) 하나님과 그 하나님에 대한 인간의 섬김이라고 강조한다.[16] 여기에서 이 용어의 특성은 바로 준(準)예전적 행위의 예배를 회중이 능동적으로 참여하는 의미를 갖고 있다는 데 의의가 있다.

WORSHIP. 영어권의 개신교에서 가장 보편적으로 사용하고 있는 이 용어의 기본적인 뜻은 신(神)만을 위한 것이 아니었다. 어떤 대상이든지 존경할 만한 가치가 있는 대상을 자신의 몸으로 존경하거나 소중히 섬긴다는 뜻이었다. 이 말은 고대 영어의 '존경할 가치가 있는'이라는 뜻을 지닌 'Weorth'(Worth)와 신분이라는 뜻을 지닌 'ship'의 합성어이다. 이러한 의미를 가진 단어는 다음의 성구에서 그 사용의 적절성을 찾게 된다.

---

15 이와 같은 해석은 Peter Brunner, *Worship in the Name of Jesus*, trans. by M. H. Bertram (St. Luis: Concordia, 1968), p. 125를 참조하라.
16 James White, 정장복 역, 『기독교예배학 입문』, p. 24.

우리 주 하나님이여 영광과 존귀와 권능을 받으시는 것이 합당
하오니…(계 4:11).

죽임을 당하신 어린 양은 능력과 부와 지혜와 힘과 존귀와 영광
과 찬송을 받으시기에 합당하도다(계 5:12).

여기서 사용된 영광과 존귀와 능력과 찬송을 받기에 합당(악시오스)하다
는 단어가 바로 Worship(예배)의 근원이 되고 있다. 가장 보편적으로 사용
되고 있는 이 단어는 하나님의 존재와 그 최상의 가치성을 인정하고, 나아
가 예배를 드린다는 의미를 함축하고 있다.

이상의 단어 이외에도 문화적 배경과 함께 이교의 제의적인 행위를 일컬
었던 제식(祭式-Cult)이 성상숭배의 예전 행위에서 사용되는 경우도 있다.
그리고 예배를 십자가의 희생과 연결하여 거룩한 산제사로서의 희생제사
(Sacrifice)로 표기하는 경우를 비롯하여 몸과 마음과 물질을 드리는 봉헌
(Offering)으로 예배 용어를 사용하는 경우가 있다. 그리고 로마 가톨릭의
결혼식이나 장례식 혹은 감리교의 성만찬과 성직임직의 순서 등을 일컫는
제의(祭儀-Ritual) 등이 예배를 지칭하는 용어로 사용되고 있다.

2. 기독교 예배의 정의

A. 창조의 은총과의 만남

한국의 토착종교에서 흔히 볼 수 있는 것은 제사나 기타 의식 행위에서
신의 강림을 기대하고 그 신과 교류하는 것을 의식의 극치로 여긴다. 이것
은 한국의 종교에서만 볼 수 있는 현상이 아니라 섬기는 대상을 향하여
갖는 종교 행사에서 나타나는 일반적인 현상이다.

그러나 종교의 성격과 대상에 따라 이 신의 강림이 지극히 비합리적이고 인위적인 것이라는 데 문제가 있다. 어떤 종교는 인간의 손으로 제작한 작품을 신으로 섬기면서 그 앞에서 제의적 의식과 대화를 시도한다. 뿐만 아니라 무당이나 제주(祭主)와 같은 특수한 사람만이 신과의 만남을 경험하고 그 만남에 모든 의식의 초점을 맞추는 경우를 본다. 이러한 종교 현상은 한국의 재래종교에서뿐만 아니라 세계의 많은 미개한 나라의 종교에서 흔히 볼 수 있는 것들이다.

앞에서 본 일반 종교들이 말하는 신과의 만남은 모두가 숭배자들이나 구도자들의 자구적인 노력을 통해 이룩하는 경향을 보인다. 이들이 말하는 '신과의 만남'이란 그 종교에서 요구하는 기본적인 것들을 수행하면서 스스로 찾아가서 일정한 제의적 행위를 갖는다. 그러나 앞에서 언급한 대로 그 만남은 참여한 사람들과의 만남이 아니라 특수한 위치에 있는 사제들의 전용적인 관계성으로 이해된다. 그래서 그 사람들은 모두가 무당이나 제주의 입을 통해 신의 메시지를 전달받는다.

그러나 기독교에서 말하는 '하나님과 그 백성과의 만남'은 전혀 차원을 달리한다. 그 하나님은 찾아오는 인간이나 특수한 계층의 임무 수행자에 국한해서 만남을 이룩하고 메시지를 교시하지 않는다. 그리고 교리를 합당하게 수행하고 물질을 바친 신도에게만 나타나신 그러한 하나님이 아니다.

수천 년의 역사 동안 변함없이 이어온 기독교의 하나님은 인간이 찾기 전에 먼저 스스로 인간을 찾아오시는 분이다. 인간이 진리를 구하기 전에 먼저 인간에게 필요한 진리를 주신 유일한 진리의 하나님이다. 그래서 기독교에서는 인간의 의향에 따라 신과의 만남이 이루어지는 것이 아니라 신 곧 하나님의 절대적인 주권에 의해 이루어진다. 그리고 그 하나님은 특수한 계층의 사람들만 만나 주시는 것이 아니라 그를 만나고자 하는 모든 인간에게 나타나 주시는 분이라는 데 기독교의 고유한 특성이 담겨 있다.

하나님과의 만남이란 무엇보다도 창조의 역사에서 쉽게 이룩할 수 있다.

인간이 아름다운 자연을 보면서 먼저 감탄하는 것은 자연의 정교한 창조의 솜씨이다. 그리고 자연의 기묘한 법칙이다. 인간은 창조의 질서가 얼마나 정교한지를 인식할 때마다 창조의 섭리와 은총에 스스로 머리를 숙인다. 여기서 창조주 하나님을 알지 못하는 사람은 거대한 바다를 보면서 용왕님을 찾고 거대한 산을 보면서 산신령을 찾는다. 그리고 스스로 제의적인 행위를 갖는다. 이러한 행위는 자연을 보면서 그 위대한 창조주를 생각하는 인간의 기본 심성에서 비롯된다.

모든 자연과 지금 호흡할 수 있는 공기와, 육신을 지탱할 수 있는 식물을 주신 창조주는 바로 기독교에서 말하는 하나님이시다. 이 하나님은 인간이 필요한 것을 찾기 이전에 대 창조의 섭리를 펴시면서 인간을 만드시고 그 인간을 보살피며 그 인간들을 통해 영광을 받으신 참 신이다. 이러한 창조주의 실존과 피조물인 자신과의 관계성을 이해하는 것은, 인간의 가장 기초적인 출발의 문제이다.

그래서 칼빈은 그의 유명한 『기독교 강요』의 첫머리에 창조주 하나님에 관한 지식을 언급하면서, "하나님에 대한 지식이 없이는 자신에 관하여 아는 바도 없게 된다"[17]라는 유명한 말을 남기게 되었다.

이러한 하나님의 창조의 섭리와 그 법칙을 깨달은 사람은 창조주 하나님과의 만남이 어느 특정한 장소나 시간에 국한되지 않고 자신의 생명이 유지되는 순간마다 이어지는 것을 실감하게 된다. 그리고 그 마음에서는 지체없이 그 하나님을 향한 경배와 감사와 찬양을 드린다. 그래서 언더힐(Evelyn Underhill)은 예배신학자로서는 드물게 창조주 하나님과 인간과의 만남이라는 의미에서 예배를 말하고 있다. 즉, 그는 기독교의 예배란 "초자연적인 행위이며 초자연적인 삶"이라고 말하면서 하나님은 시공간을 초월하여 그의 피조물인 인간에게 나타나신다고 갈파한다. 그러면서 "기독교

---

17   John T. McNeill, (ed.), *Calvin: Institutes of the Christian Religion*, trans. by Ford Lewis Battles (Philadelphia: The Westminster Press, 1967), p. 37.

의 예배는 끊임없이 지속되는 창조주 하나님의 자비의 은총에 대한 인간 피조물의 응답"이라고 말하고 있다.[18]

B. 구원의 은총과의 만남

기독교의 하나님은 우주 만물을 지으시고 인간을 창조하시고 그 인간을 통하여 영광과 경배의 예배를 받으시는 분이다. 그래서 이 지구 위에 머문 인간은 그의 구체적인 보호가 없이는 한순간도 머물 수 없다. 이것은 불변의 진리이다. 그러나 여기서 유의해야 할 것은 기독교의 예배가 단순히 창조주 하나님의 존재와 그 은총만을 깨닫고 감격하여 드리는 종교적인 의식에 머물지 않는다는 사실이다.

만일 기독교가 창조주 하나님에게만 초점을 둔다면 창조의 정교함을 느낄 때마다 절을 하는 자연신의 숭배에서 벗어나지 못하는 위험성을 갖게된다. 거대한 산과 대양을 접할 때마다 발동하는 종교심과 거기에서 진행되는 제의적 행위의 연속은 결코 기독교의 예배와는 연결 지을 수 없다. 기독교는 창조주 하나님과 그 은총과의 만남 위에 제2의 창조의 역사와 만남을 가져와야 그 온전함을 인정받게 된다.

제2의 창조의 역사라고 표현되는 것은 바로 그리스도이신 예수님을 통한 구원의 사건이다. 성경에서 밝혀 준 대로 하나님은 피조물들을 우리 인간에게 주시고 하나님의 창조 질서를 준수하면서 그의 명령을 순종하도록 하셨다. 그러나 인간은 불순종으로 죄의 권세 아래 머물게 되었고, 그 결과는 사망이었다. 하나님은 이 시점에서 또 하나의 새롭고 감격스러운 은총을 우리 인간에게 허락하셨다. 그 은총의 내용이 바로 하나님의 독생자, 예수 그리스도께서 인간이 받아야 할 징벌을 한몸에 모두 지시고 대속의 죽음을 감수하셨다는 사실이다. 그의 대속의 죽음이 바로 우리 인간을 사망에서 영원한 생명의 세계로 이전시키는 거대한 역사를 창조하게 하였다.

18　Evelyn Underhill, *Worship* (London: Nisbet & Co., Ltd. 1936), p. 336.

그러한 그리스도를 발견하고 그분을 자신의 구주로 영접한 사람은, 그리스도이신 예수님이 자신의 길이요 진리요 생명이라는 사실에 접하게 된다.[19] 이 영원한 길과 진리와 생명이 되신 예수님과의 만남은 한시적인 것이 아니라 영원한 것이라는 사실에 다시 한 번 감격하게 된다. 이 감격은 깊은 신앙을 생성시키고 이 구원의 역사를 주관하신 하나님을 향해 경배와 감사의 예배를 드리게 한다. 이러한 사실을 예배의 신학으로 정립한 맥스웰은 일찍이 다음과 같이 서술하였다. "하나님에 의하여 궁극적으로, 그리고 남김없이 입증된 예배는 그리스도이신 예수님과 그의 구원의 역사 안에서 이룩된 믿음으로 고취된 예배이다."[20]

이상과 같은 예배의 신학은, 인간이란 하나님과의 만남에 있어서 창조의 역사에서만 국한되어서는 안 된다는 것을 명백히 밝히고 있다. 즉, 진정한 하나님의 실체는 그의 창조의 역사와 그리스도이신 예수님을 통한 구원의 역사를 이해하는 데서 완전해진다. 그럴 때 이러한 위대한 은총을 깨달은 사람은 그 위대한 역사를 믿고 그 은총에 감격하여 하나님을 예배하게 된다.

C. 감격적인 응답의 행위

지금까지 한국교회는 그리스도이신 예수님을 구원의 주님으로 영접하고 나아온 사람들에게 두 가지의 방법으로 접근해 오고 있다. 먼저, 가톨릭 교회에서는 하나님을 어떻게 섬길 것인가를 가르치면서 그들의 예배 의미와 내용을 철저히 가르치고 있다. 그 결과 가톨릭 교인들은 예배의 자세에서부터 경배와 감사와 찬양과 고백에 이르기까지 응답의 행위로서의 예배를 철저히 지키게 된다.

그러나 개신교에서는 하나님을 어떻게 믿을 것인가에 강조점을 둔 교리

---

19 요한복음 14:6.
20 William D. Maxwell, *Concerning Worship* (London: Oxford University Press, 1949), p. 1.

의 가르침에 열을 올리고 있다. 이러한 결과는 지성적인 신앙의 발전은 가져올 수 있으나 하나님을 예배하는 순수한 열정은 매우 빈약하게 만들 수도 있다. 예를 들어서 어느 장소에서든지 성경을 읽고 기도를 하면 그것이 예배가 된다는 매우 위험한 생각을 갖게 된다. 이러한 행위의 반복은 개신교의 성도들로 하여금 예배의 의미와 그 본질, 그리고 예배의 실상을 파악하는 데 취약점을 남기게 된다. 진정한 의미에서 하나님의 은총을 음미하고 새기면서 감격의 응답이 새겨진 예배를 발견하기가 심히 힘든 현실이다.

이러한 결과는 이 땅의 오랜 종교 의식에 익숙해 있는 기독교인들로 하여금 예배의 대상만을 바꾸고, 예배의 심성이나 내용은 불상이나 조상 앞에서 하는 것과 비슷하게 하는 결과를 초래하였다. 그러한 까닭에 지금도 개신교의 예배 현장에서는 하나님이 창조의 은총과 그리스도이신 예수님을 통한 구원의 은총을 주시는 절대 신임을 알면서도 경배와 감사의 자세보다는 자신의 기원과 그 성취를 비는 심성이 훨씬 더 진하게 나타난다.

확실히 한국에 뿌리내린 모든 종교에서는, 자신들이 섬기는 신을 예찬하는 행위보다는 예배자들 자신에게 필요한 것을 간구하는 것이 일반적인 의식의 내용과 형식으로 자리잡았다. 그러나 기독교의 예배는 분명히 타종교의 의식 행위와는 그 내용이 근본적으로 다르다. 기독교 예배의 성숙한 현장에는 주로 하나님이 주신 창조의 은총과 그리스도이신 예수님을 통하여 주신 구원의 은총을 깨달은 하나님의 백성들이 모인다. 그리고 이들은 자신이 받은 이 거대한 두 은총을 깨닫고 행동적으로 나아와 응답하는 행위로서 예배를 드린다. 그래서 기독교의 예배는 하나님과 예배자들이 드리는 대화적 관계로 많은 예배신학자들에 의하여 규정된다.[21] 하나님은 계시하시고 인간은 응답하는 양방적 관계가 언제나 지속되고 있는 것이 바로 기독교 예배의 실상이다. 이 응답은 단순한 명상이나 사색적

---

21 Frank J. Smit, "What is Worship" in *Worship in the Presence of God,* (ed.) by Frank J. Smith and David C. Lachman (Greenville, S. C.: Greenville Seminary Press, 1992), pp. 14-15.

인 차원을 벗어나서 마음과 뜻과 정성이 모아진 행동적인 응답으로 이어지게 된다. 이러한 중요한 예배자들의 응답에 대하여 로버트 웨버(Robert Webber)는 다음과 같은 의미 깊은 서술을 하고 있다.

　　예배의 처음부터 끝까지 있어야 할 응답의 행위는 단순히 찬송을 하고 신앙고백을 하고 기도를 하는 데서 끝나지 않는다. 진정한 응답이란 하나님의 실제적인 임재 아래서 내적인 경험이 강하게 있어야 한다. 예배자들은 단순히 노래하고 말하는 것이 아니라 하나님 앞에 우리의 느낌을 표현하고, 우리의 영혼을 사실적으로 노출시켜야 한다. 그러한 가운데서 우리는 생생하게 현실적으로 역사하시는 하나님의 사랑과 자비의 은총을 교류하고 거기에 응답해야 한다.[22]

　여기서 예배자들은 단순히 예배의 순서에 따른 응답의 행위로 만족해서는 안 된다는 사실을 다시 한 번 확인하게 된다. 보다 실제적으로 우리의 속마음에서 경험적이고 사실적인 하나님의 은총에 감격하는 응답이 있어야 한다는 사실이다. 그럴 때 그 예배는 하나님의 현존하심을 실감하게 되고 예배자의 삶이 얼마나 윤택한지를 경험하게 된다.
　이상과 같은 기독교 예배의 정신을 이해하고 그 정의를 간추린다면 다음과 같이 요약된다. 예배란 하나님과 그 백성 사이에서 발생된 사건이다. 하나님의 백성들은 하나님이 주신 창조의 은총과 그리스도이신 예수님을 통해 주신 구원의 은총을 깨닫고 감격하여 드리는 응답의 행위이다. 그 응답의 행위에 있어야 할 내용은 경배, 감사, 찬양, 참회, 봉헌, 간구이다. 그럴 때 하나님은 말씀을 주시고, 성례전에서 은혜를 경험하게 하시고, 복을

22　Robert E. Webber, (ed.), *The Complete Library of Christian Worship* (Nashville : StarSong Publishing Group, 1994), Vol. 2, p. 373.

내려주신다. 이 모든 예배는 성령님의 역사 아래서 이루어진다.

이상과 같은 예배의 정의를 도표로 정리하면 다음과 같다.

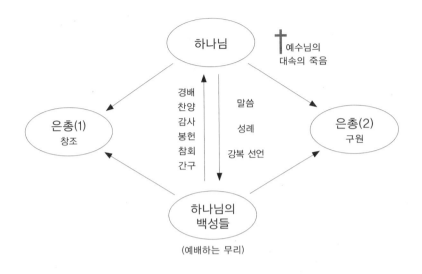

3. 기독교 예배의 특수성

A. 말씀이 중심이 된 예배

기독교의 예배를 타종교의 예배와 비교할 때 그 특수성은 너무나 뚜렷하다. 타종교가 결코 모방할 수 없는 특수한 내용과 형태는 기독교가 진정 살아 있는 종교로서의 위치를 견고히 하는 요소가 되었고, 그 특수성에 의하여 기독교의 우월성은 더욱 높이 평가받게 된다.

기독교 예배에서 가장 돋보이는 특수성은 예배의 구심점을 이루는 말씀의 선포이다. 설교라는 이름으로 통용되고 있는 이 말씀의 선포는 기독교의 기본적인 본질이 말씀의 종교라는 것을 잘 나타내 주는 핵심적인 부분이다. 하나님은 말씀으로 창조의 역사를 시작하셨다. 그리고 구약성경은 하나님이 말씀하실 때 그의 백성이 그 말씀에 어떻게 응답하고 있는지를 주요 내용으로 보여준다. 그리고 신약성경에서는 성육하신 그리스도이신 예수님이 하나님의 나라를 이 땅에 세우심을 주요 내용으로 하고 있다. 또 사도들이 예수님의 오심과 교훈, 생애와 수난과 부활, 그리고 승천과 재림을 말씀으로 선포하고 증거하는 것이 신약성경의 내용이다.

이상과 같이 성경의 모든 사건이 말씀으로 이룩되었다. 그리고 기독교의 모든 진리는 말씀이라는 특수한 사역을 통하여 이어지고 있다. 특별히 기독교 예배 안에서 선포되는 말씀의 운반(運搬)은 단순한 인간의 생각이나 경험을 말하는 것이 아니라, 66권에 기록된 하나님의 말씀을 선포하고 해석하고 그 말씀을 회중의 삶에 적용시키는 일이다. 그러한 까닭에 예배에서 말씀의 선포는 하나님께 예배드리는 그의 백성들에게 주어지는 부분으로서 기독교 예배의 핵심적인 요소로 오늘까지 지켜져 오고 있다.

이러한 특수성을 가지고 있는 말씀의 선포는 단순한 사역으로 계속될 수 없는 부분들이다. 설교는 회중이 듣고 감격의 응답을 말씀의 주인에게 드리도록 하는 데 주목적이 있다. 그래서 개혁교회의 예배를 연구하는 학자들은 예배에서 설교를 통하여 하나님이 인간을 위해 과거에 무엇을 하셨는지를 말하는 데서 끝나지 말아야 한다는 것을 강조한다. 설교를 통하여 하나님이 무엇을 어떻게 무슨 목적을 가지고 은총을 베푸시는지를 하나님의 말씀으로 알려주어야 예배자들의 가슴에서 진지한 응답이 우러나오게 된다고 강조한다.[23]

여기에 더하여 칼빈은 "설교란 그리스도이신 예수님이 그분의 교회 안에서 통치하는 왕권"[24]으로 정의를 내리면서, 선포된 말씀은 하나님의 계시와 하나님 자신과의 교류(self-communication)의 수단으로 규정한다. 뿐만 아니라 하나님은 말씀의 선포를 통하여 예배의 현장에 임하시며 그의

23 Raymond Abba, *Principles of Christian Worship* (New York: Oxford University Press, 1960), p. 103.
24 Ronald S. Wallace, 정장복 역, 『칼빈의 말씀과 성례전 신학』 (서울: 장로회신학대학교 출판부, 1996), p. 142.

실존을 입증한다고 강조하고 있다.[25]

이상과 같은 깊은 의미를 내포하고 있는 설교의 사역은 기독교의 가장 고유한 특성으로서 타종교에서 전혀 찾아볼 수 없는 부분이다. 그래서 기독교의 예배 가운데서 말씀의 선포는, 특히 개신교의 경우 가장 존엄하고 중요한 부분으로 종교개혁 이후 지켜져 왔다. 그리고 앞으로 오는 세기에서도 이러한 설교의 중요성은 기독교의 예배에서 쉽게 무너지지 않을 것으로 본다. 이러한 차원에서 에밀 브루너(Emil Brunner)는 설교 사역이란 어떤 부정적인 평가가 주어지더라도 "이 지구상에서 일어나는 일 중에 가장 중요한 일이 행해지고 있는 것"[26]이라는 유명한 말을 남겼다.

B. 성찬 성례전이 중심이 된 예배

일반적인 종교의 세계에서 행해지고 있는 예전 의식은 거의 다 교주의 가르침을 따르는 추종자들에 의하여 만들어졌다. 그러기에 그러한 예전들은 시대의 흐름과 환경의 차이에 따라 많은 변화를 가져온다. 그리고 그 변화는 예배자들의 심성에 맞추어서 진행되고 수정되는 경우를 흔히 보게 된다. 이러한 변화는 철저히 인간 위주의 의식이 되어 버리는 종교 현상으로 변하게 된다.

기독교 예배의 의식은 타종교와는 다른 면이 있다. 하나님은 일찍이 아브라함을 선택하여 이스라엘 백성을 이끄시고 이들로 하여금 하나님을 예배하는 백성으로 삼으셨다. 그리고 그들이 하나님을 위하여 드려야 할 예배의 내용과 형태를 출애굽기와 레위기에서 상세히 가르쳐 주었다. 이러한 의식은 절기와 각종 제사에 따라 차이가 있었으나, 대부분은 인간들이 자신의 죄를 사함받기 위하여 동물을 잡아 희생제사로 드리거나 곡물을 태워 드리는 것들이었다.

---

25 Ibid., p. 140.

26 Emil Brunner, *Revelation and Reason* (Philadelphia: Westminster Press, 1946), p. 142.

이러한 예배 의식은 그리스도이신 예수님에 의하여 새로운 의미의 부여와 함께 새로운 형태의 예전으로 대체되어 제정되었다. 그것이 바로 성찬 성례전이다. 그 내용은 그리스도이신 예수님께서 자신의 생명이 십자가 위에서 희생물이 되어 인류의 죄를 대속하시는 위대한 구원의 역사를 보여주시는 예전이었다. 다시 말하면 그의 살이 상하고 찢긴 의미와 그 피를 남김없이 흘리게 된 이유를 밝히는 실로 소중한 예전이다.[27]

이 예전이 제정된 이후 구약에서 주어진 각종 희생제사는 예수님의 십자가 사건으로 완성이 되었기에 기독교의 예배에서는 그것이 단절되었다. 그리고 실질적으로 희생제물이 되어주시고 그 의미를 완성시킨 그리스도이신 예수님이 제정한 성찬 성례전이 기독교 예배의 핵심적인 부분으로 자리를 잡게 되었다. 사도들에 의하여 출발된 기독교는 "그리스도의 죽음이 보다 고상하고 효과적 희생이라는 명목으로 구약적인 제사제도를 폐지하도록 하는 결정"[28]을 내리고 성만찬을 기독교의 핵심적인 예전으로 지키게 되었다.

이러한 깊은 뜻을 가진 이 성찬 성례전은 사도들을 비롯하여 초대교회의 많은 성도들이 로마의 잔인한 핍박 가운데서도 성스럽게 그들의 예배에서 지켜온 예전이 되었다. 그리고 기독교의 2천 년 역사 동안 성찬 성례전은 더욱 존엄하고 소중하게 기독교 예배의 중심을 이루고 있다. 물론 쯔빙글리와 같은 개혁자들은 매주일 거행되었던 성찬 성례전을 일 년에 4회로 제한시키는 오류를 범하기도 하였으나 그 의미나 내용에는 조금의 변화도 없었다.

이상과 같은 기원과 역사성을 가지고 있는 성찬 성례전에 참여한 성도들은 언제나 그리스도이신 예수님을 새롭게 구원의 주님으로 확인하고 감격의 신앙을 되찾게 된다. 그리고 이 성찬 성례전에서 참여하게 되는 성물(聖物)을 받으면서 그리스도이신 예수님과 연합된 자신을 새롭게 발견하게 된다. 이러한 성스러운 의미를 갖고 진행된 성찬 성례전은 타종교의 어떤

---

27 예배의 특수한 성격을 위한 설명으로 제한적인 설명을 하고 있다.
28 Illion T. Jones, 정장복 역, 『복음적 예배의 이해』 (서울: 한국장로교출판사, 1988), p. 79.

의식과도 비교할 수 없는 기독교의 특수하고 고유한 부분이다.

C. 성령님의 역사가 중심이 된 예배

기독교의 예배가 가지고 있는 특성 가운데 또 하나의 중요한 것은 바로
성령님의 주권적인 역사이다. 타종교는 인간의 힘으로 예전 의식의 장엄
함이나 효과를 가져오려는 노력을 많이 기울인다. 그러나 기독교는 인간
의 이러한 노력을 초월하여 예배자들의 심성을 찾아주고 그들의 가슴에서
뜨거운 감동을 일으키게 하는 성령님의 역사가 특별하게 작용하고 있다.

하나님은 한 분이시되 그의 역사는 세 가지 기능을 통하여 인간에게 임
하신다는 삼위일체의 교리가 기독교의 핵심적인 부분이다. 구약에서의 하
나님은 주로 성부 하나님으로 역사하셔서 창조의 역사를 비롯한 구원의
역사를 계획하셨고, 복음서의 하나님은 새로운 계약의 성립을 위하여 성자
하나님의 기능으로 역사하셔서 구원을 실현하셨으며, 사도행전의 성령강림
사건 이후부터 지금까지는 성령 하나님으로 구원의 역사를 완성하고 있다.

이러한 성령님의 역사는 주로 교회를 중심으로 진행되며 그 가운데서
도 하나님을 예배하는 중에 인간의 심성을 변화시키고 하나님을 향한 진
정한 응답의 행위를 발생하게 한다. 피난(Barbara Finan)은 성령님의 역사
가 예배자들의 삶을 어떻게 지배할 수 있는지를 서술하면서 "성령님의 은
사는 우리의 심령이 하나님의 은혜에 감동되도록 준비시켜 우리의 응답이
무제한적으로 이어지도록 한다"[29]고 주장하였다.

그러한 까닭에 현대 교회에서 성령님의 역사가 떠난 예배는 예배로서의
가치를 발휘하지 못한다는 결론을 맺게 된다. 인간의 지정(知情)만이 지배
하고 있는 예배의 현장에서는 하나님과의 만남이 두뇌로만 작용될 뿐 가
슴으로는 와 닿지 않는 결과를 가져온다. 자신이 드리는 기도와 찬송도 고

---

29   Babara Finan, "Gift of the Holy Spirit" in Peter E. Fink, (ed.), *The New Dictionary of Sacramental
Worship* (Collegefille, MI: The Liturgical Press, 1990), p. 542.

정된 형식의 일부로 진행되고 선포된 말씀을 통해서도 마음의 움직임이 없게 된다. 일반적으로 메마른 현장을 일컬어 성령님의 역사가 발생되지 않는 예배의 현장이라고 한다. 때로는 기독교의 예배 현장에서 성령님의 역사라는 이름 아래 예배자들의 지적인 기능보다는 정적인 기능만을 활용하여 예배의 질서를 혼돈시키고 예배의 탈선을 가져오는 경우도 적지 않다.

그러나 교회의 진정한 형성과 출발은 예수님의 승천 이후 약속하신 성령님의 강림이 실행된 후에 이룩되었다. 그러므로 엄격히 말하면 성령 하나님의 중요한 기능은 주의 몸된 교회를 통하여 올바른 예배가 실현되고 하나님의 나라와 의가 펼쳐지는 역사에 있다. 그렇기 때문에 기독교 예배에서의 성령님의 역사란 예배의 부차적인 면이 아니라 주권적인 부분으로서 그 특수성을 발휘하고 있다.

이상과 같은 기독교 예배의 특수성은 타종교가 추종할 수 없는 매우 높은 수준을 가지고 있다. 그리고 이것들은 기독교 예배의 고유한 성격을 입증하는 부분들이다. 그러나 신·구교를 막론하고 이상의 아름다운 특수성을 모두 수용하지 않고 부분적으로 수용하고 있다는 데 현대 교회의 문제가 있다. 예를 들면 로마 가톨릭 교회나 성공회 같은 오랜 전통을 가지고 있는 교회는, 말씀의 선포와 성령님의 역사를 강조하는 면이 빈약하다. 그러나 성찬 성례전은 타교단이 따를 수 없는 존엄성을 가지고 예배의 핵심으로 진행하고 있다. 장로교나 회중교회나 감리교, 성결교와 같은 교단에서는 말씀의 선포 사역이 예배의 핵심으로 대단한 수준을 유지하고 있으나, 그 외의 성찬 성례전 부분에서는 빈약함을 느끼게 된다. 반면에 오순절 계열의 교회들은 성령님의 주권적인 역사의 강조가 예배의 핵심을 이루고 있다. 그러나 그 외의 부분들은 상대적으로 빈약하다. 루터교회와 같은 교단은 말씀과 성만찬의 균형을 잘 이루어가고 있으나 성령님의 주권적인 역사의 부분은 타교단에 비교하여 약한 상태를 유지한다.[30]

---

30   이러한 분석과 보고는 1939년 세계교회협의회 신앙과 직제 위원회에서 발표한 바 있다. 참조, Pehr Edwall,

이러한 교회의 예배 형편을 보면서 우리는 가장 이상적인 기독교 예배를 위해서 이상의 세 가지 특수성이 조화를 이루는 예배를 추구해야 할 필요성을 느끼게 된다. 말씀과 성만찬이 균형을 이루면서 그 안에 성령님의 뜨거운 감화가 함께하는 예배야말로 기독교인들이 추구하는 가장 아름다운 예배의 진정한 모습이다.

함축된 의미

우리 민족은 오랜 역사 속에서 제의적 문화를 형성하여 왔다. 언어 위주의 종교에 일시적인 관심을 보이다가 그들은 진지한 의식(儀式)이 있는 제의(祭儀)적 행위에서 종교의 참맛을 느낀다. 이러한 현상은 『2013년 한국인의 종교생활과 의식조사 보고서』[31]에서 뚜렷이 나타나고 있다.

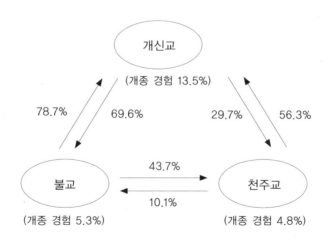

(ed.), *Ways of Worship* (New York: Harper and Brothers Publishers, 1951), p. 20.

31 전병금, 『한국기독교 분석리포트-2013 한국인의 종교생활과 의식조사 보고서』 (서울: 도서출판 URD, 2013), pp. 31-32.

이 조사에 의하면 현재의 종교 이전에 다른 종교를 믿은 적이 있다는 대답이 불교에서는 5.3%, 개신교에서는 13.5% 그리고 천주교에서는 4.8%로 나타나고 있다.

그런데 개신교가 깊은 관심을 두어야 할 부분은 과거에 어떤 종교에 있다가 현재의 종교로 왔는가를 보는 일이다. 이 조사에서는 불교의 5.3%에 속한 사람들 중 69.6%가 개신교에서 갔으며, 천주교에서는 겨우 10.1%만이 갔다고 한다. 거기에 비례하여 타종교의 경험이 있다는 개신교 사람 13.5% 중에 불교에서 온 사람은 78.7%, 천주교에서 온 사람이 56.3%였다는 대답이다. 그리고 타종교에서 천주교로 간 4.8%의 사람들 중에 불교에서는 43.7%가, 개신교에는 29.7%가 갔다는 분석이다. 결산을 하면 개신교에서는 29.7%가 가고 천주교에서는 56.3%가 왔다는 통계이다.

무엇 때문인가? 역시 우리 민족은 오감을 채워 주는 집회 형태의 종교에서는 한순간 흥미롭게 머물 수 있으나, 그 눈이 하나님을 향하여 뜨이고 진리를 알게 될 때 변화가 온다는 것을 입증하고 있다. 살아있는 말씀이 있고 진지한 하나님과의 만남을 경험하는 예배를 찾는 오늘의 그리스도인들이 늘고 있다는 증거이다. 이제는 기독교 예배의 본 정신과 내용이 살아 있는 진지한 예배를 향한 몸부림이 있어야 함을 입증하고 있다.

이러한 현실에서 주일 낮 예배만은 기독교 예배의 정신과 특성이 분명히 드러나도록 드리는 것이 다음 세기를 이어가는 바른 길이라는 것을 알게 된다. 성숙한 교회의 예배는 언제나 자신의 즐거움보다는 하나님의 영광이 우선되어야 한다.

제6장
예배의 역사적 발전

예배의 역사는 인류의 역사와 함께 시작되었으며 지속되어 오고 있다. 그리고 하나님을 섬기는 사람들이 이 땅 위에 존재하는 한 예배는 결코 사라질 수 없는 인류와 함께하는 사건이다.

그러므로 예배를 이해하려는 사람들은 먼저 우리의 예배가 교회 역사에서 어떻게 지속되었고 발전되었는지를 찾아보는 것이 필요하다. 이러한 필요성을 공감하는 사람들을 위하여 본 장에서는 초대교회와 중세교회, 그리고 종교개혁의 전후와 현대의 교회에 이르기까지 우리가 알아야 할 예배의 발전을 살펴보도록 한다.

1. 초대교회

여기서 초대교회라 함은 신약시대를 거쳐 주후 200년까지에 해당하는 시기를 말한다. 이 시기는 예배의 역사를 연구하는 데 있어서 대단히 중요한 부분으로서 많은 개혁자들과 예배신학자들의 깊은 관심을 모으고 있다.

예수님의 등장과 함께 신약시대의 예배는 새로운 양상을 보이기 시작했다. 그런데 예수님께서는 "왜 그토록 심한 반대에 직면하고 급기야 십자가의 수난까지 받아야 했을까?"에 대한 의문을 제시해 본다. 그 이유는 유대의 전통 사회에 도전하는 새로운 세계를 선포했기 때문이라고 볼 수 있다. 특별히 예배의 측면에서 볼 때 그분은 유대교의 제반 예전 활동의 종식을 선언하였다. 그리고 성전과 회당 예배의 모든 뿌리를 자신의 사건(Christ Event)에 근거하도록 제자들에게 가르쳤다.

이상과 같은 당시의 폭탄 같은 선언은 그의 사도들과 초대 기독교도들에게 가혹한 핍박이 되어 찾아왔으며 따라서 새로운 예배의 실행은 어려울 수밖에 없었다. 그러므로 초대교회는 예배의 내용이나 형식에 대한 관심보다는 자연히 그리스도를 증거하는 일에 집중적인 노력을 기울이는 방향으로 나아가게 되었다. 그러나 분명한 사실은 초대교회 성도들은 예배를 통하여 그들의 생명이 결속되었고, 그 가운데서도 주님의 명령을 따라 가졌던 성만찬 속에서 늘 새로운 신앙의 활력소를 찾았다는 점이다. 이런 과정을 지내오면서 자연적으로 그들의 예배 내용의 중심은 예수 그리스도가 되었으며, 그분이 구약에 있는 모든 예언의 성취이심을 믿는 신앙이 굳어지게 되었다. 그리고 예배의 모든 핵심적 순서도 말씀과 성례에 집중되었고 그리스도의 증인으로서의 새로운 사명을 재확인하는 데 역점을 둔 예배의 분위기를 형성해 갔다.

2. 중세교회

기독교의 역사에 새로운 전환점을 가져온 것은 로마의 콘스탄틴 대제가 주후 313년 기독교를 공인한 일이었다. 이 놀라운 사건은 지금껏 개인 가정이나 동굴들을 찾아 이삼십 명씩 분산되어 소집단으로 모이던 크리스천 무리들을 한곳에 집결시키는 결과를 가져왔으며, 이들의 수용을 위하여 대형화된 교회 건물을 마련하지 않으면 안 되게 되었다. 이러한 사실은 콘스탄틴 대제가 예루살렘과 베들레헴, 그리고 콘스탄티노플에 대성전을 건축함으로써 입증되었다. 그 뿐만 아니라 다수의 무리가 모여서 드리는 예배의 집전을 위하여 성직자의 위치와 권위 역시 점차 확장되어 갔고 드디어 이 조직체의 머리요 그리스도의 대리자로서 교황이 출현하였다.

이상과 같이 급격하게 변천된 예배의 조건들은 외적인 형식과 의식을 강조하는 방향으로 나아갔다. 그러나 주후 380년 기독교의 국교화 이후 심화되어 간 일종의 부작용이 예배 현장에 신비적 요소와 미신적 형태를 발생시켜 놓고 만다. 인위적인 정교한 형식은 수많은 기도문을 비롯하여 교독과 교창을 양산하게 하였다. 특히 주님의 만찬을 극적인 신비의 현상으로 이해하는 등 구약의 제사 제도로 되돌아가는 느낌마저 갖게 하였다. 더욱이 마리아 숭배를 비롯하여 수많은 성자 및 유물 숭배 사상이 나타나 초대교회 시대에는 도저히 생각할 수도 없는 상태로까지 비약해 버리고 말았다. 이러한 의식 위주의 교회는 드디어 동방 교회와 서방 교회 간의 예배 양식에 대한 심각한 대립을 야기시켰으며 그 끊임없던 논쟁의 결과 주후 1054년 동방과 서방 교회의 영원한 분열이라는 불행을 겪게 된다.

이렇게 분열된 동방 교회는 제정 러시아를 중심으로 존속하였고, 서방 교회는 로마 교황의 지배하에 그 영향력을 전 세계에 펼쳤다. 그러나 로마 교황의 절대 권위 아래 있던 서방 교회는 16세기경에 이르러 예배 의식에 심각한 문제점을 드러내게 된다. 예를 들면 성만찬에서 화체설을 주장하여 미신과 뒤섞인 인상을 주었고, 예배의 참석은 등한히 되었으며, 성경과 모든 예전은 도무지 알아듣지 못하는 라틴어로 집례되어 회중은 성직자에 의하여 연출된 하나의 연극을 구경하는 방관자로 전락하고 말았다. 특별히 초대교회 때부터 있었던 말씀의 증거는 고정된 책자에 의존하여 생명력이 없는 단순한 기록을 읽는 것으로 그치게 되었다. 이처럼 교회의 본래의 모습을 예배 가운데서 상실한 중세교회는 결국 면죄부의 판매와 같은 계속되는 모순을 범하여 위태한 지경에 빠져갔다. 이 모순들이 그 시대의 역사를 암흑기로 몰고 가게 되자 드디어 광명의 새 아침을 추구하는 참신한 개혁의 사건을 가져오게 되었다.

3. 종교개혁과 예배

16세기의 종교개혁은 역사의 새로운 장을 여는 기적적 사건임에 틀림없다. 그 이유는 하나님의 질서가 무너지고 "패역한 세대"로 전락된 중세교회와 사회의 어두움이 새로운 세계의 출현을 불가피하게 만들어 놓았기 때문이다. 무엇 때문에 그 시대는 이토록 어두움 속에 방황하게 되었던가 하는 근본적인 원인들이 여러 각도에서 분석되었으며 그 평가 또한 매우 다양하다. 신학의 부재, 교회의 구조적 모순 등이 원인으로 지적받는다. 그러나 가장 핵심적인 원인으로서 하나님을 섬기는 구체적인 행위인 예배의 현장이 그 의미를 잃고 하나님과의 만남의 역사가 발생되지 못한 데서 이런 결과가 파생되었음을 간과할 수 없다. 들어도 듣지 못하는 언어 속에 진행된 미사는 자연히 하나의 구경의 대상으로 전락되었고, 맹목적인 헌신과 신비의 강조는 예배자들을 지극히 피동적인 존재로 만드는 결과를 가져왔다. 더 나아가 미사의 집례 행위는 사제들이 독점하면서 차차 변질되어 갔는데, 그 속에서 사제들의 절대권은 지나칠 정도로 숭상을 받게 되었고 이것은 더 나아가 그들의 탈선과 직결되었다. 특별히 미사의 절정을 이루는 성만찬은 성물(빵과 포도주)이 그리스도의 피와 살로 변한다고 하여 신비한 극적 장면의 연출을 기다리는 사람들의 구경거리로 변질되었다. 그리고 하나님의 말씀은 삶의 현장과 단절된 채 생략되거나 독백처럼 읽혀졌다.

이러한 상황들은 중세교회를 힘없는 교회로 전락시켰고, 정치와 종교가 분리되어 있지 않던 그 세계의 신앙과 윤리 질서를 파괴하기에 이르렀다. 마음과 뜻과 정성을 모아 하나님을 섬기는 예배가 부재하고, 신령과 진정으로 예배를 드리는 사람들이 시들어져 갈 때 주의 몸 된 교회는 병들고, 인간의 심성은 부패해질 수밖에 없다는 진리를 경험하게 되었다. 한편 이러한 시대적 문제점들은 하나님을 섬기는 교회가 그 본궤도로 돌아가도록 하는 데 하나의 촉진제가 되었다.

모든 개혁자들은 이상의 문제들을 지적하는 데 일치감을 가지고 개혁의 기치를 들고 역사적 과업을 수행하였다. 그러나 개혁자들의 사상적 배경과 활동 지역이 달랐기에 예배를 위한 그들의 주장은 하나의 견해를 이룩하지 못하고 다음과 같이 구별되었다.

첫째, 루터계와 성공회 계열은 지금껏 전해온 예전의 지속을 그대로 고수하면서 부분적 수정만을 행하기로 하였다. 이들은 당시 사용 중이던 미사의 형태나 내용에 대한 큰 변화를 원치 않았으며, 단지 미사 속에서 자신들이 사용하는 언어로 말씀을 선포하고 성례전을 집례함으로써 일차적 만족을 얻으려 했다.

둘째, 스위스 취리히 지역을 중심하여 예배의 개혁을 주도했던 쯔빙글리와 그 계열은 미사를 전면적으로 부정하고 개신교의 새로운 예배의 형태를 시도하였다. 지금껏 말씀과 성례가 함께 있던 것을 설교 중심의 예배로 바꾸면서 성례전은 연 4회로 국한시키고 그 의미도 기념적 성찬으로 제한시키는 개혁을 단행하였다. 성만찬의 존엄성은 이때부터 격하되고 상대적으로 설교만이 강조되는 개신교 예배를 낳았다.

셋째, 오늘의 침례교회, 퀘이커교, 그리고 그리스도의 교회에 영향을 준 재세례파의 주장이었다. 그들은 가장 급진적인 자세로 예전에 대한 거부 반응을 일으키면서 예배에서의 일체의 의식을 거부하고 공중예배의 필요성마저 인정하지 않는 지극히 자유주의적인 자세를 취하였다. 이들은 언제 어디서나 자유롭게 모이면서 초대교회의 은사를 사모하는 집회를 강조하였다.

넷째, 루터와 쯔빙글리의 양극적 주장에 중도적 입장을 취하고 나선 개혁자들로는 부처, 칼빈, 낙스 등이 있다. 이들은 성례전과 말씀을 예배의 구심점으로 하고 회중이 적극적으로 참여할 수 있는 의식을 갖춤으로써 초대교회의 복음적 예배 의식으로 되돌아갔으며 교회의 전통적 감각을 살리는 예배·예전을 마련하게 되었다. 여기서부터 개신교는 교단을 형성하면서 자신들의 교리에 맞는 예배의 내용과 형태를 고수하며 오늘의 예배까지 이어오고 있다.

4. 종교개혁 이후부터 현대까지

기독교의 새로운 요람지로서의 기대를 가지고 있던 영국에서의 종교개혁은 뚜렷한 개혁의 실현을 거두지 못하였다. 그러다가 마침내 청교도를 중심으로 한 개혁자들의 후예들이 미국으로 이주하면서 본격적인 변화와 함께 결실을 맺게 되었다. 17세기 초반부터 미국으로 이주하기 시작한 유럽의 기독교도들은 종교개혁의 이론과 그 실천에 대단한 민감성을 보이고 있었다. 그들은 교회와 국가의 분리를 철저히 시행하면서 교회의 자유로운 형태와 예배 의식의 개혁을 인도해 나아갔다. 이러한 모습은 "종교개혁은 유럽에서 태어나고 자랐지만 그 성숙은 미국 땅에서 이룩되었다"는 말을 실감하게 했을 정도이다. 특별히 1800년경부터 발생했던 대각성 부흥운동으로 말미암아 복음주의적 신학의 태동과 함께 탈의식의 예배가 각광을 받게 되었다. 여기에 웨슬리(J. Wesley)의 영향 속에 있던 감리교는 복음주의적인 열심과 영적인 능력으로 예배 형식에 구애됨이 없이 발전을 이루었다. 미국의 루터교회도 전통적인 예배 의식을 강조하면서도 복음주의적 열정을 가지고 설교의 중요성을 잊지 않았다. 미국의 장로교 역시 그들의 예배 형식을 탈의식적이며 복음주의적인 입장에 두고, 말씀 위주의 예배로 가두지 않고 자신들의 특성과 함께 예배의 모습을 갖추어 가는 자유로운 형태를 취하기도 하였다.

이러한 현상은 19세기 미국의 제2차 대각성 부흥운동과 서부 개척기의 인구 이동에 따른 집회 중심의 예배에서 더욱 보편화되어 갔다. 여기에 힘을 얻고 파생된 예배의 물결은 새로운 선교지인 아시아를 비롯한 아프리카 지역의 개혁교회에도 영향을 주었다. 즉, 의식의 존엄성이 경시된 예배가 전달되었고, 그들의 예배 현장 속에는 예배의 토착화라는 이름 아래 비기독교적인 요소가 가미되게 되는 사례가 발생하기도 하였다.

함축된 의미

예배의 내용과 그 형태가 교회 역사의 변천에 따라 많은 변화를 가져왔음은 주지의 사실이다. 그러나 교회는 언제나 회귀본능을 수호한 공동체이다. 어떻게 하면 복음의 본질을 상실하지 않을 것인지를 추구하는 경향이 살아있다. 그동안 예배가 고유한 역사와 전통을 벗어나 첨단문화와 연접을 하여 달리고 있었던 것이 사실이다.

그러나 그동안 미국 내의 교회에서는 예배에 대한 복고운동(Liturgical Movement)이 활발히 전개된 사실에 우리의 관심을 쏟을 필요가 있다. 이들은 종교개혁자들이 가지고 있던 예배의 부름, 죄의 고백, 용서의 확신, 그리고 성체 분할과 같은 예배의 내용을 복고하면서 설교와 예전의 균형을 유지한 예배를 드리려고 최대한의 노력을 오늘도 계속하고 있다.

또 하나 현대교회의 예배 동향을 말할 때마다 빠뜨릴 수 없는 것은 1962년부터 1965년까지 열렸던 제2차 바티칸 공의회이다. 가톨릭 교회는 그들의 현대 종교개혁이라고 불리는 이 회의를 통하여 지금껏 그들의 미사가 라틴어로 국한되어 있던 것을 과감히 탈피하고 미사를 드리는 사람들의 모국어로 대체하도록 하고 설교를 행하며 평신도의 참여를 허락하는 결정을 내렸다. 이러한 결의는 미사에 대한 새로운 바람을 일으키게 되었다. 구교의 이러한 움직임은 개신교에까지 예배의 참 의미 발굴에 촉진제 역할을 해주었을 뿐만 아니라 예배가 가지고 있는 중요성을 새삼 깨달을 수 있도록 하는 긍정적인 역할을 하였다. 그 결과 개신교회들은 예배당 안의 설교단의 변화를 비롯하여 성찬상의 설치, 십자가와 상징의 부착, 성만찬 예전 횟수의 증가, 예배 의식의 보충 등을 가져왔고, 목사를 예배 의식의 집례자로 재인식하게 되었으며, 그들의 복장까지도 개혁 당시처럼 성직자 셔츠를 입기도 하고, 강단에서의 가운이나 교회력에 따른 스톨을 착용하게 되었다. 이러한 예배의 변화는 미국뿐만 아니라 세계의 개혁교회 속에 확산되어 가면서 단순히 "듣는 예배"만이 아니라 "드리는 예배"도 겸해야 한다는 당위성이 보편화되기에 이르렀다.

제7장
『사도전승』에 나타난 성찬 성례전

  인간이란 삶이 어느 한 수준에 이르면 자신을 중심하여 삶의 양태
(樣態)와 현존하는 활동에 이르기까지 그 근거지(根據地)를 찾는 것이 상
례이다. 선진적인 인간의 모임마다 자신들의 몸체와 뿌리를 찾고 이해하
는 관찰력과 슬기가 작동한다. 거기서 오늘을 지탱하는 맥이 발견된다. 뿐
만 아니라 거기서 오늘이 점검되고 헝클어진 사연이 풀리게 되고 정확한
질서가 살아난다.

  그러한 까닭에 우리의 기독교도 변질되지 않은 진리를 수호하고 더 나
은 발전을 위하여 경전으로서의 성경을, 그리고 수천 년을 이어온 전통과
역사를 소중히 여기면서 오늘의 현실을 조명해야 한다. 만에 하나 본질이
변하거나 퇴색되었을 때는 지체 없이 복원을 서둘러야 한다.

  한국교회는 그 성장에 있어서 기독교 세계에서 최근까지 집중적인 조명
광선을 받았다. 그러나 그 광선에 비추어진 우리의 현장은 외형적인 성장
이 대부분이었다. 뜻이 있는 학자들은 교회의 가장 핵심인 한국교회 예배

의 실속을 탐색하면서 실망을 감추지 못한다. 그 가운데서도 성찬 성례전의 횟수와 그 집례 현장을 보면서 적지 않은 충격을 받고 돌아간다. 이러한 문제점들을 인식하면서 어떤 사람은 우리를 이 지경에 이르게 하는 선교의 주역들과 신학교육에 원망의 눈길을 보낸다. 그러나 이제는 우리가 성숙하였다. 우리의 신학적인 수준도 어느 정도의 궤도에 올랐다. 우리를 그릇 인도한 부분들이 발견되면 우리 스스로 수정할 수 있는 능력이 우리에게 있다. 빈약한 부분들은 우리 스스로 채울 수 있는 여건이 주어졌다.

분명히 기독교 예배의 역사를 섬세히 살피면 우리가 무지했거나 놓쳐버린 뿌리들이 적지 않다. 그 중에서도 성찬 성례전이 말씀의 선포와 함께 기독교 예배의 핵심으로 출발했고 이어졌는데, 우리는 이러한 전통을 벗어나 곁길을 달리고 있다는 것이 이제는 숨길 수 없는 사실로 확증된다.

이러한 거대한 오류를 안고 있는 문제들을 풀어 나가기 위하여 우리는 이제 어느 현대학자들의 주장보다는 기독교가 출발하면서 형성되고 진행되었던 기록들을 찾아 나서야 할 필요가 있다. 우리 예배의 뿌리를 어느 한 개혁가에 의존하지 않고 성경에 가장 근접한 초대교회 예배의 규례를 찾아 나서는 것이 매우 의미 깊은 일이라고 할 수 있다. 이러한 목적을 가지고 탐험의 길에 나선 본 연구는 그 일차적인 목적지를 『사도전승』에 한정하고 아직도 우리에게 생소한 이 문헌을 통하여 성찬 성례전의 진의와 실상을 파악하려 한다. 역사적으로 소중한 이 문헌을 통하여 성찬 성례전의 의미와 실제를 회복한다는 것은 매우 바람직한 일임에 틀림이 없기 때문이다.

사도들의 흔적을 충분히 감지할 수 있는 본서의 연구를 통하여 오늘날 예배 현장에서 나타나고 있는 성찬 성례전에 대한 왜곡 현상이 바로 잡히는 데 도움을 주리라 본다. 이러한 목적 아래서 본 글은 『사도전승』에 나타난 여러 가지 내용 중에서 성찬 성례전만을 집중 조명하여 초대교회가 가지고 있었던 성찬 성례전의 실상을 파악하는 데 제한하고 현대교회와의 비교 등은 다음 기회를 찾기로 한다.

1. 『사도전승』의 문헌 이해

A. 『사도전승』과 그 저자

『사도전승』은 속사도시대를 넘기면서 이 땅에서 사라질 뻔했던 초대교회 성례전의 기록들을 상세하고 질서 있게 수록하여 기독교 성례전의 전통을 확립해 준 매우 소중한 문헌이다. 주후 165년경에 거룩한 순교의 피를 흘리고 장렬한 죽음을 맞이한 순교자 저스틴(Justin Martyr)이 남긴 성찬 성례전의 기록을 비롯하여, 주후 211년경에 속사도시대의 거장 터툴리안이 북아프리카에서 주후 211년경에 그의 논문 『면류관』에서 기술하고 있는 일반적인 성례전의 유형 등이 상세히 정리되어 있는 기록이 바로 『사도전승』(*ΑΠΟΣΤΟΛΙΚΗ ΠΑΡΑΔΟΣΙΣ*)이다.

이 역사적인 문헌은 기록된 내용의 성격을 보았을 때 "이집트교회의 규정"[1]과 비슷하여 그 연대는 속사도시대 바로 다음이고, 이 문헌의 대상 지역은 이집트교회라고 추정하게 된다. 그러나 누가 이 역사적인 문헌을 남겼는가에 대한 대답은 19세기를 거의 넘길 무렵까지 확증을 하지 못하였다.

본서의 저자를 찾기까지는 매우 독특한 과정이 있었다. 그것은 1551년 로마에 있는 머리 부분이 없어진 한 대리석 인물 석상 옆면에 새겨진 저서 목록의 발견에서부터였다. 이 석상의 주인공은 앉아 있는 모습을 하고 있는데 그 머리 부분이 없어짐으로 그 인물이 누구인지를 확인하기는 어려웠다. 그러나 의자 양옆에 기록된 저서의 목록 대부분이 로마의 히폴리투스(Hippolytus)의 것과 일치하였다. 이러한 근거에 의하여 본서는 히폴리투스의 저서로 인정하게 되었다.[2] 그리고 그 석상의 상체도 히폴리투스로 복원하여 지금은 로마의 바티칸 도서관 입구에 보존하고 있다.

1　1848년 H. Tattam이 알렉산드리아 총 주교의 법전이었던 *Sinodos*를 *The Apostolical Constitutions*(사도헌장)이라는 이름으로 출판한 바 있다. 여기에 수록된 둘째 부분의 이름이 바로 "이집트교회의 규정"이다.

2　이형우 역주, 『히뽈리뚜스 사도전승』 (경북 왜관: 분도출판사, 1963), p. 14.

본서 저자의 진정성에 대한 반론 또한 적지 않다. 『사도전승』이 발견된 대리석상이 남자의 상이 아니라 여자의 상처럼 보인다는 점과 그 석상에 수록된 저서명들이 한 사람의 것이 아니라 두 사람의 것일 수 있다는 점 등을 들어서 『사도전승』을 로마의 히폴리투스의 작품으로 간주하는 데 이의를 제기하는 주장이 있다.[3] 그러나 현대의 기독교 역사학자 대부분은 본서의 저자가 히폴리투스라는 데 의견의 일치를 보고 있다.[4]

히폴리투스는 주후 160년에서 주후 236년까지 로마의 유명한 설교자요 신학자로 살았던 인물이다. 설교가로서 그 시대를 주름 잡던 오리겐(Origen, 185-254)도 주후 212년 로마를 방문했을 때 그의 설교를 경청하러 갔다는 기록들은 히폴리투스의 시대적인 명성을 가히 짐작할 수 있게 한다. 그가 많은 저서를 남기면서 활동했던 무대는 리용의 이레니우스(Irenaeus, 130-200)와 카르타고(Carthago)의 터툴리안(Tertullian, 160-220)의 중간지대였다. 그는 스스로를 이레니우스의 제자라고 밝힐 정도로 그의 신학적 사상과 접근되어 있다.

그는 로마 교회의 저명한 신학자요 지도자로서 존경을 받았다. 이때 그는 로마의 감독 제피리누스(Zephyrinus, 197-217)와 삼위일체 교리에 관하여 심각한 논쟁을 불러일으켰다. 그의 완고한 전통주의와 엄격주의는 이 논쟁에서 굽힐 수 없었고 이러한 결과는 자신이 기대한 대로 로마의 감독(bishop)으로 선출되지 못하였다.[5] 경쟁자 칼리스투스(Callistus, 217-222)가 감독으로 선출되자 히폴리투스는 칼리스투스의 신학적 노선과 교회론을 비판하면서 이단에 물든 인물로 규정하고 나섰다. 그리고 그는 자신의 추종자들로 구성된 모임에서 로마 교회의 감독으로 선출되어, 두 감독이 존재하는 로마 교회의 혼돈을 가져오기도 하였다. 이러한 혼돈은 그들의 후

---

3 Ibid., pp. 32-33.
4 William Maxwell, 정장복 역, 『예배의 발전과 그 형태』 (서울: 쿰란출판사, 1996), p. 40.
5 William H. Willimon, "Thanks, Papa Hippolytus," *The Duke Divinity School Review* (Vol. 43, Number 1, Winter, 1978), pp. 20-22.

계자에 이르기까지 이어졌다. 이때 짧은 기간 동안이지만 잔인한 박해자로 등장했던 막시미누스(Maximinus Thrax, 235-238) 황제에 의하여 이들은 모두 사르디니아로 추방당하고 거기서 죽었다. 오랜 세월이 지난 후에 이들의 유해는 다시 로마로 옮겨오게 되었고, 이들은 순교자와 성인으로 인정되었다.[6]

사실 이러한 역사적인 인물이었던 히폴리투스는 19세기 후반까지 별로 알려지지 않았다. 다행스럽게도 커널리(Connolly)와 카긴(Cagin)과 같은 학자들에 의하여 편집된 『이집트교회의 예식서』에 의하여 히폴리투스의 사장된 걸작들이 소개되기 시작하였다.[7] 히폴리투스의 『사도전승』을 비롯한 남은 작품들이 이토록 뒤늦게야 빛을 보게 된 이유가 있었다. 그것은 히폴리투스가 죽은 이후 얼마 지나지 않아 서방 교회가 그들이 지금까지 공식 언어로 사용했던 헬라어를 더 이상 계속하지 않았기 때문이다. 반면에 동방에서는 공식 언어로 헬라어를 사용했다. 특별히 이집트와 시리아에서는 헬라어로 된 히폴리투스의 저작들이 절대 권위 속에 수용되었을 뿐만 아니라 교회의 예전과 행정에 절대적인 지침서로 활용되었다.[8]

B. 『사도전승』의 내용 분석

『사도전승』은 간결한 문장으로 약 25쪽의 분량으로 기록되어 있는 문헌이다. 그 내용의 구성은 제1장의 머리말과 제43장의 맺는말을 포함하여 모두 43장으로 되어 있다.

본 문헌의 머리말과 맺는말에서 보여준 저자의 심정은 단순한 제도의 규율을 제시하는 것에서 끝나지 않는다. 저자는 서론에서 신앙의 선배들

---

6 Kenneth Scott Latourette, *A History of Chirstianity* (New York : Harper & Row, 1975), pp. 142-5.

7 다음의 책들에서 묻혀진 문헌들이 새롭게 선을 보이기 시작하였다.
   R. H. Connolly, *The So-Called Egyptian Church Order* (Cambridge, 1916). Dom Paul Cagin, *L' Eucharistia : Canon primitif de la messe au formulaire essentiel et premier de toutes les liturgies* (Paris, 1912).

8 William H. Willimon, *The Duke Divinity School Review*, p. 21.

로부터 지금까지 전해져 오는 전승을 이어받은 계승자들의 인도함을 따라 전승을 지키라는 준엄한 충고를 하고 있다. 그 이유는 그리스도인들이 더욱 확고한 신앙과 전통에 머물러야 하기 때문이라는 점을 강조한다.[9] 그리고 결론에서는 이 전승을 잘 준수해야 당시에 이곳저곳에서 기독교의 전통적인 신앙을 흐트러지게 하는 이단들로부터의 유혹을 견딜 수 있음을 다음과 같이 밝히고 있다.

> 만일 이 (가르침을) 감사와 올바른 믿음으로 받아들인다면, (이것들은) 너희를 교화시키고 너희에게 영원한 생명을 줄 것이다. 우리는 너희가 마음을 다해 이것들을 준수할 것을 권하는 바이다. 만일 모든 이가 (전해)들은 사도들의 전승을 따르고 그것들을 지킨다면, 어떤 이단자나 어느 누구라도 너희를 결코 오류에 끌어넣을 수 없을 것이다. 많은 이단들이 이처럼 자라게 된 것은 지도자들이 사도들의 말씀을 가르치려 하지 않고, 자기들의 원하는 것과 또 합당치 않은 것을 제멋대로 행하였기 때문이다.[10]

본론은 크게 3부분으로 나누어져 있는데 제1부(2-14장)에서는 교회를 섬기는 인적 구성을 가지고 교회의 제도에 대하여 규정하고 있다. 그리고 안수받은 감독과 장로들이 성찬 성례전을 어떻게 집례하고 거행할 것인지를 서술하고 있다.

제1부를 좀 더 상세히 살펴보면 4가지의 중요한 내용으로 분류하게 된다. 먼저는 성직의 계열로서의 직분을 맡기는 서품을 가르치고 있다. 여기에 속한 직분은 감독자, 장로, 봉사자를 말한다.[11] 이들의 임직을 위해서는 안

---

9   Geoffrey J. Cuming, *Hippolytus: A Text for Students* (Branmcote, Nottingham: Brove Books Limited, 1991), p. 8.

10   이형우 역주, 『히뽈리뚜스 사도전승』, pp. 200-1.

11   여기서의 감독(ἐπισκοπος)은 오늘의 주교(노회장 또는 대회장)에 해당하는 직책이며, 장로(πρεσβύτερος)

수와 직분을 맡기는 기도(서품기도)를 필수적으로 하고 있다. 이때의 안수
는 성령의 능력을 내려주는 의식이었고, 안수기도는 그 사명과 책임의 한
계를 규정하면서 하나님의 은총을 기원하는 내용이었다.

둘째는 서품에 의한 성직 계열 외에도 교회의 필요에 따라 세워졌던 신
분을 열거하고 있다. 여기에 속한 임직자에 관한 서술은 한두 줄로 아주
간단히 열거하고 있다. 먼저는 과부들(Widows)[12]로서 그 하는 일은 주로
기도하는 역할을 맡고 있다. 또한 봉독자들(Readers)로서 교회 안에서 그
들은 예배나 기타의 예식에서 성경 봉독을 주 임무로 했다. 그리고 동정
녀(Virgin)로서 일생을 결혼하지 않겠다는 서원과 함께 주님을 섬기는 처
녀들[13]이었다. 마지막으로 부봉사자(Subdeacon)로서 안수받은 봉사자들
을 돕는 직책이었다.

셋째는 극심한 박해에도 굴하지 않고 신앙을 지킨 자였던 고백자들
(Confessors)과 치유의 은사(Gifts of Healing)를 받은 자들에 관한 가르침
이었다.

넷째는 본글에서 집중적으로 다루게 되는 성찬 성례전에 관한 서술이다.
제4장에서 나온 성찬 성례전은 서품 받은 감독자와 장로들이 함께 거행하
는 일에 관한 언급과 다른 문헌에서 찾기 힘든 성찬 기도문($\alpha\nu\alpha\pi\rho\alpha$)을 최
초로 완벽하게 소개하고 있다.

제2부(15-21장)의 내용은 새로운 신자에 관하여 기록하고 있다.

첫째, 교회에 처음으로 출석하여 말씀의 예전에 참석한 사람들의 등록
과 교리교육에 관한 서술(16장)이다. 여기서 처음 출석한 사람은 믿음을 가
지려는 동기에 대한 질문을 받아야 하고, 그를 교회에 인도한 후견인의 증

는 오늘의 신부나 목사에 해당된다. 그리고 봉사자($\delta\iota\alpha\kappa\sigma\nu\sigma\varsigma$)는 부제 또는 안수받은 평신도(장로, 집사)들
로 지칭될 수 있다.

12 사도 바울은 60세 이상의 늙은 과부로 한 번밖에 결혼하지 않았던 사람으로서 과부 명단에 오른 사람으
로 국한하였다. 이들은 교회에서 특별한 관심과 배려를 받으면서 일정한 봉사활동을 하였다(딤전 5:3-16).

13 동정녀는 오늘의 수녀의 기원이 되는 신분이었다.

언을 필요로 하였다. 그리고 난 후에 예비신자로 등록이 되고 3년간의 교리교육을 받게 되었다.

둘째, 세례후보자의 선발과 세례 준비의 정도를 심사하는 규정(17-19장)이다. 여기서 그동안 신앙생활의 성결성과 봉사의 정도를 살피도록 하고 다음 단계를 결정하게 한다.

셋째, 본서에서 가장 긴 부분을 차지하고 있는 부분(21장)으로서 초신자의 세례, 견진, 성찬을 받고 교회에 정식으로 입교하게 되는 과정을 단계적으로 상세하게 서술하고 있다.

제3부(22-42장)는 그리스도인들의 생활에 관한 다음과 같은 제반 규정을 다루고 있다.

먼저는 성물(떡과 잔)이 주님의 살과 보혈임을 상기시키고 최선을 다해 소중히 다루어야 함을 강조하고 있다. 여기서(22장, 36-38장)는 성찬 성례전이 주일 예배당에서만 있는 것이 아니라 교인들이 성물을 받아 집에 모시고 가서 매일 수찬을 할 수 있었기에 그 과정과 보관에 대한 섬세한 주의사항을 보게 된다.

둘째, 단식에 대한 규정(23, 33장)으로서 유대인들이 월요일과 목요일에 금식했던 것을 본받아 여기서는 수요일과 금요일을 금식하는 날로 정하고 있다. 그리고 부활절 전에 이틀간 금식할 것을 가르치고 있다. 특별히 과부와 동정녀들이 금식에 적극적일 것을 가르치고 있다.

셋째, 애찬(24-30장)으로서 공동체적 식사가 기도의 분위기 안에서 성도의 친교를 목적하고 나누게 되는 것을 가르치고 있다. 이것은 사랑의 잔치의 성격을 보이고 있으나 성찬 성례전과 흡사한 순서들을 보이고 있다.

넷째, 그리스도인들이 거두어들인 땅의 소출 중에 첫 결실을 감독자에게 바치고, 감독자는 그들을 축복하는 규정을 설명하고 있다. 여기서 (5-6장, 31-32장)는 소출의 분량보다는 정성껏 바치라고 가르치고 있으며 이 봉헌은 감독을 비롯하여 성직자들의 생계를 위해 사용되도록 하였다.

다섯째, 그리스도인들이 주님과의 진정한 교제의 지속을 위하고 성결한 생활을 위하여 정해진 기도시간과 영성생활을 성실히 해야 할 것을 가르치고 있다. 여기서(35장, 41-42장)는 현대인의 시간으로 오전 9시, 정오, 오후 3시를 기도하는 시간으로 정하여 주고, 거기에 따른 기도의 내용까지 가르치고 있다. 뿐만 아니라 42장에서는 정해진 기도시간 외에 죄의 유혹을 받게 될 때는 이마에 십자가 기호를 긋는 방법까지 제시하고 있다.

C. 『사도전승』의 가치성

예수 그리스도 밑에서 3년간의 직접적인 교육과 훈련을 받은 사도들이 남긴 사역의 가르침과 그 내용을 그대로 이어간다는 것은 기독교의 가장 소중한 이상향이다. 시대와 문화에 따라 각색된 현대의 예배 내용과 그 형태는 분명히 사도들이 가지고 있었던 원형을 상실하고 있다. 그러한 까닭에 예배에 있어서 사도들이 행했던 예배·예전의 연속성을 보존하려는 모든 방편은 참으로 소중한 노력임에 틀림이 없다. 그래서 "과거와 현재를 연접시키는 것은 성령님의 역사이다"[14]라는 말을 하게 된다. 그 역사하심에 따라 과거의 사건이 현재를 신선하게 하고 값진 계승으로 이어지게 한다. 이러한 차원에서 히폴리투스의 『사도전승』이 갖게 되는 가치성은 다음의 몇 가지로 추려볼 수이다.

첫째, 로마 가톨릭 교회가 전통이라는 이름으로 교황청이 임의로 예배의 내용과 형태를 정하고 그것을 진리화시키는 문제점이 적지 않았다. 이럴 때마다 거기에 대한 반론을 제기하지 못한 가운데 모든 교회는 주시만 했을 뿐이다. 그러나 교황보다 먼저 존재했던 사도들의 예배의 내용과 그 실상을 들려준 『사도전승』은 예배, 특히 성찬 성례전의 그 줄기를 바로 잡아주는 데 있어 소중한 길잡이이다. 그래서 이 문헌의 가치성을 과거가 아

---

14   David M. Thompson, "Ministry and the Re-presentation of the Apostolic Tradition: A Catholic Response," *Mid-Stream*, Vol. XXIX, No. 3 (July, 1990), p. 212.

닌 현대의 차원에서 높이 평가하게 된다.

이상한 일이지만 현대 예전에 있어서 개혁의 원줄기는 저자 자신의 시대에 있었던 예배의 혁신적인 물줄기를 기록하여 준 기록이다. 3세기 교회의 보수적이고 반교황적인 문헌이 바로 그것이다. 그 주역의 이름이 바로 히폴리투스이다. 그가 로마의 콘스탄틴 전 시대의 인물임에도 불구하고 그를 3세기의 교회지도자로 분류해야 할지 아니면 20세기의 지도자로 분류해야 할지 힘이 들 정도이다.[15]

둘째, 『사도전승』이 최근에 와서 영국 성공회와 로마 가톨릭 신학자들에 의하여 새롭게 인정받고 있는 일이다. 그것은 이 교회들이 드리고 있는 성찬기도(Consecration Prayer)가 『사도전승』에서 기원되었음을 발견하였기 때문이다.[16] 그동안 자신들이 미사를 진행하면서 드리는 이 기도의 역사적인 줄기를 정확히 밝힐 수 없었던 점을 생각하면 본서가 그들에게 얼마나 중요한지를 새롭게 발견하게 되었다.

셋째, 본서가 기독교의 예배가 마땅히 추종해야 할 근본적인 뿌리를 전승(傳承)시켜 주었다는 점이다. 앞에서 열거한 대로 시대와 문화의 변천에 따라 변질 내지 변화가 극심한 예배 현실이 그 맥을 상실하지 않도록 예배 본래의 형편과 상태를 전해주었다는 점이다. 이러한 견지에서 리츠만(Lietzmann)은 본서를 가리켜 "우리가 알고 있는 모든 예전의 근원적인 모델"[17]이라고 극찬한 바 있다. 실질적으로 『사도전승』은 지금까지 가장 오래된 기도집으로 인정해 오던 교황 레오의 『성례서』(Leonine Sacramentary)보다 더욱 정확하고 앞선 『로마 교회의 예배서』(Roman liturgical book)라는 데 있다.[18]

---

15 William H. Willimon, *The Duke Divinity School Review*, p. 21.

16 William Maxwell, 『예배의 발전과 그 형태』, p. 41.

17 Hans Lietzmann, *Messe und Herrenmahl* (Bonn, 1926). Willimon, *The Duke Divinity School Review*, p. 22 재인용.

18 Theodor Klauser, *A Short History of the Western Liturgy* (London: Oxford University Press, 1965), pp. 10-11.

넷째, 교회의 예배와 신조를 비롯하여 목회 전반에 관한 규정이 세워진 것은 325년의 니케아 회의였다. 이 회의가 있기 전까지 절대권위를 가지고 교회에 영향을 끼친 것이 어떤 문헌이었는지를 찾는 작업이 계속되었다. 19세기에 이르러 본 문헌이 발견됨으로써 그 대답을 찾게 되었다. 윌리몬 (Willimon)은 본 문헌이 당시대의 예배와 교회생활에 있어서 교과서적인 지침서였음을 다음과 같이 평가하고 있다.

> 『사도전승』은 우리에게 예배의 근원적인 방향을 재건(再建)하는 데 가장 신뢰할 수 있는 광범위한 교과서적인 작품이다. 이 문헌은 기독교 예식서의 가장 오랜 예증이고 이 시대의 가장 자세한 초기 기독교 예배의 기록이다. … 부주의한 개혁가들에 의하여 파멸되 지 않기 위하여 절실하게 필요하고 정확한 예식과 전통적인 관습 을 위한 기록으로 우리는 본서를 보유하게 되었다.[19]

이상과 같은 면모를 살펴볼 때 『사도전승』이 얼마나 소중한 가치를 가지고 있으며 그 공헌이 어느 정도인지를 충분히 짐작하게 된다. 단순한 역사의 한 기록이 아니라 사도들로부터 이어받은 예배·예전, 특별히 성찬 성례전과 교회의 전반적인 지침이 생생하게 제시되고 있는 점에서 더욱 우리의 관심을 끌게 된다.

---

19 Willimon, *The Duke Divinity School Review*, p. 22.

2. 『사도전승』[20]에 나타난 수찬 자격

A. 성찬 성례전 참여를 위한 전 과정

1) 예비신자의 단계

기독교가 아직도 심한 박해 아래 지하교회로 활동하고 있던 기간에 누구나 원하면 그리스도인으로 인정받는 것이 아니었다. 기독교 공동체의 일원이 되어 성찬 성례전에 참여할 수 있는 자격을 얻기까지는 그 과정과 기간이 단순하지 않았다. 기독교에 관심을 가지고 나온 사람은 예외 없이 모두가 예비신자로 등록하게 되었다. 이 등록도 원한다고 받아들여지는 것이 아니었다. 이들은 먼저 교사들 앞에 인도되어 자신들이 기독교에 대한 관심을 갖고 오게 된 동기에 대한 질문을 받았다. 그리고 그들은 말씀을 알아들을 수 있는 능력이 있는지를 점검받았다. 그들의 신분과 생활 상태에 대한 섬세한 질문과 조사를 받은 후에 새로운 약속을 하고 나서 예비신자로서 등록이 가능하였다. 제16장에서 기록한 다음의 내용은 3세기의 교회가 얼마나 그리스도인들을 엄격히 선별하였는지를 알게 한다.

> 만일 창녀들을 조종하는 포주이면 이를 그만두게 할 것이고, 그렇지 않으면 돌려보낼 것이다. 만일 조각가나 화가이면 우상들을 만들지 말도록 가르쳐 이를 그만두게 할 것이고, 그렇지 않으면 돌려보낼 것이다. 만일 배우이거나 극장에서 연출을 맡고 있는 사람이면 이를 그만두게 할 것이며, 그렇지 않으면 돌려보낼 것이다.[21]

---

20 히폴리투스의 『사도전승』이 영어로 번역되어 있는 책들은 다음과 같다. 본글에서 인용된 인용구들은 경우에 따라서 영어에서 번역을 하여 사용하지만 대부분 이형우 신부가 라틴어 대조판으로 펴낸 『사도전승』에서 가져왔다. Colman J. Barry, (ed.), *Readings in Church History* (Maryland: Newman Press, 1960), Geoffrey J. Cuming, *Hippolytus: A Text for Students* (Nottingham: Brove Books, 1991), Ray C. Petry, *A History of Christianity* (Englewood Cliff's, N.J.: Prentice-Hall, 1962).
21 『사도전승』 제16장.

이상과 같은 형태로 기사, 검투사, 사냥하는 투사, 칼싸움 경기의 종사자, 우상숭배의 제관들이나 경비원 등에 이르기까지 기독교의 진리와 어긋나는 삶의 직종은 모두 열거되었다. 이러한 금지된 직업이나 일을 중단하는 것이 예비신자로서 등록을 하는 데 전제조건이었다. 이처럼 엄격한 선발기준을 거친 예비신자로 등록된 사람들은 원칙적으로 3년간의 교리교육을 받게 되었다. 그러나 본인이 교리를 수강하는 과정에서 열성적이고 그 적응도가 우수하면 3년이라는 정한 기간의 제한을 받지 않고 세례를 받을 수 있었다.

2) 세례를 받아 공동체의 식구가 되기까지

3년간의 예비신자로서의 교육과정이 끝난 다음에 수세후보자로서 그들은 엄격한 심사를 받았다. 그 심사는 본인의 대답으로 끝나지 않고 그를 처음부터 인도하여 온 후견인의 증언을 필요로 하였다. 이때의 중요한 질문은 예비신자로서 등록을 할 때 약속했던 사항을 철저히 준수했는지를 확인할 뿐만 아니라 이웃 사랑의 차원에서 자발적이고 적극적인 선행을 했는지를 묻기도 하였다.[22] 이러한 절차를 통과한 후에 선발된 수세후보자는 목요일에 목욕을 하고, 금요일에는 단식을 하고, 토요일에는 감독으로부터 성대한 축귀식(逐鬼式)을 받았다. 그리고 주일의 수탉이 우는 시간에 맞추어 세례에 쓰일 물을 축성하는 예전으로부터 세례의식은 시작되었다.

세례는 세 번 물에 침수하게 하였고 그때마다 사도신경과 같은 내용의 신앙고백에 대한 질문을 하고 거기에 확고한 대답을 하게 하였다. 세례가 끝나고 최종적으로 감독이 수세자에게 하는 의식은 기름 바른 손으로 그에게 안수하고 그 이마에 십자가 표시를 하고 입맞춤을 하면서 "주께서 당신과 함께"라고 하면 수세자는 "또한 당신과 함께"라고 대답하였다.[23] 이로

---

22 『사도전승』 제20장.
23 『사도전승』 제21장.

서 그는 드디어 다음의 단계인 성찬 성례전에 참여할 자격이 주어졌으며 그리스도교 공동체의 일원으로서 모든 자격을 갖추게 되었다.

예비신자가 이러한 과정을 거쳐 신자가 되었을 때 드디어 그리스도교 공동체만이 갖는 성찬 성례전에 참여하게 된다. 이것은 그리스도의 사람으로 인침을 받고 그 공동체의 일원으로서 누릴 수 있는 최대의 특권이었다. 이제 주님의 몸 된 교회가 가장 깊은 관심을 가지고 지켜온 성찬 성례전이 초대교회에서 어떻게 거행되었는지를 보기 위하여 『사도전승』이 구체적으로 밝힌 내용을 살펴본다.

3. 『사도전승』에서 본 성찬 성례전의 의미와 집례자

A. 그 의미

마가를 비롯하여 공관복음의 저자들은 한결같이 주님이 제정하신 성찬 성례전을 기록하고 있다. 그러나 여기서 상세히 살펴보면 마가와 마태의 기록은 매우 유사한 내용과 절차를 가지고 있고, 누가와 바울은 서로 근접해 있으면서도 누가는 떡보다 잔을 먼저 언급한 기록을 보게 된다.[24] 이러한 기록의 차이점은 이미 지역교회에 정착한 성찬 성례전의 다양성에 의한 영향으로 근소한 차이가 있었을 것이라고 추론하게 된다. 예레미야스 (Joachim Jeremias)도 이러한 다양성을 가리켜 "예전의 형태가 주님의 만찬에 대한 설명을 공식화하는 데 여러 가지 방법으로 영향을 미쳤기 때문에"[25] 일어난 것이라는 해석을 한다. 그러나 이러한 형태의 차이에도 불구하고 본질적인 의미는 조금도 변함이 없다고 다음과 같이 첨가하고 있다.

---

24 마가복음 14:22-25; 마태복음 26:26-29; 누가복음 22:14-20; 고린도전서 11:23-26.

25 Joachim Jeremias, *The Eucharistic Words of Jesus,* trans. by Norman Perrin (Philadelphia: Fortress Press, 1966), p. 125.

우리가 성찬 성례전의 전통의 영향을 엄밀히 조사해 보고 예전화가 되기 이전 단계(pre-liturgical stage)와 연결 지어 보면 우리는 주님의 만찬의 설명에 대한-예수님께서 최후의 만찬에서 하신 말씀-전승의 공통적인 핵심은 본질적으로 신뢰할 만한 형태로 보존되어 왔다고 결론 지을 충분한 이유가 있다.[26]

예레미야스의 언급과 같이 성찬 성례전에 관한 기록이 다소 차이가 있다 하더라도 분명히 그 본질적인 의미의 변화는 있을 수 없다. 종교개혁이 있기까지는 전통적인 의미의 색다른 해석이 허용되지 않았고 또 그러한 필요성도 느끼지 않았다.

성찬이라는 명칭은 기본적으로 감사를 드리는 것을 의미하였다. 이것은 하나님의 구원 역사에 대한 감사의 기도를 낭송하고 하나님께 나아가는 유대교로부터 유래하였다.[27] 이러한 사상은 이그나티우스(Ignatius) 때 이러한 의미를 내포한 유카리스트(Eucharist)라는 어휘는 매우 활발하게 사용되고 있었다. 이 성찬 성례전에서 갖게 되는 감사의 의미는 하나님께서 예수 그리스도를 통하여 수난과 부활의 역사를 통하여 구원의 대역사를 이룩하신 것을 상기하고 재현(ἀνάμνεσίς)하는 가운데서 우러나오는 것이었다. 화이트(James White)는 이러한 성찬 성례전은 감사의 잔치로서의 성격을 형성하였고 종말론적인 의미를 갖게 되었다고 다음과 같이 서술하였다.

성찬 성례전은 그리스도를 사랑하는 사람들이 천국의 잔치에 그리스도와 함께 참여하게 될 때 갖는 최후 최고의 성만찬을 미리 맛보는 것이다. 성찬 성례전은 하나님의 모든 과거의 사역을 요약하는 것이며 창조와 최후의 성취(consummation) 안에서 구속 뒤

---

26 Ibid., p. 203.
27 James F. White, 정장복 역, 『예배의 역사』 (서울: 쿰란출판사, 1997), p. 31.

에 오는 것을 향하도록 우리를 떠민다. 성찬 성례전은 우리 앞에 무엇이 놓여 있는지 상상하도록 도울 뿐만 아니라 제한된 방법 속에서 그것에 참여하도록 돕는다.[28]

『사도전승』의 성찬 성례전은 바로 주님의 죽음과 부활을 재현하는 성례이며 여기서 거룩한 신비를 경험함을 강조한다. 그리고 이 신비의 성례전을 통하여 참여자들을 진리 안에서 일으켜 주시고, 믿음이 굳어지도록 성령님이 역사하신다는 것을 가르치고 있다.[29]

이러한 가르침 속에서 매주마다 가졌던 성찬 성례전은 2-3세기 성도들의 신앙생활을 지탱해 나가는 원동력이 되고 있었다. 이 원동력은 바로 어떠한 핍박이나 순교도 수행할 수 있는 강력한 믿음을 소유하게 하였다.

B. 성찬 성례전의 집례자

『사도전승』에는 교회의 직분을 크게 두 부류로 나누고 있다. 하나는 사제의 기능을 가지고 교회를 먹이고 성례를 집례하는 성직자이다. 또 하나의 부류는 성직자들의 목회를 돕기 위하여 선임된 봉사자이다. 먼저, 사제의 직분을 수행한 성직으로는 감독 또는 주교(ἐπίσκοπος)를 들 수 있다. 이 직분은 신자들에 의하여 선출되었고, 지역교회의 지도자로서 교회 봉사자들의 도움을 받아서 목회를 하게 되었다.

이들에게는 무엇보다도 하나님이 주신 능력을 가지고 신앙과 인격과 도덕에 흠이 없는 지도자가 되어야 함을 강조하였다. 그리고 이들이 하나님의 노여움을 풀어 드릴 수 있는 노력을 쏟아야 할 대표성을 부여받게 됨을 본다. 뿐만 아니라 사도직의 계승자로서 하나님께 제물을 바치고 하나님께 권세와 영광과 영예를 드려야 할 사명을 강조하고 있다. 이러한 내용

---

28   Ibid., p. 33.
29   『사도전승』 제4장.

은 바로 이들을 세울 때 사용하였던 다음의 기도에서 분명하게 나타난다.

이제 당신께로부터 오는 위대한 영의 능력을 (이 형제에게) 부어
주소서. … (사람의) 마음을 아시는 아버지, 감독직을 위해 간택하
신 당신의 이 종으로 하여금 당신의 거룩한 양떼를 보살피며 책
잡힐 데 없을 만큼 대사제직을 당신께 수행하게 하시고, 밤낮으
로 (당신을) 섬겨 끊임없이 당신 얼굴의 (노여움을) 풀어 드리고 당
신의 거룩한 교회의 제물을 바치게 하소서. 대사제의 영의 (능력으
로) 당신의 계명에 따라 죄 사하는 권한을 가지고, 당신의 명령에
따라 직무를 나누어주며, 사도들에게 주신 권한에 따라 온갖 속
박을 풀어 주게 하소서. 온유함과 깨끗한 마음으로 당신의 아들
예수 그리스도를 통하여 당신께 감미로운 향기를 바치게 하소서.
그분을 통하여 성령과 함께 당신께 영광과 권세와 영예가 이제와
항상 세세에 있으소서. 아멘.

두 번째로 『사도전승』에 나타난 성직은 현재의 신부, 목사로 이해되는
장로(πρεσβύτερος)라는 직분이다. 이 장로직이 봉사직인지 아니면 사제
직인지는 분명하지 않으나 많은 학자들에 의하여 이것은 당시의 교회 구
조상 감독은 사제들의 대표성을 가지고 있었으며, 장로는 지교회의 사제
직을 수행한 목회자였음을 말하고 있다. 그러한 증거는 장로가 성찬 성례
전에서 감독자와 함께 성물에 손을 얹고 감사의 기도를 드림으로써 공동
집전을 하는 경우에서 찾아보게 된다. 뿐만 아니라 봉사직의 직분자는 사
제직에서 서품 되지 않았으나 장로는 사제직에서 서품 된다는 암시를 비
롯하여, 감독이 "사제들의 으뜸"이라는 표현 등에서 여기서의 장로는 일반
사제를 가리키고 있음을 확인하게 된다.[30]

---

30 『사도전승』 제4, 7, 8장.

그 다음의 부류는 봉사자 또는 부제(διάκονος)로 번역되는 직분이다. 이들은 사제직에 서품 되는 것이 아니라 감독자로부터 명령받은 것을 이행하며 감독자에게 봉사하기 위하여 세워진 직분이었다. 후에 이 직분은 사제직을 준비하는 하나의 과정으로 바뀌었으나, 봉사자는 성찬 성례전에서 성물을 제단에 가져오며 각종 성례전에서 감독과 장로를 도와주는 직분의 수행자였다. 여기서 유의할 것은 이들도 감독자의 안수를 받은 직분이었다는 사실이다.[31]

이상과 같이 봉사자는 성찬 성례전의 실수 없는 진행을 위하여 성물을 비롯한 제반 준비를 하였고, 성찬 성례전의 현장에서는 절차상 필요한 것을 섬세하게 도와주는 역할을 감당하였다. 그리고 감독은 사제의 직분을 수행했던 장로의 도움을 받고, 때로는 함께 성례전을 집례하였다.

여기서 유의해야 할 것은 봉사자이든 사제이든 간에 두 직분의 수임자는 초대교회를 움직여 가는 소중한 하나님의 종이며 교회의 일꾼이었다는 점이다. 이들은 생명을 내놓고 주님의 몸된 교회를 지키고 하나님의 나라를 이 땅에 세우기 위하여 그 어려운 박해와 핍박을 감수한 주역들이었다는 사실이 매우 중요한 이해이다.

4. 『사도전승』의 성찬 성례전의 실제

A. 성물의 봉헌과 감사기도

직분자들에 의하여 진행된 성례전을 『사도전승』은 성물의 봉헌과 인사의 교환으로 시작하면서 감사기도(εύχαριστια)로 이어가고 있다.

성물의 봉헌은 봉사자들이 집례자인 감독자에게 가져다주는 것에서부터 시작되었다. 이때의 성물은 빵과 물을 탄 포도주 외에 젖과 꿀을 함께

---

31 이형우 역주, 『히뽈리뚜스 사도전승』. p. 40.

봉헌하게 되었다. 이때의 빵은 "그리스도의 몸의 표상"[32]이며, 물을 탄 포도주는 "믿는 모든 이를 위하여 흘리신 피의 표상"[33]으로 받아들이게 되었다. 그리고 젖과 꿀은 두 가지의 의미를 담고 있었다. 하나는 믿음의 선조들에게 "젖과 꿀이 흐르는 땅을 너희에게 주겠다고 하신 약속"[34]의 성취로서의 의미였다. 또 다른 의미는 그리스도께서 그 몸을 희생하셔서 주심은 "믿는 이들을 마치 어린아이들처럼 양육하시며, 말씀의 단맛으로 마음의 쓰라림을 감미롭게 하신다"[35]는 뜻을 내포하고 있다고 설명한다.

이러한 의미를 내포한 성물이 바쳐진 후 감독은 바로 감사의 기도를 드리지 않았다. 이 기도가 있기 전에 주님이 함께하신 이 예전에 마음을 드높여 주님을 향하고 감사함이 당연함을 사제와 회중이 함께 다짐하는 순서를 다음과 같이 갖게 하였다.

'주께서 여러분과 함께' 하면, 모든 백성은 '당신의 영과 함께'라고 답할 것이다. 그가 '여러분의 마음을 드높이'라고 하면, 백성은 '우리는 주님께 마음을 향하고 있습니다'라고 답할 것이다. 그가 '주님께 감사합시다'라고 하면, 온 백성은 '마땅하고 옳은 일입니다'라고 응답할 것이다.[36]

이러한 대화적 형태의 마음 다짐은 지금까지 정교회와 가톨릭 교회가 그대로 사용하고 있는 소중한 순서이다. 비록 개혁교회에서 찾아볼 수 없는 순서이지만 성찬 성례전에 임하면서 집례자와 참여자가 함께 자신들의 몸과 마음가짐을 언어로 확인하는 이 순서는 2천 년이 넘도록 잘 보존되

---

32 『사도전승』 제21장.
33 Ibid.
34 Ibid.
35 Ibid.
36 『사도전승』 제4장.

어 온 순서가 되었다.

이러한 마음의 준비와 확신이 다져진 다음에 감사기도를 드렸다. 이때의 감사기도는 성찬기도 또는 축성기도로 번역되는 εύχαριστια였다. 이 기도의 내용을 분석해 보면 다섯 가지의 중요한 요소가 내포되어 있음을 알게 된다. 먼저는 성자 예수 그리스도를 인간들에게 보내주신 사실을 감사하고 있다.

> 하나님, 마지막 시대에 당신의 사랑하시는 아들 예수 그리스도
> 를 구원자이며 구속자이고 당신 뜻의 사자로 우리에게 보내 주심
> 에 감사드리나이다. 그분은 당신의 불가분의 말씀이며, 당신은 그
> 말씀을 통하여 만물을 창조하셨고, 당신이 가장 기뻐하시는 분
> 이시나이다.[37]

이러한 내용의 기도는 여기서 끝나지 않고 계속하여 처녀의 몸을 빌어 이 땅에 육신으로 오심과 구속의 역사를 성취하시기 위하여 수난 받으심과 죽음을 소멸하시고 부활하심을 감사하는 내용을 담고 있다.

둘째, 이 기도에는 성찬 성례전을 위하여 주님이 친히 하신 말씀을 담고 있다. 여기서 성례전이 인간들이 제정하여 실행한 단순한 종교행사가 아님을 밝히고 있다. 예수 그리스도께서 제정하신 이 예전의 뜻이 무엇인지를 인간의 언어로 해석하려 하지 않고, 예수 그리스도의 말씀을 직접화법으로 제시하여 성례전의 모든 근거와 내용을 출발시키고 있음을 알게 된다.

> 그분은 빵을 드시고 감사의 기도를 바치시고 말씀하셨나이다:
> "너희는 받아 먹으라. 이는 너희를 위해 바수어질 내 몸이다." 잔
> 에도 같은 모양으로 말씀하셨나이다: "이는 너희를 위해 흘릴 내

---

37 Ibid.

피이다. 너희는 이를 행할 때(마다) 나를 기념하여 행하라.[38]

셋째, 이 기도에 실린 내용은 그들이 거행하고자 하는 성례전은 단순한 주님의 살과 피를 받는 절차적인 행위가 아니라 자신들을 위하여 죽으시고 부활하신 예수 그리스도를 회상하고 재현하는 기념(άναμνεσίς)으로서의 의미를 강조하고 있다. 특별히 이 부분에서는 이 성례전에 참여하도록 허락받은 사실과 집례자는 이 고귀한 직무의 수행을 감사하는 내용을 담고 있다.

그러므로 우리는 그분의 죽음과 부활을 기념하여 당신께 이 빵과 잔을 드리오며, 우리로 하여금 당신 어전에 합당한 자로 서게하시고, 당신께 사제직을 수행하게 하신 (은혜에) 감사하나이다.[39]

넷째, 이 기도에 실린 내용은 성찬기도에서 가장 중요한 부분으로 지금까지 지켜오고 있는 성령 임재를 구하는 기도인 에피클레시스(επίχλεσίς)이다. 지금까지 이 기도는 성물 위에 성령님이 오셔서 그 빵과 포도주가 주님의 살과 피가 되게 해달라는 내용으로 이해되어 왔다. 그러나 여기서 에피클레시스의 핵심적인 내용은 성물의 성변화(聖變化)[40]보다는 성도들의 결합과 믿음의 확신과 성령님의 충만한 역사를 간구하는 내용이 더욱 깊었다는 사실을 보게 된다.

청하오니, 거룩한 교회의 예물에 당신 성령님을 보내 주소서. 거룩한 (신비에) 참여한 우리 모든 이를 결합시켜 주시고, 진리 안에

---

38 Ibid.
39 Ibid.
40 로마 가톨릭 교회는 이 기도의 순간에 성령님에 의하여 성물(聖物-빵과 포도주)이 주님의 살과 피가 되는 성변화(聖變化)를 일으킨다는 교리를 가지고 있다.

서 믿음이 굳세어지도록 성령님으로 충만케 하시어 우리로 하여
금 당신의 아들 예수 그리스도를 통하여 당신께 찬미와 영광을
드리게 하소서.[41]

다섯째, 이 기도를 끝맺으면서 드리는 하나님을 향한 영광송(doxologia)이
다. 이 부분은 초대교회가 언제나 기도를 포함하여 모든 예배의 궁극적인
목적을 성삼위의 하나님께 영광의 초점을 맞추고 있다는 사실을 다시 한
번 확인할 수 있는 부분이다. 이러한 영광송은 예배의 시작 부분에서 흔
히 볼 수 있는 초대교회의 순서인데 성찬기도를 비롯하여 모든 기도의 말
미에 흔히 사용하는 내용이다.

그분을 통하여 당신께 영광과 영예가 성교회 안에서 지금과 세
세에 영원히 있으소서. 아멘.[42]

위와 같은 내용을 담고 있는 성찬기도는 초대교회가 가지고 있던 것을
거의 완벽한 형태로 서술해 놓았기에 기독교 예배의 역사에 매우 소중한
사료로 간주된다. 뿐만 아니라 현대교회가 그대로 전승할 수 있는 귀한 터
전을 주었다는 데 그 가치성을 인정받고 있다.

B. 성체 분할과 수찬

봉사자들에 의하여 봉헌된 성물(聖物-빵과 포도주)은 성령님의 임재를 위
한 기도(ἐπίχλεσίς)를 드림으로 성변화(聖變化)를 일으키게 됨을 믿게 되었
다. 그리고 이어서 집례자는 이 성물을 가지고 그리스도의 상하고 찢긴 살
이요 그 몸에서 흘려주신 보혈임을 강조하였다. 그러므로 그리스도의 몸과

---

41 Ibid.
42 Ibid.

보혈이라고 믿고 실행하게 되는 단계는 언제나 성령 임재를 청원하는 기도 (επίκλεσίς)가 있게 된 다음이었다. 그래서 이 기도는 성례전을 진행하는 데 실로 중요한 위치를 갖게 되었다. 이 기도의 위치가 제정의 말씀 전에 있어야 하는지 아니면 후에 있어야 하는지에 대한 논쟁이 활발히 전개되기도 했다. 여기에 대하여 가톨릭의 전례신학자는 다음과 같이 설명하고 있다.

> 알렉산드리아교회의 성찬 기도문에서는 "επίκλεσίς"가 성체성사 제정에 대한 주님의 말씀 바로 앞에 위치하여 성변화에서 성령의 역할을 강조함으로써 로마 교회와 논쟁을 불러일으켰다. 또 어떤 성찬 기도문에서는 "επίκλεσίς"가 성체성사 제정에 대한 주님의 말씀 앞과 뒤에 분리되어 나오는데, 앞에서는 성령님께서 빵과 포도주를 주님의 몸과 피로 변화시켜 주시도록 청하고, 뒤에서는 일치와 신앙 안에서 교회의 성화를 기도한다. 오늘날 로마 교회에서 공식적으로 사용하는 네 가지 기도문 중에 제1양식에는 "επίκλεσίς"가 없는 반면, 제2-4양식에는 모두 성체성사 제정에 대한 기도가 주님의 말씀 앞과 뒤에 있다.[43]

이상과 같이 성령님의 임재를 위한 기도는 그 위치가 제정의 말씀 이전이든지 또는 이후이든지 초대교회뿐만 아니라 중세를 거쳐 현재에 이르기까지 성찬 성례전에서 절대적인 위치를 차지하고 있다. 그러나 『사도전승』에서는 그 위치에 대한 언급이 구체적으로 없이 봉헌된 성물을 앞에 두고 성령님의 임재를 위한 기도를 다음과 같이 하게 하였다.

> 그때에 봉사자들이 감독자에게 예물을 바치면, 그리스도의 몸의 형상이 되도록 빵 위에 감사의 기도를 바치고, 또 그분을 믿는

---

43 이형우 역주, 『히뽈리뚜스 사도전승』, p. 46.

모든 이를 위해 흘리신 그리스도의 피가 되도록 포도주 잔에 감사
의 기도를 바칠 것이다.[44]

초대교회는 빵과 포도주만을 위한 기도가 있는 것이 아니었다. 이들은
이 성물 이외에 꿀과 젖을 앞에 두고 동일한 기도를 다음과 같이 드리도
록 가르치고 있었다.

젖과 꿀이 혼합된 것에 감사의 기도를 바칠지니 이는 성조들에
게 하신 약속을 이루시기 위해서이다. 이 약속에서 젖과 꿀이 흐
르는 땅에 대해 말씀하셨으며, 또 그리스도께서는 당신의 몸을 주
셨는데, 그분께서 이를 통하여 믿는 이들을 마치 어린아이처럼 양
육하시며, 말씀의 단맛으로 마음의 쓰라림을 감미롭게 하신다.[45]

이 기도가 끝난 다음에 집례자는 성찬 성례전에 참여하기 위하여 나와
있는 세례 받은 그리스도인들에게 주님의 몸이 어떻게 상하고 찢기셨으
며 그 몸에서 흘린 보혈이 어떤 의미와 교훈을 주는지를 상세하게 설명할
것을 가르쳤다. 성체 분할을 하는 단계는 세 단계로 진행하도록 하였다.
먼저는 빵을 쪼개면서 집례자는 "이것은 하늘의 빵인 예수 그리스도의
몸입니다"라고 말하고 개인에게 주도록 하였다. 둘째는 잔을 줄 때 역시 집
례자는 "이는 우리 주 예수 그리스도의 피입니다"라고 말하고 받는 사람
은 반드시 "아멘"을 하도록 하였다. 그리고 세 번째로 젖과 꿀이 섞여 있
는 잔과 물을 더 받도록 하였다. 다음은 『사도전승』에서 이 절차를 섬세하
게 기록한 부분이다.

---

44 『사도전승』 제21장.
45 Ibid., p. 137.

감독자는 세례를 받는 이들에게 이 모든 것에 대해 설명해 줄 것이다. 감독자는 빵을 쪼개어 그 조각을 각 사람에게 주면서, "이것은 천상의 빵인 예수 그리스도의 몸입니다"라고 말하면, 받아 모시는 사람은 "아멘" 하고 대답할 것이다. … 그리고 우리 주 예수 그리스도의 피를 그들에게 주고, 그 다음 젖을 주고, 그 다음 꿀을 줄 것이다. (포도주) 잔을 주면서 "이는 우리 주 예수 그리스도의 피입니다"라고 말하면, 받아 모시는 이는 "아멘" 하고 대답할 것이다.[46]

이때의 성찬 성례전의 진행은 빵을 나누어준 다음에 잔을 주기 위한 단계에서는 집례자를 돕는 부제나 봉사자들 중 세 사람이 함께하였다. 한 사람은 물을 들었고, 두 번째 사람은 젖과 꿀이 섞인 잔을 들었고, 세 번째 봉사자는 포도주를 들고 있도록 하였다.

이러한 절차가 바로 초대교회 때에 철저히 행해졌던 성찬 성례전의 모습이었고 내용이었다. 여기서 현대교회의 관심을 끄는 것은 빵과 잔을 받은 다음에 이어서 젖과 꿀을 주었다는 사실이다. 이것은 핍박과 열악한 환경에서 주님을 따르는 초대 교인들에게는 매우 소중한 순서였다. 젖과 꿀을 준 것은 죄의 종으로 살던 과거를 벗어버리고 주님 안에서 가나안 복지의 경험을 하게 하는 의미를 부여했을 뿐만 아니라, 주님의 한결 같으신 모성적인 보호를 경험하게 하는 데 주안점을 두었다. 그리고 물은 새로운 수찬자들이 세례와 견진을 통하여 받은 은총의 의미를 새롭게 경험하게 하는 것이었다.

---

46 『사도전승』 제22장.

C. 가정으로 이어진 성례전

『사도전승』에서는 현대교회에서 전혀 찾아볼 수 없는 또 하나의 특별한 성찬 성례전의 관습을 보여주고 있다. 그것은 3세기 교회에서는 이미 집례자에 의하여 봉헌되고 성령님의 임재를 위한 기도가 있은 후의 성물을 교회에서 받고 감격한 것으로 끝나지 않았다는 기록이다. 그들은 이 성물을 여유로 받아서 가정으로 가지고 가서 주일 이외의 날에 가정에서 계속 예식을 행하였다. 이들은 가정에서 다음날 동이 트기 전 새벽녘에 음식을 먹기 전에 성물을 받는 의식을 거행하였다.

『사도전승』은 이러한 의식을 가정에서 행할 때 당시의 교회가 대단한 주의를 요하고 있었다는 사실을 보게 된다. 무엇보다도 가정에서 이 예식을 거행할 때 성물이 소홀히 취급되지 않도록 각별한 주의를 주었다. 이들은 불신자나 짐승이 이 빵(성체)을 먹는 일이 발생하거나 분실이나 떨어뜨리는 일이 없도록 엄한 명령을 하고 있다. 그리고 포도주 역시 잔을 넘치게 하여 '이질적인 영'이 핥게 되는 일이 발생하지 않도록 특별한 주의를 주었다. 그 이유는 이미 에피클레시스를 거쳐서 주님의 몸과 피가 되었기 때문이다. 그러므로 이런 성물을 소중히 다루지 않는 그리스도인들은 바로 주님을 경시하는 죄인으로 정죄를 받게 됨을 엄히 경고하는 가르침을 읽을 수 있다.

> 불신자나 쥐나 다른 짐승이 성체를 먹는 일이 없도록 각별히 유의할 것이며, 또 (성체의) 어떤 것도 떨어뜨리거나 잃어버리는 일이 절대로 없도록 할 것이다. (성체는) 모든 신자가 받아야 할 그리스도의 몸이므로 그것을 천시해서는 안 된다. … 잔을 쏟아 이질적인 영이 그것을 핥게 되는 일이 없도록 조심할 것이다. 그렇지 않으면 하나님께서는 이를 경멸한 너를 거슬러 분노하실 것이다. 또 너는 속량된 그 값을 업수이 여겼기 때문에 그리스도의 피에 대

한 죄인이 될 것이다.[47]

D. 수찬자의 임무

자유롭지 못한 환경 가운데서 새벽의 어두움을 뚫고 하나님께 예배를 드리면서 말씀을 경청하고 이어서 성찬 성례전에 참여하여 주님의 살과 피를 받는다는 것은 핍박 중에 있던 3세기의 그리스도인들에게는 실로 감격적인 사건이었다. 그러나 『사도전승』에서는 그리스도인들이 예배에 참석하여 성례전에 참여하는 것으로 그들의 소임이 다 끝나지 아니함을 강조하였다. 성찬 성례전에 참여한 그리스도인들에게는 하나님을 기쁘시게 해 드리기 위한 선한 행위를 의무화하였다. 뿐만 아니라 스스로의 생활이 바르게 진행되어야 했고 교회를 위하여 최선을 다한 열성이 요구되었다. 이러한 그리스도인들의 생활 규범은 성찬 의식이 끝나고 감독자에 의하여 보충교리를 가르치는 데서 강조되었다. 여기서 그들은 그리스도인들의 윤리생활과 영성생활의 지속이 교육되었다. 이러한 제반 의무행위는 자신들의 의지나 지식에 근거하지 않고 무엇보다도 돈독한 신앙의 향상에서 이룩되어야 함을 다음과 같이 서술하고 있다.

> 이것(성찬 성례전)이 끝나면 각자는 온갖 성행을 행하며, 하나님을 기쁘게 해드리고, 바르게 생활하며, 교회를 위해 열성적이며, 배운 바를 행하며, 신심을 향상시키는 데에 전력할 것이다.[48]

여기에서 최종적으로 강조한 신앙의 향상이란 단순한 선행으로 되는 것을 가르친 것이 아니었다. 이 신앙의 향상이란 철저한 기도생활을 통하여 이룩됨을 가르친다. 『사도전승』은 이 기도의 첫 시간을 매일 "닭이 우는

---

47 『사도전승』 제37, 38장.
48 『사도전승』 제21장.

시간"으로 정한 바 있다. 그리고 밤 시간과 낮 시간을 각각 12등분하여 제
3시(오전 9시), 제6시(정오), 제9시(오후 3시)에 정규적인 기도를 하도록 하였
는데 정해준 시간은 모두 십자가 사건과 관련을 맺고 있다.

> 제3시에 기도하고 하나님을 찬양하여라. … 사실 그리스도께서
> 이 시간에 나무에 매달리신 것으로 여겨지기 때문이다. … 마찬가
> 지로 제6시에도 기도할 것이다. 왜냐하면 그리스도께서 십자 나무
> 에 매달려 계실 때에 낮이 갈라져서 극심한 어둠이 덮였기 때문이
> 다. 제9시에 간절한 간청과 장엄한 찬미를 바칠 것이다.[49]

이처럼 모든 기도는 예수 그리스도의 십자가 사건과 부활에 초점이 맞
추어졌다. 그렇기 때문에 모든 성도의 경건한 삶이란 예수 그리스도와 깊
은 관계성을 맺는다. 이러한 생활은 자연적으로 주님의 날 성찬 성례전의
현장에 섰을 때 누구보다 깊은 감명을 받게 되었으며 어떠한 박해와 핍박
가운데서도 견고히 설 수 있는 신앙의 터전을 형성하게 되었다. 그래서 초
대교회의 그리스도인들은 하나님께 드릴 수 있는 최대의 영광을 순교로
여기게 되었다. 이러한 신앙의 결실로서의 순교의 피가 초기 기독교의 밑
거름이 되었고 그 맥박이 오늘에도 이어지게 되었다.

5. 현대교회가 복원해야 할 부분

예수 그리스도를 모시고 배우고 훈련을 받았던 사도들의 가르침은 현존
하는 교회의 가장 으뜸가는 전승이다. 그러한 까닭에 이들의 가르침이 살

---

49 『사도전승』 제41장. 여기서 제9시는 예수님께서 운명하시는 시간으로 하나님을 향한 장엄한 찬미로 서
술하고 있다.

아있던 2, 3세기의 교회를 찾는 작업이 오늘도 활발하다. 그 중에서도 교회의 가장 소중한 성례전이 이 초대교회에서 어떤 내용과 방법으로 전수되어 지켜왔는지 그 실상을 본다는 것은 참으로 소중한 과제임에 틀림이 없다.

이 시대의 성례전을 찾을 수 있는 기록은 "열두 사도의 교훈"이라고 일컫는 『디다케』를 비롯하여 플리니 총독의 편지, 이그나티우스의 편지, 그리고 순교자 저스틴의 첫 번째 변증문 등이 소중한 문헌으로 남아 있다. 그러나 이 문헌들은 지극히 단편적인 서술만을 남겼기에 충분한 연구 자료가 되지 못하는 아쉬움을 준다. 그러나 히폴리투스가 남긴 『사도전승』은 다행히도 위의 문헌들보다 훨씬 더 구체적으로 서술되어 오늘의 동방 교회와 서방 교회가 지켜온 성찬 성례전의 소중한 텍스트로서 인정받고 있다.

이러한 가치를 새롭게 인정받고 있는 『사도전승』에서 현대의 개혁교회가 상실하거나 너무나 가볍게 취급한 부분들을 다시 정리하면 다음과 같다.

먼저, 존엄한 성찬 성례전의 예전에 참여할 수 있는 자격을 엄격히 제한하였다. 즉, 예비신자의 제도를 확고히 하고 그들이 교회의 규칙대로 배우고 실천하게 하여 세례교인이 되는 과정을 엄격히 관리했다.

둘째, 이들이 이해했던 성찬 성례전은 주님의 죽음과 부활을 회상하고 재현하는 성례였다. 그리고 여기서 거룩한 신비를 경험하게 됨을 강조한다. 그리고 이 신비의 성례전은 그리스도를 사랑하는 사람들이 천국의 잔치에 그리스도와 함께 참여하게 될 때 갖는 최후 최고의 성만찬을 미리 맛보는 것이었다.

셋째, 이들은 이 예전을 집례하는 사제직의 고유성을 강조하고 이 직분을 위한 감독과 장로의 성직수임과 그 책임이 철저히 강조되었다. 그리고 성례전의 집례는 철저한 준비가 영육 간에 있어야 함을 강조하고 있다.

넷째, 성찬 성례전을 시작하기 전에 정해진 인사교환을 다음과 같이 하였다. 이것은 현대의 절대 다수 교회가 지키고 있는 집례자와 회중과의 인사교환이다.

집례자 : '주께서 여러분과 함께'

회　　중 : '또한 사제와 함께'

집례자 : '여러분의 마음을 드높이'

회　　중 : '우리는 주님께 마음을 향하고 있나이다.'

집례자 : '주님께 감사합시다.'

회　　중 : '마땅하고 옳은 일입니다.'

　다섯째, 봉사자들에 의하여 봉헌된 성물을 들고 감사기도와 함께 드리는 성령님의 임재를 위한 기도(ἐπίκλεσις)가 성례전의 정점을 이루고 있다는 사실이다. 이 기도가 끝나면 빵과 포도주는 바로 주님의 살과 피로 성변화된다는 확고한 교리가 정착되어 있었다.

　여섯째, 이들은 세례를 받고 성찬 성례전에 처음으로 참례하는 그리스도인들에게 빵과 잔 외에 물과 꿀과 젖을 먹여서 새로운 가나안 복지에 들어온 것을 실감하게 하였다.

　일곱째, 당시의 성찬 성례전은 주일 예배에서 받고 끝나는 것이 아니라 성물을 받아 개인의 집에 가지고 가서 가정에서 정중히 보관하고, 매일 새벽에 다른 음식을 먹기 전에 성물을 먹으면서 성례전적 행위를 계속하였다.

　여덟째, 이때의 교회는 이러한 성례전적 삶의 생활화의 일환으로 성결한 영성의 추구를 강조하였다. 이러한 성결의 실천은 무엇보다도 정규적인 기도생활을 의무화하였다.

　이와 같은 특성을 가지고 있었던 성찬 성례전의 실상이 바로 초대교회가 지탱할 수 있었던 버팀목의 역할을 하였다. 생명을 노리는 최악의 박해가 밀려와도 순교의 장엄한 피를 흘릴 수 있는 용기가 솟아나는 것은, 바로 자신들이 주님의 살과 피로 달라진 육신이요 영혼이라는 확고한 신앙이 있었기 때문이다. 이러한 신앙이 있었기에 오늘 우리는 기독교의 진리를 물려받게 되었다. 여기서 현대교회, 특별히 개혁교회는 눈을 들어 초대교회가 그토록 정중하게 생활화했던 성찬 성례전이 오늘 우리 가운데는 어느 정도에 머물고 있는지를 겸허하게 점검해 보아야 한다. 성찰해야 할 부끄러움이 적지 않음을 『사도전승』을 읽으면서 다시 확인한다.

제8장
세례의 의미와 그 발전 과정

　세례는 기독교 역사와 함께 변함없는 전통으로서 그 깊은 의미를 간직해 온 성례(Sacrament)이다. 이 성례는 종교개혁의 숱한 논쟁 가운데서도 거부되거나 수정되지 않은 채 예배 속에 그대로 지속되어 온 특유한 순서이다. 특별히 이 세례는 우리와 같은 이방지역에 기독교가 들어오면서 더욱 깊은 의미를 실감시켜 주었으며 세례의 가치와 그 위력을 경험적으로 깨닫도록 해주었다.

　그러나 기독교의 확장과 더불어 세례의 본질적 의미가 오늘날 많이 퇴색 되어 가는 안타까움이 있다. 그 뿐만 아니라 세례를 통하여 당연히 느껴야 할 놀라운 은총과 감격마저도 초기 성도들이 느꼈던 그것과는 너무나 큰 차이가 있다. 그 이유는 먼저 집례자인 목사 자신이 세례의 중요성과 그 신학적 의미를 파악하려는 노력이 부족하다는 데 있으며, 역사적으로 이 세례가 성례전으로서 얼마만큼 기독교의 구심적 역할을 해왔는지에 대한 이해 부족 때문이라고 하겠다. 그 결과 우리는 이 세례 성례전(The

Sacrament of Baptism)을 하나의 교인이 되는 단순한 요식 행위로 간주하고 일 년에 두 번 정도로 끝내고 만다. 더욱이 이것은 수세자에게도 직접적인 영향을 미치게 되어 세례의 고유한 의미가 정확히 전달되지 못함으로써 세례 교인임에도 불구하고 교회를 쉽게 떠나버릴 뿐만 아니라 하나님과의 약속도 전혀 이행하지 않는 현실을 흔히 볼 수 있다. 여기서 우리는 다시 한 번 생명을 내놓고 하나님의 백성이 되기로 약속하면서 세례를 받았고 그 약속대로 살다간 초대 교인들을 생각하지 않을 수 없다. 이들이 받아들이고 약속한 세례의 기본 뜻은 무엇이었으며, 그 뜻은 오늘 우리의 교회에 어떻게 전달되고 있는가라는 질문 앞에 우리는 대답을 잃어버리고 만다.

이에 필자는 오늘의 교회 현장을 생각하면서 우리가 지켜야 할 세례의 고유한 신학적 의미와 그 발전 과정을 찾아보고 그것의 진지한 실천을 오늘의 교회에 부탁하고자 한다.

1. 세례의 신학적 의미

세례가 무엇인가에 대한 정의는 모든 신학자들이 거의 동일한 입장을 취해 왔고 그 중요성에 대해서도 공통된 견해를 가지고 있다. 대표적인 예로 칼빈의 견해를 보면 그는 세례를 가리켜 "하나님에 의하여 그의 자녀로 삼으시는 거룩한 인침이며 이것은 그리스도와의 접붙임(engrafted in Christ)으로서 새로운 출발이다"[1]라고 말했다. 이와 같은 해석에 대하여 현대 신학자들도 큰 수정을 가하지 않은 채 그대로 받아들이고 있다. 폴 틸리히(Paul Tillich)는 세례란 "영적인 공동체(Spiritual Community)에 참여하는 한 인간의 결단"[2]이라고 하면서 이러한 인간을 가리켜 "새로운 존재"(New

---

1 Calvin's *Institute*, Ⅳ:15:1.
2 Paul Tillich, *Systematic Theology* (Chicago: The University of Press, 1967), Vol. 3, p. 217.

Being)라 이름하고 있다.

한편, 세례란 수세자의 결단에 의한 것인가 아니면 하나님의 주권적 역사의 결과인가에 대한 논쟁이 신학적 견해차를 빚어내기도 한다. 그러나 세례가 한 인간의 결단에 의하여 이루어지는 단순사건이라고 한다면 그것을 쉽게 포기할 수도 있다는 논리가 성립된다. 그러므로 세례란 하나님이 그의 아들 예수를 통하여 취하신 절대주권의 표시이며 인침(Seal)이라는 신주도적 입장을 취함이 당연하다고 하겠다.[3] 이러한 하나님 중심의 신학적 해석을 토대로 존 맥커리(John Macquarrie)와 같은 학자는 세례를 구원론의 단계에 속한 하나의 과정으로 보면서 죄의 인정과 회개, 칭의, 성화, 그리고 선택의 순간으로 해석하였다.[4] 이러한 해석의 타당성을 논하기 전에 여기서는 좀 더 구체적으로 현재적 삶의 현장과 연관시켜 세례를 살피면서 다음과 같은 몇 가지의 의미로 재해석하고자 한다.

첫째, 세례는 예수 그리스도의 사람이 되는 데 필요한 결정적 사건이다. 왜냐하면 그것은 그리스도와의 연합을 공적으로 시인하고 그와의 연합을 적극적으로 표현하는 성례전이기 때문이다. 그리스도와 연합된 새로운 몸으로서의 출발이 다짐되고 공포되는 예전으로서의 세례는 수세자를 보다 적극적으로 그리스도의 사람이 되게 하는 방편이요, 인침이다. 이때 한 생명의 새로운 존재 의미가 다시 발견될 수 있으며 또한 자신이 그리스도에게 소속된 지체의 일부임을 언제나 자각케 함으로써 타락된 육적 생활로부터 벗어날 수 있게 된다. 이러한 사상에 대하여 사도 바울은 "누구든지 그리스도와 합하기 위하여 세례를 받은 자는 그리스도로 옷 입었느니라"(갈 3:27)라고 말하고 있다.

그리스도 안에서 소속을 확인하는 세례는 포사이드(P. T. Forsyth)의 말

---

3 Donald Macleod, *Presbyterian Worship: Its Meaning and Method* (Richmond Verginia: John Knox Press, 1966), p. 48.

4 John Macquarrie, *Principle of Christian Theology, Scribner's Sons*, 1977), pp. 459-61.

대로 "그리스도를 향한 발길은 끝이 났고 그리스도 안에서 새로운 생이 시작된 것"[5]이다.

둘째, 세례는 자신의 죄를 회개함과 동시에 하나님의 용서를 받는 예전이다. 거룩한 하나님의 자녀가 되는 인침의 예전 가운데 참여한 인간이 하나님의 거룩한 존전에서 자신의 허물과 죄를 고백하고 부끄러움을 느끼며 회개한다는 것은 너무나 당연한 일이다. 따라서 죄의 회개를 수반하지 않는 세례는 진정한 의미에서 세례라고 인정할 수 없다.

초대교회 당시 수세자에게는 자신의 죄를 사함받기 위해서 수세 전 며칠간 금식하면서 준비하라는 명령을 할 정도로 회개를 강조하였다.[6] 이러한 죄의 회개가 있을 때 하나님은 자비의 손길을 펴시어 용서의 인을 쳐주시며 동시에 "전에 지은 죄를 간과하심으로 … 예수 믿는 자를 의롭다"(롬 3:25-26) 하시는 은총을 베풀어주신다. 이것을 가리켜 우리는 보이는 은총의 실현이라고 말한다.

그러나 은총의 현장에서 반드시 유의해야 할 것은 단순히 물에 의한 세례가 죄의 용서를 가져오는 방편이 아니라는 사실이다. 곧 그 물은 우리의 죄를 대속하기 위하여 흘린 그리스도의 보혈을 상징해야 하고 그 보혈에 의하여 죄 씻음을 받는다는 신앙고백이 우선시되어야 한다.[7]

셋째, 세례는 새로운 피조물로서의 탄생(Birth)을 의미해야 한다. 세례란 이미 언급한 대로 삶의 출발이다. 이 새로운 삶의 출발(The New Birth)이란 예수 밖에서 살던 과거의 삶을 청산하고 예수 안에서 새로운 삶을 시작한다는 뜻이다. 이 새로운 삶은 단순히 물로 받은 세례 의식보다는 그 가운데 임재하시는 성령님의 역사 속에서 새롭게 변화한 생의 출발을 의

---

5   Donald Macleod, *Presbyterian Worship*, p. 49 재인용.
6   『열두 사도의 교훈, 디다케』 제7장. *In Early Christian Fathers*, ed. by Cyril Richardson (Philadelphia: The Westminster Press, 1958), p. 174.
7   Calvin's *Institute*, IV:15:4.

미한다. 그래서 세례란 "성령님의 선물"[8]이라는 말을 한다. 여기에 칼빈은 동일한 입장을 취하면서 세례를 "새 생명으로 인간을 재형성시키는 성령님의 은혜"라고 말하고 있다.[9]

이러한 관점에서 볼 때 세례는 죄의 세계로부터 의의 세계로, 속박에서 자유로, 율법 아래의 죽음으로부터 성령 안의 생명으로 옮겨지는 중요한 과정임에 틀림이 없다.[10] 사도 바울은 이러한 세례의 의미를 "죽은 자들 가운데서 그를 일으키신 하나님의 역사"(골 2:11-12)라고 말하였다.

넷째, 세례는 크리스천 공동체의 일원이 되는 의식이다. 초대 기독교나 가톨릭의 전통에서 세례를 받지 않은 사람은 하나님의 자녀들이 모인 교회의 공동체 속에 함께할 수 없었다는 사실을 쉽게 볼 수 있다.[11] 특별히 초대교회에서는 말씀의 예전(Liturgy of Word)과 다락방 예전(Liturgy of Upper Room)으로 구분하여 말씀의 예전에는 누구나 함께하는 것을 허용하였으나 다락방 예전에는 세례 받지 않은 사람은 퇴장시키고 수세자만 참여시켰다. 이러한 예전의 현장 속에서 그들이 얼마만큼의 공동체 의식과 존엄성을 준수했는지는 충분히 짐작할 수 있다. 이러한 크리스천 공동체의 특유한 성격은 지금도 기독교의 전통으로 이어져 내려오고 있다. 그렇기 때문에 세례 과정을 거치지 않은 사람은 공식적인 크리스천으로서 인정하지 않는 것이 상례로서 세례는 크리스천 공동체 안에 들어오는 "입장허가"[12]라는 말을 하기도 한다.

이러한 구체적인 실례는 세례의 현장에서 목사가 교인들을 증인으로 하여 수세자에게 약속을 받는 질문과 대답에서 분명히 나타나고 있다. 대부분의 교회에서는 목사가 수세자에게 교회의 진실한 일원이 되고 헌신과

---

8 Donald G. Bloesch, *Essentials of Evangelical Theology* (New York: Harper & Row, 1979), Vol. II, p. 12.
9 Calvin's *Institute*, IV:15:5.
10 Paul W. Hoon, *The Integrrity of Worship* (New York: Abingdon Press, 1971), p. 143.
11 Oliver C. Quick, *The Christian Sacraments* (London: Nisbet & Co, 1946), p. 162.
12 Donald Macleod, *Presbyterian Worship*, p. 50.

복종을 통하여 주님의 몸 된 교회를 섬겨 나갈 것을 반드시 약속받도록 규정하고 있다.[13] 따라서 공동체의 일원이 되는 엄격한 과정으로서의 세례는 결코 어느 집단의 세력 확장수단으로 이해되어서는 안 되며, 이것은 오직 그리스도만을 섬기는 사람들의 일원이요 그리스도를 머리로 하는 공동체의 삶을 확인하는 것이어야 한다. 그럴 때 우리는 "세례를 받은 자는 … 유대인이나 헬라인이나 종이나 자유인이나 남자나 여자나 다 그리스도 예수 안에서 하나이니라"(갈 3:27-28)는 말씀의 뜻을 이해할 수 있게 된다.

이상과 같이 세례에 관한 의미는 다음에서 보는 구약과 유대민족의 원시적 세례 의식 속에서도 잘 나타나고 있다. 그리고 더 나아가 예수의 세례와 사도들의 세례 활동 가운데서 오늘 우리가 행하고 있는 세례의 신학적 출발을 더욱 분명하게 볼 수 있다.

2. 기독교 세례의 기원

오늘의 기독교에서 행하는 세례는 기본적으로 예수님의 명령으로부터 시작된다. 그러나 그 세례가 갑작스러운 예수님의 발상에 의하여 제자들에게 명령된 것은 아니었다. 또한 세례 요한이 광야에서 "죄를 회개하라"고 외치면서 베풀었던 세례도 역시 순간적인 종교심이나 선지자로서의 새로운 선포 방법은 아니었다.

세례의 사상이나 사역은 구약시대 유대민족의 종교생활 가운데 이미 존재했다. 물을 사용하여 하나님 앞에 깨끗함을 보이고 제단을 쌓는다든가, 하나님을 향하여 나오는 무리가 물로 씻는 의식을 거쳐서 새로운 공동체의 일원이 되는 종교적 행사를 발견하게 된다. 이와 같은 세례의 원시적 형태는 다음 몇 가지로 구분하여 볼 수 있다.

---

13 *Presbitarian Church in U.S.A. Worshipbook* (Philadelphia : The Westminster Press, 1972), p. 51.

먼저, 하나님 앞에 나아갈 때나 거룩한 예전에 참여할 때는 반드시 물로 깨끗이 씻었던 의식을 볼 수 있다. 이러한 의식은 단순히 인간이 깨끗함을 보이고자 하는 자의적 행동이라기보다는 하나님의 명령하에 그것이 이행되었다는 점을 주목해야 한다. 예를 들면 제사장으로서 제단을 쌓고 지성소에 들어갈 때 "거룩한 곳에서 물로 몸을 씻고" 자기 옷을 입고 나와서 번제와 희생제를 드리게 했던 점들이다(레 16:24). 그 뿐만 아니라 일반 백성들에게도 부정한 몸은 반드시 물로 씻게 하는 명령(레 15:5-12)을 하심으로 모든 부정한 요소로부터 정결케 하는 의식을 제정하셨다. 이러한 율법의 제정은 곧 유대민족의 종교심 속에 깊이 뿌리를 내리게 되었고 후에는 모든 죄와 더러움을 씻는 의식으로서 강조되었다.

이러한 사상은 에스겔의 예언에 더욱 분명하게 나타난다. "맑은 물을 너희에게 뿌려서 너희를 정결하게 하되 곧 너희 모든 더러운 것에서와 모든 우상숭배에서 너희를 정결하게 할 것"(겔 36:25-26)이라는 말씀에서 '물'과 '정결'의 관계가 뚜렷이 나타나고 있다. 그리고 후기의 선지자 말라기에 와서는 이러한 정결 의식이 메시아의 도래 전에 한 예비자, 곧 세례 요한에 의하여 계속될 것을 예언하고 있다(말 3:1).

이상과 같이 구약의 정결 예식을 위한 물의 사용에 대하여 비슬리 머레이 같은 학자는 "새로운 시대에 이어질 세례의 모형"이라고 말하고 있다.[14]

둘째, 쿰란 공동체(Qumran Community)에서 가졌던 세례 의식을 들 수 있다. 쿰란 공동체에 관한 기록이 성경에는 없으나 1947년 사해사본의 발견과 함께 그것은 이스라엘의 에센파(Essenes)에 속한 한 종교적 그룹이었음이 밝혀졌다. 이들은 주전 2세기경에 사해의 서북쪽에 있는 쿰란에 수도원을 창설하고 진실된 제사장 직분과 부패하지 않은 이스라엘의 본분을 회복하려고 하였다. 이들은 철저한 신앙의 공동체로서 거의 대부분의

---

14   G. R. Beasley-Murray, *Baptism in the New Testament* (Grand Rapids: Wm. B. Eerdmans Publishing Co., 1981), p. 10.

시간을 성경 읽기와 노동, 예배와 기도를 위하여 바쳤고 식사도 공동으로 하는 가운데 이상적인 신앙을 추구하던 공동체였다. 그런데 이 공동체의 특성 중의 하나는 이들이 세례 의식을 거행했다는 점이다. 그것은 이스라엘 백성 가운데 계속 내려온 정결을 위한 물의 사용이라는 차원을 넘어 그 공동체의 가입을 위한 세례라는 점에서 특히 주목된다. 이때의 세례는 먼저 죄의 회개를 촉구했고, 둘째로는 하나님의 선택을 받은 무리로서 그 공동체의 일원이 되는 것을 상징하는 것이었다.[15] 이들의 세례는 곧 세례 요한이 광야에서 행한 세례의 줄기가 되었고 기독교 세례의 분명한 출발이었다고 볼 수 있다.[16]

셋째로 유대교로 개종하는 이방인들에게 주었던 세례를 들 수 있다. 이스라엘 백성들이 야웨종교를 가지고 살아가는 특수한 모습은 이방인들에게 언제나 두려운 존재로 보였으며 동시에 그것은 선망의 대상이기도 하였다. 그렇기 때문에 적지 않은 이방인들이 자신들의 종교를 버리고 여호와 하나님을 섬기는 종교로 개종하는 일들이 많았다. 이때에 이들에게 유대교가 어떠한 조건을 제시했고 그 처리를 어떻게 했는지에 대한 기록은 성경이나 초기 교부들의 기도에서도 찾아볼 수 없다. 그러나 단순한 개종의 의사만을 가지고 온 이방인에게 개종을 허락하지 않았다는 사실은 분명하다. 여기에 대한 많은 연구 결과 개종자들에게 주었던 세례가 주후 1세기 전반까지 유대교 안에서 활발히 진행되었다는 것을 알 수 있다.[17] 이때의 세례는 쿰란 공동체에서 가졌던 투철한 신앙의 강조와 그 맥락을 같이 하는 것으로 단지 개종자들은 물로 깨끗하게 하는 정결의 예식(an act of ritual purification)으로 끝나지 않고 오히려 수세자 자신의 영과 육을 이

---

15 Ibid., pp. 11-18.
16 이러한 견해에는 옥스퍼드 대학의 교수로서 사해사본과 쿰란 공동체에 관한 권위 있는 연구가 Gena Vermes 도 동의하고 있다. 참조, "Dead Sea Scrlls" in *The Interpreter's Dictionary of the Bible, Supplementary Volume*, (ed.) by Keith Crim (Nashville : Abingdon Press, 1976), pp. 210-9.
17 Murray, *Baptism in the New Testament*, pp. 18-31.

스라엘의 하나님께 바치는 성례전적 성격을 내포하고 있었다.[18]

이러한 유대인의 세례 의식은 주후 50년경, 즉 예수님의 공생애 기간까지도 활발히 진행된 사실이 연구 결과 밝혀짐으로써 예수님께서 명령했던 그 세례의 뜻이 더욱 뚜렷해지게 되었다. 환언하면 복음의 전파와 확장을 유대인들에게만 두지 않고 '사마리아와 땅 끝까지'라는 세계적 차원으로 끌고 나갈 것을 명령했던 예수님의 기본 뜻을 이해할 때 유대교에서 행한 개종자의 세례(Twish proselyte Baptism)의 도입은 기독교라는 새로운 공동체를 형성하는 훌륭한 방편이 될 수 있었다는 사실이다. 앞으로 복음을 받아들일 이방인들에게 좀 더 철저한 회개와 신앙의 표현, 그리고 자신들의 헌신을 다짐하는 의미로서의 세례를 받게 함으로써 그리스도 앞에 하나의 사명적 존재로서 인침을 받게 해야 한다는 것은 기독교의 출발과 그 과정에 지극히 일치된 것이었다. 그래서 머레이(Murray) 같은 신학자는 "기독교 세례의 신학과 형태는 유대교 개종자 세례의 신학과 형태에 기인한다"[19]고 말하고 있다.

끝으로 세례 요한의 사역을 통하여 기독교 세례의 근원을 찾아볼 수 있다. 성경 속에 묘사된 세례 요한은 갑작스러운 등장과 함께 회개와 세례를 외치고 있다. 그러나 그의 세례 사역은 앞에서 본 대로 유대교에 있었던 개종의 세례를 단순한 의식적 차원으로부터 보다 적극적인 회개운동으로 펼친 것이었다. 메시아의 길을 예비하는 선지자로서 그는 적극적인 자세를 가지고 종말론적인 메시지를 전하고 그것을 받아들여 회개한 사람들에게 용서의 확신을 심어주며 새로운 결단을 촉구하는 세례를 베풀었다. "회개하라 천국이 가까웠다"라는 선포는 단순한 유대교의 의식적 차원을 넘어 메시아 예수를 영접케 하는 안내임이 틀림없다. 이러한 요한의 세례는 지

---

18 William Flemington, "Baptism" in *The Interpreter's Dictionary of the Bible*, ed. by George Buttrick (New York: Abindon Press, 1962), Vol. I, p. 348.

19 Murray, *Baptism in the New Testament*, p. 25.

금까지 있어온 유대교 세례의 형태를 도입하면서 거기에다 새로운 내용과 의미를 부여하게 되었다. 이 세례는 곧 예수님에게 이르러서 그 사역의 기점이 되었고 후에는 기독교 공동체의 특수한 의식으로 집례되어 온 소중한 성례전이 되었다.

이상과 같은 구약에서의 정결 의식, 쿰란 공동체에서의 세례 의식, 유대교의 개종자 세례, 그리고 세례 요한의 회개와 세례운동 등은 모두 후에 이어질 기독교 세례의 근원적 줄기로서 그 배경을 이루고 있다. 이들의 세례 가운데 나타난 공통점은 모두가 불결한 죄로부터의 정결함을 추구한다는 것과 하나님이 원하시는 공동체의 일원이 된다는 의미의 일치이다. 그리고 이런 신학의 표현이 모두 물을 사용하는 상징적 의식을 통하여 확인했다는 데 우리의 관심을 모을 필요가 있다.

3. 예수님과 사도들의 세례

기독교의 세례의 직접적인 출발이며 기초가 될 예수님의 세례에 대한 인식과 가르침은 어떠한 것이었으며, 그를 따르던 제자들이 복음을 전파하고 교회를 세우면서 이 세례를 어떻게 활용하였는지에 대한 관심을 가져볼 필요가 있다.

A. 예수님의 세례

예수님께서 세례를 받으신 사건과 그의 가르침은 어떤 것이었는가? 죄인들을 향하여 회개를 외쳤던 세례 요한의 세례 현장으로 예수님은 왜 나아갔으며 그 세례를 받았는지에 대한 문제는 신학적인 논쟁을 일으키는 매우 흥미 있는 주제이다. 여기에 대한 대답을 다음과 같이 요약하여 설명할 수 있다.

첫째, 하나님으로부터 보냄을 받은 선지자 요한을 통하여 모든 사람 앞에서 예수님의 정체성(Identity)을 선포하게 하기 위함이라는 주장이다. 세례 요한이 세례를 받기 위하여 오신 예수님을 가리켜 "세상 죄를 지고 가는 하나님의 어린 양"(요 1:29)이라고 부른 것은 곧 예수님의 실체와 그 사역의 성격을 분명하게 해준 것이었다. 예수님은 자신의 세례 속에서 죄 없으신 몸이 세상의 모든 죄와 수난을 벗어버리는 것이 아니라 오히려 그것을 짊어지는 고난의 종으로 묘사되었다. 그는 이러한 멍에의 구체적인 내용으로 자신의 세례가 십자가의 수난을 의미함을 그의 사역 후기에 말해주고 있다(막 10:38).

둘째, 예수님께서 받은 세례의 순간에 "이는 내 사랑하는 아들"이라는 하나님의 분명한 음성을 통하여 만인에게 예수님의 신분을 확인시켰다는 점이다. 이러한 깊은 의미의 확인은 오늘의 세례 가운데서 그리스도를 통하여 하나님의 자녀임을 확인하는 것과 같은 것이라 하겠다(갈 3:26). 예수님이 하나님의 아들 됨을 공적으로 들려주었던 그 세례는 메시아로서의 그의 사역을 선포하는 것이었으며 성부와 성자의 관계를 밝히는 것이었다.[20]

셋째, 예수님에게 임했던 성령님에 관한 이해의 문제이다. 세례 이전에 인성만을 보였던 예수님의 존재가 성령님의 임재로 신성과 인성을 소유한 메시아임을 확인시키는 예전으로서의 세례를 인식하게 된다. 예수님은 이 세례를 통하여 성령님의 역사 속에 자신의 사역이 출발됨을 알렸으며 그 후의 사역은 인간의 상상을 초월한 것이 계속되었다. 즉, 하나님의 직접적인 개입 속에서 전개되는 그리스도의 사역을 예수님의 세례 가운데서 발견하게 된다.

그 다음으로 우리가 관심을 두어야 할 문제는 예수님이 세례에 관하여 어떤 견해를 가졌으며 무엇을 말씀했는지에 대한 내용이다. 여기에 대하여 우리는 크게 두 가지로 분류하여 대답할 수 있다. 하나는 세례에 대한

20　Ibid., p. 65.

예수님의 새로운 이해의 문제와 또 다른 문제는 최종적인 명령으로서의 세례에 대한 예수님의 언급이다.

먼저, 예수님은 자신이 받을 세례를 여러 군데서 언급하고 있다.[21] 그는 세례 요한으로부터 받은 과거의 사건보다 새롭게 전개될 자신의 미래적 사건을 가리키면서 세례에 대한 새로운 내용을 말씀하고 있다. 즉, 그의 십자가의 수난이 그 자신과 교회를 위하여 받으셔야 할 세례 행위(Baptismal Action)라는 사실이다. 오스카 쿨만(Oscar Cullman)의 말대로 예수님은 메시아와 수난의 종으로서 자신이 행동적으로 받을 세례를 예언했다.[22] 이러한 세례의 새롭고 깊은 내용의 이해는 바울에 의하여 계승되어 "예수와 합하여 세례를 받는 것은 곧 그의 죽으심과 합하여 세례 받는 것"으로 가르쳐지고 있다(롬 6:3).[23]

또한 세례에 대한 다른 차원의 언급은 마태복음 28장 19-20절에 나타난 말씀이다. 즉, 예수님께서 부활하신 몸으로 복음의 전파와 삼위 하나님의 이름으로 세례를 주도록 최종적인 명령을 하신 사건이다. 이 명령은 완전히 새로운 내용의 세례로서 성부, 성자, 성령의 이름으로 세례가 베풀어져야 한다는 사실과 복음을 받아들이는 우리에게 예수 그리스도의 사람으로 인치는 예전(Rite)으로서 지켜 나가야 할 의무 행위였다. 그렇기 때문에 오늘의 교회가 지키고 있는 이 세례 성례전은 주님의 명령으로서의 예전이며, 위탁받은 우리의 최우선적인 사명이라는 말을 하게 된다.[24] 그러므로 오늘의 세례 예전은 인간이 신에게 드리는 예전이 아니라 신의 명령에 의하여 집례되는 엄숙한 예전의 의미를 강조하게 되며, 여기서 기독교 세례의 권위를 다시 인식하게 된다. 또한 이 예전을 통하여 모든 인간

---

21 누가복음 12:50; 마가복음 10:38-39.

22 O. Cullmann, *Baptism in the New Teastament* (London: E.T. 1950), p. 16.

23 Relph P. Martin, *Worship in the Eary Church* (Grand Rapids: Wm. B. Eerdmans Publishing Co., 1974), pp. 94-95.

24 Ibid., p. 95.

은 죄인 되었던 몸에서 새롭게 주어지는 하나님의 은총을 확신하게 된다.[25]

B. 사도들과 초대교회의 세례

예수님의 명령을 받은 사람들이 어떻게 세례를 베풀었으며 그 의미의 중점을 어디에 두었는지 살펴보자.

예수님께서 승천하신 이후 사도들이 활동한 기록은 사도행전에 가장 자세하게 나와 있다. 사도행전의 기사 중 세례에 대한 첫 언급은 2장에 나오는 베드로의 설교에서이다. "우리가 어찌할꼬" 하는 질문을 보내는 경건한 유대인들에게 "너희가 회개하여 각각 예수 그리스도의 이름으로 세례를 받고 죄사함을 얻으라 그리하면 성령을 선물로 받으리니"라고 하는 베드로의 응답에서 그 시초를 찾아볼 수 있다. 이 베드로의 지시적 명령은 삼천 명이 넘는 무리에게 즉시 이행되었고 새로운 공동체로의 확신을 가져오게 하였다. 이러한 사건은 단 일회적으로 끝난 것이 아니라 12사도에 의하여 급진적으로 확산되었으며 성령님의 역사와 함께 교회의 공동체 형성을 가능하게 하였다.

사도들의 계속된 세례의 사역이 어떤 의미를 부여했고 또 무엇을 강조했었는지에 대하여는 다음의 몇 가지로 요약해 볼 수 있다.

먼저, 이들은 예수님이 제정해 준 대로 "주 예수의 이름으로" 세례를 주었다(행 8:16). 여기서 유의해야 할 것은 사도들이 단지 세례라는 의식 자체를 집례하기 위하여 "주 예수의 이름"을 사용하지 않았으며 수세자들이 먼저 예수님의 수난과 부활의 의미를 깨닫고 그 예수님을 자신들의 구세주로 고백하고 영접하는 것이 확인될 때 "예수님의 이름으로" 세례를 주었다[26]는 점이다.

---

25 여기에 대한 자세한 연구를 위하여 G. R. Beasley-Murray 교수의 *Baptism in the New Teastament*, pp. 77-92를 참조하라.

26 Murray, *Baptism in the New Testament*, p. 100.

둘째로 사도들의 세례는 수세자의 회개와 하나님의 은총으로서 용서의 선언이 함께 있었다(행 22:16). 그들은 수세자의 회개가 분명히 선결되어야 세례를 주었고 그 세례 가운데서 하나님의 보이는 은총으로서의 용서가 선언됨으로써 수세자는 감격하게 된다. 이러한 의미는 정결의 예전으로서 유대교의 세례를 경험한 무리에게 훨씬 더 깊은 의미를 실감케 할 수 있었다. 환희에 가까운 감격은 사도들과의 거듭된 접촉 속에서 성령님의 체험을 갖게 하는 제2의 신앙적 경지로 그들을 인도하였다(행 2:38, 8:15-17).

셋째로 이때의 세례는 새로운 기쁨을 소유하고 삶의 목표를 함께 추구하는 공동체의 일원으로서 그 자격을 부여해 주었다. 그러므로 세례를 받은 무리는 공동의 신앙생활과 의식주를 함께하는 교회의 식구가 되었고 공동체의 참 기쁨을 향유하는, 지금껏 경험치 못했던 새로운 세계에서 살게 되었다. 이러한 기쁨은 인간이 주도한 것이라기보다는 성령님의 경험 속에서 발생되는 하나님의 주권적인 사건이었다.[27]

끝으로 사도들을 통하여 받은 세례에는 자신을 주님께 헌신하는 의미가 주어졌다. 이러한 의미는 바로 그리스도의 증인으로서 자신의 삶을 바치고 복음 전파를 비롯한 교회의 봉사의 역군으로서의 출발을 다짐하는 것이었다. 그러므로 세례를 받은 무리는 언제 어디서나 예수 그리스도에 대하여 침묵을 지키지 않았고 생명의 위협 속에서도 구원의 감격을 부르짖는 강한 그리스도의 증인으로서의 삶을 살았다.[28]

이상과 같은 사도들과 수세자들이 가졌던 세례의 의미는 기독교의 새로운 전통이 되었으며 이 의미를 새롭게 다짐하는 세례의 성례전이 베풀어지는 곳마다 기독교의 생명력 있는 발길이 확산되는 결과를 가져왔다. 특별히 초대교회를 비롯하여 회교권의 이방지대에서는 세례를 받는다는 사실 때문에 생명의 위협을 당하기도 했다.

---

27 사도행전 2:41, 8:12-13, 35-36, 11:14-15, 16:14-15, 19:5.
28 Murray, *Baptism in the New Testament*, p. 102.

이제 발전 과정의 마지막 단계로서 사도들이 남긴 세례의 집례 형태에 대한 교훈에 대해 살펴보자.

종교개혁 때부터 전통적 예전의 답습을 전면 거부하면서 탈의식적 교회(Anti-Liturgical Church)로 나아간 재세례파(Anabaptist)에 의하여 제기된 문제가 바로 세례의 형태였다. 즉, 세례 요한이 예수님에게 베풀었던 세례 형태만이 타당하고 유효하다는 주장이다. 이러한 주장은 오늘의 침례교가 절대적인 교리로 지키고 있으며 그들은 침례 이외의 어떤 세례 행위도 인정하지 않고 있다. 그러면서 교회마다 침례탕을 갖추고 1미터 길이로 따뜻한 물을 채워 그곳에 잠기도록 하고 있다.[29]

이상과 같은 침례 행위에 대하여 성경적으로 그 반론을 제기할 수 있는 명확한 기록을 찾기는 힘들다. 그러나 12사도의 교훈으로 불리고 초대교회의 신앙생활에 소중한 지침이 되었던 『디다케』의 기록은 세례의 집례 형태를 침례로만 고집하지 않았다는 점을 말해 주고 있다

세례에 관하여 여러분은 이렇게 세례를 주시오. 성부와 성자와 성령의 이름으로 흐르는 물에서 세례를 주시오. 만일 흐르는 물이 없으면 다른 물로 세례를 주시오. 찬물에서 할 수 없으면 따뜻한 물에서 하시오. 둘 다 없으면 성부와 성자와 성령의 이름으로 세 번 머리 위에 부으시오.[30]

여기서 우리는 온몸을 적시는 침례만이 교회가 고수해야 할 사도적 전통이 아님을 발견하게 된다. 기독교의 초기 생활에 절대적 영향을 끼쳤고 소중한 지침서였던 이 『디다케』의 내용은 세례 요한 때처럼 강물에 들어

---

29 Franklin M. Seagler, *Christian Worship: Its Theology and Practice* (Nashvile: Broadman Press, 1952), p. 147.

30 "The Teaching of the Twelve Apostles, Commonly Called the Didache," Cyril C. Richardson, *Early Christian Fathers* (Philadelphia: The Westminster Press, 1953), p. 174.

가야 한다던가, 온몸이 잠겨야 한다는 것이 문제가 되지 않음을 밝혀주고 있다. 문제는 어떤 물을 사용하든지 간에 성부와 성자와 성령의 이름으로 세례를 주는 데 강조점이 있음을 알 수 있다. 그리고 그가 하나님의 백성으로 인침을 받았다는 사건(event)에 주안점을 두었다.

함축된 의미

그리스도를 통하여 하나님 앞에 선 인간에게 주어진 인침(Seal)으로서의 세례는 결코 수세자의 공로에 의한 것이 아니라 하나님의 은총으로서 이룩된 역사적 사건이다. 이러한 사건은 곧 그리스도의 구속사와 연결된 사건이며 그의 부활과 함께 새로운 생명에로의 진입이라 하겠다. 그렇기 때문에 예수님은 세례 사역을 계속하도록 명령했으며 사도들과 초대교회는 이 명령을 받아 성실한 이행을 지속했다. 거기서 그들은 생명의 위협을 느끼면서도 하나님 나라의 확장이라는 지상명령을 위하여 죽도록 충성했다. 오늘의 교회에도 세례의 사역은 역시 명령되어 있다. 그리고 좀 더 진지한 신학적 의미의 전달과 실현이 요구되고 있다. 여기에 우리의 교회가 좀 더 정직하게 응답해야 하고 초대교회에서 행한 세례의 사역을 닮아가는 진지성이 있어야 한다.

세례는 교인을 얻기 위한 하나의 요식 행위일 수 없으며 또한 그렇게 되어서도 안 된다. 세례는 수세자로 하여금 예수 그리스도와의 진정한 연합을 경험케 하고 죄의 회개와 하나님의 용서를 통해 새로운 피조물로서의 삶을 시작하도록 하며, 크리스천 공동체의 일원으로서 하나님께로부터 받은 구속적 은총에 감격하여 일생을 헌신토록 하는 깊은 뜻을 전하는 성례전이어야 한다. 세례의 발생 배경이 되었던 유대교의 정결 예식, 쿰란 공동체의 세례 의식, 유대교의 개종자 세례, 세례 요한의 세례 등은 바로 이러한 의미에서 기독교의 세례와 그 맥락을 같이하고 있다.

예수 그리스도에 의하여 완성됨으로써 새로운 의미로 시작된 기독교 세례 성례전은 사도들과 초대교회를 거쳐 기독교의 오랜 역사와 함께 오늘에 이르고 있다. 신성한 예전의 수행을 명령받은 교회는 변함없이 이어져 내려온 이 성례전의 본질적 의미를 재인식하며, 오늘의 예배 현장에서 그 진정한 의미의 구현을 위한 교회적 사명과 예전적 책임을 다할 수 있어야 하겠다.

제9장
사도들이 드린 예배의 구성과 내용

본글은 오늘의 그리스도교 예배에서 드리는 순서에 대한 원천적인 뿌리를 찾는 데 그 목적을 가지고 있다. 매주일 드리는 예배의 항목마다 함유된 깊은 역사가 있고 그 의미가 있는데 예배를 인도하는 사람부터 거기에 대한 자료를 접하지 못하고 있다. 이러한 우리의 예배 현장을 보면서 필자는 우선적으로 사도들이 드렸던 예배에 어떤 항목들이 있었으며 그 순서마다 내포하고 있었던 깊은 의미가 무엇인지를 찾아보려 한다.

예수 그리스도가 갈보리 산정에서 힘없이 십자가 위에서 희생을 당할 때 사도들의 허탈감은 절정에 달하였다. 제자들은 자신들의 기대와 희망이 물거품이 되었다는 절망감에 빠졌다. 그리고 스승의 처절한 죽음을 피하여 예수님을 따르기 전에 그들이 가졌던 생업으로 다시 돌아갔다.[1] 그러나 예수님의 부활과 승천의 사건은 그들의 눈을 새롭게 뜨게 하고 예수 그리스도를 새롭게 인식하게 해주었다. 그리고 오순절에 임하신 성령님의

---

1   요한복음 21:3.

역사는 새로운 차원의 힘과 용기를 가지고 교회를 출발하게 하였다. 이들은 이때부터 그리스도의 지체로서의 예배하는 공동체를 형성하고 그 틀을 잡아가기 시작하였다.

사도들이 가졌던 예배 내용이 신약성경에서 순서별로 정확하게 정리된 기록은 없다. 그러나 성경 이곳저곳의 기록을 정리하여 다음과 같은 예배의 내용으로 간주될 수 있는 것들을 밝힐 수 있다. 여기에서 하나 유의할 것은 모든 순서가 사도들의 예배 안에 모두 수용되어 지켜졌다는 것은 아니다. 오직 예배를 위하여 모이는 환경과 조건에 따라 행해지고 있었던 순서일 따름이다.[2]

당시의 예배는 회당 예배와 다락방 예배가 혼합되어 드려졌는데, 순서로는 성경 봉독, 찬양, 봉헌, 회중의 아멘, 신앙고백, 평화의 입맞춤, 기도, 설교, 세례, 성찬 등을 들 수 있다. 또 하나의 다른 예배 형태는 예배 참석자들이 형식을 벗어나 자유로운 참여 속에서 이루어진 비공식적인 예배였다. 거기에서는 주로 애찬, 방언, 은사의 나눔 등이 진행되었다. 이상의 두 형태의 예배 가운데에서 지켜졌던 순서 중에 중요한 몇 가지만을 신약성경의 기록에서 자세히 살피면 다음과 같은 요소가 발견된다.

1. 성경 봉독

성전이나 회당에서 성경을 낭독한 것은 바벨론 포로 기간 중에서 시작된 순서로서 사도들이 드리는 예배의 현장에서도 그대로 이어졌다. 성경에서 사도들이 갖는 예배 순서에 성경(구약)을 정식으로 낭독한 기록은 찾기 힘들다. 그러나 베드로의 오순절 설교나 스데반의 설교를 비롯하여 바울

---

2 사도들의 예배 내용은 다음의 두 책에서 좀 더 상세하게 볼 수 있다. 필자가 번역한 Illion Jones의 『복음적 예배의 이해』, pp. 88-110. Ralph P. Martin, 오창윤 역, 『초대교회예배』 (서울: 은성, 1986).

의 선교 기록이나 서신서에서의 구약의 인용 등에서 성경이 모임마다 낭독되었다는 것을 상상하게 된다. 특별히 "날마다 성경을 상고하니라"[3]의 기록 등을 통해서 그리스도인들이 예배를 위하여 모일 때마다 성경을 낭독한 것이 예배 순서 중에 있었다는 주장을 하게 된다. 특별히 당시에 구약만이 성경으로 읽히고 있었던 환경이었지만, 바울이 자신의 편지도 교회에서 읽으라고 한 것은 좋은 자료가 된다.

이때의 성경 봉독은 특정한 지위의 인물에 의하여 낭독된 것이 아니라, 특별한 계기가 있는 평신도에 의하여 진행되었다. 누가복음에 나타난 나사렛 회당에서 예수님이 성경을 읽은 모습은 중요한 예로 여길 수 있다.[4]

2. 권면과 설교

사도시대에 있었던 회당 예배에서 권면과 설교는 오늘의 형태가 아닌 매우 자연스러운 가운데 진행되었음을 본다. 그러한 분위기를 잘 말해 주는 기록을 현대 감각으로 번역된 공동번역을 통하여 다시 본다.

> 회당에서 율법서와 예언서의 낭독이 끝나자 회당의 간부들이
> 사람을 시켜 바울과 바나바에게 "두 분께서 혹 격려할 말씀이 있
> 거든 이 회중에게 한 말씀 해주셨으면 좋겠습니다" 하고 청하였다.

이처럼 사도시대에 있었던 설교 행위는 크게 두 가지로 분류하여 생각하게 된다. 하나는 율법서와 구약에 기록된 말씀을 읽고 그 말씀을 해석해 주고 삶에 적용해 주고 권면하는 전형적인 회당 예배의 형태이다. 이러

---

3 사도행전 17:11.
4 누가복음 4:16-22. 성종현, "초대교회와 예배", 『교회와 신학』 (서울: 장로회신학대학교, 1993), pp. 77-78.

한 형태의 설교는 설교자, 교사, 예언자, 권고자 등으로 알려진 지도자들에 의하여 행하여졌던 것으로 보인다.[5] 특별히 예언자들에 의하여 행하여진 예언을 펼치는 설교는 한때 강렬하고 효과적인 전도 설교의 형태이기도 하였다. 그리고 바울에 의해서 "교회에 덕을 세우는 자들"로 좋은 평가를 받기도 하였다.[6] 그러나 후에 이들의 활동은 더 이상 발전하지 못한 것으로 일리온 존스는 다음과 같이 서술한다.

> 예언자들 역시 공중 집회에서 자주 설교할 기회를 가졌다. 이들은 신약성경에서 언제나 지도자로서 지칭되었으며, 예언은 종교적인 말씀으로 간주되었다. … 이 무리는 여기저기 돌아다니다가 후에는 정중하게 대접받기를 원하고, 공중 예배를 인도하는 지교회 관리인보다 더 윗자리에 앉음으로써 결국 귀찮은 존재가 된 것으로 알려지고 있다. 이들을 소생시키려는 간헐적인 시도가 후에 몇 번 있었지만, 아무튼 이들은 곧 없어진 것으로 믿어진다.

둘째는 기독교의 본격적인 설교의 뿌리가 되는 예수 그리스도의 오심과 생애와 교훈과 수난과 부활과 승천과 재림을 외치는 복음의 선포 사역이었다. 이러한 내용을 갖춘 설교를 가리켜 '케리그마'라고 한다. 그리고 예수님을 영접한 사람들에게 교리와 그리스도인으로서의 신앙생활을 가르치는 설교를 '디다케'라고 이름하고 있다. 이러한 설교들은 예배의 틀 안에서 행한 설교이기도 하지만, 경우에 따라서는 예배의 장소를 벗어나서 대중을 향한 설교로 자리를 잡기도 하였다. 이 설교는 예수 그리스도의 죽음과 부활을 경험하고 성령님의 역사를 경험한 사도들에 의하여 담대하게 외쳐졌다. 그 대표적인 것이 오순절에 있었던 베드로의 설교와 의회로 끌

---

5   Illion Jones, 『복음적 예배의 이해』, p. 95.
6   고린도전서 14:3-4.

186 · 예배의 신학

려가 생명을 내던지고 외쳤던 스데반의 설교이다.[7] 이러한 사도들의 설교는 주로 구약의 약속된 메시아가 예수 그리스도라는 사실과 그 메시아를 구원의 주님으로 영접해야 구원을 받는다는 단순한 논리의 메시지였다.

그리고 교훈을 목적으로 하는 디다케 설교는 서신서에 나타난 교훈이 메시지의 주요 내용이었다. 이 메시지가 기독교 공동체 속에 전달되고, 그것을 지켜 나가는 가운데 교회의 모습은 본 궤도에 서서히 오르기 시작하였다.

3. 기도

예수 그리스도는 제자들의 기대와 상상을 초월하여 구름을 타고 승천하셨다. 감람원 산에서 하늘로 올라가신 주님과 헤어진 후 사도들은 좌절이나 절망에 젖어들지 않았다. 그들은 바로 예수님의 어머니 마리아와 그 동생들과 기타의 여인들과 함께 예루살렘의 어느 다락방에 모여 마음을 모아 기도에 힘썼다. 뿐만 아니라 오순절의 거대한 회개 사건이 발생된 이후 그들은 사도들의 가르침에 몰두하면서 기도에 힘썼다."[8]

이러한 기도는 한동안 "합심기도의 형태로 비기독교의 유대인들과 함께 모였으나, 곧 기독교공동체는 독자적으로 기도의 모임을 형성했을 것"이라고 보는 것이 일반적인 견해이다.[9] 이들의 기도는 일정한 시간을 정해놓고 드렸다는 기록을 보게 된다. '열두 사도의 가르침'이라고 불리는 『디다케』는 모든 기도의 기본이 되는 주님의 기도를 드리되, 하루에 세 번 정한 시간에 드리도록 가르치고 있다.[10] 이토록 공동체이든지 개인적인 기도이든

7 　사도행전 2:14-42, 6:8-7:60.

8 　사도행전 1:6-14, 2:42.

9 　James White, 정장복 역, 『예배의 역사』 (서울: 쿰란출판사, 1997), pp. 22-23.

10 　『디다케』는 주후 100년경 시리아 지방 어느 시골 교회의 그리스도인이 교회 전승들을 모아 교회 사상 최초로 편집한 목회 지침서이다. 한글판은 정양모 신부에 의하여 번역되었다. 『열두 사도의 가르침-디다케』 (대구: 분도출판사, 1993), pp. 59-63.

지 오전, 정오, 저녁과 같은 일정한 시간을 정하여 기도회를 가졌다고 본다.

당시에 있었던 기도의 내용은 무엇보다도 다시 오신다고 약속하신 주님을 기다리는 종말론적인 내용이 우선적이었다.[11] 성찬 성례전을 하는 경우 그리스도의 희생에 대한 감사의 내용을 담은 기도가 있었다.[12] 그 외에도 바울이 디모데에게 가르친 대로 그 내용은 다양할 수 있다.

> 그러므로 나는 무엇보다도 먼저, 모든 사람을 위해서 하나님께 간구와 기도와 중보기도와 감사기도를 드리라고 그대에게 권합니다. 왕들과 높은 지위에 있는 모든 사람을 위해서도 기도하십시오. 그것은 우리가 경건하고 품위 있게, 조용하고 평화로운 생활을 하기 위함입니다(딤전 2:1-2, 새번역).

이와 같은 기록에서 당시 가장 활발하게 사용되었던 기도문들은 그리스도인들의 모임에서는 서서히 자취를 감추었다고 볼 수 있다. 대신 자유로운 기도가 자신들의 감정에서 우러난 대로 예수 그리스도의 이름으로 하나님께 드려졌다는 것을 알게 된다.

이 시대에 기도하는 자세는 대체적으로 세 가지 유형으로 구분된다. 하나는 하나님을 향하여 서서 경건한 모습으로 드리는 기도이다. 때로는 바리새인들이 사람들의 시선을 의식하면서 회당과 한길 모퉁이에 서서 기도하는 모습이 지적을 받기도 하였다.[13] 두 번째의 자세는 무릎을 꿇는 것이었다. 이 자세는 에스라의 회개기도를 비롯하여 스데반이 순교 직전에 드린 기도와 베드로의 기도 자세에서 찾아볼 수 있다.[14] 그리고 세 번째의 자세는 모세가 하나님 앞에서 엎드려서 드린 기도의 자세로서 계시록에 24

---

11 빌립보서 4:5-6.
12 『디다케』 9-10장.
13 마가복음 11:25; 마태복음 6:5.
14 에스라 9:5; 사도행전 7:60, 9:40.

장로가 실천한 기도의 모습에서도 언급되어 있다.[15]

4. 찬송과 신령한 노래

사도들에 의하여 유대교의 성전 예배나 회당 예배로부터 서서히 성격을 달리하면서 새로운 기독교공동체를 형성하고 그들이 드리는 예배의 내용도 변화를 가져왔다는 것은 주지의 사실이다. 그렇기 때문에 사도들의 예배에는 많은 부분이 유대교의 예배에서 유래하였다. 특별히 음악은 구약과 유대의 종교문화에서 발생된 예배 음악의 영향을 지대하게 받았음은 말할 나위가 없다.[16] 일찍부터 발달했던 유대민족의 음악은 기독교가 독자적으로 예배의 세계를 개척했어도 그 세계를 떠날 수 없었다. 그 이유는 기독교가 유대교와 동일한 하나님을 섬기는 예배공동체였으며, 그 주역이 유대인들이었기 때문이다.

바울은 에베소교회에 보낸 편지에서 "시와 찬송과 신령한 노래들로 서로 화답하며 너희의 마음으로 주께 노래하며 찬송하며"(엡 5:19)라는 부탁을 잊지 않고 있었다. 사도들과 그들의 가르침을 받고 있던 예배공동체들은 하나님의 말씀과 구원의 확신이 차고 넘쳤기에 그들 안에 감사와 기쁨이 가득하였다. 그래서 말씀과 복음의 사실들을 신앙적인 "노래로 자유롭게 표현하고, 또한 이 노래들을 종교교육과 훈계의 수단으로 사용했음"을 알게 된다.[17] 그러므로 이때의 찬송과 신령한 노래, 즉 성령님에 의해 감동된 노래들은 단순한 음악의 차원을 벗어나서 신앙의 승화이며, 삶의 방편으로서 예배와 교훈의 뜻을 함께하고 있었다.

---

15 민수기 16:22; 요한계시록 4:10, 19:10.

16 여기에 대한 권위 있는 연구자료는 W. S. Smith, *Musical Aspects of the New Testament* (Amsterdam, 1962)이다.

17 Illion Jones, 『복음적 예배의 이해』, p. 91.

마틴(Ralph P. Martin)은 당시에 공중 예배에 자리잡은 대표적인 찬송가를 세 가지의 형태로 분류하고 있다. 먼저는 유대교로부터 전승이 뚜렷한 노래로서 마리아의 찬가(눅 1:46-55), 사가랴의 예언시(눅 1:68-79), 영광송(눅 2:14), 시므온의 찬양(눅 2:29-32)을 들 수 있다. 두 번째는 유대인들의 회당 예배를 통해 물려받은 찬송과 시들로서 삼성송(三聖頌-계 4:8), 만세의 왕(롬 11:33-35; 딤전 1:17) 등을 들 수 있고, 세 번째는 순수한 신약의 찬송들로서 예수님의 인격과 사역에 대한 찬송(딤전 3:16), 예수님의 순종과 영광에 대한 노래(빌 2:6-11), 예수님의 창조와 교회에 대한 찬송(골 1:15-20), 예수님께 드리는 송시(히 1:3) 등이다.[18]

5. 신앙고백

복음서에서는 이미 베드로가 일찍이 "주는 그리스도시요 살아계신 하나님의 아들이시니이다"(마 16:16)라는 모범적인 신앙고백을 하여 주님의 칭찬을 받은 바 있다. 그 후 복음의 확산이 이스라엘 밖에서 활발하게 진행되는 동안 신앙고백은 매우 중요한 순서로 인정되었다. 당시는 기독교에 대한 박해의 기운이 감돌고 있는 시기였다. 그리고 유대교와 이교도들의 방해는 거세게 일기 시작하였다. 이런 상황에서 이방인들이 예수 그리스도를 구원의 주님으로 영접한다는 사실은 매우 귀중한 일이었다. 그러나 그리스도인들의 공동체의 일원이 된다는 것은 단순한 것이 아니었다. 여기에는 철저한 신앙의 검증이 신앙고백 속에서 이룩되었다. 특별히 세례를 받을 때 기독교 신앙에 질문을 하고 자신의 신앙고백과 충성을 요구하는 절차가 차차 정착되었다.

---

18   Ralph P. Martin, *Worship in the Early Church* (Grand Rapids: William B. Eerdmans Publishing Co., 1974), pp. 39-52.

이러한 고백적인 신앙을 확인하는 과정의 대표적인 기록은 다음의 경우이다.

입으로 예수님을 주님이라고 고백하고 또 하나님께서 그분을 죽은 사람들 가운데서 살리셨다는 것을 마음으로 믿으면 구원을 받을 것입니다. 사람이 마음으로 믿어 하나님께 의롭다는 인정을 받고 입으로 고백하여 구원을 받게 되는 것입니다(롬 10:9-10, 현대인의 성경).

이와 같이 예수 그리스도를 자신의 주님으로 믿고 그 사실을 뭇 증인들 앞에서 고백하는 과정은 세례를 받는 데 선결 과정이 되었다. 사도시대의 이러한 신앙고백에 대한 전승을 그대로 보전하여 전해준 로마의 '힙폴리투스'(Hippolitus, 160-236)에서 신앙고백의 실체를 그대로 읽을 수 있다.[19]

문 : 그대는 전능하신 하나님을 믿습니까?
답 : 예, 믿습니다.
문 : 하나님의 아들 예수 그리스도가
    동정녀 마리아를 통하여 탄생하셨고,
    본디오 빌라도의 날에 십자가에 못박히셨고,
    돌아가셨고(매장되셨고),
    사흘만에 죽음으로부터 살아나셨고,
    하늘에 오르셨고,
    하나님의 우편에 앉아 계시고,
    산 자와 죽은 자를 심판하시기 위하여 오실 분임을 믿습

---

19 Geoffrey J. Cuming, (ed.), *Hippolytus: A Text for Students* (Bramcote, Nottingham: Grove Books, 1991), p. 19.

니까?

답 : 예, 믿습니다.

문 : 그대는 거룩한 교회와 육신의 부활을 믿습니까?

답 : 예, 믿습니다.

6. 세례 성례전

세례는 초기 기독교 공동체에서 매우 중요한 예식이었다. 이 예식은 앞에서 본 대로 자신의 신앙을 고백하고 과거의 그릇된 삶을 회개하고 예수 그리스도를 자신의 주님으로 영접하는 매우 엄숙하고 깊은 의미를 주는 예식이었다. 그러나 이러한 예식이 공중 예배의 순서였다는 기록은 없다. 그러나 분명한 것은 세례라는 가시적인 예식이 공동체의 일원이 되는 의식이었으며 그리스도 안에서 새로운 생명으로 출발하는 교회의 의식임에는 틀림이 없다.

당시의 세례에 대한 기록을 뚜렷하게 보여주는 부분은 베드로의 설교를 듣고 회중이 보인 반응과 베드로의 대답에서 볼 수 있다.

> 그들이 이 말을 듣고 마음에 찔려 베드로와 다른 사도들에게 물어 이르되 "형제들아 우리가 어찌할꼬?" 하거늘 베드로가 이르되 "너희가 회개하여 각각 예수 그리스도의 이름으로 세례를 받고 죄 사함을 받으라"(행 2:37-38).

이러한 말과 함께 3천 명이 넘는 사람들이 세례를 받고 그리스도인들이 되었다는 것은 참으로 놀라운 사도시대의 모습이다.

이 시대의 세례에 대하여 하나 더 유의해야 할 것은 세례가 언제나 그런

것은 아니지만 때때로 성령님의 임재를 동반하기도 하였다는 사실이다.[20] 여기에서 물 세례는 공식적인 예식으로 이어지고, 성령 세례는 새로운 생명으로서의 경험적 신앙을 주고 있었음을 알게 된다. 이러한 세례의 과정을 밟은 초기 기독교인들은 바로 자신의 정체성을 그리스도의 사람으로 담대히 밝힐 수 있었다. 즉, 그리스도의 증인으로서의 삶을 새롭게 다짐하면서 자신들은 "사나 죽으나 주의 것"[21]이라는 고백을 서슴지 않게 되었다.

7. 성찬 성례전

주의 성찬이나 애찬에 대한 기록은 신약성경에서 자주 접하게 된다. 일찍이 복음서에서는 주님과 제자들과의 최후의 만찬을 모두 언급하고 있다. 그러나 이 기록들이 일치된 것은 아니다. 다른 복음서에서는 떡이 먼저인데 누가는 떡보다 잔을 먼저 언급하고 있음을 본다. 뿐만 아니라 공관복음서에서는 최후의 만찬을 유월절이라는 대명절의 축전으로 보고 있으나, 요한은 이 최후의 만찬이 유월절 식사들이 있기 전날 밤의 사건으로 취급하고 있다. 이러한 다양한 기록을 보면서 때로는 혼돈을 일으킬 가능성도 있다. 그러나 요아킴 예레미아스(Joachim Jeremias)와 같은 학자는 이러한 다양성 가운데서도 주님이 주신 성찬의 본질과 설명, 그리고 주님이 남기신 말씀의 공통적인 핵심은 신뢰할 수 있는 형태로 잘 보존되어 왔다고 결론을 짓고 있다.[22]

사도들과 교회의 지도자들에 의하여 진행되었던 주님의 성찬은 그리스도의 희생을 증언하고 설교하는 의미도 함께 내포하고 있었다. 바울이 고린

---

20   사도행전 2:1-13, 8:14-17, 19:1-7.

21   로마서 14:7.

22   Joachim Jeremaias, *The Eucharistic Words of Jesus* (New York: Charles Scribner's Sons, 1966), p. 203.

도 교회에 보낸 다음의 메시지에서 바로 이러한 의미를 충분히 읽게 된다.

주 예수께서 잡히시던 밤에 떡을 가지사 축사하시고 떼어 이르
시되 이것은 너희를 위하는 내 몸이니 이것을 행하여 나를 기념
하라 하시고 식후에 또한 그와 같이 잔을 가지고 이르시되 이
잔은 내 피로 세운 새 언약이니 이것을 행하여 마실 때마다 나를
기념하라 하셨으니 너희가 이 떡을 먹으며 이 잔을 마실 때마다
주의 죽으심을 그가 오실 때까지 전하는 것이니라(고전 11:23-26).

이 시대의 그리스도인들은 이 성찬을 지킬 때마다 주님의 죽음이 갖는
의미가 참여한 그들의 가슴에 생생하게 기억되고 선포될 수 있었다. 그리
고 그 떡과 잔을 받으면서 주님의 몸과 보혈의 은총을 기리면서 충성을 더
욱 다짐하는 예전으로 출발되었고, 후에는 예배의 구심점으로 정착되었
다. 이러한 의미에서 일리온 존스는 성찬의 의미를 다음과 같이 설명한다.

주님의 성찬은 확실히 다른 새로운 힘과 특성이 있었다. … 이
것이야말로 신약성경 예배에 '생명'을 불어넣었으며, 예배가 역동
적이고 열정적이며, 친밀하고 마음을 감동시키도록 하여 주었고,
또한 다른 형태의 예배와 구별시켜 주는 것이었다.[23]

8. 주님의 날과 봉헌

지금까지 안식일은 유대인들의 신앙생활에서 거룩한 날이었다. 이 날에
대한 전통은 예수님께서도 안식일에 회당에 들어가 성경을 읽으시고 가

---

23 Illion Jones, 『복음적 예배의 이해』, pp. 108-9.

르치셨던 기록에서 입증이 되고 있다.[24] 그리고 사도들도 자신들의 전통을 소중히 여기고 있었다. 그러나 안식 후 첫날에 예수 그리스도께서 죽음으로부터 부활하심은 지금까지 그 민족의 전통이나 역사를 초월한 초능력의 사건이었다. 그래서 그들은 부활의 감격을 서로가 모여 되새기며 감격하는 모임을 안식 후 첫날 곧 일요일마다 모였다. 거기에서 그들은 이 날을 작은 부활일로 여기면서 주님의 날(Lord's Day)로 정하고, 그날에 모여 말씀과 성례전을 비롯한 모든 예배의 행사를 계속적으로 지켰다.

모일 때마다 이들은 공중 예배 시에 어떤 법의 규정에 따른 것이 아니라 풍성한 은혜를 입은 몸으로서 '바치는 신앙'의 표현을 갖고 싶어 했고, 그것을 예배의 한 부분으로 시행하였다. 여기에 대하여 랄프 마틴(Ralph P. Martin)은 이 봉헌의 행위는 사도들의 명령이기도 했다고 설명한다.

> 한주간 동안의 수고로 정직하게 벌게 된 돈은 교회의 모임에 가져오게 되었고, 그러한 행위는 주일 예배의 한 순서로 정착되었다. 이러한 것은 사도의 지시 가운데 함축되어 있었다고 본다. 그리고 이러한 순서는 다음 세기의 기독교 예배에서 실천됨으로 확증되었다.[25]

이러한 중요한 봉헌은 바울이 고린도 교회에 보낸 편지에서 자세히 설명하고 있다. 그 가운데서도 봉헌자의 원칙적인 자세는 "각각 그 마음에 정한 대로 할 것이요 인색함으로나 억지로 하지 말지니 하나님은 즐겨 내는 자를 사랑하시느니라"(고후 9:7)는 기록에서 정확하게 표현되고 있다.

이렇게 바쳐진 봉헌은 주로 예루살렘의 가난한 기독교인들을 비롯하

---

24 마가복음 1:21; 누가복음 4:16.
25 Ralph P. Martin, *Worship in the Early Church*, p. 80.

여 필요한 곳에 구제하는 데 쓰였다.[26] 이러한 초대교회의 봉헌과 그 사용에 대한 기록은 오늘의 교회에 남겨준 매우 소중한 교훈임에 틀림이 없다.

이상과 같은 신약시대의 예배를 관찰하면서 발견된 것은 이 시기의 기독교인들은 철저히 유대주의 영향권에서 벗어나지 못하고 있었다는 점이다. 성전 예배와 회당 예배의 내용 등이 구약적인 요소를 대폭 수용한 예배의 정신과 형태를 가지고 있었다는 것을 부정할 수 없다. 이러한 사실은 다음의 말에서 더욱 분명하게 설명되고 있다.

> 기독교는 유대인들의 종교였다. 예수 그리스도는 유대인이었다. 그의 첫 추종자들은 유대인이었다. 예수님과 그의 첫 추종자들은 유대의 관습을 그대로 이어갔다. 그러므로 기독교 예배가 발생된 배경에 대한 질문에 대한 유일한 대답은 유대주의 예배이다.[27]

---

26 사도행전 11:27-30.
27 R. T. Beckwith, "The Jewish Background to Christian Worship," Cheslyn Jones, (ed.), *The Study of Liturgy* (New York: Oxford University Press, 1978), p. 39.

제10장
종교개혁기에 등장한 다양한 예배 전통

일반적으로 알려진 종교개혁의 시발과 확산은 "구원은 행함에서가 아니라 믿음에서"라는 교리의 주창 때문이라는 단순한 결론을 개신교는 지금껏 가지고 있다. 그러나 진정한 의미에서 신학적인 논쟁이 전 유럽에 종교개혁의 불길을 그렇게 신속하게 번지게 했다는 것은 지극히 단편적인 평가이다. 자신들의 종교에 대한 원성이 행함을 강조한 교리보다는 매주일 드리는 예배에서 싹튼 불만이 개혁의 대열을 강화시켰다는 사실이 새롭게 인정되어야 한다. 그 이유는 종교개혁이라는 거대한 역사의 창조가 어느 지도자에 의하여 단순하게 이룩된 것이 아니고 그 지도자와 공감하고 함께 따라주는 교회가 있어야 했기 때문이다. 이 교회가 바로 예배하는 공동체이다. 이 공동체가 느끼는 필요성이 고조되고 합류될 때 진정한 개혁의 가능성이 있기 때문이다.

중세교회가 개혁의 불길을 그토록 신속하게 확산시킬 수 있는 가능성은 당시의 예배로부터 찾아볼 필요가 있다. 그리고 그토록 염원했던 살아 있는 예배의 형태와 그 내용이 갖추고 있는 요소는 무엇이었는지를 새롭게 조명하고 분석해 보아야 한다. 이러한 연구는 종교개혁자들의 예배 정신이 사라져 가고 어느 때보다 혼탁해진 예배가 난무한 현실에서는 시급한 과제라고 보아야 한다.

1. 개혁이 필요했던 중세교회의 예배

1517년 루터가 개혁의 봉화를 들기까지 교회에 예배 이외의 문제들이 산적해 있었던 것은 사실이다. 16세기가 시작되면서 교회는 깊은 암흑 가운데 놓이게 되었다. 예배 외적인 문제들이 교회가 직면한 개혁의 과제라고 볼 수 있으나 가장 시급했던 것은 예배 안에서 쌓인 불만스러운 부분이었다.[1]

먼저, 예배의 언어를 들 수 있다. 예배의 공용어가 모두 라틴어로 되어 있어서 회중은 듣기는 들어도 그 말의 뜻을 이해할 수 없었다. 회중은 단순한 관객의 역할을 감수할 뿐 예배의 진지한 내용과 동화되지 못하였다.

둘째는 어거스틴 이후 하나님의 말씀을 전하는 설교가 중세의 미사에서 사라졌다는 사실이다. 말씀으로 먹여지고 살찌는 지적인 기능이 상실되는 위험한 경지에 도달하였다. 특별히 성경이 자신들의 언어로 번역되어 있지 않은 현실에서 이들은 성경말씀과의 접촉이 단절되어 있었다.

셋째는 빵과 잔에 성찬기도가 있은 후에 그 성물이 성변화를 일으켜 주님의 몸과 피가 된다는 화체설은 성체성사(성찬 성례전)가 신비적인 예전으로

---

[1] 다음에 지적된 사항들을 좀 더 자세하게 보기를 원하면 다음의 자료들을 참조하라.
Dom Gregory Dix, *The Shape of the Liturgy* (Glasgow: The Univercity Press, 1949), pp. 615-25. *Hughes Oliphant Old, Worship: Guides to Reformed Tradition* (Atlanta: John Knox Press, 1984), pp. 1-8. Ilion Jones, 『복음적 예배의 이해』, 4장.

이해되었고 기적을 일으키는 힘이 발생된다는 미신적 신앙이 농후하였다.

넷째는 성체성사의 신학적 해석이 언제나 고난과 구속에 초점을 둘 뿐 부활과 승천을 가져온 대제사장으로서의 해석은 전혀 보여주지 않았다. 이러한 예전은 순교와 고행과 덕행이 강조되었고 그것이 그리스도를 위한 가장 위대한 덕목으로 간주되어 부활의 신앙보다는 고난과 순종이 강조되었다.

다섯째는 이들의 예전은 사제가 독무대를 이루어 회중의 이해나 관심을 외면하였다. 특별히 그 집례의 위치와 방향은 제단을 향해 서있어서 낮은 소리로 진행하는 예배 내용은 회중이 들을 수 없고 볼 수 없었다.

여섯째로 미사의 기본적인 행위가 하나님의 백성들이 함께 희생제사를 드림으로 교회를 이룬다는 측면은 약화되었고, 미사는 사제가 다른 개인들을 위해 드리는 희생제사로서 그 자체의 가치를 지닌 것으로 여겨졌다. 이러한 결과 어떤 미사는 죽은 자의 영혼을 위한 제사적 행위로 전락하는 지경에 이르렀다.

일곱째로 고대교회가 사용하였던 여러 가지의 상징물과 그림, 그리고 성모 마리아나 성인들의 상은 하나의 상징이었다. 그러나 중세에 이르러서는 이것들이 모두 맹목적인 숭배의 대상이 되어 상징에서 우상숭배의 형태로 변질한 모습이 보편화되었다.

여덟째로 1415년 콘스탄틴 회의 이후부터는 시간과 외형적인 번거로움을 구실로 성찬 성례전에서 잔은 주지 않고 빵만 돌리는 경우가 있었는가 하면, 사제만이 성물을 들고 회중은 구경하는 형식으로 진행하는 경우가 종종 발생하였다.

끝으로 고정된 예배서가 개정을 거듭하지 않고 수세기를 지속하여 사용됨으로 언제나 변하지 않는 기도문의 내용과 예배 순서의 답습은 예배의 신선감이 결여되고 기계화된 예배로 전락되었다.

이상과 같이 회중은 예배의 진정한 의미와 만남을 갖지 못한 가운데 수세기 동안 불만과 아픔 속에서 신앙생활을 계속하여야 했다. 소통되지 않은 예배 언어, 맹목적인 헌신과 신비의 강조, 미신적인 연출이 가득한 성찬 예전, 하나님 말씀의 부재 등등으로 얼룩진 예배의 무질서는 맹종의 예배생활에 환멸을 느끼게 하였다. 학문과 예술에 재생과 부활의 기치를 들고 나선 르네상스의 물결은 이러한 맹종의 예배 현장에도 새로운 시각을 갖게 하였다.

2. 말씀과 성례전의 균형을 지킨 예배 개혁

A. 예배 전통을 소중히 여긴 루터 계열

마르틴 루터가 가장 먼저 개혁의 총성을 터뜨렸던 첫 주자였지만 개혁자들 가운데서 그는 가장 온건한 입장에서 개혁을 주도하였다. 그는 예배에 있어서 중세교회의 미사로부터 어떤 급격한 변화를 원치 않았다. 루터는 기존 교회의 예배에 대해서 높이 평가하고 있었으며, 그는 몇 가지 문제되는 현안들에 대해서만 수정하기를 원하였다. 특별히 그가 관심을 두었던 것은 예배는 온 회중이 이해할 수 있는 자신들의 언어로 집례 되어야 한다는 부분이었다. 그래서 그는 독일어로 집례할 수 있는 예식서를 발간하고, 독일 찬송가를 쓰고 작곡했으며, 독일어로 성경을 번역하였다. 또한 구원은 선한 행위를 통해서 얻는 것이 아니고, 믿음을 통한 오직 하나님의 은혜로 되는 것임을 강조하면서 중세 후기의 예배에서 죽은 자를 위한 미사, 성직자의 독신주의, 순례, 평신도에게 잔을 허락하지 않은 것, 화체설 등을 반대하면서[2] 새로운 예배 신학을 수정·보완하였다. 그래서 맥스웰의 말대로 루터의 예배 개혁은 창조적(creative)이었다고 하기 보다는

---

2 Susan J. White, "Christian Worship Since the Reformation," *The Making of Jewish and Christian Worship*, edited by Paul F. Bradshaw and Lawrence A. Hoffman (Notre Dame : University of Notre Dame Press, 1991), p. 186.

보존하려는 경향(conservative)을 가졌다.[3] 그는 처음부터 예배 형태를 바꾸려는 의도를 하지 않았다.[4]

다만 루터는 모든 개신교 예배의 기초를 제공해 주었던 『교회의 바벨론 유수』(*The Babylonian Captivity of the Church*, 1520)를 통하여 그의 성만찬 신학에 대한 입장을 피력하였다. 그는 이 책에서 로마 가톨릭의 성만찬 신학과 제도에 대해서 신랄한 비판을 내렸다. 루터에게 있어서 성만찬은 그리스도 안에서, 그리스도와 함께 나누는 그리스도인들의 친교(fellowship)로 이해했으며, 그는 성찬 성례전을 설교와 함께 예배의 중심으로 이해했다.

그는 성찬 성례전은 그리스도 안에서, 그리스도와 함께 나누는 예전으로서 그 가운데 그리스도의 임재가 '실질적으로 임재함'(the Real Presence)을 주장하는 공존설(consubstantiation)을 주장하였다. 그리고 이 성례전은 하나님께 드리는 인간의 선물(the Mass as a sacrificium)로서가 아니라, 인류에게 주시는 하나님의 선물로서의 미사(the Mass as a testament)라고 주장하였다.[5]

루터는 1523년과 1526년에는 두 예식서를 발간하는데,[6] 특별히 『독일 미사』는 전적으로 독일어만을 사용하는 예배의 모범을 보여줌으로써 모국어 예배의 시작을 알리는 예전이 되었다. 대체적으로 그 내용은 로마 가톨릭 교회의 미사의 대부분을 그대로 보존하려고 하였고, 다만 모국어로 진행하는 예배에 모든 사람의 참여를 적극 고려한 흔적을 보게 된다.

특별히 루터가 그의 예배 개혁에서 고려하였던 것은 음악과 설교와 성만찬의 횟수에 대한 부분이다.[7] 특별히 신학적으로는 만인 제사장설을 중심

---

3 Maxwell, *An Outline of Christian Worship: Its Development and Forms*, p. 74.

4 Bard Thomson, *Liturgies of the Western Church* (Philadelphia: Fortress Press, 1961), p. 96.

5 William Willimon, *Word, Water, Wine and Bread*, p. 63.

6 Formula Missae와 Deutsche Messe가 그것인데, 전자는 라틴어로 되어 있고, 후자는 독일어로 된 예전이다.

7 James White, "Lutheran Worship," *Twentieth Centuries of Christian Worship, The Complete Library of Christian Worship*, Vol. 2, edited by Robert E. Webber (Nashville: Star Song Publishing Group, 1994), p. 75.

하면서 신부를 중제자로 한 예배의 구조에 거부반응을 보였다. 루터는 예배를 위한 하나님이 주신 가장 큰 선물 중에 하나로 음악을 간주하였기에 그는 보편화된 회중 찬송의 작곡, 작사에 대단한 열의를 보였다.

또한 루터는 말씀의 예전을 회복하여 설교 사역을 부활시키는 데 크게 공헌을 하였다. 그의 설교들은 직접적으로 성경의 본문을 다루었던 본문 설교의 형태를 가졌고, 그러면서도 회중의 상황에 따른 메시지를 전하려고 하였다.

뿐만 아니라 루터는 성찬 성례전을 기독교 예배의 중요한 부분으로 생각했기 때문에 그것을 매주일 시행할 것을 강조하였다. 그리고 신학적으로 문제가 되지 않는 예배를 위한 복장과 이미지, 그리고 중세교회 미사에서 사용되던 대부분의 것들, 즉 촛불 사용, 제단, 성상들, 십자가, 종 등을 루터는 깊은 의미를 주는 상징물로서 계속해서 사용하도록 하였다.

루터에 의해서 제시된 이상과 같은 예배 개혁은 사실 그의 후계자들에 의해서 많은 변화를 가져왔다. 루터교의 예배는 종교개혁을 통해서라기보다는 18세기와 19세기를 지나면서, 특별히 계몽주의(the Enlightenment)를 경험하면서 많은 변화를 가져와 오늘에 이른다.[8]

특별히 루터의 두 번째 예전인 『독일 미사』에 나타난 루터의 예배 예전을 살펴보면 몇 가지 특징을 가진다. 입당송과 함께 시작된 예배는 '자비의 연도'(Kyrie eleison), 인사 교환(Salutation)과 짧은 기도(collect), 그리고 서신서 봉독, 찬송(독일 찬송), 복음서 봉독, 사도신경을 통해서 신앙을 고백하는 동안 성만찬이 준비되며, 그 후에는 설교가 따라온다. 이상이 말씀의 예전이었으며, 다락방 예전으로는 주기도문, 권고의 말씀, 성만찬 제정의 말씀과 분병, 분잔, 그리고 찬송을 부르면서 성만찬을 받았고, 성만찬 후 기도와 아론의 축도로 이어진다.[9] 루터는 성만찬 예전에서 예수님의 말

---

8 루터교의 예배 발전에 대해서는 White의 책, *Protestant Worship*, pp. 49-57을 참조하라.

9 Maxwell, *An Outline of Christian Worship*, pp. 79-80.

씀을 성만찬 제정사에 포함시킴으로써 단순화시켰고, 성만찬 기도와 그와 관련된 전통적인 요소들을 대폭 감소시켰다.[10]

B. '수장령' 아래 형성된 영국교회

영국의 개혁은 실질적으로 토마스 크랜머(Thomas Cranmer, 1489-1556)에 의하여 본격화되기 시작하였다. 크랜머는 최초의 개신교 지향의 켄터베리 대주교로서 에드워드 왕실에 가장 영향력을 끼친 상담역을 담당하였다. 그는 독일의 부처와 같은 유럽의 개혁자들을 영국에 초빙하여 개혁의 이론적 바탕과 미래의 방향을 정하면서 예배 분야에 특별한 개혁을 서둘렀다. 그는 로마 가톨릭의 성상이나 숭배의 대상이 된 성자들의 유물을 허물어뜨리면서 바른 예배를 추구하기에 이르렀다. 드디어 그는 1549년 예배 역사에 한 축을 이루는 『공동기도서』(Book of Common Prayer)를 만들어 영국교회 예배 개혁을 완성시켰다. 이 『공동기도서』는 주일 예배를 비롯하여 매일의 아침, 저녁 예배, 성찬 및 세례 성례전, 시편송, 기도문, 주일의 성서정과, 결혼과 장례 등을 수록하여 영국교회의 예배의 방향을 근본적으로 새롭게 하였다.[11] 크랜머 역시 예배의 핵심은 말씀과 성찬 예전이 필수적으로 있어야 함을 기본적으로 강조하였다.

영국 국교회(Church of England)는 영국 이외의 지역에서는 감독교회(Episcopal Church)라는 이름을 가지고 있으며, 한국의 경우는 성공회라는 명칭을 가지고 있다. 이들은 교회 제도나 예배가 독자적임을 강조하면서 다음과 같은 예배의 특성을 가지고 오늘에 이르고 있다.

먼저, 이 교회는 로마 가톨릭이나 개신교가 아닌 독자적인 노선을 걸으면서도 예배에 있어서는 가톨릭과 개신교의 양면성을 가지고 있다. 즉, 하

---

10 Ibid., pp. 79-80. Thomson, *Liturgies of the Western Church*, pp. 130-7.

11 여기에 대한 보다 상세한 연구를 위하여 Horton Davies, *The Worship of the English Puritans* (Glasgow: University Press, 1948), 제VI장을 참조하라.

나님께 바치는 예배의 정신을 준수하면서도 하나님이 말씀으로 회중과의 만남을 가져오는 두 개의 축을 형성하고 있다.

둘째, 이들의 예배 방향과 표준은 성경에 바탕을 두었다. 그리고 지적인 감각을 함유한 가운데 예배하는 회중을 중심으로 하였다.[12]

셋째, 성공회는 7성례를 가지고 있는데 세례와 성찬은 예수님이 세워주신 성례로 존엄하게 지키고 있으며, 견진, 고해, 신품, 혼배, 조병(調病) 등은 교회가 필요하여 세운 성례로서 세례와 성찬과는 구별된 성례로 지킨다.

넷째, 이들은 가톨릭의 화체설을 거부하였고 올바르고 합당한 믿음을 가지고 성물을 받은 경우에 한하여 주어진 떡과 잔이 그리스도의 몸과 피가 된다고 주장하였다.

다섯째, 이들의 교리와 예배에서 연옥, 면죄, 성상 및 유물의 예배와 숭배는 수용되지 않았다. 그리고 고해성사와 같은 중보의 행위가 성경적 근거가 없음을 지적하였다.

여섯째, 『에드워드의 설교』(1547)라고 칭한 설교문을 통하여 영국교회가 하나님의 말씀을 바른 위치로 회복하려고 노력하였음을 보여주고 있다. "인류의 구원"이라는 설교는 영어로 기록된 최상의 신학 단편이라는 평을 들을 정도이다.[13]

일곱째, 이들은 준비 없는 즉흥기도보다는 철저한 준비와 명상 속에 작성된 기도문을 가지고 예배시간에 함께 드림으로 기도의 진지함을 지속하고 있었다.

끝으로 영국교회가 가지고 있는 "수장령"은 오랫동안 지속되어 왔기에 이들의 예배 가운데 왕을 위한 기도가 있었다.

이와 같이 영국교회는 왕을 위한 기도와 같은 특수한 부분을 제외하고

---

12 Cyril Garbett, *The Curch of England Today* (London: Hodder and Stoughton, 1956), p. 93.

13 "English Reformation" in John H. Leith, *Creeds of the Churches* (Atlanta: John Knox Press, 1982), p. 230.

는 매우 훌륭한 예배신학과 실제의 전통을 가지고 있다는 것이 일반적인 평가이다. 그러한 까닭에 이 계열의 교회는 세계의 도처에서 아직껏 건재하다. 뿐만 아니라 이러한 예배 내용의 특색 때문에 이 교회는 로마 가톨릭과 개신교의 중간지대에 서서 예배의 대화를 주도하고 있다.

3. 말씀과 성례전의 균형을 잃은 예배 개혁

A. 예배의 전통을 단절시킨 쯔빙글리 계열

1500년 동안 기독교 예배의 구심점이 되어 왔던 성찬 성례전을 최초로 주일 예배에서 분리시키고 그 횟수를 연 4회로 축소시켰던 개혁가의 이름이 바로 쯔빙글리(Ulrich Zwingli, 1484-1531)이다. 그는 중세의 주일 예배에서 사라진 설교를 매주일 회복시키고 예배 순서를 대폭 간소화하고 예배당 안의 성상의 조각이나 악기들마저 철거하는 예배의 대개혁을 취리히에서 단행한 개혁가였다. 그가 취리히(Zurich) 군대를 이끌고 군목으로 참전했다가 샤펠(Cappel) 전투에서 전사하기까지 개혁의 대열에서 활동한 시기는 10여 년에 불과하지만 거대한 예배 개혁을 남긴 인물이었다. 그는 비록 오늘의 개혁교회를 창출시킨 개혁가였으나 예배의 차원에서 볼 때 그의 과격한 개혁은 혁명에 가까운 과정을 밟았다는 평을 면하지 못하고 있다.

쯔빙글리는 루터와는 다른 입장에서 개혁의 대열을 형성하였다. 그는 16세기 동안을 이어온 예배의 전통과 역사는 거의 고려하지 않고 오직 성경만을 강조한 급진적인 개혁가로 등장하였다. 그의 사상적 배경은 루터와는 달리 기존 교회의 예배를 이성적이고 합리적인 시각으로 분석하고 평가하게 되었다. 이러한 그의 분석에는 예배의 신비적이고 전통적인 요소나 실체는 긍정할 수 없는 대상이 되었다. 거기에 더하여 예배의 주역인 사제의 역할이나 역사적인 유산은 부분적인 수정보다는 전면적인 개혁의 대상이 되었다. 이러한 그의 예배관은 드디어 성찬 예전이 매주일 갖는 기독교 예배의 필수적인 부분이라는 사실마저 부정하기에 이르렀다. 이러한 신학 사상은 그로부터 형성된 개혁교회로 하여금 과격한 개혁의 유산을 받게 하였을 뿐만 아니라 기독교 예배의 온전한 유산을 이어받지 못하게 하는 결과를 초래하였다.

쯔빙글리는 의식보다 말씀에 회중의 관심이 집중되도록 하는 데 획기적인 전환을 가져왔다. 그 외에 그는 성인숭배를 비롯하여 가시적인 성상들이 회중에게 우상화되어 있다고 판단하였다. 그는 하나님만을 예배하는 순수성을 지키기 위하여 예배 안에 깊숙이 들어와 있는 각종 성상과 성자 축일을 비롯하여 각종 의식에 사용하는 성구(聖具)들을 소멸하였다.

이상과 같은 그의 예배 개혁은 후일 개혁교회 예배의 본질이 되었다. 이 본질은 기독교가 전통적으로 지켜온 예배의 형태로부터 완전히 다른 줄기를 형성하기에 이르렀다. 그의 예배 개혁의 결과는 동방 교회나 로마 가톨릭 교회를 비롯하여 심지어 루터 계열과도 예배의 교류가 단절된 길을 걷게 되었다. 쯔빙글리가 주도한 예배가 전통적인 예배의 줄기를 벗어나서 진행되었던 다음의 문제들이 최근에 이르러 재평가의 대상이 되고 있다.

먼저, 무엇보다도 앞에서 본 대로 기독교 예배가 처음부터 지켜온 말씀의 예전과 성찬 예전의 두 축을 분리시킨 점이다. 부패한 중세교회가 말씀의 축을 외면했다면 쯔빙글리는 그 잃었던 말씀의 축을 회복하고 대신 성찬 예전을 축소시킨 비극적인 우를 범하였다.

둘째, 기독교 예배의 기본 정신은 하나님을 향하여, 그리고 그분의 영광을 높이 드러내는 데 있었다. 그러나 쯔빙글리는 예배의 초점을 하나님이 인간을 향하여 들려주는 예배의 방향으로 전환하였다. 그것도 가시적이고 경험적인 은혜의 방편인 성례전보다는 설교자의 언어를 통한 하나님의 메시지 전달에만 귀를 기울이게 하는 '듣는 예배'로 지금까지의 '드리는 예배'를 종식시켰다.

셋째, 기독교 예배의 15세기 동안의 역사와 전통의 맥을 거의 단절하고 개혁이라는 이름으로 쯔빙글리는 새로운 전통의 수립에 나섰다. 기존 교회의 예배를 전면적으로 부정하고 새로운 이론과 전통을 세우는 결과를 가져왔다. 여기서 개혁교회 예배의 전통과 역사성의 결여를 심각하게 초래하였다.

넷째, 예배를 통한 기독교의 신비한 경험이나 식어진 영성의 성장보다는 그는 인문주의자로서 철저히 모든 예배가 이성적이고 합리적인 측면에서 검토되었다. 이로서 개혁교회는 인간의 합리적인 사고가 지배하는 예배하는 현상을 초래하였다.

다섯째, 언어로 해결할 수 없는 메시지의 전달 수단을 완전히 파괴시켰다는 점이다. 그동안 교회가 언어로 다 표현할 수 없는 진리의 커뮤니케이션을 위하여 각종 상징과 음악과 절기 등을 활용하였다. 거기서 예배자들의 가슴에서 우러나오는 경외와 감사와 찬양이 허다하였다. 그러나 쯔빙글리는 이러한 것을 모두 배척 또는 축소하고 순수한 언어와 문자에만 의존하였다.

끝으로 그는 성찬 성례전을 그리스도인들의 기억에 남아 있어야 할 단순한 기념식과 같은 범주에 머물게 하였다. 단순한 '이성과 합리'의 단계를 벗어나지 않으려는 그의 기본 사고구조가 "나를 기념(Anamnesis)하라"는 말씀의 뜻이 '회상과 재현'이라는 사실에는 거의 접근하지 못했다. 그 결과 오늘의 개혁교회가 전통적인 기독교 예배의 성찬 성례전과 호흡을 함께하지 못하는 결과를 초래하였다.

쯔빙글리의 예배 개혁은 좋은 점과 아쉬운 점을 남기는 매우 특수한 것이었다. 현대의 예배신학자들의 일반적인 평가는 그의 예배 개혁은 얻은 것보다 잃은 것이 더 많다는 평가를 하고 있다.

B. 예배·예전을 탈피한 재세례파

취리히를 중심한 쯔빙글리의 진보적인 예배 개혁이 절대적인 영향을 끼친 것은 사실이다. 특히 그의 개혁이 설교와 성경 연구를 통하여 성경의 권위와 복음이 강조되고, 로마 가톨릭의 미신적 요소들을 물리칠 때 대단한 환영을 받게 되었다. 그러나 쯔빙글리의 개혁이 국가와 연계성을 가질 때 거기에 동의하지 않고 진정한 자유교회의 모습을 추구하면서 독자적인 개혁의 길을 걸었던 무리가 있었다. 이들이 바로 재세례파(Anabaptist)이다. 이들은 공식적으로 형제단 또는 메노나이트(Mennonites)라는 교파명을 가지고 유럽 각지에 번져 있었다.

이들의 주장은 국가적인 제도권 아래서 주어진 유아 세례와 같은 것은 강제력에 의하여 주어진 세례라고 규정하고 어린이의 신앙적 무의식은 세례의 효력을 얻을 수 없다고 주장했다. 그리고 다른 계열의 개혁자들에 의해서 행해진 유아 세례를 세례로 인정하지 않고 이들은 공적으로 신앙고백을 한 성인들의 세례를 다시 시행하게 되었다.[14]

이러한 신학사상은 전통적으로 이어온 예배의 내용과 형태를 거부하게 되었다. 뿐만 아니라 예배 순서는 자신들의 의향대로 정하고 개인적인 신앙의 명상과 표현을 오히려 추구하기에 이르렀다. 그리고 성찬 성례전은 부정기적으로 갖게 되었다.

이러한 이들의 신앙생활과 예배 형태는 개신교로부터 심각한 박해를 받았으나 오히려 이러한 박해를 통하여 그들은 매우 강한 결속력을 가지고 돈독한 신앙생활을 계속하였다. 여기서 주목할 만한 사실은 이들은 비록 장엄한 예배나 사제의 돋보인 예전적인 활동이 없었으나 그리스도인으로서의 삶의 질과 신앙의 본은 대단하였음을 다음의 서술을 통하여 충분히 알 수 있다.

이와 같이 급진적이고 과격한 개혁을 추구했던 이들은 주로 스위스, 남부 독일, 홀랜드와 같은 유럽의 각 지역에 번져 있었다. 이들이 추구했던

---

14 재세례파의 교리는 1527년의 슐라이타임 신앙고백(Schleitheim Confession)과 1632년의 도드레트 신앙고백(The Dorderecht Confession)에서 상세히 읽을 수 있다.

자유교회의 특성은 기독교 예배의 역사와 전통과는 거의 담을 쌓고 어느 단체나 국가의 간섭이나 지배를 배제하면서 개교회가 독자적인 노선을 자유롭게 펼쳐갔다. 이들의 신앙생활에서 예배와 관계된 부분들에 나타난 특성을 살펴보면 다음과 같다.[15]

첫째, 무엇보다도 이들은 국가와 연관된 교회의 조직과 영향 아래서 제정된 통일된 예배의 형태를 거부하였다. 이들은 공식적인 예배 의식(Public Worship)의 필요성까지 거부하고 철저히 개교회 중심으로 예배 행위를 자유롭게 가지면서 '하나님과의 동행'을 강조하였다.

둘째, 이들은 예배의 가장 중심적인 부분으로서 말씀을 강조하였다. 여기서 이들의 설교는 은혜를 추구한 성경공부와 같은 주해 설교를 강조하였다. 그 결과 이들의 설교자는 성경 말씀을 회중의 삶에 바르게 선포하고 교육하고 적용할 수 있는 학자적 지식과 교양을 중요시하였다.

셋째, 이들은 철저히 유아 세례를 거부하고 성년이 되어 자신의 신앙을 고백하고 구원의 확신을 가지고서 세례를 받도록 하였다. 그러므로 이미 받은 유아 세례는 모두 무효가 되고 이름 그대로 '다시 세례를 받는 무리'로서 교회 공동체를 형성하였다.

넷째, 이들은 국가와 동일한 보조를 취하지 않음으로 받은 극심한 핍박과 순교를 통하여 굳어진 신앙을 찬송으로 승화시켜 많은 작사 작곡을 남겼다. 그들이 사용한 찬송가의 상당부분이 현재 우리의 찬송가에 실려 있다. 특별히 이들은 이러한 찬송을 애송함으로 인하여 자신들의 공동체 정체성을 확인하고 있었다.

다섯째, 이들의 성찬 성례전은 매우 비예전적인 형태를 취하였다. 이들은 기존의 성직 제도를 부정하고 지교회에서 선택한 지도자를 자신들의 목사로 추대하고 성례전을 진행시키도록 하였으며 성찬 예전의 시기는 쯔

---

15 급진적인 진영인 재침례파의 예배 개혁과 그 특성에 대해서는 James White, *Protestant Worship: Traditions in Transition* (Louiseville: Westminster/John Knox Press, 1989), 5장과 8장을 참조하라.

빙글리처럼 일 년에 4회 정도로 시행하였다. 그리고 이 성찬 예전의 신학은 기념적인 예전으로 해석되었고 삶의 성화와 사랑에 강조점을 두어 자신들의 공동체를 공고히 묶게 하는 방편이 되기도 하였다.

4. 말씀과 성례전의 균형을 소중하게 생각한 예배의 추구

A. 스트라스부르크에서 태동한 부처의 예배 의식

부처(Martin Bucer)가 1530년 스트라스부르크 교구의 감독이 되면서 예배의 개혁은 새로운 틀을 잡아가게 되었다. 부처는 예배의 보수적인 입장을 취한 루터와 지나친 개혁 위주로 예배의 축소를 지향했던 쯔빙글리의 중간 지점에 자신의 위치를 설정하였다. 그러한 자신의 입장은 아직도 복잡한 루터의 예배와 너무나 간단한 쯔빙글리 예배의 중간 지점에서 개혁교회 예배의 기틀을 마련하였다. 부처의 예배 개혁의 내용은 다음과 같은 다양한 특성을 나타내고 있다.

첫째, 그는 먼저 예배를 집례하는 데 초점을 둔 성직자의 정체성을 우선 달리하였다. 지금까지 예배의 현장에서 신부를 '사제'(priest)로 칭하였던 것부터 변화를 시도하였다. 그는 '목사'(minister)라는 용어로 성직자를 호칭하면서 예배의 집례뿐 아니라 하나님의 양들인 교회를 섬기는 데까지 그 직무의 개념을 확대하였다.

둘째, 그는 지금까지 예배를 미사(Mass)라고 통칭해 왔던 용어를 '주님의 만찬' 혹은 '성찬'으로 바꾸어 설교의 위치를 공고히 하였다. 그리고 '제단'(Alter)이라는 용어 대신 '성찬상'(Holy Table)이라는 용어를 사용하였다.

셋째, 미사만이 있었던 지금까지의 예전에 말씀의 예전과 성찬 성례전을 분리하여 초대교회의 예배를 복원하는 데 루터와 공동보조를 취하였다.

넷째, 부처는 매주일의 성찬 성례전의 원칙은 대성당에서 지키도록 하였고, 일반 교회에서는 1537년부터 월 1회로 시행하는 것을 허용하여 그것이 일반화되는 경향을 가져왔다. 거기에 더하여 절기들은 간단해졌고, 집례자가 성찬상을 바라보며 집례하던 것을 이제는 성찬상 뒤에 서서 회중을 바라보며 집례하도록 하였다. 그리고 성찬상은 회중 가까이로 옮겨졌고, 목사의 예배 가운도 검정색의 단순한 가운을 착용하도록 하여 종래의 다양한 사제들의 제의(祭衣)는 폐지되었다.

다섯째, 지금까지 예배 가운데 신앙고백은 니케아신조를 사용하였으나 그는 사도신경으로 대체하였다. 부처는 신앙고백이 구체화되어 있는 니케아신조보다 간결한 사도신경이 교인들에게 유효하다는 견해를 가지고 있었다.

여섯째, 축도는 지금까지 로마 가톨릭 교회에서 사용해 온 바울의 축도인 "주 예수 그리스도의 은혜와 하나님의 사랑과 성령의 교통하심이 너희 무리와 함께 있을지어다"(고후 13:13) 대신, 하나님이 모세를 통하여 아론이 사용하도록 명하신 축도(아론의 축도) "여호와는 네게 복을 주시고 너를 지키시기를 원하며 여호와는 그의 얼굴을 네게 비추사 은혜 베푸시기를 원하며 여호와는 그 얼굴을 네게로 향하여 드사 평강 주시기를 원하노라"(민 6:24-26)를 하도록 하였다.

일곱째, 설교시에 성서정과를 따라 복음서와 서신서의 말씀을 택하지 않고, 설교자에 의해서 자유롭게 본문이 선택되었으며, 설교는 정기적으로 선포되면서 한 본문을 중심으로 설교가 선포되기도 했다.

여덟째, 부처는 성찬 성례전에서 성물을 받을 때 회중이 성찬상 앞으로 나아가서 서서 받거나 혹은 무릎을 꿇고 받도록 하였다.

1537년에 만들어진 부처의 이러한 예전은 개혁교회의 예배 전통에서 아주 중요한 의미를 가지는데, 이 예전으로부터 나중에 칼빈주의의 예전과 스코틀랜드교회의 예전이 파생되어 나온다. 그리고 이 예전은 예배의 기본정신을 살리면서 시도한 개혁 예배의 모범이라는 평가를 후대로부터 받고 있다.

B. 제네바에서 이어진 칼빈의 예배 의식

1533년 제네바 종교개혁은 파렐(Guillaume Farel, 1489-1565)의 지도 아래 진행되었다. 1536년 파렐이 불란서 출신의 칼빈(John Calvin, 1509-1564)에게 제네바 종교개혁에 동참해 줄 것을 강력하게 요청한 데서부터 칼빈과 제네바의 종교개혁은 연관을 맺게 되었다. 칼빈은 그의 활동을 시작하면서 은혜의 방편은 말씀과 성례전임을 강조하였다. 그러하기에 목회자가 매주일 수행해야 할 중요한 직무는 설교와 교육에 매주일의 성찬 성례전을 집례하는 일임을 강조하였다.[16] 그러나 이미 쯔빙글리 예배의 영향권에 젖어 있었던 제네바 의회는 전혀 동조를 하지 않았다. 그가 제네바에 오기 전에 집필했던 『기독교 강요』에 있는 다음의 명언으로 자신의 주장을 펴면서 용감하게 초대교회의 예배 정신을 계승하려는 투쟁을 전개하였다.

> 사람들이 1년에 한 번 성만찬에 참여하도록 한 관례는 분명히 악마의 농간이다. 주님의 만찬은 적어도 그리스도인들이 매주 한 번은 참여할 수 있도록 거행되어야 한다.[17]

이때는 교회와 국가가 분리되어 있지 않던 환경이었기에 제네바의 행정 관료들의 동의가 절대적으로 필요하였다. 그러나 제네바의 행정 관료들은 칼빈의 주장을 수용하지 않고 갈등만을 계속하다가 1538년 칼빈은 추방되어 스트라스부르크로 떠나야 했다.

한편, 스트라스부르크에서의 예배 개혁은 칼빈이 이곳에 망명해 와서 불

---

16 Ronald S. Wallace, 정장복 역, 『칼빈의 말씀과 성례전 신학』 (서울: 장로회신학대학교 출판부, 1996), 제 6장과 7장에서 칼빈의 말씀과 성례전을 자세히 다루고 있다.

17 Text 35, Vol. xxxiv, pp. 1051-2, William Maxwell, *An Outline of Christian Worship: Its Development and Forms*, 정장복 역, 『예배의 발전과 그 형태』 (서울: 쿰란출판사, 1996), p. 159 재인용.

어권 회중을 목회하면서 완전한 정착을 가져왔다. 부처의 환영을 받으면서 이곳에서 1541년 제네바로 다시 돌아가기까지 약 3년 동안 지내면서 칼빈은 부처의 예배 개혁에 많은 영향을 받게 된다. 칼빈이 이곳에서 발견한 것은 무엇보다도 성찬 성례전을 주일 예배에서 생략하는 경우에도 예배의 진정한 의미를 내포할 수 있는 예배 구성을 시도하는 것이었는데 이것이 후일에 개혁교회 예배의 중요한 틀로서 영향을 끼치게 되었다.[18]

3년여의 망명생활을 마치고 제네바로 돌아온 칼빈은 1542년 그의 『예배 모범』(Service Book)을 펴낸다. 칼빈의 예전에서 특징적인 것은 초대교회와 같이 성체를 받기 위해 나아온 사람들에게 권고와 경고의 말씀을 주고 있으며, 성경 봉독과 설교 전에 성령 임재를 위한 기도를 사용하고 있는 점이다. 또한 운율을 사용한 시편이 찬송되었다는 점과 구제를 위한 헌금이 드려짐으로써 사람들에 의한 봉헌이라는 로마 가톨릭 교회의 성만찬 신학을 보완하고 있다. 그리고 그는 루터와 같이 아론의 축도(민 6:24-26)를 사용하였다. 여기서 다시 한 번 칼빈이 "중세 미사를 흉내 내는 것을 싫어하였으며 그의 기준은 어디까지나 초대교회가 드렸던 예배였다"[19]는 사실을 확인하기에 이른다. 그가 1542년 행했던 제네바 예배 의식에서는 예배의 부름, 죄의 고백, 속죄를 위한 기도, 시편송, 성령 임재를 위한 기도, 성경 봉독, 설교, 연보, 기도와 주기도문, 성물 준비, 성찬 제정사, 권면, 성령 임재를 위한 기도, 성체 분할, 분병 분잔, 성찬 참여, 성찬 후 기도, 아론의 축도 등으로 구성된 예배를 진행하였다.

특별히 칼빈에게 있어서 성찬 성례전은 쯔빙글리의 기념적 행위와는 달리 '하나님이 주신 은혜의 방편'(means of grace)이었다. 칼빈은 루터의 공존론의 주장인 성찬 성례전에서의 주님의 사실적 임재론을 피하고 있다. 그는 "나는 그것을 이해하기보다는 차라리 그것을 경험하기를 원한다"고 피력

---

18 Schaper, *In His Presence: Appreciating your Worship Tradition*, pp. 128-9.
19 Maxwell, *An Outline of Christian Worship*, p. 154.

하면서 그리스도는 성령의 능력을 통해서만이 성찬에 실제적으로(really), 그리고 전적으로(fully) 임하는 것으로 보았다. 그러므로 성도들이 성찬 성례전을 행할 때, 그들은 그리스도의 임재 가운데 실제적으로, 그리고 영적으로 참여한다고 하였다. 그러한 신학이 바로 영적 임재설로서 오늘에 이른다.[20] 어떤 점에서 칼빈의 성찬 성례전의 임재론은 쯔빙글리와 루터의 중간 지점에 위치한다고 볼 수 있다.

루터와 같이 칼빈에게 있어서 성찬 성례전은 설교와 함께 예배에 있어 중심적이고 규범적인 요소였으며, 그는 매주일 시행하는 것을 주장하였다. 이러한 주장 때문에 그는 망명의 길을 떠나야 했다. 비록 다시 제네바 의회의 요청에 의하여 돌아왔지만 여전히 매주일의 성찬 성례전은 허락받지 못한 채 "화평을 위해서"라는 전제 속에 겨우 다음과 같은 조치를 취하는 데 그쳤다. 먼저, 성찬 성례전은 1년에 네 번 이상으로 하되 성탄절, 부활절, 오순절, 추수절[21]을 중심하여 거행한다. 둘째, 시의 모든 교회는 성찬 예식을 동일한 날짜에 갖지 않게 하여 자주 참여하기를 원하는 교인들이 자유롭게 이곳저곳의 교회에서 참여하게 한다. 셋째, 성찬 성례전의 형태는 받는 순서를 집례자가 제일 먼저 받고, 그 다음이 분병 분잔을 하게 되는 부교역자나 위원들이 받고, 마지막으로 회중이 받는다. 넷째, 회중의 수찬은 성찬대 앞으로 나와서 무릎을 꿇거나 선 자세로 받는다. 공동 집례의 경우 한 목사로부터 빵을 받고 다른 목사로부터 잔을 받는다.[22]

C. 스코틀랜드에서 만개한 낙스의 예배 의식

제네바가 칼빈을 중심하여 개혁교회 신학의 요람지가 되었다면 스코틀랜드는 낙스(John Knox, 1513-1572)와 멜빌(Andrew Melville, 1545-1622)에

---

20 Willimon, *Word, Water, Wine and Bread*, pp. 69-70.

21 여기서의 추수절은 미국의 국경일인 11월 3째 주일을 말한 것이 아니고 스위스의 추수 절기를 말한다.

22 Maxwell, *An Outline of Christian Worship*, pp. 160-1.

의하여 이룩된 장로교의 요람지이다. 장로교회의 교회 직제와 정치와 교리의 규범은 멜빌의 주도하에 1578년 스코틀랜드교회 총회에서 비준이 되어 확정되지만, 장로교 예배의 초석이 된 『웨스트민스터 예배모범』(*Directory for Public Worship*)은 찰스 1세(1600-1649)의 몰락에 이어 1645년에 제정되었다.

이 『예배모범』은 그 기본 정신과 표현에 있어서 『제네바 예식서』와 큰 차이를 발견하기는 힘들지만 그 구조와 내용의 형성은 약간의 차이를 보이고 있다. 이 『예배모범』에 실린 강조점을 살펴보면 다음과 같은 특성을 발견하게 된다.

(1) 주일 성수는 철저히 준수하도록 하여 하나님을 예배하는 날로서 모든 준비를 하도록 강조하였다. 이 날의 준비는 오락이나 운동이나 불필요한 노동을 삼가도록 하고 주일 예배를 위한 준비 기도를 권장하였다.

(2) 예배의 분위기는 엄숙하고 진지할 것을 강조하고 어떤 성상이나 무덤을 참배하는 것을 엄금하고 옆 사람과의 대화, 왕과 같은 특수한 인물이 들어올 때의 경의 표시, 기타 목사를 괴롭히는 일체의 행위를 금지하도록 명시하였다.

(3) 주일 예배의 시작은 죄의 고백으로 시작하여 예배자들이 용서받은 몸으로 예배하도록 하였다. 여기서 예배하는 사람들이 하나님 앞에 나아와서 가장 우선적으로 실천해야 할 예배 행위는 하나님께 참회하고 용서받는 것임을 강조한다.

(4) 세례 성례전은 필요한 경우 언제나 공적인 예배시에 목사가 예배모범의 예식을 따라 집례할 수 있도록 하였다. 유아 세례는 아이 아버지의 신앙고백과 청원을 중요하게 여겼다. 회중은 이 시간을 자신이 세례를 받았던 과거를 회상하고 점검해 보는 시간으

로 활용하도록 하였다.

(5) 설교 전의 기도가 있었는데 여기서는 설교자의 죄까지도 고백하고 하나님의 은혜를 간구하도록 하였다.

(6) 성경 봉독은 가급적이면 66권을 차례대로 봉독할 것을 권장하였으며 분명하고 엄숙하게 봉독하도록 하였다. 그리고 그리스도인들의 일상생활에서 성경읽기는 보편화되어야 함을 강조하였다.[23]

(7) 설교는 구원에 이르게 하는 하나님의 능력이며 복음의 사역에 가장 위대하고 탁월한 부분으로 정의하였다. 설교를 하기 위하여 설교자는 성경의 원어를 비롯한 신학, 문학, 과학의 지식을 소유해야 함을 당연시하고, 이 막중한 소임을 수행함에 있어서 성령님의 임재에 의하여 보다 확실히 조명되어야 함을 강조한다.

(8) 성찬 성례전을 자주 갖는 것을 원칙으로 하였다. 그러나 당시의 집례할 목사가 부족하다는 현실적인 문제와 제네바에서 연 4회의 성례전의 관례는 이곳에서도 그대로 이어지고 있었다.[24]

(9) 성찬 성례전 의식에 있어서 제정의 말씀을 읽도록 하였고, 그 말씀의 적용을 간단히 할 수 있도록 하였다. 그리고 분병 분잔이 끝난 다음에도 집례자가 주님의 살과 피에 흠이 가지 않도록 성결한 삶을 살 것을 간결하게 강조하도록 하였다.

(10) 성찬 성례전 참여의 형태는 수찬자들이 모두 성찬상 앞으로 12명씩 나와서 받도록 하였다.

(11) 예배 찬송은 시편에 그들의 고유한 운율을 사용하여 불렀고, 악기의 사용은 금지되었다. 그러나 19세기 이후에는 교회 음악의 발전과 함께 악기의 사용이 허용되어 오늘에 이르고 있다.

---

23 1652년 총회는 이 규례를 준수하지 않아도 된다는 결의를 하였고, 1856년 총회에서는 이 결의를 무효화시켰다.

24 William Maxwell, *A History of Worship in the Church of Scotland* (London: Oxford University Press, 1955), p. 141.

이상과 같은 예배의 정신과 기본 내용을 가지고 구성된 이 예배는 말씀의 예전과 성찬 성례전으로 구분되었다. 말씀의 예전에서는 죄의 고백/ 용서를 위한 기도/ 시편송/ 성령 임재를 위한 기도/ 성경 봉독/ 설교가 있었다. 그리고 성찬 성례전에는 연보/ 감사의 기도와 이웃을 위한 기도/ 주기도문/ 사도신경/ 봉헌/ 성찬 제정사/ 권면/ 봉헌기도(경배. 감사. 회상. 송영)/ 성체 분할/ 집례자 성찬/ 분병 분잔/ 회중의 참여/ 감사기도/ 시편송/ 강복 선언 등이 예배의 내용이었다.

이러한 예배는 장로교의 원조인 스코틀랜드교회에 깊이 뿌리를 박고 있었다. 그러나 19세기 말에 일기 시작한 예배 부흥운동은 이 나라 교회에 새로운 발전을 가져오게 되었다. 이러한 발전은 드디어 1940년『공동예배서』를 출간하게 되었다. 이 예배서에 나타난 예배 순서는 개혁자들이 상실한 것을 많이 보충하고 있음을 본다. 실질적으로 16세기의 개혁자들은 로마 가톨릭이나 영국교회에 대하여 적대감을 가지고 있었기에 루터를 제외하고는 그들의 예배 형태에 대하여도 독자적이고 축소된 방향을 찾고 있었음은 부정할 수 없다. 스코틀랜드교회는 20세기에 들어오면서 개혁교회의 예배가 예배의 고유한 정신과 형태의 중요한 부분이 상실된 것을 인정하면서『공동예배서』를 펴내기에 이르렀다.

함축된 의미

종교개혁을 통하여 거대한 변화의 파도를 교회가 체감할 수 있었던 것은 예배의 현장이었다. 예배하는 공동체로서의 교회는 이러한 변화 앞에 개혁을 새롭게 음미하게 되었고 새로운 활기를 찾기에 이르렀다. 이러한 차원에서 종교개혁이 가져다 준 다양한 예배의 전통은 긍정적인 평가를 받게 된다.

그러나 루터교나 영국국교회를 제외하고 기타의 예배 개혁은 얻은 것에 못지 않게 잃은 것도 적지 않음을 보게 된다. 특별히 한국교회가 이어받은 쯔빙글리를 중심한 개혁교회 계열의 예배 개혁과 그 영향은 심각할 정도의 손상을 입었다.

무엇보다도 역사적으로 예배는 하나님을 대상으로 하여 지극한 경외와 찬양을 드려왔는데 오늘의 개신교회는 회중에게 초점을 두고 예배의 방향이나 내용을 구성하는 일이 많다는 사실이다. 전통적으로 교회는 하나님의 영광만을 더욱 빛나게 하는 데 주안점을 두고 예배 순서 하나하나에 깊은 관심을 가지고 구성하고 진행하였다. 특별히 예배의 중요한 축은 예수 그리스도의 수난과 희생과 대속을 재현하면서 매주일 거행되는 성찬 성례전이었다. 이 예전을 통하여 예수 그리스도와의 만남이 형성되었고 거기서 감사가 우러나오는 신앙이 드러나게 하고 있었다. 뿐만 아니라 그리스도인들이 어느 곳을 가든지 통일된 예배 의식을 통하여 하나의 예배하는 공동체(Worshiping Community)의 정체성을 유지할 수 있었고 하나의 교회임을 확인하였다. 그러나 개신교는 각기 다른 예배 전통을 수립함으로 하나 된 교회의 인식을 갖지 못하였다.

동일한 삼위일체 되신 하나님을 예배하는 교회가 16세기의 개혁을 통하여 사분오열되어 그들의 후예가 드리는 예배의 양태 또한 다양하다. 그러나 이러한 다양성 안에서 일치성을 찾는다는 대전제는 예배를 연구하는 사람들에게 소중한 과제임에 틀림이 없다. 이러한 과제는 개혁자들이 갱신한 예배의 소중한 부분을 한 손에 붙잡고 다른 한 손으로는 개혁자들에 의하여 잃어버린 소중한 전통을 다시 찾아보는 데서 이룩되어야 한다. 이럴 때 진정한 예배 회복이 21세기에 결실을 맺을 수 있다.

제11장
정착된 개신교의 예배와 예식의 형태

1. 개혁의 필연성과 예배

16세기의 종교개혁이 그 출발에 있어 신학의 개혁을 목적으로 했다는 것은 그 누구나 다 아는 평범한 사실이다. 그러나 예배학적인 측면에서 볼 때 그 개혁의 필연성은 의미를 상실한 미사에서부터였다고 보는 것이 오히려 타당하다. 교회가 존재하는 일차적 목적이 하나님을 영화롭게 하는 데 있음을 인정할 때 자연적으로 예배는 교회 기능의 최우선적인 것이 되어야 하기 때문이다. 이 목적이 바뀌거나 희미해질 때 언제나 교회는 문제가 생겼고, 하나님의 채찍을 받게 되었다.

하나님의 질서가 무너지고 "패역(悖逆)한 세대"로 전락된 중세의 교회와 사회의 어두움은 새로운 세계의 출현을 불가피하게 만들어 놓았다. 무엇 때문에 그 시대는 이토록 어두움 속에 방황하게 되었던가 하는 근본적 원인이 여러 각도에서 분석되고 있으며 그 평가 또한 매우 다양하다. 그 가운데 먼저 신학의 부재(不在)를 말하고 교회의 구조적 모순을 지적하는 경우가 적지 않다. 그러나 가장 핵심적인 요소로서 하나님을 섬기는 구체적인 행위인 예배의 현장이 그 의미를 잃고 하나님과의 만남의 역사가 발생되지 못한 데서 이런 결과가 파생되었음을 간과(看過)할 수 없다.

들어도 듣지 못하는 언어 속에 진행된 미사는 자연히 하나의 구경의 대상으로 전락되었고, 맹목적인 헌신과 신비의 강조는 예배자들을 지극히 피동적인 존재로 만드는 결과를 초래하였다. 더 나아가 미사의 집례 행위는 사제들의 독점적인 무대로 차차 변질되어 갔는데, 그 속에서 사제들의 절대권이 지나칠 정도로 숭상을 받게 되었고, 그들의 탈선과 직결된 결과를 가져오게 되었다. 특별히 미사의 절정을 이루는 성만찬의 순서는 성물이 그리스도의 피와 살로 변한다고 하여 신비한 극적 장면의 연출을 기다리는 사람들의 호기심 어린 구경거리로 만들어 버린 결과가 되었다. 그리고 하나님의 말씀은 삶의 현장과 단절된 채 독백처럼 읽혀지거나 또는 생략해 버리는 잘못이 편만해 있는 실정이었다.

이러한 상황은 중세교회를 힘없는 교회로 전락시켜 갔고, 정치와 종교가 분리되어 있지 않던 그 세계의 신앙과 윤리 질서를 파괴하기에 이르렀다. 마음과 뜻과 정성을 모아 하나님을 섬기는 예배가 부재하고, 신령과 진정으로 예배를 드리는 무리가 시들어져 갈 때 주의 몸 된 교회는 병들고 인간의 심성은 부패해질 수밖에 없다는 진리를 뼈아프게 경험하는 시간을 맞이하게 되었다.

이런 차원에서 유명한 예배신학자인 맥스웰(William Maxwell)은 그의 명저 『기독교 예배의 역사』에서 다음과 같이 종교개혁과 예배의 상관 관계를 서술하고 있다.

16세기 초의 서방 교회에서 집례된 성만찬은 하나의 연극적인 장면이었다. 그것은 성찬으로서보다는 화체(化體)의 기적으로 절정을 이루었고 순수치 못한 미신적 경배 속에 행하여졌다. 미사는 알지 못하는 언어 속에서 청취를 불능케 했고 … 설교는 무덤 속으로 퇴락되었으며 대부분의 교구 신부들은 설교를 하기에는 너무 무식하였다. 성경 말씀이 봉독되어야 할 부분은 성자들의 생활담과 전설로 채워졌고, 성경은 예배자들의 모국어로 전달되지 않았다. 그리고 미사의 헌금과 면죄부의 구입은 성직 매매와 착취의 근원이 되었다. 그러기에 종교개혁은 시급하고도 필연적인 것이었다.

이러한 시대적 문제들은 하나님을 섬기는 교회가 본 궤도로 돌아가도록 하는 데 촉진제적 역할을 담당했다. 그러므로 그 가운데서도 끊임없이 지적되어야 했던 예배의 무질서는 종교개혁의 필연적 발생을 서둘게 하는 요소가 될 수밖에 없었다.

2. 예배와 개혁자들

16세기 초반의 로마 교회를 보면서 개혁의 필연성을 절감한 것은 수많은 개혁자들 및 그들과 호흡을 함께하는 민중이었다. 이들 모두가 참된 교회로의 회복을 위한 예배 예전과 함께 신학의 정립 및 교회의 구조적 개혁을 소원했다. 그 대표적인 인물로서 루터와 쯔빙글리와 칼빈을 들 수 있다.

개혁자들은 예배에 일차적인 깊은 관심을 가지면서 어떤 면에서는 공통분모를 발견하여 일체감을 형성하기도 하였다. 반면에 끝내 견해를 함께하지 못하는 쟁점도 있었다. 여기에 대한 고찰은 개혁자들이 주장했던 예배에 대한 쟁점을 새로이 조명할 수 있게 할 것이며, 나아가 오늘날 각각 입장을 달리하고 있는 교단들의 다양성을 우리가 이해하고 극복해 가는 데 도움을 주리라 여겨진다.

먼저, 개혁자들이 예배에 관계된 문제 앞에서 입장을 같이했던 부분이 어떤 것이었는지를 찾아보면 크게 네 가지로 요약할 수 있다.

첫째, 로마 교회가 성만찬 중심의 미사를 계속하는 것을 반대하는 데 개혁자들의 논리가 모아져 있었다. 그 이유는 성례전이 바로 신비한 사건의 발생만 거듭되는 현장으로 오도(誤導)되어 버렸고, 거기서 많은 성도들은 병고침을 비롯한 마술적 결과를 기대하는 그릇된 신앙을 발생시키고 있었기 때문이다.

하나님의 은총 앞에서는 모두가 용서받을 수 있는 인간이라는 기본적 입장을 지닌 개혁 교리는 성만찬이 구원을 매입하는 합법적 방편으로 활용된 미사의 풍토와 부딪칠 수밖에 없었다.

둘째, 로마 교회가 주장하는 성만찬의 화체설(化體設-the doctrine of transubstantiation)에 대하여 개혁자들은 한결같이 거부 반응을 일으켰다. 로마 교회는 미사 가운데 행해진 성만찬에서 그 성물이 그리스도의 살과 피로 변하는 성체(成體)가 되며 그리스도께서 거기에 자동적으로 임재하신다는 교리를 신봉하고 있었다. 그 결과는 미사의 참여자들이 기본적으로 허황한 미사의 진풍경 속에 사라져 간 믿음의 핵심을 찾는 데 뜻을 일치시키고 있었다.

셋째, 개혁자들은 하나님의 말씀이 부재된 미사를 한결같이 지적하고 나섰다. 그들은 초대교회가 언제나 말씀과 성례를 동반했던 사실을 상기시키면서 말씀이 없는 성례전 의식에 경종을 울려 주었다. 개혁자들은 이같은 의식이란 단순한 마술적 연기에 불과하다고 공격하면서 말씀이 선포되는 예배의 필요성을 거듭 강조했다. 그리고 하나님의 말씀이 회중의 삶의 방향을 이끌어 주는 사건(event)이 되는 예배가 될 때 그것만이 참된 예배로서의 기능을 발휘할 수 있다는 주장을 내세웠다.

넷째, 모든 예배는 예배를 드리는 사람들이 사용하는 모국어로 집례되어야 한다는 데 의견을 같이했다. 그 이유는 지금껏 회중이 어떤 언어권에 속한 어족(語族)인가 하는 점을 전혀 고려하지 않고 오직 라틴어만을 사용하도록 하는 모순이 있었기 때문이다. 칼빈은 이런 알지 못하는 언어로 집례되는 미사를 가리켜 "마술사들의 주문만 외워지는 곳"이라고 혹평했다.

다섯째, 하나님과 예배자들의 중간 존재로 설정된 사제의 위치를 부정하는 데 뜻을 같이했다. 사제라는 직책에 그리스도의 대행자로서의 권한만을 너무 강조한 데 대한 거부 반응은 실로 심각할 지경이었다. 그리스도를 대신하여 섬기는 본분을 가진 사제적 자세(司祭的 姿勢)는 흔적을 감춘 채 하나님과 동등한 위치에 군림하려 할 뿐만 아니라 고해성사를 통하여 성도들의 죄를 청취하고 그것을 오용하는 부패가 만연했다. 이에 대한 맹종을 촉구하는 일에 모든 개혁자는 하나같이 결속되었다. 그 결과 만인 제사장설이 나와서 개혁의 진전에 일단의 공헌을 하기에 이르렀다.

이렇게 근본적으로 맥락을 같이한 개혁자들은 그 출발부터 공동보조를 취하면서 미래의 새로운 교회를 바라보며 개혁의 전선(前線)에 동참하는 주역으로 등장했다.

그러나 불행하게도 개혁자들이 가지고 있던 성만찬에 대한 해석과 예배에 대한 견해만은 일치점을 얻지 못하고 말았다.

교회의 개혁이 아무리 세차게 이룩되는 현장이라고 할지라도 성만찬에 대한 자신들의 신학적 해석까지 바꾸어가며 공동보조를 취하고자 한 개혁자는 없었다. 보다 성경적이고, 신앙적인 성만찬 해석을 지켜 나가기 위해 그들은 자신의 주장을 강력하게 고집하고 있었다. 여기서 이들은 결정적으로 결렬의 아픔을 겪는 쓰라린 기록을 남기게 된다. 이러한 결별은 자연적으로 예배 의식에 있어서 다음과 같이 각각 다른 길을 걷게 되었다.

첫 번째로 루터계와 성공회 계열이 펼친 예배에 대한 관심을 본다. 그들은 지금껏 전래해 온 예전의 지속을 고수하면서 부분적 수정만을 행하기 원하였다. 이들은 당시 사용 중이던 미사의 형태나 내용에 대한 큰 변화를 원치 않았으며, 단지 미사 속에서 자신들이 사용하는 언어로 말씀을 선포하고 성례전을 집례함으로써 일차적 만족을 얻으려 했다.

두 번째로 스위스의 취리히 지역을 중심하여 예배의 개혁을 주도했던 쯔빙글리와 그 계열을 살펴본다. 이들은 루터계와 전폭적으로 입장을 달리하는 측으로서 미사를 정면으로 부정하는 기본정신을 갖고 개신교의 새로운 예배를 주창했다.

쯔빙글리는 로마 교회가 가지고 있는 일체의 신조나 예전을 부정해 버리는 극단적 개혁의 주도자로 등장했다. 1525년 그의 무리가 드린 예배에서 음악을 모두 배제하고 시편의 교송(交誦)으로 대체했으며, 봉헌의 기도나 중보의 기도마저 사용하지 않았다. 거기에 더하여 매주일 가졌던 성만찬을 폐지하고 1년에 4번 집례토록 했으며 그 의미도 기념적 성찬(memorial feast)으로 제한시키는 예배의 내용을 주장하여 그의 교회에서 직접 실행하였다.

이러한 그의 개혁 행동을 가리켜 맥스웰을 비롯한 예배신학자들은 그의 예배는 가장 미흡한 개혁교회 예배 내용을 담은 것이었으며 가장 슬픈 영향을 후대에 남겼다는 평가를 하고 있다.

세 번째로 반예전적인 신학을 소유한 토마스 뮌처를 중심한 재세례파(the anabaptists)를 본다. 이들은 개혁파들 중에 가장 급진적인 자세로 예전에 대한 거부 반응을 일으킨 계열이었다. 예배에서 일체의 의식을 거부할 뿐만 아니라 공중 예배의 필요성마저 인정하지 않는 지극히 자유주의적인 자세를 취하였다. 그들은 교회생활이란 그날그날의 삶 속에서 하나님과 동행하며 순종과 수난의 길을 걷는다는 확신을 갖는 것이 최우선적인 강조점이라고 여겼다. 이러한 신앙은 그들로 하여금 어디에서나 함께 모여 기도하고 성경을 상고하고 말씀에 따라 교훈을 명상토록 하는 습관을 형성시켜 주었다. 그리고 거기에 덧붙여 지극히 비공식적인 주님의 만찬을 가졌던 것이 예배의 전부였다. 즉, 그들은 매우 비예전적인 신앙생활을 즐겼던 부류였다고 말할 수 있다. 이 재세례파들은 유아 세례를 반대했으며, 마침내 공식적인 교회의 출석을 거부하기에 이르렀다. 대신 언제 어디서나 자유롭게 모이면서 초대교회의 은사를 사모하는 집회를 생성시켰다.

끝으로 루터와 쯔빙글리의 양극적 주장에 대해 중도적 입장을 취하고 나섰던 개혁자들을 들 수 있다. 스트라스부르크를 중심으로 한 마틴 부처(Martin Bucer), 존 칼빈(John Calvin), 그리고 스코틀랜드의 존 낙스(John Knox)가 이 계열의 주인공들이다. 이들은 당시의 가톨릭 미사를 대부분 계승한 루터교의 문제점과 지나친 개혁을 주장한 쯔빙글리의 입장을 최대한 좁힌 예배 예전을 개신교의 예배 속에 이행함으로써 사실상 개혁교회의 중추적 역할을 담당하는 자리에 서게 되었다. 부처와 칼빈은 성례전(sacraments)과 말씀(preaching)을 예배의 구심점으로 하고 회중이 적극적으로 참여할 수 있는 의식을 갖춤으로써 초대교회의 복음적 예배 의식에 접근했으며, 교회의 전통적 감각을 살리는 예배 예전을 마련하게 되었다. 이 예배의 형태를 가리켜 맥스웰은 "정신적으로는 복음적이며 형식적으로는 가톨릭적인 이 예배는 개혁교회의 프로테스탄트 예배와 로마 교회의 중세적 의식 중심의 예배에 가교적(架橋的) 성격을 띤 예배다"라고 극찬하였다.

3. 개혁자들의 예배 의식 형태

앞에서 서술한 대로 예배의 제반 문제점들은 종교개혁을 가져오게 하는 하나의 중요한 원인임에 틀림이 없었다. 이 사실을 앞에 두고 개혁자들은 몇 가지 핵심적인 개혁 부분에서는 공동보조를 취하면서 전환의 대역사를 감당했다. 그러나 개혁된 예배를 어떻게 드려야 하며 그 해석을 어떻게 내려야 할 것인가 하는 신학적 견해차는 계속 남아 있어 예배의 형태와 내용을 달리하는 결과를 가져오게 되었다. 이토록 각각 확연히 다른 입장을 취하게 된 개혁자들은 자신의 활동 지역과 계열을 중심하여 독자적인 예배 노선을 구축하였고, 거기에 따라 회중은 분열할 수밖에 없었다. 이것은 마침내 독자적 교단의 형성이라는 뜻하지 않던 결과를 후대에 남기게 되었다.

A. 루터와 그의 계열

루터는 급진적인 변혁을 요구하는 그의 추종자들을 견제하기 위한 목적으로 『독일 미사』(*Deutsche Messe*, 1526)라는 예식서를 발간하였는데, 이 예식서에서 보여준 그의 예배 내용은 성경 봉독과 그 말씀에 의한 설교를 분명하게 제시한 것과 성만찬에 신약적 형태와 진행을 회복하려는 노력이 표출되어 있었다. 그리고 예배 진행에 있어서 모국어 사용을 뚜렷이 했고 새로운 영가(Spirtual songs)들도 모국어로 부르도록 함으로써 찬송가의 작사 작곡을 독려하는 공헌을 하기에 이르렀다. 또한 그 예전 순서에서는 성만찬을 매주일 이행할 것이 강조되었다. 좀 더 특이할 만한 사항은 이 예식서가 특별한 예배를 위해서는 라틴어 예전의 필요성을 인정하고 있으며 성직자의 복장이나 촛불, 제단, 성상들, 십자가, 종의 사용 등까지도 그대로 지켜 나가도록 허용해 두고 있다. 그의 『독일 미사』에 실린 예전의 형태와 내용을 보면 다음과 같다.

말씀의 예전(liturgy of the word)

입당송 또는 독일어 찬송

자비를 구하는 기도(Kyrie eleison)

인사와 집도문(集禱文)

서신서

독일 찬송

복음서

사도신경(이때 성만찬이 준비됨)

설교

성만찬 예전(일명 다락방 예전: liturgy of upper room)

주기도문 해설

권면

성찬 제정사와 성체 분할

성만찬 참여(주로 삼성창이 계속됨)

성만찬 후 기도문

강복선언–아론의 축도

B. 쯔빙글리와 그의 계열

쯔빙글리가 행한 급진적 예배 변혁의 시도는 종교개혁의 파문을 확산시키는 데 일익을 담당했던 것이 사실이다. 그는 예배 가운데서 그리스도의 희생의 재현이나 성상의 사용 등을 극구 반대하는 입장에 있었으므로 루터 계열과는 예배의 형태나 내용을 완전히 달리할 수밖에 없었다. 그의 가장 극단적인 개혁은 예배 가운데 오르간을 비롯한 제반 악기의 사용이라든지 시편 교독을 대신하는 회중의 찬송들을 모두 삭제한 것에서 나타났다. 그는 예배 가운데 있어야 할 가장 기본적인 요소인 성경 봉독과 기도와 죄의 고백, 그리고 설교만을 강조한 형식을 내세웠다. 성만찬을 갖지 않는 경우는 사실상 예배로서의 형태나 의식을 갖추지 않는 지극히 비예전적(informal liturgy)인 모습을 취했다. 그러나 1년에 네 번씩 갖기로 된 성만찬을 겸한 예배의 경우는 다음과 같은 순서를 사용했음을 볼 수 있다.

말씀의 예전

봉헌(성물의 준비와 배열)

기원

기도문 낭송

서신서

하나님께 영광(gloria in excelsis): 교송

복음서

사도신경

다락방 예전(1년에 네 번만 사용함)

권면

성만찬의 정리

주님의 기도

용서의 기도

성찬 제정사

성체 분할

성찬 참여

분병 분잔

시편 교송

기도문

폐회

C. 부처와 스트라스부르크교회

이 예배는 과격한 변혁을 시도한 면이 없었을 뿐 아니라 루터 계열의 것
보다 훨씬 창조적인 면이 드러나 보였다. 그리고 예배자들의 영적인 표현
을 담을 수 있는 부분도 상당히 많았던 우수한 예전이었다.

이 예배 가운데 나타난 특성으로는 먼저 "미사"(Mass)라는 어휘 대신
"주님의 만찬"(the Lord's Supper) 또는 "성찬"(holy table)이라는 이름을 개
발한 것과 사제(priest)라는 표현 대신 목사(minister)라는 칭호를 예전에

사용하기 시작한 것 등이다. 그리고 성만찬 제단의 위치도 지금까지 벽에 붙여 놓았던 것을 변화시켜 목사가 벽과 제단 사이에서 회중을 향해 서도록 하는 새로운 시도를 보였다. 또한 쯔빙글리에 의하여 없어졌던 시편이나 찬송이 이 예배 가운데 복귀되는 한편, 성서정과가 사라지고 목사가 마음대로 본문을 선택하도록 하는 방법을 출발시켰다. 성자 축일 등은 완전히 폐지되었고, 성만찬을 위한 성직자의 특별한 복장도 허용하지 않았다. 그 대신 주일이면 언제나 검정 가운을 입도록 했다. 예배 가운데서의 성만찬은 매주일 갖는 것을 원칙으로 했으나 대성당에서만 지킬 뿐 월 1회로 바뀌는 변혁이 이때부터 시행되었다. 그러나 무엇보다도 이 예전이 예배의 발전에 끼친 가장 중추적인 공헌은 예전의 진행 모두를 회중이 볼 수 있도록 계획하였다는 점이다. 지금껏 회중을 등뒤로 하고 드려지던 예배에서 회중과 목사가 함께 마주보며 드리는 예배로의 전환을 이룩한 것에 대하여 많은 개혁자들과 그 후대 학자들의 관심은 집중될 수밖에 없었다. 부처를 중심한 개혁자들이 드렸던 이 예배는 훗날 칼빈의 예배 순서에 지대한 영향을 주게 된다. 그들이 가졌던 예배의 순서는 다음과 같다.

말씀의 예전
예전 준비
기원
죄의 고백
사죄의 선언
시편 교송
인사와 응답
입당송
자비를 구하는 연도(Kyries)
영광송

기도문 낭송

서신서 봉독

복음서 봉독

니케아 신조

성만찬 예전

봉헌

성물의 배열 준비

권면

인사와 서송(序誦-'주를 우러러볼지어다')

성찬의 서문경(序文經)

성송(聖誦-시 95편)

손 씻음과 기도문

전문(典文)

중보의 기도

생활을 위한 기도

성찬 제정사

회상

주님의 기도(음률을 첨가한 송영으로)

성상패(pax: 목사와 성도들이 입을 맞추는)

하나님의 어린 양을 노래하는 기도

성만찬 기도문

성도의 교제

분병 분잔 및 참여

성찬 후 기도문

인사와 응답

강복 선언

D. 칼빈과 그의 교회

칼빈은 독자적인 새로운 예배의 형태를 개발하지 않고서 결국 부처가 사용했던 예전에 약간의 수정을 가한 채 예배의 의식을 갖추게 되었다. 예배의 부름, 용서를 위한 기도, 설교, 중보의 기도 등을 보완하고 대신 자비의 연도(Kyrie eleison)나 영광송 등을 생략한 것을 제외하고는 부처의 형식을 거의 그대로 사용했다. 다시 말하면 부처가 이미 루터와 쯔빙글리의 예배 의식을 종합해 놓은 것에다가 자신의 주장을 가미한 정도에 불과했다고 볼 수 있다. 그러나 성만찬의 중요성을 철저히 인식하여 매주일 거행할 것을 주장한 점은 그의 신학에 근거한 특성이기도 하다. 그가 1542년에 펴낸 『초대교회 예전의 내용을 연구한 예식서』에 나타난 예배의 형태와 순서는 다음과 같다.

말씀의 예전
예배의 부름
죄의 고백
사함의 말씀
용서의 선언
운율을 사용한 시편 낭독
성령의 임재를 위한 기도문
성경 말씀(lection)
설교

성만찬 예전
구제를 위한 헌금

중보의 기도

주님의 기도(해설을 첨가한)

성물의 준비

사도신경(노래로)

봉헌의 기도

주님의 기도

성찬 제정사

성만찬을 위한 말씀 증거

성체 분할식

분병 분잔

성만찬 참여

성찬 후 기도문

시므온의 찬미(눅 2:29-32)

강복 선언-아론의 축도

E. 존 낙스와 스코틀랜드교회

영국의 교회가 정치적인 독립이라는 목적을 달성하기 위하여 벌인 종교 개혁은 오랫동안 대단한 혼미를 거듭해 왔다. 그러나 오늘날 한국 장로교회의 뿌리를 형성시켜 준 스코틀랜드의 종교개혁은 어느 지역보다 어려움이 많았음에도 불구하고 훌륭한 결실을 맺었으며 복음의 바른 이해와 개혁의 참 정신을 뚜렷이 나타냈다는 평가를 받고 있다. 여기서 가장 중요한 인물이 바로 존 낙스이다.

이 예식서는 칼빈의 예배 형태와 큰 차이를 보이지는 않으나 다만 칼빈이 사용했던 예배의 말씀 대신 죄의 고백으로부터 시작한 점과 기도의 내용에 있어서 경외(敬畏)와 감사를 더 첨가하도록 한 것 등 약간의 변동이 있을 뿐이었다.

말씀의 예배

예배의 부름

기원(경외, 찬양, 성령의 임재를 기원하는)

구약의 말씀(한 장을 읽음)

신약의 말씀(한 장을 읽음)

운율을 사용한 시편(구·신약 중간에도 사용했음)

고백과 중보의 기도

설교

기도(구속, 복음, 설교의 내용 등에 대한 감사)

주님의 기도

성찬 예배

봉헌(성물을 알맞은 그릇에 넣어 가져다 드리는 것 등)

성찬에의 초대

성물의 성별

성찬 제정사(고전 11장)

권면

봉헌의 기도

성체 분할

분병 분잔

성도들의 참여와 명상

참된 생활의 강조

성찬 후 기도

시편 노래

축도

함축된 의미

1517년 종교개혁 이후에 출현한 다양한 교단의 등장은 자신들의 고유한 교리를 비롯하여 교회 행정 구조에 이르기까지 독자적인 고유성을 제도화하여 오늘에 이르고 있다. 그 중에서도 예배의 내용과 구조를 각각 달리하면서 예배를 지속하고 있는 현실을 본다. 그러나 여기서 유의해야 할 것은 개신교의 예배들이 어떤 형태를 취하든지 다음의 부분들은 표현의 방법은 다를 수 있었으나 그 본질은 동일하다는 사실에 유의해야 한다.

먼저는 예배의 대상과 그 정신은 동일하였다. 삼위일체 되신 하나님을 대상으로 하고 그 하나님이 주신 창조의 은총과 예수 그리스도를 통하여 주신 구원의 은총에 대한 응답의 행위로서의 예배 정신에는 모두가 차이가 없다.

둘째는 예배마다 개신교는 말씀의 예전이 주종을 이루었다. 개혁 이전 중세교회에서 등한히 했던 말씀의 선포를 부활시키고 하나님의 말씀을 설교라는 매개체를 통하여 회중이 듣도록 하는 데 열정을 쏟는 데는 모두가 일치하고 있었다.

셋째는 성찬 성례전의 존귀함을 모두가 동일하게 인식하고 매주일 예배가 말씀의 예전과 성찬 예전으로 동일하게 구성되어야 한다는 일치된 견해를 가지고 있었으나 쯔빙글리의 경우는 성찬 성례전을 연 4회로 축소시켜 오늘의 개혁교회에 성찬 성례전을 극소화시키는 영향을 남긴 아쉬움을 보게 된다.

넷째는 안식 후 첫날 주님이 부활한 날을 주님의 날로 정하고 예배하는 교회의 예배생활은 모두가 일치하고 있다는 점이다. 비록 주일이 작은 부활일로서의 그 의미가 계속적으로 전수되고 있지 않은 아쉬움이 있을지라도 주일의 성수는 개신교 모두의 전통으로 이어지고 있다.

다섯째는 축도의 경우 이를 하나님이 복 내려 주심을 목사가 선언하는 순서로서 모든 개신교가 예배의 종결부분으로 지키고 있음을 본다. 여기서 유의해야 할 것은 루터나 칼빈은 철저히 아론의 축도(민 6:24-26)를 이행하고 있음을 보게 된다.

제12장
칼빈의 성찬 성례전

한국의 개신교는 장로교가 그 주종을 이루고 있다. 그러므로 '칼비니즘'(칼빈주의)의 신학사상이 한국교회에 끼친 영향은 실로 크다고 본다. 지난 100년 동안 칼빈주의에 입각하여 개혁교회의 틀을 성공적으로 쌓아온 것을 우리는 볼 수 있다. 그러나 기독교 예전의 핵심을 이루는 성례전, 그 가운데에서도 성찬 성례전만은 칼빈니즘의 영향권을 벗어나서 단순한 기념론으로 굳혀가고 있음을 보게 된다. 여기에 필자는 "우리의 장로교가 이래도 좋을 것인가?"라는 질문을 던지게 되었다. 그 대답은 너무나 자명하다. 우리가 따라야 할 신학적인 근거를 벗어나서 관습적이고 형식적인 성찬 성례전의 의식을 그대로 방치할 수 없기 때문이다. 성숙기에 접어든 우리 교회의 예배 현장에 적어도 우리가 이해하고 받아들여야 할 신학적인 바탕을 굳히고, 보다 깊은 의미와의 만남을 가져와야 한다고 본다. 그러기 위해서는 묻혀져 가는 칼빈의 성찬 성례전론의 의미를 발굴해야 하겠고 그것을 우리 예배에 현장화시켜야 한다는 데 그 주안점을 두지 않을 수가 없다. 이 일을 위하여 본 글에서는 먼저 성찬 성례전을 처음으로 실시했던 초대교회의 성찬 성례전 이해와 그들의 집중적인 관심을 들추어 보고, 종교개혁가들의 성찬 성례전에 대한 논쟁의 과정과 그 내용을 찾아 보려고 한다. 이러한 역사적 배경의 이해는 본 연구의 중심인 칼빈이 주장했던 성찬 성례전에 대한 견해와 그 신학을 연구하는 데 더욱 깊은 도움을 줄 것으로 본다.

1. 초대교회의 성찬 성례전론

초대교회부터 성찬 성례전은 예배의 중심적인 순서였을 뿐만 아니라 교인들의 구심체였다. 예루살렘을 중심으로 모였던 사람들의 모임에서는 모일 때마다 성찬 성례전을 가졌으며,[1] 새로 들어온 교인도 세례를 받은 즉시 이 성찬 성례전에 참여하여 하나님께 영광을 돌리고 아멘으로 화답하는 생활을 계속했다.[2] 그들은 "주의 만찬"(Lord's Supper)이라는 이름으로 애찬(Agape Meal)을 겸하기도 하였다. 또한 감사의 의미를 나타내면서 성찬 성례전(Eucharist 또는 Holy Dinner)이라는 어휘를 즐겨 썼다. 그러나 중세에 와서 애찬 형태의 "주의 만찬"은 성례전(Sacrament)의 의미만을 부여하게 되었다.[3] 그리고 초대교회에서는 주님이 잡히시기 전에 주셨던 마지막 분부를 다시 되새기는 특별한 기념적 의미로서 "최후의 만찬"(Last Supper)이라는 표현을 사용하였다.[4] 그러나 이들의 성찬 성례전의 예배 행위에서 가

---

1 Oscar Cullmall, *Early Christian Worship* (phililadelpia: The Westminster Press, 1931), p. 14.
2 "First Apology of Justin" in Cyril C. Richardson, ed. by *Early Christian Fathers* (Philadelphia: The Westminster Press, 1958), pp. 285-6.
3 Dom G. Dix, *The Shape of the Lituergy* (Westminster, England: Dacre Press, 1949), pp. 96-102.
4 Oscar Cullman, *Early Christian Worship*, p. 18.

장 중요하게 의미가 부여된 것은 역시 그리스도의 살과 피를 나눈 동일한 경험과 삶을 다짐하는 "그리스도의 몸 안에서"(in the body of Christ)의 공동체 의식(Communal Sacraments)이었다.

이 초대교회의 예배 형태가 성찬 성례전 중심의 예배로서 계속적으로 지속해 오는 동안 성물(the Elements)[5]에 대한 새로운 인식과 위력의 필연성을 강조해 나가는 변화를 볼 수 있다. 여기서 그들은 성령의 역사에 의하여 자신들에게 주어진 성물은 그리스도의 살과 피로 변화되는 것으로 믿게 되었으며, 이것을 받아먹는 성도들에게는 강렬한 신앙이 발생하며, 그에게는 사탄의 권세가 침범할 수 없을 뿐만 아니라 죄성(the Nature of Sin)의 추방과 그리스도 안에서의 영원한 생명까지 누린다고 믿는 미신적 신앙으로까지 크게 발전하기도 했다.[6] 이러한 신앙의 현상은 성찬 성례전을 행할 경우 기사 이적까지도 일어날 수 있다고 믿게 되었으며, 사실적으로 그런 일들이 발생했던 것으로 어거스틴은 그의 『하나님의 도성』(De Civitate Dei)에서 밝혀주고 있다.[7] 이토록 성찬 성례전이 미신적인 관념의 성례전으로 퇴색되고 그 본래적인 의미를 상실하게 되었으며, 그것은 초대 기독교의 박해가 심해질 때 더욱 심각한 양상으로 발전했던 것으로 보인다. 그때까지 성례전은 박해받은 성도들의 피안처적인 대상으로까지 여겨지게 된 듯하다. 결국 이러한 상태는 핍박이 누그러지고 콘스탄틴 황제의 즉위와 함께 교회지도자들에 의하여 미사(Mass)의 신실성과 성례전의 의미 회복을 주창하게 되었다. 그 결과 교회의 의식은 무질서에서 질서로 틀이 잡혀나가게 되었고 또한 의식의 확립 등을 가져왔다.[8]

초대교회의 성찬 성례전 신학을 정리하면 다음과 같다.

---

5 여기에서 말하는 "성물"(聖物)이란 빵과 포도주를 말한다. 그것을 영어에서는 Elements라 표시하고 있다.
6 "The Letter of Ignatius, Bishop of Antioch" in Cyril C. Richardson, *Early Christian Fathers*, pp. 91-92.
7 St. Augustine, *City of God*, trans. by C. Walsh (N.Y.; A Division of Doubledy and Co., 1958), pp. 512-7.
8 Dix, *The Shape of the Lituergy*, p. 208.

첫째, 성찬 성례전의 테이블 위에 그리스도의 희생적인 재현(Re-presentation)이 있다고 믿는 주장이다. 이러한 사상은 구약의 희생제사의 연속적인 의미를 가지면서 그리스도의 죽음과 구약의 희생 제단과의 연관성을 가졌다. 이러한 사상은 저스틴 마터(Justin Martyr)에 있어서 더욱 분명하게 나타나고 있다.[9]

둘째, 그리스도의 사실적 임재가 성례전의 현장에 임하신다는 믿음이었다. 이 주장은 사도들이 중심이 되었던 초기 교회에서부터 그리스도의 영적인 임재를 믿었던 것에 근거한 것으로서 동방 교회에서 가장 활발히 진행되고 있었다. 이그나티우스(Ignatius)의 글에 보면 성찬 성례전이 우리의 죄를 위하여 수난 받으신 예수 그리스도의 육체(The Flesh of our Saviour Jesus Christ)라는 사실을 인정하지 않는 사람은 예배나 기도회에서 성찬 성례전의 참여를 불허했다[10]는 기록을 볼 수 있다. 이러한 신학적인 견해는 로마 가톨릭의 성찬 성례전 신학의 근거를 형성시키기에 이르렀다.

셋째, 초대교회의 성례전에 대한 특기할 요소는 성찬 성례전에 대한 신비적 요소의 부여이다. 기독교가 동방의 세계로 확장해 가면서 그들의 토착적인 종교들이 신비적인 경향의 종교성(the Nature of Religion)임을 인정할 때 기독교는 새로운 어휘와 사상 또는 실천까지도 기독교의 교리 설명을 위하여 사용하기에 이른다. 이때에 그들은 성찬 성례전을 신비적 사상을 함유한 성례전(Sacrament)이라는 어휘로 사용하면서 예수님을 통한 인간의 구원을 위한 하나님의 계획을 신비($\mu\ddot{\upsilon}\sigma\tau\eta\varrho\iota\upsilon\nu$)[11]의 사건으로 설명하면서 그 구체적인 상징을 바로 성찬 성례전과 세례로 설명을 해주고 있다. 그리고 이 신비적 예전에 참여한 사람들은 바로 그리스도의 피와 살로 묶어진 그리스도의 공동체가 되었고 이 예전을 행할 때마다 성찬 성례전의

---

9   E. R. Goodenough, *The Theology of Juslin Martyr* (Jena: Frommann, 1923), p. 275.

10   Cyril C. Richardson, *Early Christian Fathers* (Philadelphia: The Westminster Press, 1958), p. 114.

11   에베소서 3:9.

역동적인 의미를 간수할 수 있었다.[12]

이와 같은 초대교회의 역사적 발전 과정에서 형성되고 거론되었던 다양한 성찬 성례전에 관한 신학은 로마 교황청의 절대권의 형성과 함께 서방교회에서는 이그나티우스가 주장한 화체설(transubstantiation)이 뿌리를 내리게 되었다.[13] 그러나 지금까지의 권위주의에 눌려온 신학들을 새롭게 움직일 수 있는 "개혁의 자유"라는 물결이 일기 시작할 때 무엇보다도 성찬 성례전에 대한 논쟁은 뜨거운 열기를 더해 가면서 개혁자들 사이에 가장 뜨거운 쟁점으로 등장하기에 이르렀다.

2. 개혁교회의 성찬 성례전론

성찬 성례전은 초기 기독교와 마찬가지로 개혁자들에게도 지대한 관심의 대상이었다. 기독교의 개혁이 세차게 이룩되는 현장에서도 성찬 성례전에 대한 신학적 내용은 초대교회의 그것과 큰 차이가 없었다. 개혁의 주역들은 성찬 성례전에 관하여 보다 성경적이고 신앙적인 교리의 성립을 모두 앞장서서 다루기 시작했다. 그 이유는 이 예전을 통하여 구속의 그리스도를 언제나 새롭게 만날 수 있으며 한 인간과 주님과의 생동력 있는 역사적 연결(Historical Link)을 이룩할 수 있기 때문이었다.[14]

1517년 종교개혁이 시작된 이래 성찬 성례전에 대한 가장 대표적인 개혁자들의 관심과 논쟁의 장소는 역시 마르부르크 회담(Colloguy of Marburg)에서 찾아볼 수 있다. 그 이유는 이때에 개혁의 두 주류였던 루터(Luther)와 쯔빙글리(Zwingli)의 성찬 성례전 논쟁이 역사적으로 너무나 치

---

12 참조, H. Maurice Rglton, *Studies in Christian Doctrin* (N.Y.: St. Martins Press, 1960), pp. 250-70.

13 화체설의 교리화는 정확히 말하면 1215년의 제4차 Luteran Council에서 확정되었다.

14 Oscar Cullmann and F. J. Leenhart, *Essay on the Lord's Supper*, trans. by J. G. Davics (Richmond, Va: John Knox Press, 1972), p. 17.

열했으며 종교개혁사에 지울 수 없는 기록을 남겼기 때문이다. 여기서의 성찬 성례전 논쟁은 개혁자들의 일치된 입장을 파열시켰고 자신들의 주장을 굳히기 위하여 '자기 교회의 형성'이라는 역사적 아픔을 가져왔다. 이들의 역사적 논쟁의 현장을 좀 더 구체적으로 살펴보면 개혁자들의 성찬 성례전에 대한 관심과 노력이 어느 정도였는지를 충분히 이해하고도 남음이 있다.

1529년 10월초 종교개혁의 막후의 공헌자였던 필립(Philip of Hess)은 프로테스탄트(Protestant)교회의 연방체제(A federation of Protestant)의 필요성을 느끼고 개혁파의 중요한 신학자들을 마르부르크(Marburg)에 소집했다. 거기에는 독일 계통의 루터와 멜란히톤(Melanchton), 그리고 스위스 계통의 쯔빙글리와 외콜람파디우스(Oecolampadius)를 중심으로 60여 명의 참여자가 모였다. 개혁교회의 공통된 교리의 형성을 위한 이들의 기탄없는 의견의 교환이 한때는 교착상태에 빠지기도 했으나, 필립공의 요청에 의하여 루터가 준비한 15개항 중에 14개항은 무난히 합의되기에 이르렀다. 그러나 가장 핵심적인 문제였던 마지막 항목의 "그리스도는 어떻게 성찬 성례전에 임하시는가"라는 문제는 난항을 거듭하였다. "그리스도의 참 몸과 피가 실질적으로 성찬 성례전에 임재하신다"[15]는 루터파의 주장과 "성찬 성례전은 사람의 살과 피의 신비한 상징이며 이것은 계속적인 기념 속에서 지켜지는 것"[16]이라는 쯔빙글리파의 주장은 서로 일치점에 접근하지 못한 채 평행선을 달리고 있었다. 마침내 그들은 "우리는 현 시점에서 그리스도의 참 몸과 피가 몸 그대로(bodily) 빵과 잔에 임재하시는지에 관하여 의견을 함께하지 못하였다"[17]는 문서에 서명을 하고야 만다. 이 결렬의 소식은 많은 사람들에게 충격을 주었으며 그 회의를 주관하는 데 중요한 몫을 담당했던 독일 계통의 브렌쯔(Brenz)는 이 역사적 회담의 결렬이 군혀

---

15 *The Augusburg Confession* (1930), Chapter X, "The Holy Supper of Our Lord."

16 *The Second Helvetic Confession* (1566), Chapter XIX, "The Sacraments of the Church of Christ."

17 *The New Encyclopaedia Britanica*, Vol. VI, 1980 Edition, p. 599.

지자 "쯔빙글리의 무리는 우리의 친구(원수까지 사랑하라는 주님의 명령 때문에)로 여겨질 수 있으나 결코 교회의 형제나 멤버는 될 수 없다"[18]는 일종의 출교적인 선언(excommunication)을 하기에 이르렀다. 그 후 1536년 비텐베르크(Wittenberg Concord)에서 또 한 번의 만남을 시도했으나 끝내 일치점을 발견치 못한 채 쯔빙글리를 향한 루터의 공격은 더욱 심화되었다.[19] 이처럼 종교개혁자들은 결별이라는 아픔을 겪으면서도 성찬 성례전에 대한 자기 이해를 굽히지 않았다는 사실은 그들이 성찬 성례전론에 대하여 그만큼 관심이 깊었고 또 그 사실이 중요했기 때문이다.

마르부르크의 사건 이후 루터 계열의 교회는 루터가 주장했던 공재설을 성찬 성례전 현장에서 지켜오게 되었고, 그 외의 개혁자들은 쯔빙글리가 주창했던 기념설을 받아들여 지금껏 하나의 전통으로 내려오고 있다. 한국 장로교회 역시 단순한 기념설을 반복한 채 더 이상의 의미 발굴을 위한 노력이 없었다. 여기서 우리는 "과연 장로교의 신학을 정립해 놓은 칼빈은 이 중요한 신학의 쟁점에 왜 침묵을 지켰는가? 그의 성찬 성례전론은 우리와는 무관할 정도로 우리에게 유익한 것이 되지 못했던가?"라는 질문을 던져보아야 하겠다.

18　Lebberts A. Loetscher, ed., *Twentieth Century Encyclopedia of Religions Knowledge* (Grand Rapids: Michi Baker Book House, 1955), pp. 701-2.

19　하나님의 계획을 신비(μύστηριον)의 사건으로 설명하면서 그 구체적인 상징을 바로 성찬 성례전과 세례로 설명을 해주고 있다. 이 신비적 예전에 참여한 무리는 바로 그리스도의 피와 살로 묶일 그리스도의 공동체가 되었다. 1962년과 1966년 북미 장로교 계통과 루터 계통의 신학자들이 프린스톤에 모여 'Marbnrp의 재방문'이라는 기치 아래 1529년의 마르부르크의 회담 주제였던 성찬 성례전을 다시 가지고 신학적인 공동연구를 하였다. 양측의 신학자들은 "이제는 더 이상 마르부르크의 이슈가 우리 상호간의 이해와 우정에 장해물로 여겨지지 않는다"라는 선언을 하였다. 참조, Paul & Empit and James McCord, ed., *Marburg Revised* (MinneJpolis: Augsburg Publishing House, 1966).

3. 칼빈의 성찬 성례전론 이해

1538년 칼빈이 제네바에서 일시적 추방을 당하여 스트라스부르크 (Strassburg)에서 프랑스어를 사용한 이민 목회를 하기 전까지 그는 제네바에서 이상적 종교개혁을 진행했다. 그는 약 4년간의 목회 현장에서 그의 유명한 『기독교 강요』를 수정·보완하면서 설교와 성례전에 관한 이론과 경험적 지식의 영역을 넓히고 있었다. 이러한 목회적 차원의 성찬 성례전 경험과 지식은 그가 1541년 제네바의 부름을 받고 다시 올 때는 보다 성숙한 모습으로 성찬 성례전 신학에 완숙을 기할 수 있었다. 그의 목회적 경험은 신학과 교회와의 간격을 좁혀주었고 실천적 신학의 적용(Application)까지 시도하게 되었다. 비록 많은 반대의 물결이 높았을지라도 그는 국제 목회자 양성소(International Training School for Pastors)를 세워 목회에 있어서 신학의 현대화를 시도하였다. 이 학교에는 망명 개혁자들의 중심지가 될 정도로 인기가 높았다. 그 대표적인 실례로 여기에 와 있던 스코틀랜드의 낙스(John Knox)가 "사도시대 이후에 이 땅에 존재한 가장 완전한 그리스도의 학교"[20]라고 극찬할 정도였다. 이처럼 교육과 교회 현장, 그리고 시정에까지 파급된 칼빈의 개혁은 실로 역사적인 시도였고 지금도 종교개혁사에 중요한 위치를 차지하고 있다. 여기에서 우리의 관심을 끄는 것은 칼빈은 성찬 성례전에 관하여 어떻게 이해했으며 어떠한 주장을 폈는가를 알아보는 일이다.

칼빈은 로마 천주교에서 전통적으로 지켜온 일곱 가지 성례[21]21를 받아들이기를 거부하고 성례전(Sacraments)은 오직 두 가지뿐임을 강조하고 있다. 그것은 곧 세례(Baptism)와 성찬 성례전(Lord's Supper)만이다. 그리고 예배에 있어서 성찬 성례전의 집례란 대단한 의의를 갖는 것이라고 주장

---

20 *New Encyclopaedia Britanica* (1980 Edition), Vol. 15, p. 557.
21 가톨릭 교회에서 지켜온 7성례란 세례식, 참회식, 견신례, 성찬식, 혼례식, 종유례, 임직식을 말한다.

하면서 1537년 제네바 의회에 제출한 "교회와 조직에 관한 제안"에서는 최소한 매주일 성찬 성례전을 거행할 것을 주장한 바 있다.[22] 그러나 칼빈의 신학적 깊이를 충분히 소화하지 못했던 시의회에서는 월 1회씩이라도 성찬 성례전을 기독교 예배에서는 시행해야 한다는 칼빈의 최후적인 호소에도 불구하고 연 4회로 그 횟수를 제한하였다.[23]

이러한 그의 제네바교회 활동을 보면 그는 어느 개혁자보다도 성찬 성례전에 대한 관심이 깊었다는 사실을 볼 수 있다. 이것은 바로 신학과 예배를 연관시킨 결과이며 거기에서 경건과 학문(pietas et scientia)이라는 구체적인 신앙의 좌표를 설정하게 되었다. 여기에서 우리는 칼빈의 경건이 사변적 유희가 아닌 실제적이고 실천적인 훈련으로서의 신학임을 볼 수 있다.

그러나 칼빈에게 있어서 성찬 성례전이 동방 교회처럼 예배의 전체적이고 중심적이 되어야 한다는 것은 아닌 듯하다. 그의 초기 신학에 의하면 "성례전은 하나님의 약속을 확증하고 그 약속을 인준해 주는 목적과 더불어 하나의 첨가물(Appendix)로서 주어진 것"[24]이다. 그리고 이어서 말씀을 떠난 성례전의 올바른 집례는 존재할 수 없으며 참여자의 참된 유익은 말씀을 통하여 주어지고 있다고 말한다. 말씀의 증거를 통하여 '신앙의 재다짐', '고백의 수련', '크리스천의 의무에 대한 격려' 등이 확고히 이룩된다고 주장하였다.[25] 칼빈은 이러한 말씀 우위의 주장을 하는 가운데 성찬 성례전은 하나님과 인간 사이에 설정된 계약을 늘 다짐하는 방편이어야 한다는 입장이었다. 칼빈에 따르면 말씀의 증거가 없는 동방 교회나 로마 가톨릭의 단순한 성찬 성례전은 확고한 의미 부여가 없다. 그러므로 성찬 성례전은 말씀(the sacred word)을 통하여 주어진 특수한 은혜로서 하나의 표

---

22 J. K. S. Reid, (ed.), *Calvin: Theological Threatises* (Philadelphia: The Westminster Press, 1954), p. 49.

23 Ibid., p. 66 참조. *Williston Walker, John Calvin* (New York: Schocken Books, 1969), p. 268.

24 *John Calvin: Institutes of the Christian Religion* (Philadelphia: The Westminster Press, 1967), (ed.) by J. Mexeill, 4:14:3.

25 Ibid., 4:17:39.

지(sign)요 인침(seal)으로서 그 기능을 고정시켜야 한다. 이러한 의미는 그가 내린 성례전의 정의에서 잘 나타내 주고 있다.

> "성찬 성례전이란 무엇인가? 다음과 같이 정의할 때 그 의미가 간단하고 적당하리라 본다. 성찬 성례전이란 주님께서 우리의 약한 신앙을 북돋아 주시고자 우리에게 향하신 하나님의 자비의 뜻을 우리의 양심에 인치신 사건의 외적인 표현이다. 그리고 또 한편으로 우리 인간의 편에서는 임재하신 주님과 천사들, 그리고 인간들 앞에서 우리 자신의 경건을 증명하는 일이다. 좀 더 요약해서 정의한다면 성찬 성례전은 외형적인 표시로서 우리를 향한 하나님의 은혜의 증거이며, 또 한편으로는 하나님을 향한 우리의 경건의 입증이다."[26]

이상과 같은 성찬 성례전의 정의와 함께 그는 어거스틴이 "성례전이란 거룩한 사실(sacred thing)의 가시적 표현이며 불가시적 은혜의 가시적인 형태"(visible form of an invisible grace)[27]라고 말한 사실과 자신의 견해가 차이가 없음을 주장하고 있다.

이상과 같은 칼빈의 정의를 따르면 성례전이란 영적인 은혜의 외형적인 표시(Sign)로서 이 표시 그 자체만으로는 하나님의 약속이 충분히 전달되지(to be communicated) 못하므로 그 약속을 선포하고 해석하여 적용시켜 주는 말씀의 증거가 우선되어야 한다는 주장이다. 그 이유는 하나님과 인간 사이에 형성된 언약을 이해하지 못한 채 빵과 포도주(Elements)를 받는다는 사실은 의미 없는 참여이며 형식화되기 쉬운 오류를 범하기 때문이다. 그러나 거기에 말씀이 없다고 해서 앞에 놓인 성물(Elements)이 단

---

26 Ibid., 4:14:1.
27 Ibid.

순한 물질적인 요소로 끝난다고 칼빈은 보지 않는다. 그는 이 주님의 식탁 위에서 전개된 거룩한 사실(Sacred thing)의 신빙성을 인정하고 라틴어의 'Sacramentum'이라는 말 자체가 헬라어의 μύστηριον으로 불리는 이유를 "숭고한 영적인 사실의 신성하고 신비한 표현을 포함"[28]하고 있기 때문이라고 설명해 주고 있다. 그리고 이 주님의 만찬은 가장 분명한 약속(the clearest promise)[29]이 가시화되는 신비한 사건이라고 주장하면서 "이것이 내 몸이니"라는 말씀의 해석을 통하여 그 뜻을 설명해 주고 있다.

칼빈은 "이것이 내 몸이니라"는 주님의 말씀을 루터파처럼 문자적으로 해석하기를 거부하고 그것을 성례전적으로(sacramentally) 해석해야 한다고 주장한다. 그리스도께서 떡을 향하여 '이것이 내 몸이 될 것이다'라고 말씀하신 것이 아니라 그의 제자들에게 "이것은 내 몸이니" 그것을 먹으라고 명하셨고 그들이 주님의 살과 피에 참여하게 될 것을 약속하셨다.[30] 즉, 빵과 포도주와 더불어 약속이 제시되었다는 사실에 깊은 관심을 보여 주고 있다. 그러므로 성물을 앞에 두고 그것에 의하여 무엇을 듣고 전달하는 마술적인 주문(incantation)을 외우는 듯한 행위는 있을 수 없음을 명백히 밝히고 있다. 그러므로 그 신비한 성물은 그 자체를 선포하고 그 뜻을 밝혀주는 말씀과 함께 수반되어야만이 참여자들의 심령 속에 이해되고 활짝 필 수 있다는 주장이다.[31] 이상과 같은 그의 입장은 다음 3단계의 설명을 통하여 분명하게 드러난다.

"첫째로 주님은 그의 말씀에 의하여 우리에게 가르치시고 정의하신다. 둘째로 그는 성례전에 의해 그의 뜻을 확신시키신다. 그리

---

28 Ibid., 4:14:2.

29 Ibid., 4:14:5.

30 Ronald S. Wallace, *Calvin's Doctrine of the Word and Sacrament* (London: Oliver and Boyd, 1953), p. 197.

31 Calvin's *Institute*, 4:14:3.

고 최종적으로 그는 성경의 빛으로 우리를 조명하셔서 말씀과 성례전을 받아들이도록 한다. 만일 이렇게 되지 못할 때 말씀도 성례전도 단순히 귀를 두드리고 눈앞에 전개된 것으로 끝날 뿐 마음속 깊이 감명을 주지 못한다."[32]

이와 같은 성찬 성례전의 기본 이해는 바로 개혁자들의 '그리스도의 성찬 성례전 임재론'을 한층 설득력 있게 우리에게 접근시키고 있다. 이제 마르부르크의 그토록 심각했던 주제가 칼빈 때에 와서 어떻게 설명되고 있으며, 오늘 한국 장로교회가 실현하고 있는 성찬 성례전과의 간격은 어떠한 것인지를 본다.

4. 칼빈의 성찬 성례전 현장 이해

그리스도께서 성찬 성례전의 현장에 어떻게 임재하시는가?(How does Christ present himself?), 무엇이 그리스도 임재의 매개물인가?(What is the vehicle of the real presence?)라는 질문은 앞에서 밝힌 대로 개혁자들의 집중적인 관심사였다. 이 중대한 질문에 대한 칼빈의 답변은 먼저 인간적인 주관(the human subject)에서, 둘째로 신적인 주관(the divine subject), 그리고 최종적으로 부대적(附帶的)인 방편(the external means) 속에서 찾아보는 것이 타당하다고 본다.

1) 그리스도는 믿음의 현행(現行) 속에 임재하신다.

칼빈에게는 믿음이 인간의 업적으로가 아니라 하나님의 은총이다. 그리고 그 신앙은 성령에 의하여 그리스도께서 우리와 연합하신다고 주장하

---

32 Ibid., 4:14:8.

고 있다. 그러므로 성례전도 믿음으로 그리스도의 몸과 피를 수여받아야 하며 그때 그 성물은 영적인 생명을 유지케 하는 음식으로 효력을 발생한다고 칼빈은 주장하면서 다음과 같이 말하고 있다.

"나는 우리가 그리스도의 육체를 믿음 안에서 먹는다고 말한다. 그 이유는 그는 신앙에 의하여 우리의 것이 되시고 받아먹는다는 것은 그 신앙의 열매와 결과이기 때문이다."[33]

이상과 같은 그의 입장을 볼 때 그리스도가 눈으로 보는 가운데 임재하시는 것이 아니라 확고한 믿음의 현행 속에 임재하셔서 성찬 성례전에 참여한 무리의 영적인 건강과 성장을 촉진시키신다는 사실을 잘 알 수 있다. 이러한 참여가 있을 때 그리스도의 생명이 우리에게 옮겨져서 우리의 생명이 되고 우리의 영혼이 그리스도의 임재 속에 튼튼해질 수 있다. 그러므로 그리스도의 성찬 성례전의 임재를 외형적인 현상 속에서 찾기 전에 참여자의 내적인 신앙의 발로에서 믿고 영접해야 한다는 사실이다.

2) 그리스도는 성령의 역사(the activity of the Holy Spirit)를 통하여 임재하신다.

칼빈은 성례전의 진정한 효력은 성령의 역사에 달려 있다고 믿는다. 그에 따르면 성찬 성례전에 참여한 사람들의 영혼의 눈을 뜨게 하고 또 그리스도의 임재를 체험하게 하는 것은 곧 성령님이다. 만일 그 현장에 성령님의 활동하심(activity)이 없다면 이 가시적인 표징은 아무것도 달성할 수 없다.

그의 주장은 오직 성령님의 힘에 의해서만 참여자들의 마음이 감동되고 영혼이 눈을 뜨고 그리스도의 임재를 영접한다는 것이다. 거기에 성령님의 역사가 없다면 성례전은 아무런 유익을 주지 못한다. 칼빈은 이 문제를

---

33   Ibid., 4:17:5.

마치 장님에게 태양 광선이 비추이고 귀머거리에게 큰소리로 말하는 어리석음에 비유하면서[34] 성령님의 역사가 성례전의 효력에 절대적이라는 사실을 깨닫고 알 수 있는 참여자의 자질을 중요시하고 있다. 환언하면 성령님은 그리스도의 살과 피를 성례전적 표징(the sacramental signs)으로 제정하시는 다리 역할을 성례전의 현장에서 하신다는 사실이다. "오직 한 분이신 성령님만이 역사하여 우리에게 그리스도를 소유하게 하시고 그리스도를 우리의 속에 거하게 하시는 것"[35]을 강조하고 있다. 여기서 우리는 하나님의 주관적인 역사가 발동하시며 그 역사 속에서 그리스도의 임재를 구체화시키고 있음을 볼 수 있다.

   3) 그리스도는 말씀을 통하여 임재하신다.

   "하나님은 어떻게 우리에게 믿음의 은사를 주시는가?" 하는 질문의 대답을 칼빈은 말씀에서 찾고 있다. 그는 성례전이라는 보이는 약속의 징표역시 하나님의 말씀에 의하여 분명해지며 구체화된다고 말한다. 성찬 성례전의 상 위에 놓인 가시적인 성물만으로는 그것이 확고히 전달될 수 없으며 자칫 의미 없는 제물로 취급될 우려가 있음을 지적한다. 그러므로 칼빈은 그리스도의 몸과 피를 선포하고 해석하고 적용(proclamation, interpretation & application)해 주는 말씀의 중요성을 강조하고 있다. 여기에서 그리스도의 임재가 이해되며 그 임재가 참여자들의 지각을 뚫고 영접된다고 말한다. 이것을 가리켜 "우리에게 의미를 전해주는 것은 '말씀'이며, 우리 눈에 보이는 표적이 무엇을 의미하는가를 우리에게 알게 하는 것"[36]이라고 말하고 있다. 여기에서 칼빈은 가톨릭의 '마법의 주문처럼' 사용된 '중얼거린 언어'에 대하여 신랄한 공격을 가하고 있다. 그리고 그는 어거스틴의

---

34   Ibid.
35   Ibid., 4:17:12.
36   Ibid., 4:14:4.

입장을 따르면서 성물에 말씀을 첨가하지 않고서는 완전한 성찬 성례전이 될 수 없다고 주장한다.[37] 이 말씀을 통하여 그리스도의 영적인 임재가 선언되어 그 임재의 필요성, 그리고 그 대상을 구체적으로 밝혀 그리스도와 참여자와의 간격 없는 커뮤니케이션을 이룩할 수 있다는 사실이다. 이럴 때만이 가시적인 말씀(Verbum Visible)이 보이는 데 그치지 않고 들려지며, 깨달아지며, 영접하기에 이르며, 더 나아가 그리스도의 임재를 실감케 한다는 사실이다.

이상과 같은 칼빈의 그리스도의 성찬 성례전 임재론은 일찍이 암브로스(Ambrose)가 "성례전에서의 그리스도의 임재란 육체적 음식(bodily food)이 아니라 영적인 것이다"[38]라고 한 말과 맥락을 같이한다.

암브로스는 그 이유로서 "하나님은 영적인 존재이며 그리스도는 신령하신 분으로 영적으로 우리 가운데 임재하신다"[39]는 주장을 펴고 있다. 이러한 암브로스의 신학적 영향은 칼빈의 성찬 성례전에서 주장된 영적인 경험론에서 그 흔적을 뚜렷이 해준다. 이러한 사상적 배경을 추적해 볼 때 칼빈은 암브로스와 어거스틴의 영향 아래 가시적인 성물을 통하여 불가시적인 예수 그리스도를 영적으로 경험해야 된다고 주장하고 있다. 여기서 성찬 성례전에 참여하는 참여자들(participants)은 그 순간에 새로운 신앙적 양육을 받게 되며 그리스도와의 만남을 경험하게 된다고 말한다.

함축된 의미

성찬 성례전의 중요한 의미는 십자가에서 수난 당하시고 부활하신 그리

---

37 Ibid.

38 T. Thompson and J. H. Srswley, ed., *St Ambrose on the Sacramnents and on the Mysteries* (London: SPCK, 1950), p. 95.

39 Ibid.

스도께서 오늘도 자기의 백성들에게 임재하신다는 사실이다. 삶을 강조한 칼빈의 주장은 값진 신학의 결실이다. 이제 단순히 기념만을 되풀이하는 한국 장로교의 성찬 성례전 예전을, 종교개혁자요 장로교 신학의 정립자인 칼빈이 어떻게 이해하고 있었는지 그의 주장에 대해 새로운 관심을 둘 필요가 있다. 특히 마르부르크 회담의 전체적인 관심의 주제였던 "오늘의 성찬 성례전 현장에 그리스도는 어떻게 임재하시는지"에 대한 칼빈의 신학적 대답을 찾아내는 것은 매우 깊은 의미를 내포하고 있다고 보겠다. 성경에 나타난 "이것을 행하여 나를 기념하라"는 말씀과 쯔빙글리의 "성찬 성례전 기념설"은 표현에 있어서 일치점이 있기에 그러한지 분명치 않으나 우리의 한국 장로교는 언제 어디서나 변함없이 "나를 기념하라"는 언어적인 뜻 이상의 신학적인 의미 부여에는 무관심해 왔다. 그러나 우리가 깊이 생각해야 할 것은 한국교회는 한 세기 반을 넘기고 있는 성숙기에 접어들었다는 사실이다. 이제는 목회 현장의 세부적인 부분까지 성숙한 경험과 신학적인 바탕을 토대로 하여야 할 의무와 책임이 주어져 있음을 누구도 부정할 수가 없다. 그 가운데서도 기독교 예배의 구심점인 말씀(Word)과 성례전(Sacraments)에 대한 우리의 확고한 신학적 입장을 다짐하고 정립하는 일은 성숙기에 접어든 우리에게 주어진 요청이라고 아니할 수 없다.

이제 우리의 교회도 성찬 성례전의 예전에서 좀 더 깊은 의미와의 만남을 가져오면서 거기서 경험한 그리스도와의 영적 교제를 우리의 신앙 깊숙이 활착시켜 나아가야 하겠다. 그때 우리는 그 성찬 성례전의 현장을 통하여 한가족의 의미를 발굴하는 예배(Communion Service)의 경험을 하게 되며 그리스도와의 연합된 지체임을 깨닫게 되리라고 생각한다. 그리고 그의 살과 피를 오늘도 우리에게 주시면서 찾아주시는 그리스도의 아가페 사랑과 은혜의 의미를 새롭게 하리라 믿는다.

제13장
웨스트민스터 예배모범

1. 웨스트민스터 예배모범의 위치성

교회가 교회로서 건전하게 지속되고 발전하는 데는 두 가지의 중요한 핵심이 있는데 그것은 교회가 하나님의 말씀으로 수천 년을 지켜온 성경과 교회의 뿌리를 밝히는 역사성이다. 이 중 그 어느 것 하나라도 놓치거나 약화시켜서는 안 된다. 성경은 경전으로서 어떠한 경우도 인간에 의하여 가감될 수 없고, 그 권위 또한 격하시킬 수 없는 절대성을 가지고 있다. 거기에 대하여 교회의 역사성도 교회의 뿌리와 실체를 밝혀주는 것으로서 어떠한 왜곡된 서술이나 인도를 허용하지 않고 어제와 오늘, 그리고 내일로 이어지는 정도(正道)를 걷게 한다.

이 글의 주제인 웨스트민스터 예배모범은 바로 이 역사성의 중요한 페이지를 차지하면서 개혁교회, 특히 장로교 예배의 전통 속에서 그 줄기를 지속시켜 오고 있다. 이 예배모범을 통하여 장로교를 중심으로 한 개혁교회는 로마 가톨릭이나 영국교회의 미사(Mass)의 그늘에서 벗어나 초대교회가 말씀 중심으로 가졌던 예배의 맥을 회복하는 기틀을 마련하게 되었다. 이 예배모범은 어느 개혁가의 개인적인 신학사상이나 예배 현장의 산물이 아니라 교회 역사의 중요한 신조들처럼 웨스트민스터 성회(Westminster Assembly of Divine)에서 공식으로 통과된 역사적인 권위를 확보하고 있다. 또한 이 예배모범은 세계에 산재해 있는 장로교 예식서의 경전적인 권위를 가지고 있다. 비록 시대적인 변천에 의하여 예식서의 수정보완이 요청된 때도 있었으나 그들은 이 예배모범의 근간을 벗어나지 않으려는 원칙을 설정하고 그 원칙 하에서 예식서를 개정해 왔다.

그러나 이토록 중요한 웨스트민스터 예배모범이 지난 한 세기 동안 한국교회, 특히 직접적인 관계를 가지고 있는 장로교에서도 거의 연구되지 않은 채 단지 한국 땅에 복음을 전하여 준 나라의 예배 형태와 그들이 설정한 예배모범만 고수해 오고 있는 실정이다.

사실 '장로교의 나라'라고 불릴 정도로 절대 수를 확보하고 있는 한국의 장로교는 그들의 신조가 웨스트민스터 신앙고백임을 자랑스럽게 생각하고, 대소요리문답을 포함한 이 신앙고백을 성경 다음으로 소중하게 생각하고 있다. 그리고 이들을 교단 헌법책 '교리'편에 수록하고 그것을 신앙의 영원불변한 신조로 대대에 물려주고 있다. 그러나 동일한 회의에서 오히려 신앙고백보다 먼저 통과되고 예배모범의 모체가 된 이 웨스트민스터 예배모범에 대해서는 거의 무관심하다. 이러한 실상은 한국교회가 하나님을 어떻게 믿느냐는 교리적인 부분에만 관심을 둘 뿐 하나님을 어떻게 섬기느냐는 실천적이고 직접적인 문제에는 무관심했던 결과라 할 수 있겠다.

그러나 개혁교회의 진정한 탄생은 성삼위 하나님을 어떻게 믿느냐는 교리적인 싸움보다 하나님을 어떻게 예배할 것인가의 문제에서 비롯된 것이며, 그 개혁의 결실은 바로 예배의 혁신에서 찾아볼 수 있다. 이러한 실례는 웨스트민스터 회의의 첫 열매가 바로 예배모범이었다는 사실에서도 뚜렷이 입증되고 있다.

본장에서는 필자가 스코틀랜드교회를 찾아 그 역사의 현장을 생생히 전해주는 문헌들을 대하면서 경험한 웨스트민스터 성회와 예배모범의 형성 과정을 언급하려 한다. 뿐만 아니라 예배모범의 내용에서 제시된 구체적인 기도문을 비롯하여 상세한 항목 중 중요한 골자를 추려 그 기본 정신을 이곳에 옮기고자 한다. 그리고 본 연구를 맺는 부분에서 변천하는 이 시대에 과연 이 예배모범이 갖는 문제성은 어떤 것들인가를 보는 비판적 시각도 첨가하려고 한다.

2. 웨스트민스터 예배모범의 형성 과정

A. 스코틀랜드의 종교개혁과 낙스의 예배모범

스코틀랜드는 대영제국(United Kingdom)을 이루는 4개 왕국 중에 북부에 위치한 나라이다. 이 땅이 최초로 기독교와 접촉하게 된 것은 1세기에 유럽을 휩쓸었던 로마의 세력이 북녘에 위치한 이 나라에까지 미쳤을 때부터이다.[1] 이미 로마의 국교가 된 기독교는 로마의 군병들과 그 가족 가운데서 활발히 퍼져 있었고 그 신앙의 씨는 이 나라에 교회를 세우게 하였다. 그 대표적인 경우가 바로 성 니니안(St. Ninian)이 400년경에 선교활동의 본거지로 사용한 것으로 알려진 캔디다 케사(Candida Casa) 교회이다. 그러나 오늘의 스코틀랜드교회의 신앙적인 첫 발길을 이어받은 선교단체는 확실한 기록과 지속적인 역사를 가지고 있는 성 콜럼바의 선교 사역이다.

---

1 이 나라의 최초에 있었던 왕국은 3개로서 Pictlan, Dalriada, 그리고 Strathclyde였다. Alba 왕조가 843년 통일왕국을 세움으로써 스코틀랜드의 역사가 시작되었다. 참조, James Halliday, *Scotland: A Concise History B.C. to 1990* (Edinburgh: Gordon Wright Bubishing, 1990), pp. 20-27.

이들의 신앙적인 정체성을 확립하는 성 콜럼바(St. Columba)는 수도사로서 563년에 열두 명의 추종자와 함께 스코틀랜드의 서쪽에 위치한 아주 작은 아이오나(Iona) 섬에 상륙하여 그곳에 교회(Celtic Church)와 수도원을 세우고 본토의 복음화를 목적으로 사제들과 전도자들을 훈련시켰다.[2] 지금도 이 나라의 교회는 이 섬을 성지처럼 보존하면서 순례를 권장할 정도이다.[3]

이 나라의 교회가 성 콜럼바의 선교 사역을 그토록 소중하게 생각한 이유 중의 하나는 이 복음의 사도들이 셀틱(Celtic) 계열의 교회로서 비잔틴(Byzantium) 줄기의 영향을 받아 비교적 교황청의 지배로부터 벗어나 독자적인 활동을 할 수 있었기 때문이다. 이로 인하여 이 나라의 교회는 훗날 로마 교황청의 관여나 교황청과의 직접적인 싸움을 하지 않고 개혁의 꽃을 피울 수 있게 된다.

사실 이 나라의 개혁의 싹은 독일에서의 종교개혁이 있기 이전부터 일어나기 시작하였다. 인접해 있는 영국 땅에서 위클리프(John Wycliffe, 1329-1384)가 출현하여 자신들의 언어로 미사를 집전하고 성경을 번역하고 말씀을 전한다는 사실은 이 땅의 지성인들의 시각을 뜨겁게 하였다. 그러기에 루터를 통하여 유럽대륙에 불이 붙여진 개혁의 함성은 바로 이곳에서도 울리기 시작했다. 비록 국회가 1525년 루터의 서적에 대한 수입금지법을 만들어 각 항구와 도시에 선포하고 제임스 왕이 개혁의 진입을 막으려고 경고를 하였지만 밀려오는 개혁의 물고는 그 누구도 막을 수가 없었다.[4]

이곳 스코틀랜드의 종교개혁의 도화선은 영국의 헨리 8세(1491-1547)가 영국의회를 거쳐 선언했던 '영국교회의 수장령'(1534)이 있기 6년 전, 1528

---

2 J. H. S. Burleigh, *History of Church of Scotland* (Edinburgh: Hope Trust, 1983), pp. 13-28.

3 필자가 1992년 10월에 이 섬을 방문하여 관찰한 가운데 인상적인 것은 조지 맥클레오드(George MacLeod) 목사에 의하여 이곳에 아이오나 공동체(Iona Community)가 1989년에 세워졌고 끊임없이 몰려온 순례자들이 모여 매일의 기도와 예배를 진행하고 있다는 사실이었다. 특별히 젊은이들을 중심한 이들의 예배는 매주간 다른 주제를 가지고 있었는데 정기적으로 시행된 주제는 기도, 성경읽기, 성령운동, 선교훈련, 치유목회, 평화운동, 나라와 정치 등이었다. 그리고 이곳에서 개발되고 사용된 예배 형태들이 스코틀랜드의 교회에 많은 영향을 끼치고 있음을 발견하게 되었다.

4 *Acts of the Parliament of Scotland*, Vol. ii, p. 295.

년에 뿌려진 순교의 피였다. 그것은 바로 이 나라 종교개혁사에 순교의
원형(Protomartyr)으로 불리는 성 앤드류 대학의 교수였던 해밀턴(Patrick
Hamilton, 1503-1528)의 순교이다. 이 순교의 피는 삽시간에 이 나라에 개혁
의 불길을 번지게 하였다. 그 불길은 존 낙스의 스승이었던 위샤트(George
Wishart, 1513-1546)의 순교로 이어졌으며, 이때 33세의 젊은 존 낙스(John
Knox, 1513-1572)는 자신의 스승의 순교 현장에서 누구보다도 더 강렬한
개혁의 불씨를 가슴에 안게 되었다.[5]

낙스의 개혁 의지는 설교와 조직을 통하여 구체화되기 시작하였고, 이
로 인하여 낙스는 프랑스의 헨리(Henry II) 군대에 의하여 프랑스로 잡혀
가 스코틀랜드를 떠나게 되었다. 그는 또한 19개월 동안의 노를 젓는 노
예생활을 경험하다가, 메리 튜더(Mary Tudor) 여왕의 즉위와 함께 대륙으
로 망명의 길을 떠나 프랑크포트(Frankfort)에 자리를 잡는다. 거기서 그
는 개혁교도들을 위한 일시적인 목회와 제네바에서의 칼빈과의 만남을 통
하여 예배와 신학에서의 개혁의 내실을 갖게 되는 개혁의 여정을 걷게 된
다.[6] 그는 한때(1549) 귀국길에 오르기도 했으나 부왕의 수장령마저 파기
하면서까지 로마 교황청과의 관계를 회복하려는 메리 여왕(1516-1558)의
등장은 낙스로 하여금 다시 제네바로 망명의 길을 떠나게 하였다.[7] 그러나
1558년 메리 여왕의 죽음은 낙스에게 새로운 개혁의 봉화를 들게 하였다.
그는 부처와 칼빈으로부터 영향을 받은 지식과 개혁사상, 그리고 그곳 목
회에서 얻은 풍부한 경험을 가지고 1559년 고국 스코틀랜드의 에딘버러
(Edinburgh)에 있는 성 쟈일(St. Giles)교회의 목사로 부임을 하면서 개혁의

---

5 Lord Eustace Percy, *John Knox* (London: Hodder and Stoughton), pp. 35-68.
6 Ibid., pp. 205-11.
7 Todor, Mary(1516-1558)는 영국의 여왕으로 등장하면서 로마 교황청과의 관계 회복을 위하여 아버지 헨
   리 8세가 선언한 교회의 수장령도 폐기시키면서 무수한 프로테스탄트 지도자들을 죽이는 잔인한 박해를
   가하여 피의 메리(Bllody Mary)로 그 악명을 떨쳤다. 이때 순교의 피를 흘린 대표적인 인물들은 Thomas
   Cranmer, Hugh Latimer, Nicholas Ridley 등이다.

집념을 펼치게 된다.[8]

그가 귀국하면서 스코틀랜드교회의 개혁을 위하여 제네바로부터 손에 들고 들어온 역사적인 세 권의 책이 있었으니 그것들이 바로 개혁교회의 신조를 정리한 *Confession of Faith*와 목회와 교회 행정의 지침서라고 할 수 있는 *Book of Descipline*, 그리고 예배 지침서인 *Form of Prayers*이다. 이 세 권의 지침서는 후에 웨스트민스터 회의에서 통과된 제반 지침서들의 초석이 되었다. 그 중에서도 예배를 위한 *Form of Prayers*는 낙스 자신이 독일의 프랑크포트와 제네바에서 목회를 하는 동안 칼빈의 예식서에 약간의 수정을 가하여 사용하던 예식서로서 스코틀랜드교회의 예배 개혁의 지침서가 되었다. 이 예식서(*Form of Prayers*)는 1564년 스코틀랜드교회 총회에서 "목사로 안수를 받은 자는 에딘버러에서 최근 출판된 예식서를 반드시 소유해야 하고 그것을 가지고 예배·예전, 기도, 결혼, 성례전을 집례해야 한다"[9]는 결의로 그 가치성을 더욱 인정받기에 이른다.

이렇게 공인된 예배모범은 『낙스 예식서』(*Knox's Liturgy*) 또는 『공동 예배모범』(*Book of Common Order*)이라고 불리게 되었고 부분적인 수정은 있었으나 거의 그대로 전수되어 1645년 웨스트민스터 총회에서 새로운 예배모범이 나오기까지 명실공히 스코틀랜드교회의 예배의 기본 지침서가 되었다. 이 예배모범은 지금까지 사제들의 전용물로 사용되던 가톨릭 교회의 예전이나 영국교회의 예전 의식과는 구별되면서 종교개혁이라는 거대한 역사의 물결을 예배 가운데서 경험하고 음미하게 하였다. 사실 일명

---

8 스코틀랜드의 수도 에딘버러에 자리잡고 있는 성 쟈일교회는 지금도 세계의 장로교인들이 낙스의 족적을 보기 위하여 들리는 곳이다. 그러나 그 교회는 개혁자 낙스에 의하여 세워지거나 개혁된 예배의 신학사상이 스며 있는 건물이 아님을 알아야 한다. 스코틀랜드의 역사적인 대성당들, 글라스코(Glasgow)의 Glasgow Cathedral, 아버딘(Aberdeen)의 St. Machar's Cathedral, 그리고 에딘버러의 St. Giles Cathedral이 모두 Church of Scotland에 속하여 있으나 그 건물은 원래 가톨릭 교회의 성당이었다. 이처럼 종교개혁 이전에 세워진 대성당들은 지금도 스코틀랜드교회에서는 High Church라고 불리고 종교개혁 이후에 개혁신학과 그 예전의 원칙을 따라 세워진 교회들은 Parish Church라고 불리고 있다.

9 G. W. Sprott, *The Book of Common Order of the Church of Scotland Commonnly Known as John Knox's Liturgy* (Edinburgh: William Blackwood and Sons, 1901), p. xv.

『제네바 기도서』(*Genevan Form of Prayer*) 또는 『제네바 책』(*The Book of Geneva*)이라고 불렸던 이 예식서는 낙스가 제네바에서 영어권의 망명교인들을 목회하는 과정에서 사용한 것이었기에 스코틀랜드에 이 예식서가 도착하기 전에 영국에 이미 알려졌고 벌써부터 이 예식서는 영국교회의 예식서와 서로 맞서는 관계(Rival Relation)에 있었다.[10]

그러나 웨스트민스터 총회를 통하여 공식적인 예배모범이 출현되기까지 낙스의 예배 지침서가 제임스(1566-1625) 왕이나 그 아들 찰스 1세(1600-1649) 왕의 동의를 받아서 스코틀랜드교회의 예배를 이끌고 간 것은 아니었다. 스코틀랜드교회의 줄기찬 개혁의 의지와 함께 이 교회의 예배모범은 험준한 과정을 거쳐야 했다. 스코틀랜드의 왕으로 재임하다가 영국의 런던으로 내려가 두 왕국을 통치하던 제임스 1세[11]는 그의 재임기간에 단 2회에 걸쳐 스코틀랜드를 방문하게 된다. 그런데 이 방문길에서 그는 영국교회의 예배·예전과 대단한 차이가 있는 예배가 스코틀랜드교회에서 진행되고 있는 데에 대한 충격을 받게 된다.

그 충격은 단순한 예배·예전 때문만은 아니었다. 왕이 국가와 교회의 수장으로서 인정을 받는 영국교회 예배·예전과는 무관한 스코틀랜드교회 예배·예전이 진행되고 있다는 데 그의 심기가 불편하였고 불안감을 느끼기 시작하였다. 그래서 그는 1618년 스코틀랜드의 퍼스(Perth)에서 감독의 역할이 강조된 성례전의 실행을 비롯한 5개 조항을 만들어 낙스의 예전과 간격을 두려는 시도를 하였다. 개혁을 향하여 전진하던 스코틀랜드

10　Gordon Donaldson, "Reformation to Covenant" in Duncan B. Forrester and Douglas M. Murray, (ed.), *Studies in the History of Worship in Scotland* (Edinburgh: T.& T. Clark LTD, 1984), pp. 35-36.

11　미혼으로 영국의 왕정을 맡았던 여왕 엘리자베스 1세가 계승자가 없이 죽자 왕정의 혈통이 헨리 8세의 누이의 아들인 스코틀랜드의 왕 제임스 6세가 가장 가까웠기에 영국의 국왕으로 추대되었다. 그 이후 스코틀랜드는 계속적으로 제임스 왕의 통치를 받으면서 그를 제임스 6세로 칭하고 영국에서는 제임스 1세라 칭하면서 이때부터 사실상 두 왕국은 한 왕가의 지배를 받는 역사를 시작하게 되었다. 결국 스코틀랜드는 1707년 의회에서 양국병합안(Act of Union)을 통과시켰고, 앤 여왕(1665-1714)의 재임기간에 오늘의 연합왕국(United Kindom)으로 병합을 선언하면서 스코틀랜드라는 나라는 독자적인 왕국을 포기하게 된다. 이 공식적인 병합을 위한 1707년의 스코틀랜드 국회의 결정 과정은 James Halliday, *Scotland*, p. 100을 참조하라.

교회는 이 새로운 조례에 대하여 저항하기 시작했으며 이에 맞서는 제임스 왕의 분노는 극에 달하였다. 결국 대혈전의 날은 1625년 부활절을 기점으로 시작되게 되었다. 그러나 이 날이 오기 수일 전 제임스 왕은 그의 아들 찰스 1세(Chrles I, 1600-1649)에게 왕위를 넘겨주고 세상을 떠났다.[12]

왕위를 이어받은 찰스 1세는 부왕(父王)의 신앙을 그대로 계승하는 데 주저하지 않고 왕권신수설(王權神授說)을 그의 신앙과 통치의 노선으로 확정하고 집무를 시작하였다. 더욱이 그는 칼빈주의 개혁사상을 거부하고 로마 가톨릭 예배·예전의 회복을 주창하는 로드(William Laud)를 켄터베리 대주교로 임명하였는데 이로써 개혁교도들과의 마찰은 더욱 심각한 지경에 이르게 되었다.[13] 1633년 로드를 대동하고 스코틀랜드를 공식으로 방문한 찰스 왕은 스코틀랜드교회의 구조와 그 예배의 형태가 영국교회(성공회)와는 너무나 차이가 많은 데서 충격을 받게 된다. 그리고 그는 1636년 스코틀랜드교회에서 존 낙스의 예식서 사용을 금지시킴과 동시에 영국교회의 기도서를 사용하도록 하는 칙령을 내리고 즉흥적인 기도와 장로제도의 시행을 금지시켰다. 그리고 이 칙령에 반대하는 자는 모두 출교를 단행하기에 이르렀다. 동시에 그는 로드를 시켜 영국교회의 기도서와 병행하여 사용할 수 있는 예식서를 1637년에 발간하게 하여 스코틀랜드교회에서 즉시 사용하도록 명령하였다.[14] 그러나 이 예식서(Laud's Liturgy)는 개혁사상으로 무장하여 말씀 중심의 예배를 드리고 있는 스코틀랜드교회를 로마 가톨릭으로 환원시키려는 시도로서 하나의 환상에 지나지 않았다. 스코

---

12 Alasdair I. C. Heron, *The Westminister Confession in the Church Today* (Edinburgh: The Saint Andrew Press, 1986), p. 8.

13 Ibid., pp. 8-9.

14 Charles Greig M'Crie, *The Public Worship of Presbyterian Scotland* (Edinburgh: William Blackwood and Sons, 1892), pp. 154-6. 여기에 대한 좀 더 자세한 내용과 당시의 상황을 다른 입장에서 이해하기 위해서는 Laud's *Liturgy* 서문을 참조하라. 이 예식서는 글라스고 대학의 교회사 교수였던 James Cooper가 그의 서문과 함께 1904년에 *The Book of Common Prayer and Administration of the Sacraments and Other Parts of Divine service For the Use of the Church of Scotland, Commonly Known as Laud's Liturgy* (1637)라는 설명이 첨가된 이름으로 출판한 된 것이 있다. 이 책은 금번에 필자가 에딘버러 대학의 허락을 받아 그 사본을 만들어 장로회신학대학교 도서관에 비치해 놓았다.

틀랜드교회는 이 예식서가 교회를 감독 중심의 구조와 함께 로마 가톨릭의 예전으로 이끌고 가려는 저의가 분명하다고 판단하고, 자신들의 종교의 자유와 참된 신앙의 표현을 위하여 계약군(National Covenant)을 조직하고 무장봉기를 하였으며, 결국 영국 왕실 군에 대항하여 개혁신앙의 고수를 위한 '거룩한 싸움'에 임하였다.[15]

찰스 1세는 무력으로 이를 진압하려고 했으나 신앙과 생명을 위하여 헌신적인 싸움을 다짐한 계약군 앞에서는 실패를 거듭하게 되었고 결국 1638년 글라스고(Glasgow)에서 스코틀랜드교회의 요구대로 총회를 허락하게 되었다. 수많은 성도들의 피값으로 열린 이 총회에서는 개혁을 실질적으로 꽃 피우게 하는 중요한 결정이 있었으니 그것들은 바로 교회의 수장으로서의 왕의 권위를 폐지시키는 것을 비롯하여 영국교회와 같은 감독제도의 철폐와 완전한 장로교주의를 인정하는 거대한 결의의 성취였다.[16]

이 놀라운 결의에 분노를 금하지 못했던 찰스 왕이 무력에 의한 새로운 정복을 시도했으나 계약군의 승기를 꺾을 수는 없었다. 이처럼 승리의 개가를 손에 쥔 스코틀랜드교회는 여기서 멈추지 않고 영국의회를 통하여 완전한 종교개혁의 기틀을 마련하고자 하였다. 그리하여 이들은 영국과 스코틀랜드를 통치하고 있는 찰스 1세에게 의회 소집을 강력하게 요구하였고 왕은 이 요구를 수용하지 않을 수 없게 되었다. 드디어 1640년 11월 영국의 의회는 소집되었고 그들은 스코틀랜드교회가 강하게 요구해 온 개혁의 요구들을 비롯하여 역사적인 4대 과업을 성취해야 하는 중요한 출발을 승인하였다.[17] 이 의회를 통하여 영국 왕실의 절대왕권은 서서히 붕괴되

---

15 이들 스코틀랜드 계약군(The National Covenant)은 이 나라의 수도 에딘버러에 종교개혁 이후 최초로 세워진 그레이프라이어스(Greyfriars)교회의 설교단 밑에서 자신들의 개혁신앙을 다짐하고 개인별로 서명을 하고 출발하였다. 지금도 이 교회의 뜰에는 당시에 희생을 당한 많은 계약군들의 무덤이 세계 개혁교회의 유적지 중의 하나로 남아 있다.

16 Robert S. Paul, *The Assembly of the Lord* (Edinburgh: T.& T. Clark, 1985), pp. 37-40.

17 W. M. Hetherington, *History of the Westminster Assembly of Divines* (Edinburgh: Johnstone and Hunter, High Street, 1841), p. 81.

었고, 스코틀랜드는 훗날 독자적인 장로교주의에 입각하여 예배를 드리고 신조를 갖게 되는 스코틀랜드교회의 대역사를 펼치게 된다.

B. 영국 퓨리탄들과 그들의 예배 관심
(영국교회의 *Book of Common Prayer*)

독일에서 시작되었던 종교개혁의 참된 불씨는, 보다 일찍이 영국 땅에서부터 일어나기 시작하였다. 특별히 사제이며 옥스포드 대학의 철학자였던 존 위클리프(1329-1384)의 순수한 복음의 설교 사역과 성경을 번역하여 성도들로 하여금 하나님의 말씀과 접하게 한 그의 노력은 중세교회의 어두운 구름을 헤치고 나온 하나의 샛별이었다.[18] 비록 그의 피나는 노력이 교권의 칼날 밑에서 빛을 보지 못하였으나, 그의 숭고한 희생으로 인하여 종교개혁의 불길이 유럽 대륙에서 서서히 일기 시작하자, 영국에서는 어느 나라보다 더욱 민감하게 반응하기 시작하였다.

꾸준하게 맥을 이어온 개혁의 지도자들은 메리 튜더(Mary Tudor, 1516-1558) 여왕의 잔인한 핍박을 피하여 대륙으로 망명하였으나 뜨거운 개혁의 숨결을 가지고 대륙의 개혁의 현장을 경험하게 된다. 특별히 이들은 기록된 말씀과 선포된 말씀, 그리고 성례전에 교회의 기본적인 틀을 형성하는 칼빈의 개혁에 깊은 영향을 받게 되었다. 이들은 메리 여왕의 뒤를 이어 1558년 등장한 엘리자베스(Elizabeth) 여왕이 로마 교황청의 지배를 벗어나려는 노력과 함께 스코틀랜드교회 개혁에 호의적인 자세를 취하고 신학과 교회의 다양성에 융통성을 보이고 있다는 사실에 고무되어 조국으로 귀국을 서둘렀다.[19] 귀국한 후 이들은 영국교회에서의 개혁을 갈망하는 동지들을 규합하고 칼빈주의에 입각한 프로테스탄트 개혁 운동을 전개하

---

18 Kenneth Scott Latourette, *A History of Christianity* (London: Harper & Row Publishers, 1975), pp. 662-6.
19 Horton Davies, *The Worship of the English Puritans* (Glasgow: The University Press, 1946), p. 3.

기 시작하였다. 이들은 단순한 영국교회와 로마 교황청에 대한 반대운동 보다는 진정한 신앙과 행위의 최고의 권위는 성경이어야 한다는 기독교의 기본정신의 실현을 주창하면서 기존의 영국교회에 새로운 정풍(整風)을 일으키게 되었고,[20] 이들의 새로운 개혁정신의 함양(涵養)은 많은 교회와 정치지도자들에게 확산되었다.

여기서 유의해야 할 것은 장로교주의에 가까운 퓨리탄 운동은 두 갈래의 길로 전개되고 있었다는 점이다. 하나는 자신들이 몸담고 있는 영국교회가 이름과 조직만 틀릴 뿐 로마 가톨릭의 내용을 그대로 전승하고 있다는 것에 대한 저항과 개혁을 시도한 무리였다. 이들은 또한 스코틀랜드교회가 장로교로서의 완전히 제도화되기를 기대하고 있었다. 이들을 가리켜 교회 역사에서는 '장로교 퓨리탄들'(Presbyterian Puritans)이라고 이름한다. 그리고 또 하나의 줄기는 기존의 오염된 무리와의 동행을 거부하고 나서면서 감독주의(Episcopalianism)에 저항하여 개혁정신에 입각한 장로제도 등을 포기하고 오직 성경에 근거한 예배와 교회의 제도를 주장하면서 별도의 예배 모임을 가진 '분리주의자들'(Seperatists)이었다. 이들은 1570년부터 독자적인 노선을 걸으면서 회중교회주의(Congregationalism)를 선택하고 나아갔으며, 한때는 많은 핍박을 받기도 하였으나 많은 발전을 거듭하기도 하였다.[21]

이들 분리주의자들은 기존 제도권에서 이탈을 서슴지 않고 예배에서의 우선은 예전의 집례가 아니라 말씀의 선포라고 선언하였다. 이러한 그들의 대담한 개혁의 행진은 한때 엘리자베스 여왕과의 마찰을 가져오기도 하였다. 이들은 16세기 이후부터 『공동기도서』(Book of Common Prayer)를 비롯한 기타 틀에 박힌 예전에 대하여 반예전적(antiliturgical)인 주장을 펴

---

20 Martin E. Marty, *Protestantism* (New York: A Division of Doubleday & Co., 1974), p. 54.
21 이들은 경건주의를 앞세운 메노나이트파와 침례교와 관계하여 1610년에서 1620년 사이에 이들의 교세는 대단한 발전을 거듭하게 되었다. 오늘날 이 줄기에서 나온 교회로는 회중교회를 비롯하여 침례교회, 메노나이트, 퀘이커 교단 등이 있다.

게 되었다.[22] 이들은 예식서의 사용보다는 영적인 예배로의 변화를 주장하였다. 특별히 이들은 기록된 기도문을 사용하는 기도보다 성령님의 감동으로 인한 마음에서 우러나오는 기도가 참된 기도라고 주장하였다. 이들이 많은 사람들의 공감을 얻게 한 것은 기록된 기도문이 기도자의 생각과 말을 빼앗아가고 회중의 다양한 요구를 충족시키지 못할 뿐만 아니라 『공동기도서』를 자칫 성경과 동일하게 취급하는 우를 범하기 쉽다라는 주장 때문이었다.[23]

이들과는 달리 영국교회라는 제도권 속에서 개혁을 꾸준히 시도하고 성경이 가르친 대로 신앙을 지켜나가던 장로교 퓨리탄들은 엘리자베스 여왕 이후 등장한 왕들에 의하여 험난한 길을 걸어가게 되었다. 이러한 사실들은 이들 장로교 퓨리탄들이 1604년 햄튼 궁전 회의(Hamton Court Conference)에서 제임스 왕에게 영국교회의 개혁을 요구할 때, 그들에게 주어진 제임스 왕의 충격적인 대답으로 잘 알 수 있다.

나는 예전과 내용에 있어서 하나의 교리(one doctrine), 하나의
치리(one discipline), 하나의 교회(one religion)를 갖겠노라. 나는
개혁을 요구한 무리로 하여금 나의 신앙에 견고히 서게 하든지
아니면 나는 그들을 이 땅으로부터 괴로움을 당하게 할 것이다.[24]

이와 같은 왕의 태도는 국가의 통치권과 교회의 수장(首長)을 지속하려는 황실의 입장에서는 일면 타당한 것이었다. 그러기에 이미 앞에서 서술한 대로 찰스 1세는 반개혁주의자였던 로드(Laud)를 켄터베리 대주교로 세워

---

22 James Hastings Nichols, *Corporate Worship in the Reformed Tradition* (Philadelphia: The Westminster Press, 1968), p. 90.

23 Robert E. Webber, 정장복 역, 『예배의 역사와 신학』 (서울: 한국장로교출판사, 1988), pp. 95-96.

24 Alasdair I. C. Heron, *The Westminister Confession in the Church Today* (Edinburgh: The Saint Andrew Press, 1986), p. 12.

서 이미 진행되고 있는 스코틀랜드교회의 개혁된 예배를 다시 환원시키려는 시도를 하였고, 결국 시민전쟁을 발발시켰으며 그 결과 영국 왕실의 절대왕권의 붕괴를 가져오게 되었다. 비록 이들 장로교 퓨리탄들에게 "미완성의 종교개혁(The Reformation as incomplete)의 무리"[25]라는 이름이 주어졌을지라도 이들이 지향했던 "하나님의 말씀에 따른 영국교회의 예배와 정치의 실현"[26]이라는 이상은 고귀한 것임에 틀림이 없다.

흔히 청교도들이 소원하였던 이상을 그들의 신조와 생활에 초점을 맞추는 경우를 볼 수 있으나 사실 이들이 찾는 이상향은 교회 구조와 예배의 내용이 성경에 잘 예시된 대로의 초대교회의 것으로 돌아가는 것이었다. 이러한 퓨리탄들의 개혁사상을 데이비스(Horton Davies)는 그의 『영국 퓨리탄들의 예배』에서 긍정적인 면과 부정적인 면에서 다음과 같이 서술하고 있다.[27]

청교도들의 개혁의 기본적인 원칙이란 하나님의 말씀에 충성하는 것이었다. 그러나 이 원칙은 사실상 영국교회의 조상들에 의하여 교리 분야에 널리 적용된 바 있다. 그러기에 필연적으로 영국에서의 종교개혁의 다음 무대는 전혀 개혁의 손길이 가지 않은 교회의 예배에 이 원칙을 적용하는 것이었다. 그러므로 영국의 퓨리탄주의는 성경에 입각한 예배복고운동이라고 볼 필요가 있다. 긍정적인 차원에서 이들의 주장을 보면 영국교회의 예배가 보다 더 단순해야 하고, 순수해야 하며, 초대교회의 정신으로 돌아가야 한다는 데 의의를 둘 수 있다. 그러나 부정적인 시각으로 보면 로마가톨릭이 가지고 있는 예배에서의 모든 상징과 그 성격을 전면 부정하는 것이 그들의 문제점이다.

그러나 영국 땅에서 발생한 퓨리탄들의 개혁정신은 핍박과 불편한 삶을

---

25 Ibid., p. 1.
26 Ibid.
27 Ibid., p. 8.

겪으면서도 교회와 사회, 그리고 정치 속에 깊숙이 뿌리를 내리게 되었고, 그 결과 퓨리탄들의 주장과 신앙은 영국 국민의 가슴에 강한 인상을 심어 놓았다. 그리고 마침내 역사적인 개혁의 작업을 펼치는 1640년의 영국 국회에 이들 청교도들이 대다수를 차지하게 됨으로 퓨리탄 선조들이 그토록 원했던 "성경대로 예배하고 성경대로 믿고 나아가는 교회의 출현"을 이룩하게 되었다.

C. 웨스트민스터 성회와 예배모범

영국교회의 개혁이 특유한 성격을 가지고 출발했다는 것은 주지의 사실이다. 1534년 헨리 8세의 비합법적인 결혼이 로마 교황청으로부터 인정받지 못하고 출교의 처벌을 받게 되자 같은 해 헨리 8세는 "영국교회의 수장은 로마의 교황이 될 수 없고 영국 왕이 되어야 한다"라는 '영국교회의 수장령'을 국회에서 통과시켜 영국을 국가 교회로 전환시켰다. 그러나 이러한 그의 의도는 영국교회의 교회 수장만 바뀌게 했을 뿐 교회의 구조나 예배·예전의 내용과 형태에 별다른 개혁이 수반되지 않아 개혁을 갈망한 백성들에게 실망을 안겨주었다. 이러한 불만은 영국에서는 청교도들을 통하여 본격화되었고, 스코틀랜드에서는 극소수의 지역을 제외하고는 국가적으로 모두가 영국교회를 외면하면서 존 낙스에 이르러 개혁의 절정을 이루게 되었다. 그리고 낙스의 죽음 이후에는 멜빌(Andrew Melville, 1545-1622)과 같은 인물이 등장하여 스코틀랜드를 장로교의 나라로 만드는 데 실질적인 터전과 이론을 정립하였다.

개혁을 반대하던 영국의 왕 찰스 1세는 무력으로 자신이 원하는 예배·예전과 『공동기도서』를 스코틀랜드교회가 사용하도록 강요했지만, 여기에 저항하는 계약군들은 왕정의 군사들을 물리치고 영국의 북단까지 내려가 그들의 의지와 위력을 과시하면서 결국에는 영국의회의 소집을 가져오게 하였다.

1640년 10월에 소집된 영국국회는 다행스럽게도 장로교 퓨리탄들이 다수를 차지하고 있어서 역사적인 막중한 과업의 수행이 희망적이었다. 소집된 의회는 그들에게 주어진 임무를 다음의 4개항으로 정리하고 4개의 위원회를 조직하였다. 그 항목은 신앙에 대한 부당한 억압, 스코틀랜드와 아일랜드의 사건, 시민들을 향한 부당한 핍박, 그리고 로마 가톨릭 교회의 음모와 계략에 대한 대책이었다.[28] 찰스 1세는 의회의 구성원들이 내릴 결론에 대해 초조한 나머지 국회를 해산하고 의회지도자들을 탄압하여 자신이 원하는 방향으로의 전환을 시도하였으나 그 결과는 왕당파와 크롬웰(Oliver Cromwell, 1599-1658)을 중심한 의회파가 대결하는 시민전쟁의 유발(1642)뿐이었다.

　　이때 의회파는 스코틀랜드 수도 에딘버러에 대표를 파송하여 그곳의 계약군과 군사적 동맹을 맺기를 희망하였다. 이때 스코틀랜드에서는 그들의 군사행동이 왕당파를 향한 단순한 군사적 행동이 아니라 개혁신앙을 추구한 교회의 독립과 자유를 위한 것이었음을 설명하였다. 그들은 이러한 취지하에 '신성한 동맹과 계약'(The Solemn League and Covenant)을 체결하였고 이러한 합의는 1643년 의회에서 비준을 받게 되었다.[29] 이리하여 보다 막강한 군사력을 갖게 된 의회파는 쉽게 왕당파를 누를 수 있었고 찰스 1세는 1649년 처형을 당하게 되었다. 그 결과 영국의 정치는 의회를 중심으로 전개되기 시작하였고 이로써 민주주의라는 새로운 역사의 장이 펼쳐지게 되었다.

　　영국의 의회는 1643년 '스코틀랜드와의 종교적인 문제의 해결'이라는 계약의 이행을 위하여 교회의 대표들로 구성된 모임이 필요하다는 판단 하에 121명의 성직자를 임명하고 의회로부터 30명의 평신도를 파송하여 회

28　W. M. Hetherington, *History of the Westminster Assembly of Divines*, p. 81.
29　B. B. Warfield, *The Westminster Assembly and Its Work* (London: Oxford University Press, 1931). p. 23.

의를 구성하게 하였다. 그 구성원들은 대부분 장로교주의 퓨리탄들이 차지하였고, 조합교회주의자들과 영국교회의 감독주의자(episcopalian)들은 극소수에 불과하였다. 그리고 스코틀랜드교회로부터는 전문위원의 자격으로 2명의 평신도와 4명의 목사가 참석하였다.[30] 의회는 이 모임의 장소를 웨스트민스터로 정하고 그 모임의 이름을 웨스트민스터 성회(Westminister Assembly of Divine)라고 칭하였다. 그리고 이들은 1649년 휴회를 하기까지 1,163회의 모임을 거쳐 기독교 역사에 소중한 공헌을 남기게 되었다.

그러나 이 성회의 성격이 전문인들로서 주어진 안건들을 구체적으로 명문화하여 영국의회의 심의와 비준을 거쳐야 하는 위원회의 자격만을 가지고 있었기에 이들이 주로 연구하고 명문화하여 통과시킨 안건들은 예배모범을 비롯하여 장로교 정치, 신앙고백과 요리문답들이었으며 그 외에도 영국교회의 교리(Thirty-Nine Articles)의 수정작업 등이었다.[31]

여기서 유의해야 할 것은 지금까지 개혁교회에서, 이 회의는 오직 웨스트민스터 신앙고백과 대소요리문답(Westminster Catechisms)만을 위한 모임처럼 인식되어 왔으나 이러한 인식은 지극히 단편적이다. 전술한 대로 이 모임의 직접적인 원인이 된 것은 제네바의 개혁사상을 그대로 이어온 존 낙스의 예배모범을 스코틀랜드교회에서 사용하는 것을 금지시키고 로드(Laud)의 예배모범을 사용하도록 왕권을 발휘하였다. 그러기에 이 성회의 우선적이고 시급한 목적은 그들이 원하는 예배모범을 창출해 내는 것이었다. 이러한 목적은 필립 나이(Philip Nye)의 개회설교에서 분명하게 보여진다.

웨스트민스터 회의에서 우리 앞에 놓인 목적은 예배의 정화

---

30 이 회의에서 임명된 회원들의 명단은 W. M. Hetherington, *History of the Westminster Assembly of Divines*, pp. 112-3에 상세하게 나타나 있다.

31 웨스트민스터 성총회에서 제정 또는 인준 통과된 중요한 안건은 Solemn League and Covenant, The Form of Presbyterial Church Government, Thirty-Nine Articles, Westminster Confession, Westminster Actechisms 등이었다. 신앙고백은 1647년에 제정 통과되었다.

(Purification)이다. 그것은 국가에서 정해준 모델에 따른 예배가 아니라 하나님의 말씀에서 발견되는 대로 따르는 예배이어야 한다.[32]

이러한 목적의 이행을 위하여 예배모범은 회원들의 깊은 관심 가운데 신앙고백보다 우선적으로 다루어졌다. 그리고 그 내용의 구성은 전문위원의 자격으로 참석한 스코틀랜드교회의 대표들이 자신들이 속해 있는 스코틀랜드교회 총회에서 연구되고 총회의 통과를 기다리고 있던 내용을 속속 이 회의에 가져와서 발표하고[33] 그 내용이 거의 만장일치로 채택되는 것으로 이루어지게 되었다. 그러나 이 예배모범은 예상했던 것보다 어려운 문제를 만나게 되는데, 그것은 영국에 있는 퓨리탄들이 아무런 규범이 없는 자유로운 영적인 예배를 고집하고 제도화된 예배의 제정을 탐탁치 않게 생각하는 문제였다. 그 결과 이 예배모범이 통과되기까지 70회가 넘는 회의가 있었고, 이들 회의에서 엄격한 토론과 심의를 거쳐 1645년 1월에야 이 예배모범이 국회의 인준을 받게 되었다. 자신들이 원하는 예배모범의 통과를 초조히 기다리고 있었던 스코틀랜드 총회와 국회는 그토록 많은 피값으로 쟁취한 웨스트민스터 예배모범을 남다른 감격으로 맞이하면서 지체 없이 인준 통과시켰다.[34] 그러나 이러한 감격은 한때 찰스 2세와 제임스 7세에 이르러 시련을 받기도 하였다. 그리고 한때는 이 예배모범의 사용이 금지되는 아픔도 겪어야 했다.[35]

이로써 그들은 영국교회의 예식서를 벗어나 합법적으로 개혁교회의 예배를 드리는 감격을 맞이하게 되었고 로마 가톨릭과 같은 제도와 예전을 소유한 영국교회와는 전혀 다른 장로교제도를 도입한 '스코틀랜드교회'의

---

32 C. V. Wedgwood, *The King's War* (New York: Macmillan, 1959), p. 258.

33 Robert S. Paul, *The Assembly of the Lord*, pp. 8-89.

34 Thomas Leishman, *The Westminster Directory* (Edinburgh: William Blackwood and Sons, 1901), pp. xiii, xxv.

35 Burleigh, *History of Church of Scotland*, pp. 233-57.

터전을 굳히게 되었다. 이로써 세계의 장로교는 이 예배모범을 자신들이 드리는 예배규범의 모체로 삼고 오늘에 이르게 되었다.

3. 웨스트민스터 예배모범의 구조와 내용[36]

스코틀랜드에서 개혁교회의 정신에 입각한 예배가 진행되었던 것은 존 낙스가 1559년 귀국하면서 가져왔던 '제네바 예식서'(The Liturgical Portions of the Geneva Service Book)를 사용하면서부터였다. 개혁을 추구하는 많은 목사들에 의하여 이 예식서가 사용되자 스코틀랜드교회 총회는 이 예식서를 1562년에서 1564년까지 수정·보완하여 전국의 목사들에게 이를 사용할 것을 권장하였다. 사실 이 예식서는 존 낙스가 제네바에서 목회를 하는 동안 부처(Martin Butzer, 1491-1551)의 예배 의식을 수용한 존 칼빈(John Calvin, 1509-1564)의 지도를 받아 사용한 것으로서 그 내용과 구조가 새로워져야 할 필요성이 요구되고 있었다. 그러기에 스코틀랜드교회는 제2차의 개정작업을 필요로 하였고, 이에 준비를 계속하다가 웨스트민스터 성회에서 그 기초 작업을 제시하고 통과하게 되었다.[37]

이러한 과정을 거쳐 이룩된 본 예배모범은 그 기본 정신과 표현에 있어서는 제네바 예식서와 그 맥을 같이하고 있으나 그 구조와 내용은 새롭게 편성되었다. 이 예배모범은 공중기도, 성경 봉독, 시편송, 설교, 성례전, 그리고 기타의 14개 항목으로 구성되어 있으며, 또한 각 항목들은 모두가 개신교 예배의 핵심적인 요소로 제시되어 있다. 다음은 그 서술된 내용을 요약하여 이 예배모범이 주장하는 예배의 정신과 그 실태를 살펴보고자 한다.

---

36 여기서 사용된 웨스트민스터 예배모범의 텍스트는 1901년 토마스 레이스먼(Thomas Leisman)이 현대영어로 출판했다. 그리고 항목마다 사용한 순서 표기는 원문에 없으나 편의상 여기서 사용함을 밝혀둔다.

37 G. W. Sprott, *The Book of Common of the Church of Scotland*, xv.

A. 공적 예배를 위한 회중의 모임과 그 태도에 대하여

모든 교인은 어떤 경우에도 예배에 빠짐없이 참석해야 하는 의무를 지니며 반드시 마음에 준비를 하고 예배에 참석해야 한다. 모든 사람은 경건하면서도 진지하고 품위있는 태도로 모임에 들어오되, 어디에 경의를 표하거나 서로 간에 인사하는 것은 삼가고 자리에 앉는다. 목사는 예배의 부름을 기도와 함께 정중하게 해야 한다. 예배가 시작되었을 때, 회중은 다음과 같은 행위를 금지해야 한다. 무엇을 읽는 행위, 옆사람과의 대화, 특수한 인물이 들어올 때의 경외의 표시,[38] 조는 것, 목사를 괴롭히는 행위 등등이다. 그리고 어떤 경우도 예배의 분위기와 진지성을 방해하는 일은 결코 용납될 수 없다. 또한 예배자들은 개인적인 문제의 해결을 호소하는 행위에서 벗어나 하나님을 예배하는 공동체의 일원으로 참여해야 한다.

B. 성경 봉독에 대하여

성경 봉독은 공중예배의 한 부분으로서 예배가 하나님께 의지하고 그분만을 경배함을 깨닫도록 하는 데 있다. 이 말씀의 봉독은 하나님의 백성들에게 교훈과 성화의 방편이 된다. 이 성경은 신구약 66권이 되어야 하며 봉독자는 반드시 회중의 언어로 충실히 번역된 성경을 분명하고 엄숙하게 봉독하여야 한다. 봉독해야 할 분량은 목사의 재량에 맡기되 신구약 공히 한 장 정도씩 봉독함이 좋다. 가급적이면 66권이 차례대로 봉독되어 회중이 성경과 친숙해질 수 있도록 해야 한다. 그리고 성도들은 예배시간뿐만이 아니라 개인적으로도 성경을 읽어야 한다.

C. 설교 전의 기도에 대하여

성경 봉독이나 시편송 다음에 진행될 설교 직전에 갖게 되는 기도는 하나님의 말씀을 경청하는 데 걸림이 되는 죄를 참회케 하고 그리스도 안에

---

38   여기서의 특수한 인물이란 영국의 귀족들을 비롯한 제후 또는 왕가의 사람을 지칭한다.

서 하나님의 은혜를 간구케 하는 것이어야 한다. 여기서의 죄의 고백은 회중의 죄뿐만 아니라 설교자 자신의 죄까지도 포함되어야 한다. 여기서 기도가 너무 길면 간구의 부분은 설교 후에 할 수도 있다.[39] 그리고 이 기도 전에 하나님께 감사의 예물을 드리는 순서를 가질 수도 있다.

D. 말씀의 선포에 관하여

말씀의 선포란 구원에 이르게 하는 하나님의 능력이요, 복음의 사역에 있어서 가장 위대하고 탁월한 부분으로서 성실히 수행되어야 한다. 그럴 때 설교자는 부끄러움을 당하지 않게 될 것이며, 또한 설교자 자신과 듣는 무리를 구원하게 된다. 이 막중한 소임을 수행함에 있어서 설교자는 다음과 같은 분야에 남다른 은사를 가지고 있어야 한다. 즉, 성경의 원어를 비롯하여 문학과 과학, 성경과 신학의 지식, 성도들의 삶의 장에 대한 이해와 공감 등을 소유해야 한다. 이러한 모든 것은 기도를 통하여 갖게 되는 성령님의 임재에 의하여 보다 확실하게 조명되어야 하며 설교자는 하나님과 자신 앞에서 최선을 다하여 준비하여 강단에 올라야만 한다.

설교의 주제는 성경, 계절 또는 삶의 장에서 가져올 수 있으나 필히 성경과 관련이 있어야 한다. 설교의 서론은 가급적 본문의 정황을 말할 것이며, 설교의 본론은 회중이 기억하기 쉽게 분류하여 전달해야 한다. 본문이 교리설교에 해당되는 것이면, 먼저 하나님의 진리인지를 분별하고, 둘째는 하나님이 어떻게 그것을 성경말씀으로 가르치고 있는지를 인식하도록 할 것이며, 셋째는 설교의 내용이 회중의 신앙심 함양에 도움이 되도록 해야 한다. 특별히 교리설교는 평범한 어휘를 사용하고 그 목적이 분명하고 전개가 간결하도록 하여 확신을 심어주어야 한다. 성경적으로 또는 이론적으로 불분명한 주제는 바로 다루지 말고 깊은 연구를 통하여 준비하고 설교해야 한다. 그 외에 교훈이나 진리에 대한 설교를 할 때도 손에 들고 있는 성

---

39   이 부분의 기도는 9쪽에 달하는 기도의 실제가 수록된 것을 볼 때 그 중요성을 잘 반영하고 있다.

경 안에서 공감된 진리가 나오도록 해야 한다. 교인의 임무를 강조하거나 또는 충고나 질책을 할 경우에는 적절한 방법의 제시까지 선포되어야 한다.

설교자는 설교 사역을 감당함에 있어서 다음의 몇 가지에 깊은 유의를 해야 한다. 먼저는 태만한 자세를 버리고 땀 흘리는 근면함을 갖추어야 한다. 둘째는 분명한 표현과 어휘와 전개와 함께 명확성을 갖추어야 한다. 셋째는 그리스도의 성실성 앞에서 신실한 자세와 믿음을 가지고 있어야 한다. 넷째는 전해야 할 진리와 교훈과 책망의 설교는 지혜롭게 구성하여 전해야 한다. 다섯째는 하나님의 말씀으로서의 설교는 엄숙하고 진지하게 진행되어야 한다. 여섯째는 설교자는 회중에 대한 깊은 애정을 가지고 설교를 준비하고 전해야 한다. 끝으로 설교자는 전하고자 하는 메시지를 스스로에게 먼저 선포하고 그리스도의 진리를 자신에게 먼저 가르치면서 양떼 앞을 걸어가야 간다.

E. 설교 후 기도에 관하여

설교자는 설교가 끝났을 때, 먼저 주 예수 그리스도를 보내주셔서 하늘나라의 복음을 주신 하나님께 감사하고 성령님의 역사를 경험케 하심에 감사의 기도를 드려야 한다. 그리고 하나님이 주신 선택과 부르심과 영광의 소망과 해방과 개혁신앙을 누릴 수 있도록 복을 베풀어 주심에 감사하며 뿌려진 메시지가 회중의 가슴에 심겨져 결실이 있기를 빌어야 한다. 그리고 주님의 재림에 대비한 삶을 위하여 기도한 후 끝으로 주님의 기도를 함께한다. 특수한 절기의 경우 이 시간에 그 절기와 신앙을 위하여 기도할 수 있다. 이 기도가 끝났을 때 회중과 함께 시편송을 부르고 특별한 행사가 없을 때는 여기서 엄숙하게 하나님이 복 내려 주심을 선언하고(축도) 예배를 끝맺는다.

F. 세례 성례전에 관하여

세례는 너무 지체함 없이 하나님의 사역자로 부름 받은 목사에 의하여 공중예배의 시간에 회중 앞에서 주어져야 한다. 유아 세례의 경우 아버지에 의하여 자신의 아이가 세례 받기를 원한다는 고백이 함께 있어야 한다. 목사는 필요한 교훈의 말씀을 주고 주님이 제정하신 뜻대로 세례의 목적과 그 본성을 본 예배모범에 기록된 대로 전한다. 여기서 목사가 주고 싶은 교훈을 첨가할 수 있다. 뿐만 아니라 회중으로 하여금 세례를 받았던 과거의 순간을 회상하면서 하나님과의 약속이 잘 진행되고 있는지 살피도록 한다. 그리고 목사는 그 부모에게 하나님의 자비로 세례 받은 자식을 기독교 신앙 안에서 굳건히 성장시켜야 하는 부모의 책임수행을 예배모범의 내용에 따라 강조해야 한다.

이러한 말씀의 전달이 있은 후, 본 예배모범에 따라 사용하고자 하는 세례수의 거룩한 의미를 새기는 기도를 드린다. 그리고 수세자의 이름을 부르고 수세자의 얼굴에 물을 뿌리거나 부으면서 "내가 그대에게 성부와 성자와 성령의 이름으로 세례를 주노라"고 선포한다. 이때에는 어떤 의식도 첨가할 수 없다. 그리고 이어서 본 예배모범에 기록된 내용의 기도를 드린다.

G. 성만찬 성례에 관하여

성만찬 성례는 자주 행함이 좋으나 그 횟수는 그 교회의 형편에 따라 유익하게 정함이 좋다. 그리고 그 시기는 주일 오전 예배의 설교 후가 적절하다. 주중의 특별한 예배시간에 성만찬 성례를 가질 경우 그 시간을 미리 알려서 참여자들이 준비할 수 있도록 하여야 한다. 집례를 시작할 때에 목사는 설교와 기도를 하고 본 예배모범이 제시한 대로 권고의 말을 해 준다. 이때 목사는 예배모범의 내용을 가지고 예전에 참여한 성도들이 이 성례전을 통하여 측량할 수 없는 은혜를 입게 됨을 감사해야 하고 거기에 합당한 성도들의 기본적인 신앙자세를 강조한다. 그리고 이 예전에 참여하기 전의 모든 허물과 모순된 삶의 행위에 대한 용서를 구할 것을 강조한다. 뿐만 아니라 주님의 살과 피를 함부로 또는 무가치하게 받지 않도록 권고해야 한다.

이러한 권고를 행한 후에 수찬자들로 하여금 자리와 자세를 정돈하게 한 후에 성물에 대한 기도를 드린다. 그리고 복음서나 고린도전서 11장 23절을 봉독한다. 이때 이 말씀의 적용을 간단히 할 수도 있다. 그리고 제시된 기도를 드리고 성체 분할을 집례한다. 그리고 목사는 수찬자들에게 성물(빵)을 주면서 "받으라, 먹으라, 이것은 너희를 위하여 상한 내 몸이다"라고 말한다. 그리고 이어서 성물(잔)을 들어 주님이 하신 대로 자신이 행하고 있음을 밝히면서 "이 잔은 그리스도의 피로 세운 새 언약의 잔입니다. 이는 죄사함을 얻게 하려고 많은 사람을 위하여 흘리는 바 그리스도의 피입니다"라고 선언해야 한다. 분잔이 끝난 다음에 목사는 주의 살과 피에 흠이 가지 않도록 성결한 삶을 살 것을 잠깐 동안 강조한 후 하나님께 드리는 감사의 기도를 본 예배모범의 기도문을 참고하여 드린다.

이 성례전이 끝난 다음에 가난한 이웃을 위한 헌금을 드림으로 감사의 응답을 할 수도 있다.

H. 신성한 주님의 날에 관하여

주님의 날은 세상의 사업이나 계획이 있기 전에 언제나 기독교인의 안식일로서 거룩하게 지켜지고 편히 쉬는 날이 되도록 준비되어야 한다. 이날에는 오락이나 운동이나 불필요한 노동마저 삼가하고 세상에 속한 언행심사도 삼가야 한다. 그리고 은혜로운 주일예배를 위하여 개인적으로나 가정적으로 기도하되 특별히 말씀을 선포하고 성례전을 집례할 목사를 위하여 기도하여야 한다. 모든 사람은 예배를 위하여 시간 전에 예배당에 모여야 하고 예배가 끝나기 전에는 자리를 떠나지 말아야 한다. 예배를 마치고 남은 시간에는 독서와 명상과 설교를 통하여 준 말씀의 복습과 찬송과 병자의 심방과 자선의 손길을 펼쳐야 한다.

I. 엄숙한 결혼에 관하여

결혼은 성례전에 속하지는 않으나 인간의 깊은 관심사로서 주 안에서 이루어져야 한다. 그러므로 하나님의 말씀으로 교훈과 방향이 제시되어야 하기에 목사에 의하여 말씀과 기도와 축복이 주어지는 엄숙한 의식으로 진행되어야 한다. 목사는 결혼 예식에 대한 발표를 3주 전에 모두가 알도록 공표하고 그동안에 법적으로 필요한 조건을 비롯하여 가족의 동의를 살피도록 한다. 부모는 자녀의 동의가 없이 강제로 결혼을 시켜서는 안 된다. 모든 과정이 확인되면 목사는 결혼을 위한 예배의 장소와 내용을 결정하고 준비를 시킨다.

엄숙한 결혼은 말씀과 기도가 필수적으로 따라야 하기에 목사는 본 예배모범의 기도를 활용해야 한다. 기도 다음에는 성경에 근거하여 필요한 말씀을 전하고 결혼 당사자들로 예배모범에 제시된 대로 서약의 단계를 밟게 한다. 서약이 끝난 다음 목사는 지체 없이 결혼이 성립된 것을 선언하고 감사와 축복의 기도를 한 후 끝을 맺는다.

J. 병자의 심방에 관하여

목사의 임무는 사람들을 가르치고 위로하는 일이다. 이 임무는 교인들의 육신과 영혼의 건강을 위하여, 그리고 종국적으로 고결한 죽음의 준비를 위함이다. 그러므로 병자로 있을 때 하나님 말씀과의 만남이 가장 잘 이루어진다. 그러기에 목사는 환자를 방문하였을 때에 병이란 육체의 이상에서 올 수도 있으나 선한 길로 인도하시려는 하나님의 선하신 뜻이 있음도 알려주고 순간의 고통을 통하여 신앙의 새로운 자세를 모색케 한다. 그리고 병상을 통하여 하나님과의 과거와 오늘의 관계성도 반성케 한다. 그리고 예배모범에 제시된 대로 성결하지 못한 삶의 반성과 그리스도의 피로 치유되어 하나님이 기뻐하시는 삶으로 승화되는 자비를 베풀어 달라는 내용의 기도를 드린다. 끝으로 목사는 병자에게, 그리스도가 함께하실 때 새로운 변화가 나타나며 주님과 영화로운 미래를 경험하게 됨을 소망의 메시지로 전하여야 한다.

K. 죽은 자의 장례에 대하여

한 인간이 세상을 떠났을 때 장례를 치른 후 죽은 시체는 지체 없이 묘지로 가야 한다. 시체 앞에서 무릎을 꿇고 절하는 행위는 미신적인 것이고 그 앞에서의 찬송이나 기도, 성경 봉독 등은 불필요하다. 그러나 크리스천들이 세상을 떠난 사람의 친구와 친척들과 함께 앉아 명상하고 위로의 상담을 하는 것은 대단히 필요하다. 목사는 장례 의식뿐만 아니라 가족을 잃은 사람들을 찾아 그들이 상처를 씻고 자신들에게 맡겨진 의무를 잘 이행하도록 하여야 한다.

L. 공적인 금식에 관하여

공적으로 갖는 엄숙한 금식의 행위는 하나님이 기대하시는 하나님 나라 백성들의 의무이다. 신앙적인 금식은 음식뿐만이 아니라 세상의 노동이나 사념과 육체적인 쾌락을 모두 중단하는 행위이다. 이러한 금식의 모임을 위하여서 가정이나 개인은 먼저 그들의 마음을 준비하고 이 일에 참여하여야 한다. 참여자들이 금식의 모임에서 시간을 잘 배당하여 성경을 읽고 설교를 경청하고 시편송을 부르는 것은 좋은 효과를 거두게 한다. 그때의 기도의 정신과 내용은 본 예배모범의 것을 참고함이 유익하다. 이때 목사의 기도는 자신의 입장이 아닌 금식 중인 성도들의 마음을 잘 이해하고 그들의 입장에서 기도를 해야 한다. 그리고 성경의 말씀도 그 정황에 맞는 말씀을 찾아 전하도록 각별한 관심을 가져야 한다. 그 외에도 신앙에 입각한 특수한 금식의 모임은 하나님의 섭리를 실현하는 데 도움이 됨으로 참여자들은 예배의 정신으로 이 엄숙한 모임에 임하여야 한다.

M. 공적인 감사의 날에 관하여

적절한 날을 택하여 공식적으로 갖는 감사의 날은 모든 사람이 함께 준비된 마음으로 지켜야 한다. 그날에 모였을 때는 먼저 목사는 적절한 말씀을 준비하고 그들로 하나님이 내려주신 복된 사연에 의무적으로 감사하게 해야 한다. 목사는 가급적 회중이 감사해야 할 사연을 구체화하여 언급할 것이며 거기에 맞는 본문과 설교의 메시지를 전해야 한다. 설교 후에 목사는 감사의 기도를 드리되 왕과 나라, 그리고 지난 시간 가운데 베풀어 주신 하나님의 자비하신 은총을 열거해야 한다. 그리고 회중은 계속하여 기도와 성경 읽기와 설교와 찬양과 감사의 예물을 드리는 시간을 가진 후 모임을 마쳐야 한다. 이 날에 모여진 예물은 가난한 이웃을 위하여 사용함으로 주님을 기쁘시게 해야 한다.

N. 시편송에 대하여

공적으로 또는 개인과 가정에서 하나님을 찬양하는 것은 성도들의 의무이다. 찬양의 행위에 있어서 그 내용과 이해, 마음으로부터 우러나오는 은혜에 대한 응답, 주님을 향한 멜로디 등은 대단히 중요한 것으로 모두가 다 찬양하고자 하는 시편의 내용을 읽지 못할 경우를 생각하여 목사나 또는 목사가 임명한 선창자에 의하여 가사의 내용이 소절마다 읽히고 회중이 따라서 찬양을 해야 한다.

4. 웨스트민스터 예배모범의 영향과 비판적 평가

A. 가치와 영향

개혁교회의 가장 근본적인 주장은 성경으로 돌아가 거기에서 주어지고 행하여진 바 있는 교회의 모습을 회복하자는 것이었다. 특별히 하나님을 섬기는 예배·예전이 하나님의 계시와 인간의 응답이라는 성경의 근본 뜻을 벗어나서 인위적인 제도와 의식으로 가득찰 때 비성경적인 요소가 등장하게 되며, 신령과 진정으로 하나님을 예배할 수 있는 길은 좁아질 수밖에 없다. 그러기에 종교개혁의 필연성이 시급히 요청되었으며, 결국 개혁의 점화가 시작되자 유럽의 대륙은 삽시간에 개혁의 불바다를 이루게 되었다.

웨스트민스터 예배모범은 바로 이상과 같은 정황이 가져다준 결실이기에 그 가치와 영향은 실로 위대하다. 본 예배모범은 이러한 개혁정신인 하나님 중심(Theocentric)의 예배 정신을 보다 선명하게 나타내고 있으며, 본 예배모범의 성격과 구성은 하나님의 은총과 그 은총을 경험한 성도들의 응답을 핵심적인 예배의 관계로 설명하고 있다. 이러한 기본적인 터전 위에서 형성된 예배모범은 우선적으로 다음의 몇 가지 점에서 그 가치가 높이 평가되어야 한다고 본다.[40]

먼저, 종교개혁의 기수들이 개혁교회의 신학과 구조에 깊은 관심을 가지고 많은 논쟁을 전개하고 있는 동안 스코틀랜드교회는 개혁과는 거리가 먼 영국교회의 예배·예전을 수용하기를 거부하면서 하나님을 예배하는 일차적 임무에 심혈을 기울였다는 점이다. 그래서 종교개혁사에 최초로 한 나라의 국회와 초교단적 성회, 그리고 총회를 거쳐 공인된 예배모범으로서 예배 개혁의 기수가 되었다.

---

[40] 웨스트민스터 예배모범의 가치성과 비교해 볼 만한 좋은 자료로서 전통적으로 개혁교회의 예배가 갖고 있는 가치성이 다음의 책에서 잘 지적되고 있다. John Leith & John Kuykendall, *Guides to the Reformed Tradition: Worship* (Atlanta: John Knox Press, 1984), pp. 171-7.

둘째, 본 예배모범이 성경으로 돌아가야 한다는 개혁의 기본정신을 이어받아 성경에 나타난 예배에 가장 충실한 모습을 보이고 있다는 점이다. 로마 가톨릭의 예배나 당시의 영국교회의 예배가 구약의 제사를 위주로 했던 성전예배에 가까운 인상을 주었다고 한다면 이 예배모범은 말씀을 중심으로 한 회당예배의 성격을 가지고 있을 정도로 말씀과 기도와 시편 송이 주종을 이루고 있어서 성경적 예배의 한 모델을 제시해 주고 있다.

셋째, 설교 중심의 예배로서 그 설교의 내용이 순수하게 성경말씀의 선포와 해석에 머물도록 함으로써 오늘날 강단에서 흔히 나타나는 설교의 탈선을 바로잡아 주는 중요한 역할을 수행하고 있다. 특별히 한두 절의 본문이 아니라 한 장의 본문을 읽도록 하고 그 말씀의 주해에 설교자가 절대적인 노력을 기울이도록 하는 부분은 말씀을 이탈한 현대의 강단에 주는 교훈이 크다.

넷째, 기도의 내용 구성이 뚜렷하지 않은 상태에서 기도서를 부담 없이 예배 예식에서 읽고 있던 그 당시의 실정에서 기도의 참된 모습을 보여주었다는 데 또 하나의 가치를 부여하고 싶다. 결국 이 예배모범에서 기도란 찬양, 감사, 고백, 간구, 그리고 중보의 내용을 담아야 한다는 점을 보여줌으로써 비로소 신실한 기도의 내실을 갖추게 되었다.

다섯째, 엄격한 주일 성수를 강조함으로써 주님의 날에 대한 새로운 시각을 갖게 하였고 그날의 성경적 신학을 발견하게 하는 공헌을 가져왔다. 특별히 그날에 성도들이 해야 할 행동지침까지 제시함으로써 실천적 신앙과 분명한 방향을 제시해 주고 있다.

여섯째, 지금까지 성만찬의 빵과 잔이 신비한 성물이요 때로는 미신적인 해석의 대상으로까지 여겨지던 교회에서 말씀을 통하여, 성물의 성스러운 의미에 대한 분명한 이해 위에 분병과 분잔을 하도록 하는가 하면 감사로 성만찬 성례전의 끝을 맺도록 하는 의식의 변화는 현대 개혁교회의

소중한 본이 되고 있다.[41]

이와 같은 소중한 가치성을 지니고 있는 예식서가 웨스트민스터 성회를 통하여 70회의 회의를 거듭하여 진지한 연구와 토론과 심의 과정을 거쳤다는 것은 실로 놀라운 일이다. 그러기에 영국의 의회는 1644년 12월 27일에 완료되어 이송된 이 예배모범을 일주일 후인 1645년 1월 3일에 인준했다. 그리고 스코틀랜드는 자신들의 땀과 눈물이 배여 있는 본 예배모범이 인준되기가 무섭게 1645년 2월 6일에 의회에서 인준을 받게 하였다. 본 예배모범에 대한 스코틀랜드교회의 관여와 신속한 반응, 그리고 지체 없는 수용은 바로 이 예배모범이 스코틀랜드교회만을 위한 것처럼 오해를 받을 소지를 낳기도 하였다. 그러나 이러한 오해는 예배·예전으로 인하여 봉기한 시민군의 싸움과 그 희생, 그리고 어떤 나라의 개혁교회보다 시급하게 이 문제의 해결이 필요했던 상황으로 충분히 이해가 된다.

사실 영국교회에서는 자신들의 의회에서 통과된 예배모범이 자신들과는 무관하다는 입장을 취하면서 지금까지 자신들의 전통적인 예식서와 기도서를 이용하고 있으나, 대영제국(United Kingdom) 내의 영국, 아일랜드, 그리고 웨일즈의 장로교에서는 이 예배모범을 모델로 하여 예식서를 발간하였고, 이 예식서를 가지고 지금까지도 그들의 예배의 내용을 정하고 있다.[42] 또한 1946년 미국 장로교(PCUSA)의 예식서(The Book of Common Worship)의 서문에서는 스코틀랜드교회를 모교회(the Mother Church)라고 부르면서 그들의 예배 정신과 내용을 자신들의 뿌리로 하고 있음을 알 수 있다. 한국의 장로교회들의 헌법에 있는 예배모범의 내용 역시 본 웨스트민스터 예배모범의 정신과 그 내용을 대폭 수용하고 있음을 보게 된다.

---

[41] D. H. Tripp, "Protestantism and the Eucharist" in G. Wainwright, (ed.) *The Study of Liturgy* (New York: Oxford University Press, 1980), p. 259.

[42] 여기에 해당된 대표적인 예식서들로 *Directory for Public Worship for use in the Presbyterian Church of England: Book of Public Worship of The Presbyterian Church in Ireland,* 그리고 *The Presbyterian Service Book for use in the Presbyterian Churches of England and Wales* 등을 들 수 있다.

이처럼 본 예배모범은 영연방의 개혁교회뿐만 아니라 19세기 미국 장로교의 선교를 받은 전 지역에 예배의 모델로서 그 예배의 정신과 내용과 구조에 지대한 영향을 현재까지 끼치고 있음을 볼 때 그 가치와 의미가 보다 분명해짐을 알 수 있다.

B. 비판적 평가

기독교 예배 역사에 중요한 획을 긋고 있는 웨스트민스터 예배모범은 개혁교회 특히 장로교회에 중요한 공헌과 지대한 영향을 끼친 것은 사실이다. 그러나 시대의 변천에 따라 과거의 진리가 오늘에 이르러서는 무용한 것이 될 수 있고, 더 나아가서는 걸림돌이 되기 쉬운 경우가 없지 않다. 특별히 문화적인 배경을 달리하는 시대와 나라의 정황에서는 450년 전의 예배의 내용과 구조를 그대로 수용하기에는 많은 무리가 따르게 된다는 사실 또한 부인할 수 없다. 그러므로 웨스트민스터 예배모범이 아무리 완벽한 내용을 수록하고 전통적인 개혁정신을 담고 있다고 하더라도 현재적 적용이라는 과제 앞에서는 무엇이 문제가 되는가를 비판적 시각에서 분석해 볼 필요가 있다. 이러한 입장에서 다음의 몇 가지가 지적되지 않을 수 없다.

첫째, 본 예배모범이 있기까지의 배경과 과정상의 영향 때문에 기독교 예배의 역사성이 단절된 점이다.

당시의 개혁교회는 로마 가톨릭 교회를 철저히 적대시하여 마치 지옥행을 달리는 열차로 이해하였다. 더욱이 영국의 교회가 교회의 수장(首長)을 왕으로 교체만 했을 뿐 그 조직과 예배·예전의 형태가 가톨릭과 별로 구별되지 않았을 때 앞서의 적대감정은 더욱 커갈 수밖에 없었다. 그러기에 1500년을 지켜온 교회와 예배·예전의 역사성은 전혀 고려되지 못한 가운데 오직 성경과의 연관만을 주장하면서 이 예배모범이 작성되기에 이르렀다. 역사를 하나님의 거대한 섭리의 한 실체라고 볼 때, 본 예배모범이 갖는 역사성은 너무 정치적인 저항의 냄새가 풍기고 있으며 특수한 시대적 상황의 지배를 많이 받았다는 비난을 받게 된다. 즉, 역사와 시대의 흐름을 초월하여 기독교 예배·예전의 보편적이고 포괄적인 이해와 수용이 미흡하다는 평을 하지 않을 수 없다.

둘째, 예배를 하나님의 창조와 구속의 은총을 깨달은 그의 백성들이 드리는 응답적 행위라고 이해할 때 설교는 하나님이 말씀의 종을 통하여 정성껏 예배하는 무리에게 응답하는 한 부분이다. 이러한 입장에서 본 예배모범은 말씀을 선포하고 해석하고 그 말씀을 경청하는 것을 예배의 전부로 보고 있다는 데 문제점을 발견하게 된다. 이러한 문제점은 오늘의 예배신학자들에 의하여 날카로운 비판의 대상이 되고 있다.[43]

셋째, 예배의 역사에 일찍부터 사용되어 왔고 다윗 때는 공식적인 예배의 도구로까지 발전한 악기의 사용불가론은 또 하나의 문제점으로 지적된다. 순수한 인간의 감정과 음정을 시편의 내용으로 찬양해야 한다는 이들의 주장이 있기까지의 배경을 볼 때 그 이유는 충분히 이해되나 성경의 근거마저 외면한 이러한 결정은 1883년 스코틀랜드교회의 총회에서 "음성을 통하여 드리는 찬양 외에 예배 때의 악기의 사용은 하나님의 말씀을 전하는 데 아무런 방해가 되지 않는다"[44]는 결의로도 그 문제성이 지적되고 있음을 볼 수 있다.

넷째, 언어로 다 전달될 수 없는 메시지는 상징물을 통하여 더욱 효과적으로 전달될 수 있다는 것은 현대의 커뮤니케이션의 기본 이론이다. 예배모범이 성모 마리아상을 비롯하여 우상처럼 숭배하는 특수한 성물을 인정치 않은 것은 타당하다고 할 수 있다. 그러나 기타의 상징물마저 전면 부정하여 언어 이외의 것은 모두 부정해 버리는 처사는 현 개혁교회의 예배당이 단순히 집회소의 모습으로 변질되어 버리는 결과를 가져다준다.

다섯째, 웨슬리와 아이삭 이후 예배의 중요한 부분으로 등장되어 예배

---

43 John Leith, *Guides to the Reformed Tradition*, p. 83.
44 C. G. M'Crie, *The Public Worship of Presbyterian Scotland*, p. 340.

드리는 무리가 즐겨 애용하고 있는 찬송이 시편송으로만 제한되어 있는
것 또한 중요한 문제로 지적되지 않을 수 없다. 예배를 드리는 현장의 찬
송이 어느 특정한 나라나 문화의 가락이나 음정으로 통일될 수 없으므로
본 예배모범의 찬양의 규범에 관한 형태는 그대로 수용하기가 어렵다는
것을 지적하지 않을 수 없다.

그 외에도 평신도의 참여가 전혀 허용되지 않고 목사만이 모든 예배를
주관해야 한다는 점을 비롯하여 민족과 문화권에 의하여 전통적으로 각
각 달리 행하고 있는 결혼이나 장례의 문제 또한 비판적인 시각에서 지적
될 수 있는 부분들이다.

함축된 의미

기독교의 역사에 하나님의 말씀인 성경을 제외하고 어떤 결정이나 문헌
도 후대에 이르기까지 완벽한 경전이 될 수는 없다. 특별히 어느 규범이
어느 특정한 환경의 지배를 받아 성립되었을 경우 그것은 더욱 중요한 문
제를 가져다준다. 사실 웨스트민스터 예배모범은 앞에서 서술한 대로 개
혁교회 예배·예전의 중요한 이정표이며 높이 평가를 받아야 할 소중한 예
배모범임에는 틀림이 없다. 그러나 이 예배모범이 스코틀랜드의 계약군과
영국 의회파인 크롬웰의 군사력의 영향 아래에서 형성되고 인준이 되었다
는 데 문제의 제기는 계속되고 있다. 장로교회가 즐겨 사용하는 "단순한
하나님의 예정과 섭리"로 돌려야 할 것인지, 아니면 반성적 시각을 첨가해
야 할 것인지의 질문이 하나의 과제로 등장된다. 이러한 문제는 본 예배모
범이 엄연히 영국국회에서는 합법적으로 통과되었으나 영국교회에서 이
를 끝내 거부한 사실, 그리고 1660년 찰스 2세의 왕정복고와 함께 1662
년 영국교회 예식서 역시 복고되어, 서둘러 수정작업이 마쳐진 사실에서

잘 입증되고 있다.

뿐만 아니라 세계의 교회가 예배·예전을 공통분모로 하여 연합된 그리스도의 교회를 지향하는 현실에서 본 예배모범의 위치를 어디까지 고수하고 나아가야 할 것인가의 문제 또한 함께 제기해 볼 수 있다. 특별히 예배복고 운동(Liturgical Movement)을 비롯하여 성령님의 인도에 따라 예배와 말씀의 사역을 감당하고 있는 교회들의 등장을 본 예배모범의 시각에서 어떻게 해석해야 할지에 대한 문제도 하나의 과제이다.

그러나 개혁교회가 소중히 여겨온 전통은 로마 가톨릭이나 영국교회처럼 교황주의(Papalism)나 감독주의(Episcopalianism)에 예속된 교회가 아니라, 오히려 개 교회와 개 교단이 성경에 입각하여 부끄러움 없는 예배와 신앙과 행위를 존중해 왔다. 그러기에 본 예배모범의 형성 과정이나 시대와 문화의 변천에 따른 적용의 문제점은 어려움 없이 이해될 수 있는 것들이다. 오히려 장로교가 개혁교회의 자랑스러운 줄기를 이어왔고 스코틀랜드가 그 모체가 되어 신앙과 예배와 교리의 참된 골격을 오늘에 이르게 했다는 데 고마움과 거기에 따른 긍지를 느끼지 않을 수 없다.

특별히 한국의 장로교는 유럽 대륙에 영향을 끼쳤던 제네바의 줄기보다 스코틀랜드와 영국의 퓨리탄으로 이어지는 웨스트민스터에 뿌리를 둔 교회이다. 사실 한국교회, 특히 장로교회는 스코틀랜드교회로부터 거대한 은혜를 입은 교회이다. 그 이유는 듣지도 보지도 못했던 복음서를 우리의 언어로 중국에서 최초로 번역하여 우리의 땅에 들여보내고, 중국 땅을 출입한 우리 민족에게 세례를 베풀어 이 땅에 미국의 선교사가 상륙하기도 전에 우리 스스로 우리의 교회를 세우게 했던 인물이 스코틀랜드교회가 파송한 존 로스 목사였기 때문이다. 결국 오늘도 한국장로교회는 바로 그 교회가 갖은 희생을 치루고 이룩한 웨스트민스터 예배모범을 따라 예배하고 있으며 그들의 교회정치와 신앙고백을 따라 교회의 조직과 치리를 하고 신앙의 골격을 형성하고 있다.

우상종교가 가득한 한반도에 하나님을 예배하는 데 필요한 이러한 기틀이 없었다면 우리의 예배는 더욱더 혼돈과 무질서가 가득하였으리라. 그러하기에 우리의 교회는 새롭게 눈을 뜨고 "신령과 진정으로 예배하라"는 주님의 말씀에 다시 한 번 귀를 기울여야 한다. 그리고 이 말씀을 보다 더 성실히 따르기 위해서 땀과 피를 흘리며 그렇게 소중히 지켜왔던 이 웨스트민스터 예배모범을 한 번쯤 가슴에 품고 깊이 음미해 보아야 한다.

제14장
리마 예식서(Lima Liturgy)의 내용과 가치

　반만년 동안 한반도를 지켜온 우리 민족의 문화를 종교적 측면에서 정의를 내린다면 제의문화(祭儀文化)이다. 그런데 200년 전에 이 땅을 찾은 천주교의 주역들은 이 땅의 제의문화를 신속히 터득하여 그들의 예배·예전을 접목(接木)시키는 데 성공을 거둔 데 반하여, 개신교는 이 민족의 제의문화에 조금의 관심이나 노력을 기울이지 않은 채 언어중심의 목회를 계속하고 있다.

　그동안 한국의 개신교 100년사는 세계적인 관심거리가 될 정도였다. 그러나 2세기에 들어서면서 설교 중심의 예배와 선교 방식만으로는 한계에 이르렀다는 지적을 여기저기서 받기 시작하였다. 반대로 이 땅의 제의적 문화와 성공적으로 접목을 이룬 가톨릭은 찾아오는 성도들을 모두 수용하는 데 어려움을 느낄 정도라는 행복한 고민에 빠져 있다.

　지금이라도 우리의 개신교가 제의문화(Ritual Culture)에 접근할 수 있는 길은 진정 없는 것인가? 개신교가 회복할 수 있는 예배·예전이 있다면 어떤 것이 그 기준이 되어야 하는가? 이러한 과제를 풀기 위하여 여기에서는 우선 문화와 종교의 상관성을 보면서 우리의 문화를 제의문화로 조명해 보고자 한다. 그리고 이 제의문화가 자리잡은 이 땅 위에서 우리의 개신교가 시도해 볼 수 있는 예배·예전의 모델을 찾기 위한 노력의 하나로서 1983년 세계교회가 한자리에서 가졌던 리마 예배·예전(Lima Liturgy)을 찾아보려 한다. 그리고 그 예전의 형성 과정과 구체적인 내용을 살펴보면서 그 가치를 음미해 보려 한다.

1. 문화와 종교

한 민족과 사회의 기본을 이루고 있는 문화(Culture)라는 어휘는 Cultus에서 유래된 것으로서 근본적으로 크게 두 가지의 출발점을 가지고 있다. 먼저는 종교적인 행위의 제반 의식을 통한 정신적인 축(軸)을 형성하였고, 둘째는 토지의 경작과 파종 수확과 같은 농업 행위의 발전을 통하여 의식주의 정착을 가져왔다.[1] 즉, 인간이 자연상태에서 벗어나 일정한 목적 또는 생활이상을 실현하려는 활동의 과정을 형성시키고 오늘의 정착을 가져온 기본적인 틀을 문화라고 한다. 말리노프스키(Malinowski)에 따르면 이 기본적인 틀이란 바로 "언어, 습관, 이상, 신앙, 풍속, 사회조직, 전래된 예술, 기술의 과정, 그리고 가치성"들이다.[2]

이러한 문화의 맥을 찾아볼 때 종교란 일정한 지역에 머물고 있는 종족의 정신적인 통일을 구현하는 가장 거대한 힘을 가지고 있는 문화의 핵이라고

---

1 문화에 대한 이러한 정의는 *Encyclopedia of Social Sciences*에 실려 있는 Bronislaw Malinowski의 "Culture"에서 좀 더 구체적으로 설명되어 있다.

2 Ibid., p. 621.

볼 수 있다. 그리고 한 집단 또는 민족의 공동체를 묶을 수 있는 절대적인 힘이었다. 그러기에 어떤 종족도 그들의 고유한 종교를 가지고 생존해 왔으며 그 종교의 수준에 따라 발전의 질과 양을 달리하고 있다. 폴 틸리히(Paul Tillich)는 "신화(神話)와 제의(祭儀)는 한 종족의 통일성을 가져오는 정신적인 기반이다"[3]라고 말했다. 여기에 근거하여 그는 한 민족의 문화는 외부로부터 들어온 어떤 종교에 의해서도 지배될 수 없다는 지론을 펴고 있다.

한반도에 정착한 우리의 민족도 예외가 아니었다. 삼국시대 이후 우리나라는 단일 민족으로서 획일적인 사회 속에서 통일된 생활양식을 지켜오면서 종교성을 비롯하여 심리현상이나 가치체계에 이르기까지 통일성을 지키고 있는 민족임에 틀림이 없다.[4]

특별히 종교문화는 오랜 농경사회의 경험을 통하여 자연의 무서운 힘을 인력으로는 도저히 감당하기 어렵다는 의식에서 출발하고 있었다. 사학자 윤태림은 여기서 우리 민족은 자연적으로 자연현상을 신비의 대상으로 삼았고 거기서부터 두려움과 감사의 대상으로서 산신(山神), 산신령(山神靈) 또는 인내천(人乃天)의 종교적 대상과 사상이 나오게 되었다고 본다.[5] 여기에 북방으로부터 들어온 샤머니즘이 합류되어 주술적인 요소가 강화되었고, 이로부터 나오는 인생관과 영혼관은 한국의 종교문화의 출발을 가져왔다. 이러한 토대 위에 타문화권으로부터의 유교와 불교가 진입되고 혼합되어 종교문화는 이 민족의 절대적인 요소로서 정착하기에 이르렀다.[6]

이 민족이 수천 년 동안 지켜온 이상과 같은 종교문화의 문을 두드리고 들어온 대표적인 종교가 바로 200년 전의 천주교와 100년 전의 개신교이다. 한국의 역사는 이 새로운 종교의 상륙으로 얼마나 많은 문화적 갈등과 이 민족의 희생이 있었는지를 잘 말해주고 있다.

---

3 Paul Tillich, *Systematic Theology* (Chicago: The University of Chicago Press, 1951), Vol. 1, p. 149.
4 윤태림, 『한국인』 (서울: 현암사, 1970), p. 19.
5 Ibid., p. 23.
6 유동식, 『민속종교와 한국문화』 (서울: 현대사상사, 1978), pp. 15-50.

그러나 천주교를 포함한 기독교가 오늘의 거대한 종교로 정착될 수 있었던 가장 중요한 요소는 대체적으로 두 가지로 본다. 하나는 근대화의 세계적 조류에 밀려 쇄국으로 일관했던 이 땅의 문호를 개방하는 데서 겪는 혼돈이었다. 또 하나의 요소는 기존의 종교문화가 생동력을 잃은 것이었다. 이때의 종교상황은 민경배의 『한국기독교회사』에서 다음과 같이 잘 표현되고 있다.

> 한국 역사를 통해 한때 전성했던 선(仙)이나 불교 및 유교의 정신적 차원이 고갈하고, 그 형식과 명분만으로 무게 없는 반복만 되풀이하던 근대는 종교적 신앙과 정신생활의 전례 없는 진공기라고 볼 수 있었다.[7]

여기서 바로 우리의 민족은 원시적 종교에서 머물지 않고 타문화권의 종교인 유교와 불교를 자신의 것으로 수용하였다는 점을 들 수 있다. 그리고 새로운 시대의 장이 열림과 동시에 이 땅에 뿌리박은 불교는 지나친 신비주의 일변도로 흐르게 되었고 그동안의 유교는 현실적인 윤리기강의 틀을 벗어나지 못하게 되었다. 여기서 한국의 민족은 고유한 문화와 종교의 담을 뛰어넘게 된다. 그리고 가장 합리적이면서도 이 민족의 종교성과 연접(連接)될 수 있는 신비성을 갖춘 기독교와 접목하게 된다.

2. 한국의 제의문화와 예배·예전

이동주의 시에는 이 민족의 종교성이 나타나는 현장마다 종교적 의례(儀禮)로 불릴 수 있는 제의적(祭儀的) 요소가 얼마나 뚜렷한가를 잘 볼 수 있다.

---

7 민경배, 『한국기독교회사』 (서울: 대한기독교서회, 1972), p. 102.

어머니의 종교는 신령이었다.

추운 날 얼음을 깨고 머리를 감았다.

엎드려 손을 비볐다.

흰 옷 입고 육신을 태우듯,

신앙이란 고되어야 한다는 터득에서인가? 피학(被虐)?

은쟁반에 물그릇 받들 듯 떨리는 조심뿐이었다.

기댈 곳도 안길 곳도 없었고

법에 묶인 오솔길을 받들고만 살으렷다.[8]

　　이러한 제의적 현상이 이 민족 속에 뿌리 깊이 자리잡은 이유는 위대한 종교의 발견이나 진리의 터득에서 온 것이 아니었다. 이 민족이 살아온 순수한 삶의 장에서 발생된 것이었으며 생명의 연장이 시급한 생의 본능에서 그 기원을 찾는 것이 오히려 타당하다. 약한 민족으로서 신의 보호를 구할 수밖에 없는 삶의 불안은 수천 년 이어온 고난의 역사가 충분히 입증을 해주고 있다. 윤태림은 이러한 역사에 나타난 민족적 실상을 말하면서 "한국의 백성은 난리 속에서 태어나 난리 속에서 끝을 맺는"[9] 민족이라고 말한 바 있다. 사실 그의 지적대로 외국의 침략과 국정의 문란 속에서 겪어야 했던 내란과 폭동, 왕정의 탄압은 한 번도 이 민족을 평화롭게 만들지 않았다.

　　그러기에 이 민족의 갈증은 단순한 언어만으로 기도하고 위로를 받는 것으로는 근본적으로 만족될 수 없었다. 마음을 모으고 정성을 쏟으며 몸과 물질까지도 봉헌을 해야만 신으로부터 보호를 받게 된다는 신앙을 갖게 되었고, 이것은 너무나 자연스럽게 이 민족의 심성에 자리를 잡았다. 따라서 목욕재계(沐浴齋戒)하고 자신들의 몸을 움직여 적극적인 표현과 참여를 하

8　윤태림, 『한국인』, pp. 16-17 재인용.

9　Ibid., p. 17.

는 의례(儀禮)를 갖추어야 함이 타당하다고 생각하였다. 이러한 신앙행위는 구체적으로 무교를 비롯하여 불교의 절간에서나 유교의 제례(祭禮)에서 뚜렷하게 나타난다. 그래서 한국의 종교문화를 제의문화라고 이름할 수 있다.

여기서 우리는 천주교가 박해의 과정 속에서도 어떻게 명맥을 유지할 수 있었는가에 관심을 기울일 필요가 있다. 아직도 유아기에 머물렀던 천주교가 일만 명이 넘는 순교자를 배출했던 병인교난(丙寅教難)을 어떻게 통과할 수 있었으며, 그 순교의 대열에 낀 무리는 그 신앙이 어떻게 그렇게 강할 수 있었는가는 의문이다. 실상 그들은 자신들이 읽을 수 있는 우리말 성경도 없었고, 그들의 미사에는 신앙을 양육하는 설교도 찾아볼 수 없었다.[10] 그런데 무엇이 이들을 순교의 장에 그렇게 우뚝 설 수 있도록 깊은 신앙심을 심어 주었는가?

여기에 대한 대답은 제의문화에 젖은 한국인들에게 천주교가 언어 중심이 아닌 예전 중심의 미사를 가지고 접근하였다는 데서 찾아야 한다. 지금까지 가지고 있던 어떤 것보다 합리적인 교리와 절대신으로부터 주어진 성만찬에의 신비한 집례와 참여는 천주교에 접한 사람들의 종교심을 충분히 움직일 수 있는 내용이 되었고 순교까지도 감당할 수 있는 결단을 불러일으켰다.

이러한 한국인의 기본적인 제의문화와 종교성이 기독교의 성례전과 접목이 되었을 때 이 민족의 호응이 필연적이었다는 사실을 한국교회사 연구의 한 주역은 다음과 같이 서술하고 있다.

> 영적 실재에 대한 의식은 한국 역사의 기저에 맥박처럼 흘러왔기 때문이다. … 한국인의 종교적 심정을 사크라멘탈(Sacramental)하다고 볼 수 있을 것이다. 이 사크라멘트를 초월의 반대 개념으

---

10 한국의 천주교 신자들을 위한 최초의 성경 번역은 1977년에 출판된 공동번역이다. 그리고 천주교 미사에서의 설교는 1961-1965년에 있었던 제2차 바티칸 공의회에서 설교를 권장하던 때부터이다.

로 이해하고 이질적인 두 차원의 연결과 교섭 내지는 합일로 규정한다면, 이 정의는 무리가 없을 것이다. … 한국에서 불교는 너무 신비주의에 흘러 한국인의 정신에서 소외되었고, 반면에 유교는 너무나도 신비주의적이요, 정서적인 요소를 빼놓았기 때문에 종교적 갈망에 손 뻗는 한국인에게 만족을 줄 수 없었던 것이다. 이 총화의 비밀과 조화가 우리네 종교 심성의 골수였기 때문이다.[11]

환언하면, 말씀보다는 예전을 중시한 천주교가 수난의 파도를 힘 있게 헤쳐 나갔으며 오늘도 어느 교회보다 급진적인 발전을 거듭하고 있다. 뿐만 아니라 오늘도 이 땅의 제의문화를 활용하여 포교를 시작한 이단들의 등장도 바로 이런 맥락에서 관찰할 필요가 있다.

여기에 비례하여 한국의 개신교는 이 땅에서 생성된 제의문화에 얼마나 깊은 관심을 가지고 있으며 이러한 문화와의 접목은 어느 정도인가? 지난 1세기의 개신교의 흔적에서 그 대답은 대체적으로 부정적일 수밖에 없다. 그것은 예전 중심보다는 언어 중심의 목회가 절대적이었고, 지금도 설교자가 설교라는 너울을 쓰고 자신의 경험담이나 예화를 진열하는 실상이 계속되는 실정이다. 이러한 설교의 탈선은 많은 회중이 신언(神言)의 수용을 거부하도록 만들었다. 그렇게도 선풍적인 관심을 모았던 100년 전부터 1960년대 초반까지 이 민족이 겪었던 핍박과 전쟁과 가난의 늪을 찾아와서 이 민족의 심장을 감싸주던 하나님의 말씀이 더 이상 진지하게 전달되지 않은 실정이다. 이러한 결과는 생명력이 있는 말씀의 전달도 없고 그렇다고 제의적 행위도 없는 데서 기인한다.

이러한 비극적 현상을 멈추고 기독교가 다시 이 민족의 고유한 문화 속에서 새롭게 싹틀 수 있는 길은 없는 것인가? 여기에 대한 대안으로 초대교회가 핍박 중에도 활발하게 지켰고, 칼빈과 같은 개혁자들이 그렇게도 간절히

---

11 민경배, 『한국기독교회사』, p. 103.

주장하였던 말씀과 성례전의 균형 잡힌 예배·예전의 회복을 들 수 있다.

이러한 이상적인 예배·예전은 어떤 것이어야 하는가는 이 땅의 개신교에게 주어진 소중한 과제이다. 필자는 1983년 세계 교회가 50년의 연구를 거쳐 내놓은 리마 예배·예전을 우리의 제의문화의 시각에서 그 형성 과정과 내용을 여러 번 살펴보면서 우리의 관심을 모으기에 충분한 가치가 있다고 판단하기에 이르렀다. 우리의 교회가 그대로의 모방이나 답습은 어려울지라도 한국교회가 가야 할 말씀과 성만찬의 균형 잡힌 예배의 길잡이는 충분히 될 수 있다고 본다.

3. 리마 예식서의 형성 배경

금세기 초반부터 기독교 예배신학자들의 주된 관심은 교회가 보다 성경과 역사적 전통에 근접한 예배를 드릴 수 있다면 각 교파의 예전(Liturgy)은 충분히 가시적인 통일을 기할 수 있을 것이라는 데에 있었다. 그리고 로마가톨릭 교회의 제2차 바티칸 공의회는 이러한 목적을 보다 근접시켜 주는 계기를 마련하여 주게 되었다.[12] 또한 개신교 내에서도 종교개혁 이후 잃어버린 기독교의 전통적 예배 의식들을 회복하여야 한다는 신학적 관심과 운동이 확산됨으로써 신·구교를 막론한 세계 모든 교회는 "예배를 통한 교회의 일치"에 새 전기를 맞게 되었다.

세계교회협의회 산하기관인 "신앙과 직제 위원회"(Faith and Order Commission)는 1982년 페루의 수도 리마(Lima)에서 개최된 총회에서 "세례, 성만찬, 사역"(Baptism, Eucharist and Ministry: BEM이라 약칭)이라는 제목으로 소위 "리마 문서"를 채택하였다.[13] 교회의 갱신을 목적으로 일

---

12 W. M. Abbott, *The Documents of Vatican II* (New York: Guild Press, 1966), pp. 150-6 참조.

13 WCC, *Baptism, Eucharist and Ministry* (Geneva: WCC, 1982).

어났던 16세기의 종교개혁은 많은 긍정적인 성취가 있었음에도 불구하고 결과적으로는 교회의 분열을 초래케 하였던 바, 이 리마 문서는 종교개혁 이후 분열된 교회들로 하여금 다시 일치를 이루게 하는 중대한 계기를 제공하여 주었다. 따라서 이 문서야말로 "현대 에큐메니칼 운동사에 있어서 가장 빛나는 신학적 업적"[14]이라는 평가를 받는다.

1927년 로잔 대회를 통해 조직된 신앙과 직제 위원회는 "생활과 사업"(Life and Work)이라는 에큐메니칼 단체와 함께 1948년 세계교회협의회(WCC)를 탄생케 하는 데 산파역을 담당하였으며, 그 이후 WCC의 산하 기관으로서 세계 교회의 가시적 일치(Visible Unity)를 추구하는 데 중심 역할을 하였다. 특별히 이 위원회는 나뉘어진 교회들이 가시적 일치를 실현하기 위해서는 거기에 선행되어야 할 조건 중의 하나가 "세례와 성만찬과 사역"에 대하여 서로의 견해가 일치할 수 있어야 한다는 데에 인식을 같이하게 되었다. 따라서 신앙과 직제 위원회는 일치 운동의 핵심 주제로서 "세례", "성만찬", "사역"을 다룰 수밖에 없었다. 따라서 리마 문서의 채택은 1927년 제1회 신앙과 직제 위원회 대회 이후 근 50여 년 이상의 연구와 토의에 의한 결실로서 1974년 아크라 총회, 1978년 방갈로오드 총회, 1982년 리마 총회를 통해 끊임없이 수정·보완되는 과정과 세계 교회들의 의견을 수렴하는 과정을 거쳐서 교회의 공식적인 문서로 채택되기에 이르렀다.[15]

리마 예식서는 이 리마 문서(BEM)의 정신을 살려 1982년 리마 총회를 위해 마련된 예배·예전으로서 본래는 리마 문서를 통해 성취된 성만찬에 관한 신학적 공감대를 설명하려는 데 그 목적이 있었다. 그러나 리마 문서가 채택된 역사적 사실에 감사하여 베풀어졌던 이 예전이 세계의 많은 교회들에 공감대를 불러일으키면서 차츰 광범위하게 확산·수용되기 시작하였다.

---

14 Michael Kinnamon, *Why It Matters: A Popular Introduction to the BEM Text* (Geneva: WCC, 1985), p. 9.

15 BEM, p. viii.

놀라운 사실은 1983년 제6차 세계교회협의회 총회가 캐나다 밴쿠버 (Vancouver)에서 열렸을 때의 일이다. 지금까지 세계 교회들은 자신들의 성만찬에 대한 신학과 서로 다른 입장들 때문에 주님의 한 식탁에서 같은 예식에 따라 성만찬에 참여한다는 것은 상상하기조차 힘든 일이었다. 그러나 드디어 1983년 WCC 밴쿠버 총회는 기독교 역사상 최초로 세계 교회의 대표들이 주님의 성만찬을 공동으로 베푸는 자리를 마련하게 되었던 바, 이것은 세계 교회 일치를 위한 새로운 이정표를 마련한 중대한 사건이 되었다. 이 날의 성만찬 예전에는 러시아 동방 정교회의 대주교가 기도를 하고, 독일의 가톨릭 주교가 성경을 봉독했으며, 남인도교회의 한 감독이 설교를 하고, 영국 켄터베리 대주교가 성찬 예식을 집례했는데 이 성찬 예식을 보조하기 위해 덴마크의 루터교회, 인도네시아의 개혁교회, 베닌의 감리교회, 헝가리의 침례교회, 자메이카의 모라비안교회의 목사들과 캐나다 연합교회의 여성 목사가 선택되기도 하였다.

여기서 지금까지 설교 위주의 예배나 성례전 우선의 예배를 고집하던 교회들 모두가 말씀과 성례전이 엄숙히 묶어진 예배·예전의 가치를 경험하게 되었고 전 세계의 교회가 예배·예전에 새로운 전기를 마련하게 되었다.

4. 리마 예식서의 구조 및 내용

A. 성경과 초대교회의 성만찬 구조

리마 예배·예전은 개회의 예전, 말씀의 예전, 성만찬의 예전 등 크게 3부로 구성되어 있으며 35개의 작은 순서들로 이루어져 있다. 이것은 기독교 예배의 "완전한 순서를 갖춘 예배 모델"이라고 할 수 있으리만큼 각 교회(교파)의 예배 유산과 예배신학들을 수렴·반영하고 있는 예전(liturgy)이다. 특별히 성만찬 의식이 약화된 개신교와 말씀의 예전이 약화된 로마 가

톨릭 교회 등에 본 예전은 조화로운 기독교 예배를 실현할 수 있도록 한다
는 데 그 의의가 크다 하겠다.

여기서 리마 예식서(Lima Liturgy)의 내용의 이해를 돕기 위하여 먼저 성
경과 초기 기독교 문헌에 기록된 예배 형태를 살펴볼 필요를 느낀다. 그 이
유는 오늘의 리마 예배·예전이 성경에서 제시된 예전과 초대교회의 것에
얼마나 근접되어 있는지를 알아야 하기 때문이다.

영국 성공회의 예배신학자인 그레고리 딕스(Gregory Dix)는 신약성경에
기록된 최초의 성만찬에 나타난 예수님의 성례전 절차를 다음과 같이 7
가지로 분류하였다.[16]

(1) 떡을 취하심
(2) 축사하심
(3) 떡을 떼심
(4) 나누어주심
(5) 잔을 취하심
(6) 축사하심
(7) 제자들에게 나누어주심

이 7가지 행위는 다시 4가지 행동 양식으로 정리할 수 있다.

(1) 떡과 잔을 취하심
(2) 그 위에 축사하심
(3) 빵을 떼심

---

16 Gregory Dix, *The Shape of the Liturgy* (Glasgow: The University Press, 1964), p. 48과 Max Thurian
    and G. Wainwright, ed., *Baptism and Eucharist: Ecumenical Covergence in Celebration* (Geneva:
    WCC, 1983), p. 100 참조.

(4) 그것들을 나누어주심

그레고리 딕스는 바로 이것이 성만찬 의식의 발전 과정 중에서도 가장 기본적인 틀이 되었다고 한다. 그후 2세기 중엽 저스틴 마터(Justin Martyr)의 기록에 나오는 예배 순서는 이러한 윤곽 속에서 다음과 같이 발전하게 되었다.[17]

(1) 성경 봉독
(2) 성경 해설
(3) 중보기도
(4) 빵과 포도주와 물을 집례자에게로 가져옴
(5) 성만찬기도
(6) 빵을 쪼갬
(7) 빵과 잔을 나눔

저스틴 마터의 예배 순서는 그 후 기독교 예배 의식의 골자로 전해져 내려오게 되었는데 처음 1)~3)은 말씀의 예전에, 4)~7)은 성만찬 예전에 해당하는 순서라고 할 수 있다. 여기서 볼 수 있는 것은 이와 같은 골격을 계속 지켜야 할 교회들이 한편에서는 성만찬만을 지속하고 다른 한편에서는 설교만을 지속한 채 지금껏 지내왔다는 사실이다. 이러한 예배·예전의 모순이 바로 리마 예배·예전에서 지적되고 근본적인 회복을 시도하기에 이르렀다.

---

17 M. Turian and G. Wainwright, Ibid., p. 100.

B. 리마 예식서의 구성과 절차

리마 예식서의 예식 순서는 다음과 같은 내용으로 구성되어 있다.

*개회의 예전

1. 개회 찬송(Entrance Psalm)

2. 인사(Greeting)

3. 죄의 고백(Confession)

4. 용서의 선언(Absolution)

5. 자비의 연도(Kyrie Litany)

6. 영광송(Gloria)

*말씀의 예전

7. 오늘의 기도(Collect)

8. 구약성경 봉독(First Lesson: Old Tastament)

9. 명상의 시편(Psalm of Meditation)

10. 서신 봉독(Epistle)

11. 할렐루야 영창(Alleluia)

12. 복음서 봉독(Gospel)

13. 설교(Homily)

14. 침묵(Silence)

15. 신앙고백(Nicene-Constantinopolitan Creed)

16. 중보의 기도(Intercession)

*성찬 성례전

17. 준비 기원(Preparation)

18. 인사의 교환(Dialogue)

19. 처음 기원(Preface)

20. 삼성창(Sanctus)

21. 성령 임재의 기원 I(Epiclesis I)

22. 성찬 제정사(Institution)

23. 기념사(Anamnesis)

24. 성령 임재의 기원 II(Epiclesis II)

25. 추모의 기원(Commemorations)

26. 마지막 기원(Conclusion)

27. 주의 기도(The Lord's Prayer)

28. 평화의 인사(The Peace)

29. 분병례(The Breaking of the Bread)

30. 분부의 말씀(Lamb of God)

31. 성찬에의 참여(Communion)

32. 감사의 기도(Thanksgiving Prayer)

33. 폐회 찬송(Final Hymn)

34. 분부의 말씀(Word of Mission)

35. 축복의 기도(Blessing)

 내용에서 본 대로 리마 예식서의 구성은 전체가 3부로 구성되어 있다. 처음 개회의 예전에서는 고백과 기원과 찬양의 행위를 통하여 하나님의 백성들이 자리를 함께하게 된다. 여기서 예배자들의 마음과 뜻과 정성이 모아져 영광의 하나님을 향한 예배를 드릴 수 있는 준비를 갖추게 한다.

 두 번째 부분인 말씀의 예전은 준비 기도로 시작되어 예언자의 말씀(구약), 사도의 말씀(서신서), 그리스도의 말씀(복음서)이 봉독된다. 그 다음 오늘 우리에게 영원히 살아있는 하나님의 말씀으로서 설교가 계속된다. 설교 후에는 침묵으로 명상을 하고 교회의 신앙을 신조(creed)에 따라 고백하며 중보의 기도를 통해 모든 인간의 어려운 사정을 하나님께 아뢴다.

 세 번째 부분인 성만찬의 예전은 준비 기도와 주의 기도를 전후에 추가

한 긴 성찬기도와 평화의 인사, 그리고 성만찬에의 참여를 기본 요소로 하고 있다. 특별히 이 부분에서는 그리스도 안에서 한 세례를 받은 공동체로서 자신들의 정체성을 인정하고 성만찬에 참여하도록 하고 있다.

이 예식은 예배를 인도하는 목사와 성만찬을 집례하는 목사가 공동으로 집전하고 있다. 예배를 인도하는 목사는 입례와 인사, 용서의 선언, 기도 등을 하고 그 교회의 담임목사가 성만찬 예전을 집례하면서 처음 기원, 성령 임재의 기원, 성찬 제정사, 회상과 재현의 말씀, 기원 등 감사의 기도와 축복의 기도를 하게 된다. 이 예식에서 회중은 죄의 고백, 영광송, 신조, 주의 기도 등에 동참하여 교독(교창)을 하거나 아멘으로 화답하게 된다. 세 사람을 선정하여 그날의 성서정과를 봉독하도록 하고 있다. 그리고 설교는 선지자의 기능을 맡은 목사가 설교를 하고 있다.

5. 리마 예식서의 통합적 신학

종교개혁자들을 하나로 묶을 수 없었던 중요한 쟁점은 바로 성만찬 논쟁이었다. 성만찬에 대한 자신들의 신학적 해석까지 바꾸어 가며 공동보조를 취하고자 한 개혁자는 아무도 없었다. 때로는 개혁자들의 분열을 막아보려는 노력을 기울이기도 하여 1529년 마르부르크(Marburg) 회담을 열고 성만찬에 대한 통일된 신학과 해석을 정립하려 했으나 그러한 노력은 영원한 결별을 안겨줄 뿐이었다.[18]

끝내 교회의 분열을 가져온 이들의 핵심문제는 "그리스도는 어떻게 성만찬에 임하시는가?"라는 문제였다. "그리스도의 참 몸과 피가 실질적으로

---

18 Kenneth Scott Latourette, *A History of Christianity* (New York: Harper & Row Publishers, 1975), Vol. II, p. 726.

성만찬에 임재하신다"[19]는 루터파의 주장과 "성만찬은 사람의 살과 피의 신비한 상징이며 이것은 계속적인 기념 속에서 지켜지는 것"[20]이라는 쯔빙글리의 주장은 서로 합의점을 찾지 못한 채 결국 교회의 분열로 이어졌다.

그러나 성만찬에 대한 세계 교회의 통합적 신학의 작성을 위한 노력은 바로 리마 예식서에서 대단한 발전을 보게 되었다. 이들의 연구 가운데서 특기할 만한 것은 성경에서 "너희가 이를 행하여 나를 기념(Anamnesis)하라"(눅 22:19)는 말에 대한 재해석과 공감대 형성이었다. 즉, 여기서의 회상은 히브리 민족의 사상에서 단순한 기념적 의미만을 갖지 않고 과거에 있었던 사건의 결과를 현재 속으로 이끌어 오는 것을 뜻한다는 새로운 해석이었다.[21]

이러한 해석은 십자가의 수난을 당하시고 부활하신 주님의 희생을 회상하고 그 부활의 승리와 귀하신 교훈을 되새기는 성례전으로서의 성만찬을 강조하기에 이르렀다. 그리고 우리가 마땅히 져야 할 십자가의 형을 대신 지시고 희생하신 주님의 구속 사건에 대한 철저한 회상을 요구하는 것임을 인정하게 되었다. 그래서 여기서의 회상(Anamnesis)은 유대 민족이 이집트로부터의 해방을 회상하면서 하나님의 현재적 역사를 재경험하는 유월절 식탁(paschal meal)과 같은 성격의 성만찬이 되어야 한다[22]는 데에 거의 일치된 견해를 갖게 되었다.

이와 같은 해석을 통해서 리마 문서의 성만찬은 '기념, 임재, 희생'에 대한 새로운 통합적 신학의 틀을 마련하게 되었다. 이러한 틀 속에서 리마 문서는 "성부께 대한 감사", "그리스도에 대한 회상과 재현", "성령의 초대", "성도의 교제", "하나님 나라의 식사"로서의 성만찬이라는 공동의 신학적 합의를 이룩하게 되었다. 이러한 통합적 신학의 내용을 좀 더 자세히 설명

---

19 *The Augusburg Confession* (1530), Chapter X, "The Holy Supper of Our Lord."

20 *The Second Helvestic Confession* (1566), Chapter XIX, "The Sacraments of the Church of Christ."

21 Scott McCormick, Jr., *The Lord's Supper* (Philadelphia: The Westminster Press, 1966), p. 78.

22 M. Thurian, "The Eucharistic Memorial, Sacrifice of Praise and Supplication" in M. Thurian, (ed.), *Ecumenical Perspectives on Baptism, Eucharist and Ministry* (Geneva: WCC, 1983), p. 91.

하면 다음과 같이 요약할 수 있다.

1) 성부께 대한 감사로서의 성만찬(The Eucharist as Thanksgiving to the Father)[23]

먼저 성만찬은 하나님의 역사하심을 기리고 선포하는 것으로서 성부 하나님께 감사를 드리는 예전이다. 성만찬은 하나님께서 인류의 창조와 구속을 위해 이루신 모든 아름다운 행위에 대한 감사와 찬양의 제사(a sacrifice of praise and thanksgiving)이다. 성만찬은 창조와 구원과 성화에서 완성된 모든 것에 대하여 인간들의 죄악에도 불구하고 하나님께서 교회와 세계 속에 이루신 모든 것에 대하여, 그리고 장차 하나님 나라를 완성하실 때 이루실 모든 것에 대하여 성부께 드리는 큰 감사이다.

또한 성만찬은 교회가 전 피조물을 대신하여 드리는 위대한 찬양의 제사이다. 이러한 찬양의 제사는 오직 그리스도를 통하여 그리스도와 함께 그리스도 안에서 가능하다. 그리고 땅의 소산이자 인간의 수고의 결실인 떡과 포도주는 신앙과 감사 속에서 하나님께 봉헌되어야 한다.

성만찬의 명칭이 감사(thanksgiving)를 의미하는 '성체성사'(Eucharist)로 불리고 있다는 점과 마태복음 26장 26-27절에서 예수님께서 "떡을 가지사 축복하시고" 또 "잔을 가지사 사례하시고" 등의 표현은 모두 감사를 의미하고 있다는 점에서 성만찬의 감사의 의미를 발견할 수 있다.

2) 그리스도에 대한 회상과 재현으로서의 성만찬(The Eucharist as Anamnesis of Memorial of Christ)[24]

성만찬은 그리스도의 유일회적인 희생제사로서 십자가 희생에 대한 성례전적 임재(sacramental presence)를 의미한다. 성만찬은 십자가에 달리시고

---

23 BEM, pp. 11-12.
24 BEM, p. 11.

부활하신 그리스도께 대한 그리스도의 희생적 삶과 그 희생에 대한 실제적인 표징이다. 여기서 기념이라는 개념은 하나님의 백성에 의해서 예배가 거행될 때 하나님의 역사하심이 현재적으로 이루어진다는 것을 의미한다.

그리스도 자신은 우리와 모든 피조물을 위하여 이루신 모든 것과 더불어 이 '회상'과 '재현' 가운데 임재하셔서 우리와 친히 교제를 나누신다. 성만찬은 영원히 살아계셔서 우리를 위하여 중재 기도를 드리시는 그리스도의 유일무이한 희생제사의 성례전으로서 이것은 하나님께서 세상의 구원을 위하여 행하신 모든 것에 대한 기념이다. 그러므로 성만찬을 재현하면서 교회는 우리의 위대한 대제사장이신 그리스도와의 교제 가운데서 중재의 기도를 드린다. 성찬 의식에 있어서 중심이 되는 것은 그리스도의 성찬 제정의 말씀과 행위(the words and acts)여야 한다. 고린도전서 11장 23-26절에 기록된 "이를 행하여 나를 기념하라"는 말씀은 그리스도의 희생의 예전을 회상하고 재현하는 성만찬에 대한 성경적 근거가 되고 있다.

3) 성령 초대로서의 성만찬(The Eucharist as Invocation of the Spirit)[25]

성만찬에서 십자가에서 죽으시고 다시 사신 그리스도께서 성령으로 우리에게 임재하심으로 성찬 제정의 말씀 가운데 포함된 약속을 성취시킨다는 뜻이다. 그리스도의 임재는 성만찬의 중심이며 이것을 가능케 하는 것은 성령님의 능력이다. 또한 성령님은 빵과 포도주가 그리스도의 몸과 피의 성례전적 상징이 되도록 한다. 성만찬의 전체 행위는 성령님의 역사하심에 의존하고 있기 때문에 성령님에게 의존하는 성격을 지니게 된다.

사도시대 이후 성만찬 예전에서 '성령 임재의 기도'는 중요한 위치를 차지하여 왔다. 교회는 하나님 앞에 모인 회중과 성만찬의 떡과 포도주에 성령님을 보내시어 그 떡과 포도주가 그리스도의 몸과 피로 성별될 수 있게 하시고 모인 회중이 한 교회로 속하여 최후의 심판이 내릴 때 그 심판에

---

25   BEM, p. 13.

서 구원받을 수 있도록 해주시기를 간구하였다. 생명을 주는 영은 인간이 획득하는 것이 아니라 하나님으로부터 주어지는 것이므로 교회는 영적인 것을 먼저 간구해야 한다. 성만찬 현장은 성령님의 역사 속에 이루어지는 예전이 되도록 해야 하며 성령 임재의 기도를 잃어버린 교회들은 이 순서를 회복할 수 있어야 한다.

4) 성도의 교제로서의 성만찬(The Eucharist as Communion of the Faithful)[26]

성만찬 예전은 성도의 교제 현장이다. 교회의 생명을 양육시키는 그리스도와의 성만찬 때의 교제는 곧 교회가 되는 그리스도의 몸 안에서의 교제를 의미한다. 한 장소에서 하나의 빵과 공동의 잔을 나눈다는 것은 어느 때 어느 곳에서라도 거기에 참여하는 자가 그리스도와 그들의 동참자들과 하나가 됨을 말해주며 그러한 효험을 가지게 된다. 하나님의 백성의 공동체는 바로 이 성만찬 가운데서 완전히 표현된다. 성만찬 의식은 항상 전 교회와 관련되며 전 교회는 각 지역의 성만찬 의식과 연관을 갖는다. 또한 성만찬 의식은 하나님의 한 가족 안에서 형제들과 자매들로 간주되는 모든 사람들 간의 참여를 요청하며 사회적·경제적·정치적 삶에 있어서 적절한 관계를 추구하도록 한다(마 5:23; 고전 10:16, 11:20-22; 갈 3:28).

여기서의 성도의 교제로서의 성만찬은 그리스도와 성도, 성도와 성도, 교회와 교회, 교회와 사회(인류)의 범위까지를 포함하여 언급하고 있다. 성도의 교제를 나타내는 성만찬의 명칭인 "communion"의 의미를 내포하는 이러한 성만찬신학은 성경적으로 그리스도 안에서 한 몸임을 강조한 바울의 서신에서 이미 발견할 수 있다(고전 10:16-27, 11:17-22).

---

26 BEM, p. 14.

5) 하나님 나라의 식사로서의 성만찬(The Eucharist as Meal of the Kingdom)[27]

성만찬은 창조의 종국적인 갱신으로서 약속된 하나님의 통치를 대망하도록 해주며 또한 그것을 미리 맛보게 한다. 성만찬은 그리스도 안에서 하나님 나라가 도래함을 축하하고 예상하는 축제이다(고전 11:26; 마 26:29). 예수님께서 이 땅에 계실 때 세리와 죄인들과 함께 식탁의 교제를 나누신 것처럼 성만찬 안에서 그리스도의 몸의 지체된 자들은 화해의 종으로, 또한 부활의 기쁨을 증거하는 종으로 버림 받은 자들과 유대를 가져야 한다. 성만찬을 거행하는 것은 곧 교회가 이 세계에 대한 하나님의 선교에 동참한다는 예증이다. 하나님의 은사인 성만찬은 기독교인들을 현세에서 그리스도의 형상으로 변혁시키며 그리하여 그의 힘있는 증거자들로 만드는 새로운 한 실재를 가져다준다. 성경 속에는 성만찬을 하나님 나라에서 이루어질 "메시아의 향연(Messianic feast)의 예형(anticipation)"으로 보고 있기도 하다(막 14:25; 눅 22:16-28).

이상에서 살펴본 바와 같이 리마 문서에 표현된 성만찬신학은 '기념'과 '임재'와 '희생'이라는 관점을 포괄하면서 기독교 성만찬이 갖는 의미는 그것이 창조와 구속의 하나님께 대한 감사와 찬양의 제사요, 그리스도의 희생에 대한 기념이며 성령님의 임재 속에 행하여진, 그리스도 안에서 한 몸인 성도들의 교제이며 장차 하나님 나라에서 갖게 될 잔치의 모형임을 밝히고 있다. 참고로 리마 문서에 나타난 성만찬론은 모든 교회, 교파들의 성만찬에 대한 주장과 전통적으로 내려오는 교회의 성만찬신학들의 시시비비를 가리려는 의도를 가지고 있지 않다. 오히려 가능하면 모든 입장을 수렴하여 서로의 신학을 존중하고 이해하려는 노력을 기울였음을 쉽게 볼 수 있다. 그리고 성만찬신학을 이상의 5개의 범주에 묶어 통합적으로 세계의

---

27 BEM, pp. 14-15.

교회가 일치된 견해를 가지고 주님의 만찬을 갖게 되기를 희구하고 있다.

6. 평가

앞에서 서술한 대로 성만찬에 대한 신학적 입장은 교회의 분열을 감수하면서까지도 양보할 수 없는 중요한 내용이었다. 특별히 개신교는 하나의 공동체가 되기를 원했던 그리스도의 정신을 망각한 채 분열과 다툼으로 얼룩진 교회로 20세기의 후반까지 지속해 오고 있다. 그리고 교리적인 아집과 자신들의 영역의 고수를 위한 성을 쌓기에 바쁜 세월을 보내왔다. 이러한 결과는 현대의 성도들에게 크고 넓게 볼 수 있는 시각을 축소시키고 쌓아놓은 성곽의 안에서만 머물기를 강요하는 결과를 낳았다. 이제 보수라는 이름을 구원과 직결하여 강요해 온 지금까지의 교회 형태는 무엇인가 변화를 시도해야 한다. 특별히 각 교단이 가지고 있는 교리와 신학은 양보할 수 없는 소중한 원칙이라는 주장을 수용하더라도 기독교가 수행해야 할 예배·예전만은 성경과 초대교회의 것과 그 정신과 형태에 있어서 근접할 수 있어야 한다. 어떤 면에서 이러한 노력이 진정 복음적이고 보수적인 정신의 움직임이라고 하겠다. 이러한 차원에서 리마 예식서는 다음과 같은 몇 가지의 긍정적인 평가를 받을 수 있다고 본다.[28]

첫째, 무엇보다도 종교개혁 이후 세계의 교회가 한자리에서 깊은 감명을 받았던 성만찬을 가질 수 있도록 했던 노력에 대한 평가이다. 동방 교회를 비롯하여 성공회, 루터교, 감리교, 장로교, 오순절 교회 등 기독교의 대표 120명이 50년의 긴 연구를 끝맺고 페루의 수도 리마에서 모여 채택한 이

---

[28] 평가는 언제나 긍정적인 면과 부정적인 면을 지적할 때만이 그 타당성을 인정받게 된다. 그러나 본란에서는 이미 제약된 지면을 넘기고 있음으로 긍정적인 평가만을 싣고 다음의 기회에 부정적인 평가를 논술하려고 한다.

리마 문서(Lima Document)는 세계 교회를 모두 수용하는 통합적인 신학의 발굴이었다. 그리고 이들의 연구가 단순한 연구로 끝나지 않고 1983년 밴쿠버에서 직접 리마 예식서를 집례함으로써 세계의 교회가 이들이 연구하고 발표한 성례전의 통합적 신학을 수용할 수 있다는 새로운 가능성을 보여주게 되었다. 이것은 종교개혁자들도 이룩하지 못했던 최대의 과업을 이룬 것이었다고 보아도 무리가 아니다.

둘째, 지금까지의 교회는 상이한 교회의 신학과 교리, 그리고 예배·예전의 형태 때문에 자리를 함께하는 것마저 거부하는 실정이었다. 그러나 리마 예식서의 연구와 실행에 있어서는 이러한 관습적인 문제를 무너뜨리고 있다. 적대적 감정에서 호의적 감정으로 발전을 시킨 본 예배·예전은 나뉘어진 교회들로 하여금 가시적 일치를 추구하는 결정적 계기를 제공하게 되었다는 점을 높이 평가하지 않을 수 없다.

드디어 성령님 안에서 하나가 되어야 하는 그리스도의 지상명령(至上命令)을 모두가 공감하는 본 예배·예전을 통하여 가능하게 만든 점은 교회의 본래적 모습을 회복시키는 거대한 발길의 출발이라고 하겠다. 서로가 적대시해 온 교회의 풍토를 변혁시켜 한자리에서 한 그리스도의 성만찬을 가지면서 지금까지의 그릇되고 편협된 자아를 살필 수 있었던 것은 또 하나의 공헌이라고 할 수 있다.

셋째, 리마 예식서는 말씀의 예전(Liturgy of Word)과 성찬의 예전(Liturgy of Upper Room)을 균형 있게 갖춘 기독교 예전의 통전적인 면을 보여주었다는 사실이다.

예배의 역사를 면밀히 검토하면 초대교회부터 기독교의 예전은 말씀의 예전과 성만찬의 예전을 언제나 지키고 있었다. 그러나 로마 가톨릭 교회는 말씀의 예전을 지워버리고 미사(성례전)만을 지속하는 탈선의 길을 걸었고, 거기에 반하여 개신교는 말씀 중심의 예배를 지속하고 성만찬의 예전은 일 년에 2회 정도로 축소시키는 또 하나의 탈선의 길을 걸어왔다.

교회란 말씀과 성례전이 바르게 선포되고 집례되는 곳이다.

이러한 측면에서 볼 때 리마 예식서는 기독교의 본래적인 예배의 정신과 형태를 복고하려는 노력을 기울였음이 뚜렷하다. 뿐만 아니라 현대적인 감각으로 예배·예전의 모델을 제시하여 말씀과 성만찬이 동일하게 예전의 축이 되었다는 데 대단한 의미를 담고 있다.

넷째, 성만찬 성례전에 대하여 쯔빙글리의 영향을 받았던 한국교회를 비롯한 개신교의 대부분은 그 신학과 의미의 부여에 진정성을 결여해 왔다. "나를 기념하라"는 말씀 그대로 기념적 행위로 성례전을 가져왔을 뿐, 기독교 예배·예전의 핵심적인 부분으로서는 그 가치를 모르고 지내왔다. 그러나 리마 예배·예전의 문서와 예배의 내용을 통하여 '기념'이라는 개념이 단순한 인간 기억에서의 존속을 의미하는 것이 아니라 '회상과 재현'이라는 새로운 의미의 발견과 강조는 중요한 의의를 말해주고 있다. 이로써 성만찬 예전의 중요성은 더욱 깊이 개신교 속에 파고들어 갈 수 있을 것이며 주님과의 만남을 더욱 진지하고 두텁게 형성시킬 수 있게 되었다는 평가를 하게 된다.

다섯째, 지금까지의 WCC의 활동과 주장에 있어서 부정적인 반응이 각 나라의 교회로부터 적지 않게 일고 있었다는 것은 주지의 사실이다. 이러한 부정적인 반응은 세계 교회의 일치에 대단한 지장을 초래하였고 가입 교단들로부터의 거센 항의를 받아왔다. 그러나 리마 예식서는 동방 교회와 로마 가톨릭 교회를 비롯하여 한국의 대한예수교장로회에 이르기까지 긍정적인 반응을 문서화시키는 데 성공하고 있다. 이들은 4개항의 질문을 만들어 세계 교회에 보냈고, 거기에 대한 대답은 대체적으로 긍정적이었다.[29] 사실 이러한 긍정적인 반응을 이끌어 내는 WCC의 작업은 지금까지

---

29 질문서의 구체적인 내용은 *Faith and Order, One Baptism, One Eucharist and A Mutuallly Recognized Ministry* (Geneva: WCC, 1978), p. x에 실려 있다. 그리고 세계 교회의 반응은 Max Thurian, (ed.), *Churches Respond to BEM* (Geneva: WCC)이 1986년부터 1989년까지 6권에 발표되었다.

볼 수 없었던 특유한 것이며 거대한 결실이라고 보아야 한다.

끝으로 필자가 앞에서 제의문화로 본 한국의 문화권에서 예배·예전으로서 사용될 수 있는 가능성을 지닌 예전이라는 평가이다. 이러한 견해는 한국의 교회협의회가 보낸 공식적인 반응에서도 나타난 대로 한국의 문화는 성례전적인 제의 행위(祭儀行爲)가 많았다는 사실이다. 기독교가 전래되기 전부터 섬겨오던 절대신이신 하느님 사상과 조상숭배의 제의 행위는 이미 기독교의 성만찬 행위와 그 유사성을 가지고 있었다는 데 관심을 갖게 한다. 더욱이 그들이 조상숭배 의식에 기본 제물로 사용했던 떡과 막걸리는 기독교의 빵과 포도주와 비교할 수 있다는 데 우리의 관심을 기울일 필요가 있다. 여기서 전통적인 제의문화에서 갖는 사상적 공통점을 통한 성만찬 예전의 토착문화적 표현도 연구의 대상이 된다는 새로운 면을 던져주고 있다.[30]

돌이켜 보면 한국의 예배는 단순한 집회의 성격과 범위를 벗어나지 못한 채 언어 위주의 틀에 갇혀 있었다. 신령과 진정이 표현될 수 있는 예배·예전을 찾는 성도들의 발길을 허전하게 했던 어제와 오늘의 현실을 우리는 반성적인 시각에서 바라보아야 한다. 그러므로 앞으로의 우리 교회는 말씀, 그것도 인언(人言)이 아닌 신언(神言)으로서의 말씀의 선포와 해석, 그리고 적용이 있어야 한다. 그리고 보이는 말씀으로서의 성만찬을 통하여 주님과의 만남을 지속할 수 있는 예배·예전의 개발은 참으로 시급하다. 더욱이 이 민족의 문화가 제의문화라는 사실을 인정한다면 이러한 요구는 시급한 과제라고 아니할 수 없다.

---

30 한국 NCC 신학연구위원회, 『리마 문서에 대한 우리의 견해』(서울: 한국기독교협의회, 1986) 참조. 본 위원회의 보고는 *Churches Respond to BEM*, Vol. VI, pp. 134-141에 실려 있다.

제15장
예배 현장의 기본 요건

　오늘의 예배자들은 예배 현장에서 무엇을 필수적으로 갖추어야 할 것인지를 한 번쯤 생각해 볼 필요가 있다. 재래적인 종교들이 갖는 맹목적이고 관습적인 예배의 전철을 밟지 않기 위하여 오늘의 크리스천들은 자신들의 예배 현장에서 좀 더 차원이 깊은 생각을 하고 확신에 찬 신앙을 가지고 예배를 드리는 것이 중요하다. 그러므로 우리가 드리는 예배의 대상과 예배자들과 관계는 어떤 것이며 그 예전의 집례자는 우리가 어떻게 이해하여야 할 것인지 생각해 볼 필요가 있다고 본다.

1. 기독교 예배의 대상

종교의 기본적인 3대 요소를 든다면 믿는 대상과 그 대상을 섬기는 의식과 그 종교가 제시하는 내세관이라고 하겠다. 종교란 어떤 존재를 섬기느냐에 따라 그 형식과 내용이 결정되며, 또한 섬기는 의식을 통하여 오늘의 현재적 생활에 변화 및 적용을 가져오고, 그 종교가 갖고 있는 내세관에 따라 미래지향적인 삶의 형태가 창조된다. 기독교는 이상의 3대 요소를 훌륭하게 제시하는 가장 우월한 종교로서 예수 그리스도를 통하여 하나님만을 섬기고 있으며 어떤 종교도 그 내용을 같이할 수 없는 고고한 예배 의식을 소유하고 있다. 그리고 하나님 나라의 영원한 지속과 더불어 내세관이 가장 확실하게 제시된 유일한 종교이다.

일반적인 종교들이 예배의 대상을 어떤 특정한 인간이나 사물에 두고 그것들을 섬기는 실례를 우리는 보아왔다. 인간의 손으로 만든 상징 앞에 경건한 모습으로 무릎을 꿇고 그 앞에 절을 하면서 갖은 정성을 쏟는 모습은 우리의 주변에 아직도 비일비재하다. 그러나 기독교에서는 이런 행위를 절대로 금하고 있다. 그 이유는 이런 종류의 예배 대상이란 인간의 손으로 조작된 우상이기 때문이다. 우상이란 인위적으로 만들어 낸 신의 형상이나 개념의 표현이기 때문에 모두가 인간 중심의 내용으로 구성되었을 뿐만 아니라 저급한 형태를 벗어나지 못한 것들이다. 기독교의 하나님은 그러한 조작된 종교를 허용하시지 않았으며 자신에 대한 일체의 형상마저 만드는 것을 금하고 있다. 그리고 잡다한 신들의 개념에 하나님 자신이 동일하게 놓이는 것마저 용납치 않는다. 이러한 사실은 기독교에서 가장 소중히 여기는 하나님의 십계명[1] 가운데 첫 부분에서도 잘 알 수 있다.

너는 나 외에는 다른 신들을 네게 있게 말지니라. 너를 위하여
새긴 우상을 만들지 말고 또 위로 하늘에 있는 것이나 아래로 땅
에 있는 것이나 땅 아래 물 속에 있는 것의 아무 형상이든지 만들

---

1   십계명은 주전 1280년 경 하나님께서 이스라엘 민족을 영도하던 모세에게 새로운 계약으로 내려주신 준엄한 명령이었다(출 20장 참조).

지 말며 그것들에게 절하지 말며 그것들을 섬기지 말라.

이와 같은 하나님의 명령은 기독교 예배의 본질이 다른 종교와는 현격한 차이가 있음을 보여준다. 즉, 타종교의 예배 대상은 인간이 만들었기에 인간 주도적인 예배의 내용과 형식을 만들어 사용하고 있으나, 기독교의 예배는 예배의 대상인 창조주 하나님께서 명령하시는 대로 피조물이 마땅히 순종할 따름이다. 즉, 그의 부르심과 은총의 계시가 창조와 구속의 역사 속에 먼저 나타났기에 거기에 응답적 행위로 감사와 경배와 찬양을 드린다. 그러기에 어떤 경우일지라도 기독교 예배의 주체자는 인간이 될 수 없고 오직 하나님 자신이시다. 우리 인간은 그 명령을 따라 응답하는 추종자일 뿐이다.

여기에서 반드시 제기해야 할 하나의 문제점이 있다. 그것은 "우리 인간이란 하나님의 명령에 따라 어쩔 수 없이 예배를 드리는 피동적인 존재에 불과한 것인가?" 하는 질문이다. 만일 우리 인간을 이토록 단순히 피동적인 존재로 국한시킨다면 예배란 일방적으로 강요된 요청이 되고 말 것이며, 결국 자발적인 참여나 생동적인 기쁨이 결여될 수밖에 없다. 자신이 하는 일이 단순한 명령에 의하여 행해질 뿐이라고 판단될 때 인간에게는 노예 근성의 악순환이 반복될 것이며, 비록 예배의 형태는 화려할 수 있을런지 모르나 깊은 내면적 의미와는 끝내 무관한 상태로 남게 된다.

그러므로 기독교 예배는 하나님에 대한 응답이라는 또 하나의 의미를 동시에 강조하고 있다. 그것은 예배를 드리고 있는 자신의 생명이 예수 그리스도를 통하여 새로운 생명으로 거듭나게 되었다는 "구원받은 기쁨"의 응답적 표현이다. 이때 구원을 깨달은 기쁨의 응답이 그리스도를 통하여 하나님 앞에 드러나게 될 때 예배의 대상인 하나님은 그 예배자의 신령과 진정의 상태를 아시고 그 예배를 받으시게 된다. 예수님께서 "나로 말미암지 않고는 아버지께로 올 자가 없느니라"(요 14:6)는 말씀을 하심은 바로 이러한 의미를 확증시켜 주고 있다. 하나님과 인간과의 중보관계는 더 이상 구약의 제사 의식에서 있었던 제사장이나 제물에 의하여 성립되는 것이 아니다. 예수님께서 십자가를 통하여 단번에 자신을 희생제물로 드린 구속 사건[2]이 있었을 때 하나님과 인간의 직접적 관계를 가로막은 상징으로 수천 년간 존재해 왔던 성소의 휘장이 갈라졌다.[3] 이로부터 그 예수님을 구세주로 믿으면 영원히 사는 하나님의 사람이 될 수 있고 그렇지 않으면 영원히 죽는다는 진리가 새로운 계약의 차원에서 선포되었다.

그러므로 구약에서 본 예배의 내용은 한 인간이 하나님의 명령에 철두철미하게 복종하지 않으면 안 되는 피동적 요소만을 가지고 있었다. 그러나 신약에서는 예배자 스스로가 찾아 나서서 그리스도 안에서 발견한 대진리를 기뻐하고 감격하며, 역사의 주인이신 하나님 앞에 부복하여 찬양과 경배와 감사를 드려야 한다는 새로운 질서를 제시하여 준다. 다시 말하면 예배의 대상이신 하나님은 구약의 상황 속에서는 율법을 통하여 인간들이 엄격한 제도 아래 예배를 드리도록 명령하셨다. 그러나 신약에서는 그의 아들 예수 그리스도를 통하여 새로운 계약과 예배의 질서를 세우시고 방황하는 현대인들을 부르고 계신다. 이러한 인격적 하나님이 곧 기독교의 예배에서는 섬겨야 할 대상이 되고 있으며, 그 하나님의 은총 속에서 예배자들은 참 평화와 새로운 경험을 갖게 된다.

이제 이러한 하나님을 섬기는 예배자들은 신앙의 대상이신 하나님과 자신과의 관계에서 설정해야 할 좀 더 구체적인 개념의 이해가 필요하게 된다. 여기에 대하여 로날드 워드(Ronald Word)는[4] 성경을 기초로 하여 다음의 몇 가지로 설명하고 있다.

---

2 히브리서 9:11-14.

3 누가복음 23:45.

4 Ronald Word, "Worship: the New Testment Basis" in *Baker's Dictionary of Practical Theology*, ed. by R. Turnbell (Grand Rapids, Mich.: Baker book house, 1967), pp. 365-8을 요약 설명한 것이다.

(1) 하나님은 살아계셔서(히 9:14) 인격적으로 존재하신다. 그는 예배자들의 주님으로서 그들의 삶의 방향과 내용을 주관하시며 그들의 경배를 받으신다.

(2) 하나님은 창조주로서 절대적 존재이며 세상의 주관자로서 오늘도 우리의 예배에 임재하신다. 그러므로 하나님의 임재 속에 그와의 만남이 예배에서 이룩되어야 한다.

(3) 예배 속에 임하시는 하나님은 예배자들의 심성을 다 아시는 분이며(행 1:24; 롬 8:27) 신령과 진정의 예배를(요 4:23) 요구하신다.

(4) 하나님은 예배자들을 가까이 부르시며(사 1:18; 약 4:8) 그들을 위한 존재가 되기를 원하시며(롬 8:31-39) 과거와 현재 속에서 예배자들을 위한 계약(요 3:16)의 이행을 변함없이 고수하신다(말 3:6).

이처럼 기독교의 하나님은 예배의 대상으로서 그 독특성을 가지고 있다. 이러한 예배자와의 관계성은 어느 종교에서도 발견할 수 없는 것들이라고 하겠다. 그러므로 유일신 하나님의 섭리와 은총을 깨닫는 사람들은 결코 하나님을 섬기지 않을 수 없으며 당연히 그에게 영광과 경배와 찬양을 드리면서 예배의 깊은 의미를 계속 새기게 된다.

2. 예배의 집례자에 대한 새로운 이해

1517년 종교개혁과 더불어 강력하게 주창된 만인사제론은 예배의 집례자에 대한 불신의 표현이었으며 성직자 위주의 로마 가톨릭 교회에 대한 도전이었다. 특별히 그 시대에 있었던 성직자들의 부패와 형식적인 예배 집례 등은 깊은 신앙 속에서 하나님 앞에 마음과 뜻을 바쳐 예배드리기를 희망했던 사람들에게 환멸과 불신을 가져다주고 있었다. 그러기에 마틴 루터가 만인사제론을 외치면서 그 시대의 교직 계급을 비판하고 나섰을 때 열렬한 호응이 뒤따를 수밖에 없었다. 그리고 평신도들도 하나님의 말씀을 연구하고 가르칠 수 있다는 주장 역시 수많은 사람들의 열광적인 환영을 받게 되었다. 그 결과 평신도들이 말씀의 봉독이나 성만찬의 분병, 분잔 등을 통하여 예배에 직접 참여하면서 예배를 드리는 구심적 역할을 감당하였고, 성경의 연구에도 절대적 공헌을 끼쳤다.

그러나 이 만인사제론은 재세례파와 같은 급진주의 개혁 종파들에 의하여 사제 무용론 내지 사제 경시 현상으로까지 나가는 심각한 부작용을 낳았다. 이러한 사상은 오늘의 침례교 계통에서 종종 보는 바와 같이 목사를 단순한 그룹의 지도자(group leader), 또는 말씀의 전도자(evangelist)로 생각하면서 신학 훈련의 중요성이나 필연성을 인정하지 않은 채 회중의 뜻에 따라 즉석에서 목사로 안수하는 모습 가운데 보여진다.

여기에 대하여 우리는 첫째로, 개신교라고 해서 예전을 집례하고 말씀을 선포하도록 부름 받은 성직자를 전면 부정하는 것이 옳은 일인가를 한번 생각해 보지 않을 수 없다. 여기에 관한 바른 이해는 교회의 성립 과정을 눈여겨볼 때 가능해질 수 있다. 교회의 머리되신 예수 그리스도가 행하신 사역의 출발은 무리나 예배의 처소와 함께하신 것이 아니다. 그는 자신의 사역에 동참하여 계승자들이 되어야 할 사도들을 먼저 선택하고 그들을 훈련시켜 최종적으로 세상에 내보내었다. 그들이 보냄을 받고 주신 능력에 감사하며 사명감 속에서 활동했을 때 비로소 교회는 성립되었고 또 확장되어 갔다는 것을 우리는 안다. 그러므로 오늘의 교회도 사도적 정신과 사명이 확고한 목사에 의하여 그 예배가 집례되고 말씀이 성실히 선포되어야만 더욱 감격스러운 예배를 드릴 수 있다는 당연한 귀결에 이르게 된다. 이와 같은 일은 목사 없이 평신도에 의하여 예배가 인도되며 지내온 교회 안에서 발생한 수많은 문제점들을 통하여 충분히 실감할 수 있다. 제1 스위스 신앙고백에 보면 말씀과 성례전, 즉 예배를 위하여 특별히 세운 교회의 사역자를 일컬어 "하나님의 동역자"[5]로 표현하면서 이 일의 수행자는 하나님의 특별한 부름 속에서 세워지는 존재임을 거듭 밝히고 있다. 이러한 차원에서 칼빈은 말씀을 외치고 성례전을 집례하는 존재를 가리켜 하나님의 보냄을 받은 "전권대사"라고 정의하면서 그 권위와 기능을 재확인해 주고 있다.[6]

둘째, 이처럼 특별한 소명에 의하여 성직을 맡은 사람들은 자신에 대해 어떤 자세를 가져야 하며, 또 어떠한 이해를 해야 할 것인가 하는 문제에 부딪히게 된다. 시대의 발전과 함께 오늘의 성직은 분명 그토록 성스럽던 지난 세기의 면모를 상실해 가고 있음을 경험하게 되었다. 그렇다면 성직자들을 그릇 이해하는 민중에게서 그 이유를 찾아야 할 것인가? 아니 그보다도 성직을 맡은 자신들에게서 그 대답을 발견하는 것이 더 필요한 일이라고 본다.

시대적인 발전과 함께 오늘을 사는 성직자들의 삶이 심각하게 탈선하고 거기에서 비롯된 위기 의식은 높아만 가고 있는 현실이다. 기독교 역사에서 예배 현장에 임하는 사제란 언제나 희생적 존재로서 성별된 사람들이었으며 하나님 앞에서 레위 지파적 계승과 사도적 사명을 인식하고 갖은 희생과 어려움을 겪으면서 살아온 사람들인 까닭에 모든 성도가 우러러보는 존재였다. 그러나 오늘날 성직자들의 상황은 그 성별된 사명과 기능에서 이탈한 채 우대받는 직업인으로서 살기 원하고 더불어 세속적 삶을 만끽하려는 퇴폐 현상이 나타나고 있다. 오늘의 예배 인도자들은 거룩한 권위를 상실해 가고 있으며 그 상실은 예배 전체에까지 영향을 주고 있다. 여기에서 말씀의 선포자들과 예배의 인도자들이 우선적으로 고려해야 할 몇 가지 사항을 열거해 보고자 한다.

먼저, 개인적인 소명과 그 응답의 문제이다. 대체로 개신교의 목사는 단

---

5   제1 스위스 신앙고백(1536), 제1장.
6   칼빈의 이사야 주석 55:1.

순한 말씀의 증거자로만 생각해 버리는 경우가 적지 않다. 그래서 몇 가지 예화를 수집하고 거기에 맞는 성구만 찾아 강단에 오르면 모든 것이 다 해결될 수 있는 것처럼 착각을 하는 사람들이 생겨나게 되었다. 그러나 매주일 하나님을 향하여 제단을 쌓는 일과 그 가운데서 하나님의 말씀을 선포하는 일은 단순한 인간적 취향이나 직업적인 습관으로 이행할 수 없는 귀한 행위이다. 이 일만은 반드시 하나님의 부르심을 받고 거기에 기꺼이 응답하는 사람에 의해서만 가능하다. 구약의 모세를 비롯하여 신약의 바울에 이르기까지 하나님의 사역자는 언제나 부름에 의하여 세워져 왔다. 이 소명에 순종하고 자신의 삶 전체를 바쳐 헌신과 희생으로 응답했던 사람들이 바로 기독교 역사상 값있는 하나님의 종들이었다. 하나님께서는 오늘도 그렇게 부름 받고 응답하는 종들을 예배의 현장 속에서 찾고 계실 것이 틀림없다.

두 번째의 문제는 부름 받은 종으로서 자신을 얼마만큼 준비하고 나아가느냐 하는 문제이다. 사실상 예배에는 그 내용보다 우선적인 것이 있는데 그것은 곧 예배를 집례하는 사람과 거기 참예하는 사람들이 얼마만큼 예배를 위한 준비를 하는가에 대한 일이다. 특별히 예배를 드리는 전체적 책임과 말씀의 선포를 맡은 목사의 철저한 준비는 필수적인데 그 중에서도 가장 으뜸가는 준비란 집례자의 성결이다. 구약의 레위 지파에게 끊임없이 강조되었던 것은 흠 없는 사제로서 예배에 등장하는 일이었다. 하나님께서 그토록 요구하고 계심에도 불구하고 지금도 마음과 몸가짐을 하나님 앞에 가다듬는 일은 인간적인 차원에서 고통스럽기 짝이 없다. 그러나 온전히 하나님께 바쳐진 몸으로서 자신을 이해할 때 이러한 인간적인 고통은 극복이 가능한 것이고 또한 당연히 이겨내지 않으면 안 될 문제이다.

세 번째는 앞에서 언급한 성결의 문제와 연관성을 갖는 것으로 영성 훈련의 문제가 있다. 사제의 직분을 담당한 목사란 단순히 정신적인 문제만을 다루는 인간이 아니고 뭇 영혼의 삶과 죽음을 책임 맡은 소중한 존재이다. 이 영혼들을 다루는 데 있어서 자신이 영적인 성장을 지속하는 생활(devotional life)을 계속하지 않는다면 불합리한 결과가 찾아올 수밖에 없다. 성직자들에게 세속적 직업을 갖지 못하도록 규정하는 것은 단순히 그 임무의 비중 때문만이 아니라 그들이 오직 영적으로 맑고 깨끗하게 언제나 하나님과 깊은 교제를 가져야 할 필요가 있는 사람들이기 때문이다. 성도들 가운데서 자신의 목사가 영적으로 고갈되기를 원하는 사람은 아무도 없다. 그 까닭은 그 목사를 통하여 메마른 자신의 영혼이 살찌기를 모두가 고대하고 있기 때문이다. 그러므로 오늘도 수많은 성도들이 영력 있고 은혜가 넘치는 목사의 곁을 열심히 찾아들고 있다.

네 번째로 성직의 수행자들에게는 인격적인 본(personal integrity)이 절실히 요구된다. 예배를 드리는 무리와 똑같은 인간인 그에게 요청되는 것은 한 인격체로서 모범이 되는 일이다. 오늘의 성도들은 자신이 도달하지 못한 높은 인격적 수준을 성직자만은 꼭 이룩해 주기를 바라고 있다. 진실된 인간적 바탕과 완숙한 인격의 소유 속에서 예배를 인도하고 말씀을 증거하는 하나님의 사역자가 되어 줄 것을 원하고 있다. 그러기에 목사의 언어와 행동과 사고와 생활이란 잠시도 방치해 둘 수 없는 특수한 세계 속에 있어야만 한다. 언제나 진실과 연결되어 있어야 하며 질적으로도 남이 우러러볼 수 있는 수준을 반드시 유지해야 하는 막중한 부담을 안고 있다. 성직자들에 대한 뭇사람들의 기대는 앞으로 이 사회의 도덕과 윤리가 퇴색되고 인간의 타락이 심화될수록 더욱 더 높아지리라 본다.

다섯 번째로 우리는 성직의 수행자들이 갖추어야 할 것으로서 학문을 위한 노력과 용기와 근면과 건강을 말하지 않을 수 없다. 오늘의 교회는 무식하고 태만한 성직자를 용납하지 않을 뿐만 아니라, 병약한 몸으로 성도들에게 새로운 삶의 비전을 주지 못하는 목사나 비굴과 무질서의 생활을 계속해 나가는 목사를 지체 없이 외면한다는 것을 알아야 한다. 실질적으로 성도들은 자신이 몸담고 있는 교회의 성직자만은 학문적인 차원에서도 지도자적 수준을 유지해 주도록 요구하고 있다. 그리고 인간적인 요소로서 건강과 용기와 근면의 삶이 그 목사에게서 보여지기를 간절히 바라고 있다. 이러한 현상은 조금도 잘못된 것이 아니다. 그것은 성도들이 그 사역자를 미천한 사람으로 보지 않고 하나님의 영광을 드러내는 소중한 존재로 여기는 까닭에서 비롯된 것이기 때문이다. 오늘의 성직자 가운데는 자신을 살펴보면서 스스로의 부족함 때문에 깊은 상처를 입는 사례가 있다. 그러나 그토록 상처 받는 심정으로 괴로워할 필요는 없다. 왜냐하면 하나님의 손에 붙잡혀 있는 종은 비록 부족한 인간으로서 출발했더라도 성도들의 요구를 충분히 채워줄 수 있는 하나님의 종으로 결실될 수가 있기 때문이다. 입이 몹시 둔했던 모세를 통하여 놀라운 일을 보여주신 하나님의 생생한 역사가 계시는 까닭이다.

끝으로 예배자들이 갖추어야 할 집례자에 대한 이해의 자세를 언급하고자 한다. 성직자에 대한 일반 성도들의 인식과 기대가 높다는 데서 우선 한국교회의 새로운 발전을 생각해 볼 수 있다. 특별히 지난 세대보다는 젊은 세대에 있어서 더욱 성직자의 성별된 기능과 그 품위를 인정하려는 현상이 보이는 것은 고무적인 일이라 아니할 수 없다. 이러한 사실은 예배시에 예배 집례자들이 성직자임을 표시하는 복장까지 구별하여 갖추고 예배를 인도해 주기를 바라는 데서도 알 수 있다.[7] 매우 다행스러운 일이다. 사실상 성직자의 독특한 사명을 인정치 않거나 집례의 권위를 받아들이지 않는 예배의 현장이란 고통의 자리일 뿐이다. 목사가 자신이 하는 일에 소명과 책임을 느끼는 것만큼 성도들도 그들의 권위와 사역을 인정해 주는 예배의 분위기가 마련될 때, 거기에서 참된 평화의 예배가 드려질 수 있다.

결국 아름다운 예배의 만남을 위한 사제와 성도들의 성공적인 관계 형성은 예리한 비평보다도 긍정적인 협조(cooperation)에서 더욱 큰 결실을 가져올 수 있다. 예를 들면 예배를 집전해야 하는 성직자의 가슴에 많은

---

7   한국갤럽조사연구소 편, 『한국인의 종교와 종교 의식』 (서울: 한국갤럽조사연구소, 1984), p. 146.

상처를 입히고 나서 그 예배에 참여한다고 하면 이 얼마나 석연치 않은 현상이며 모순일 것인가? 화평케 하는 역사의 실현이 없이 형식적인 제단을 쌓는다는 것은 "신령과 진정"이 결여된 예배라 아니할 수 없다. 이러한 예배는 하나님이 찾으시는 예배가 될 수 없음이 분명하다.[8] 집례자에 대한 중요성과 가치성이 결여된 예배란 진지함을 상실하는 것이며, 필경 예배의 존엄성이 빈약하게 되는 결과를 초래한다. 그때의 예배는 하나의 구경거리로 전락되기 쉽고, 감격적 경험이란 도저히 생각조차도 할 수 없게 된다.

예배의 집례자를 논하면서 다시 한 번 종교개혁과 더불어 새롭게 등장한 만인사제론을 언급하고자 한다. 그 까닭은 오늘의 평신도들이 이 교리를 그릇 이해하고 있는 것 같은 느낌을 받을 때가 많기 때문이다. 여기에 대하여 유명한 예배신학자 지글러(F. M. Segler) 교수는 다음과 같이 설명하고 있다.

> 모든 신자가 다 제사장이라는 교리는 각 사람이 단순히 자기 자신이 제사장이라는 것을 뜻하는 것이 아니라 각 사람은 다른 모든 사람에게 제사장이라는 것을 의미한다. 그리고 이것은 공동체를 필요로 한다. 이것은 '왕 같은 제사장들'로서의 모든 회원은 공중 예배에 한 책임을 가진다는 것을 뜻한다.[9]

이 말을 통하여 볼 때 만인사제론은 대제사장 예수 그리스도처럼 하나님 앞에 나아가 이웃을 향하여 자신을 희생적 존재로 바치는 데 그 참 뜻을 갖게 된다. 중세의 교회가 회중이 이해할 수 없었던 라틴어로 예배를 드릴 때 그들이 방관자가 되어 예배로부터 멀리 떠나버렸으므로, 그들의 적극적 참여를 부르짖는 데 이 교리의 특별한 뜻이 있었다고 볼 수 있다. 결코 누구나 주일 예배를 집례할 수 있고 말씀을 선포할 수 있다는 뜻은 아

---

8 요한복음 4:23.
9 Franklin M. Segler, 정진경 역, 『예배학 원론』 (서울: 요단출판사, 1979), pp. 234-5.

니라고 본다. 그러므로 하나님의 종으로 부름을 받은 사역자는 오늘도 우리의 교회와 예배의 현장에 필연코 있어야 할 존재이며, 또 그를 통하여 하나님의 메시지는 우리의 곁을 찾아오게 된다. 문제는 사제로서 예배를 인도하는 성직자가 얼마만큼 성실한 자세로 어떤 결실을 맺도록 노력하느냐 하는 것이다. 그리고 이러한 사역자들을 오늘의 평신도들이 어떠한 태도로 따르고 그들을 사랑하며 존경할 것인가 하는 문제 또한 적지 않은 과제임을 지적해 두고 싶다.

3. 예배하는 사람들

A. 지각, 경험, 응답의 문제

이제부터는 그 대상에게 예배를 드리지 않으면 안 될 존재인 우리 자신의 문제에 주안점을 둘 필요가 있다. 예배자들로서 자신들의 존재를 파악하고 그 본성과 의무를 깨닫는다는 것은 예배를 이해하는 데 필수적인 요건이라 아니할 수 없다. 예배란 앞에서 설명한 바와 같이 하나님과 그의 백성간의 대화이다. 대화란 반드시 파트너를 필요로 하는 것이기에 만일 예배의 현장에 예배드리는 사람들이 없다면 그것은 예배로서의 성립이 처음부터 불가능하다. 그러기 때문에 하나님은 인간을 창조하시고 그 인간들로 하여금 하나님 자신을 예배하도록 명령하셨다.

그렇다면 예배를 드려야 할 인간들이 예배와 관련하여 생각해야 할 것이 무엇이며 또 갖추어야 할 기본적인 요건이 무엇인지를 찾아보는 것이 시급한 문제이다. 유명한 예배신학자로서 최근에 많은 저술을 펴내고 있는 제임스 화이트(James F. White)는 예배를 정의하여 "기독교 예배란 예수 그리스도 안에서, 그리고 그를 통하여 하나님을 알고 거기에 응답하는 가장 심오한 경지의 실제성에 접근하는 사려 깊은 행동이다"[10]라고 말하고 있다. 그는 이 정의를 내리면서 하나님을 깨닫는 지각적 문제와 심오한 경지의 실제성, 그리고 진지한 응답의 문제를 제시하고 예배드리는 사람들의 새로운 관심을 불러일으키는 노력을 펴고 있다. 우리는 이 정의 속에서 예배자들이 생각해야 할 기본적인 세 가지의 중심점을 발견하게 된다.

첫째로 하나님을 깨닫는 지각적 문제이다. 오늘의 예배자들에게서 흔히 보이는 "교회에 가 보는 자세"와 "예배를 보는 자세" 등은 하나님을 바로 깨닫는 지각의 부족이라고 말할 수 있다. 예배의 대상인 하나님은 곧 예배드리는 자들의 생명을 이 땅에 허락해 주신 창조주시라는 사실을 알게 되었을 때, 한번 "가 보는" 우리의 태도는 분명히 달라질 수밖에 없다. 하나님의 위대한 은총 속에서 예수 그리스도의 결정적인 희생을 통하여 죄인된 몸을 용서해 주시고 구원받을 자녀로 불러주신 그 사랑에 감격하고 머리를 숙이는 믿음(belief)을 깨달아 알게 되는 것이 예배자들 모두가 갖추어야 할 우선적인 태도이다.

둘째로 심오한 경지의 실제성이다. 여기서 예배자들은 자신의 실존적 문제 앞에 서서 갈등과 고민을 거듭하지 않을 수 없다. 예배를 방관자적 자세에서 '보고 있는 사람'은 자신의 깊은 내면을 생각할 필요가 없다. 하나님 앞에서 그 말씀을 따라 자신을 조명시킬 필요성 또한 느끼지 않는다. 그러나 참된 예배자들은 거룩한 신 앞에서 자신의 초라한 모습을 발견하고 그 허물과 모순 앞에 눈물을 흘리는 심오한 경지를 체험하게 된다. 이 때의 기쁨은 새로운 자아의 출현으로 이어지며 스스로의 변화를 가져오는 경험적인 차원에까지 이르게 된다.

여기에서 우리는 기독교란 인간을 개종시키는 신비한 능력의 종교라는 사실을 발견할 수 있게 된다. 그 수많은 생명들이 하나님 앞에 무릎을 꿇고 지금껏 알지 못했던 제3의 세계를 체험하려 하는 이유를 깨달을 수 있

---

10   James F. White, *New forms of Worship* (Nashville: Abingdon Press, 1971), p. 431.

다. 인생의 방향 전환이나 새로운 목표의 설정 같은 것은 단순한 인간의 지각적 반응이 아니다. 그것은 바로 심오한 진리와의 만남에서 이룩된다. 예배를 드리는 사람들의 세계 속에서 이러한 경지에 이르는 경험적 신앙(experimental faith)은 기독교 신앙에 소중한 부분을 차지할 뿐만 아니라 생동력 있는 신앙을 소유하는 방편이라 아니할 수 없다. 이런 신앙이 예배의 현장에 임하는 사람들 속에 넘쳐날 때 그들의 기도와 찬송의 자세는 남달리 감격적일 수 있게 된다.

셋째로 진지한 응답의 문제를 생각할 수 있다. 예배란 원래 피조물의 응답적인 행위라고 계속적으로 강조하였다. 이 응답은 자신의 욕구에 답하는 행위를 말하는 것이 아니다. 자신이 섬기는 예배의 대상 앞에서 자신에게 주어진 "측량할 수 없는 그리스도의 풍성을 받은 몸"으로서의 당연한 응답을 말한다. 즉, 그리스도의 몸 된 공동체로서의 찬양과 경외와 감사와 고백과 기도와 같은 이 모든 것이 응답으로 표현되어야 한다. 여기서 우리는 예수 그리스도와 자신과의 상관 관계를 이해하는 자만이 참된 응답의 행위에 참여할 수 있다는 사실을 다시 지적할 수 있다. 사도 바울이 "알지 못하는 처지에 있는 자가 네가 무슨 말을 하는지 알지 못하고 네 감사에 어찌 아멘 하리요"(고전 14:16)라고 말한 것은 의미 없이 예배의 전에 앉아 있는 사람들에게 해당된 말이라고 하겠다. 진지한 응답에 공감하고 모이는 곳이 바로 교회요, 그 무리가 하나님의 백성이라고 일컫는다. 그리고 이들이 하나님을 섬기는 구체적인 행위를 가리켜 예배라고 부른다.

B. 성경적 요구

앞에서 말한 예배자들의 지각과 경험은 예배의 현장에서 필수적이며 거기서 자생되는 응답 역시 예배의 참 의미를 살리는 과정이요 표현임을 보았다. 이제 성경에서는 예배자들이 갖추어야 할 기본 요건을 어떻게 서술하고 있는지 관심을 기울여 보자.

먼저, 예배자들은 믿음이 있어야 한다. 예배자와 믿음은 불가분의 관계이다. 예배의 대상을 현재의 아는 지식보다는 오히려 과거와 미래의 역사를 믿는 믿음이 더욱 소중하다. 이 믿음이 없이는 목전의 사실만을 추구하고 이해하려 하는 지극히 타산적인 예배자가 되기 쉽다. 이런 관점에서 성경은 믿음이 없이는 예배의 궁극적 목적인 하나님을 기쁘시게 해드릴 수 없다는 사실을 강조하면서 "하나님께로 가까이 가는 사람은 하나님이 계시다는 것과 하나님께서 당신을 찾는 사람들에게 상을 주신다는 것을 믿어야 합니다"[11]라고 선언하고 있다. 그러면서 성경은 아브라함, 모세 등이 드린 모든 예배는 독실한 믿음의 소산이었음을 강조하고 있다. 또한 믿음이란 당장 보지 못하고 만질 수 없는 것이라도 하나님의 약속을 바라보고 따르는 변함없는 자세임을 가르쳐 주고 있다. 이러한 강조점은 오늘날 예배신학을 정립한 많은 학자들이 최우선적으로 받아들이고 있다. 그 대표적인 것으로 존 윌리암스(John Williams)의 "예배의 핵심은 실천적 믿음이다"[12]라는 표현을 들 수 있다. 더 나아가 프린스톤의 도널드 맥클레오드(Donald Macleod) 교수는 "우리의 예배란 우리 인간을 위하여, 그리고 우리의 구원을 위하여 역사하신 하나님을 믿는 믿음의 표출(the outcome)이다"[13]라고 말하고 있다. 이처럼 예배자들의 요건은 섬기는 대상의 존재와 역사를 과거-현재-미래적 차원에서 확고히 믿는 의지적이며 결단적인 믿음을 선행시키는 데서 출발한다.

둘째, 예배자들은 하나님을 위한 존재이다. 때때로 "나는 누구를 위하여 예배를 드리고 있는가?" 또는 "나는 누구의 소유로서 살아가는 실존인가?"라는 질문을 던지면서 스스로의 존재 규명을 해보는 일이 예배자들에게는 분명 있어야 한다. 기독교의 깊은 교리는 한 생명의 개체적 중요

---

11 히브리서 11:16.

12 John G. Williams, *Worship and the Modern Child, A Book for Parents, Clergy and Teachers* (London: S.P.C.K., 1957), p. 18.

13 Donald Macleod, *Presbyterian Worship: Its Meaning and Method* (Atlanta: John Knox Press, 1980), p. 1.

성을 어느 종교보다 강조하면서도[14] 그 중요시된 개체 생명이 궁극적으로 누구를 위하여 무엇을 해야 하느냐는 질문에 더욱 확고한 입장을 취해 주고 있다. 로마서에서 볼 수 있는 바, "우리가 살아도 주를 위하여 살고 죽어도 주를 위하여 죽나니 그러므로 사나 죽으나 우리가 주의 것이로다"[15]라는 표현은 바로 하나님 앞에 돌아와 예수 안에서 발견되는 자신의 모습을 보면서 고백하지 않을 수 없는 신앙인들의 강한 소속감의 발로라고 하겠다. 이러한 자기 실존을 발견하고 예수 그리스도 앞에 초점을 맞춘 신앙의 사람은 예배의 순간 속에서도 자신의 의무와 책임을 자각하게 되며 거기서 참된 삶의 방향을 늘 정립한다.

셋째, 예배자들은 지적인 이해를 갖추어야 한다. 예수님께서 수가성의 우물가에서 행하신 이방 여인과의 대화는 하나의 흥미 있는 문제를 제기해 주고 있다. "너희는 알지 못하는 것을 예배하고 우리는 아는 것을 예배하노니…"[16]라는 말씀을 보라. 이 말씀이 오늘의 종교인들에게 주는 의미의 깊이는 실로 크다. 많은 예배자들이 자신의 지성적 기능에 의한 예배를 드리기보다는 감정에만 도취된 채 흥분 상태 속에서 맹목적으로 예배하는 심각한 문제를 노출시키고 있다. 지성의 감각을 통하여 바른 예배의 이해와 경험을 얻어야 할 교회들이 감정의 표현만을 거듭하는 상태로 허덕이고 있다. 사도 바울은 당시 고린도 교회가 방언을 비롯한 각종 은사의 남용으로 일종의 혼미 상태에 빠진 사실을 앞에 놓고서 먼저 예배자들이 이성적 기능을 회복할 것을 다음과 같이 주장하였다.

만일 내가 이상한 언어로 기도한다면, 기도하는 것은 내 심령뿐이고 내 이성은 작용을 하지 않습니다. 그러면 어떻게 하는 것이

---

14 "사람이 만일 온 천하를 얻고도 제 목숨을 잃으면 무엇이 유익하리요 사람이 무엇을 주고 제 목숨과 바꾸겠느냐" (마 16:26).

15 로마서 14:8.

16 요한복음 4:22.

좋겠습니까? 나는 심령으로 기도하는 동시에 이성으로도 기도하 겠습니다. 나는 심령으로 찬미의 노래를 부르는 동시에 이성으 로도 찬미의 노래를 부르겠습니다.[17]

이와 같은 바울의 고백적 교훈은 지성이나 의지를 경시하고 오직 감정 위주로 나아가는 주정주의(emotionalism)의 크리스천들에게 주는 좋은 경종이다. 특별히 개신교의 예배가 말씀 중심임을 감안할 때 이성적 기능의 정상적 가동이란 예배자들의 기본적인 바탕이라 아니할 수 없다. 모든 신앙의 교리를 비롯하여 예배의 제반 행위가 이해(understanding)의 단계를 넘지 못한 채 감정에 의하여 수용(acceptance)의 단계로 비약해 버리고 그것이 곧 내면화(internalization)의 단계에 정착되어 버린다면 이것은 뿌리 없는 나무처럼 지극히 불안한 상태를 면할 수 없게 된다.

넷째, 예배자들은 영적인 세계의 이해와 도움을 필요로 한다. 앞에서 말한 이성적 기능의 강조는 때때로 기독교를 합리주의(rationalism)의 결정체로 만들어 버릴 가능성을 언제나 내포하고 있다. 인간 이성과 논리를 신앙의 경험이나 영적인 세계보다 앞세워 판단해 버리는 단순 논리의 횡포는 이성을 초월한 기독교에 대단한 도전을 가해 왔다. 그러나 기독교는 그 출발부터 인간이 창조한 종교가 아니었기에 인간 사고의 지배를 받지 않는 특수성을 오늘까지 계속 유지해 오고 있다. 거듭 말하면 기독교란 인간 이성 중심의 종교가 아니라 하나님이 이끄시는 종교이다. 이런 관점에서 예배도 동일한 이해의 선상에 놓여야 한다. 즉, "예배를 이렇게 드리라"는 명령대로 따르는 것이 예배자들의 바른 길이라는 사실이다. 예수님께서 예배하는 자들에 대하여 가장 정확하게 말씀해 주신 부분은 역시 사마리아의 수가 성 어느 우물가에서 가졌던 평범한 대화 속에서 찾을 수 있다.

---

17 고린도전서 14:14-15, 공동번역.

하나님은 영적인 분이시다. 그러므로 예배하는 사람들은 영적으로 참되게 하나님께 예배드려야 한다.[18]

이 말씀 가운데 예배를 받으실 대상의 속성은 영(spirit)으로 표현되고 있다. 그리고 예배를 드리는 우리도 그리스도를 아는 진리(truth) 가운데서 예배를 드려야 하며 그 예배는 성령님 안에서(in spirit) 구체화되어야 한다는 의미가 수반되어 있다. 여기에서 우리가 주의를 기울여야 할 것은 "영적으로"라는 표현인데 로버트 레이번(Robert G. Rayburn) 교수는 이를 가리켜 성경 안에서 전체 예배가 행해져야 한다는 입장을 펴고 있다.[19]

이러한 견해는 대다수 예배학자들이 공감하는 입장이기도 하다. 예배자들이 예배의 순간에 기도와 찬양을 드리는 제반 행위는 확실히 자신들의 모두를 바치는 표현임에 틀림없다. 그러나 어느 시간이나 장소에서든지 항상 역사하시는 성령의 임재 가운데서만 이러한 예배의 행위가 이룩되어야 한다. 이 성령의 임재 안에서 드리는 예배만이 자신들의 이지적 판단을 초월한 결실을 맺을 수 있으며 늘 새로운 신비의 역사를 가져오게 된다. 이런 사실을 경험한 폰 알멘(J. J. von Allmen)은 "기독교의 예배는 주님의 자유로운 섭리 속에 열려 있어야 하기에 결코 어떤 결과를 조작할 수 없다. 어떤 입장에서 우리의 기독교 예배는 마술의 세계가 아니다"[20]라고 말한 바 있다. 이렇듯 성령님 안에서 결실되는 수많은 기독교 예배의 현장은 오늘도 살아있는 기독교의 위력을 입증해 주는 생생한 실체라고 하겠다.

결론적으로 오늘 우리가 드리는 모든 예배의 주권적 행사는 예배하는 사람들의 손에 있는 것이 아니라 성령님이 이끄시는 역사 속에 있음을 깨닫지 않으면 안 된다. 이 영적인 세계 안에서 심령과 이성의 조화를 잘 이

---

18 요한복음 4:24, 공동번역.
19 Robert G. Rayburn, *O Come, Let Us Worship*, pp. 105-11.
20 J. J. Von Allmen, *Worship: Its Theology and Practice* (New York: Oxford University Press, 1965), p. 29.

록해 나가는 한편 언제나 성령님께 맡기는 개방적 자세를 갖고 자신의 지각적 노력을 기울일 때에 비로소 참된 예배의 제단은 형성된다.

다섯째, 예배자들은 언제나 자기 결핍을 느껴야 한다. 예배의 대상인 신 앞에서 자기 결핍을 느끼지 못한 채 자신의 주장과 체면을 앞세웠던 일들은 성경 속에도 여러 곳에서 발견된다. 그 대표적인 실례가 바리새인들이었다. 그들은 하나님을 향하여 감사의 기도를 드릴 때마다 자기만족에 빠져 스스로의 자랑에 더 많은 역점을 둔 기도를 했다.[21] 그것은 다른 사람들과 비교하여 자신의 우월성을 내세우는 행위에 불과하였다. 그리하여 이러한 예배의 태도는 주님으로부터 외면과 책망을 받게 되었던 것을 우리는 안다.

그러나 바리새인들을 비롯한 종교지도자들의 태도와는 달리 많은 사람들은 자신들의 결핍된 모습을 드러내면서 하나님의 자비를 구했던 것을 성경은 더욱 확실하게 보여주고 있다. 자신의 결핍과 모순과 허물을 알고 계시지만 정죄하지 않으시는 신 앞에[22] 찾아와 용서를 구한 사람들은 환영을 받고 마음의 기쁨을 얻었다. 이러한 예배자들의 태도는 바로 오늘의 교회에도 시급히 필요하다. 하나님 앞에 겸손히 무릎을 꿇는 예배자들의 수가 증가될 때만이 참된 예배의 정신과 내용과 표현을 확립할 수 있다.

요컨대 예배를 드리는 사람들은 확실히 하나님께로부터 선택과 부름을 받고 중생의 새로운 체험과 함께 예수님을 구세주로 영접한 사람들이다. 이들은 단순한 맹종의 예배를 드리는 존재가 아니라, 자기 자신의 지각에 의하여 하나님이 무엇을 하셨으며, 지금도 자신을 위하여 무엇을 하고 계시며, 장차 무엇을 어떻게 인도하실지를 깨달은 존재이다. 이제 그들은 그 가운데서 성령님의 역사에 의하여 발생되는 심오한 경지의 경험적 예배를 체험해야 한다. 이때 예배자들은 자신의 초라한 실존을 바로 보고 그가 나아갈 방향을 찾게 될 것이며 하나님의 자비로우신 새로운 세계 안에서

---

21 누가복음 18:11.
22 로마서 8:1.

기쁨을 누릴 수 있게 된다.

함축된 의미

한국의 땅에도 21세기의 새로운 세기의 장이 열렸다. 여기에 우리의 교회는 적지 않은 책임과 사명을 안고 있다. 하나님의 교회로서의 위상의 정립은 실로 이 땅의 기독교의 성패를 가름하는 절대적인 영향을 남기게 될 것이다. 쉼 없이 갱신의 역사를 기록해야 할 우리의 교회는 무엇보다도 예배를 중심으로 한 교회의 모습을 회복하고 그 가운데서 구속의 희열을 경험하면서 하나님과의 만남을 가져와야 한다. 그러기 위해서는 개혁가들이 일구어 놓은 예배의 실상을 복고해야 하며 그 가운데서 바른 교회의 모습을 갖추어 나가야 한다. 이런 차원에서 다시 한 번 우리가 예배하는 현장의 기본 요건들에 대한 이해의 정확도를 점검할 필요를 느낀다. 그리고 이런 요건들은 예배의 집례자와 예배를 드리는 사람들의 공통된 과제로서 언제나 우리 앞에서 선명한 대답을 기다리게 된다.

성숙한 교회는 자신들이 드리는 예배가 어떤 존재를 대상으로 삼고 있는지를 알아야 한다. 그 대상 앞에 드리는 예배의 본질적인 목적이 누구를 위한 것인지를 스스로 묻고 바른 방향을 설정해야 한다. 뿐만 아니라 예배의 존엄성을 상실하지 않기 위하여 집례자에 대한 자질과 그 기능을 심도 있게 생각해야 한다. 아무리 개신교의 예배라 할지라도 그 집례자의 소명과 사명은 실로 중요하기 때문이다. 그리고 예배하는 그리스도인들의 바른 자세가 어떤 것이어야 하는지를 생각하면서 드리는 예배가 계속되어야 한다. 그럴 때 하나님께 상달될 수 있는 예배로서의 모습을 갖추게 되리라고 본다.

제16장
예배를 위한 준칙과 구성 유형

"매주일 드리는 우리 예배의 내용과 순서는 이상이 없는가? 그 예배 가운데서 누구나 흐뭇한 예전의 감각을 느끼면서 하나님을 예배하는가?" 이러한 질문을 던져 볼 때마다 일말의 부끄러움을 느낀다. 특별히 외국의 예배신학자들이 우리의 예배에 참석한 후 남긴 짤막한 평가에서 더욱 심각한 느낌을 갖게 한다. 그들이 "한국의 교회에 집회는 있지만 예배로서의 예전은 찾아볼 길이 없다"는 극단적 표현을 하기 때문이다. 그 이유는 우리의 예배 현장의 모든 순서와 그 진행의 형태가 마치 외국의 부흥 집회(Revival Meeting)나 재세례파 계열의 침례교 등과 비슷한 면을 갖고 있기에 그러하다. 그러나 유의해야 할 것은 한국의 개신교의 대부분은 반예전적(Anti-Liturgical) 개혁을 시도했던 재세례파(Anababtists)의 계열이 아니며 그 주된 줄기는 말씀과 성례전을 중심하면서도 초대교회의 정신을 지키려고 노력했던 칼빈과 같은 개혁자들을 따르고 있다는 점이다. 그러므로 오늘의 우리 예배는 단순히 뜨거운 열심만 가지고 말씀을 외치고 힘차게 찬송을 부르고 울부짖는 기도를 행하는 것만으로 전부가 될 수 없다. 적어도 뜨거운 구원의 체험이 표현되고 하나님을 기쁘시게 해드릴 수 있는 신앙의 표현이 담긴 예배의 구성과 이에 대한 이해가 있어야 한다. 예배의 집례자와 참여자가 신령과 진리로 드려야 할 예배의 의식 그 자체를 이해하지 못하고 또 자신이 드리는 예배의 하나하나의 뜻을 알지 못한다면 그것은 우리의 예배를 의미 없는 단순한 집회로 전락시키는 결과가 되고 만다.

1. 예배 순서의 중요성

기독교는 믿는 대상과 그 대상을 섬기는 의식과 그 종교가 제시하는 내세관이라고 하는 종교의 3대 요소를 훌륭하게 제시하는 가장 우월한 종교이다.

문제는 그 대상이신 하나님을 어떻게 예배라는 현장을 통하여 섬기느냐의 질문이다. 즉, 집례자와 회중이 함께 예배라는 이름 아래서 무엇을 어떻게 표현해야 하는지에 대한 대답을 찾아야 한다. 내용의 의미에 따라 그 순서를 수반하지 않은 예배란 예배 본래의 가치성을 완전히 상실하게 될뿐만 아니라 하나의 구경거리로 전락하고 만다. 누구나 수긍할 수 있는 값진 내용이 없이 하나님 앞에 선다는 것은 섬기는 대상에 대한 결례요, 충실치 못한 자세라고 볼 수밖에 없다. 예를 들어 예배 가운데서 단순히 신의 성호만을 부르짖는다든가 막대한 헌금만을 던지고 나오는 행위가 결코 예배의 내용이 될 수는 없다. 예배란 마음의 뜻과 정성이 모아진 총체적 표현이어야 하기 때문이다.

좀 더 구체적으로 말하면 자신의 신앙과 교리(신학)가 합리적이고 적극적으로 포함되어 있어야 하며 교회가 지켜온 성경적 내용과 전통의 핵심들이 내포되어 있지 않으면 안 된다. 이 문제에 대하여 네빌 클라크(Neville Clark)는 "예배 예전을 신의 행위와 인간의 응답 사이에서 발생되는 구속적 만남의 장소"(the place of redemptive encounter) 라고 말하고 있다. 그러기에 이 만남의 장소에서는 그 예배의 기준과 구조가 성경적으로 기초되어야 하고 신학적으로 뿌리를 갖고 있어야 한다는 당연한 주장을 펴지 않을 수 없다.

이상과 같은 차원에서 볼 때 예배의 내용과 순서를 통하여 예배자들은 영적으로 임재하신 그리스도와의 만남을 이룩할 수 있게 된다. 그러나 이러한 예배의 내용과 순서들이 인식되지 못하고 의미의 상실과 함께 형식화되어 갈 때 교회는 침체되고 만다. 이럴 때 역사적으로 교회는 생동력을 잃고 예배집례자들은 세속으로 탈선하였으며 급기야 세계의 역사를 어둡게 만드는 암흑기(Dark Age)를 초래하기에 이르렀다. 그러기에 오늘도 수많은 예배집례자들과 예배신학자들은 틀에 박힌 예배 속에서 회중이 생동력을 잃어가는 것을 막기 위하여 예배의 의미와 그 순서와 내용에 대한 거듭된 관심을 표명하고 있다.

2. 예배 순서의 기본 요건

재세례파의 영향을 받은 교단들을 제외하고는 많은 개신교의 교회들은 지금도 예배를 하나님과 인간 사이에 발생되는 대화의 현장으로 이해하고 있다. 즉, 하나님이 역사하시고 인간이 응답하는 구속적 관계의 재현과 지속이 가장 잘 표현되는 예전으로서 예배를 말한다. 그렇기 때문에 오늘의 예배 순서는 단순한 인간 의사 표현이나 흥미를 위한 것으로 오용될 수 없고 그 가운데 반드시 다음과 같은 깊은 줄기와 신학을 간직해야만 한다.

먼저, 기독교 예배는 성경에 근거한 예배가 되어야 한다. 오늘 우리의 예배는 어떤 개인에 의하여 조작되거나 창작될 수 없는 것으로서 성경에 나타난 예배에 그 뿌리를 두어야 한다. 이런 차원에서 신약 속에 나타난 초기 기독교의 예배 가운데 보여준 말씀과 성만찬, 찬송과 강복 선언(Benediction), 그리고 기도와 송영 같은 것은 소중한 예배의 부분으로 지켜져야 한다.

둘째, 예배의 중심은 언제나 예수 그리스도를 통한 구속사에 초점을 맞추어야 한다. 이는 하나님을 예배의 대상으로 섬긴다는 것은 단순한 창조의 역사 때문만은 아니다. 예수 그리스도를 통하여 새롭게 인식된 하나님을 섬기는 것이 바로 예배의 중심이다. 구세주 예수님을 영접한 사람들은 예수님의 오심, 그 생애, 교훈, 수난, 부활, 승천, 그리고 재림을 먼저 이해해야 한다. 그럴 때 예배 가운데서 이 놀라운 구속의 역사를 찬양하고 그 은총을 주신 하나님을 새로운 차원에서 계속적으로 경배할 수 있게 된다.

셋째, 예배의 내용은 언제나 신학과의 조화를 수반해야 한다. 예배란 언제나 신학적인 차원에서 결함을 지녀서는 안 된다. 그렇기 때문에 말씀의 선포인 설교와 성례전에서 신학적 이탈이 없도록 주의 깊게 노력해야 한다. 그리고 기도와 찬송의 내용이나 성전의 상징 등도 모두가 신학적 차원에서 어긋남이 없어야 한다. 이럴 때만이 예배는 성도들이 받아들일 신학의 표현이 될 수 있고 건실한 예배로서의 지속이 가능하게 된다.

넷째, 예배는 생활과의 밀접한 관계성을 언제나 유지해야 한다. 예배는 예배자들의 생활의 연속으로서 계속되어야 한다. 오늘의 삶과 무관한 예배는 예배로서의 가치성을 잃는다. 그러므로 예배를 통한 새로운 영양소를 공급받고 그 가운데서 삶의 가치성과 방향을 발견토록 해야 한다. 이런 차원에서 폴 틸리히는 "예배란 교회의 고차원적인 응답이며 그 존재의 궁극적 터전(ground)이다"라는 말을 하게 되었다. 그렇기 때문에 예배는 언제나 예배자들의 삶의 터전으로서 결함이 없도록 그 내용과 순서를 갖추어야 한다.

3. 개신교 예배의 제 준칙

기독교에서 하나님을 예배하는 행위는 가장 중요한 일이다. 주님이 부활하신 날에 드리는 예배는 주의 백성들의 가장 큰 감격이 함께한 날이다. 그 이유는 예배란 하나님이 주신 창조의 은총과 예수 그리스도를 통하여 주신 구원의 은총을 깨닫고 감격하여 드리는 그 백성들의 응답의 행위이기 때문이다. 이러한 깊은 의미를 가슴에 안고 하나님의 존전에 나아 온 성도들은 주님이 명령하신 대로 마음을 다하고 목숨을 다하고 뜻을 다하여 하나님을 예배하게 된다. 이러한 존엄한 예배의 현장에서 예배자들이 깊이 새겨야 할 중요한 준칙은 다음과 같은 항목들이다.

먼저, 하나님만을 예배하는 성도들은 온전히 '영과 진리'로 예배를 드려야 한다. 하나님이 원하시는 예배를 드리기 위한 정성의 모음은 예배자들의 가장 근본적인 자세이다. 타의에 의한 예배가 아니라 자의적으로 감사와 기쁨이 가득한 예배가 되도록 최선을 기울여야 한다.

둘째, 공적인 예배를 인도하는 사람은 그 예배에 대한 책임이 막중함을 인식하고 자신에 대한 점검과 함께 예배의 순서와 내용에 대한 준비를 다하여 하나님이 기뻐하시는 예배가 되도록 최선을 다하여야 한다.

셋째, 초대교회부터 예배는 말씀의 예배와 성만찬 성례전의 예배가 주님의 날에는 정기적으로 행하여졌다. 그러므로 비록 오늘의 개혁교회 예배가 말씀을 구심점으로 하는 예배로 정착되었다고 하더라도 성만찬 성례전을 자주 행하는 예배가 되도록 노력해야 한다.

넷째, 그리스도인들에게 예배는 단회적인 행위가 아니다. 그럼으로 주님의 날에 드리는 예배가 생활 속에서 이어지는 삶의 핵심이 되도록 노력해야 한다. 모든 성도는 하나님을 기쁘시게 해드리는 예배를 중요한 목표로 삼고 예배의 생활화에 최선을 기울인다.

다섯째, 어떠한 경우도 예배가 인간을 대상으로 하는 일이 없도록 하기 위하여 예배를 일컫는 명칭부터 주의해야 한다. 특정한 목적을 가지고 드리는 예배는 OOO 감사예배 또는 단순한 행사는 OOO 예식으로 그 명칭을 정확히 표기해야 한다.

예를 들면 교회 창립기념, 개교기념, 결혼기념, 출판기념, 회갑, 생일 등을 비롯하여 입학, 졸업, 개학, 종강, 개회, 입당, 헌당 등의 행사에서 드리는 예배는 순수한 감사예배로 이름하여 드리도록 해야 한다. 그리고 그 외의 축사, 경과보고, 인사, 예물 교환 또는 증정 등을 필요로 한 순서는 예식으로 이름하여 2부 또는 3부로 구별하여 갖도록 한다.

한국교회를 위한 이상과 같은 예배의 준칙은 매우 중요한 것으로 수용할 필요가 있다. 그동안 한국 개신교는 말씀만을 중심으로 예배를 드려왔기에 예배·예전의 내용과 그 실체가 하나님만을 예배해야 하는 규범을 벗어나는 경우가 적지 않았다. 그 명칭부터 사람을 위한 예배로 표기되는 사례가 너무 범람하고 있다. 예를 들면 "OOO 박사 출판 기념예배", "OOO 목사 학위취득 축하예배" 등의 행위는 예배학적으로 도저히 용납할 수 없는 부분이다. 뿐만 아니라 세례·성찬 성례전이 일 년에 한두 번으로 고정된 관습 등은 한국교회가 시급히 고쳐 나가야 할 부분이다.

한국교회가 성숙하고 성도들이 신앙의 뿌리를 깊이 내릴 수 있는 길은 예배의 갱신을 시급히 가져오는 일이다. 하나님이 기뻐하시는 예배가 발생되는 곳에서 하나님의 영광이 빛난다. 바로 하나님의 영광이 빛나는 곳에 하나님의 나라가 건재하게 된다.

이와 같은 예배의 내용은 모든 교회가 일정하게 모두 수용하기에는 적지 않은 어려움이 있다. 그러나 이러한 예배의 내용이 갖추어지도록 최선의 노력을 기울일 필요가 있다. 신학적 바탕이 없이 기도와 찬송으로 관습적인 예배를 이어가는 것은 예배의 생기를 잃게 하는 원인이 된다. 이제는 보다 깊은 의미의 표현과 예배신학이 내포된 예배를 드리려는 노력이 있어야 한다. 그럴 때 우리의 예배는 하나님을 영화롭게 해드리고 기쁘게 해드리는 참된 예배를 드릴 수 있게 된다.

4. 예배의 기본적인 구조

장로교가 지키고 있는 예배신학의 전통은 말씀과 성만찬 성례전을 중심한 초대교회의 줄기를 이어가는 데 있다. 특히 이러한 역사적 맥락을 강조했던 칼빈과 낙스와 같은 개혁자들의 예배 신학사상은 장로교의 모체인 스코틀랜드교회에서 구체화되어 전 세계의 장로교회는 동일한 예배의 신학과 형태를 유지하고 있다.

그러므로 오늘의 우리 장로교의 예배는 단순히 뜨거운 열심만 가지고 말씀을 외치고 힘차게 찬송을 부르고 울부짖는 기도를 행하는 것만으로 전부가 될 수 없다. 적어도 뜨거운 구원의 체험이 표현되고 하나님을 기쁘게 해드릴 수 있는 신앙의 표현이 담긴 예배의 구성과 이해가 있어야 한다. 그 이유는 예배란 마음의 뜻과 정성이 모아진 총체적 표현이어야 하기 때문이다.

이러한 원칙 아래서 우리가 드려야 할 예배는 초대교회가 지켰던 예배이다. 즉, 주님이 부활하신 날 모두가 모여서 위대한 구속의 역사를 깨닫고 감격하여 말씀을 듣고 성례전을 가졌던 그 예배를 계승해야 한다. 이러한 예배는 개인의 의향대로 드리는 것이 아니고, 모두가 예배하는 공동체로 모여 질서 있는 순서를 가지고 하나님을 예배하였다. 이러한 맥락을 지키기 위하여 오늘의 장로교는 다음과 같은 예배의 내용을 주일 예배에서 지키는 전통을 가지고 있다.

첫 번째는 그리스도인들이 예배를 위하여 모여 경배와 찬양을 드리는 부분이다. 이 부분에서는 하나님의 말씀을 듣기 전에 성도들이 하나님을 향하여 드려야 할 내용을 갖게 된다. 그 내용은 예배의 선언, 예배의 말씀, 기원, 경배의 찬송, 죄의 고백, 용서의 확신, 영광송, 시편 교독, 목회기도,

유아세례와 같은 순서들이다.

두 번째는 하나님의 말씀을 경청하는 부분이다. 하나님의 백성들이 주님의 부활하신 날에 모여 자신들의 정성을 모아서 하나님을 우러러 예배의 행위를 한 것은 궁극적인 목적이 있다. 그 하나는 받은 바 은혜를 생각하면서 응답하는 것이고, 또 하나는 하나님이 새롭게 주시는 말씀을 경청하는 데 있다. 그러므로 여기서는 구약의 말씀, 서신서의 말씀, 그 말씀을 다시 조명하는 성가대의 찬양, 복음서의 봉독, 말씀의 선포와 해석과 적용으로서의 설교가 진행된다.

세 번째는 세례 성례전이다. 예수 그리스도를 뭇 증인들 앞에서 자신의 구원의 주님으로 고백하고 하나님의 자녀로 인침을 받는 성례전은 말씀이 선포된 다음에 갖는다. 이 세례 성례전에서는 수세자들의 소개, 서약, 성령의 임재를 위한 기도, 세례, 교인 됨의 선포와 회중의 환영 등의 순서를 갖는다. 장년세례가 있는 경우는 유아세례를 이 부분에서 함께 가질 수 있다.

네 번째는 세례 성례전을 함께한 예배의 경우 세례 성례전 후에 특별한 기도와 봉헌의 순서를 갖는다. 여기서의 기도는 중보의 기도로서 세계와 국가와 지역의 평화를 위하여, 그리고 교회와 목회자와 회중이 하나님의 나라와 의를 위하여 살도록 하는 기도를 드린다. 그리고 자신들을 드리는 봉헌, 봉헌의 찬송과 기도의 순서를 갖는다.

다섯 번째는 전통적으로 기독교 예배의 중심을 이루어 온 성만찬 성례전이다. 이 예전은 주님이 친히 제정해 주신 예전으로서 초대교회가 거룩하게 지켜온 예배의 핵심이었다. 이 예전은 성도들이 단순한 기념의 차원이 아닌 회상과 재현의 차원에서 지켜졌다. 그리고 여기서 주님이 자신을 속죄의 양으로 내어주신 그 감격적인 은혜와의 만남을 경험한다.

여기서 사도신경, 성물(떡과 잔)의 봉헌, 성만찬 초대, 제정의 말씀 봉독과 교훈, 성령 임재를 위한 기도, 떡을 들어 축사하고 나누어줌, 잔을 들어 축사하고 나누어줌, 회중의 참여, 감사의 기도와 결단의 찬송 등의 순서를 갖게 된다.

끝으로 예배의 마지막 부분으로 파송의 순서를 갖는다. 여기서는 단순한 예배의 종결을 의미하는 것이 아니라, 예배를 통하여 가득히 받은 은총을 간직하고 세상 속에 파송받아 나가는 책임과 복된 행진을 의미한다. 그러므로 오늘의 위탁의 순서와 하나님이 주신 복을 받게 되는 축도(강복선언)가 있게 된다.

5. 개신교 예배의 제 형태

개신교는 교회마다 통일된 예배의 순서를 갖지 않고 있다. 개신교의 이런 현상은 구교와 현격한 차이를 보여주는 또 하나의 특성이라고 하겠다. 긍정적인 측면에서 볼 때 이와 같은 사실은 신앙의 표현을 획일적으로 묶지 않은 채 자유로운 예배를 촉진시킨다. 개신교의 목사는 그들의 현장에 맞게 예배의 순서를 작성하고 그들의 언어와 환경을 고려할 수 있다. 그때 예배의 참여자들은 그들이 이해하는 범위 속에서 하나님과의 만남을 경험할 수 있으며 능동적으로 예배에 참여할 수 있다. 그러나 개신교의 예배에 대한 자유의 개념은 예배의 기본 질서를 흔들리게 하는 오류를 범하였다. 목사 자신이 예배의 계획과 집례를 행함에 있어서 특별한 제약이나 감독이 없는 개신교의 제도는 '예배의 탈선' 현상을 여러 면에서 나타내기도 한다.

예배의 집례자는 자신이 소속되어 있는 교단의 예배모범과 예식서를 최대한 도입하는 의무감을 가져야 한다. 특히 초대교회부터 우리의 예배에 있어 온 기본적인 순서들에 대한 이해와 그 실행은 오늘의 개신교 목사들이 주목해야 한다.

다음은 우리의 예배가 기본적으로 갖추어야 할 순서들을 예배의 성격에 따라 분류한 내용이다. 여기서 하나 유의해야 할 것은 예배란 언제나 형식을 갖춘 예배(Formal Service)와 자유로운 예배(Informal Service)로 분류될 수 있다는 점이다. 자유로운 예배의 경우에는 찬송과 기도와 말씀만으로 그 구성과 진행이 가능하다. 그러나 주일 낮에 드리는 예배만은 다음의 형태 중에 어느 하나가 잘 갖추어진 예배로 드려야 한다.

A. 제1형태

예배의 순서에 깊은 관심을 두지 않은 자유로운 예배를 원하는 소규모 교회의 경우에 있어서도 다음과 같은 예배의 기본 내용만은 요구된다.

> 예배 준비
> 찬양의 찬송
> 중보의 기도
> 성경 봉독
> 설교
> 응답의 찬송
> 봉헌
> 성찬 성례전
> 강복 선언(축도)

이상의 순서 가운데 예배의 준비란 단순한 묵도라기보다는 예배가 시작되기 전 모두가 조용한 마음의 준비를 하는 것을 의미한다. 물론 이때 오르간 반주가 있을 수 있으며 예배의 부름도 사용될 수 있다. 중보의 기도는 목사 또는 예배인도자가 드리는 기도이다. 그러나 소규모 예배의 경우 기도해야 할 제목들을 발표하고 그 제목을 위하여 모두가 함께 기도하는 것도 가능하다. 성찬 성례전은 필수적으로 매주일 집례해야 한다는 뜻은 아니다. 교회의 형편에 따라 행할 수 있으나 적어도 일 년에 4회 정도는 갖는 것이 기독교 예배의 본 정신에 가깝다고 하겠다.

B. 제2형태

개신교에서 성만찬 예전을 갖지 않은 채 집례되는 주일의 예배를 위하여 제시할 수 있는 예배 형태로서 다음과 같은 순서를 볼 수 있다. 이 예배에서는 예배자들이 하나님의 부르심과 거기에 응답하는 신학적 의미를 내포하고 있다.

예배에로 나아감
예배 준비

예배의 부름

개회송

예배 기도

찬미와 고백
경배의 찬송

고백의 기도

용서의 선언

교독문

영광송

중보의 기도

주님의 기도

말씀의 선포
구약의 말씀

찬양

서신서의 말씀

복음서의 말씀

말씀의 선포

설교 후 기도

감사와 응답

사도신경

감사의 찬송

봉헌

봉헌기도

봉헌의 찬송

오늘의 위탁과 강복

오늘의 위탁

강복 선언(축도)

후주

C. 제3형태

여기에서 제시하는 예배의 순서는 성찬 성례전을 겸한 예배로서 오늘
의 교회들이 드릴 수 있는 형식이다. 이 순서는 한국교회 예배 현장에서
집례해 본 결과 회중에게 보다 더 깊은 의미를 줄 수 있었던 이상적 형태
라고 보여진다.

예배를 위한 준비

전주

예배를 위한 부름

예배의 선언

예배의 부름

기원

찬미와 고백

경배의 찬송

언약의 확인

고백의 기도

사죄의 확신

영광송

중보의 시간

참회의 기도(평신도)

목회기도(목사)

주님의 기도

말씀의 선포

구약의 말씀

서신서의 말씀

찬양

복음서의 말씀

설교 전 기도

말씀의 선포

설교 후 기도

감사와 봉헌

감사와 응답의 찬송

성물 봉헌(떡과 잔)

예물 봉헌(헌금)

봉헌기도

성찬 초대의 선언

성찬 찬송

신앙고백

제정의 말씀

기도(성령 임재를 위한)

성체 분할 및 분병 분잔

참예 선언

감사의 기도

응답의 찬송

오늘의 위탁과 강복 선언

오늘의 위탁

강복 선언(축도)

후주

예배의 시작은 하나님께 드리는 경건하고 장엄한 음악에 이어 하나님의 말씀으로 회중을 예배 가운데로 인도함으로 비롯된다. 그 후 말씀 앞에 응답하며 하나님의 언약을 확인하는 십계명을 교독하는 것도 의미 있는 일이다. 그리고 하나님의 거룩한 존전에 서있는 실존으로서 부끄러운 모습을 내놓고 용서와 임재를 간구하는 공동체의 고백이 뒤따라야 한다. 그때 성경에 근거한 용서의 선언과 함께 인간의 응답이 가능하게 된다.

중보의 기도 후에 하나님께서 인간에게 응답해 주시는 순서를 맞이하게 되며 성찬 성례전의 감격을 직접 경험할 때 기쁨과 감사는 절정을 이룬다. 이리하여 예배자로서 주신 은혜에 감사하는 실천적 행위를 표하게 된다.

이러한 모든 순서가 끝나면 다시 세상으로 나아가는 무리에게 새로운 사명의 부여를 강조한 후에 하나님을 위한 사명적 존재로서의 삶을 위한 복의 선언이 있게 된다.

함축된 의미

하나님 앞에 제단을 쌓는다는 것은 무질서 속에서 자신들의 감정을 발산하는 일이 결코 아니다. 이는 앞에서 언급한 대로 우리가 경험한 구속사의 주인이신 예수 그리스도를 통한 하나님의 은총 앞에 감격하는 행위이다. 그리고 이 모든 역사를 움직이신 하나님 앞에 경배와 찬양과 감사와 기도와 예물을 드리면서 우리의 깊은 신앙을 표현하는 행위이다. 여기에서 예배란 깊은 신앙이 바르게 표현될 수 있는 질서의 제단이 되어야 하고 누구나 능동적으로 참여하는 제단으로서의 가치성을 드러내야 할 필요성을 절감케 한다. 적어도 성경적 측면에서, 예배학적 측면에서, 또한 개신교 예배의 역사적 측면에서 언제나 상관성을 맺는 예배로서의 순서가 있어야 하고, 집례가 이루어져야 한다. 이때 그 예배에 참여하는 무리는 하나님의 위대한 은총 앞에 스스로 머리를 숙이면서 예배가 주는 흐뭇한 감격을 계속적으로 가슴에 안고 나아갈 수 있게 된다.

제17장
예배 순서에 대한 해설

　개신교의 예배 현장에서 발생되는 비평적인 요소 중의 하나는 우리의 회중은 구교의 성도들과는 달리 자신들이 드리는 예배 순서에 대한 깊은 이해를 가지지 못한 채 맹목적으로 찬송을 부르고 기도를 드린다는 사실이다. 어떤 성도들은 모든 예배 순서가 설교를 듣기 위한 준비 과정인 것처럼 착각하고 있다. 이러한 착각은 대단히 부끄러운 일이다. 자신이 하나님께 정성껏 드리는 예전의 순서에 담겨진 뜻을 모른다는 것은 의미 없는 의식 속에서 형식적인 마음과 몸가짐을 지속하고 있는 행위에 불과하다. 그러므로 순서 하나하나에 부여된 예배신학적 깊은 의미를 이해하는 것이 중요하다.

1. 오르간 연주

예배가 시작될 무렵의 오르간 전주는 개신교 예배의 서두에 중요한 몫을 담당하고 있다. 많은 교인들은 이 순서가 회중이 좌석을 정리하거나 예배의 시작을 기다리면서 그 공간을 메우는 정도의 것으로 오해하고 있다. 그러나 이것은 엄격히 말해 예배의 가장 첫 부분의 순서이다. 그러므로 예배의 순서마다 맨 첫 순서로 기록되고 있다. 하나님께 드려지는 장엄하면서도 경건한 음악 속에서 예배자들이 각자 마음을 정리하고 흠 없는 자세로 준비를 갖추는 뜻을 지닌 중요한 부분이다. 한국의 교회가 예배 시작 전에 어수선한 분위기를 수습하고자 종을 쳐서 예배를 선언하는 것은 다른 나라에서는 찾아보기 힘든 특유한 현상이다. 가능하면 예배자들이 이 순서에서 연주되는 성곡들을 진지하게 감상하면서 세상의 삶으로부터 헝클어진 마음을 정리하고 새로운 자세를 가다듬게 되는 준비가 있어야 한다.

2. 예배의 부름

우리의 개신교는 구교의 미사와는 달리 미사의 집전자가 예배를 주도하는 것이 아니라 "이제 다같이 우리의 뜻과 정성을 모아 예배를 드립시다"의 선언과 함께 하나님의 말씀으로 회중을 예배 가운데 임하게 한다. 그리함으로써 예배의 주도권을 인간이 갖는 것이 아니라 하나님이 소유하시고 사용하고 계심을 알리게 된다. 바로 이 순서를 가리켜 예배의 부름 또는 예배사라고 한다.

이 순서는 칼빈에 의해 성구 낭독으로 시작되었다. 하나님의 명령에 따라 예배를 드리는 분위기를 형성하는 순서가 바로 이 예배의 부름이다. 그러기 때문에 예배의 인도자는 가급적 여기에 상용될 성구를 외워서 장엄하면서도 뚜렷한 발음으로 낭송하는 것이 타당하다. 그리고 회중은 경건한 자세로 경청하도록 해야 한다. 매주일 일정한 성구를 계속하는 것보다는 교회의 절기에 따라 적절한 하나님의 말씀이 예배자들에게 선포됨으로써 살아있는 하나님의 말씀이 오늘의 예배 현장에 임재하심을 알도록 해야 한다. 그때에 회중은 엄숙한 말씀 앞에 머리를 숙이면서 하나님 앞에서 자신이 가져야 할 자세를 가다듬게 된다. 예배의 부름은 두 가지의 형태를 취한다. 하나는 인도자가 말씀을 일방적으로 선포하는 것이고, 다른하나는 인도자의 선언에 응답하는 형태이다.

3. 기원

예배의 부름 다음에 시편을 읽고 기도를 하는 순서를 흔히 본다. 그러나 기원이란 보편적인 기도나 시편의 봉독이 아니다. 기원이란 짧은 기도로서 오늘의 예배 속에 성령으로 임재하신 하나님의 권능과 현존을 예배인도자와 회중이 깨닫도록 해달라는 단순한 기원의 성격을 띠고 있다. 이기원은 회중의 형편이나 사정을 아뢰는 간구의 성격을 갖는 것이 전혀 아니다. 또는 스스로의 죄를 참회하는 기도도 아니다. 오직 드리고자 하는 예배를 통하여 하나님의 높으신 경륜을 감사하고 성령의 임재 속에 하나님의 영광이 나타나기만을 구하는 것이 바로 기원의 성격이며 내용이다.

4. 찬양과 경배의 찬송

예배를 신령과 진정으로 드리라는 준엄한 하나님의 말씀 앞에 모두가일어서서 응답하고 그 하나님을 찬양하는 순서가 곧 찬양의 찬송이다. 앞에서 서술한 대로 예배란 언제나 하나님과 인간의 대화적 관계 속에서 이룩된다. 그러므로 하나님으로부터 예배하도록 부르심을 받았을 때 인간들은 당연히 일어서서 죄인 된 자신들을 거룩한 존전에 예배하도록 허락하시고 불러주신 그 하나님을 우러러보면서 찬양으로 응답하는 것은 참으로 귀한 의미가 있다. 여기서 예배드리는 사람들은 이런 기회를 부여받은 자신의 특권적 삶에 감사하면서 경건한 자세로 찬송을 불러야 한다. 이런 뜻을 생각하고 예배의 인도자는 찬송을 선택하고 그 선택된 찬송을 하나의 기도로 표현되도록 회중의 자세를 촉구할 필요가 있다. 이런 의미에서 칼빈은 기도란 말과 노래로 표현되는데 교회의 음악은 주된 기도라고 주장하고 있다. 음악은 사실상 인간의 심성을 표현하는 정직한 표현이며 하나님으로부터 받은 소중한 선물임에 틀림이 없다. 그래서 이것을 어떻게 효과적으로 활용하느냐에 따라 예배의 전체 분위기와 개인적인 신앙의 표현과 경험을 새롭게 할 수 있다. 그렇기에 칼빈의 말처럼 예배 가운데 사용된 찬송을 하나님을 우러러 찬양하고자 하는 뜨겁고 열렬한 열심과 더불어 인간의 가슴을 강렬하게 움직이는 힘을 가지고 있다. 이러한 음악적 이해를 가지고 응답하는 순서로서 찬양과 경외를 뜨겁게 표현해야 하는 것이 바로 여기서 갖는 찬송이다. 그러므로 이때에 부를 수 있는 찬송은 하나님을 향하여 드리는 경배와 찬양의 뜻이 담긴 찬송이 합당하다.

5. 성시 교독

현대교회는 성시 교독에 의미 부여를 단순화시키는 경향이 있다. 그러나 성시 교독은 원래 시편 교독으로서 오늘의 찬송가와 같은 의미를 가지고 있다. 원래 이 순서는 구약에서부터 신약시대와 사도시대에 이르기까지 예배 가운데 찬양의 부분으로 철저히 지켜온 순서이다. 이러한 예배 관습은 16세기의 쯔빙글리나 칼빈과 같은 개혁자들에 의하여서 악기나 인간들이 작사한 찬송보다 시편송이 가장 우수한 찬양임을 고집하고 사용하였다. 이러한 사상은 지금도 장로교의 원조인 스코틀랜드교회와 같은 곳에서는 철저히 준수되고 있다. 그들은 지금도 찬송가에 곡조가 없이 순수한 시편의 찬양시만을 싣고 선창자에 의하여 이미 익숙한 곡으로 인도될 때 모두가 함께 동참하는 것을 보게 된다.

그러나 이토록 역사와 전통을 안고 있는 시편송이 루터의 대중 찬송가 보급을 기점으로 하여 왓츠(Isaac Watts, 1674-1748), 웨슬리(John Wesley, 1703-1791), 그리고 생키(Ira David Sankey, 1840-1908)와 같은 인물들이 현재 사용하고 있는 찬송가들을 대대적으로 보급함으로 시편송은 대중성을 잃게 되었다. 이러한 결과 전통적으로 예배 찬송으로 이어져 왔던 시편송의 상실이 우려되었다. 시편송은 이러한 변화에 직면하면서 위기를 맞게 되었다. 여기에 예배신학자들은 시편송의 역사성과 그 전통은 예배에서 필히 보존되어야 함을 강조하게 되었다. 그 결과 오늘의 시편 교독으로 찬송가 뒤에 수록하게 되었다. 그러나 이것마저 순수한 시편송의 성격을 벗어나 적절한 성구들을 모아서 찬양시의 성격보다는 절기에 따라 사용되는 단순한 성구의 교독으로 의미를 축소하는 경향을 낳고 있다. 그리고 그 이름마저 '시편 교독'에서 '성시 교독'으로 부르게 되고, 요즈음에는 '교독문'으로 그 본래적인 고유한 뜻을 상실해 가고 있다.

6. 고백의 기도

예배 가운데 기록된 기도문의 사용은 18세기부터 20세기 초반까지 대단한 거부반응을 가져왔다. 특별히 영국의 퓨리탄과 회중교회들은 기도란 개인의 마음속으로부터 우러나와야 참 의미를 갖는다고 주장해 왔다. 그러기 때문에 기록된 기도문은 갱신과 하나님과의 만남을 저해하는 요소로서 오히려 싫증을 갖게 하는 요인이 될 가능성이 많다는 주장을 펴게 되었고, 예식서에 나오는 기도문의 활용을 예배 가운데서 거부해 왔다. 이러한 결과 금세기의 많은 개신교 예배 가운데 고백의 기도가 사라지게 되었다. 그러나 예배 복고운동이 19세기 말부터 일기 시작하면서 개혁자들이 그토록 소중히 여기던 이 고백의 기도에 대한 가치가 재평가되기 시작하였다. 그 후 수많은 개신교 예배 속에 이 죄의 고백이 다시 등장하게 되었고, 모든 회중의 가슴속에 하나님의 거룩하심과 그 앞에서 죄인된 초라한 자신의 모습을 발견하게 하는 의미 있는 순서로 정착되었다.

이 고백의 기도가 있어야 할 이론적 근거는 지극히 간단하다. 즉, 하나님의 거룩한 존전에 서있는 실존으로서의 부끄러운 자아의 모습을 내놓고 거기에 하나님의 용서와 임재를 간구하고 예배하는 공동체의 고백이 필요하기 때문이다. 특별히 하나님을 예배하는 무리가 죄악된 사연을 그대로 품고 있을 때 거룩하나 하나님과의 만남은 불가능하다. 시편 기자도 "내가 나의 입으로 그에게 부르짖으며 나의 혀로 높이 찬송하였도다 내가 나의 마음에 죄악을 품었더라면 주께서 듣지 아니하시리라"(시 66:17-18)는 고백을 하고 있다. 그리고 이사야가 하나님의 현존을 보고서 자신의 죄를 고백하는 장면은 바로 이 고백의 기도의 필요성을 실감케 하고 있다. 이처럼 성경적 근거가 정확하고 개혁자들이 그처럼 소중히 여겼던 죄의 고백은 오늘의 예배 순서에 있어야 할 중요한 순서이다. 이 고백의 기도는 가급적 회중의 형편을 섬세히 아는 목자에 의하여 작성되고 함께 기도로 읽혀지는 것이 효과적이라 하겠다.

7. 사함의 확신

본 순서는 용서의 선언이라고도 하며 앞에서 고백한 우리의 죄가 용서받음을 확신하게 하는 데 그 목적이 있다. 기독교의 예배가 단순히 고백하는 데서 끝나지 않고 하나님의 말씀을 통하여 용서의 확신을 갖는 데 더욱 큰 의미가 있기에 이 순서는 죄의 고백과 함께 소중히 사용되고 있다. 이 확신의 선언은 목사가 성경말씀에 의하여 회중이 용서받은 기쁨을 간직하도록 하는 데 그 목적이 있기 때문에 개인의 신학이나 언어의 사용은 허용되지 않는다. 오직 여기서는 하나님은 언제나 죄를 고백하는 그분의 자녀들을 외면하거나 멸망케 하신 적이 없는 분임을 회중에게 알려주어야 한다. 그리고 여기서 용서를 주신 하나님과의 만남을 경험하도록 한다. 그 실례를 보면 다음과 같다.

> 사랑하는 성도 여러분!
> 하나님은 우리 모두가 자신의 허물과 모순을 거짓 없이 고백할 때 용서의 손길을 허락하십니다. 여기 하나님의 말씀이 우리 앞에 있습니다.
> "여호와는 긍휼이 많으시고 은혜로우시며 노하기를 더디 하시고 인자하심이 풍부하시도다 자주 경책하지 아니하시며 노를 영원히 품지 아니하시리로다 우리의 죄를 따라 우리를 처벌하지는 아니하시며 우리의 죄악을 따라 우리에게 그대로 갚지는 아니하셨으니 이는 하늘이 땅에서 높음같이 그를 경외하는 자에게 그의 인자하심이 크심이로다"(시 103:8-11). 아멘.

8. 영광송

하나님의 용서가 선언된 다음 인간의 응답으로서 영광송을 갖는다. 이는 회중이 함께 부를 수도 있고 또 찬양대가 부를 수도 있는 부분이다. 용서를 주신 하나님을 위하여 그 위대하심과 자비하심을 찬양하는 이 영광송은 초대교회뿐만 아니라 개혁자들에 의해서도 대영광송이라고 불리며 지켜져 왔다. 그 내용은 용서받은 기쁨 속에 성부, 성자, 성령이신 하나님을 찬양하면서 모든 영광송을 하나님께 돌리는 회중의 감사와 기쁨의 표현이 담겨 있다. 이러한 영광송을 함께 부르는 경우는 모두가 일어선 자세에서 부름이 당연하다고 하겠다. 하나님을 향하여 드리는 가장 엄숙하고 가장 높으신 은총의 찬양이기에 그 부르는 자세에서부터 진지성이 있도록 함이 옳다고 본다. 가능하면 용서의 선언이 끝나는 즉시 반주자의 첫 음만 듣고 지체 없이 시작하는 것이 예배의 분위기를 이끌어 가는 데 더욱 효과적이라 하겠다.

9. 중보의 기도

일명 목회 기도라고도 불리는 이 기도는 칼빈을 비롯한 많은 개혁자들에 의하여 계속되어 왔던 중요한 예전 순서이다. 이 기도는 예배인도자가 하나님 앞에 모여 예배드리는 무리를 위하여 사제적 기능을 펴는 부분이다. 하나님의 백성들을 위탁받아 섬기고 살피는 책임을 가진 목양자로서 그들이 살고 있는 정치, 경제, 문화적 상황에서 발생된 죄와 모순을 고하고 용서를 구함은 물론, 전쟁과 질병과 가난과 억눌림의 세계로부터의 해방을 간구하는 것까지 하나님께 아뢰고 구하는 사제로서의 당연한 기도가 바로 이 중보의 기도이다.

역사적으로 이 중보의 기도는 구교의 고해성사와 신학적 맥락을 같이 하는 순서라고 볼 수 있다. 성도가 죄를 지은 뒤 하나님과 사제 앞에 나와 자신의 저지른 죄를 자세히 고백할 때 사제는 그것을 듣고 성체 앞에 나아가 "… 내 탓이오, 내 탓이오 …"를 연발하면서 통회의 기도를 드리는 목양자의 마음 아픈 기도가 바로 이 중보의 기도와 같은 성격을 갖고 있다. 개혁자들은 바로 이 목회의 기도에서 이러한 내용을 담은 기도문들을 수집하여 읽기도 했다. 그러나 웨스트민스터 예배모범이 나온 후부터는 목사의 성실한 준비 속에서 이 기도가 드려지게 되었다. 대체적으로 중보 (목회)의 기도가 있었던 순서는 성만찬 초두에 봉헌을 하고 이어서 성만찬 참여자들의 몸과 마음을 성결케 하기 위하여 드려졌다. 그러나 성만찬을 원래대로 매주일 이행하지 않음으로 말미암아 이 기도의 순서는 자연히 설교 후나 또는 성경 봉독 전에 지켜지게 되었다. 그리고 이 목회기도가 끝날 때 주기도문을 회중과 함께 외우든지 또는 찬양대와 회중이 주기도문을 찬송으로 부르는 것도 이 기도의 깊은 의미를 살리는 것이 될 수 있다.

10. 말씀 봉독

지금까지 다루어 온 예전의 순서는 모두가 하나님께 드리는 인간의 찬양, 감사, 경외와 고백의 행위였다. 이제 여기서부터는 하나님께서 인간에게 응답해 주시는 순서이다. 하나님이 인간들에게 예배를 통하여 가장 분명하고 풍부하게 응답해 주시는 것은 무엇보다도 하나님의 말씀을 통해서이다. 그러기 때문에 개혁 당시부터 개신교 예배가 가장 강조한 대목은 바로 이 말씀의 선포였으며 이 전통은 지금도 우리의 예배 가운데 가장 핵심적인 부분으로 지켜지고 있다.

말씀(Word of God)이란 예배에서는 두 형태의 순서로 분류된다. 첫째는 기록된 하나님 말씀(성경)의 봉독과 둘째는 설교자를 통한 그 말씀의 선포와 해석과 적용이다. 이 두 가지는 말씀의 선포라는 순서로서 개신교 예배의 극치를 이루는 부분으로 여겨지고 있다. 설교에 대한 연구는 그 내용이 너무 방대하고 또 특별한 연구가 필요하기 때문에 후에 좀 더 자세히 다루기로 하고 여기서는 기록된 하나님의 말씀을 우리의 예배 가운데서 어떻게 봉독하는 것이 바람직한 예전의 행위인지를 살펴보고자 한다. 이유는 오늘의 우리 예배 가운데 이 순서가 오직 설교의 본문을 읽는 것으로 끝나는 지극히 간단한 정도로만 이해되어 왔으며 또 그렇게 행하여지고 있기 때문이다. 그러나 역사적으로 이 순서는 참으로 소중한 부분이었으며 가장 엄숙한 분위기를 요구했던 부분이기도 했다.

1645년 웨스트민스터의 예배모범이 나왔을 때도 말씀을 봉독하는 이 시간에는 구약과 신약에서 각 한 장씩을 읽도록 해야 한다는 엄격한 주장이 있었다. 그래서 그들은 교회의 설교단(pulpit)을 가장 우뚝 솟아나게 배치하여 말씀의 권위를 살리는 데 상징적인 노력을 기울였음을 볼 수 있다. 이때는 모든 성도가 말씀의 단을 통하여 봉독된 말씀에 귀를 기울이고 이어서 계속된 설교를 경청하면서 새로운 양식을 공급받는 심정으로 즐거운 예배를 드렸다. 그러므로 말씀 봉독의 순서는 아주 엄숙히 진행되었고, 회중은 하나님 말씀과의 만남에서 감격스러운 순간을 경험할 수 있었다. 특별히 성경이 모국어로 번역되어 개인들의 손에 들어가기 전까지 16세기 동안은 이 순서가 예배의 극치를 이루는 부분이었다. 그러나 현대의 교인들이 모두 성경을 소유하고 스스로 언제 어디서나 읽을 수 있게 되자, 성공회나 루터교를 제외한 자유교회에서는 이 순서의 필요성을 크게 느끼지 않고 설교의 본문만을 읽는 단계로 끝을 맺어왔다.

이토록 침체된 말씀의 봉독 순서가 최근에 와서는 새로운 변화를 가져오고 있다. 특별히 평신도들의 예배 참여를 대표기도보다는 오히려 이 부분에서 강조하면서 평신도들이 준비하고 나와서 봉독하도록 하는 경향을 보이고 있다.

11. 찬양대의 찬양

개신교 예배에서 음악이 차지하는 비중은 실로 크다. 그것이 단순히 하나님을 찬양하는 아름다운 노래라는 차원에 못지않게 모든 회중이 예배에 능동적으로 참여하는 데도 그 중요한 기능적 공헌을 하고 있기 때문이다. 역사적으로 예배 가운데서의 음악은 개혁 당시 대단한 논의의 쟁점이었다. 루터와 같은 개혁자는 지금껏 시편에 운율을 넣어서 오늘의 찬송처럼 불렸던 것을 더 발전시켜 예배 가운데서 회중이 쉽게 부를 수 있는 민속 가요곡을 사용한 찬송의 도입을 대담하게 시도하였다. 그러나 칼빈의 경우는 그 반대였다. 그는 초대교회처럼 운율을 넣은 시편만을 예배의 찬송으로 고집하면서 일체의 세속적 곡조가 하나님을 찬양하는 데 사용되는 것을 거부하였다. 그 후 17세기 후반과 18세기에 일기 시작한 교회의 부흥운동 때는 예배 가운데서 일반 찬송의 도입이 큰 방해를 받지 않고 진행되었으며, 19세기 중반 영국의 복음주의 부흥 운동은 저 유명한 찰스 웨슬리를 비롯하여 아이삭 왓츠(Isac Watts)나 패니 크로스비(F. Crosby)와 같은 유명한 복음주의 음악가들을 등장시켰고, 모든 개혁교회가 예배 중에 이들의 찬송을 부르게 됨을 소중한 은총으로 생각할 만큼 획기적인 예배 찬송의 발전이 이룩되게 되었다.

예배 음악이 이토록 역사적 험로를 걸어왔지만, 찬양대만은 예배 가운데서 아무런 변함없이 지속해 오는 독특한 기능을 유지하고 있었다. 원래 찬양대란 고대 이스라엘의 역사 가운데에서도 뚜렷한 활동을 전개해 왔던 기록이 있다. 성경에 최초로 나타난 찬양대는 언약궤가 예루살렘으로 옮겨오고 성전 예배를 가졌을 때, 다윗이 성전에서 노래만을 하도록 사명을 주는 데서부터 그 기원을 잡을 수 있다. 그 후 로마 가톨릭 교회에서는 찬양대원을 특별히 육성하는 기관을 세운 적이 있으며 중세 때에도 소년들을 선별하여 찬양대로 육성시켰던 기록을 저 유명한 비엔나 소년 합창단의 역사에서 볼 수 있다.

오늘의 예배 가운데서 찬양대가 맡은 역할은 대단히 중요하다. 그 중에서도 설교 전에 부르는 찬양은 하나님을 향하여 가장 아름다운 경외를 드리는 부분이며 예배자들의 마음을 하나님 앞에 함께 끌고 가는 헌신의 경험을 주는 사명을 감당하고 있다. 그뿐만 아니라 예배자들이 하나님의 말씀을 경청할 수 있도록 마음의 그릇을 준비시키는 역할까지도 수행한다. 그리고 여러 차례의 응답송을 통하여 하나님과의 말씀을 실감케 해주고 있다. 환언하면, 이들은 음악이라는 매개체를 통하여 교인들의 마음을 감동시키고 회중의 마음을 하나님께 드리게 하는 사역을 담당한 사람들임에 틀림없다. 그러나 문제는 오늘의 찬양대가 이상과 같은 역사성과 사명감을 인식하지 못한 채 단순한 음악가로서 활동을 하고 있다는 점이다. 사명적 존재로서의 찬양대 구성원들이 움직여지는 예배는 모든 예배자들에게 어느 때보다 더 큰 활력소를 부여할 수 있으나, 그렇지 못한 찬양대는 그 존재 가치마저 부정당할 수밖에 없다는 현실적 비판은 대단히 주의를 기울여야 할 지적이라고 하겠다. 다음의 몇 가지는 예배신학자들이 찬양대의 발전적 미래를 위하여 주는 소중한 충고이다.

첫째로 하나님의 영광을 위하여 노래하는 사람은 반드시 가슴(heart)속으로부터 우러나오는 신앙의 표현으로서 노래해야 한다. 둘째로 단순히 청아한 음악 소리의 전달이 아니라 노래가 가지고 있는 메시지 전달을 위하여 정확한 발음과 함께 마음과 몸이 일체된 찬송을 불러야 한다. 셋째로 찬양대의 지휘자는 언제나 설교자와 관계를 가지고 설교의 내용과 일치된 찬양을 찾아야 한다. 끝으로 찬양대원을 이끌고 나가는 지휘자는 자신의 테크닉 과시에 너무 민감할 필요가 없다. 그는 그의 음악적 실력에 못지않게 영적인 사람으로서 찬양대를 이끌고 가야 할 일차적 책임이 있음을 명심해야 한다.

12. 설교 전 기도

부처나 칼빈과 같은 개혁자들이 사용했던 예배 순서를 보면 말씀 봉독 전에 이 기도가 있다. 당시의 이 기도는 설교자가 기도서에 모아진 훌륭한 기도문(collect)을 읽는 것으로 대치되었다. 그러나 최근에 이르러 이 기도의 활용이 없어졌고 그 대신 설교자의 짤막한 기도로 대치해 오고 있는 실정이며, 그것마저 목회 기도에서 짤막하게 언급해 버리는 방법을 쓴다든가 또는 완전히 이 기도의 순서를 없애 버리는 경향이 있다. 사실 이 기도가 어떤 것인지조차도 알지 못하는 예배의 인도자들이 많은 것이 오늘의 형편이다. 그러나 우리는 스코틀랜드의 장로교를 비롯하여 많은 역사적 예배의 순서에 있던 이 기도의 내용과 그 성격을 이해한 후에 우리의 예배 가운데에서 사용함이 타당하다. 1972년 미국의 연합 장로교, 남 장로교, 컴벌랜드 장로교가 공동으로 펴낸 『예배서』(The Worship Book)에서 제시한 예배 순서의 필수적인 순서에서도 이 기도를 지킬 것을 밝히고 있다.

설교 전에 드리는 이 기도(the prayer of illumination)의 내용은 어떤 것인가를 본다. 이 기도의 본래적 의미는 대단히 간단하다. 즉, 말씀을 선포하기 전 성령님께서 임재하시어 우리의 마음을 열어 주시고 그 말씀에 귀를 기울이고 그 마음에 순종하도록 해달라는 기도이다. 이 기도는 그날에 적당한 내용의 기도문을 사용하기도 하며 설교자가 기도할 수도 있다. 또는 회중이 순서지에 기록된 기도를 함께 읽는 방법도 있다. 그러나 많은 설교자들은 대체로 설교를 시작하기 직전에 성령님의 손에 말씀의 사역과 결과를 부탁하는 기도를 잠깐 동안 드리는 것이 보통이다.

실질적으로 칼빈은 이 기도의 비중을 무겁게 생각하고 있었다. 그 이유는 말씀 중심의 신학을 소유한 그가 이 말씀이 선포되는 순간에 성령님의 강한 손길에 그 과정과 결과를 맡겨야 한다는 깊은 신앙 때문이었다. 그래서 그는 말씀의 예전(the liturgy of word) 가운데서 고백의 기도를 제외하고는 말씀의 시작과 끝에 갖는 기도를 가장 소중히 여기고 있었다. 그 이유는 설교의 현장이란 인간의 활동이 나타나는 곳이 아니라 성령님의 역사가 주관하는 장소이기 때문이다.

13. 설교

설교(preaching)란 예배 가운데서 봉독한 하나님의 말씀을 회중에게 다시 그들의 언어로 해석해 주고 그들의 생활 속에 구체적으로 현장화시키는 것을 주목적으로 해왔다. 그러기 때문에 설교가 예배를 떠나서 독자적으로 성립하기에는 너무나 많은 무리가 따른다. 칼빈은 일찍이 어떤 교회의 모임도 말씀과 성만찬이 없이는 예배하는 공동체가 될 수 없음을 철저히 지적하고 있다. 이러한 개혁사상은 개신교 예배 안에서 말씀의 선포가 결정적 위치를 차지하게 되고 그 말씀의 사역을 위하여 많은 연구가 전개되면서 본격화되었다. 그 결과 설교학이라는 독자적 학문의 개발까지 가져오게 되었다. 이토록 중요한 설교에 대하여 좀 더 구체적인 이론과 선포의 방법을 설교자와 예배드리는 무리가 관심 있게 찾아보는 것은 너무나 당연한 일이다. 그러나 여기서는 그 관심을 충당시킬 수 있는 대답을 다할 수 없다. 단지 여기에서는 예배와의 밀접한 관계를 갖는 설교로서 최소한 지켜야 할 것을 위하여 몇 가지의 요점만 간추려 보고자 한다.

첫째로 예배 안에서 설교의 기본적인 목적은 말씀 가운데서 하나님과의 만남을 이룩하도록 하는 데 두어야 한다. 둘째로 예배 가운데 선포된 설교는 언제나 하나님의 구속사건 속에 회중의 신앙의 초점이 모아지도록 해야 한다. 셋째로 설교의 내용은 언제나 예배의 내용과 일치하도록 노력해야 한다. 넷째로 예배 가운데서 외쳐진 설교는 은혜의 도구여야 한다. 다섯째로 설교자는 설교가 예배의 일부분임을 알고 정한 시간을 준수할 줄 알아야 한다. 끝으로 설교가 끝난 후 설교자는 자신을 도구로 삼아 전달한 메시지에 대하여 성령님께서 뿌리셨으니 계속 가꾸시고 결실을 맺게 해주실 것을 부탁하는 내용의 기도를 드려야 한다.

오늘의 개신교 예배에서 초점을 이루고 있는 설교는 실로 수많은 설교자와 회중에게 지대한 관심사이며, 훌륭한 메시지의 전달은 우리 모두의 소원임에 틀림없다. 여기에 대한 시원한 대답을 들을 수 있기를 원하는 사람은 신학교육의 현장을 비롯하여 여러 곳에서 더욱 진지한 노력을 기울여야 한다.

14. 신앙고백

신앙고백의 의미는 원래 성찬 성례전에 참여하게 되는 그리스도인들이 한목소리로 동일한 신앙을 고백하고 그리스도의 지체로서의 신앙공동체임을 확인하는 의미이다. 이 신앙고백은 주로 사도신경을 외우는 것이 상례로 되어 있다. 사도신경은 사도 때에 제정된 것으로 보지 않고, 서방 교회의 선교사들에 의하여 예수 그리스도를 영접하고 그리스도의 공동체에 들어오기 위하여 세례를 받을 때 고백하도록 한 순수한 신앙고백문이었다고 본다. 그 내용은 하나님, 예수님, 성령님에 대한 자신의 신앙을 고백하는 내용으로 천주교와 개신교가 공히 사용하고 있다. 그러나 동방 정교회는 사용하지 않고 있다. 후에 니케아 회의(주후 325년)에서 보완된 내용으로 거의 비슷한 신앙고백이 나온 바 있다.

한국교회에서는 이를 기도처럼 눈을 감고 머리를 숙여 하고 있으나 외국 교회들은 순수한 신앙고백으로 지금도 행하여지고 있다. 과거에는 예배가 시작할 무렵에 한목소리로 동일한 신앙을 고백하고 말씀을 듣는 것이 상례였으나, 최근에 이르러서는 말씀을 듣고 응답적인 순서로서 자신의 신앙을 고백하게 하는 경향이다. 이 순서는 다음에 이어지는 성찬 성례전 순서와 연결됨으로 더욱 그 자리의 타당성이 인정되고 있다.

15. 감사와 응답의 찬송

하나님의 말씀이 설교자를 통하여 선포된 다음에 예배자들은 즉각적인 감사의 응답을 표현하는 것이 예배의 의미에 알맞다고 하겠다. 오늘날처럼 찬송을 활용하지 않던 개혁자들의 예배에서는 구제 헌금을 함으로써 최소한의 감사와 응답의 반응을 보인 적이 있다. 그러나 19세기 이후 찬송이 예배의 중요한 부분으로 등장된 이래 찬송을 부름으로써 계시에 대한 응답을 하는 순서가 많이 등장되고 있다. 하나님께서 내려주시는 은총에 감사할 줄 모르는 인간들이 아니라 언제나 말씀 앞에 지체 없이 감사의 표현을 하는 예배자로서의 실천적 행위를 보이는 순서로 진행되도록 해야 한다.

이 감사의 찬송 대신 사도신경을 고백함으로 말씀 앞에 예배자들의 신앙을 새로이 다짐하는 결단적 행동을 갖는 예배 순서도 있다. 어떤 형태의 것이 좋은가 하는 문제는 별로 중요하지 않다. 오직 중요한 것은 감사의 응답을 능동적으로 하는가 그렇지 아니한가의 문제라고 하겠다. 이토록 중요한 응답의 의미를 살리기 위해서 장로교 계통의 예배에서는 이 응답과 감사의 순서를 설교 뒤에 갖도록 했고 예물을 드리는 봉헌도 여기서 행하도록 하였다. 그러나 감리교와 같은 교회의 예배에서는 예배자들의 모든 드림의 순서를 설교 전에 갖게 한 후 말씀이 끝나면 찬송으로 응답하고 강복 선언(축도)을 받은 후 예배를 끝내고 있다.

16. 봉헌

오늘의 예배 속에 봉헌이란 단순히 돈을 바치는 행위를 지칭하는 데 그치고 있다. 그러나 역사적으로 볼 때 이 봉헌의 의미는 '예물의 드림'만을 뜻하는 것이 아니라 원칙적으로 하나님의 은총 앞에 성도들이 드리는 응답적 행위를 총칭하는 말이다. 하나님의 말씀이 선포될 때 정성을 다하여 경청한 무리가 스스로 우러나오는 감사의 응답으로 내어놓는 모든 마음과 정성의 표현이다.

이 봉헌의 순서와 내용은 구약과 신약의 예배에서 현저히 다른 모습으로 나타나고 있다. 구약에서는 하나님의 성전을 찾는 무리가 빈손으로 성전 예배에 임하지 않고 희생의 예물을 손에 들고 나아가는 것을 당연한 자세로 알았다(시 96:8). 그리고 레위기를 비롯한 여러 곳에서 지적된 십일조 봉헌은 이스라엘 백성들의 생활 규례로 드리는 규범이었으며 하나님의 명령이었다. 그러므로 십일조란 예배의 행위였다기보다는 하나님의 명령으로 말미암아 백성들이 이행하지 않으면 안 되었던 의무요 책임 행위였다. 신약과 초대교회 가운데 나타나는 봉헌의 개념은 완전히 새로운 의미가 부여된 것이었다. 이들은 말씀의 예전이 끝나고 성만찬 예배가 시작될 때 주님의 희생에 함께 참여하기 위하여 빵과 포도주를 제단 위에 드리는 것을 봉헌이라고 하였다. 이러한 예전적 행위로서의 봉헌은 동방 교회의 경우 초기부터 예배가 시작되기 전 평신도들이 가져온 성물들을 성전 입구에 설치된 봉헌함에 넣도록 했으며, 그것들은 성찬 예전이 시작되기 전 보제들에 의하여 제단 앞으로 옮겨졌다. 그리고 서방 교회에서는 평신도 개인들이 준비한 성물을 제단 위에 바치는 순서로서 성례전 봉헌을 이행하였다. 이 봉헌의 근본 뜻은 희생의 예물을 대신한 것이었으며 그들의 몸과 마음을 드리는 것을 상징하는 지극히 엄격한 순서였다.

이러한 성물의 봉헌을 오늘 우리의 개신교 예배에서는 찾아볼 수 없다. 그 이유는 예수 그리스도의 수난을 단번에 희생의 제물이 되는 사건으로 보는 개신교의 신학 때문이다. 그러기 때문에 개혁교회에서는 가시적 희생의 제물을 제단에 반복적으로 드리는 것에 거부하는 입장을 취해 왔다. 그러나 봉헌의 순서 가운데 헌금의 순서만은 철저히 이행되고 있음을 우리는 본다. 여기에 대한 부정적인 해석이 예배신학자들 가운데서 종종 제기되고 있으며, 또한 현대 교인들도 그 순서만은 예배에서 제거될 수 있으면 훨씬 예배로서의 신성함이 더하겠다는 말을 많이 하기도 한다. 그러나 이 봉헌의 순서는 단순히 개혁교회들이 새롭게 만들어 놓은 예전의 순서이거나 또는 교회의 운영이나 교역자의 생활비를 위한 인위적 수단으로 돈을 모으는 순서가 결코 아니다. 신약성경에서 바울은 예수님을 믿는 믿음 안에서 자신들의 소중한 물질을 모아 성도들의 필요한 곳에 사용토록 하는 순서를 주일에 이행할 것을 명령하고 있다(고전 16:1-2). 그리고 고린도후서 8장과 9장을 통하여 물질을 바치는 문제의 소중한 원칙을 밝히고 있다. 바울은 이 헌금의 순서에 인색함이나 억지로 하지 않도록 부탁하면서 하나님은 즐겨내는 자를 사랑하신다(고후 9:7)는 해석과 함께 인간들의 단순한 구제 행위로서 끝나는 순서가 아니라 하나님의 선하신 뜻을 위하여 바쳐져야 할 성도들의 당연한 봉헌적 행위라고 규정하고 있다. 이러한 바울의 사상은 바로 초대교회의 예전 가운데 봉헌의 순서로서 빈궁한 성도들을 위하여 물질을 드리는 순서를 먼저 가졌고, 이어서 성례전을 위한 성물(elements)을 바치는 예전을 이루었다.

그 후 동방 교회를 비롯한 여러 교회들이 국교화되어서 교회의 재정이 곧 국가의 재정이 되자 이 순서의 근본 의미가 상실되었다. 즉, 예수님을 믿는 공동체가 더 이상의 구제를 필요로 하지 않게 되자 이 순서는 자연적으로 예배 가운데서 제외되는 경향을 보이게 되었다. 그러나 13세기에 이르러서는 다시 성물의 봉헌과 함께 돈을 드려 자신들의 마음과 뜻을 바치는 예전을 갖게 되었다. 그리고 초대교회의 예전을 최대한 살리려고 했던 칼빈은 성물을 드리는 봉헌의 행위는 생략하였지만 필요한 성도들을 위하여 예배 가운데서 물질을 하나님의 존전에 드리는 순서는 계속하였음을 본다. 그리고 개혁교회가 매주일 성찬 예전을 계속하지 않고 연간 4회 정도로 나누어 지킴으로써 봉헌의 순서는 매주일 말씀의 예전 가운데서 지키게 되었다. 그런 까닭에 성례전의 첫 부분에서 지켜왔던 봉헌의 예전 순서들이 오늘날 설교 다음에 예배자들의 성실한 응답으로 표현되는 결과가 되었다. 그러므로 오늘의 개신교 예배 가운데 봉헌의 예전은 두 가지의 역사적 의미를 모두 내포하는 순서로 지켜져야 한다. 그 첫째는 구약의 맥락을 이어받아 희생의 예물로 하나님께 드리는 예배자들의 희생적인 신앙과 정성과 마음이 모아진 것이어야 한다. 자신이 사용하고 즐길 것을 포기하고 하나님께 드리는 헌신적 행위가 담긴 예물로 제단에 바치는 것이 참된 봉헌의 정신이다. 둘째로 하나님의 나라와 그 의를 확장시키기 위하여 그 선하신 뜻대로 사용하시도록 바치는 마음과 물질의 봉헌이어야 한다. 초대교회처럼 가난한 성도들의 생활을 돕는 일이든지, 아니면 오늘의 선교 사업을 이룩하기 위함이든지, 성전의 건축이나 운영을 위한 것이든지 어느 곳에나 하나님께서 원하시는 대로 사용되도록 하나님께 바치는 물질이 되어야 한다. 그래서 하워드 라이스(Howard Rice) 같은 예배학 교수는 "봉헌의 의미는 물질적인 것과 영적인 의미가 연결되어 있다"라는 말을 하고 있다. 하나님의 청지기로서 오늘의 삶을 감사하고 언제나 주인 되신 하나님의 필요에 응답할 수 있는 감사와 순종의 신앙이 바로 이런 차원에서 요구된다.

그러나 오늘의 예배 중에 봉헌하는 마음과 봉헌의 기도 가운데 그릇된 관념이 굳어져 가고 있다. 그것은 바로 '축복'이라는 응보적 관념이 오늘의 교회에 너무 편만해 있다는 점이다. 환언하면 감사의 응답으로 바쳐진 예물을 앞에 놓고 복을 달라고 간절한 호소를 하고 있는 모습을 우리의 봉헌에서 발견하게 된다. 그 근원적인 책임은 바치는 성도들보다는 그 예물을 앞에 놓고 축복의 기도만을 서슴지 않는 목회자들에게서 찾아야 한다. 아브라함이 아들 이삭을 제단의 희생제물로 드리면서 복을 기원한 흔적이 없는 것처럼 신약에 나타난 예배나 개혁자들의 예배 가운데서 하나님께 예물을 드리면서 복을 달라는 요청을 동시에 행한 기록은 찾아볼 수 없다. 오직 감사와 찬양과 함께 즐거이 바치는 신앙의 표현이었으며, 당연한 의무의 이행으로만 생각했을 뿐이다. 그러나 오늘의 교회는 "많이 심으면 많이 거둔다"는 투기심까지 조장시키는 선동적 기도를 하는가 하면, 복을 받기 위한 방편으로 좀 더 많은 헌금을 유도하는 행위를 저지르고 있는 것은 실로 부끄러운 일이다.

17. 강복 선언

예배가 끝날 때는 반드시 목사의 축도가 따른다. 물론 목사가 없는 경우는 기도나 주기도문으로 끝을 맺고 있으나 대부분의 경우 축복 기도가 있은 다음에 찬양대의 응답송, 그리고 반주자의 후주로 예배를 마치게 된다.

강복 선언(Benediction)의 근원은 구약에서부터 시작된다. 하나님께서는 이스라엘 민족의 시조로 아브라함을 선택한 순간에서부터 자신이 사랑하는 자에게 축복할 때 그 응답으로 복을 내려주실 것을 약속하셨다(창 12:3). 이러한 출발은 이스라엘 민족 속에 하나님이 내리시는 복이 최선의 것임을 새삼 인식시켰다. 그러나 이러한 복은 누구나 길거리에서 "샬롬"을 외치는 것처럼 함부로 선언하도록 허락되지 않았다. 복을 빌어 주는 공식 행위는 제사장의 고유한 권한이며 그들의 특유한 의무로서 확정지어 주고 있다.

가장 대표적인 경우가 민수기 6장 22절 이하에 기록되어 있다. 하나님은 모세에게 제반 예전의 법규를 주시는 가운데 축복의 사역은 제사장 아론과 그 계열에만 있도록 하면서 그 내용을 다음과 같이 정리해 주고 있다.

"여호와는 네게 복을 주시고 너를 지키시기를 원하며 여호와는
그의 얼굴을 네게 비추사 은혜 베푸시기를 원하며 여호와는 그
얼굴을 네게로 향하여 드사 평강 주시기를 원하노라"(민 6:24-26).

신약시대에 와서는 이 복의 선언이 훨씬 더 구체적으로 이행되었다. 사도들은 성삼위 하나님의 기능을 구약시대보다 정확하게 이해할 수 있었기에 축복의 선언 내용도 구체화시켜 사용했다. 그 대표적인 예로 사도 바울이 고린도후서 13장 13절에서 남긴 내용을 볼 수 있다.

"주 예수 그리스도의 은혜와 하나님의 사랑과 성령의 교통하심
이 너희 무리와 함께 있을지어다."

함축된 의미

오늘의 교회가 예배생활에서 가장 쉽게 직면하는 것이 바로 예배의 상습화이다. 상습화란 인간이 어느 일정한 행위를 반복함으로 그 자체의 의미를 음미하는 것보다는 늘 하는 버릇으로 전락되는 것을 말한다. 그리스도인들이 반복된 예배 행위에서 만성이 되어 기계적으로 예배의 순서에 임할 가능성이 아주 많은 현실이다. 더욱이 드리는 예배의 순서마다의 의미를 배워보지도 못한 채 무조건 따라하는 행위로 이어진 한국교회의 예배 순서는 심각한 문제성을 가지고 있다.

여기에 우리의 교회는 세계의 어느 나라보다 예배를 드리는 횟수가 많은 현실이다. 그러하기에 예배하는 그리스도인들이 자신이 참여한 예배의 순서마다 가지고 있는 의미를 신속히 알려주어야 한다. 그럴 때 회중은 자신의 지성이 작동됨을 인식하게 되고 그 순간마다 하나님 앞에 자신의 실존을 실감하게 된다. "너희는 알지 못하는 것을 예배한다"는 말씀이 행여나 한국교회를 향하여 주신 말씀이 되지 않기를 바라는 심정이다. 예배의 행위는 하나님이 주신 은총에 대한 응답이며 그 응답의 내용이 예배 순서 하나하나에 내포되어 있다.

제18장
교회력의 형성 과정과 그 내용[1]

    부활의 새로운 역사가 안식 후 첫날에 주 예수 그리스도에 의하여 발생되었을 때 초대교회의 예배는 전통적인 유대교적 예배의 개념이나 내용과는 다른 신학적 의미를 갖게 되었다. 즉, 구약의 안식일의 개념은 주님이 부활하신 주님의 날로 바뀌었고 주님이 제정하신 성만찬 성례전을 가지면서 그 내용도 부활의 주님을 경축하는 의미로서 드려지게 되었는데 바로 이러한 변화가 교회력의 시작이다. 이 교회력은 점진적으로 시간과 의미를 부여하는 작업을 걸쳐 교회의 보다 진지한 예배의 주기(週期)로 형성되어 갔다. 그러나 중세교회의 교리와 예배의 탈선으로 예배력의 참뜻이 경시되자 중세교회에 대해 반대했던 종교개혁자들은 예배력 자체를 전면 부정하게 되었다. 그리고 이에 영향을 받은 한국교회는 교회력과 담을 쌓게 되었고 교회력 없는 교회의 모습을 가지고 오늘까지 예배를 계속해 오

---

1 본글은 졸저, 『교회력과 성서일과』(서울: 기독교서회, 1995)에 수록된 글의 일부이다.

고 있다. 그러나 이제 세계가 우러러보는 교회로서의 한국교회는 더 이상 '교회력이 없는 교회'로 머물 수 없다는 사실에 직면하고 있다. 이러한 시대적인 요청은 오늘의 한국교회가 교회력의 역사와 발전 과정을 비롯하여 그 내용과 의미를 파악해야 하는 시점에 와 있다.

1. 구약의 절기와 교회력

오늘의 교회력은 그리스도의 오심과 교훈과 수난과 부활과 승천, 그리고 성령 강림에 의하여 이룩된 교회의 발달 과정을 중심으로 형성되었다. 그러나 그 근원은 유대민족의 전통적인 제의 내용을 규정한 구약적 배경을 벗어나지 않는다. 구약이 규정하고 있는 대표적인 절기는 매주의 안식일을 비롯하여 유월절과 오순절, 그리고 초막절이다. 그리고 이 절기들은 후에 서술될 기독교의 교회력과 밀접한 상관성을 갖는다.

안식일의 기원은 근본적으로 하나님의 창조의 역사에서부터 출발한다. 흔히들 이스라엘은 안식일이 없이는 존재할 수 없는 사회라고 말할 정도로 안식일은 그들의 생활에까지 절대적인 영향을 미친다.[2] 안식일 제도는 하나님의 계명이었으며 백성들은 자신들이 필수적으로 지켜야 할 준엄한 명령으로서의 이 날을 엄수하였다. 그리고 이 날은 단순한 육체의 노동으로부터의 안식이기보다는 기쁨과 예배와 종교적인 가르침의 날로 승화되었다. 이들은 일주일의 마지막 날인 제7일, 현재의 토요일을 안식일로 정하여 금요일 해가 질 때부터 토요일 해가 질 때까지의 시간을 엄수하였다.

유월절은 이스라엘 백성의 3대 절기 중 하나로 이스라엘 백성이 하나님의 인도로 애굽을 탈출하기 전날 밤의 사건과 그 이후에 홍해를 건너 완

---

2 George M. Gibson, *The Story of the Christian Year* (New York: Abingdon-Cokesbury, 1955), pp. 43-45.

전한 구원의 지경에 이르기까지의 그들의 고유한 해방을 회상하는 절기이다. 그러나 이들은 이 절기를 애굽으로부터의 해방이라는 차원을 넘어 이스라엘의 건국일로서 하나님의 은혜를 영원히 기리는 감사와 축제의 절기로 지키고 있다.

오순절은 유월절 이후 50일째 되는 날에 지키는 절기로 '맥추절'(출 23:16), '칠칠절'(출 34:22), '초실절: 처음 익은 열매를 드리는 날'(민 28:26) 등으로 표현되기도 한다. 출애굽기와 민수기의 기록대로 초기에는 첫 곡식의 추수를 감사하는 예전으로 지켜지다가 후기 유대교에서는 이 절기를 시내산에서 십계명이 주어진 날로 재해석하여 기념하였다. 후에는 이 날을 견신일(Confirmation Date)로 부활시켜 모세에 의한 신앙의 확립을 기념하는 날로서의 의미를 부여하고 있다.[3]

장막절(초막절)은 일 년 중에 마지막으로 지키는 것으로서 현재의 10월에 해당하는 티쉬레의 제15일부터 22일까지 7일간 지켜졌다. 이 절기에는 과거 그들의 선조들이 불순종으로 인하여 40년간을 광야에서 방황하지 않으면 안 되었던 일과 그들의 불신앙에도 불구하고 하나님께서는 그들의 기업의 땅으로 인도하였음을 기념한다. 또한 이 기간 동안 여호와께 대한 그들의 신뢰와 여호와의 뜻에 순종할 때에 받게 되는 은총을 마음 깊이 되새긴다.

2. 신약에 나타난 교회력의 기원

앞에서 살펴본 절기들은 이스라엘 민족이 그들의 야웨신앙을 지키고 그들의 역사와 선조들의 삶을 새롭게 조명하는 데 절대적인 역할을 하고 있다.

---

3   George A. Buttrick, ed., *The Interpreter's Dictionary of The Bible* (New York: Abingdon Press, 1962), Vol. 4, p. 827.

전통적인 유대인의 신분을 가진 예수 그리스도와 그의 제자들은 그들의 민족이 엄수해 온 절기를 지키는 데 성실하였음을 복음서와 사도행전에서 잘 읽을 수 있다. 그들은 절기를 따라 성전과 회당을 출입하면서 전통적인 절기에 대한 저항이나 반대의 행위를 보이지 않았다.

그러나 그리스도의 사역이 마감이 되던 지점에 이르러 유대교의 가장 중요한 절기인 안식일과 유월절은 그리스도의 제자들과 초대교회에 의하여 중요한 변화를 가져왔다. 그리고 이 변화는 단순히 유대교에 대한 도전의 차원을 벗어나 기독교가 유대교로부터 완전히 구별된 종교의 세계를 형성하고 발전하는 기틀이 되기도 하였다.

A. 새로운 유월절로서의 주님의 만찬

현대의 기독교에서 주님이 제정한 성만찬 자체를 교회력이라고 일컫지 않는다. 그러나 성만찬의 제정과 함께 기독교에서 유월절이 사라졌다는 것은 분명한 사실이다. 특별히 유월절을 내용과 제사적 행위가 이스라엘 민족의 구원이라는 국부적인 범주를 넘지 못했던 것에 반하여 성만찬의 제정은 이방에 산재한 모든 영혼의 구원에 이르기까지 그 영역이 넓혀졌다는 점에서 새로운 유월절 행위로서 그 의의를 갖게 된다.

성만찬이 제정되던 최후의 만찬의 현장에서 깨닫지 못했던 성만찬의 의미는 예수님의 실체를 알게 되고 그의 희생을 깨닫게 된 연후에 사도들에 의하여 유월절을 대치하는 예전적 행사가 아니라 새로운 내용과 의미를 갖는 교회력의 기원으로서 매주일 엄수하기에 이르렀다. 그러기 때문에 초기의 유대 기독교인들은 민족의 해방을 이룩한 유월절을 계속 지키면서 성만찬은 매주일의 예전의 행위로서 이행하였다.[4]

여기서 유의해야 할 것은 기독교의 성만찬 성례전은 유대의 유월절이나 기타 종교의 제의적 행위와는 근본적으로 그 의미와 예전의 형태가 현저히

---

4   George M. Gibson, *The Story of the Christian Year*, p. 69.

다르다는 점이다. 버나드 쿡(Bernard Cooke)이 서술한 대로 이 성례전은 구속의 역사를 실현시킨 구세주를 기리는 하늘의 예전이었고, 그 구원의 주님이 이 예전 가운데 언제나 임재하신다는 신앙이 이 예전의 핵심이었다.[5]

B. 안식일에서 주님 부활의 날로

안식일의 본질적인 의미는 십계명에서 밝힌 대로 하나님이 창조의 역사를 마치고 제7일에 쉬셨던 것을 상기시키고 그의 백성들도 그대로 준수하여 복된 날이 되게 하는 데 있었다. 그러나 유대인들은 후에 이르러 이 날을 단순한 노동으로부터의 휴식에 끝나지 않고 예배와 훈계를 위한 성회의 날로 정하여 유대인의 경건한 가정생활에까지 이어지는 날로 하였다.

이러한 안식일은 예수님께서 지상에서 사역하시던 기간에도 그의 제자들과 같이 준수되었다. 그러나 십자가의 구속의 사건이 발생되고 주님이 장사지낸 지 삼 일만에 무덤으로부터 부활한 사건은 인류에게 새로운 분기점을 가져왔다. 그리고 바로 이 날은 단순한 일요일이 아니라 부활하신 '주님의 날'로서 부활의 사건을 영원히 경축하고 기념하는 날로 지켜지게 되었다.

이 감격의 날은 극심한 박해 속에서도 그리스도인들에 의하여 지켜오게 되었다. 드디어 321년 콘스탄틴 시대에 이르러서는 주의 날을 공식적으로 인정을 하게 되었고 이 날을 Sunday, 즉 '엄숙한 태양의 날'로 불렀다. 363년 라오디게아 회의에서는 이 날에 예배를 의무화하였고 주일날의 노동을 정죄하는 결정을 내리기도 하였다. 한때는 안식일이 폐지되고 주일이 공식화되는 것에 대한 유대인들의 반대가 커짐에 따라 서방 교회에서는 안식일을 주일 예배를 준비하기 위한 금식일로 제정하기도 했다.[6]

이 날의 가장 중요한 행사는 먼저 주님의 부활을 기뻐하면서 이 날을 그 주일의 부활일(Weekly Easter)로 맞이하는 일이었다. 그러면서 이들은 주

---

5 Bernard Cooke, *Ministry to Word and Sacraments* (Philadelphia: Fortress Press, 1980), p. 530.

6 Gibson, *The Story of the Christian Year*, p. 72.

님의 재림을 기다리고 그 말씀을 재경청하고 그의 몸과 피를 받는 성만찬의 예전에 참여하는 일이었다. 초대교회의 목회 지침서였던 열두 사도의 교훈서로 불리는 『디다케』에서는 주의 날에 행할 가장 우선적인 임무로서 참여자들이 마음과 몸을 성결하게 하고 주님의 명령대로 성만찬 성례전에 임할 것을 다음과 같이 명령하고 있다.

> 주님의 특별한 날인 매주일의 주의 날은 모두가 함께 나와 빵을 떼고 잔을 받으며 감사하라. 먼저 죄를 고백하여 여러분의 제사가 정결케 하라. 이웃과 다투어 사이가 안 좋은 사람은 그 이웃과 화해하기 전 이 자리에 함께하여 이 예전을 더럽히게 할 수 없다.[7]

주의 날에 대한 행사는 384년 스페인의 에제리아(Egeria)라는 여인이 남긴 기록에서 더욱더 정확하게 읽을 수 있다.[8] 그 기록에 의하면 그들은 주님의 날인 제7일은 모든 회중이 닭이 울기 전에 정한 장소에 모일 것이며 아침 예배는 모두가 교회에 나아가 말씀을 듣고 성례전에 참여해야 함을 강조하고 있다.[9] 이러한 주의 날은 기독교의 많은 축일 가운데 가장 오래된 것으로 그 위치와 중요성이 불변한 가운데 오늘도 지속되고 있다.

C. 교회의 생일로서의 오순절

유월절로부터 50일이 된 오순절은 수확의 첫 열매를 드리던 감사의 절기이다. 그러나 베드로가 오순절의 회중을 향하여 유대의 전 역사와 함께

---

7   The Didache in Cyril C. Richardson, (ed.), *Early Christian Fathers* (Philadelphia: The Westminster Press, 1958), p. 178.

8   이 기록은 에제리아라는 스페인 여자가 성지를 순례하면서 예루살렘에서 절기를 지키는 방법을 집에 돌아가 전하여 주기 위한 단순한 메모였다. 이 메모가 당시의 절기를 설명하는 데 소중한 자료로 예배의 역사 연구에 사용되고 있다. 이 자료는 다음의 책으로 출판된 바 있다. M. L. McClure and C. L. Feltoe, (ed.), *The Pilgrimage of Etheria* (London: SPCK, 1920).

9   Ray C. Petry, *A History of Christianity, Readings in the History of the Early and Medieval Church* (Englewood Cliffs, New Jersey, 1962), pp. 140-1.

그리스도 안에서 약속이 성취된 것까지를 일목요연하게 선포하는 능력 있는 설교를 하였을 때 삼천 명의 회심자를 얻는 역사적인 선교의 장이 열리는 새로운 기적이 발생하면서부터 기독교의 오순절은 유대력의 오순절이 갖는 의미와는 전혀 다른 차원의 절기가 되었다. 농사를 지어 첫 열매를 바치던 유대력의 오순절의 의미는 그 의의를 상실하고 오직 예수님의 몸 된 교회가 설립된 역사적 기념일이 되었고 성령님의 역사에 의하여 교회가 확장되어 갈 것이라는 사실이 확고히 심어지게 되었다.

3. 교회력의 시대적인 발전과 그 개관

A. 초대교회와 주의 날

사도시대를 지나 4세기 전까지의 초대교회에서는 교회력이라는 이름을 사용하지 않았다. 그들은 오직 부활의 사건에만 초점을 두었고, 그들에게 있어 부활의 사건은 예배의 중심이었고 교회력의 전부였다. 그들은 부활의 축제를 일 년에 단 1회로 국한시키는 것 자체를 거부하고 매주일을 부활의 축제로 삼고 예배를 계속하였다. 비록 그들에게 오늘과 같은 교회력은 없었으나 부활에 초점을 맞춘 매주일의 예전 행위는 가장 으뜸가는 예배력으로서의 유산이 되어 오늘에 이르고 있다.

특별히 이들이 맞는 주일은 언제나 부활과 연관을 지었기에 기쁨과 감사와 승리의 축제가 예배의 전반적인 분위기였다.[10] 비록 그들은 심한 박해에 시달리는 현실에 있으면서도 주님이 부활한 주의 날을 기다리고 이날에 모이면 주님의 재림과 그의 최후의 승리의 날을 기다리면서 기쁨과 소망을 가진 예배를 드렸다. 여기서부터 매주일 지키는 주의 날의 모임과

---

10 A. Allan McArthur, *The Evolution of the Christian Year* (Greenwich, Connecticut: Teabury Press, 1953), p. 20.

예배와 그 의미는 영원한 교회의 기본적인 교회력으로 다음의 세대로 이어지고 있었다. 이토록 주님의 부활에 모든 신앙의 초점을 모은 초대교회는 연례적인 부활절을 교회의 가장 으뜸가는 절기로 경축하였다. 새로운 생명을 주신 뜻을 기리는 세례식이 이 기간 동안에 집중적으로 이어졌다.

이러한 부활절을 맞기 위한 준비는 매우 엄숙하여 부활절 직전에는 십자가의 수난을 명상하고 회개하는 기간을 갖는 일은 너무나 당연하였다. 후에 수난주간이라고 이름한 이 주에는 유다의 배반에 관한 말씀을 경청하면서 슬퍼하고 통분하는가 하면, 목요일에는 성찬을 나누면서 자신들의 성직자를 겟세마네로 인도하고, 금요일에는 골고다에서 예배를 드리면서 십자가 앞에 경배하고 거기에 입을 맞추는 의식을 갖기도 하였다. 이러한 수난의 동참 의식은 후에 사순절의 기원이 되기에 이르렀다.

오순절은 주님의 부활만을 생각하는 이들에게는 큰 관심을 받지 못하다가 한 세기를 넘긴 후 터툴리안(160-220), 아타나시우스(296-373)와 같은 교회의 지도자들의 주장에 의하여 교회의 탄생일로서 받아들여졌다.[11]

B. 중세교회와 교회력의 발전

4세기에 접어든 교회는 로마의 국교로서 눈부시게 발전하였다. 그러나 교회의 조직은 교황청을 중심하여 이루어지고 신앙생활도 전체주의로 빠져 초대교회의 경건한 신앙은 서서히 탈선되고 모든 것이 제도와 형식으로 이어지는 아픔이 발생하던 시기이기도 하다.

예배 예전의 엄숙성과 의미 부여를 위한 그 기초로서 교회력이 활용되었으며 바로 이때 교회력은 구체적인 발전을 하게 된다. 지금까지 초대교회로부터 이어진 종말론적인 신앙에 바탕을 두었던 교회의 생활은 4세기 말에 이르러 역사적인 기독교로서 변천을 하게 되었다. 이러한 결과 지금

---

11 Peter G. Cobb, "The History of the Christian Year" in Cheslyn Jones, (ed.), *The Study of Liturgy* (New York: Oxford University Press, 1978), p. 411.

까지의 주님의 날과 부활절 이외에 오순절을 좀 더 구체화하면서 교회력의 새로운 절기들이 등장하였다.

니케아 회의(325년)는 부활주일이 오기 전 한 주간만을 사순절로 지키던 관습을 확장시켜 40일로 정하였다. 이러한 결정은 348년 예루살렘의 주교 시릴(Cyril)이 수세자들에게 "그대들은 오랫동안 은총의 기간과 참회를 위한 40일을 보내야 한다"는 선언에서도 확인된 바 있다.[12]

현대에도 계속하고 있는 고난주간은 성(聖)주간(Holy Week)이라는 이름으로 예루살렘에서의 예수님의 사역과 수난의 극적인 과정을 기념하는 예배가 많은 성도들에게 깊은 감명을 주기도 하였다. 수난주간이 시작되는 부활주일 전 주일에 종려가지를 가지고 예루살렘을 입성하는 예배도 갖게 되면서 오늘의 종려주일의 시작을 가져오기도 하였다.

오순절은 4세기에 접어들면서 부활 후 40일째 날을 승천일과 성령강림주일로 동시에 포함하여 기념하다가 4세기 말에 이르러 분리하여 축제의 절기를 갖게 되었다. 그 내용은 부활 후 40일째를 승천일로 하고 50일째는 성령강림일로 정하면서 오순절 바로 다음 주일을 삼위일체주일로 정하였다.[13] 386년 크리소스톰의 설교에서 예배력에 관한 다음의 서술이 발견되어 오순절의 역사성을 더욱 선명하게 해주고 있다.

> 만일 그리스도가 육신으로 나시지 않으셨다면 세례를 받지 못했고 따라서 주현절이 있을 수 없습니다. 그가 십자가에 죽고 다시 살아나지 않았다면 유월절이 무슨 뜻이 있습니까? 그가 성령님을 보내지 않았다면 오순절도 있을 수 없습니다.[14]

---

12 James F. White, 정장복 역, 『기독교예배학 입문』, (서울: 엠마오, 1992), p. 60.

13 Dom Gregory Dix, *The Shape of the Liturgy* (Glasgow: The University Press, 1949), pp. 341-2.

14 John Chrysostom, *Opera Omnia, Bernard de Montfaucon*, ed. (Paris: Gaume, 1834), pp. 11, 418. James White, 『기독교예배학 입문』, p. 66 재인용.

또 하나의 절기는 유대인의 축제에서도 찾아볼 수 없는 주현절이다. 이 절기는 주로 예수 그리스도가 이 땅에 탄생하심, 동방박사들의 경배, 복음의 사역을 위하여 세례를 받으신 사실, 그리고 가나에서의 첫 번째 기적 등을 축하하고 기리는 뜻을 가지고 있었다. 이것 역시 4세기 무렵에 제정된 절기로서 신의 나타나심(Theophany 또는 Epiphany)을 강조하는 뜻을 가지고 있었다. 이 절기가 이집트인들이 동짓날에 축제일로 지키던 1월 6일과 동일함을 볼 때 기독교가 그들의 날을 그리스도의 현현일로 대체해 버렸다고 추론한다.[15]

성탄절은 초기 기독교인들의 사회에서는 전혀 나타나지 않은 절기로서 4세기 전반에 주현절로부터 분리하여 로마에서부터 공식적으로 지켜진 것으로 추정된다. 이 날은 원래 '그리스도의 미사'(Christ's Mass)라고 불렸으나, 12세기에 이르러 '크리스마스'로 부르게 되었다. 그러나 이 절기가 성경에 근거를 둔 절기인지에 관하여는 많은 의문을 갖게 된다. 제임스 화이트는 이 성탄절에 대하여 다음의 자료를 제시하면서 설명하고 있다.

> 주현절은 4세기 전반에 로마에서부터 나뉘어졌다. 크리스마스라는 말이 처음 나타난 것은 A.D. 354년경의 로마 문서인데, 여기서는 12월 25일을 "유대 베들레헴에서 그리스도가 나신 날"이라고 기록하고 있다. 원래 12월 25일은 동지 이후 해가 다시 커지기 시작할 때의 "정복되지 않는 태양"이라는 이교도의 축제일이었다.[16]

깁슨 역시 그의 교회력 연구에서 성탄절의 경로가 이집트의 어느 지역에서 지방관습으로 시작되어 안디옥, 로마, 콘스탄티노플, 알렉산드리아,

---

15 Allan McArthur, *The Evolution of the Christian Year*, pp. 31-42.

16 James White, 『기독교예배학 입문』, p. 64.

그리고 마지막으로 예루살렘에까지 이른 것으로 보고 있다.[17] 이처럼 성경과 무관하게 제정되었던 성탄절은 그 기원을 정확히 알지 못한 가운데 확산되었다. 이러한 이유 때문에 미국의 퓨리탄 후예들이 그 선조들의 신앙을 지키면서 살고 있는 지역에서는 지금도 성탄절을 지키지 않고 있다.

그러나 그 과정이 어떤 경로를 통하여 오늘에 이르게 되었든지 성탄절은 부활절과 함께 기독교의 가장 중요한 절기로서 친숙해졌다. 오늘의 성탄절은 오히려 부활절보다 종교뿐만 아니라 일반적인 문화에까지 깊숙이 영향을 미치고 있다. 그리고 지역마다의 관습이 첨가되어 하나의 민속제로서 세계에 확산되고 있는 현실이다.

대강절(Advent)의 기원은 갈리칸(Gallican) 전통과 연결된 380년 스페인에서 열린 사라고사(Saragossa) 공의회에서 1월 6일의 주현절을 위한 예비기간으로 3주간을 정하는 데서부터 유래하였다고 본다. 그러나 가장 분명한 것은 그레고리 대제(The Great Gregory, 540-604)가 성탄절로부터 반대로 계산하여 4주로 고정시킨 것이었다. 이렇게 제정된 초기의 대강절에는 하얀 예복을 입고 "높은 곳에서는 영광"이라는 노래를 부르는 축제적인 절기로 지켜졌다. 그러나 7세기 후반에 와서 두드러진 특성은 예수님의 재림이라는 주제가 대강절의 의미에 깊은 영향을 주었다.[18] 그리하여 엄숙하게 주님을 기다리는 준비와 행사가 이 절기의 주종을 이루었다.

C. 개혁자들과 교회력

교회력의 대부분이 제정되던 4세기에는 그리스도의 성육신과 그 구속의 역사, 그리고 성령님에 의한 교회의 발전을 보다 더 극대화하고 거기에 맞는 예배·예전에 깊은 의미를 부여하는 데 그 기본 의미를 가지고 있었다. 그러나 중세의 중반에 접어들면서 이러한 근본적인 의도는 교회력의

---

17 Gibson, *The Story of the Christian Year*, 88.
18 Petter G. Cobb, *The Story of Liturgy*, pp. 412-3.

준수에서 떠나게 되고 이탈된 교리들이 교회력에 스며들면서 순수했던 교회력의 내용과 의미는 변질되어 갔다.

중세교회가 교회력에 가장 치명적인 상처를 입힌 것은 성모 마리아의 축일을 비롯하여 많은 성자들의 축일과 기타의 축일들이 교회력 안에 자리를 잡으면서부터였다. 이러한 잡다한 교회력은 중세의 연옥설을 비롯하여 성자들 및 성모 마리아가 구원에 이르는 중보적인 존재로 숭앙하게 하는 데서 기인하게 되었다. 예를 들면 성모 마리아의 축일은 7세기 전까지는 전혀 지켜지지 않았던 축일이었다는 사실에서 이러한 주장을 충분히 입증할 수 있다.[19] 이상과 같은 중세교회의 침체와 변형된 교리는 모든 주일뿐아니라 365일 거의 모두를 교회력으로 지켜야 하는 현실을 낳게 하였다.

이러한 혼돈은 하나님 말씀의 명상이나 선포 또는 해석이 정착할 수 있는 공간을 주지 않은 채 각종 축일을 지키는 예전의 집례만을 하게 했으며, 맥스웰의 지적대로 미신적인 요소가 가미되어 숭배의 분위기만 고조되었다. 이러한 결과는 설교의 퇴락을 가져왔고 성경이 봉독되어야 할 부분은 성자들의 생활담이나 전설로 채워졌다.[20]

마틴 루터는 이러한 현실을 주시하면서 교회력의 전반적인 부정보다는 주일과 주님께 관계된 교회력만 지키고 모든 성자의 축일은 삭제할 것을 권하였다. 그리고 주님의 세례일과 수태고지일 정도는 존속시키기를 원하였다. 이러한 그의 주장은 그가 어떤 개혁자보다 기독교의 예배에서 말씀과 성만찬의 균형을 이루어야 한다는 입장이었음을 상기할 때 타당성을 인정받는다.

쯔빙글리는 매주일의 성만찬 위치에 설교를 자리잡게 하고 일 년에 네 차례로 지금까지의 예전의 전통을 바꾸어 놓은 급진적인 예배개혁자였다.

---

19 A. Allan McArthur, *The Chrisitian Year and Lectionary Reform* (London: SCM Press, 1956), pp. 33-34.

20 William Maxwell, 정장복 역, 『예배의 발전과 그 형태』(서울: 교회커뮤니케이션 연구원, 1994), p. 102.

그는 우선적으로 교회의 성상들을 파괴하고 성모 마리아를 비롯한 어떤 성자나 순교자들의 숭배도 철저히 거부하였다. 그는 지금까지 자리잡은 교회력에 대해서도 수용을 거부하였다. 그는 1523년의 『미사의 법규에 대한 공격』이라는 책에서 그의 예배관을 피력하였고, 1525년 『주님의 만찬의 실제 활동』이라는 책에서 지금까지 각종 절기와 축일에서 진행해 온 성례전의 존엄성을 격하시키는 새로운 이론을 편 바 있다.[21] 이러한 그의 주장은 그의 영향을 받은 많은 개혁교회에 교회력의 경시사상이 자연적으로 자리를 잡게 만들었다.

존 낙스는 스코틀랜드교회가 로마 가톨릭 교회나 영국교회가 지키고 있는 많은 축일에 대하여 과감한 개혁을 시도한 바 있다. 이들은 1560년의 목회지침서에서 예수님의 사도들을 비롯하여 순교자들의 축일과 성자들을 위한 축일, 마리아 축일, 할례일 등을 엄격히 배제하였다. 특히 이들은 주현절과 성탄절마저 거부하였다.[22] 웨슬리의 경우도 스코틀랜드교회와 비슷한 결정을 내리면서 현재의 가치 있는 목적과 무관한 모든 행사의 폐지를 선언한 바 있다.[23]

이상과 같은 개혁자들의 교회력 거부자세는 오랫동안 개혁교회가 교회력을 외면한 직접적인 동기가 되기도 하였다. 이러한 영향은 아직도 살아서 스코틀랜드의 깊은 도서(島嶼)나 시골에 있는 교회들에서는 성탄절을 지키지 않고 있다. 한국의 개신교회도 바로 이러한 영향권 아래 있던 개신교 선교사들에 의하여 복음이 전수되었기에 오직 부활절과 성탄절만이 교회력의 전부로 알고 있었다. 오히려 미국의 국경일인 감사절이 교회력처럼 자연스럽게 소개되어 한국의 대부분의 교회가 동일한 주일을 감사주일로 지키는 부끄러운 일도 발생하였다.

---

21 졸저, 『예배학 개론』 (서울: 종로서적, 1985), pp. 97-98.
22 James White, 『기독교예배학 입문』, p. 67.
23 Ibid., p. 68.

4. 정착된 교회력의 현재적 내용과 그 의미

　20세기에 접어든 개신교의 예배신학이 예배의 회복이라는 중요한 과제를 설정하면서 예배복고운동(Liturgical Movement)이 스코틀랜드교회와 미국의 장로교회에서 활발하게 진행되기 시작하였다.[24] 로마 가톨릭 교회에 대한 감정의 순화와 함께 잃어버린 예배·예전의 정신과 실상을 찾기 위한 운동이 활발히 전개되기 시작하면서 교회력의 회복이 돋보이기 시작하였다. 그 대표적인 것이 장로교회의 본가인 스코틀랜드교회가 1940년에 펴낸 예배모범이었다. 그들은 여기서 마리아 또는 기타의 성자축일들을 제외한 대부분의 교회력을 복원하였다. 20세기의 개혁교회에 교회력의 부활을 가져오는 데 결정적인 역할을 한 스코틀랜드교회의 절기는 대강절, 성탄절, 주현절, 사순절, 부활절, 승천일, 성령강림주일, 삼위일체주일, 오순절 후의 주일들이다.[25]

　이와 때를 같이하여 미국의 교회에서도 교회력에 새로운 관심을 가지고 교회력을 재조정하여 잃어버린 교회력의 복원에 착수하였다. 여기에 더하여 1960년대에 로마 가톨릭 교회가 제2차 바티칸 공의회에서 내놓은 새롭게 단장된 교회력과 성서정과가 개혁교회로부터 환영을 받게 되면서 오늘의 개혁교회 교회력은 정착이 되기에 이르렀다.

　이처럼 20세기 후반에 대부분의 개혁교회가 수용하고 있는 교회력은 과연 어떤 내용이며 그 의미의 현재적인 해석은 무엇인지를 찾아보자.[26]

A. 대강절

대강절은 12월 25일 성탄일 4주 전에 시작된 절기로서 아기 예수님의 영

---

24 예배복고운동에 대한 자세한 안내는 졸저, 『예배학 개론』, pp. 48-50에서 상술하고 있다.
25 A. Allan McArthur, *The Evolution of the Christian Year*, pp. 163-4
26 교회력의 각 절기에 대한 자세한 설명은 다음의 책에서 매우 상세하게 서술하고 있다. J. C. J. Metford, *The Christian Year* (New York : Crossroad, 1991).

접을 위한 준비보다는 장차 오실 주님을 영접할 준비를 하는 뜻이 있다. 이 때 모든 성도는 인간의 몸으로 오신 성탄절의 과거적인 사건과 중생의 차원에서 새롭게 주님을 영접한 현재적 의미를 되새겨야 한다. 그리고 세상의 끝날에 예고 없이 재림하실 주님을 영접할 미래적인 소망을 다짐하고 준비해야 한다. 이때는 엄숙함과 진지함의 자세로 자신의 죄를 정리하고 주님을 영접하려는 신앙의 자세를 갖는 것이 중요하다. 그러므로 현대인들이 성탄절을 앞두고 들뜬 감정으로 그리스도가 인간의 축하행사와 상업주의 현장의 희생물이 되지 않도록 특별한 관심을 기울여야 할 절기이다.

이러한 의미를 가진 대강절에 준비해야 할 메시지의 방향은 무엇보다도 하나님의 구속에 관한 뜨거운 사랑을 맞아들일 수 있는 우리의 마음과 몸가짐에 깊은 관심을 갖도록 하는 데 있다. 그리고 교회를 새롭게 하여 주님의 몸 된 교회로서 주님을 영접함에 부족함이 없도록 하는 일이다. 이러한 준비의 터전은 아기 예수님의 영접보다는 그리스도의 재림을 위한 영적인 준비를 촉구하는 것이어야 한다. 이러한 대강절은 현대교회가 외면해 가고 있는 재림신앙을 새롭게 일구는 데 소중한 계절이 되고 있다.

B. 성탄절(Christmas)

12월 25일의 성탄일부터 1월 6일의 주현일까지 계속되는 성탄절은 앞에서 서술한 대로 초대 기독교에는 찾아볼 수 없는 축제의 절기이다. 그러나 4세기 이후부터 제정된 이 절기는 급속히 확산되어 세계인의 축제로 정착되었다.

이 절기에는 "왕 중의 왕으로 오신 주님의 영접"이라는 승화된 의미를 갖도록 하는 것이 이 절기의 기본적인 의미이다. 이러한 성탄절이 세속적인 상품의 선전 속에 휘말리고 탈선적인 휴가의 계절로 착각되는 현실은 실로 이 계절의 정신과는 정반대의 현상이 아닐 수 없다. 그러기에 뜻이 있는 현대의 교회들은 가급적 소란하고 휘황찬란한 장식보다는 말구유를 통해서 지상에 첫 발을 디디신 주님의 친근감 있는 서민적 인격을 표현하는 데 노력하는 현상을 보게 된다.

이 거룩한 절기의 메시지는 무엇보다도 희망과 감격이 솟아나는 내용이어야 한다. 그 이유는 사망의 문에서 머물고 있던 우리를 독생자를 통하여 찾아 주신 하나님의 사랑이 실현된 계절이기 때문이다. 그리고 주님의 오심에 대한 첫 소식을 들을 수 있었던 목자들처럼 '청빈한 마음'의 준비를 다짐해야 한다. 뿐만 아니라 나를 찾아 주신 주님을 맞이할 방이 내게 있는지 아니면 찾아오신 주님을 또다시 말구유로 가시도록 하는지의 자기 점검을 해야 한다.

C. 주현절(Epyphany)

주현절의 의미는 '주님이 현현하심'이라는 뜻이다. 빛이 어두움 속에 스스로 나타남같이 하나님이 예수 그리스도를 통하여 계시하시고 하나님의 영광이 예수님에게서 보인다는 뜻이다. 이 계절은 1월 6일부터 5주간 동안 계속되며 이 기간 동안에 주님의 수세일과 산상변화의 주일이 함께 하고 있다.

주현절은 동방박사들이 아기 예수님을 찾아와 경배한 기간으로 보는 서방 교회의 견해가 영향을 끼쳐 5각형의 별과 많은 촛불을 장식하면서 예배를 드린 기록을 보게 된다. 그리고 주님의 공생애에서의 복음의 사역을 집중적으로 다루어 복음의 선교에 집중하는 계절이 되고 있다. 특별히 세상의 빛으로 오신 예수님께서 하나님의 영광의 빛을 보게 되며 그 빛은 그리스도인들에게 주어졌음을 상기하게 된다. 그리고 그 빛으로 자신을 태우사 십자가에서 죽고 부활절에 다시 점화되는 역사를 조명하는 계절이다. 그러므로 구원의 승리가 설교의 총 주제가 되고 있다. 이상과 같은 메시지의 전달은 각 교회가 선교에 관한 프로그램을 강화하고 복음의 확산에 주력하는 행사를 갖는 것이 교회의 전통적인 이 계절의 모습이다.

D. 사순절(Lent)

십자가의 구속의 사건을 중요하게 생각하는 교회들은 이 사순절을 교회력의 부활절 다음으로 중요하게 관심을 두는 교회의 절기이다. 이 절기는 참회의 수요일(Ash Wednesday)에서 시작하여 성 금요일에 끝나고 있다. 주일을 계산하지 않은 40일이 사순절의 기간이다. 이 절기의 기간에는 종려주일과 수난주일이 동시에 있게 되고 성주간(Holy Week)인 수난주간이 절정을 이루고 있다.

전통적으로 이 절기는 지금까지 가장 엄숙한 예배와 그리스도인들의 경건한 생활 분위기를 강조해 오고 있다. 그러한 까닭에 그리스도인들의 결혼도 이 기간에는 금지하면서 오직 스스로의 모든 육신적인 욕구를 부정하고 금식을 하면서 참회하는 기간으로 설정하였다. 특별히 수난의 메시지가 사라져 가고 있는 오늘의 현장을 눈여겨볼 때 어느 때보다 사순절의 의미는 오늘의 그리스도인들에게 필요하다고 본다.

사순절에 교회의 강단이 준비해야 할 메시지의 방향은 무엇보다도 십자가의 수난을 통한 구속의 진리를 강조하는 것이어야 한다. 십자가의 수난의 의미를 역사적인 측면에서, 그리고 오늘의 현장적인 측면에서 되새기는 말씀의 선포가 필요하다. 안일한 신앙생활에서 벗어나지 않으려는 현대 교인들에게 주님이 지신 십자가의 수난 때문에 오늘의 구원의 반열에 동참한 존재가 되었음을 상기시켜야 한다.

E. 부활절

부활절은 기독교 축일 중 가장 오랜 것이며 교회력의 근원이 되고 있다. 한 주간의 첫날에 이루어진 부활의 역사는 기독교의 가장 큰 생명이요 긍지로서 타종교에서 볼 수 없는 고유한 부분이다. 그러므로 매주일은 '주님의 날'로서 '작은 부활절'로 기독교의 교회력에서는 강조하고 있다. 부활의 역사가 발생한 부활의 날에 대하여는 325년 니케아 회의가 그 결정을

"봄의 첫날(춘분)인 3월 21일 또는 그 이후의 만월 후의 첫 주일, 또는 만월이 주일인 경우는 그 다음 주일"로 지킬 것을 결의한 바 있다.

이 절기에는 새로운 존재로서의 출발을 강조하는 세례를 비롯하여 생기에 찬 교회의 모습을 일으켜 나가는 데 모두가 초점을 맞추고 있다. 죽음을 정복한 초자연적인 승리의 주인을 구원의 주님으로 모신 기쁨이 교회에서는 가득하게 된다. 이러한 승리감은 사순절 동안 부르지 않았던 "할렐루야"나 "영광송"을 다시 부르게 되는 것을 보게 된다.

이때의 메시지는 무엇보다도 부활이 안겨준 환희와 기쁨을 전해야 하는 의무를 지닌다. 암울한 현실에서 신음하는 생명들이 소망과 승리의 세계를 목격하고 동참할 수 있는 메시지야말로 부활의 현실화를 가져오는 가장 중요한 도구이다. 그리스도인들이 십자가에 과거를 묻어 버리고 부활한 주님과 영광을 함께하는 새로운 존재로서의 일어섬은 부활의 현재적 의미를 사실적으로 경험하는 사건이다.

F. 오순절

전통적으로 유대 사회에서는 오순절에 유대인 소년들이 성인식을 치루고 어른이 되며, 율법을 준수해야 하는 의무를 갖게 되었다. 이러한 일들은 젊은 그리스도인들이 오순절에 견신례(입교문답)를 받고 입교인이 되고 그 의무와 권리를 갖게 하는 날로 계승되기도 하였다. 이러한 오순절은 성령강림주일을 기점으로 하여 삼위일체주일을 지나 대강절 첫 주의 전 주일인 왕 되신 그리스도의 주일까지 이어진 6개월간의 기간이다.

오순절은 성령의 강림에 의한 교회의 출발이라는 새로운 역사의 장을 펼친 절기이기에 교회의 시작과 성숙과 성장에 깊은 관심을 두는 절기이다. 오순절은 실질적으로 침체 속에 빠져 있던 사도들을 다시 불러일으켰던 새로운 역사를 새롭게 반복하는 의미를 부여하고 있다. 그래서 지금도 오순절의 의미는 성령님의 역사와 은사 및 열매를 통한 교회의 삶과 관련을 지우고 있다.

이러한 오순절의 기간 동안은 먼저 교회란 인위적인 힘으로 이룩되는 인간 단체가 아니라 성령님의 역사 가운데서 형성되고 발전되는 주님의 지체임을 확인하는 일을 해야 한다. 그리고 성령의 열매가 성도들에 의하여 맺어질 때만이 하나님은 기뻐하시고, 하나님의 나라가 생동력 있게 확장되어 간다는 메시지의 전달이 필요하다. 그러나 매주일 성령님의 이름을 남발하여 그 이름의 신성함과 권위를 인위적으로 실추시키는 일은 오늘의 교회가 범하지 않아야 할 또 하나의 과제이다.

함축된 의미

오직 말씀만을 사모하는 열심을 가지고 있는 교회들에서 흔히들 질문을 던진다. 그것은 교회력이 성경에서도 지켜졌는가의 질문이다. 그 대답은 바울이 고린도전서에서 "우리의 유월절 양 곧 그리스도"를 말하면서 "명절을 지키라"(고전 5:7-8)고 권하고 있다는 사실만으로도 그 대답은 명확하다.

사순절의 절정을 이루는 성 목요일이나 성 금요일에 "성령이 오셨네"의 찬송을 손뼉을 힘있게 치면서 부르고 있는 현장을 상상해 보면 한국교회에 교회력에 대한 이해가 얼마나 부족한지를 알게 된다.

예배하는 공동체인 교회가 절기에 맞는 말씀의 선포와 예배·예전을 행한다는 것은 결코 인간을 위한 것이 아니다. 오직 예배하는 무리가 깊은 경험과 감명을 받게 하는 데 있다. 환언하면, 하나님과의 보다 더 사실적인 만남을 가져오는 소중한 방편의 역할을 교회력이 감당하고 있다는 데 많은 사람의 의견을 함께하고 있다.

이제 교회력에 대한 충분한 이해를 바탕으로 하여 경건히 주님을 기다리는 대강절에 성령님의 강림을 노래하거나, 가장 엄숙한 사순절에 무절

제한 교회의 행사를 가지면서 기독교의 절기에 대한 본질을 망각하는 상황이 한국교회에서 다시는 발생되지 않아야 한다.

제19장
성서정과의 형성 과정과 그 내용 [1]

한국의 교회는 어느 나라의 그리스도인들보다 하나님의 말씀인 성경을 사랑하고 그 성경을 손에 들고 살아가기를 원한다. 그리고 성경공부의 과정에는 언제나 열심을 내는 우리의 성도들로 가득하다. 그러나 예배의 현장에서는 성경이 너무나 소홀이 다루어지고 있는 모순을 본다. 말씀의 봉독이 너무나 단조롭고 그 양이 너무나 단편적이다. 오직 설교자의 입에만 의존하는 현실이다.

그동안 가톨릭 교회의 무질서했던 교회력과 성서정과를 개혁자들이 외면한 지 400년 만에 새로운 복원운동이 나오고 있었다. 그것은 1940년 장로교의 원조인 스코틀랜드교회가 예식서에 교회력과 성서정과를 공식적으로 수록한 것이었다. 로마 가톨릭 교회 역시 자신들에 의하여 무질서해지고 산만해진 교회력의 새 질서를 구축하는 역사가 제2차 바티칸 공의회

---

1 본 글은 졸저, 『교회력과 성서일과』 (서울: 기독교서회, 1995)에 수록된 글의 일부이다.

에서 발생하였다. 그리고 여기에 대한 반응으로 미국의 개신교들이 교회력과 성서정과의 부활을 서둘러 좀 더 조직적이고 풍부한 성경말씀과의 만남을 시도한 지 벌써 오래다. 한국의 교회에서도 1980년 초반부터 교회력과 성서정과에 관한 관심이 일기 시작함은 참으로 다행스러운 일이다. 그러나 아직도 성서정과의 역사성과 내용, 그리고 효과성의 분석에 관한 연구는 전혀 볼 수 없는 현실이다.

1. 성서정과의 기본적인 이해

A. 성서정과의 두 가지 형태 : Lectio continua와 Lectio selecta

성무일과(聖務日課-Divine Office), 성구집(聖句集), 성구 선별집(pericope), 독서일과(讀書日課) 등으로도 불리는 성서정과(Lectonary)라는 어휘는 라틴어의 Lectio에서 유래된 것으로 '독서'(讀書)를 의미한다. 이러한 어원적인 뜻을 가진 성서정과의 의미를 존 류만(John Reumann)은 "회중에게 공적인 예배에서 읽히기 위하여 성경으로부터 정선(精選)된 부분을 질서 있게 정리한 것이다"[2]라고 보다 더 설득력 있게 정의하였다. 성서정과에 대한 이러한 설명에 따르면 성서정과의 기본 목적은 그리스도인들의 공동체가 체계적인 방법으로 성경의 말씀을 충분히 듣도록 하는 의도를 가지고 있었다는 것을 알게 된다. 특별히 교회가 지켜야 할 중요한 절기를 맞이하여 경청해야 할 말씀의 모음은 그 시간에 적절한 말씀을 듣는 데 매우 효과가 있었다.

이러한 성서정과는 전통적으로 두 개의 기본 형태를 가지고 있다. 하나는 성경을 연속적으로 읽어가는 'Lectio continua'가 있다. 이것은 성경을

---

2 John Reumann, "A History of Lectioanries: From the synagogue at Nazareth to Post-Vatican II", *Interpretation: A Journal of Bible and Theology*, Vol. 3, No. 2 (April 1977), p. 116.

창세기 1장 1절부터 계시록 마지막 절까지 읽어가든지, 또는 성경의 어느 한 권을 가지고 첫 장부터 읽어가는 형태를 말한다. 이 방법은 가장 오래된 전통으로서 유대교 회당에서 지금도 이어지고 있다. 이 독서의 형태는 유대교에서 율법서를 전체적으로 읽히기 위하여 차례대로 읽어갔던 관습에서 유래된 것으로 본다.[3] 이러한 방법의 성경읽기는 급진적인 종교개혁자였던 쯔빙글리와 그 외의 종교개혁자들이 선호하였다. 그리고 매주일의 설교에서도 성경을 차례대로 한 장씩 풀어가는 관습이 취리히, 바젤, 스트라스부르크, 제네바에서 유행하였다.[4] 특별히 이 연속적인 성경읽기는 개인이 성경말씀을 매일 읽어가는 데 필요한 방법으로서 지금도 활발하게 이어지고 있다. 하지만 성경을 연속적으로 읽어가는 'Lectio continua'는 교회력과 상관을 지을 때나 구약과 신약의 맥을 이어서 이해하는 데 제한성을 갖게 된다는 것을 발견하게 되었다. 그리고 복음서의 우월한 위치성을 지속하지 못한다는 점과 교회력과 무관하다는 점에서 예배와 설교를 위한 성서정과로는 전혀 각광을 받지 못하고 있다. 이러한 문제의 해결을 위하여 메시지 중심의 성구선택을 목표로 한 'Lectio selecta'가 출현하게 되었다.

두 번째의 형태인 'Lectio selecta'는 '도려내다'의 뜻을 가진 헬라어 (pericope)에서 온 말로, 선별된 성구집을 말한다. 이 방법은 현대에 가장 활발하게 사용된 성서정과로서 메시지가 상통하는 구약의 말씀과 서신서와 복음서의 말씀, 그리고 거기에 적절히 배치된 시편의 봉독들이 함께 배열되고 있다. 이 성서정과는 성만찬을 집례할 때, 그리고 절기를 따라 말씀을 선포할 때 본문으로 활용이 되고 있다.

요약하면, 연속적으로 성경을 읽게 되는 'Lectio continua'는 개인이 성경을 계속하여 읽어가는 방법으로 정착이 되는 경향으로 발전하였다. 그리고 'Lectio selecta'는 예배의 현장에서 교회력을 따라 말씀을 선포하는 데 효

---

3 Peter C. Bower, *Handbook for the Common Lectionary* (Philadelphia: The Geneva Press, 1987), p. 16.
4 Horace T. Allen, Jr., *A Handbook for the Lectionary* (Philadelphia: The Geneva Press, 1980), p. 13.

과적으로 사용되는 방향으로 발전하고 있다. 본 글에서 다루게 되는 성서 정과는 교회력을 따라 선별된 성구집인 'Lection selecta'에 한정하게 된다.

B. 성서정과의 필요성

1) 설교자의 사역을 위하여

성서정과를 사용해야 할 우선적 필요성은 예배와 설교를 맡은 성직자를 위한 것이라고 보는 것이 타당하다. 그 이유는 지금까지 설교의 강단에서 선포된 말씀의 본문은 일정한 기준이 없이 진행되어 왔기 때문이다. 설교사역자로서 진지한 생각을 하면서 단에 선 설교자는 설교의 본문이 자신의 의향대로 선택되었다는 것을 숨길 수 없다. 자신의 일시적인 생각으로 선택한 본문이 때로는 자신의 편견과 선입관에 근거하고 있다는 사실 또한 부정할 수 없다. 이러한 현상은 오늘의 문제가 아니라 벌써 오래 전부터 회중에 의하여 제기된 문제임이 1758년에 쓰인 한 평신도의 항의문에서 잘 나타나고 있다.

> 먼저, 나는 여러분이 매주 주의 날에 우리의 공중 예배에서 성경의 보다 큰 부분(구약)을 읽어서는 안 되는지에 관하여 심사숙고할 것을 부탁드립니다. … 우리가 갖고 있는 공중 예배 규칙서는 일상적으로 각 언약(구약과 신약)에서 한 장씩을 매일 아침 읽어야 할 것을 권하고 있습니다. 나는 우리의 예배에서 이러한 필수적인 부분을 무시하는 것이 성직자의 자존심 때문인지, 아니면 대중이 잘못되어 있기 때문인지 분간할 수가 없습니다. 아마 양자 모두에 어느 정도씩 책임이 있는 것 같습니다. 성직자는 그것이 자기네 재능을 충분히 과시하게끔 해주지 못할 것이라고 생각할 것이고, 대중은 또한 그것이 무언가 새로운 것을 항상 갈망하는 그들의 가려운 귀를 충분히 긁어주지 못한다고 생각할 것입니다. 전자에 대

하여 나는 다만, 다음과 같이 논평하고자 합니다. … 성직자들이
우리에게 이따금씩 공중 집회에서 순수한 성경 구절을 10여 절씩
낭독해 주는 것은 사실이지만, 성경을 정규적으로 낭독할 계획이
마련되어 있지 않기 때문에 결과적으로 우리는 다만 설교자의 취
향대로 골라서 자기 목적에 맞게 적용시킨 서로 연결되어 있지 못
한 구절들을 들을 수밖에 없습니다. 따라서 우리의 이해력은 성직
자의 손아귀에 꽉 잡혀 있고, 단순하고 무지한 자들은 설교자의
파당적 원리와 제멋대로의 견해에 휩쓸리게 됩니다.[5]

이러한 원망을 담은 규탄은 오늘도 다양한 말씀의 진수(眞髓)와의 만남
을 희구하는 회중에게서 들려오는 말이다.

설교자에 의하여 기준과 방향이 없이 던져주는 말씀과의 만남보다는
때에 따라 적절한 말씀을 먹고 싶어 하는 회중이 오늘도 여전하다는 사실
을 설교자뿐만 아니라 교회의 각종 행사를 주관하는 사람들이 이해한다
면 성서정과의 소중함과 그 필요성을 충분히 이해할 수 있으리라고 본다.

2) 교회력과의 관계성에서

교회력은 최근에 이르러 제정된 것이 아니다. 기독교의 교회력은 구약의
유월절을 비롯한 각종 절기에서부터 그 전통성을 가지고 있다. 신약에 와
서 이러한 절기는 기독교화 되는 과정을 거쳤고 이 절기들을 이용하여 기
독교의 중요한 역사는 발생되었다.

그러나 교회력은 중세의 교회에 의하여 그 순수성이 보전되지 못하였
다. 그들은 자신들의 교회에서 나온 순교자들과 후대가 기억해야 할 지도
자들의 날을 설정하여 교회력을 무질서하게 만들었다. 이러한 결과 1년의

---

5 A. Allan McArthur, *The Christian Year and Lectionary Reform* (London: SCM Press, LTD, 1958),
   pp. 26-27.

모든 주일이 성자축일로 가득하게 되었고 심지어는 주중의 날까지 성자들의 날이 되어버리는 결과를 초래하였다.

이러한 교회력은 종교개혁자들에 의하여 철저히 외면을 당할 수밖에 없었다. 겨우 부활절과 성탄절만이 교회의 절기로 지키는 것을 허용하였다. 비록 성공회와 루터교회에서는 정비된 자신들의 교회력을 지키고 있었으나 개혁교회는 교회력을 철저히 외면한 채 지난 4세기를 지내왔다. 그러나 의외의 사건이 장로교의 원조인 스코틀랜드교회에서 발생되었다. 그것은 1940년 그들의 총회가 통과한 예식서에 교회력과 성서정과가 실리게 되었고 모든 교회가 수용할 것을 권장하기에 이르는 사건이었다. 그 예식서에 나타난 교회력의 내용과 거기에 따른 그들의 이해는 다음과 같다.[6]

대강절 : 우리는 하나님을 찬양합니다. 당신의 아들 우리의 구원의 주님이 세상의 빛으로, 장차 심판의 주님으로 오실 것이오니 찬양합니다.

성탄절 : 우리는 하나님을 찬양합니다. 당신의 독생자를 보내주시사 우리로 하나님의 자녀가 되게 하여 주시오니 찬양하옵니다.

주현절 : 우리는 하나님을 찬양하옵니다. 주님 오셔서 하나님의 영광을 나타내시고 우리를 어두움으로부터 건져 내시오니 찬양하옵니다.

사순절 : 우리는 하나님을 찬양합니다. 죄 없으신 예수 그리스도가 우리 대신 죽으시고 이제는 우리가 육욕을 벗어나 주님이 것으로 살게 하시오니 찬양하옵니다.

수난주간 : 우리는 하나님을 찬양합니다. 주님이 수난 당하시기 전날 성만찬을 제정해 주시고 그의 수난을 경험하게 하시오니

---

6   여기에 옮겨 놓은 것은 다음의 예식서에서 의미만을 간추렸음을 밝힌다. *Book of Common Order of the Church of Scotland* (Edinburgh: Oxford University Press, 1940), pp. 330-32.

찬양하옵니다.

부활절 : 우리는 가장 거대한 찬양을 드리옵니다. 하나님의 아들 예수 그리스도가 영광스러운 부활을 하시어 죄와 사망의 권세를 정복하셨기에 찬양하옵니다.

승천일 : 우리는 하나님을 찬양합니다. 우리 주님 승천하시어 우리와 하나님 사이의 중보자로 계시며 우리를 하나님 전에 불러 주실 것이오니 찬양하옵니다.

성령강림주일 : 우리는 하나님을 찬양합니다. 우리 주님 승천하시어 약속하신 대로 보혜사 성령님을 보내주시어 복음을 선포하게 하시어 저들을 어둠의 세계로부터 나오게 하시오니 찬양하옵니다.

삼위일체주일 : 우리는 하나님을 찬양합니다. 성부 성자 성령 한 본체가 되시어 권능과 영광이 함께하시오니 찬양하옵니다.

모든 성자의 날 : 우리는 하나님을 찬양합니다. 우리 주님이 하나님의 성자들을 위하여 축복하시어 그들의 믿음과 업적이 우리의 희망이 되게 하시오며 본이 되게 하시오니 찬양하옵니다.

교회 봉헌의 날 : 우리는 하나님을 찬양합니다. 우리의 손으로 지은 이 성소가 하나님이 계신 전이 되게 하시며 이곳에서 하나님이 주신 복을 받는 무리를 만나게 하시오니 찬양하옵니다.

이상과 같이 새롭게 재정비되어 등장된 교회력의 주일들은 단순한 축제나 기념의 차원을 벗어나 중요한 날들에 맞는 하나님의 말씀이 선포되어야 한다는 당위성을 갖게 되었다. 절기에 따라 적절한 말씀을 구약과 서신서와 복음서를 통하여 선별하여 봉독하고 그 말씀을 선포하고 해석하고 삶의 장에 적용하는 설교의 사역이 절대적인 것이었기에 교회력이 있는 곳에는 반드시 거기에 맞는 성서정과가 제정되었다.

2. 성서정과의 발전 과정

A. 고대 성서정과들

성서정과에 대한 연구 결과는 유대의 회당예배까지 거슬러 올라가 그 근거를 잡아야 한다는 주장이 지배적이다. 실질적으로 예배 가운데서 성경을 체계적으로 읽은 행위는 유대교의 회당에서 이미 있어온 일이다. 카링톤(Philip Carrington)은 『원시 기독교 교회력 연구』에 따르면 마가복음이나 마태복음 내용 자체가 절기를 따라 수집해 놓은 성구집이라고 주장한다. 그러나 이러한 주장이 과연 성서정과의 기원으로서 근거가 되고 거기서부터 오늘의 성서정과가 전승되었는지에 대한 의문은 아직도 계속되고 있다.[7]

그러나 4세기경에 들어와서부터는 그 형태가 비록 오늘의 것과는 차이가 있었다고 하더라도 성서정과가 확정되어 지정된 규례와 절기에 따라 그리스도인들에게 읽히고 있었다는 사실을 알게 된다. 그 실례로서 388년경 크리소스톰(John Chrysostom)이 안디옥에서 설교한 요한복음에 관한 설교 제11번을 보면 다음과 같은 성서정과에 관한 언급이 나타난다.

> 그러면 내가 여러분에게 요구하는 것이 무엇이겠습니까? 여러분 각자가 주(week)의 첫날 또는 안식일에도 여러분 사이에서 읽혀질 복음서의 그 부분을 손에 들고, 그날이 되기 전에 집에 앉아서 읽어 내려가는 것입니다. 그러면서 종종 그 내용을 깊이 묵상하며 그 부분을 모두 잘 검토하여 어느 부분이 명료하고 어느 부분이 모호한지 … 그리고 각각의 논점이 한마디로 무엇인지 모두 검토해 본 다음에는 그것이 읽혀지는 것을 듣는 일입니다.[8]

---

7 John Reumann, *Interpretation*, pp. 118-20.
8 MaArthur, *The Christian Year and Lectionary Reform*, pp. 38-39 재인용.

크리소스톰을 비롯하여 그 후의 교부들에 의하여서도 교회력과 성서정과에 관한 언급이 그들의 설교에서 나타나고 있으나 불행히도 거기에 대한 구체적인 자료를 찾지 못하고 있다. 성서정과에 대한 구체적인 자료는 7세기경 이후부터 다음과 같은 것들이 발견되고 있다.[9]

먼저, 비잔틴 성서정과(Byzantine Lectionary)이다. 7세기경의 것으로 추정된 이 성서정과는 안디옥 지역에서 사용된 것으로 보인다. 이 성서정과는 교회력을 부활절부터 시작하는 최초의 구조적 형태를 갖춘 것이었다. 그리고 여기에는 복음서와 사도행전을 중심하여 성구의 선별을 가져오고 있다. 그러나 이 성서정과는 후에 영향력을 전혀 가져오지 못한 채 더 이상 발전을 못한 것으로 보인다.

두 번째는 예루살렘 성서정과(Jerusalem Lectionary)이다. 이 성서정과는 8세기 이전의 것으로 추정하고 있는 것으로서 1월 6일 주현절을 기점으로 하여 오순절까지의 내용을 교회력의 내용으로 하고 있는 것으로서 고대의 성서정과 가운데 현대의 것과 가장 근접한 내용을 담고 있다. 이처럼 내용이 충실한 예루살렘의 교회력과 성서정과는 아르메니아(Armenian)교회가 원형대로 채택하여 아무런 손질도 가하지 않고 지금도 활용할 정도의 수준의 것이었다. 이들의 성서정과는 복음서와 사도행전을 주로 사용하였던 것으로 보인다.

세 번째는 에뎃사의 성서정과(The Lectionary of Edessa)이다. 이 성서정과는 6세기경에 시리아교회에서 사용된 것으로 그 내용은 예루살렘 성서정과처럼 잘 발달된 것은 아니었다고 본다. 이 성구집은 대축일들과 그 밖의 몇 안 되는 중요한 절기에 사용할 성구들이 있었는데 구약과 서신서와 복음서에서 뽑아낸 성구들이 편집되어 있었다.

네 번째는 로마 교회 성서정과(The Lectionary of Rome)이다. 8세기에 사

---

9   이하에서 제시하게 될 각종 고대의 성서정과에 관한 자료는 MaArthur, Ibid., pp. 41-64에서 발췌한 것이다. 그가 제시한 8개의 고대 성서정과 중에서 근거가 확실한 7개만을 여기에 소개한다.

용된 이 성서정과는 성탄절, 주현절, 오순절, 강림절 등을 가지고 있었는데, 특이한 것은 오순절 다음의 주일들을 성자축일로 제정한 것이었다. 이 성서정과 역시 구약과 서신서, 복음서를 사용하였다.

다섯 번째는 보비오 미사경본(The Bobbio Missal)이다. 이 미사경본은 7세기의 문서로서 예식서의 최초의 본보기로 알려졌다. 이 성서정과는 최초로 대강절을 교회력의 시발점으로 하였고, 거기에는 구약, 서신서, 복음서의 순서를 보존하면서 계시록을 사용하고 있다.

여섯 번째는 룩쉘의 성서정과(The Lectionary of Luxeuil)이다. 이 성서정과는 7세기 말에서 8세기 초엽까지 불란서의 동남부 지방에서 활용되었던 것으로서 선별된 구약과 서신서, 복음서, 계시록의 성구들이 연속적인 번호가 매겨져 있다. 이 성서정과 역시 대강절을 교회력의 시작으로 하고 있다.

일곱 번째는 톨레도 성서정과(Lectionary of Toledo)로서 11세기 스페인 지역에서 사용되었던 것으로 톨레도 대주교 교회의 성서정과로 추정한다. 이 성서정과는 대강절부터 시작하여 성탄절, 주현절까지 언급하고 그 이후는 거의 성자축일들로 이어지고 사순절은 따로 지키는 특성을 가지고 있다. 이 성서정과 역시 구약과 서신서, 복음서를 이용하였는데 복음서는 주로 요한복음을 사용하고 있다.

이상과 같은 중세 초기의 성서정과들은 예배와 생활 속에서 하나님의 말씀이 계속적으로 봉독될 수 있도록 하는 방향을 지속하는 데 절대적인 공헌을 하였다. 그리고 오늘의 교회력에게 역사성을 부여하는 소중한 자료로서 그 가치성을 가지고 있다.

B. 스코틀랜드교회의 교회력과 성서정과

오늘의 교회가 사용하고 있는 에큐메니칼 성서정과의 발전의 동기부여는 제2차 바티칸 공의회가 1963년에 제정의 필요성을 선언하고 1969년에 작업을 완수한 교회력과 성서정과에 있다는 주장이 일반적인 학자들의 견해이다.[10] 그러나 필자는 이러한 입장을 수용하면서도 근본적인 견해의 차이를 가지고 있다. 그것은 제2차 바티칸 공의회가 성서정과를 공포하기 29년 전에 이미 스코틀랜드교회가 그들의 예식서에 앞에서 열거한 교회력에 의하여 성서정과를 만들어 사용하였기 때문이다. 이러한 그들의 노력이 오히려 오늘의 개혁교회가 교회력과 성서정과와의 친숙함과 보편화를 가져오게 하는 데 결정적인 역할을 하였다는 주장을 필자는 펴게 된다. 역사적으로 스코틀랜드교회는 개혁교회 중에서도 장로교의 원조가 된 나라로서 그들의 웨스트민스터 예배모범과 예식서는 미국을 비롯한 전 세계 장로교의 모체가 되고 있다.[11] 이러한 그들의 위치성은 단순하게 쟁취된 것이 아니라 독자적인 예배모범을 갖기 위하여 남다른 대가를 지불하고 확립된 바 있다.

교회력과 성서정과에 관한 시각을 가지고 스코틀랜드교회의 예식서의 발전을 보면 매우 흥미 있는 변화를 발견하게 된다. 존 낙스가 약간의 수정을 가하여 스코틀랜드교회를 위하여 만든 1611년도판 예식서에는 개혁자들의 교회력이나 성서정과에 대한 반응이 그대로 나타나고 있다. 이 예식서에는 오히려 스코틀랜드의 각 지역에서 갖는 경축일들(Faires of Scotland)에 대한 때와 장소는 기록되어 있으나 교회력이나 성서정과의 기록은 전혀 볼 수 없는 것을 발견하게 된다.[12] 이 예식서에 의하여 스코틀랜드교회는 개혁정신에 따라 교회의 수장(首長)으로서 영국의 왕을 거부하고 예수 그리스도를 통한 하나님 앞의 예배에 전념을 다하고 있었다.

이러한 사실을 목격한 찰스 왕은 1637년 켄터베리 대주교 로드(Laud)에

---

10 James White, *The New Handbook of the Christian Year-Based on the Revised Common Lectionary* (Nashville: Abingdon Press, 1986), p. 28.

11 1993년에 펴낸 미국 장로교의 *Book of Common Worship* (Lousville: Westminster/John Knox Press) 서문에서는 그들의 예배모범이 스코틀랜드교회로부터 전수되었음을 밝히고 있다.

12 *The Book of Common Order of the Church of Scotland: Commonly Known as John Knox's Liturgy* (Edinburgh: William Blackwood and Sons, 1901), p. 6. 이 예식서의 내용은 주로 1611년에 펴낸 내용을 그대로 담고 있다.

게 스코틀랜드교회를 위한 예식서를 만들도록 하고 즉시 사용하도록 명령하였다.[13] 바로 이 예식서는 영국교회와 거의 동일한 것으로서 오늘과 같은 교회력에 성자들의 축일이 첨가되어 있었고 서신서와 복음서만을 사용한 성서정과가 있었다.[14] 그러나 낙스를 통한 교회의 개혁은 이 예식서를 인정하지 않고 곧 반기를 들게 되었다.

스코틀랜드교회는 계약군의 승리와 함께 웨스트민스터 예배모범을 쟁취하였다. 그들은 바로 지체함이 없이 총회에서 공식적으로 수정·보완된 존 낙스의 예식서를 채택하였고 지난 3세기 동안 여러 차례의 수정판을 거듭하여 오늘에 이르고 있다. 그러나 이 예식서에는 영국교회의 예식서에 있는 교회력이나 성서정과를 수용하지 않았다.

그러나 1940년 스코틀랜드교회의 예식서에는 획기적인 변화를 가져왔다. 그것은 바로 앞에서 열거한 교회력에 합당한 성서정과를 채택하였다는 사실이다. 이들의 교회력 양식은 영국교회가 가지고 있는 대부분의 성자축일들을 배제하고 예수 그리스도의 생애에 연관된 교회력을 수정·보완한 바 있다. 그리고 여기에 따른 성서정과는 52주의 주일 낮 예배를 위해서는 구약과 서신서, 복음서를 가지고 구성되었다. 그리고 저녁예배는 구약과 신약 전체에서 성구들을 선별하였다. 그리고 성찬 성례전을 위해서는 복음서와 서신서만을 사용하고 있다.[15]

---

13 Charles Greig M'Crie, *The Public Worship of Presbyterian Scotland* (Edinburgh: William Blackwood and Sons, 1892), pp. 154-6. 여기에 대한 자세한 내용과 당시의 상황을 다른 입장에서 이해하기 위해서는 Laud's *Liturgy*, 서문을 참조하라. 이 예식서는 글라스코 대학의 교회사 교수였던 James Cooper가 그의 서문과 함께 1904년에 *THE BOOK OF COMMON PRAYER and Administration of the Sacraments and Other Parts of Divine service For the Use of the CHURCH OF SCOTLAND, Commonly Known as Laud's Liturgy* (1637)라는 설명이 첨가된 이름으로 출판된 것이 있다.

14 *Book of Common Prayer and Administration of the Sacraments and Other Parts of Divine Service for the use of the Church of Scotland, Commonly Known as Lud's Liturgy* (1637) (Edinburgh: William Blackwood and Sons, 1904), pp. 65-109. 필자가 소장하고 있는 이 예식서에는 현대의 교회력과 성서정과는 물론 성자축일들이 함께 있다. 그 내용은 현재의 3년을 주기로 하는 것과는 달리 일 년마다 반복하여 사용하도록 만들어져 있는 아주 훌륭한 성서정과가 있음을 본다.

15 *Book of Common Order of the Church of Scotland* (Edinburgh: Oxford University Press, 1940), pp. 313-27.

개혁교회로서는 스코틀랜드교회가 공식적으로 예식서에 교회력과 성서정과를 채택함으로써 세계의 개혁교회에 새로운 전기를 마련하였다고 볼 때 그들이 펴낸 교회력과 성서정과는 제2차 바티칸 공의회의 것보다 훨씬 더 값진 것이라고 평가하고 싶다.

그러나 아쉬운 것은 이러한 성서정과의 제정이 있기까지의 신학적 근거와 과정에 대한 설명이 미흡하다는 문제가 제기된다. 전세계의 개혁교회가 수긍하고 수용할 수 있는 이론적 배경 설명이 없었기에 30년 후에 등장한 제2차 바티칸 공의회의 성서정과가 주목을 받게 되었다. 스코틀랜드교회가 개혁교회로서 성서정과의 거대한 출발의 족적을 남기고도 오늘의 에큐메니칼 성서정과의 모체의 위치를 제2차 바티칸 공의회에 내놓아야 함은 참으로 아쉬운 일이 아닐 수 없다.

C. 제2차 바티칸 공의회와 성서정과

로마 가톨릭의 성서정과가 그동안 외면을 당한 이유는 그들의 교회력과 성서정과가 예수 그리스도의 생애를 중심한 것이 아니라 마지막에는 성자들을 위한 교회력과 성서정과 될 정도로 실로 잡다한 것으로 변질되었기 때문이었다. 특별히 성모 마리아를 비롯하여 성자들을 숭배하는 그들의 예배는 개혁자들의 신학과는 거리가 먼 것이었기에 개혁교회에 의하여 철저한 배척을 받았다. 이러한 문제성은 가톨릭 교회 자체에서 반성적인 시각을 가지고 새로운 검토의 필요성이 대두되고 있다.

교회의 새로운 면모를 추구했던 교황 요한 23세에 의하여 1962년 10월에 소집된 공의회는 1965년 12월에 종결될 때까지 로마 가톨릭의 모든 분야에 새로운 전기를 가져오는 개혁이 이룩되었다. 그들은 지금까지 예배·예전의 질서가 중세적 관습 아래서 그 본래적 정신이나 모습을 잃고 있었다는 사실을 겸허하게 인정하면서 새로운 세계의 진입을 시도하였다. 그 가운데서도 지금까지 말씀을 중심하지 않았던 그들의 교회구조와 예전의 현실을 직시하고 새로운 시각을 펼친 것은 대단한 발전이었다. 그들은 지금까지 경시했던 말씀의 선포에 대한 성찰의 자세를 가지고 예배·예전을 위한 성서정과의 제정을 서두르게 되었으며 이 결정은 가톨릭 교회뿐만 아니라 전세계의 교회에 새로운 바람을 일으키는 파급효과까지 가져왔다. 그들은 성서정과가 구체적으로 실현될 수 있도록『거룩한 전례에 관한 헌장』51조에서 다음과 같이 선언하고 있다.

하나님 말씀의 풍성한 식탁을 마련하도록 신자들에게 성경의 보고(寶庫)를 널리 개방하여, 성경의 중요한 부분을 일정한 연수(年數)내에 회중에게 낭독해 주어야 한다.[16]

이토록 철저한 연구와 과정을 거쳐 제출된 성서정과는 1969년 5월에 교황 바오로 6세에 의하여 공포되었다.

이 성서정과의 구조는 3년을 주기로 하여 형성되었다. 그 구조는 그들이 원칙으로 세웠던 예수님의 생애와 구원의 역사에 초점을 두었고 오순절 이후는 성령님의 역사에 의한 교회의 설립과 확산에 관심을 두었다. 성서정과의 형태는 앞에서 본 스코틀랜드교회의 예식서와 같이 구약과 서신서와 복음서를 교회력에 맞추어 형성하였다. 그러나 본 성서정과의 성격은 대체적으로 다음과 같이 규정될 수 있다. 즉, 구약은 복음서의 말씀을 보강하고 그 배경을 설명하고 대조하는 데 뜻을 두고 선별되었다. 그리고 서신서는 복음서와는 관계를 갖지 않은 채 복음이 받아들여진 세계를 보이면서 계절에 따라 거의 연속적으로 읽도록 하였다. 그리고 복음서는 예수 그리스도의 생애와 구속의 역사가 진전되는 과정대로 기록되어 있기에 연속적으로 이어지고 있다. 3년을 주기로 하여 구성된 이 성서정과는 첫째 해는 마태복음을, 두 번째 해는 요한복음과 함께 마가복음을, 셋째 해에는 누가복음에 초점을 두어 형성하였다.

이러한 연구의 과정을 거쳐 공포된 가톨릭 교회의 성서정과는 앞에서

---

16   Ibid., 20.

언급한 대로 개신교 성서학자들의 조언이 수용되었다는 것은 이미 서술한 바 있다. 그러하기에 바티칸 공의회가 성서정과를 발표하자 개신교는 구교와의 사이에 있는 높은 장벽을 초월하여 호의적인 반응을 보였다. 그리고 성서정과의 중요성을 새롭게 인식하면서 그들의 세계에 맞는 성서정과의 개발을 서두르게 되었다. 특별히 말씀을 중심으로 한 개신교의 설교사역자들은 대단히 민감한 반응을 보이면서 다음과 같은 말을 남기게 되었다.

확실히 로마 가톨릭의 새로운 성서정과는 개신교 설교에 가톨릭 교회가 주는 가장 큰 선물이다. 그것은 마치 개신교의 성경 연구가 가톨릭 설교 사역에 자극을 주는 것과 같은 것이다.[17]

D. 가톨릭 성서정과와 개신교의 반응

제2차 바티칸 공의회의 성서정과는 그 내용과 수준에 있어서 과거의 것들이 따를 수 없는 우월성을 지니고 있다. 거기에 더하여 3년을 주기로 한 성서정과이기에 성경의 상당한 부분을 모두 전할 수 있다는 장점을 보이인다. 따라서 많은 교회들은 "이 성서정과야말로 최상의 준비를 거친 가장 종합적인 성서정과이다. 그러므로 기독교의 역사에서 가장 훌륭한 성서정과이다"[18]는 찬사를 아끼지 않았다.

이러한 성서정과는 세계의 어느 곳에서보다도 미국의 교회에서 가장 민감한 반응을 보였다. 이 성서정과가 발표되자 각 교단의 예배를 책임진 부서에서는 그 실체 파악에 바쁜 발길을 옮기고 있었다. 그들이 그 준비 과정과 내용을 완전히 파악했을 때 모두가 깊은 인상을 받고 자신들의 교단에서 활용할 수 있는 방안을 강구하기에 바빴다.

---

17 James White, *Christian Worship in Transition* (Nashville: Abingdon Press, 1976), p. 139.
18 James White, *The New Handbook of the Christian Year–Based on The Revised Common Lectionary*, p. 11.

그 중에서도 미국의 감독교회(Episcopal Church)의 반응이 가장 먼저 시작되었다. 비록 그들이 영국교회와는 독자적인 길을 걷고 있다고 하더라도 영국교회의 예식서의 영향을 받았던 그들은 그들이 가지고 있던 예식서와 성서정과의 수정이 불가피하다는 결정을 내리고 수정작업을 하던 중이었다. 이 수정을 위하여 접촉하였던 많은 학자들이 제2차 바티칸 공의회의 성서정과 작성에 동참하였음을 알게 되었다. 그 결과 그들은 가톨릭의 성서정과를 약간의 수정을 가한 채 1970년의 예식서에 담아 시험적으로 사용하다가 1973년에는 공식적으로 채택하였다.

그리고 루터교회의 각 교단은 공통된 예식서를 만들기 위하여 예식서 개정위원회를 구성하였으나 뚜렷한 성과를 거두지 못한 채 1973년 가톨릭 성서정과에 수정을 가하여 실험적으로 사용하다가 1978년 루터란 예식서에 성서정과를 새롭게 선보였다. 그러나 이 성서정과 역시 비록 여러 군데의 수정을 가했다고 하더라도 그 기본적인 골격과 내용은 가톨릭 성서정과의 힘을 빌릴 수밖에 없었다.

이어서 당시의 미국의 연합 장로교회와 남 장로교회, 그리고 컴벌랜드 장로교회가 예식서(The Worshipbook)를 공동으로 펴내면서 부록으로 가톨릭의 성서정과를 대폭 수정하여 수용한 바 있었다. 이들은 이 성서정과에서 제시된 성구의 전후 부분을 재정리하여 사용하였다. 그리고 이어서 1976년에 제자교회(Disciples of Christ)와 연합 그리스도의 교회(United Church of Christ)가 장로교의 예배서에 나타난 성서정과를 그들의 교단에서 공식으로 채용하여 사용하였다. 그 외 감리교회는 1976년 같은 골격의 성서정과를 교회일치를 위한 협의회가 작성했을 때 말씀과 성찬(Word and Table: A Basic Pattern of Sunday Worship for United Methodist)이라는 주일예배 지침서에 공식적으로 이를 수록하였다.

3. 에큐메니칼 성서정과 형성 과정과 그 내용

A. 교회일치를 위한 협의회(COCU)의 성서정과

가톨릭의 새로운 성서정과의 제정에 영향을 받은 미국의 개신교에서는 1972년 가을에 워싱톤에 모여 교회일치를 위한 협의회(COCU-Cosultation on Church Union)의 예배위원회를 통하여 교회의 일치를 도모하고, 아직도 성서정과를 사용하지 않은 교회들을 도울 수 있는 교회력과 성서정과의 제정 작업을 착수하기로 하였다. 그리하여 동 위원회는 가톨릭, 성공회, 장로교, 루터교의 성서정과들을 일목요연하게 정리하고 중복된 것은 피하고 각 교단의 독자적인 것을 표시하였다. 그리고 그 구조는 가톨릭이 이미 만든 바 있는 교회력과 3년 주기의 구약, 서신서, 복음서의 성구들을 봉독하는 형태를 그대로 따랐다. 감리교는 동 위원회의 작업에 시편 기도집을 첨가하여 교단적으로 채택하였다.

이렇게 빛을 보게 된 새 교회력과 성서정과는 빠른 속도로 북미의 각 교단에 파급되었다. 특히 과거에 전혀 교회력이나 성서정과에 대한 경험이 없던 교회들은 환영을 하였고, 각 출판사들이 앞을 다투어 설교의 자료를 첨가하여 출판하였다. 그러나 사용 도중 이 교회력과 성서정과가 교회의 일치의 향상보다는 각 교단의 주장이 확산되는 혼돈이 유발되었다. 특별히 각 절기의 명칭을 비롯하여 일자의 계산 등의 불일치는 교회의 일치를 위한 방안의 일환으로 세웠던 근본 취지에 오히려 역행하는 결과를 가져오는 것을 발견하게 되었다. 이러한 발견은 새로운 협의회에 의해서 새롭게 연구되어야 한다는 결론에 도달하였다.

B. 공동본문 협의회(CCT)의 성서정과[19]

공동본문 협의회(CCT-Consultation on Common Texts)는 1960년대 중반에 미국과 캐나다의 교회들이 실질적인 예배의 갱신을 위하여 조직된 모임이었다. 이 협의회는 약 20여 개의 교단과 단체로부터 온 개인자격의 대표들이 모여서 영어권의 교회가 함께 사용할 수 있는 기도문을 만드는 데 일차적 관심을 두고 있었다. 그러다가 앞에서 성공을 거두지 못한 교회력과 성서정과가 우선적인 과업으로 주어졌다. 이들은 1978년 3월 북미의 12개 교단대표들이 참석한 회의를 갖게 되었고, 모든 교단이 수용할 수 있는 교회력과 성서정과를 만들 것을 결의하였다. 여기서 주어진 과제는 기존의 성서정과에 시편의 삽입, 보다 많은 구약의 활용, 그리고 어휘의 통일성 등을 연구하여 모든 교회가 통일되게 사용할 수 있는 성서정과의 제정을 위임받게 되었다. 공동본문 협의회는 즉시 본 작업의 전문위원들로서 교회력과 성서정과를 위한 북미 위원회(NACCL-The North American Committee on Calendar and Lectionary)를 발족시켰고, 이 위원회는 4년 동안의 작업을 마친 1982년 공동성서정과(Common Lectionary)를 제출하기에 이르렀다. 이 성서정과는 1983년부터 1986년까지의 실험기간 동안 북미의 11개 주요 교단들에 의하여 수용되기 시작하였고 급속도로 각 교단의 출판물과 기타의 출판사들에 의하여 확산되기 시작하였다.

C. 수정보완된 성서정과(1992)

공동본문 협의회(CCT)는 성서정과를 새롭게 수정·보완하여 개정판 공동성서정과(The Revised Common Lectionay-RCL)를 1992년에 만들어 발표하였다. 이들은 이 개정판 성서정과가 1999년까지 상용될 수 있도록 계획을

---

19 이하의 과정에 대한 설명은 미국의 장로교의 대표적 예배신학자이며 현재 보스톤 대학교의 신학부 교수로 있는 Horace T. Allen, Jr.이 다음의 책 서문에서 상세하게 밝히고 있다. *Consultation on Common Texts, Common Lectionary* (New York: The Church Hymnal Corporation, 1981), pp. 7-23.

세우고 다음의 몇 가지의 내용의 변화를 추가하여 작성되었다.[20]

(1) 3년 주기의 교회력을 정확하게 표기하고 그 날짜의 혼돈을 막기 위하여 1991년 12월 1일 대림절부터 1999년 11월 28일의 대림절까지의 일자와 1992년 4월 19일의 부활절부터 2000년 4월 23일까지의 부활절 일자를 명기하였다.

(2) 본 성서정과에서 개혁교회는 모두가 일치된 성서정과를 사용하도록 단일화하였고 마지막에 부록의 형식으로 개혁교회와 가톨릭, 성공회, 루터교회의 차이점을 명기하였다. 그러나 가톨릭 성서정과에 나타난 기본 골격을 수용하였다.

(3) 3년 주기는 공관복음을 가지고 첫째 주기는 마태복음을, 둘째 주기는 마가복음을, 셋째 주기는 누가복음을 사용했으며, 요한복음은 사순절과 부활을 강조하면서 세 주기에 골고루 사용하였다.

(4) 대강절에서 주현절까지, 그리고 사순절에서 오순절까지는 주제에 따라 본문을 선별하여 배열하였고, 주현절 이후의 주일들과 오순절 이후의 주일들을 위하여 본문을 연속적으로 읽어가도록 배열하였다.

(5) 설교자들이 제시된 본문 중에 어느 한 성구만 가지고 설교를 하거나, 아니면 구약과 복음서를 연관지어 설교를 할 수 있도록 하였다.

(6) 제시된 시편은 설교의 본문으로 활용하는 것보다 구약의 말씀에 회중이 함께 응답하는 성격으로 사용되도록 하였다.

---

20 아래에 요약한 부분들은 필자가 개정판 성서정과를 보면서 발견한 것과 Horace T. Aallen 교수가 1991년 개정판 성서정과의 작업을 11월에 끝내고 수정된 원칙과 내용을 정리하여 필자에게 12월에 보내준 글에서 발췌한 것이다.

(7) 성경의 본문에 대명사로 있는 것은 명사로 바꾸어 읽도록 하는 원칙을 세워 말씀의 직접적인 감각을 주도록 시도하였다.

(8) 로마 가톨릭 성서정과는 이름 그대로 "미사를 위한 성구집"의 성격을 가지고 있으나 본 성서정과는 말씀과 성례전에 적합한 성격을 이어가도록 하였다.

이상과 같이 섬세한 연구과 배려를 시도한 개정판 성서정과가 1992년 발표되자 세계의 많은 개혁교회는 만족스러운 반응을 보였다. 그러면서 1999년까지 사용할 수 있는 본문을 제시한 그들의 수고에 찬사를 보내면서 현재 실험적으로 사용 중에 있다. 한국에서도 『예배와 설교 핸드북』을 통하여 소개되고 있다.

4. 성서정과의 가치성 평가[21]

A. 성서정과의 문제성

성서정과가 제2차 바티칸 공의회에 의하여 발표되고 그것을 기본틀로 하여 발전된 개신교의 성서정과는 과연 완전한 것인가? 이러한 질문은 지난 25년 동안 지속되어 왔다. 여기에 대한 대답은 언제나 긍정과 부정의 양면의 평가를 받고 있다. 먼저, 성서정과에 대하여 뜨거운 환영의 손을 들 수 없는 원인이 무엇인지를 비판적인 시각으로 살펴본다.

무엇보다도 먼저 드는 거부감은 지금까지 설교의 본문은 설교자 스스로의 명상과 기도 가운데서 선별되었는데 남에 의하여 주어진 본문이라는

---

21 성서정과의 가치성 평가는 다음의 두 자료에서 상세하게 분석되어 있다. LLoyd R. Bailey, "The Lectionary in Critical Perspective" in *Interpretation* (Richmond : Union Theological Seminary, April 1977), Vol. XXXI, No. 2, pp. 139-53. Peter C. Bower, *Handbook for the Common Lectionary*, pp. 21-30.

데 대한 어색함을 느끼게 된다. 여기서 설교자의 자유가 제한된 느낌을 줄 수도 있다는 문제가 제기된다.

둘째, 성서정과는 교회력에 의하여 고정된 본문이 주어짐으로 인하여 설교자는 자신이 섬기고 있는 양들의 환경에 적절한 말씀이 주어져야 한 다는 전통적인 사고에 변화를 가져오고 있다.

셋째, 제시된 본문에 따른 예배의 계획에 따르려고 할 때 예배의 자율성 이 제한된다는 느낌을 받기 쉽다. 회중의 욕구에 충족될 수 있는 예배의 진행이 성서정과와 역행하는 경우가 발생할 가능성이 있다.

넷째, 구약의 말씀과 복음서를 연관지어 조화된 설교를 하는 데 무리 한 경우가 적지 않아 설교자에게 오히려 부담을 안겨주는 결과를 가져올 수 있다.

다섯째, 선별된 성구집이기에 구약이나 성경의 상당한 부분이 3년의 주 기 동안 봉독되지 않는 모순이 보이게 된다.

여섯째, 제시된 성구에 의하여 말씀의 다양성이 한정될 수 있다. 성경의 다양한 진리가 교회력에 의하여 묶어지고 성서정과에 의하여 일방적으로 진행되는 경우가 있을 수 있다.

끝으로 가장 중요한 문제는 성서정과가 민족마다 그들의 문화와 국가의 중요한 절기들을 위한 대책이 없이 예수 그리스도의 생애에 고정됨으로 기 독교와 문화와의 이질감이 심화될 수 있다.

B. 성서정과의 가치성

처음으로 성서정과가 발표되었을 때 이상과 같은 문제가 제시되었고 날 카로운 비판과 함께 수용을 거부하는 교회도 적지 않았다. 그러기 때문에 개혁교회는 제시된 문제들을 최대한 수용하면서 수정보완 작업을 계속하 였고 그 결과 최근의 성서정과를 다시 내놓게 되었다. 이 성서정과를 필자 는 설교의 장에서 사용하고 그 결과를 자세히 관찰하면서 성서정과가 가지고 있는 가치를 다음과 같이 분석하게 되었다.

먼저, 설교자의 의향대로 또는 자신의 제한된 성경의 지식을 바탕으로 하여 종횡무진하던 말씀의 사역에 중심을 잡아준 것이 바로 성서정과이다. 예배가 인위적인 생각으로 일관하지 않고 말씀 중심으로 진행되는 데 성서정과가 공헌을 하고 있다. 특별히 말씀을 소홀이 다루었던 가톨릭 미사에서는 절대적인 공헌을 하기에 이르렀다.

둘째, 교회력이 예수 그리스도의 생애와 구원의 역사에 근거하여 만들어졌기에 거기에 수반하는 성서정과는 단계적으로 회중이 예수 그리스도와의 만남과 구속의 은총을 실감하는 효과를 경험하게 되었다.

셋째, 하나님의 동일한 자녀들인 모든 교회가 동일한 하나님의 말씀을 동시에 들을 수 있음으로 예배하는 공동체로서 일체감을 가져올 뿐만 아니라 교회의 일치를 위한 연관성을 가져오는 효과를 수반하였다.

넷째, 설교자들이 성경 말씀을 구약과 복음서, 그리고 서신서를 전반적이고 체계적으로 연구할 수 있게 되고 말씀의 질서가 형성되는 장점을 성서정과의 장기적인 사용을 통하여 발견하게 되었다.

다섯째, 교회력과 성서정과를 수용하여 목회를 할 때 설교의 계획뿐만 아니라 목회의 전반적인 계획과 교육 프로그램까지 미리 수립하여 말씀 중심의 통일성을 온 교회가 가져올 수 있다.

여섯째, 미리 제시된 교회력과 성서정과를 통하여 말씀의 연속성이 있을 뿐만 아니라 평신도들이 설교의 방향을 미리 알게 되고 스스로 적절한 준비를 하게 됨을 확인할 수 있었다.

일곱째, 정해진 주제와 본문을 위하여 설교의 자료를 비롯하여 기타의 준비가 지속적으로 이어질 수 있었다.

끝으로 성서정과를 사용함에 있어서 각각 다른 민족의 문화와 삶의 장에서 발생되는 설교 현장의 중요한 주제는 그것이 성탄절이나 수난절, 그리고 부활절이 아닌 경우 자유롭게 목회의 현장에서 다룰 수 있는 자율성이 주어졌음을 알아야 한다. 개혁교회는 교단이나 연합체의 결정이 지교회의 예배와 설교의 내용을 지배할 수 없다. 그러므로 성서정과와 설교 현장과의 갈등문제는 얼마든지 설교자가 자유롭게 해결할 수 있다는 사실 또한 교회력에서는 제시하고 있다.

함축된 의미

제2차 바티칸 공의회의 교회력과 성서정과는 누구나 수긍할 수 있는 과정과 내용으로 등장되었기 때문에 모든 교회의 주목을 받게 되었다. 여기에 가장 활발한 호기심을 보인 것은 개혁교회였다. 그러기에 그들은 즉각적으로 가톨릭 교회에 의하여 발표된 교회력과 성서정과의 틀에 자신들에게 맞도록 재조정과 수정을 가하여 오늘의 성서정과를 사용하게 되었다. 이것은 분명히 말씀을 이탈하여 설교자의 무질서한 주관주의에 빠져가는 현대교회의 설교 사역에 새로운 길잡이가 되었음이 분명하다. 그리고 일순간의 감상이나 최근의 베스트셀러의 신학사상에 도취될 가능성을 안고 있는 설교사역자들에게 새로운 시각을 안겨 주었다. 예배신학의 고전으로 불리는 『예배·예전의 형태』를 쓴 딕스(Dom Gregory Dix)는 성서정과가 있어야 할 당위성은 기록된 계시의 선포를 위한 것이기에 성경의 상이한 부분에 들어 있는 계시의 일관성을 명시하고 서로서로 예증하도록 하는 것이라고 설명하였다.[22]

이러한 교회력에 따른 성서정과가 한국교회에 소개된 지 벌써 오래다. 이제 우리의 교회도 예수님의 생애와 그 구속의 사역을 질서와 체계를 가지고 적절한 시기에 적절한 말씀을 선포할 만큼 성숙하였다. 강단의 혼돈과 무질서를 벗어나서 말씀의 주인이 기다리는 우리 앞에 오셔서 말씀

---

22 Dom Gregory Dix, *The Shape of the Liturgy* (Glasgow: The University Press, 1949), p. 330.

을 전하시고, 수난을 당하시고, 부활·승천하시고, 성령님이 오시는 모습을 말씀을 통하여 보고 들을 수 있다면, 이것이야말로 가장 복된 교회의 모습이라고 본다.

제20장
19세기 미 서부 개척기에 발생된 예배 전통

한국인이 한글로서 성경을 읽도록 한 것은 미국교회가 아니라 장로교의 종주국인 스코틀랜드교회가 중국에 파송한 존 로스 선교사였다. 그에 의한 1882년 누가복음과 1887년 신약을 완역한 『예수교전서』의 간행은 비록 그것이 중국에서 이룩된 일이었으나 한국인이 복음과의 만남을 가장 먼저 가능하게 했던 역사적인 큰 사건이었다.[1]

그러나 한국은 정치적으로 영국이 아닌 미국과의 관계 형성을 이어가면서 미국교회의 선교를 받게 되었다. 그 결과 나라 밖에서 한국인에게 뿌려진 첫 복음의 씨앗은 장로교의 원조인 스코틀랜드교회였으나 한국교회의 형성과 예배의 형태와 신앙생활의 가르침은 모두가 미국교회의 영향권 아래 들어가게 되었다.

종교성이 강하고 순수하여 아무런 비판 능력이 없었던 한국교회로서는

---

1 김양선, 『한국기독교사연구』 (서울: 기독교문사, 1971), pp. 41-53.

그들이 전해준 예배와 그 가르침이 전부인 줄 알고 지난 세기를 지내왔다. 한국교회는 그들이 전해준 예배 형태에 조금이라도 손상이 가지 않도록 노력하였고 조금이라도 가감하거나 비판적인 시각을 갖게 되면 예배의 탈선을 범한 것처럼 여겨왔던 것이 지난 세기의 우리 예배 수준이었다.

그러나 미국교회가 우리에게 전해준 예배는 미국이라는 세계와 그 문화권에서 많은 변화를 거쳐 우리에게 주어졌다. 미국의 짧은 역사 가운데 나타난 다양한 교회와 예배의 형태는 세계의 어느 나라에서도 볼 수 없는 새로운 예배 전통을 이루었다. 이제 그들이 어떠한 역사적인 과정을 거쳐 새로운 교회들이 나오게 되었으며, 또한 새로운 예배의 전통이 형성되었는지를 살펴볼 필요가 있다. 그 이유는 이 새로운 예배 전통이 바로 한국교회의 예배에 절대적인 영향을 끼쳤기 때문이다. 그리고 지금도 미국교회의 예배 변화가 마치 우리가 따라야 할 모델처럼 이 땅에 번지고 있기 때문이다.

1. 미 서부 개척기의 시간과 공간 정의

A. 제2차 대각성 부흥운동의 여진(餘震)

북미 대륙이 유럽인에게 알려진 지 100여 년을 넘길 무렵부터는 본격적으로 유럽의 백인들이 계속 들어와 원주민인 인디언들을 오지(娛地)로 몰아내고 새로운 땅에서 새로운 이상의 꿈을 펼치기에 바빴다. 이 땅에 이주해 온 이민자들은 17세기 초 미국 땅에 정착한 청교도들과 동일한 교회를 배경으로 한 무리는 아니었다. 그들은 자신들의 조국에서 소속되어 있던 교회를 연속해 나가는 일을 멈추지 않았다. 미국이라는 새 땅에 정착한 이들은 교단에 따라 그들이 가지고 있는 예배 전통을 지키기도 하였으나 장로교회를 비롯한 회중교회와 감리교회와 같은 경우는 자유를 갈망하는 정신과 어떠한 간섭도 배제하는 독자적 노선의 실현을 목표로 했던 청교도의 영향을 받고 있었다.

그러나 신앙의 자유와 개척의 결단을 가슴에 품고 미 대륙을 찾아 감격의 예배를 드리던 선조들의 얼은 한 세기를 넘기면서 시들어 갔다. 팽창해가는 세속주의와 자본주의는 청교도적인 신앙을 잠식시키고 있었다. 교회는 교파간의 분열과 인위적인 조직에 의하여 움직이기 시작하였고 감격을 안겨 주었던 예배는 형식주의에 빠지게 되었다. 이 무렵 유럽 대륙에서는 경건주의가, 독일에서는 신비주의 운동이, 영국에서는 존 웨슬리(John Wesley, 1703-1791)와 횟필드(George Whitefield, 1714-1770)를 중심한 부흥운동이 일고 있었다. 이러한 기독교의 새로운 바람은 바로 미 대륙에 영향을 끼치게 되어 조나단 에드워즈(Jonathan Edward, 1703-1759)와 같은 목사를 중심하여 제1차 대각성운동(1720-1740)을 치르게 되었다.

설교사적인 측면에서 이 시기는 시들해진 교회의 강단을 새롭게 일으키고 하나님의 말씀 사역에 대한 새로운 위력을 인식하게 하는 영향을 남겼다. 이때의 설교는 회중에게 그들의 죄악된 생활의 결과가 가져올 두려움과 전능하신 하나님에 대한 경외사상을 불어넣는 데 절대적인 공헌을 하였다.[2]

이 운동의 결과는 말씀 중심의 개혁교회 확장이 눈에 띄었다. 반면에 영국국교회(Anglican Church)는 영국으로부터의 독립을 외치는 미국인들의 갈망에 위축되었고, 루터교는 독일적 사고와 전통을 비롯하여 신대륙의 개척정신보다는 보수적인 자세를 가지고 있었기에 새로운 세계의 설립이라는 미국의 열기에 밀려 고립되고 있었다.[3]

미국이 독립전쟁(1775-1783)에 승리하여 자유·평등·민권의 민주주의 공화국을 확립한 지 반세기가 지나자 영토는 3배가 늘고, 인구는 5배나 늘어났다. 그러나 이러한 번영의 그늘 아래서 미국인들은 극심한 세속주

---

2   정장복, 『인물로 본 설교의 역사』 (서울: 장로회신학대학 출판부, 1986), pp. 30-34.

3   Kenneth G. Phifer, *A Protestant Case for Liturgical Renewal* (Philadelphia: The Westminster Press, 1965), p. 95.

와 도덕적 타락에 빠져들어 가고 있었다. 이런 상황에서 교회는 다시금 일어나 피니(Charles Grandison Finney, 1792-1875)와 무디(Dwight L. Moody, 1837-1899)와 같은 인물을 중심하여 제2차 대각성 부흥운동(1800-1900)을 일으키게 되었다. 이때는 교회 안의 예배를 통한 부흥운동이 아니라 언제 어디서나 경험하게 되는 성령님의 역사를 체험하면서 예배당 밖의 집회가 왕성한 현상을 보였다. 즉, 지금까지의 전통적인 예배의 엄숙한 진행이 아니라 설교를 통한 인간의 감성과 지성을 일깨우는 집회 중심의 교회로 예배의 성격을 전환시키는 결과를 가지고 왔다.

B. 서부를 향한 개척의 행진

미합중국은 1775년 영국으로부터의 독립을 쟁취하기 위한 싸움의 출발과 1776년 7월 4일의 독립선언서의 선포와 함께 역사의 새로운 장을 열었다. 이들의 독립전쟁이 1783년에 승리를 거두게 되자 미국은 1789년에 새로운 헌법을 발효시켜 독립전쟁의 영웅이었던 조지 워싱턴을 초대 대통령에 취임시키면서 독립된 미합중국의 면모를 갖추게 되었다. 그러나 미국의 무역 행위를 제한하고 무역선박을 억류하면서 미국에 불이익을 주었던 영국에 대항하여 미국은 1812년 또다시 선전포고를 하였고, 1815년 승리를 거둔 제2의 독립전쟁을 치르면서 강대국으로서의 면모를 드러내기 시작하였다.

여기서부터 미국은 아무런 제한이나 간섭이 없이 자유롭게 연방정부의 확산과 서부를 향한 개척의 발길을 내딛기 시작하였다. 이러한 결과 미국의 19세기 초는 인구의 이동이 급속화되어 동부 중심의 미국 사회는 남부와 서부로 영토의 형태를 바꾸어 놓기 시작하였다. 그 실례는 1816년부터 1821년 사이에 인디애나 주를 비롯하여 6개 주가 연방정부에 연합하였던 사실만으로도 미합중국의 변화가 얼마나 활발하였는가를 짐작할 수 있게 한다. 이때에 정착된 동부에서의 미국생활을 벗어나 서부를 향한 인구의 이동이 얼마나 활발했는지를 다음의 기록에서 찾아볼 수 있다.

　끊임없이 서부로 가는 물결은 최초의 정착지-대서양 연안지대-
를 넘어, 해안으로 흐르는 강을 넘어, 그리고 애팔래치아 산맥을
넘어서 흘러 들어갔다. 1800년에는 미시시피와 오하이오강의 계
곡이 가장 크게 발전되어 가는 변방(邊方)이었다. "오하이오, 우리
는 간다, 오하이오 강물을 따라서…"이 노래는 수천 명의 이주민
들의 노래가 되었다.
　19세기 초엽의 이와 같은 막대한 인구의 이동은 놀라운 속도로
구 지역을 벗어나 신 지역을 낳게 하였다. 새로운 주들(states)이 가
입하여 오는 사이에 미시시피강 동쪽의 정치도 안정되어 갔다. 불
과 6년 내에 6개 주가 새롭게 창설되었다.[4]

　이때의 전경을 목격한 어느 유럽인은 "전 미국이 해체하여 서부로 향하
고 있는 것같이 보였다"고 서술하였다.[5] 이러한 인구의 대이동은 하룻밤 사
이에 새로운 변방에 거주지가 생기고, 한편으로 옛 주들은 인구 상실 때문
에 긴장하게 되었다. 이 개척자들은 황무지에 불을 질러 길을 만들고 농토
를 만들어 식물을 재배하고 사냥을 하면서 정착을 해나갔다.
　그러나 이러한 서부를 향한 개척의 회오리바람 가운데는 슬픈 역사의 뒤
안길이 있었다. 북미 대륙은 원래 아시아로부터 건너간 몽골인종에게 주어
진 땅이었다. 이 평화의 땅이 1492년 콜럼버스가 도착할 무렵에는 미 대
륙 전체에 1,800만으로 추산되는 원주민들이 산재해 있었을 정도로 이미
터전이 잡힌 곳이었다. 그러나 유럽의 백인들이 이 미지의 땅에 관심을 갖

4　Howard Cincotta, (ed.), *An Outline of American History* (United States Information Agency, 1994),
　　p. 140.
5　William W. Sweet, 김기달 역, 『미국교회사』 (서울: 보이스사, 1994), p. 271.

기 시작하면서부터 원주민들이 누리고 있었던 고유한 문화는 서구의 백인들에 의하여 철저히 파괴되고 모든 터전은 백인들의 소유가 되어갔다.[6] 북미 대륙의 거대한 땅에서 대대로 살아온 자신들의 세계를 침범해 온 백인들을 향한 저항은 너무나 당연한 것이었다. 그러나 백인들의 총격 앞에는 인디언들의 일방적인 희생이 따를 뿐이었다. 몽골리안 핏줄을 이어받은 이들은 서구인들의 문화와 역사에 쉽게 동화될 수 없었다. 그리고 대자연의 삼림 속에서 순수하게 오염 없이 살아온 이들에게 유럽인들은 질병마저 안겨 주면서 이들의 인구를 대폭 축소시켰다. 여기에 대한 기록은 오늘의 미국 정부가 내놓은 『미국역사 개관』에서도 쉽게 찾아볼 수 있다.

> 아메리카에 처음 도착한 유럽인들이 본 아메리카는 사람이 없는 벌판이 아니었다. … 유럽인에 의한 식민화가 될 무렵의 토착민의 인구는 200만에서 1,800만으로 추산된다. … 확실한 것은 유럽인들이 그들과 접촉하기 시작할 때부터 유럽인들의 질병이 토착민들에게 전염되어 엄청난 인명 손실을 가져왔다는 사실이다. 특히 천연두는 인디언 공동체를 휩쓸어 1,600년대의 유럽인들과의 전쟁과 충돌이 초래한 것보다 더 많은 인구의 감소를 가져왔다.[7]

결국 이 땅의 주인들은 주인으로서의 주권행사도 해보지 못한 채 한적한 골짜기로 밀려나 거기에서 제한된 거주지를 정하게 되고, 소수민족으로 전락되는 비운을 맞게 되었다.

이러한 원주민들의 슬픈 이야기는 전설처럼 역사에 남게 되었고 백인들은 미 대륙을 동부에서부터 서부에 이르기까지 개척의 거센 행진을 계속

---

6 Shepard B. Clough, (ed.), *A History of The Western World* (Lexington, M.A.: D. C. Heathand Co., 1969), pp. 454-8.

7 Cincotta, *An Outline of American History*, p. 9.

하였다. 이 행진은 단순히 거대한 영토의 확장에 끝나지 않고 20세기 후반의 초강대국으로서의 정치와 경제를 주도하는 미합중국을 형성하는 기초를 쌓게 되었다.

1865년 남북전쟁 이후 미국 사회는 새로운 도약의 시기에 접어들었다.[8] 이 전쟁을 통하여 정치와 군사력의 입지를 확고히 한 연방정부는 산업화와 도시화, 그리고 외국 이민의 대량 유입 등으로 사회의 변화가 급속하게 진전되고 있었다. 특히 농촌인구의 도시 진출은 매우 괄목할 정도로 이루어졌다. 그 중에서도 중요한 변화는 동부에 밀집해 있었던 인구들이 서부의 광산과 목재를 비롯한 천연자원의 개발에 편승되어 대이동을 하였던 점이다.

C. 새로운 사회구조의 출현

유럽으로부터 이주해 온 미국의 뿌리는 여전히 유럽 대륙의 문화와 사회구조의 연속이었다. 기독교 신앙의 전통과 삶의 양태에 변화가 거의 없었다. 그러나 서부를 향하여 개척의 발길을 옮겼던 사람들은 이러한 사회로부터의 과감한 탈피를 모색했으며 새로운 사회구조를 희구하는 사람들이었다. 이 개척의 대열에 합류한 사람들은 각각 다른 전통과 교육과 문화적 배경을 가지고 있었다. 19세기 초반의 미국의 절반 이상은 유럽의 전통에 직접적인 관계를 가지고 있지 않던 2세들이 대부분이었다.

이들은 쉽게 소유할 수 있는 토지를 개간하여 정착하는 농업 위주가 일차적이었다. 그리고 이어서 사람을 따라 움직이는 직업인들로서 의사, 변호사, 언론인, 각종 기술자, 정치가 등이 줄을 이어 개척지를 찾아왔다.[9] 그

---

8 1860년 아브라함 링컨이 노예제도의 폐지를 주창하고 16대 대통령(1861-1865)으로 당선되자 노예제도의 존속을 지지한 남부의 11개 주는 미연방을 탈퇴하여 남부연합(Confederate States of America)을 만들고 제퍼슨 데이비스(Jefferson Davis)를 그들의 대통령으로 선출하였다. 주정부의 연방 탈퇴권을 인정하지 않은 연방정부와의 마찰은 1861년 4월 12일에 전쟁을 가져왔다. 이 전쟁은 1865년 4월 9일 리(Robert E. Lee) 남부 사령관이 그랜트(Ulysses S. Grant) 연방사령관에게 항복함으로 4년 동안의 전쟁이 끝났다. 그리고 이 전쟁이 끝난 지 1주일도 채 지나기 전에 링컨 대통령이 암살당했다.

9 Cincotta, *An Outline of American History*, p. 141.

리고 기타의 경제활동도 기회가 균등하게 주어졌다. 이 세계는 교육배경이나 과거의 경력이나 문벌(門閥)에 따라 신분의 귀천이 나뉘지 않는 새로운 무대가 펼쳐졌다. 각자가 가지고 있는 능력에 따라 스스로의 발전을 가져올 수 있는 자유와 환경이 보장된 곳이었다. 그러므로 이 개척사회에서는 스스로가 가지고 있는 창의력과 용기와 개인적인 정열과 의지가 두각을 나타낼 수 있었다. 이러한 사회적 새로운 구조의 형성은 후에 미국이 실용주의(Pragmatism)와 현실주의(Realism)가 가장 활발하게 꽃피는 고장이 되는 데 절대적인 영향을 끼친다.

이러한 새로운 사회구조와 사상의 출현은 자연적으로 교회의 존재와 그 해석에도 지대한 영향을 끼치게 되었다. 청교도와 같은 미국의 초기 정착민들처럼 새로운 땅에 우선적으로 예배당을 짓고 기독교 신앙을 바탕으로 삶의 터전을 만드는 따위는 옛이야기가 되고 있었다. 이들에게 있어서 일차적인 관심의 대상은 삶의 공간 확보였다. 동부의 밀집한 세계를 벗어나 광활한 대지 위에 새로운 공간의 개념을 현실화하는 일이 시급하였다. 이들에게는 예배보다는 자신의 삶의 여건을 찾는 개척이 먼저였고, 자연적으로 교회는 부차적인 관심의 대상이 되었다.

물론 새로운 땅을 찾아 나선 개척인들이 하나님을 외면했다는 것을 의미하지는 않는다. 이들의 기본적인 삶의 정신 가운데 기독교 신앙이 뿌리를 내리고 있었던 것은 아무도 부정할 수 없다. 그러나 육적인 삶의 안정과 풍요를 추구하는 데 열을 올리고 있는 세계에서는 신앙의 형태도 변화를 가져오기 마련이다. 예배생활을 외면하고 정착하는 데 땀을 흘리고 있던 사람들에게는 자연적으로 부모 때의 신앙은 사라지고 불신자의 자리로 물러앉게 되는 현상이 속출하고 있었다. 그리고 이들이 교회를 설혹 찾아 나서더라도 전통적인 교회의 구조와 형태와 의식보다는 간편하고 부담이 되지 않는 형태의 교회를 추구하였다. 이것이 새로운 사회구조에서 발생된 종교성이었다. 이러한 결과는 자연적으로 서부 개척기에 변방(邊方)에서 새로운 기독교 신앙 형태를 낳게 하였다. 특별히 예배의 구조와 내용에도 유럽으로부터 이어진 예전적인 예배(Liturgical worship)를 외면하는 결과를 가져오고 있었다.

2. 새로운 예배 전통의 출현과 특성과 평가

A. 부흥집회로서의 새 예배 전통

앞에서 언급한 대로 미국의 서부 개척기는 기독교의 입장에서 볼 때는 바로 제2차 대각성 부흥운동이 활발하게 전개되고 있던 시기였다.[10] 현실에 안주하고 개척과 독립의 정신이 시들어지고 있을 때 발발하였던 대각성 부흥운동이 사람들을 깨우치게 하였고 끝없는 도전의 정신과 신앙 안에서 개척의 사고를 키우게 하는 데 적지 않은 공헌을 하였다.

제2차 대각성 부흥운동의 여파는 회심의 물결이 일어나면서 미국의 전역에 거대한 영향을 끼쳤다. 경제와 문화와 교육에 뒤지고 있었던 남부를 비롯하여 애팔래치아 산맥을 넘어 서부로 향하던 개척의 대열에서 이 부흥운동은 연속되었다. 1830년경 이 산맥 너머의 인구가 미국 인구의 3분의 1을 넘었다는 기록에서 복음의 기수들이 그들을 따라가면서 복음을 전하고 회심을 시키려는 열정을 쏟았다는 것은 가히 그 세계를 짐작할 수 있게 된다. 이 부흥운동의 열기를 이어가면서 지속되었던 서부를 향한 개척 시기와 그 지역의 범위는 개척기의 변방예배(Frontier Worship)에 대하여 남달리 섬세한 분석을 하고 있는 화이트에 의하여 다음과 같이 서술되고 있다.

---

10 미국인들이 서부를 향하여 진행하고 있던 개척기의 시한을 분명하게 선을 긋는 데는 문제가 있다. 그 이유는 이들의 개척 행진은 계속하여 이어졌기 때문이다. 그러나 여기서 말하는 미국의 예배에 거대한 변화를 가져온 서부 개척기의 시기는 일반적으로 독립전쟁 이후 한 세기를 말하고, 그 영역은 동부나 남부를 포함시키지 않은 애팔래치아 산맥으로부터 서부 연안까지에 한정한다.

서부 개척기에 대한 시기는 본질적으로 독립전쟁 이후부터 한 세기를 지칭한다. 지역적으로 그 범위는 애팔래치아 산맥에서 서부 연안까지에 달한다. 이 개척기의 새로운 예배 전통의 형성이 시작된 지역은 켄터키, 테네시, 그리고 서부 뉴욕과 같은 지역들이었다. 앤드류 잭슨(Andrew Jackson, 1829-1837) 대통령의 시대에 인구의 3분의 1이 애팔래치아 산맥 서쪽에 살고 있었다. 끝없이 펼쳐진 미개척의 땅은 계속적으로 사람들을 산을 넘고 울창한 숲과 광야를 지나 더 멀리 서쪽으로 가게 하였다.[11]

이와 같은 시기와 지역에서 설교집회 중심으로 번져간 새로운 예배 현상은 기존 교회들과의 마찰도 유발하고 있었다. 그렇지만 '버림 받은 뭇 영혼들의 구원'이라는 대의(大義) 앞에서는 어떤 교회도 적극적인 반대를 할 수 없었다. 이러한 환경은 유럽 대륙으로부터 예배 전통을 그대로 이어온 전통적인 동부의 기존 교회들에게는 따르기 힘든 예배의 변화였다. 그러한 관계로 장로교회나 회중교회 또는 성공회나 루터교 등은 이 대열에 적극적이지 못했다.

사실 장로교회와 회중교회가 일찍이 1700년대 종반부터 개척자들의 정착지에 개척교회를 세우고 있었다. 그리고 동부와 남부로부터 목사들을 파송하고 노회를 조직하게 하였다. 뿐만 아니라 첫 번째 학교와 대학은 회중교회가 아니면 장로교회가 설립하였다. 스위트는 "그들의 교회에 많은 수의 사람들을 얻어 들이지는 못하였지만, 장로교와 회중교회들이 개척자들의 정착지에 교육적, 문화적 생활에 가장 큰 공헌을 하였다"[12]고 서술했다.

인구의 대이동을 주시하고 이들의 예배생활에 지대한 관심을 가지고 있

---

11 James White, *Protestant Worship: Tradition in Transition* (Louisville: Westminster/John Knox Press), p. 172.
12 William W. Sweet, 『미국교회사』, pp. 272-80.

었던 기존 교회들은 자신들이 지키고 있는 예배 전통 가운데서 설교 사역이 뜨거워지는 것은 충분히 수용될 수 있었다. 그러나 예배당을 벗어나서 천막을 치고 야영집회(camping meeting)를 예배로 대치한다는 것은 분명히 탈예전적인 새로운 전통으로 규정되었고 심한 갈등이 유발되었다.[13]

예를 들어서 당시의 부흥회의 연속적인 예배 분위기는 기도나 찬양이나 심지어 성경 봉독까지도 설교를 듣기 위한 준비 행위로 격하시키고, 기타의 모든 것은 경험이나 회심의 황홀경을 함께하도록 강조하는 위험한 경지를 보편화시키고 있었다.[14] 이러한 것은 분명히 기독교 예배의 역사와 전통과는 어긋나는 예배 정신이며 내용이었다. 그럼에도 불구하고 서부로 향한 사람을 따라가면서 전개했던 부흥운동과 그곳에서 진행되었던 예배는 기독교의 전통적인 예배에 대한 관심보다는 죽어간 영혼의 구원을 위한 말씀의 선포가 시급하였다. 이러한 예전 의식의 외면과 설교 중심의 예배는 동부의 기존 교회까지 번져오면서 부분적이나마 미국교회의 새로운 세기에 자리를 잡게 되었음을 다음의 서술에서 보게 된다.

그러나 약 1800년부터 개척의 대열에 합류하여 지역을 옮겨가고 있었던 교회에 속하지 않은 사람들을 대상으로 해야 했던 특수한 목회 환경에서 기존 예배와는 차이를 나타내는 새로운 예배 전통을 일으키고 있었는데 이것은 당연히 미국에서 최초로 발생한 새로운 예배의 시도였다. 여기에는 두 가지의 중요한 성분이 내포되어 있었는데 하나는 예배에서 필요하다고 생각되는 것은 무엇이나 할 수 있다는 실용주의적 경향과 교회 법규집이나 예배서에 의해 금지를 받지 않고 이를 행하는 자유였다. 어떤 의미에 있어 이것은

---

13 White, *Protestant Worship*, p. 176.
14 Franklin M. Segler, *Christian Worship: Its Theology and Practice* (Nashville: Broadman Press, 1967), p. 53.

무전통의 전통이었으나 곧 이러한 태도는 하나의 전통이 되었다.[15]

B. 실용주의에서 대답을 찾는 예배

앞에서 서술한 대로 제2차 대각성 부흥운동의 여진이 계속되었던 서부 개척기의 인구이동에 편승한 교회의 목회란 과거의 전통을 고수하기에는 벅찬 환경이었다. 우선적으로 거주지의 확산으로 인하여 '동네 교회'(Community church)의 개념이 없어지고 있었다. 넓은 땅에 흩어져 있는 사람들은 돈독한 신앙심이 있어야 예배당을 찾아 주일 예배를 드릴 수 있는 환경이었다. 여기서 많은 이주민들은 교회와 무관하게 되고 비기독교인들의 인구는 날로 확산되고 있었다.

이러한 현실 앞에 뜻이 있는 목회자들은 새로운 방법의 목회 구상을 펴게 되었다. 그것이 바로 주변의 모든 그리스도인을 한자리에 모이게 하고 성찬 성례전을 거행하는 일이었다. 이 일을 위하여 1801년 장로교 목사였던 맥그레디(James McGready, 1758-1817)와 스톤(Barton W. Stone, 1772-1844)은 켄터키 주의 버번(Bourbon) 지역에 천막을 치고 집회를 하게 되었다. 이 첫 야영집회는 2만 명이 넘는 사람들이 모인 거대한 집회로 성공을 거두게 되었다.[16] 바로 여기서 "선교와 예배"의 가능성이 확인되자 예배당을 벗어난 성례전과 설교의 대담한 출발이 서서히 보편화되는 새로운 예배의 전통이 출발하게 되었다.

이러한 집회 중심적인 새로운 형태의 목회는 피니(Charles G. Finney, 1792-1875)에 이르러 절정에 이르게 된다. 그는 1824년 장로교에서 안수를 받고 미국의 여러 지역과 영국 땅을 돌아다니며 한곳에서 여러 날 동안 집회 중심의 신앙부흥운동을 전개하면서 제2차 대각성 부흥운동의 주역으

---

15 White, *Protestant Worship*, p. 172.
16 Ibid., p. 173.

로 미국교회의 새로운 역사의 장을 수립하게 되었다.[17] 그가 후에 뉴욕시의 제2 장로교 목사가 되었을 때 이러한 영향은 대단한 수준에 달하였다.

대부흥사였던 피니는 예배에 있어서 "새로운 기준"을 스스로 설정하였다. 그는 "하나님께서는 예배에 사용되어야 할 특별한 기준을 제정하시지 않으셨다"[18]라는 대담한 선포를 하였다. 그리고 이러한 선언과 함께 사도들은 순수하게 자신들이 할 수 있는 최선을 기울였다는 사실을 강조하였다. 또한 사도들은 문제가 있을 때 하나님께 지혜를 구하면서 자신들이 받은 능력을 십분 발휘하였다[19]는 매우 파격적인 주장을 펴면서 가시적인 결실에 깊은 관심을 두었다. 피니의 이러한 입장은 교회가 역사나 전통에 얽매일 필요가 없으며 그것들이 오늘의 장에 얼마나 실용적이며 어떠한 효과를 가져오느냐에 따라 예배의 내용과 방향이 달라져야 한다는 주장이다. 그의 예배 이론은 예배 역사의 맥락이나 개혁가들의 예배 내용과는 관련성을 맺으려 하지 않았다. 오직 그는 예배의 진정한 가치는 실용적인 효과에만 인정을 받을 수 있다는 입장을 지키고 있었다. 여기에 대하여 화이트는 이것이 바로 "유럽의 문화적 지배를 벗어난 미국의 새롭고 특유한 소리"[20]라고 말하면서 다음과 같이 설명하고 있다.

청교도들이 전통의 권위란 인간들에 의하여 제정된 것이라 하여 거부하였던 곳에서 피니는 전통이 새로운 방법만큼 효력을 발휘하지 못한다 하여 폐기하였다. 그의 근본적인 표준은 실용적인 것에 두었다. 즉, 그 전통이 효력을 발생하는가를 묻고 효력이 있으면 그대로 고수할 것이고 그렇지 않다면 버리라는 것이었다. 이

---

17 찰스 피니에 대한 서술은 졸저, 『인물로 본 설교의 역사』, 상권 (서울: 장로회신학대학 출판부, 1986), pp. 350-76에서 상세하게 다루고 있다.

18 Charles G. Finney, *Lectures on Revivals of Religion*, ed. William G. McLiughlin (Cambridge, Mass.: Harvard University, 1960), p. 251.

19 Ibid., p. 257.

20 White, *Protestant Worship*, p. 117.

러한 입장은 피니와 그 동역자들이 순전히 실용주의에 기초한 예
배의 혁명을 가져왔음을 의미한다.[21]

이러한 실용주의에 입각한 예배의 기본틀은 개혁자들의 예배를 대폭 축
소하여 세 부분으로 나누어 구성하였다. 먼저는 설교를 듣는 준비의 과정
으로서 찬송의 활발한 순서였다. 기독교 예배에서의 찬송은 새 시대를 거
쳐 변화를 가져오게 되었다. 왓츠와 웨슬리에 의하여 찬송이 대량으로 보
급되기 전까지는 찬송은 주로 하나님의 완전하심과 그의 역사하심과 영
광, 예수 그리스도 안에서의 은총의 행동 등에 강조점을 두어왔다.[22] 그러
나 웨슬리 때부터 찬송은 부흥운동과 더불어 인간들의 주관적인 경험을
중요시하게 되었다. 그 후 19세기의 야영집회가 활발하던 이 시대에는 복
음송과 같이 매우 단순하게 부를 수 있고 대중적 취향을 나타내는 찬송
이 주종을 이루게 되었다. 그러므로 이 시기에 등장한 "복음송은 야영집
회에서의 기도회 또는 전도설교에 정서적으로 분위기를 잡아주기 위하여
태어났다"[23]는 평가를 받게 되었다. 요약하면 이 시기의 찬송은 하나님의
영광을 위한 것이 아니라 설교를 듣도록 정서적으로 준비시키는 찬송으로
서 그 기능이 일반화되어 있었다.

야영집회의 두 번째의 예배 부분은 전도설교였다. 이때의 설교에 나타
난 메시지는 불신자를 회심시키는 데 주안점을 두는 것이 거의 전부였다.
피니의 경우 금식과 철야기도를 통한 경건훈련과, 자기 부정과 인격의 거
룩성 회복, 그리고 예수 그리스도의 구원의 진리를 깨닫도록 하는 회개의
촉구는 회심을 불러일으키는 데 중요한 메시지였다. 뿐만 아니라 그가 미
국 사회의 노예제도라는 죄악으로부터의 회개를 외치는 대사회적인 메시

---

21 Ibid., p. 177.

22 Robert Webber, 정장복 역, 『예배의 역사와 신학』 (서울: 한국장로교출판사, 1990), p. 224.

23 David P. Appleby, *History of Church Music* (Chicago: Moody Press, 1965), p. 142.

지 또한 미국 사회에 지대한 영향을 끼치고 있었다.

끝으로 이 실용주의에 입각한 예배의 마지막 부분은 바로 회심자들을 앞으로 나오게 하여 세례를 받도록 하는 것이었다. 야영집회의 예배는 설교가 끝난 다음에는 언제나 과거의 죄악 된 삶을 청산하고 싶은 사람들과 그리스도를 새롭게 구원의 주님으로 영접하는 사람들을 회중 앞으로 나오게 하는 초청이 있었다. 이것은 지금도 남부의 감리교회나 침례교회에서 예배의 마지막 순서인 "회심의 시간"으로 사용되고 있다.

이상과 같은 야영집회에 뿌리를 둔 실용주의에 입각한 예배의 질서는 20세기에 와서도 그 영향이 곳곳에 미치고 있다. 예를 들면 전파나 영상매체를 통한 설교 사역을 비롯하여 찬양 중심의 집회 등이 모두 이상의 야영예배의 맥을 이어받았다.

C. 새로운 예배 전통의 특성

19세기의 미국의 서부 개척기의 환경과 더불어 성행하던 부흥운동이 가져온 예배의 내용은 분명히 과거와는 달랐다. 미국의 실용주의적 환경과 철학의 영향이 예배 안에 깊숙이 파고들었다는 것이 일반적인 평가이다. 기독교의 오랜 전통이 밀려나고 새로운 경험과 사상에 의하여 창출된 이 예배에서 발견되는 특이성은 다음과 같이 정리할 수 있다.

첫째, 이들의 예배신학은 매우 단순한 것으로서 하나님 앞에 죄인 됨을 회개하고, 구원의 주님이신 예수 그리스도를 영접하고 구원받는 것이 전부였다. 예배를 받아야 할 대상이 중요한 것이 아니라 회개와 함께 그리스도의 영접이 최우선적이었다.

둘째, 예배에 일정한 형식을 갖추지 않았다. 미국이 독립 전까지는 유럽 여러 국가들의 종교적 조직과 공식적으로 밀접하게 연결되어 예배 의식에 일정한 틀이 있었으나, 독립이 된 다음부터는 교회도 독자적으로 발전하여 예배 전통은 아주 다양하게 진행되었다.

셋째, 인구의 이동과 거주지의 확대로 인하여 도처에서 성례전과 같은 예배 예식을 인도할 목사의 절대부족은 자연적으로 성례전의 횟수를 줄이게 되었고, 성직자가 수행해야 할 부분을 평신도들이 아무런 신학적인 기초가 없이 진행함으로 예배의 의미와 존엄성이 저하되었다.[24]

넷째, 예배의 모든 순서가 독자적인 의미와 목적을 갖지 못하고 설교에 초점을 모으기 위하여 준비되었다. 그러므로 설교가 예배의 전부로 여겨지고 설교가 없는 예배는 예배로 인정되지 않았다.

다섯째, 전통적인 교회의 예배에서는 기도를 목사가 기도문을 가지고 드렸으나, 이 예배에서는 즉흥적인 기도가 오히려 장려되었고 평신도들도 이 순서를 맡아 수행하였다.

여섯째, 지금까지 엄숙했던 예배 분위기와는 달리 예배하는 성도들이 감정을 자유롭게 소리 내어 표현하였고 기타의 열광적인 행위도 수용되었다. 그 결과 소란한 예배의 분위기가 가득하였으나 이것을 '살아있는 예배'로 이해하고 있었다.

일곱째, 이 예배의 가장 중요한 특성은 많은 찬송을 부름으로 예배자들의 마음을 움직이게 하였다. 이때의 찬송들은 주로 경쾌하고 낙관적이고 주관적이고 개인주의적인 경향이 뚜렷하였다.

여덟째, 전통적인 예배가 장소와 시간을 정하고 그 내용도 철저히 준비하였으나, 이 예배는 언제 어디서나 내용과 절차에 관여하지 않고 즉흥적으로 예배를 드렸다. 그 결과 아름다운 예배당의 건물이나 예배를 위한 성구(聖具)들의 가치와 필요성을 인정하지 않았다.[25]

이와 같은 특성을 가진 예배의 출현은 전통과 제도권으로부터 해방되어 개척과 자유를 추구하고 있었던 서부 개척기의 사람들에게는 아주 적합

---

24 이때 조직된 그리스도의 교회는 매주일 성찬 성례전을 갖는 것을 그들의 예배 전통으로 삼았다.
25 좀 더 많은 특성을 알고 싶으면 다음의 책을 보라. Phifer, *A Protestant Case for Liturgical Renewal*, pp. 95-105.

한 예배로 받아들여지고 있었다. 이러한 집회 중심의 새로운 예배 전통이 활발히 진행되는 동안 이들과 가장 활발한 호흡을 하면서 등장한 교회들은 남침례회(Southern Baptists), 그리스도의 제자회(Disciples of Christ), 그리스도의 교회(Church of Christ)이였다. 비록 이러한 교회들이 이 예배 전통의 주축을 이루고 있었다 하더라도 이러한 예배 형태의 물결은 미국의 장로교와 감리교를 비롯하여 기타 많은 교회에 절대적인 영향을 끼쳤다.

3. 당시의 대표적인 예배 형태

A. 찰스 피니(Charles G. Finney)의 예배 형태

찰스 피니는 제2차 대각성 부흥운동 때 무디(D. L. Mody)가 나타나기에 앞서서 미국 땅에 큰 영향력을 발휘한 설교자였다. 그는 칼빈주의에 기본을 두면서도 고정화되어 있는 예배 형식을 배제하고 복음주의 노선에 충실한 신앙부흥운동의 기수였다. 다음의 예배 순서는 그가 사용하였다고 추정된다. 이 예배 순서를 통하여 미국의 제2차 대각성 부흥운동과 서부 개척이 함께 얽혔던 시대의 예배가 얼마나 비예전적이었고 설교 중심적이었는지를 알게 된다.[26]

전주

(예배를 위한 관현악단이 있더라도 전주에서는 오르간이 사용되어 예배를 위한 분위기와 설교를 경청할 마음을 성령님께 열어놓도록 한다.)

기원

---

26 이 순서는 미국의 휘튼 대학의 James Peck 교수가 피니의 후계자와 가족을 추적하여 얻은 자료로서 피니의 예배 순서와 같다는 확신을 가지고 "피니의 부흥예배의 모델"이라는 글에서 발표한 내용이다. 이 글은 다음의 책에서 찾을 수 있다. Robert E. Webber, (ed.), *Twenty Centuries of Christian Worship*, pp. 247-8.

송영

찬양

(여기서의 찬양은 성가대에 의하여 진행되었다. 부흥회 형태의 예배에서는 성가대가 앞부분에서 찬양하도록 할 뿐만 아니라 성가대의 위치도 회중석 뒷부분의 발코니에서 회중석 앞부분으로 하였다. 이 시대 부흥집회에서의 성가대는 그들의 음악을 통하여 회중을 예배에 능동적으로 참여하도록 하였다. 성가대가 부르는 찬양은 설교의 메시지를 함축하도록 하였다. 피니는 특별히 성가대가 복음에 응답하는 노래로 회중의 가슴을 적시도록 강조하였다.)

성경 봉독

(그 주일의 성경 봉독은 설교의 주제와 연관이 있도록 하였다.)

기도

(여기서의 기도는 경배와 찬양과 감사와 회중을 위한 간구의 내용이 모두 포함되도록 하였다. 그리고 구원받기를 원하는 특정의 인물을 호명하는 일도 있었다.)

영광송

찬송

(부흥회의 찬송은 회심이 필요한 사람들을 움직일 수 있는 찬송을 부르도록 하였다. 감동을 끼치는 음악을 통하여 회심을 촉구하는 데 목적이 많았다.)

봉헌

설교

(피니는 부흥집회에서는 2시간 동안 설교를 하였고, 목회하는 교회에서는 그보다 짧은 한 시간에 걸친 설교를 하였다. 그의 설교는 열정적이며 호소력을 갖추었으며 성결의 강조와 그리스도를 위한 헌신에 초점을 맞추었다.)

결신

(altar call이라고 일컫는 이 순서는 설교를 들은 후에 예수 그리스도
를 영접하기로 결심한 사람들과 그리스도를 떠났다가 다시 돌아오기
로 결심한 사람들을 앞으로 나오게 하는 순서이다.)

기도

(피니는 이 기도에서 자신의 설교에서 중요한 메시지를 다시 밝히면
서 회중의 가슴에 심어질 최종적인 기회로 여겼다. 물론 이때는 자신
의 논리에 의한 것이 아니라 성령님의 역사에 의존하는 기도였다.)

결단과 회심의 찬송

(여기서의 찬송은 느리게 부르면서 회개해야 할 심령들이 응답할 수
있는 기회로 삼았다.)

송영

축도

B. 침례교회의 예배 형태

침례교는 어느 교단보다 1800년대의 대각성 부흥운동과 서부 개척기
의 부흥운동을 통하여 크게 성장한 교회이다. 한 통계에 의하면 1744년
에 35,000명이던 침례 교인들이 26년 후 1800년 초에는 10만 명이 넘었
음을 말하고 있다.[27] 이들은 서부를 향한 인구의 대이동 시기를 절호의 기
회로 포착하여 이들에게 장로교와 같은 전통적인 예배나 지적인 설교가
아닌 "영적인 힘과 농부로서의 설교"[28]를 가지고 개척자들의 욕구를 충
족시키게 되었다.

이들은 1870년 침례교의 설교학 교수에 의하여 예배의 중요성을 강조한
순서가 나오기 전까지는 다음과 같은 순서가 주일 예배에서 계속되었다.

---

27 Edward B. Cole, 임성택 역, 『침례교의 유래』 (서울: 생명의 말씀사, 1976), p. 44.

28 Ibid., p. 45.

1) 1870년 이전의 예배 순서

기도

성경 봉독

　(1장에서 2장의 성경을 읽는다.)

말씀의 명상과 은혜의 나눔

기도

　(이때의 기도는 말씀의 은혜를 나눌 때 말씀을 시작했던 사람에 의하여 진지한 기도를 하게 한다.)

예언

　(첫 번째 예언자가 일정한 본문을 가지고 45분에서 1시간 동안 한다. 이어서 두 번째 설교자가 일어서서 같은 본문을 가지고 거의 같은 길이의 시간 동안 예언한다. 시간이 허락되는 대로 또 다른 사람들이 연속적으로 일어서서 예언을 하도록 한다.)

기도

　(예언을 시작하기 전에 기도했던 인도자에 의하여 예언의 마침기도를 한다.)

헌금

　(가난한 사람을 위한 구제헌금을 목적으로 하였다.)

기도

　(바쳐진 헌금 또는 헌물을 위한 기도로 주일예배를 끝낸다.)

2) 1870년 이후의 예배 순서

침례교는 말씀만을 강조하면서 예배·예전에 대하여는 소홀히 여겨왔던 것이 사실이다. 이러한 사실을 직시하였던 침례교 신학교의 설교학 교수였던 존 브로더스(John A. Broadus)는 그의 명저 "설교의 준비와 전달"이라는 책을 펴냈다. 그는 이 책의 마지막 장에서 『예배를 위한 지침』을 제시하면서 그는 여기서 침례교나 장로교의 목사들이 설교만을 예배의 전부로 여기고 있다는 비판과 함께 선지자와 제사장의 기능이 균형을 잡아야 함을 강조하면서 다음의 예배 순서를 제시하여 침례교의 목회자들이 이 순서를 채택하여 예배를 진행하였다.[29]

예배의 부름

(여기서는 적절한 성구를 성스럽게 읽어서 회중의 가슴에 예배를 위한 경건성을 일깨우도록 한다.)

응답송

(이때는 성가대 또는 회중이 침례교회의 찬송을 부르면서 응답을 하여 경건한 마음의 준비를 하도록 한다.)

기원

예배 찬송

(여기서 부르는 찬송은 주로 경배의 찬송을 부르도록 하였다. 여기서 인도자는 부르고자 하는 찬송의 유래와 의미를 설명하는 것도 허락하였다.)

성경 봉독

(이때의 성경 봉독은 굳이 설교본문이 아니어도 되고 시편과 같은 경건한 감각을 주거나 인상적인 말씀이 될 만한 성구를 읽도록 하였다.)

봉헌의 찬송

(때로는 이 찬송이 생략되고 성경 봉독 후에 기도가 이어진 경우도 있다.)

본 기도

(브로더스는 너무 긴 기도가 되지 않도록 경고했지만 실질적으로 이

29 John A. Broadus, *On The Preparation and Delivery of Sermons* (New York: Harper & Brothers, 1944), pp. 357-77.

들은 여기서 기원과 경배와 감사의 내용을 비롯하여 죄의 고백과 용
서의 간구와 봉헌과 중보의 내용까지 모두를 이 기도 속에 포함하고
있었다.)

찬송

(이때의 찬송은 성가대 또는 회중이 설교를 듣기 위한 마음의 준비를
위하여 불렀다.)

설교

(설교는 경우에 따라 그 길이가 조절되었는데 보통 25분에서 30분이
었다. 그러나 경우에 따라서는 15분에서 45분까지 설교시간은 융통
성을 갖고 있었다.)

기도

(설교 후에 기도는 설교가 목적한 내용에 초점을 맞춘 짧은 기도였다.)

찬송

(이때의 찬송은 설교의 내용과 관계된 것이었으며 예배를 마치는 찬
송이었다. 그러나 브로더스는 이 찬송을 부르는 동안 침례교의 전통
적인 부흥회처럼 그 교회의 교인이 되고 싶다거나, 그리스도를 새롭게
영접하기를 원하는 사람들은 앞으로 나오도록 하였다.)

봉헌

(봉헌은 헌금하는 순서로서 때로는 어려운 사람들을 위한 구제헌금,
또는 성도들의 필요를 위한 모금이라고 불렀다.)

성찬 성례전

(성찬 성례전은 월 1회 또는 연 4회로 교회의 형편에 따라 진행되었다.)

축도

(침례교의 축도는 루터교나 장로교와는 달리 몇 가지 기도와 같은 내
용을 언급한 후에 축도를 하는 경우가 있었다.)

4. 평가와 분석

미국 사회가 제2차 대각성 부흥운동 시기와 서부개척이라는 인구의 대이동은 매우 어려운 연관성을 가지고 있었다. 그러나 이 시기에 뜻이 있는 복음의 역군들은 그들과 함께 움직이고 있었다. 사실 이러한 새로운 예배 전통이 있었기에 많은 사람들을 그리스도에게로 인도할 수 있었다는 긍정적인 평가를 할 수 있다. 여기서 기독교가 찾아오는 사람을 위하여 예배하는 것이 전부가 아니라, 사람을 찾아가 모이게 하고 거기서 예배하는 기독교의 새로운 모습을 보이게 되었다. 거기서 복음의 열정은 타오르고 복음의 실천이라는 거대한 역사가 펼쳐지기도 하였다.

그러나 이러한 긍정적인 평가만 있는 것은 아니다. 기독교 예배를 지금껏 지켜온 역사와 전통의 입장에서 볼 때 예배에 끼친 손상 또한 적지 않다. 기독교 예배가 예배인도자들의 즉흥적인 생각으로 만들어지고 진행될 수 있는 레크레이션 놀이와 같은 단순한 것이 아니기 때문이다. 예배는 신학과 의미와 역사와 전통을 담고 있는 가장 유구하고 핵심적인 교회의 주된 행사이다. 이러한 측면에서 이상에서 살펴본 새로운 예배 전통은 다음과 같은 평가가 함께 수반되어 정리되어야 한다.

먼저, 기독교 예배의 기본정신과 방향은 인간의 종교적 욕구를 취하기 위한 타종교의 것과는 근본적으로 다르다. 즉, 하나님의 명령에 의하여 하나님의 영광을 위하여 드려진 것이 기독교 예배이다. 그러나 이 시기에 있었던 예배는 인간의 감성에 초점을 맞추어 예배와 설교의 내용이 계획되었다는 데 일차적인 문제가 있다.

둘째, 이들은 유럽 대륙에서 오랫동안 지속되어 온 예전적 예배(Liturgical Worship)에 대한 적개심을 가지고 신대륙을 건너와 개척의 대열에 서있던 무리였기에 예배의 역사적인 줄기나 전통에 대한 관심이 거의 없었다. 오히려 실용주의적 입장에서 사람을 모을 수 있는 예배에만 가치성을 부여하고 있었다. 그러나 역사와 전통의 참뜻은 일시적이고 가시적인 효과에 그 가치를 두는 것이 아니다. 그것은 뿌리와 초석으로서의 구실을 하고 있다.

셋째, 이 시기에 중요한 문제는 예배와 집회를 구분하지 않았다는 오류를 남기고 있었다. 신약성경에서 보여준 대로 수천 명을 대상으로 했던 집회와 매주일 주님의 날에 세례를 받은 소수의 그리스도인들이 모여서 성찬 성례전을 거행하면서 가졌던 예배의 차이점을 두지 않는 모순을 범하였다. 그 결과 집회를 예배로 착각하게 하였고 예배를 집회의 형태로 진행하게 하는 잘못된 기록을 남기게 되었다.

넷째, 이들의 짧은 문화적 배경은 예배의 심미적 감각의 결여를 가져왔으며 오직 실용주의에 입각하여 표면적으로 듣고 이해하는 것을 예배의 전부로 여겼다. 여기서 예배란 단순히 말씀을 듣는 것이 전부라는 개념을 확산시켰다. 즉, 하나님을 향한 참회를 비롯한 경배, 상징, 성례 등의 예배의 내면적인 세계를 도외시하였다.

다섯째, 예배는 하나님이 주신 창조의 은총과 예수 그리스도를 통하여 주신 구원의 은총에 대한 경배와 감사와 찬양을 드리면서 새로워짐을 경험해야 한다. 그러나 이 예배는 하나님과의 관계에서 계속된 새로워짐에 대한 의식보다는 주로 불신자를 회심시키는 것과 구원받은 자에게는 구원의 재확인에 예배의 초점을 두었다.

여섯째, 설교를 비롯하여 기도와 찬송은 모두 회중을 교훈하는 도구로 전용되는 우를 범하고 있었다. 이러한 예배는 자연적으로 인간 중심의 예배가 되어 예배하는 공동체로서 하나님 앞에 서있기보다는 개인의 욕구와 만족을 구하는 예배로 흘러가고 있었다. 다시 말하면 하나님의 영광을 목적으로 하는 예배가 아니라 인간의 교육과 정서와 개인의 희구에 응답하는 예배로 전락되었다.

일곱째, 이들의 예배에서 강조된 찬송의 행위는 하나님을 향한 경배와 감사와 찬양에 있지 않고 인간의 감정을 북돋아 설교를 듣기 위한 준비 행위로 전락시켰다. 이러한 결과는 성경에 나타난 찬송의 기본 정신을 벗어나 그 시대에 팽배하던 미국의 낭만주의와 부흥운동과 결합되어 비예전적인 예배의 경향을 더욱 짙어가게 하였다.

끝으로 이때의 축도는 루터교회나 장로교회와 같이 오늘의 위탁을 하고 순수한 축도의 본문만을 사용한 것이 아니라, 한국교회가 흔히 사용한 것처럼 축도 전에 설교 내용과 연결된 몇 마디의 기도를 하다가 바로 축도를 하는 경우가 많았다. 이로 인하여 축도가 순수성을 잃게 되었다. 즉, 축도가 하나님이 복 내려주심을 선언하는 강복 선언(降福宣言)의 형태가 아니라 기도의 행위로 변질되었다.

이상에서 살펴본 미국의 부흥운동과 서부 개척기에 있었던 예배가 교인의 증가라는 면에서는 공을 세웠으나 기독교, 특히 종교개혁자들이 남겨준 예배의 정신과는 거리가 멀었음을 발견하게 된다. 예배학적인 측면에서 발견된 이상과 같은 문제들은 여러 예배신학자들에 의하여 지적되었다.[30] 문제는 이러한 새로운 예배 전통이 아무런 여과 없이 선교의 열심만을 앞세워 피선교국에 전해졌다는 점이다.

5. 한국교회 예배에 영향을 준 줄기들

A. 전통적인 예배와의 거리감

어느 날 한국교회의 지도자가 미국의 장로교와 침례교의 예배에 참례하고 돌아와 남긴 말이 있다. 그는 자신이 장로교인이기에 장로교회 예배를 참석했는데 이질감이 너무 많았고, 오히려 침례교 예배에서는 동질감이 많아서 참으로 이상하다는 생각을 하면서 돌아왔노라는 이야기이다.

---

30 James Hasting Nichols는 다음의 글에서 예배신학적인 측면에서 비예전적 측면의 원인과 현상을 날카롭게 지적하고 있다. "The Rediscovery of Puritan worship," *The Christian Century* (April 25, 1951).

그것은 너무나 당연한 경험이다.

한국에 복음이 상륙한 시기가 바로 미국 전역의 교회에 부흥집회가 왕성하고 예배의 전통이 지켜지지 않던 시절이었다. 그때 우리의 민족을 찾은 선교사들은 뜨거운 선교의 열정만을 가지고 왔을 뿐 예배·예전의 내용은 전혀 경험해 보지 못한 채 이 땅에 왔다. 그래서 지금도 우리의 예배 현장에 남아 있는 예배 순서는 1870년대 이전의 침례교 예배 순서나 피니의 예배 순서와 거의 동일한 순서를 가지고 오늘까지 지속해 오고 있다. 그리고 그것을 예배의 전부로 알고 있는 형편이다.

그러나 미국의 장로교는 1884년 찰스 베어드와 같은 목사를 통하여 예배 복원이 시도되었고 이들은 16세기 개혁자들의 예배 정신과 내용을 새롭게 연구하여 예배를 회복시켰다. 이러한 것이 바로 예배복원운동(Liturgical Movement)이다.

우리의 한국교회도 장로교와 감리교 등이 주축이 되어 예배의 복원에 착수하여 많은 진전을 보고 있는 것은 사실이다. 그러나 아직도 우리의 한국교회는 기독교 예배의 전통을 지켜 나가는 데 미흡한 현실이다. 뿐만 아니라 칼빈과 같은 16세기의 종교개혁자들이 남긴 예배의 내용과 거리가 먼 예배를 드리고 있는 실정이다.

이러한 사실은 침례교회의 예배신학자로서 『기독교 예배의 신학과 실제』를 집필하여 한국교회에 일찍이 알려진 지글러(Franklin M. Segler)에 의해서도 언급되고 있다. 그는 침례교회 교인들이 예배의 갱신이라는 이름 아래 기독교 예배의 전통을 벗어난 사실을 다음과 같이 인정하면서 예배에 관한 연구의 필요성을 역설하고 있다.

일반적인 평가대로 침례교회 교인들은 예배의 연구를 무시해 온 것이 사실이다. 그 이유는 진정한 예배는 사전의 계획이나 순서와는 무관하게 자연스러운 경험 안에서 기본적으로 표현되어야 한

다는 입장을 고수하였기 때문이다.[31]

B. 집회화된 예배

한국의 개신교회가 복음을 받아들일 무렵에는 그 환경 자체가 예전적인 예배(Liturgical Worship)를 드릴 수 있는 수준이 아니었다. 신앙과 지적인 수준이 기독교의 차원 높은 예배·예전을 따르기에는 역부족이었다. 국민의 심성에 뿌리내린 종교문화는 제의적(祭儀的) 행위만을 맹종하고 있을 뿐이었다. 이때 개신교는 우리 백성들의 심성과 지성을 깨우치는 복음을 전하게 되었고 그 새로운 종교 경험은 놀라운 속도로 이 민족 속에 번졌다. 우리의 민족은 처음으로 듣게 되는 달고 오묘한 말씀을 엄숙하고 진지하게 예배당 안에서 경청하면서 예배의 진행을 따르고 있었다.

그러나 한국교회가 1970년대에 접어들면서부터 활발하게 전개된 예배의 집회화 현상은 19세기에 있었던 미국의 서부 개척기에서 발생되었던 것과 매우 흡사하다. 특별히 예배가 부흥집회의 현장과 구별되지 못한 양상은 최근에 와서 더욱 심화되고 있다. 회중의 감정을 표현하는 제반 행위로서 복음찬송의 활용을 비롯하여 박수를 치는 것, 손을 높이 들고 외치는 것, 높은 음정의 아멘의 화답을 강조하는 것, 설교 중에 찬송을 부르는 것 등등의 모습들이 보편화되어 가는 양태이다. 다음의 서술은 우리의 예배에서 보아온 모습의 영향이 어디로부터 유래했는지를 잘 입증해 주고 있다.

서부를 향하여 나아간 변방(邊方)의 사람들은 낮은 교육수준이었고 때로는 글을 읽지 못하였기에 전통적인 예식서를 읽고 수용하기에는 벅찼다. 그래서 이들은 찬송도 쉽게 기억하고 부를 수 있도록 단순해야 했다. 예배 때에 감정표출(emotionalism)은 모순

---

31 Franklin M. Segler, *Christian Worship: Its Theology and Practice* (Nashville: Broadman Press, 1967), p. 55.

된 것이 아니었다. 오히려 예배인도자들은 의도적으로 감정을 격발시키기도 하였다. 스톤(Barton Stone)은 이때에 나타났던 현상을 "경련", "춤의 행위", "짓는 행위", "웃는 행위", "뛰는 행위", 그리고 "노래를 부르는 행위" 등으로 항목화하였다. 뿐만 아니라 회중은 설교 중에 힘찬 찬송을 부르고 감정을 발산하는 함성을 크게 지르도록 하였다. 이러한 과정에서 회중은 예배에 능동적으로 참례한 감정을 성취시키고 있었다. 회심자들이 톱밥이 깔린 바닥에 넘어뜨려지는 동안 회중은 박수를 치거나 '예수님을 향하여'라는 구호와 함께 손을 들어 외치는 것뿐만 아니라 그 외의 이상야릇한 행위로 자신들의 열심을 보이고 있었다.[32]

이와 같은 예배 현상은 19세기에 끝난 것이 아니다. 지금의 빈야드운동이나 열린 예배 등에서 보여주고 있는 현상이 바로 19세기 변방의 부흥집회에서 이어진 것들임을 다시 한 번 상기할 필요가 있다. 이것은 결코 개혁교회의 뿌리가 아닌 자유와 독립을 누린 미국교회의 일부에서 출현한 전혀 새로운 예배 전통이다.

C. 비성경적 설교의 보편화

한국교회의 자랑은 순수한 성경말씀의 선포와 해석과 적용이라는 것이 설교단에서 주종을 이루었다. 그래서 우리의 전통은 새 신자를 얻기 위한 부흥집회보다는 기존의 그리스도인들에게 진리를 정착시키고 말씀의 세계에 몰입하게 하는 사경회(査經會)가 연례행사로서 각광을 받고 있었다.

그러나 1970년대의 민족복음화 운동과 함께 부흥집회가 등장하면서 교회를 이 땅에 확장시키는 데 온 교회가 열정을 쏟았다. 이러한 집회가 한국교회를 양적으로 성장시키는 데 큰 몫을 담당하였음은 재론의 여지

---

32 White, *Protestant Worship*, p. 179.

가 없다.

이 과정에서 남겨진 가장 큰 손실은 설교의 질서가 무너진 것이다. 성언운반(聖言運搬)이라는 설교의 순수성이 서서히 자취를 감추게 된 점은 심각한 반성을 촉구하는 부분이다. 부흥집회의 현장에서 순수한 말씀의 전달자들이 많이 있었으나 일부의 부흥사들은 그들의 특유한 어감과 언어전달의 기술, 그리고 성령님의 역사라는 이름 아래 자행된 각종의 탈선적인 메시지는 한국교회 강단의 질서를 무너뜨린 무서운 오류를 남겼다. 예를 들면 하나님의 말씀보다는 각종 예화의 진열로 설교시간을 다 채우는 경우가 너무 많았다. 하나님의 말씀을 해석하고 적용한다는 미명 아래 자신의 경험과 판단을 제시하고, 그것을 하나님의 말씀인양 믿도록 하는 심각한 설교의 탈선이 보편화되었다.

이상과 같은 것은 한국교회가 창출한 전통이 아니다. 이것은 바로 19세기의 미국교회의 부흥운동과 서부 개척기의 변방(邊方)에서 부담 없이 전개되었던 집회에서 있었던 설교의 형태였다. 당시의 이러한 집회에서는 전혀 신학교육을 받은바 없는 "농부 설교자"[33]들에 의존하여 그들의 삶의 장에서 나온 신앙적 경험을 설교로 듣는 경우가 허다하였다.[34] 여기서 설교는 누가 하든지 은혜만 끼치면 된다는 신학교육의 무용론이 등장되고 침례교회와 같은 경우는 신학교육과 무관하게 안수를 주기도 하였다.

그러나 오늘의 침례교의 중심된 신학교에서는 합리적이고 질서 있는 설교의 훈련에 가장 뜨거운 교육을 시키고 있다. 이들은 과거의 비성경적 설교로부터의 탈피를 서두르고 있다. 이들은 지금 교회력과 성서정과에 기초한 설교와 예배 구성을 가르치고 있을 정도로 변화된 교육이 실시 중이다. 야영집회에서 발생했던 회심에만 초점을 맞추었던 설교 사역은 달라

---

33 Ibid., p. 179.
34 신학교육이 없이 등장했던 설교자로는 후에 성령님의 위대한 도구로 사용된 무디(Dwight L. Moody, 1837-1899)가 있었으나 그는 설교를 위한 지대한 노력을 기울여 대단한 수준까지 도달한 설교자였다.

지고 있다. 때를 따라 필요한 말씀으로 그리스도인들을 양육시키는 데 그 목적을 두는 교회로 탈바꿈을 하고 있다. 비록 과거처럼 새로운 회심자의 수효가 줄어들고 있더라도 우선적으로 선택받은 그리스도인들을 순수한 말씀으로 먹이겠다는 의지가 현대의 교회에서는 활발히 전개되고 있다.

함축된 의미

미국이 서부를 향한 개척기에 변방(邊方)에서 활발하게 진행되고 있었던 예배는 이원적인 정의를 갖게 된다. 하나는, 이 예배는 예배 역사의 측면에서 볼 때 19세기의 미국이 직면한 급변하는 환경 아래서 발생하여 미국인들의 신앙에 영향을 끼친 새로운 예배 전통이라는 점이다. 또 하나는 이 시기에 미국교회가 찾았던 피선교국에는 예배의 근본적인 역사와 전통의 경험을 전혀 가져볼 기회도 없이 그들의 예배만을 따라 오늘을 지속하게 했다는 점이다.

탈예전적인 예배가 실용적인 감각을 가지고 진행되었던 19세기의 미국교회, 특히 서부 개척기에 변방(邊方)에서 발생한 예배가 모두 부정적으로 평가되어야 한다는 것은 아니다. 그러나 이 예배를 피선교국인 한국교회가 복음적이고 개혁자들의 예배 전통으로 알고 있다는 데 일차적인 문제를 제기하게 된다. 뿐만 아니라 미국의 독립적이고 창의적인 이 예배가 후에 탈예전적인 교회들의 예배를 합리화시켜 주는 근원이 된다는 데 심각한 문제가 있다.

이러한 실상은 부흥집회를 하다가 지도자들의 독특한 특성이 추가되고 그것을 따르는 사람들이 많으면 새로운 교단으로 출발하는 경향이 많았다는 사실에서 입증되고 있다. 예를 들면 몰몬교를 비롯하여 제칠일 재림교회나 크리스천 싸이언스 등의 교회들이 이 시기에 집회인도자들의 특성에 의하여 태어난 교단들이었다. 화이트는 심지어 문선명의 통일교도 이 시기의 예배 전통에서 자신들의 정체성을 합리화하려 한다고 지적하고 있다. 그리고 교회의 예배 전통을 완전히 무시하고 등장한 텔레비전 전도 사역 등도 모두 19세기의 부흥집회에서 이어진 것임을 밝히고 있다.[35] 바로 이러한 줄기는 오늘의 구도자의 예배(열린 예배)나 빈야드운동, 찬양과 예배(Praise and Worship)의 새로운 예배 형태로 이어지고 있음을 보게 된다.

여기에 작은 제언이 있다. 그것은 현대인들의 정서를 파고들 수 있는 집회의 성격을 담은 새로운 예배의 시도를 수용하면서, 개신교가 가지고 있는 각자의 예배 전통을 이어갈 수 있는 길의 탐색이다. 한국교회는 주일 낮과 밤을 비롯하여 예배를 위한 모임이 세계에서 가장 활발한 교회이다. 반면에 미국교회의 대부분은 주일 낮에 드리는 단 1회의 예배가 전부이다. 그러하기에 그들은 새로운 예배를 개발할 때마다 과거의 것을 버리지 않을 수 없다. 그러나 한국교회는 개혁자들이 남겨준 예배의 전통을 주일 낮 예배에서 지켜 나가면서 주일 오후를 비롯한 각종 모임에서 현대 감각을 수반한 음악과 함께 다른 형태의 예배를 모색하고 경험할 수 있다. 이럴 때 우리의 교회는 전통과 현대를 모두 소유하면서 다음 세기에 진입할 수 있는 균형 잡힌 교회로 그 모습을 보여줄 수 있음을 확신한다.

역시 예배란 하나님과 그 백성 사이에서 발생한 사건(event)이다. 그러나 그 백성이 하나님이 주신 창조의 은총과 예수 그리스도를 통하여 주신 구원의 은총을 깨닫고 감격하여 드리는 응답의 행위여야 한다. 그 응답의 행위는 신학적인 의미가 담긴 질서가 있어야 하고 그 예배의 질서는 인간 심성을 위한 것이 아니라 하나님의 존전에서 그분을 영화롭게 하는 데 초점을 두어야 한다.

---

35 White, *Protestant Worship*, pp. 185-7.

제21장
21세기의 한국교회 예배 전망

　21세기의 문전에서 세계의 모든 나라가 많은 설계를 하고 있다. 저마다 다가오는 새로운 세기에 무엇을 어떻게 대처해야 할지 깊은 연구를 거듭하고 있다. 그러나 우리의 기독교는 이러한 시대의 변화를 위하여 손길을 놓고 있다. 풍요로운 물질문명의 발전과 첨단을 달리는 전자시대의 미래는 인간의 삶에 신앙이 힘을 발휘하기 어렵기 때문이다. 가난과 도전의 시절에는 신앙의 힘이 절대적이었지만 선진국의 대열에 들어서면서 우리 국민의 종교 의식은 흔들리기 시작하고 있다.

　이 지점에서 한국교회의 불안한 미래를 보게 된다. 이미 한파에 휘말리고 있는 교회가 되는 듯하다. 그동안에 펼쳐놓은 교회의 각종 프로젝트들이 깊은 안개 속을 헤매고 있다. 하나님의 나라와 그 의를 위하여 한국교회는 아낌없이 물질을 바쳤다. 세계의 교회들이 놀라움을 금치 못할 정도로 벅찬 일들을 감당해 왔다. 그러나 지금 한국교회는 더 이상 그 모든 일을 지탱해 갈 힘이 없어지고 있다. 우선 눈앞에는 사업을 잃고, 일터를 잃고, 가족을 잃은 사람들이 마지막 소망으로 교회를 찾아 하나님 앞에 엎드리고 있다. 그 수효가 너무나 많다. 목회자는 이러한 현장을 보면서 뜨거운 동정의 눈물은 흐르면서도 이들을 위하여 무엇을 어떻게 해야 할지를 몰라 방황하고 있다.

이들에게 필요한 것은 무엇일까? 다급한 심령들에게 기사와 이적을 보여주는 것이라고 생각할지 모른다. 울리고 웃기는 유창한 만담적인 설교를 들려주는 것이라고 생각하기 쉽다. 아니면 한가한 시절에 깊은 교리를 그 마음에 심어서 이단 사설에 물들지 않게 하는 것이라고 생각할 수도 있다. 그러나 무엇보다도 시급한 것은 그동안 하나님을 바르게 예배하지 못했던 사람들이 올바른 예배를 통하여 하나님과의 만남을 경험하게 하는 것이라고 본다. 세속의 물결이 아무리 거세더라도 예배를 통하여 하나님과의 만남을 경험할 수 있다면 모든 어두움의 세계는 희망과 용기가 솟아나는 새로운 세계로 변하게 된다.

1. 한국교회와 예배

지금껏 한국의 개신교는 하나님을 어떻게 이해하고 믿느냐의 문제에 집착해 있었다. 인간 이성에 의해 하나님이 분석되고 그 말씀을 쪼개는 데는 매우 명석하였다. 그러나 그 하나님을 경배하고 섬기는 예배의 생활에는 전혀 관심이 없었다. 신령과 진정으로 하나님을 예배하라는 명령은 뜨겁게 주어지고 있었지만 하나님을 예배하기 위한 구체적인 가르침은 전혀 없었다. 교인이 등록을 하면 자신들이 가지고 있는 교리를 가르치기에 힘쓰고 자신들의 교회를 어떻게 봉사해야 할지에 관한 철저한 교육을 시키고 있을 뿐이다. 이러한 결과는 교리로 무장된 교인들을 양산하였다. 그렇게 중무장된 교인들은 언제 어디서나 자신이 이해하는 신앙의 교리와 조금이라도 맞지 않으면 지체 없이 갈라서는 것을 상식화하였다. 이것이 우리 개신교의 모습이다. 이러한 분열의 장에서는 하나님 중심이 아니라 모두가 자신이 가지고 있는 교리와 인간적 요소가 중심이 되었을 뿐이다.

반대로, 동일한 하나님을 섬기고 있는 천주교는 새로운 교인이 등록하게 되면 그들은 하나님을 어떻게 예배해야 하는지에 모든 관심을 갖게 한다. 미사에 참여하여 갖게 되는 모든 순서 하나하나의 의미를 밝혀주면서 마음과 뜻과 정성을 기울여 예배해야 할 당위성과 그 방법을 가르치는 것이 그들의 첫 시도이다. 하나님을 예배하는 것이 인생의 목적이요 삶의 전체임을 끊임없이 가르친다. 그래서 거기는 분열의 상처보다는 오히려 하나님을 예배하는 기쁨이 가득한 교회로 이 땅에 우뚝 서있다.

하나님이 이스라엘 백성을 택한 것은 그의 백성이 하늘의 별과 같이, 땅의 모래알과 같이 번성하는 데 그 목적이 있지 않았다. 그들을 통하여 하나님이 참다운 예배를 받으시려는 것이 근본 목적이라고 생각하는 것이 바른 이해이다. 그들의 역사에서 하나님 앞에 성전을 바르게 세우고, 하나님이 주시는 규례대로 하나님을 바르게 예배했을 때 이스라엘의 전성기가 이룩되었고, 하나님을 바르게 예배하지 못했을 때 그들은 패망의 눈물을 흘렸다는 것이 바로 이상의 문제들을 잘 입증해 준다.

한국의 개신교회가 집회만 있을 뿐 예배가 없다는 일반적인 평가는 매우 의미 깊게 받아들여야 한다. 그 이유는 다음과 같은 역사적 줄기에서 찾아야 한다.

(1) 미국에 정착한 청교도의 영향을 받은 장로교의 선교사들이 가져온 예배의 이해와 형태의 보급이 우선적으로 고찰된 사실이다.
(2) 미국의 서부개척시대에 야영예배와 집회 중심의 교회 확장의 정신과 전통적인 예배의 상실이 보편화되었던 영향이 한국에

보급된 점이다.

(3) 19세기 초에 일기 시작한 오순절 계열 교회의 세계적인 확산과 한국에서의 발전 등이 오늘의 한국교회가 집회 중심의 예배를 갖게 된 점이다.

(4) 유럽이나 미국의 예배복고운동(Liturgical Movement)이 한국에 바로 전달되지 못한 채 말씀만을 강조한 신학교육에도 그 원인이 있다고 본다.

2. 예상해 보는 21세기의 예배 세계

A. 제2의 Frontier Worship(미 서부 개척기의 예배) 등장 가능성

미국에서 예배의 대변혁은 동부에 정착한 미국인들이 서부개척시대에 접어들면서 인구의 대이동과 함께 발생되었다. 애팔래치아 산맥으로부터 서부연안까지 인구가 움직임에 따라 교회는 주어진 환경대로 천막을 치고 한국의 부흥회와 같은 집회를 가지면서 전도에 열을 올렸다. 19세기 초반에 절정을 이루었던 이때의 집회는 물론 말씀 중심이었고 예전적인 순서를 갖춘 예배를 보기는 매우 힘이 들었다. 이때에 가장 큰 힘을 얻게 되는 교단들은 서민층을 대상으로 하고 있었던 남침례교와 감리교회였다. 그리고 그리스도의 제자교회(Disciples of Christ)와 그리스도의 교회(Church of Christ) 같은 교회들이 이때 조직되어 새로운 예배 전통을 세워 나아갔다. 이러한 교회의 변혁된 예배의 등장은 전통적인 예배의 틀과 권위에 묶여 있던 교회들에게 새로운 충격을 주었다. 당시의 흐름으로서는 기존의 전통적인 예배를 지속한 교회들이 많은 피해를 입으리라는 예상도 있었음에도 전통의 맥을 이은 교회들은 그들의 역사를 그대로 이어가는 데 큰 문제를 남기지 않았다.

현재 세계 교회는 서서히 미국의 제2의 서부 개척기에 있었던 예배 변혁의 조짐을 보이고 있다. 그동안 교회들은 서서히 침체 상태를 면치 못하고 있었다. 정착된 예배로서 만족하지 못한 현대인들을 교회 안으로 흡수해야 하는 시대적인 과제를 오늘의 교회가 안고 있다. 바로 여기서 사람들의 관심을 불러일으키는 미국 서부개척시대의 예배 개발이 서서히 대두되고 있는 실정이다.

바로 그 대표적인 것이 최근의 빈야드운동의 예배를 비롯하여 구도자(求道者)를 중심으로 하여 드려지는 열린 예배와 텔레비전 복음 전도 등이 대표적인 것들이다. 이러한 오늘의 예배 형태가 바로 제2의 서부개척시대에 발생했던 신 예배 전통의 내용과 형태에 맥을 같이하고 있다.

이러한 새로운 예배들은 한결같이 예배의 역사와 전통보다는 우선 눈앞에 보이는 회중에게 생기에 찬 리듬을 형성시켜 주고 거기서 그들의 흥미를 고조시키려는 데 우선적인 목적을 두고 있다. 이 예배들은 제임스 화이트의 설명대로 격렬한 음악이 앞서는 예비단계를 중요하게 생각하고, 곧 이어서 열정적인 설교(빈야드 예배는 예외)와 결단을 강조하는 공통성을 가지고 있다.

B. 예배복고운동에 발 맞추어 나아가는 예배 행렬

교회는 성경과 역사와 전통을 가장 소중하게 생각하는 모임이다. 생각하면 오늘의 교회가 2천 년간 생명을 이어올 수 있었던 것은 바로 이러한 틀 때문이었다. 그러기에 전통을 좀처럼 벗어나지 않고 그 틀 속에서 새로운 갱신을 거듭해 가려는 교회의 줄기가 여전히 존재하고 있다.

사실 종교개혁 자체도, 그리고 개혁자들이 부르짖었던 개신교의 예배 전통도 모두가 신약성경과 초대교회에서 가지고 있던 예배의 내용과 형태를 회복해야 한다는 당위성을 부르짖었음을 명심해야 한다.

한국과 같은 전통적인 사회에서 예배는 새로운 개발보다는 오히려 전통을 벗어나 예배가 아닌 집회 일변도로 살아온 과거를 부끄럽게 생각하게 하는 예배복고운동(Liturgical Movement)이 전개될 것이라는 예상을 하게 된다. 특별히 제의문화(祭儀文化)권에서 살아온 제의민족(祭儀民族)으로서 제의적(祭儀的) 행위를 찾는 심성이 오히려 발동하게 된다.

예를 들어서 그동안 연 2회로 밀려난 성찬 성례전의 회복이 활발하게 되어 매월 1회 이상 거행하면서 예전적인 예배를 갖고 싶어 하는 교회의 등장이다. 자신들의 취향대로 끌려가고 그곳만을 찾던 발길을 반성하고 진지하고 엄숙한 예전이 갖추어진 예배를 찾는 회귀(回歸)의 본능이 나타나게 된다. 사실 이러한 경향은 벌써부터 각 교단마다의 예식서 수정을 비롯하여 성찬 성례전의 집례 횟수를 늘림으로 그 변화의 징후가 보이기 시작한 지 오래다.

C. 영상매체를 통한 예배의 등장

21세기는 마샬 맥루한의 말대로 인간의 얼굴이 인간의 얼굴을 쳐다보고 커뮤니케이션을 이룩하는 시대를 벗어나게 된다. 인간 얼굴과 전자매체(Face to Electronic)가 마주앉아 자신의 할 일을 감당하는 시대가 이미 도래하였다. 영상매체의 등장은 예배의 세계에 이미 깊숙이 들어와 있다. 단순한 언어를 매체로 하여 얻지 못한 효과를 현대의 영상을 매체로 하여 가져오려는 시도이다. 우선 메시지의 전달에서부터 예배의 내용까지 새롭게 기획하고 영상화하는 작업이 펼쳐지게 된다. 물론 영상매체만으로 예배를 대체하려는 움직임이 아니라 그것을 보조기능으로 활용하려 한다.

이러한 현상은 이미 여러 형태의 예배에서 시도되고 있다. 그러나 이러한 시도를 거친 교회들은 이러한 예배 현장의 결과로 긍정적인 면보다 부정적인 면이 더 많다는 결론에 도달하고 있다.

긍적적인 면으로는 메시지의 커뮤니케이션이 극대화되는 효과를 들고 있다. 그리고 첨단문화에 살고 있는 오늘의 회중을 쉽게 접촉할 수 있는 매체의 활용이라는 점에서 그 효과성을 이야기한다. 그러나 부정적인 면으로는, 우선적으로 예배의 신성미가 격하되고 있다는 점이다. 하나님을 예배하는 현장이 인간의 시각을 중심으로 하여 나아가는 데 대한 거부감을 들고 있다. 특별히 존엄한 제의적인 전통과 토양에 자리잡은 교회들이 쉽게 움직이지 않고 있다. 역시 종교의 신성함을 보존하려는 인간들의 본능이 어떻게 전자문화와의 충돌을 가져올지는 아직도 속단하기 어려운 시점이다. 그러나 주님의 날에 거룩한 곳으로 나아가 하나님 앞에 예배하려는 의지가 사라지고 인터넷 교회를 찾아 컴퓨터를 켜고 그 앞에서 예배 실황을 보고 있는 곳에 과연 과거와 같은 뜨거운 영성이 살아 움직일 수 있을 것인지에 대한 대답이 아직 들리지 않는다.

D. 성찬 성례전을 강화하려는 노력

주 5일 근무시대에 개신교에서 나오는 우려의 목소리가 동일한 주일에 예배를 드리는 가톨릭에서는 별로 다급하게 들리지 않는다. 그 이유는 그 예배의 초점과 내용이 개신교와 차이가 있기 때문이다. 그들은 단순한 설교 중심의 예배가 아니라 성찬 성례전을 중심한 예배이기 때문이다. 그들이 예배를 통칭하는 미사(Missa)라는 라틴어는 하나님을 찬미하고 속죄를 원하면서 다시 은총을 기도하는 "거룩한 제사"를 의미한다. 그러한 미사의 형태는 예수님이 제정하신 성찬 성례전을 따른다. 그들은 1965년 제2차 바티칸 공의회 이후 매주일의 미사는 반드시 "말씀의 전례"와 "성찬의 전례"로 구성된다. 이러한 예배의 구성은 천주교인들이 거룩한 예배의 현장에 나아와 공식적인 성찬의 전례에 참여하지 않으면 그들의 예배 행위가 인정받을 수 없기 때문이다. 이러한 예배의 내용과 인식은 어떤 경우도 인터넷이나 사이버 공간을 빌려 해결할 수 없다.

여기서 우리의 개신교는 뒤늦게야 루터나 칼빈과 같은 개혁자들이 말씀의 예전과 성찬의 예전이 하나의 예배 안에 병존해야 한다는 주장이 얼마나 타당한가를 실감하게 된다. 루터의 주장은 바로 루터교 예전에서 철저히 시행되고 있으나 칼빈의 주장은 그의 신학을 따르는 교회마저 외면하는 현실이다. 대부분의 교회 예배에서 설교만 있으면 다 되는 것처럼 착각을 하고 있다. 그 결과는 사이버시대를 맞아 얼마나 힘없이 예배가 무너지고 있는가를 경험하게 된다.

설교만을 중심한 예배는 인간의 욕구를 채워 주고 그들을 감동시키는 데 주안점을 두는 집회로 전락됨을 이제야 경험하게 된다. 이러한 모순을 발견한 교회는 최소한 월 1회라도 주일예배에서 성찬 성례전을 예배의 축으로 복원하려는 노력들이 일기 시작하였다. 특별히 여가혁명의 현장에서 예배하는 인구들이 격감할 것을 예상하는 교회마다 예배에 대한 새로운 인식을 갖추려는 노력이 보이기 시작하였다. 그 중에 하나가 예배란 하나님이 주신 창조의 은총과 구원의 은총을 받고 감격하여 드리는 응답의 행위임을 강조한다. 그리고 성찬 성례전을 통하여 주님과의 만남을 새롭게 경험하는 예배 복원을 서둘기 시작하는 교회들이 늘기 시작하였다. 포사이즈(Forsyth)의 말대로 기도는 하나님을 향하여 나아가는 인간의 행위이고 성찬은 하나님이 인간을 찾아오신 은혜의 현장이다. 한국의 그리스도인들이 이러한 성찬의 의미를 새롭게 발견하고 예배의 소중함을 깨닫게 하려는 노력은 주 5일 근무시대의 파도를 넘기는 가장 신선한 방편이라고 본다.

E. 공원 목회(Park Ministry)의 등장

이제 주말은 토요일이 아니라 금요일 오후부터 시작된다. 그 실례는 학교가 5일제 수업을 시작하면서 그들의 하굣길을 기다리는 부모들의 자동차가 주변에 즐비한 현상을 보게 된다. 뜨거운 교육열에 의한 자녀들의 학원 길을 돕기 위한 부모의 기다림이 아니라 주말여행을 가족이 함께 즐기려는 행렬이 되고 있다. 이들이 목적지에 도착하여 즐거운 주말을 보내고 주일 새벽에 자신의 교회에서 예배를 드리기 위하여 돌아올 채비를 하는 그리스도인들이라면 그들은 한국교회의 자랑거리가 될 것이다. 그러나 이러한 사람들은 극소수에 불과할 것임에 틀림이다.

1970년대에 미국교회는 이러한 현상에 직면하여 심각한 토론과 분석을 거쳐 노회마다 여가를 즐기고 있는 현장을 찾아가 거기에 있는 그리스도인들이 예배드리는 의무를 상실하지 않도록 하는 데 노력한 바 있다. 예배하는 처소를 공원이나 해수욕장에 임시로 설치하고 입고 있는 복장 그대로 예배의 장소에 오게 하여 그들이 하나님을 예배하는 삶에서 벗어나지 않도록 하는 데 최선을 기울이기도 했다.

이러한 시도는 매우 적극적인 시도였으나 주일을 범하고 있는 자신의 노출을 꺼리는 그리스도인들의 적극적인 참여가 보이지 않았다. 그리고 예배는 하나의 형식으로 전락되었고 예배의 진지성은 결여되면서 큰 결실을 보지 못하고 말았다. 예배를 떠난 생활의 자유로움에 젖은 그리스도인들은 부활절과 성탄절에만 교회를 찾아 예배에 참여하는 현상으로 변질되고 말았다. 그들에게는 52주 주님의 날이 없어지고 주님의 오심과 부활에만 동참하는 새로운 유형의 그리스도인들로 정착되었다.

이러한 시도는 고정된 예배당 안의 예배만을 고집하던 전통적인 사고의 변화가 일게 된 출발이었다는 데 새로운 의미가 주어졌다. 비록 육적인 여가를 즐기는 것을 예배보다 우선하는 모순된 길을 걷고 있는 현장이지만 그들이 예배의 정신과 실천을 상실하지 않도록 하기 위하여 목회자가 적극적인 노력을 기울이고 찾아 나섰다는 것은 새롭게 주시할 만한 가치를 보여주는 조치였다.

F. 주님의 날을 일요일에서 주중으로 바꾸려는 시도

최근 한국교회에서는 주 5일 근무시대를 맞이하면서 새로운 시도를 많이 하고 있다. 그 중에 하나가 주일 예배를 주중의 어느 날로 정하여 드리고자 하는 시도이다. 이러한 시도는 한 주간 동안에 어느 날이라도 예배를 드리기만 하면 된다는 입장의 표현이다. 주 5일 근무시대에 주일은 예배하는 날보다는 여가를 즐기는 인간의 날이 될 수밖에 없다는 현실을 그대로 수용하는 입장이다. 이들은 주일 예배만을 고집하다가 여가를 즐기는 교인들을 잃게 되는 결과보다는 그들이 예배할 수 있는 시간과 공간을 주는 것이 현대교회가 취해야 할 일이라고 주장한다. 뿐만 아니라 이러한 주장을 펼치는 사람들은 그들의 교회가 주일 예배를 계속적으로 이어가지만 주일 예배를 대체하는 또 하나의 예배를 주중에 제시함으로 주일에 여가를 즐기는 사람들을 돕는 방안이라고 말하고 있다.

그러나 이러한 주장에는 심각한 문제가 도사리고 있다. 무엇보다도 주일에 대한 정확한 인식의 결여가 보인다. 주일이라는 이름은 주님의 날(Lord's Day)의 줄임말이다. 주님의 날이라는 뜻은 안식 후 첫날이 되는 일요일에 주님이 부활하셨기에 이 날을 초기 기독교인들은 주님의 날이라 정하고 예배하였다. 기독교는 주님의 날을 작은 부활절(Little Easter)로 여겨 부활의 주님을 찾고 그 주님을 기리고 예배하는 신앙을 지켜왔다. 이들은 이 날의 예배를 지키기 위하여 숱한 박해를 받아야 했고 순교의 피를 흘리게 되었다. 드디어 기독교가 로마의 국교로 승인되면서 이 날은 세상의 모든 일을 쉬고 주님을 예배하는 날로 확정되어 2천 년의 역사를 이끌어 왔다. 인간이 여가를 마음껏 즐기기 위하여 이러한 전통을 무시한다는 것은 인간 위주의 교회로 전락한 모습의 일면이기도 하다. 교회가 하나님의 영광을 위하여 인간의 삶을 바치는 것이 아니라 인간의 편의를 제공하기 위하여 전통이나 의미를 축소하고 변형시키는 것이 과연 타당한지를 많은 사람이 묻게 된다. 비록 예배하는 그리스도인들의 수가 줄어들더라도 기독교의 고유한 주일 예배 전통을 지켜 알곡과 쭉정이를 구분하는 계기로 삼음이 타당하다는 주장이 오히려 힘을 더 싣고 있다.

G. 예배의 새 공간으로서의 사이버교회의 등장

1994년 6월 한국인들은 인터넷을 통한 사이버 세계를 공식적으로 넘나들기 시작하였다. 20년을 넘긴 지금 인터넷 이용은 대중화가 되었고 세계에서 가장 앞선 국가가 되었다. 우리 사회는 '사이버 신인류'라는 어휘가 등장할 정도로 문명사에 있어 새로운 변천을 경험하고 있다. 이제는 인터넷이 교육, 신분, 나이의 장벽을 모두 무너뜨리고 사회적 생존의 전제조건이 되었다. 이 세계는 무한한 정보의 보고로서 시간과 공간을 완전히 초월하고 있다.

그 결과 그리스도인들은 편리한 시간에 편리한 장소에서 자신이 소속해 있는 교회의 예배 실황을 비롯하여 원하는 교회의 예배를 자신의 눈앞에 가져다 놓을 수 있게 되었다. 그 실황을 보면서 함께 기도하고 찬송을 하면서 설교를 들으면 예배에 대한 의무를 다했다고 생각한다. 헌금도 신용카드 결제로 대체할 수 있다. 이러한 문명의 이기를 이용하여 이제는 '사이버교회'가 등장하여 사람이 많은 예배당을 찾아 나서기를 주저하거나 여가를 즐기려는 사람들을 무수히 유혹하고 있다.

사이버교회를 환영하는 사람들은 예배를 단절하고 사는 사람들을 그대로 방치하는 것보다 이러한 새로운 시도를 통하여 그들을 잃지 않게 하는 공헌을 하고 있다고 주장한다. 뿐만 아니라 예배란 맹목적인 또는 피동적인 육체의 등장보다는 하나님을 향한 정신이 중요하기에 사이버교회를 통한 자유로운 선택과 자율적인 예배 활동이 더 보람될 수 있다는 주장을 편다. 그들은 일터나 휴양의 장소에서 편리한 시간대를 스스로 택하여 삶에 부담을 주지 않게 되는 실질적인 유익이 있다고 주장한다.

이러한 형태의 예배에 대한 사고는 매우 위험한 생각이다. 그러하기에 많은 교회는 이러한 사이버교회에 대하여 심각한 우려를 자아내고 외면을 하고 있다. 사실 예배는 혼자 드리는 단수의 행위가 아니다. 우리라는 복수의 개념으로 드린다. 즉, 예배란 하나님의 백성들이 주님의 날에 거룩한 장소에 나아가 함께 드리는 것을 말한다. 그래서 개혁자들은 교회를 일컬어 예배하는 공동체(Worshiping Community)라고 한다. 뿐만 아니라 예배란 자신의 유익을 위해서 마음대로 조절하는 것이 아니라, 예배를 위하여 자신을 희생하고 삶의 초점을 하나님을 예배하는 데 두어야 한다.

노트북 하나를 들고 무선인터넷을 통하여 예배 실황을 보는 것으로 예배의 의무를 수행했다고 생각하는 그 자체는 예배를 위한 그리스도인이 아니라, 예배를 자신을 위한 하나의 방편으로 여기는 지극히 무엄한 행위이다. 나의 육체와 정신과 내 영혼이 일체를 이루어 드려지는 예배가 진정한 예배이다. 문제는 예배하는 무리가 언제나 자신의 예배를 하나님이 받으실 것인가에 대한 질문을 던지면서 예배에 임하는 기본적인 자세가 있어야 한다. 예배하는 그리스도인들의 공동체를 벗어난 예배가 인정된다면 이 땅 위의 교회나 예배당마저 존재해야 할 이유가 없어지게 된다.

3. 한국교회만이 시도할 수 있는 전통과 현대의 조화

세계의 거의 모든 교회가 주일 낮 예배로서 주일의 모든 예배 행사를 마감한다. 지속해 오던 주일 저녁의 예배는 이미 사라진 지 오래이고 수요 기도회나 철야 기도회와 같은 것은 찾을 길이 없다. 빈틈없는 산업사회에서 시달린 육체가 따르기에 부담이 될 정도로 주일의 행사가 많은 곳에는 교인들의 부담감을 가중시키면서 주일 낮 한 번의 예배를 드림으로 스스로 만족하려 한다. 그리고 여가를 즐기는 육신적인 삶에 대단한 비중을 두는 것이 오늘의 현실이다. 사실 모이기를 힘쓰던 한국교회도 이런 풍조가 이미 스며들었으나, 극심한 전쟁 위기와 경제사회의 불안 요소가 있는 경우는 약간의 다른 현상을 나타내기도 한다.

21세기에 접어든 한국교회가 주일 저녁 예배나 수요 기도회와 같은 것을 버릴 것인지는 매우 회의적이다. 그 이유는 한국교회가 가지고 있는 특유의 신앙과 충성심은 좀처럼 식지 않으리라고 본다.

그렇다면 한국교회는 '전통적인 예배'와 현대 감각을 최대한 활용한 '새로운 예배'가 병존할 수 있는 가능성을 가진 유일한 교회가 될 수 있다고 본다. 미국의 교회들이 주일 예배에서 새롭게 개발된 예배를 시도하는 것은 그들에게는 다시 모이는 예배가 없기 때문이다.

한국교회는 주일 낮이면 개신교의 전통적인 예배를 드리고, 오후나 저녁에 현대를 달리는 새로운 표현으로 드리는 예배를 젊은 그리스도인들에게 내어줄 수 있다면 이것은 매우 훌륭한 조화를 이루는 예배의 현장이 될 것이라 본다.

4. 새로운 문제의 제기

한국 개신교회는 세계의 어느 나라 교회보다 '예배'라는 단어를 가장 빈번히 사용하고 있다. 상점의 문을 열어도 '개업예배', 아이의 돌을 맞아도 '돌예배'라고 하면서 예배라는 단어를 남발하고 있다.

무엇 때문인지를 묻는 질문에 '예배를 좋아하기 때문이다'라는 단순한 대답이 주어진다. 그러나 여기 또 하나의 대답이 있다. 그것은 우리의 개역 성경에서 예배의 현장이 보이지 않기 때문이다. 그러한 까닭에 예배의 깊은 뜻을 알지 못하게 된다. 어느 환경에서 어떻게 하나님을 예배하였는지를 모르고 비슷한 예배 장면만을 우리의 성경은 보여줄 뿐이다. 우리가 그동안 사용했던 개역성경에는 예배라는 단어가 모두 '경배하다', '섬기다', '제사' 등으로 번역되었을 뿐, 구약에서는 우리말로 '예배'라는 단어가 전혀 없고 오직 신약에서만 16회가 있을 뿐이다.

그러나 앞서서 밝힌 대로 천주교는 하나님을 예배하는 것을 성도의 최우선적인 임무로 생각한다. 이들이 주축이 되어 번역한 공동번역은 전혀 다른 면을 보여준다.

이 성경은 1968년 신·구교 학자들이 "독자들이 원문을 읽는 사람과 같은 내용을 파악할 수 있도록 하려는 목적"을 가지고 번역을 시작하여 10년 만인 1977년에 출판하였다. 이 성경에서는 '예배'라는 단어를 성실히 번역하였다. 이 성경은 '예배'라는 단어를 구약에서는 135회, 신약에서는 36회에 걸쳐 사용하였다. 개역성경과는 너무나 대조적임을 알 수 있다. 영어권에서 오랜 역사와 권위를 가지고 있는 흠정역(KJV) 성경에서는 구약에서 115회, 신약에서는 75회에 걸쳐 '예배'(Worship)라는 단어가 사용되고 있다.

한국교회가 진정으로 예배를 드리기를 원한다면 우선 우리의 언어로 예배가 나타나도록 성경번역을 바로잡아야 한다. 필자의 항의에 의하여 『개역개정판』에서는 구약에 20여 구절에서 '예배'라는 용어를 사용했으나 앞으로는 최우선적으로 '예배'라는 용어가 그대로 번역되어야 한다. 이 문제가 풀리지 않을 때 인위적인 예배가 표준이 될 가능성이 언제나 우리 앞에 도사리게 됨을 명심해야 한다.

함축된 의미

한국교회가 21세기를 맞이하면서 예배를 생각하는 것은 매우 아름다운 일이다. 그리고 필연코 있어야 할 일이다. 전통적인 예배를 추구하거나 새로운 예배를 도입하거나 하나의 원칙이 있어야 한다. 사람을 많이 불러 모으기 위한 수단으로서의 예배 개발은 매우 위험한 발상이다. 하나님은 인간들이 즐겨 찾는 예배보다는, 마음과 뜻과 성품을 다하여 하나님을 예배하려는 자녀들을 찾으신다. 죽어 마땅한 생명으로서 구원받은 자신을 발견하고 감격하여 드리는 진정한 응답이 경배와 감사와 찬양과 고백을 통하여 드려지는 예배를 하나님은 기뻐하신다. 그리고 거기에서 말씀과 성례를 통하여 만남을 허락하신다.

이 진리는 주님께서 재림하실 때까지 변함이 없으리라는 확신을 하면서 한국교회가 21세기의 문안에 들어서기를 기도한다.

제22장
예배와 집회의 분별이 없는 한국교회

1. 정령(精靈)이 아니신 하나님

이 민족의 종교 한복판에는 일찍이 샤머니즘이 자리잡고 있었다. 그것은 한반도뿐만 아니라 아시아 전역에 걸쳐 형성된 고대 종교의 실체였다. 거기에는 정령(精靈)과 악령(惡靈)의 존재가 있었고, 사람들은 그 정령이 자연 현상과 인간사의 성공, 실패, 질병, 사망 등을 지배한다고 믿었다. 우리의 고대 종교로서의 샤머니즘의 주 임무는 인간에게 해를 끼치는 악령을 물리치고 정령의 자비를 구하는 것이었고, 이 일을 감당한 무녀는 사제의 위치를 고수해 왔다. 그들을 통해 우리의 종교 심상에 깊이 자리잡고 있던 이 정령은, 보이지는 않지만 엄연히 실재하는 하나의 신으로 인식되어 왔다. 다음은 이 민족의 종교문화에 기본적으로 자리잡고 있는 삶과 신의 관계성을 말해 주는 기도문이다.

바다의 폭풍을 막아내는 당신이여, 높은 산에 사시는 왕이시여, 수풀에 사시는 신령님이시여, 불행에는 우리의 가호자가 되시고, 흉년에는 우리를 도와주소서.

궁한 달에는 우리에게 넘치게 주시고, 우리가 집에 있을 때에는 아무 위험이 없도록 하여 주시고, 밤에 있을 때에는 아무런 방해도 하지 마시고, 어두운 밤에는 광명을 주시고, 더운 낮에는 그늘의 서늘함을 주시고, 우리를 둘러싼 모든 악을 제거하시고, 선만 가까이하시옵소서.

스스로 창조자가 되신 신령이시여, 우리를 모두 위험에서 구원해 주시고, 접시 같은 우리 얼굴을 땀으로 젖게 하지 마시고, 또 단추 같은 우리 심장을 진통케 하지 마시옵소서.

우리 머리의 수호자이시고 우리에게 양식을 주시는 분이여….

이 기도문을 통해 우리는 한반도의 종교문화를 형성하는 보편화된 신관(神觀)을 알 수 있다. 이러한 신관은 이 땅에 들어온 불교를 비롯해 거의 모든 종교의 신들을 이해하는 데 그대로 적용되어 왔다.

그리스도교도 예외는 아니었다. 샤머니즘이 제작해 놓은 옷을 입고 그들의 언어와 신관을 이용해야 복음의 확산이 가능했다. 그 결과는 한국 교회의 기도의 현장이나 예배의 현장에서 들려오는 소원성취(所願成就)와 무병장수(無病長壽)를 비는 울부짖음에서 입증되고 있다. 게다가 소위 설교라는 메시지의 내용은 그보다 한 발 더 나아가고 있다. 삼류 부흥사들은 설교를 듣는 무리의 창고가 차고 넘치는 데 모든 초점을 맞추고 있다. 그때마다 "아멘"의 함성은 줄기차게 터져 나온다. 그런 곳에만 사람들이 몰려온다. 이 땅의 재래종교의 심상에 있는 정령의 자리를 하나님이 자리하는 데는 어느 정도 성공했을지는 몰라도, 그 하나님을 예배하고 하나님의 가르침을 따르는 데 한국교회는 성공하지 못했다.

그리스도교의 진리는 샤머니즘이나 불교와는 다르다. 그 내용과 신앙 양태는 근본적으로 차이가 있다. 그리스도교는 우선적으로 십자가의 도를 깨달아야 한다. 죗값으로 죽어 있던 생명들을 구원하기 위해 하나님께서는 그리스도이신 예수님을 이 땅에 보내어 십자가 위에서 우리 대신 죽게 하심으로써 우리 인간이 구원받게 된 것을 믿고 감사하는 종교다. 이 감격적인 진리를 깨달은 사람들은 이제 그 예수님 자신이 길이요, 진리요, 생명임을 믿고 따르면서 하나님께서 원하시는 삶에 자신의 삶을 바치는 것이 바로 기독교의 진리다.

성숙한 그리스도인은 먼저 하나님을 예배하는 공동체의 일원이 된다. 그리고 그 예배를 통해 하나님과의 만남을 이룩하고 거기서 하나님 나라와 의를 위한 삶의 길을 다짐한다. 하나님 앞에서 자신의 안일과 이익을 추구하는 것은 지극히 후차적인 일이다. 하나님의 영광과 하나님께서 기뻐하시는 일을 추구하는 것은 성숙한 그리스도인들의 본분이다. 이와 같은 근본을 잊는다면 그리스도교의 하나님은 정령의 범위에서 벗어나지 못한다. 그리고 거기에는 이 땅의 재래종교가 추구해 온 인간 위주의 집회만이 존속될 뿐이다.

2. 예배와 집회의 차이

한국교회는 성경을 우리말로 번역할 때부터 예배라는 말을 멀리했다. 한 세기 동안 한국교회의 경전으로 그렇게 열심히 읽혀졌던 개역성경의 구약 39권에서는 '예배'라는 단어를 전혀 찾을 길이 없다. 예배로 번역해야 할 단어 모두가 '경배', '섬김' 등으로 번역되었을 뿐이다. 신약에서 겨우 14회에 걸쳐 '예배'라는 단어가 등장한다. 영어권에서 오랜 역사와 권위를 가지고 있는 흠정역(KJV) 성경에서 예배(Worship)라는 단어가 구약 115회, 신약 75회에 걸쳐 사용되고 있는 것과는 너무나 대조적이다. 이것은 구약에 나타난 존엄한 예배 현장이 간과되는 결과를 초래했다. 예배의 내용과 실상과 그 중요성 등은 우리의 신학교육에서 너무나 오랫동안 다루어지지 않았다. 예배에 대한 지식은 상식선에도 미치지 못하는 수준으로 신학교육에서 교회 현장까지 이어지고 있었다.

그리고는 마음대로 이곳저곳에 '예배'라는 이름을 덧붙여 사용하는 것을 당연시 해왔다. 생각하면 부끄러운 표현이 즐비하다. '돌 예배', '생일 예배', '회갑 예배', '개업 예배', '축하 예배', '기공 예배', '출판 예배' 등등의 이름들이 바로 예배에 대한 무지한 현실을 잘 드러내고 있다. 이와 같은 어휘들을 볼 때마다 예배에 대한 한국교회의 이해와 정신이 얼마나 본질과 동떨어진 것인지 알 수 있다.

이것이 한국교회의 예배에 대한 현실이요, 수준이라고 지적한다면 무어라고 대답할 것인지 깊이 생각해 봐야 한다. 이제는 세계 교회가 주목하는 한국교회에 걸맞는 예배에 대한 상식도 갖추어야 한다. 그리스도인들이 갖추어야 할 상식의 첫 자리에 예배에 대한 뜻매김이 있어야 한다. 그렇게도 많은 예배를 드리고 있는 한국의 그리스도인들에게 "예배란 무엇인가?"라고 물어보면 그 대답은 정확하지 않다. 많은 예배신학자들이 입을 모아 정리한 대답은 바로 다음과 같다.

예배란 하나님과 그 백성 사이에서 발생한 사건(event)이다.

이 사건 속에는 무엇보다도 하나님께서 주신 창조의 은총과 그리스도이신 예수님의 희생을 통해 주신 구원의 은총에 대한 깨달음이 있어야 한다. 그 깨달음이 있을 때 그 가슴에는 감격이 있으며 그 감격은 하나님에 대한 응답의 길을 찾는다. 그 응답은, 하나님에 대한 경배와 찬양과 감사와 봉헌과 참회와 간구의 행동을 통해 이루어진다. 그 응답이 영(Spirit)과 진리(Truth) 가운데 이루어질 때 하나님께서는 말씀과 성례전을 주고 강복(降福)하신다.

이러한 예배의 정의에서 분명한 것은, 예배란 예배하는 무리의 모든 관심이 하나님께서 주신 은총을 기리면서 그분을 영화롭게 하고 그분만을 기쁘시게 해드리는 것에 모아져야 한다는 사실이다. 예배하는 무리가 예배를 통해 자신의 욕구를 채우는 일은 상상할 수도 없는 일이다. 그래서 기도 내용도 찬송 가사도 모두가 하나님을 경배하고 찬양하는 것이어야 한다.

예배하는 무리가 자신들을 위해 할 수 있는 말이 있다면 그것은 오직 "우리는 죄인입니다. 불쌍히 여기소서"라는 말뿐이다. 하나님을 향한 자신의 주장이나 설득은 있을 수 없다. 자신의 이익을 추구하는 부르짖음은 용납되지 않는다. 자신의 한을 풀려는 어떤 행위도 개입되어서는 안 된다. 오직 하나님만을 위한 모든 응답 행위가 있을 뿐이다. 그리고 주시는 말씀을 경청하고 주시는 성찬 성례전에서 주님과 일치됨을 확인하고 새롭게 감격하는 것이 참된 예배의 정신이며 내용이다.

한국교회가 이와 같은 예배의 정의를 듣는다면 한국교회는 혼돈을 일으키기 시작할 것이다. 지금껏 예배라는 이름 안에서 자신들이 드렸던 모든 예배의 정신과 행위는 예배의 본질과 너무나 많은 차이가 있기 때문이다. 이 혼돈은 너무나 당연하다. 한국교회의 예배 현장을 진술하게 표현한다면, 우리의 예배는 수천 년 동안 이 땅에 뿌리내린 재래종교의 관습을 그대로 이어왔다고 해야 할 것이다. 예배의 대상과 형태만 다를 뿐, 예배하는 무리의 정신과 기대는 너무나 비슷하기 때문이다.

집회란 무엇인가? 교회에서 말하는 집회란 주로 인간 심성을 대상으로 하는 모임이다. 집회는 우선적으로 성례전을 필요로 하지 않는다. 기독교 예배 역사에서 가장 정점으로 여겨진 성례전은 집회의 장에서 전혀 허용되지 않았다. 이러한 예전은 모두 주일 낮 예배에 존재했을 뿐 집회의 장에서는 전혀 볼 수 없었다. 집회에서는 주로 설교만 있을 뿐이다. 이때의 설교는 주로 회중의 영혼 구원을 목표로 하는 전도에 주안점을 둔다. 뿐만 아니라 무질서한 그리스도인들의 삶을 새롭게 정비하는 메시지의 전달이 중요한 부분을 차지한다. 또한 그리스도인들이 알아야 할 성경말씀의 가르침도 모두 이 집회에서 이루어진다.

아울러 한국교회는 이 집회를 통해 자신의 소원을 아뢰는 기도를 마음껏 할 수 있는 장을 마련한다. 수요 기도회나 새벽 기도회나 철야 기도회가 모두 여기에 속한다. 서구 교회에서는 좀처럼 볼 수 없는 집회들이다. 여기서 바로 알아야 할 것은 집회의 모든 초점이 회중의 신앙 향상을 위해 진행되고 있다는 점이다. 그리고 회중이 마음에 열망하는 소원의 항목을 마음껏 열거하면서 기도할 수 있도록 하는 것이 집회의 특성이다.

3. 한국교회 집회의 뿌리

예배의 형태에 따라 그리스도교는 크게 네 줄기로 분류된다.

첫째, 성찬 성례전(미사)만을 예배의 전부로 여기면서 사도적 전승을 가장 많이 부르짖는 정교회를 들 수 있다.

둘째, 제2차 바티칸 공의회 이후로 말씀의 회복을 지속해 온 천주교와 성공회를 들 수 있다. 이 줄기에는 개신교라는 이름을 가지면서도 예배에서 말씀과 성찬의 균형을 지켜나가는 루터교회도 포함시킬 수 있다.

셋째, 예배에서 성찬 성례전은 일 년에 2-4회 지키면서 설교만을 예배의 전부로 여기면서 한국 땅에 뿌리내린 장로교회를 비롯해 감리교와 성결교, 그리고 침례교 등을 들 수 있다.

넷째, 1900년 초에 미국의 성령운동에서 유래되어 예배의 격식이나 절차의 필요성을 중요하게 생각하지 않는 오순절 계열의 예배를 들 수 있다.

여기서 집회만 있는 교회라고 말한 교회는 한국 개신교의 주류를 형성하고 있는 세 번째 줄기를 말한다. 이 교회들은 교단의 배경은 각각 다르지만 이들이 드리고 있는 예배 형태와 내용은 거의 일치한다. 모두 말씀만을 예배의 전부로 여기고 있는 예배 현장이다. 초기에 교단을 형성했던 주역들은 예배에서 말씀과 성례전을 병행하면서 예배의 존엄한 정신을 갖추었으나, 한국의 후예들은 그러한 흔적을 찾을 길 없는 집회의 성격으로 일관한 것이 현실이다. 혹자는 이렇게 된 현실을 한국의 종교문화와 연결지으려 한다. 그러나 이러한 예배 형태의 줄기를 추적하면 그것은 미국의 대각성 부흥운동과 서부 개척기의 변방예배(Frontier Worship)에서 그 유래를 찾을 수 있다.

미 대륙에서 신앙의 자유와 개척의 결단을 가슴에 안고 감격의 예배를 드렸던 선조들의 신앙의 얼은 18세기에 접어들면서 급격하게 식어갔다. 청교도 신앙과는 거리가 먼 세속주의와 자본주의가 등장하면서 교파간의 분열과 인위적인 조직이 교회의 주권을 행사하고 있었다. 그러나 이때 유럽 대륙에서는 경건주의가 등장하고, 독일에서는 신비주의 운동이 활기를 띠었으며, 영국에서는 웨슬리를 중심으로 한 부흥운동이 일기 시작했다.

이와 같은 교회의 새로운 물결은 바로 미 대륙에 영향을 끼쳐 조나단 에드워즈(Jonathan Edwards, 1703-1758) 같은 목사를 중심으로 제1차 대각성 부흥운동을 일으켰다. 이 운동을 통해 미국교회는 죄악 된 생활이 가져올 두려운 결과와, 전능하신 하나님에 대한 경외사상에 대한 관심을 불러일으키는 데 큰 몫을 감당했다. 그 후 미국이 영국에 대항한 독립전쟁(1775-1783)을 통해 자유, 평등, 민권을 기반으로 하는 민주주의 공화국을 설립했다. 그리하여 영토는 3배가 확장되고 인구는 5배나 증가하는 황금기를 맞는다. 바로 이 번영은 미국 사회에 극심한 세속주의와 도덕적 타락의 파도를 불러왔다. 이때 교회의 지도자들은 제1차 대각성 부흥운동을 상기하면서 피니(Charles G. Finney, 1792-1875)와 무디(Dwight L. Moody, 1837-

1899)와 같은 인물을 중심으로 제2차 대각성 부흥운동을 일으키고 있었다.

이렇게 미국의 역사는 새로운 장을 펼치기 시작했다. 이 제2차 대각성 부흥운동은 1차 때와는 다르게 움직이는 인구를 따라 진행되었다. 이 부흥운동의 불길은 경제와 문화와 교육에 뒤졌던 남부를 비롯해 애팔래치아 산맥을 넘어 서부로 향하던 개척의 대열로 이어지고 있었다. 1830년경 이 산맥 너머의 인구가 미국 인구의 3분의 1을 넘겼다는 기록에, 복음의 기수들은 그들을 따라가면서 그들에게 복음을 전하고 그들을 회심시키려는 데 열정을 쏟아야 한다는 당위성을 발견하게 된다.

이러한 변화의 시기에 파생된 새로운 예배 현상이 바로 오늘의 집회를 생성시킨 뿌리였다. 기존의 교회들이 예배 아닌 집회를 보면서 부정적인 시선을 보내고 있었지만, '버림 받은 뭇 영혼들의 구원'이라는 대의 앞에서는 어떤 교회도 적극적인 반대를 할 수 없었다. 이러한 환경은 유럽 대륙에서 예배 전통을 그대로 이어받은 전통적인 기존의 동부 교회들로서는 따르기 힘든 예배의 변화였다.

그러한 관계로 장로교회나 회중교회 또는 성공회나 루터교 등은 이 대열에 적극적이지 못했다. 당시의 많은 기존 교회들은 자신들이 지키고 있는 예배 전통 가운데 설교 사역이 뜨거워지는 것은 충분히 수용할 수 있었다. 그러나 예배당을 벗어나 천막을 치고 야영집회(Camp Meeting)를 예배로 대치한다는 것은 분명히 탈예전적인 새로운 전통으로 규정되었고 심한 갈등을 빚었다.

예를 들어 당시 부흥회의 연속적인 예배 분위기는 기도나 찬양이나 심지어 성경 봉독까지도 설교를 듣기 위한 준비 행위로 격하시키고 그 외의 모든 것은 경험이나 회심의 황홀경을 함께하도록 강조하는 위험한 경지를 보편화시키고 있었다. 이와 같은 것들은 분명히 기독교 예배의 역사와 전통과는 어긋나는 예배의 정신이며 내용이었다.

그러나 선교 대열에 뜨거운 열정을 가지고 뛰어든 역군들에게 최우선적인 관심사는 예배가 아닌 복음과 한 번도 만나지 못했던 오지(娛地)의 생명들이었다. 1884년 고요한 아침의 나라에 바로 이 구령(救靈) 사업의 열정만을 가슴에 안은 선교사들이 상륙했다. 그리고 그들은 자신들이 참석하고 경험했던 집회 때의 기도, 찬송, 성경 봉독, 설교가 전부라고 생각했던 변방예배를 그대로 이 땅에 이식했다. 이 변방예배는 훗날 한국교회의 예배 모델이 되었고, 지금도 한국교회는 그 모델을 예배의 전부로 여기는 모순을 그대로 안고 있다.

4. 집회보다 예배에 가까운 제의문화

우리의 문화를 제의문화(Ritual Culture)라고 일컫는 데는 상당히 합당한 이유가 있다. 신라와 고려를 지배했던 불교의 예불이 천 년 이상 이 민족의 눈앞에서 연출되었기 때문이다. 뿐만 아니라 조선 500년 동안 이 사회를 지배했던 양반 사회에는 조상숭배와 제사제도가 이어졌다. 아울러 일반 대중은 뚜렷한 조직을 갖추지는 않았을지라도 무교(巫敎)를 민간신앙으로 붙잡고 정령의 보호를 추구하는 삶을 살아왔다. 여기서 우리 민족의 장구한 역사는 제의문화를 정착시켰다. 그리고 그 문화의 옷을 입고 그 안에서 생사고락을 함께한 사람들을 가리켜 자연히 제의적 민족(Ritual People)이라고 부르게 되었다.

제의문화에서 태어나 자라게 된 생명체는 자연히 제의적 행위에 익숙해질 수밖에 없다. 예를 들어 가뭄이 극심할 때 기우제를 드리는 제의 행위(祭儀行爲)는 우리 민족에게 이상한 일도 아니고 거부감을 느낄 일도 아니었다. 비록 그 현장에 동참하지 않았더라도 당연히 그것을 제의 행위의 하나로 긍정하려는 기류가 제의민족의 가슴에는 흐르고 있다.

그리스도인들이 드리는 예배에서 제의적 행위에 속한 부분은 어떤 것들인가? 구약의 성전 예배에서는 동물을 잡아 각을 뜨고 불을 사르고 피를 흘리는 등 분명한 제의적 행위가 많았다. 그러한 제의적 행위는 예수님께서 성찬 성례전의 제정으로 모두 대체되었다. 진정한 의미에서 기도나 찬송이나 봉헌이나 성례전의 행사가 모두 제의 행위이다.

그러나 우리의 그리스도교 예배는 이와 같은 외적인 문제에 제의적 행위의 초점을 두지 않는다. 여기서는 죄인 된 인간이 구원을 받고 하나님의 자녀가 된 사실에 감격해서 하나님 앞에 나오는 마음가짐과 함께, 무엇보다도 제의적인 엄숙성과 진실성이 있어야 한다. 예배자들의 마음과 몸가짐, 기도 내용과 자세, 하나님을 향한 찬송의 내용과 태도, 하나님의 말씀으로서의 설교, 그리고 엄숙한 성찬 성례전의 집례와 참여에 이르기까지 예배의 모든 것이 하나님을 향한 진지한 응답의 자세라면, 이것은 모두가 훌륭한 예전 행위다. 이러한 예배 행위는 분명히 찬송으로 인간의 감정을 고조시키고 통성 기도로 회중의 한을 풀게 하고 마음을 열어 말씀만 넣어주려는 집회 행위와는 차이가 많다.

제의문화 속에서 수천 년의 역사를 살아온 우리 민족은 어느 형태의 예배와 더 가까운가? 최근 예배의 현장에 도입된 열린 예배라고도 부르는 '구도자의 예배'는 대표적인 집회 형태 중에 하나다. 젊은이들이 그곳에 모이는 것을 보면서 많은 목회자들이 관심을 기울이고 있다. 그러나 여기서 유의해야 할 것은 그러한 집회 형태의 예배 때문에 가톨릭의 예배를 동경하는 사람들이 늘어나고 있다는 사실이다. 그리고 나이가 많아질수록 서서히 전통적이고 예전적인 예배를 찾게 된다는 사실도 주목할 만하다.

왜 개신교는 수많은 사람들을 전도해서 천주교에 보내고 있는가? 여기에 대한 분석은 다양하다. 그러나 무엇보다도 집회 형태에 만족하지 못한 심성이 진지한 예배 예전을 추구하게 되고, 결과적으로는 개신교에서 가톨릭으로의 이동을 가져왔을 것이다. 이것이 바로 제의문화 속에서 살아온 제의민족이 집회보다는 예배를 더욱 열심히 찾는 증거이기도 하다.

5. 예배와 집회를 모두 수용하는 한국교회

한국교회는 복 받은 교회다. 그동안 집회가 되었든지 예배가 되었든지 상관없이 그렇게 열심히 모이던 결실이 이제 나타날 때가 되었다. 한국교회는 히브리서의 말씀대로 살아왔다. 모이기를 폐하지 않고 서로 격려하면서 자주 모이는 데 힘써온 교회다. 그래서 서구의 교회에는 이미 사라진 주일 오후의 찬양 예배, 수요 기도회, 금요 심야 기도회, 그리고 매일의 새벽 기도회가 아직도 건재하다. 주일 낮 예배 이외의 모임들을 폐지한 서구의 교회들이 내리막길에 들어선 지 오래지만, 한국교회는 오히려 이 모임들을 강화하면서 신앙의 활력소를 찾기에 바쁘다.

서구 교회는 주일 낮 예배만이 모임의 전부로 여길 뿐 주중의 예배당은 실로 한가하다. 물론 각종 모임들이 있으나 그것은 한국처럼 교회의 공식적인 집회나 예배를 위한 모임이 아니다. 그러한 까닭에 예배가 될 수 없는 새로운 틀의 예배 프로그램을 개발하더라도, 그들은 주일 오전 예배에서 과거의 전통을 버리고 그것만을 취하게 되는 모순을 범하게 된다. 예를 들어 한국교회에 한때 선풍적인 관심을 불러일으켰던 빈야드 예배운동과 같은 경우가 그것이다.

예배는 어떤 예배의 형태라도 회중이라는 파트너 없이 목사 한 사람의 단독 행위로 이루어질 수 없다. 그래서 그들은 주일 예배라는 단 하나의 기회만을 활용해야 한다. 그들은 단 하나의 예배 형태만을 취해 회중이 그것만을 추종하도록 한다. 선택의 여지가 없는 교회 회중은 새로운 것을 택해 그것을 추종하든지 아니면 싫어 떠나든지 양자택일을 해야 할 뿐이다.

그러나 한국교회는 그러한 폐단을 줄일 수 있는 교회다. 한국교회는 다양한 형태의 예배를 다양한 시간에 제시할 수 있다. 어떤 교회의 주보를 보면 다양한 시간에 각각 특색 있는 예배 안내를 하고 있다. 신선한 아침에 일찍 드리는 예배, 온 가족이 다같이 드리는 예배, 조용하며 경건하게 드리는 예배, 영적이며 뜨겁게 드리는 예배, 찬양과 경배의 예배 등등 매우 다양하다. 참으로 현명한 방법이다. 회중은 획일적으로 끌고 갈 수 없는 엄연한 생명체다. 교회는 이들에게 선택의 폭을 넓혀 주고 그들이 원하는 대로 하나님을 예배할 길을 열어 주어야 한다.

이러한 일은 오로지 한국교회만이 실천할 수 있다. 주일 낮에는 예전으로서 손색이 없는 예배를, 그 외의 시간에는 현대인들이 좋아하는 찬양과 함께 집회 형태의 예배를 시도할 수 있다. 지적 수준이 낮았던 시절에 지속되었던 집회 일변도의 현상은 한국 사회의 변천에 발맞추어 새롭게 도전해야 할 시점이 되었다. 이제는 예배인지 집회인지 분간할 수 없는 주일 예배에 변화를 가져와야 한다. 예배는 성찬 성례전을 포함해 예배 내용을 충실히 갖추어야 한다. 그리고 다양한 형태의 집회를 구성해 주일 낮 이외의 모임에서 최대한 활용하여 젊은이들을 교회에 머물게 해야 한다. 이러한 양면적인 일을 감당할 수 있는 교회는 세계 어디에도 많지 않다. 가장 가능성 있는 교회가 바로 한국교회다. 한국교회만이 예배와 집회의 두 세계를 활용할 수 있는 능력과 공간과 자원을 갖추고 있다.

함축된 의미

지난 세기 동안 한국교회는 많은 찬사를 들었다. 세계 교회는 선교 기적을 이룩한 젊은 한국교회를 부러워했다. 그동안 이러한 찬사에만 귀를 기울여 자만에 빠져 있던 한국교회에는 허탄하고 망령된 일들이 많았다. 야소교(耶蘇敎)의 이름으로 살던 시절의 소금과 빛의 소임을 망각한 일들이 너무 많이 일어났다. 1907년의 대각성 부흥운동의 흔적은 어디에서도 찾을 길이 없다.

미국교회가 급격하게 주저앉게 된 원인 중 하나가 바로 70년대 초에 도래한 마이 카 시대와 주 5일 근무제였다. 여가 혁명(Leisure Revolution)으로 예배 인구가 극감했기 때문이다.

이제 한국교회는 오수의 침상을 걷어야 한다. 설교 하나로 붙잡고 있던 회중을 새로운 차원의 예배로 이끌어야 한다. 제의적 예전으로 가득한 교회로 이동하는 발길을 막을 수 있는 예배가 개신교에도 있어야 한다. 또한 집회 일변도의 예배 분위기에서 벗어나 하나님과 진지한 만남을 가져야 한다.

그렇다고 해서 지금껏 지켜온 집회의 전통을 버려야 한다는 의미도, 집회를 부정적으로 보는 것도 아니다. 여기에서 강조하는 것은 집회는 집회대로 이어가고, 예배는 예배답게 이어가야 한다는 점이다. 그동안 교회에서 집회만 이어졌다면 예배를 시도해야 하고, 예배만 고집했다면 집회의 문을 열어야 한다는 뜻이다. 한국교회만이 이것을 시도할 수 있다는 점에서 우리는 용기를 가져야 한다. 끝으로, 외국의 한 신학교 총장이 한국교회를 둘러보고 돌아가면서 남긴 말을 다시 음미해 보자.

"한국교회는 하나님께 우리 교인들이 얼마나 영광을 돌리고 있는지를 생각하기보다는, 내 교회에 얼마나 많은 사람들이 모이느냐에 훨씬 더 관심을 쏟고 있는 듯합니다."

제23장
축도, 성구, 목사가운과 스톨에 관한 이해

1. 축도[1]

A. 축도 사용에 대한 문제 제기

개신교 예배 순서의 끝부분에는 목사가 교인들을 위해 하나님이 복 내려 주심을 선언하는 강복 선언(降福宣言-축도)이라는 순서가 있다. 이 축도 행위에 대하여 대한예수교장로회(통합)의 일부에서 축도가 목사만의 고유한 사역인지, 현재 교회가 사용하고 있는 "축원하옵나이다"라는 용어가 성경의 내용과 비교하여 올바른 사용인지에 대하여 문제를 제기하였다. 이에 총회는 축도연구위원회를 구성하여 이 문제에 대하여 연구·보고토록 하였다. 이 위원회는 1년여의 연구 끝에 보고서를 제출하였다. 여기서 축

---

1   이 글은 필자가 서기로 참여하여 작성한 1988년 대한예수교장로회(통합) 제73회 총회 축도연구위원회 보고서의 내용을 요약 발췌하였다.

도는 목사의 고유한 사역으로 인정하며, 목사에 한하여 하도록 한다는 점에 대해서는 합의가 이루어졌으나, 축도 용어에 대해서는 의견이 대립하여 일치를 이루지 못하였다.

B. 축도 용어에 대한 논의

1) "축원하옵나이다" 혹은 "빕니다"의 견해

축도의 끝부분이 "축원하옵나이다" 혹은 "빕니다"로 개정되어야 한다는 견해를 주장하는 입장에서는 다음과 같은 근거를 제시하고 있다.

a. 성경적 측면에서

(1) 현재 교회에서 사용하고 있는 축도는 고린도후서 13장 13절의 말씀을 근거로 하였다고는 하나 이 말씀은 바울 사도가 고린도교회에 보내는 편지의 후속사이며 문안의 말씀이다. 그리고 이러한 표현은 바울 사도가 보낸 서신마다 기록되었으며, 다른 사도들의 편지에서도 볼 수 있는 내용이다.

(2) "있을지어다"라는 말은 오직 예수님 자신과 전능하신 하나님께서만 하실 수 있는 말이다. 그러므로 하나님의 종된 목사가 이 말을 하는 것은 스스로 하나님이 되려는 실수이므로 수정되어야 한다.

(3) 축도는 구약시대에 제사장이 하던 기도와 축복이 아니며 천주교의 신부나 교황이 비는 강복 선언과도 다르다. 축도란 주님의 양을 치는 주님의 종된 목사가 주님의 양을 위하여 드리는 기도이다. 그러므로 반드시 "주의 이름으로 축원하옵나이다"로 수정되어야 한다.

b. 국문학적 측면에서

(1) 축도라는 어휘는 축복 기도를 줄인 단어이며, 축복 기도의 의미는 기독교적으로 예배가 끝날 무렵 목사가 성부, 성자, 성령에게 모든 신자의 복을 구하여 비는 기도이다.

(2) "지어다"가 성경적이라고 하나 "지어다"라는 말은 우리말 사전에서 찾아볼 수 없는 표현이다. 새번역이나 공동번역에서는 "빕니다"로 번역되어 있다.

(3) "함께 있을지어다"의 끝말이 국문학적으로 타당하다는 일부 학자들의 주장은 옛날 왕이 신하와 백성에게 조서를 내릴 때 사용하는 계층적 용어이기에 위화감과 거부감을 느끼게 한다. "지어다"의 뜻이 무엇이 되기를 바란다와 축원의 뜻이 비슷하고 현대인들의 문헌과 대화 속에서 고문화되어 가는 것을 고려할 때 이와 같은 표현은 바람직하지 못하다.

c. 현실적 측면에서

현재의 "있을지어다"로 축도를 해야 한다는 주장은 전근대적이요, 권위의식이 가득한 발상이다. 현 사회에서는 대통령에게도 "각하"라는 용어를 쓰지 않고 계층 간의 간격을 해소하려고 노력하고 있는데, 우리 교회가 이 간격을 더 조성하여 목사와 신도들 간의 위화감을 조장하는 발상을 하는 것은 신도들에게 "지어다"에 대한 거부감을 느끼게 할 뿐이다.

(1) 고린도후서 13장 13절 본문대로만 목사가 주문 외우듯 한다면 축복 기도의 참 의미가 없어진다. 여기서 분별하여야 할 것은 고린도후서 13장 13절은 어디까지나 축복문이다. 그리고 이 축도문을 목사만 전용한다면 옛날 이스라엘 백성이 하나님의 이름을 부르지 못한 것같이 본문도 목사 축도 전용어인 까닭에 신도들은 성경에서 빼놓고 읽어야 한다는 문제나 본문을 이용하여 신도 누구나 축복 기도를 하여야 한다는 문제가 부각될 수 있다.

(2) 현실적으로 제일 심각한 것은 일부 목사(특히 젊은층)의 권위의식의 문제이다. 목사의 권위는 제도적인 것에 치중하기보다는 진정 하나님의 소명을 가진 자로서 진정 그리스도의 종으로서의 희생과 봉사 가운데서 하나님으로부터 주어진 권위를 소유할 때 문제 해결의 열쇠가 된다. 축도를 "축원하옵나이다" 또는 "빕니다"로 한다고 해서 목사의 권위가 손상되는

것은 아니다. 그러므로 100년의 한국장로교회의 전통에 이미 토착된 목사의 축도의 말미어는 국문학적으로 손색이 없고 이미 공동번역이나 새번역에도 사용된 "빕니다"로 하여야 한다. "빕니다"는 자기의 소원이 이루어지게 해달라고 간절히 청하는 뜻이라고 국문학적으로 해석된 단어이다. 또한 다음세대를 위해서 "빕니다"로 함이 가하다고 본다.

이와 같은 근거 위에 축도 용어의 문제를 제기하는 입장에서는 공동번역대로 "빕니다" 또는 현재 많이 사용하고 있는 "축원하옵나이다"로 축도의 끝말을 개정할 것을 주장하고 있다.

2) 우리의 언어구조를 지지하는 견해

이에 대하여 다른 입장은 한국교회 축도의 어미가 가지고 있는 문제점에 대하여는 공감을 표하면서도 그 개정은 성경에서 행하여진 대로 하되 그 표현은 우리의 언어구조를 따라야 한다는 입장이 있다. 이들의 논지는 다음과 같다.

a. 성경적 측면에서

(1) 구약에서는 하나님이 모세에게 예전에 대한 제반 법규를 준 후에 축도의 사역은 제사장 아론과 그 계열에게만 주었으며, 그 내용은 민수기 6장 22절에 규정되어 있다. 이 축도는 루터나 칼빈과 같은 개혁자들이 가장 활발히 사용하였으며, 지금도 네덜란드의 개혁교회를 비롯하여 많은 유럽의 교회들이 사용하고 있다.

(2) 신약에서는 어원적으로 "하나님이 피조물에게 주는 선물"의 의미를 가진 어휘를 사용하면서 단순한 개인의 바람이나 기도가 아닌 하나님의 복이 함께하는 사실을 알리는 것으로서 예수님의 사역에서도 볼 수 있다. 그 실례로 어린이에게 손을 올려 복을 주신 일(막 10:16)과 승천하시기 전에 손을 들어 제자들에게 축복을 하셨던 일(눅 24:50)을 들 수 있다.

(3) 사도들에게 이르러서는 축도의 내용을 일반 기도와 달리 "하나님의 은혜와 예수 그리스도의 사랑과 성령의 교통하심"으로 구체화하여 사용하였다. 그 대표적인 것은 고린도후서 13장 14절, 로마서 15장 5-6절, 에베소서 6장 23-24절, 데살로니가전서 5장 23절, 데살로니가후서 3장 16, 18절, 히브리서 13장 20-21절 등이다.

(4) 성경적으로 축도는 기도와 구분되어 사용되었다. 축도는 자신이 원하는 사연이 이루어지기를 바라는 것이 아니었고, "성삼위 하나님의 은혜와 사랑과 역사하심이" 있어질 것을 알리는 의미로 사도들에 의하여 사용되었다.

b. 역사적 측면에서

(1) 교회의 역사에 나타난 기록에 의하면 본 축도는 사도적 전승을 받은 교회의 감독과 교부들이 사용하였으며, 이는 사도적 전통으로 예배의 결론 부분에서 사용되었다.

(2) 363년의 라오디게아 회의에서는 이단들의 축도 행위를 엄격히 규제하면서 예배 순서로서의 축도를 존엄한 사건으로 규정하였으며, 후기의 신학자들은 축도를 하나님이 주시는 소중한 은사로 이해하였다.

(3) 축도의 자세는 역사적으로 두 형태를 들 수 있는데, 하나는 두 손을 드는 것과 다른 하나는 십자가를 긋는 형태였다.

(4) 중세의 교회를 비롯하여 현재의 구교에서는 축도를 하나님이 복을 주신다는 사실을 선언하는 사제의 고유한 사역으로 이해하고 강복 선언이라 칭하면서 예배에서 실천하고 있다.

(5) 종교개혁자들은 예전의 상징적인 행위보다 말씀 중심의 교회를 강조하였기에 축도는 더욱 소중한 부분으로 간주되었고, 그 정신은 현대의 세계 개혁교회에서 계승되어 목사의 고유한 사역으로 이어지고 있다.

c. 세계 교회의 실태

세계 개혁교회연맹에 가입되어 있는 교회 가운데 12개국 16개 교단에 공한을 보내어 그들의 교회가 사용하는 축도의 형태를 질의한 결과 그 내용은 다음과 같다.

(1) 예배의 마지막 순서로 사용하는 축도는 어느 특정한 나라의 고유한 언어나 문화적인 성격에 의하여 그 내용을 개정함이 없이 성경에 나타난 그대로 사용하고 있다.

(2) 유럽지역의 교회에서는 아론의 축도(민 6:22)를 많이 사용하고 있으며, 미국의 개혁교회들은 바울의 축도(고후 13:13)를 대체적으로 사용하는 경향을 보이고 있다. 그리고 많은 교회들이 성경에 나타난 축도의 여러 형태를 사용하고 있다.

(3) 회신을 보내온 교회들은 축도(Benediction 혹은 Blessing)를 일반 기도(Prayer)와 분류하여 사용하고 있다.

(4) 축도는 예배집례자인 목사에 의하여 끝부분에서 사용되고 있으며, 평신도가 예배를 인도하고 축도의 순서에 임하는 특수한 경우는 끝맺음을 "우리와 함께 있어지이다"(be with us)로 사용하는 사례가 있다.

d. 국문학적 측면에서

(1) 제64회 총회에서 결의한 성경 번역대로의 "있을지어다"의 표현은 현대어로서의 가치를 상실하고 있다고 본다. 그리고 그 의미에 있어서도 높은 자가 낮은 자에게 내려주는 어감 때문에 축도를 받는 현대의 회중으로부터 거부감을 일으킨다는 주장도 일리가 있다.

(2) 그러나 일부에서 주장하여 사용하는 "축원하옵나이다", "예수 그리스도의 이름으로 축원하옵나이다" 등은 완전한 기도의 형태로서 축도의 내용과 행위와는 다르다.

(3) 문법적으로 완전한 문장은 언제나 주어를 수반해야만 한다. 축도의

주어는 성경에 나타난 대로 "하나님의 사랑과 예수 그리스도의 은혜와 성령의 교통하심"이다. 이 주격의 행위를 전할 수 있는 술어는 "함께 하여지이다", "함께 있을지어다" 등이 가장 적절하다는 것이 신학자들의 주장이다. 어떤 경우도 축도를 하는 사람이 주격으로 등장되어서는 안 된다. 만일 축도를 행하는 사람이 주어가 되는 경우에는 그것은 단순한 기도가 되어 비성경적이게 되며 이는 세계 교회에서 유래를 찾아볼 수 없는 사례가 된다.

3) 제 언

위의 두 입장을 고찰해 볼 때 필자는 다음과 같은 내용을 제안하고자 한다.

(1) 축도는 성경적으로 일반 기도와는 완전히 성격을 달리하는 예전 행위이기 때문에 먼저 축도를 기도의 개념에서 이해해서는 안 된다.

(2) 축도는 예배를 집례하는 목사의 고유한 사역으로서, 목사의 권위를 위한 도구가 될 수 없으며, 오직 예전적인 순서로서 가급적 성경에 나타난 대로 해야 하며 수식어를 첨가하지 않도록 해야 한다.

(3) 축도의 주격이 "예수 그리스도의 은혜와 하나님의 사랑과 성령의 교통하심"이어야 하기 때문에 축도하는 사람을 주어로 하는 "축원하옵나이다" 또는 "빕니다"의 종결어는 타당하지 않다.

(4) 축도의 내용 중 "너희 무리에게"는 현대어로는 적절치 않으므로 "모든 성도에게" 또는 "OO 교회 성도들에게"라고 함이 타당하다.

(5) 축도의 끝말은 현재의 "있을지어다"가 거부감을 준다는 반응을 고려하여 "함께 하여지이다" 또는 "함께 있을지어다"로 할 수 있다.

(6) 국어사전에서 존재하지 않는다는 주장은 사전을 찾을 줄 모르기 때문이다. 사전에서 '지어다'를 찾을 경우 '-ㄹ지어다'로 찾으면, '마땅히 하여야 한다'는 뜻을 나타내는 맺음이나 끝으로 예스런 정중한 표현에 쓰인다고 설명하고 있다.

2. 성구[2]

A. 역사적 배경

개신교는 각 교파간의 전통과 신학의 일치성을 이룩하지 못한 채 예배의 예전과 성구(聖具)의 배치 등에 독자적인 형태를 취하고 있다.

먼저, 루터교와 성공회 계열은 예배·예전의 전통성을 서방 교회로부터 이어받아 오면서 모국어로 된 말씀과 찬송의 활용에 우선적 초점을 두어 왔다.

둘째, 쯔빙글리를 비롯한 급진적 개혁 계열은 말씀의 예전만을 강조하고 성만찬 예전을 극소화시키면서 교회에 일체의 상징이나 장식, 심지어 악기에 이르기까지 그것들의 사용을 철저히 거부해 왔다.

셋째, 재세례파를 중심한 반예전적(Anti-Liturgical) 교회들은 예전 가운데서 일체의 예전 행위를 거부하였으며 심지어 성직자의 사명과 직무까지도 거부했다.

넷째, 한국 장로교의 신학과 전통에 절대적 영향을 끼쳤던 제네바를 중심한 칼빈의 예배 이해를 들 수 있다. 그는 초대교회의 예배 형태와 그 내용을 본받으려는 노력과 함께 말씀의 예전과 성만찬의 예전에 동일한 비중을 두었다. 특별히 이러한 사상은 존 낙스에 의하여 스코틀랜드 장로교회의 출발에 막대한 영향을 끼쳤다.

이와 같은 예배신학과 전통의 다양성을 보면서 칼빈과 존 낙스의 예배 신학 및 그 전통과 맥락을 이어오고 있는 한국 장로교회는 그들의 후예들이 이끌어 온 장로교의 예배 특성에 관심을 두어야 한다. 이하 몇 가지 문제에 대하여 간략하게 살펴보고자 한다.

---

2 이 글은 필자가 서기로 참여하여 작성한 대한예수교장로회(통합) 제69회 총회 성구통일 제정연구위원회 보고서의 내용을 요약 발췌하였다.

B. 설교대(Pulpit)와 인도대에 관하여

오늘의 개신교는 일반적으로 크게 세 가지의 단을 제단 부분에 설치하고 있다.

첫째, 말씀의 선포(설교)를 위한 설교대의 설치이다. 이것은 개신교의 최우선적인 성구로서 회중을 향해 우편에 설치한다. 그 크기는 인도대보다 더 높고 크게 함으로써 하나님 말씀의 절대적인 의미와 권위를 상징하게 할 수 있다.

둘째, 인도대인데 이는 예배의 일반 순서를 진행하는 대로서 인간들이 하나님께 모든 예전(Liturgy)을 드리는 의미의 제단이다. 그 크기는 설교대보다 약간 작게 함이 좋으며 위치는 회중을 향하여 좌편이 된다.

셋째, 성찬상을 설치할 수 있다. 이 상은 단 중앙의 벽 밑에 설치하고 그 위에 성경을 펴놓는다. 언제나 회중이 직접 볼 수 있도록 가운데 놓아 막힘이 없도록 함이 일반적인 현상이다. 성만찬 예전을 집례할 때는 회중을 찾아와 주시는 주님의 뜻을 나타내는 의미에서 성찬상을 회중의 앞에 설치할 수 있다.

C. 제단 위의 성경

오늘의 교회에서 예배당 앞 벽 중심부에 성경을 펴놓는 것은 다음과 같은 역사적 배경을 가지고 있다. 즉, 유대민족의 예배는 바벨론 포로 이후 회당 예배가 주종을 이루게 되었는데 그 제단의 구조는 맨 먼저 언약궤를 상징한 상자를 놓고 그 위에 성경을 펴놓은 것이었다. 이 예배는 예수님과 그 제자들에 의해서 일반화되었으며 성경의 펼침도 이에 그 기원을 삼게 되었다.

그러나 이와 같은 역사적 기원을 가지고 있다 하더라도 그것을 반드시 의무화할 필요는 없으며 교회의 자유로운 선택으로 함이 좋다.

D. 강단 뒤 벽 휘장

제단에 휘장의 설치란 성경적으로 구약적 행위에 속하며, 신약에서는 십자가의 사건과 함께 그 존재 가치를 인정하기에는 어려움이 있다.

그러나 제단의 엄숙성을 갖추기 위하여서 하얀 벽의 노출보다는 보다 엄숙한 색깔과 천의 휘장을 사용할 수 있다. 그 색깔에 있어서는 일반적으로 자주색(흙장미색)을 택한다. 그 이유는 십자가의 보혈을 상징하며 구약의 희생제사와 맥락을 같이하는 의미 부여를 할 수 있다. 그리고 시각적 차원에서 예배를 드리는 성도들이 시각적으로 따뜻한 안정감을 갖는다는 효과를 가지고 있다.

E. 일곱 촛대

예배시 앞에 켜는 일곱 촛대는 계시록 4장 5절에 근거한 것으로서 하나님의 영의 현존을 의미한다. 이것은 예배의 현장에 임재하신 하나님의 거룩하심과 그리스도의 빛을 발하는 상징을 나타내는 데 도움이 되는 것으로서 개신교에서도 많이 사용하고 있다.

그러나 우리의 교회에서 재래종교의 영향이나 불교의 의식과 혼돈될 위험한 요소가 있다고 생각되는 경우 일곱 촛대의 설치와 사용에 재고의 필요성이 있다.

F. 설교자의 가운

예배시 설교자가 가운을 착용함은 하나님 말씀의 사자로서 성별된 사명과 그 수행을 구별 표현하는 데 목적이 있다. 예배 인도의 참여자로서 기도 인도자가 가운을 착용하는 것은 의무조항이 될 수 없으므로 자유롭게 함이 좋다. 단, 스톨은 목사의 사제직 수행의 고유한 표현이므로 일반 예배순서 참여자는 착용을 하지 않아야 한다.

목사의 가운 색깔은 각 교파별로 교회 절기에 따라 변할 수 있으나 제네바교회를 비롯한 개신교의 전통에 의하면 검정색이다. 그러나 성례전의 집례시, 부활절, 성탄절의 경우 흰색을 착용할 수 있다. 그리고 스톨은 교회력에 따라 보라색, 백색, 홍색, 녹색, 흑색으로 구별하여 사용한다.

G. 찬양대의 가운

성가대 역시 성별된 사명의 이행을 알리는 데 가운 착용의 의미를 둘 수 있으며 그 색깔은 반드시 통일해야 할 필요성을 찾을 수 없다. 다만 목에 두르는 후드는 목사의 스톨과 동일하게 사용함이 교회력과 거기 맞는 메시지, 그리고 찬양의 통일성을 가져오는 데 도움이 된다.

H. 제 언

개신교에서는 신령과 진정으로 드리는 예배를 강조해 왔다. 그러므로 지나친 상징의 설치와 신비적 행위의 예전은 개신교에서 그 설득력을 잃게 되었다. 그러나 예배를 드리는 성전의 구조와 기본적인 성구들, 그리고 예배의 존엄성을 가져올 수 있는 기본적인 상징의 설치 등은 우리의 깊은 관심을 필요로 하는 것들이다. 그러므로 교단의 획일적인 의식이나 성구의 제정보다는 개교회가 예배에 대한 좀 더 깊은 관심을 기울이면서 의미 있는 성구와 상징을 설치하고 사용함이 타당하다고 하겠다. 예배의 현장에서 주어진 메시지를 단순히 언어에만 의존하려는 것은 너무 단순한 의도이다. 현대교회가 쯔빙글리와 같은 개혁자들에 의하여 상실한 상징물들을 회복하고 있는 이유는 시각을 통한 메시지의 전달 또한 중요하기 때문이다. 단순한 우산의 개념으로 모든 상징을 해석하려는 시도는 이제 종결되어야 한다.

3. 목사가운과 스톨[3]

A. 성경적 근거

성경에서는 하나님이 아론에게 최초로 대제사장의 직무를 수행하게 하고 그 아들들에게 제사장 직분을 행하게 하면서 그들이 입을 예복(禮服)에 관한 규례를 세웠다(출 28장). 그리고 계시록에서는 하나님의 말씀을 인하여 죽은 순교자에게 흰 두루마기를 입히시는 장면이 나온다(계 6:11).

성경에서 제정한 제사장들의 특별한 복장에 대한 규례는 하나님 앞에 제단을 쌓을 때 일상생활의 복장 그대로의 집례 행위를 금하는 데 그 목적이 있다. 하나님은 "옷을 지어 그를 거룩하게 하여 내게 제사장 직분을 행하게 하라"(출 28:3)는 명령을 하고 계신다.

예수님이 우리의 제사장으로서 십자가 위에서 단번에 자신의 몸을 드리심으로 제사의 제도를 마감하신(히 9:12, 10:10) 그 역사적인 구속의 역사에 의하여 구약의 제사의 개념이나 그 신비하고 복잡한 제사장 복장의 제정은 우리의 개신교에서는 타당하지 않다는 신학이 지배적이다. 그러나 아직도 동방 정교회나 로마 가톨릭 교회는 구약적인 제사장의 복장의 형태를 다소나마 고수하고 있다.

B. 역사적 배경과 형태

유대교와 로마의 핍박으로 숱한 순교자를 배출하고 예배의 장소를 옮겨야 하는 이들은 비밀리에 말씀을 선포하고 전도에 집중하여야 했다. 그 결과 비록 말씀과 성례전이 예배의 구심점을 가지고 있었으나 공공연한 예배의 장소에서 집례자(성직자)가 예복을 입고 예배를 집전하는 형태는 찾아보기가 힘들다. 그러나 기독교가 로마의 국교로 선포된 이후에는 성전의

---

3 이 글은 필자가 서기로 참여하여 작성한 대한예수교장로회(통합) 제78회 총회 목사가운과 스톨 연구위원회 보고서의 내용을 요약 발췌하였다.

구약적인 장식과 상징과 의미의 복고가 활발하였으며, 거기에 더하여 성직자의 일반적인 의복과 미사를 집전할 때 사제가 입어야 하는 예복(禮服)에 대한 제정이 활발하였다. 이때의 예복의 형태는 다음과 같다.

먼저, 예전의 의식, 즉 성만찬을 비롯한 기타의 성례전에 입는 예복(garments, 덮개 옷)이 있다. 당시의 예배의 구심점이었던 성례전은 구약의 어떤 제사제도보다 그 가치성이 높이 평가되었기에 집례자의 예복은 필수적으로 착용해야 했다.

둘째, 부활절을 비롯한 교회의 특수한 절기에 갖는 예전의 집례를 위하여 입는 예복으로서의 의상(vesture)이 있다.

셋째, 성직자의 계급을 나타내는 다양한 형태의 성직자 복장이 있다. 이것은 일반적인 사제와는 무관한 복장으로서 고위성직자들의 구별을 위함이다.

넷째, 성직자의 일반적인 복장으로서 예전을 집례하는 경우가 아닌 일반생활을 할 때 입고 지내는 평상복이 있다.

이상의 예복들은 교단의 성격에 따라서 수용의 정도와 그 성격 및 형태가 분류되는데 크게 나누어 동방 정교회, 로마 가톨릭 교회, 다양한 개혁교회들로 나누어 살펴볼 수 있다.

C. 개혁자들의 예배와 집례자의 예복

종교개혁의 주역들은 예배의 형태와 내용 및 성직자의 복장에 대하여 일치하지 못한 채 크게 네 가지 입장으로 나뉘었다.

먼저, 미사에 모국어의 사용과 설교와 찬송을 가미하여 가톨릭의 예전을 그대로 고수하려 했던 루터 계열을 들 수 있다. 이들은 목사가 예배를 인도할 때 입는 복장까지도 약간의 단순화하는 과정을 거쳤으나 큰 변화 없이 언제라도 사용한다.

둘째, 쯔빙글리 계열로서 인간들은 오직 하나님의 말씀에만 귀를 기울여야 한다고 주장하면서 성례전을 경시하고, 교회의 예배음악이나 오르간이나 피아노 사용의 금지를 비롯하여 교회의 모든 상징물과 목사의 예복까지 전면 부정하는 급진적인 입장이다.

셋째, 존 칼빈의 계열로서 그는 말씀과 성례전이 예배의 구심점이 되어야 함을 강조하면서 성경과 초대교회의 예배의 정신을 따르는 개혁을 진행하였다. 이들은 매주일 성례전의 집례를 주장하였고 목사가 주일의 예배에서는 예복을 입어야 한다는 주장을 펴면서 당시의 법관들의 예복이며 로마의 예복이기도 했던 가운(일명-제네바 가운)을 입도록 하였다.

넷째, 재세례파의 계열로서 이들은 교리와 교회의 구조를 성경공부와 말씀의 선포에만 집중하여 성직자의 구별된 복장이나 집례시의 예복은 근본적으로 부정하였다.

D. 현대 개신교의 동향

현대 복음주의 교회의 목사들은 크게 두 가지로 분류할 수 있다. 하나는 예배를 집전할 때 특별한 옷을 전혀 입지 않는 부류이고, 다른 하나는 스코틀랜드교회가 사용한 제의(Cassock)나 제네바 가운을 스톨과 함께 입는 부류로서 이 부류는 복음주의 목사들의 절대 수를 차지한다.

일리온 존스 교수의 『복음적 예배의 이해』에 의하면 근래에 와서 제의(祭衣)에 대한 관심이 높아져 여러 지역의 개신교 목사들도 제의로 가운을 애용하고 있다고 지적하고 있다. 때로는 학위후드를 두르는 경우도 있으나 이 경우는 예복으로서 인정받기 곤란하다.

특별히 현대의 복음주의 교회의 목사들은 성직 수행을 상징하는 것으로 제네바 가운을 입고 스톨(Stole, 領帶)을 교회력의 색깔에 맞추어 사용하고 있는 추세이다.

E. 스코틀랜드 장로교 목사의 가운

스코틀랜드교회는 칼빈의 신학과 예배모범의 절대적인 영향을 받은 존 낙스(John Knox, 1510-1572)에 의하여 영국 성공회의 감독제도로부터 개혁이 이룩된 교회이다. 그리고 그 후의 멜빌(Andrew Melvile, 1545-1622)에 의하여 체계적인 정착이 시도되었고, 바로 이것이 세계의 장로교로 발전하였다.

이들의 예배 현장과 면담을 통하여 확인된 목사의 예복은 다음과 같은 특성을 가지고 있다.

(1) 이들은 제네바 가운을 사용하지 않고 카속(Cassock-검정 빛깔의 긴 겉옷으로 허리를 묶은 목사의 예복)을 예배시에 철저히 사용한다.

(2) 이 예복 밑에는 성직자 칼라(Clerical Collar-검정바탕에 빳빳한 흰깃)를 입으며, 이 셔츠는 교인들과의 상담과 기타의 교회활동 시에도 입는다.

(3) 예배시에는 목 앞부분에 하얀 대(Insert Collar)를 사용하여 주님의 도구가 되는 표시를 나타낸다.

(4) 예배에 관계하는 장로의 가운은 소매가 짧은 제네바 가운과 동일하다.

(5) 스톨은 목사의 의향에 따라 착용의 자유가 있다.

F. 미국의 장로교회

미국 장로교는 스코틀랜드교회처럼 일관된 예복의 형태를 취하지 않고 다양성을 갖추는 목사의 예복을 착용하고 있다.

(1) 이들은 대부분이 제네바 가운을 예배시에 착용한다.

(2) 스톨은 거의 빠짐없이 착용하여 성직의 수행과 교회력의 의미를 부여하고 있다. 그리고 스톨의 상단에는 교단의 마크를 새겨 넣는다.

(3) 보수적 성향을 가진 목사들은 성직자 셔츠(Clerical Collar)를 즐겨 입되 그 색깔은 검정색 일변도가 아닌 교회력의 예전색깔에 맞추어 입는다.

(4) 특별히 성례전의 경우는 예복을 입는 것을 당연시하고 있다.

(5) 평신도가 성경 봉독을 하는 경우 형태와 색깔을 달리하는 가운을 입는다.

G. 제 언

집회는 있으나 예배·예전은 없다는 평가 그대로 한국의 개신교는 예배의 진지성과 엄숙성이 결여되어 있다. 통합교단의 헌법이 규정한 목사의 기본 직무는 "말씀으로 교훈하며 성례를 거행"(헌법-교회정치 26조)하는 직무이다. 이 직무의 수행자가 예배시에 가운을 예복으로 착용하고 그 위에 스톨을 걸침으로써 예배의 엄숙성은 더욱 잘 지켜지리라고 생각된다. 또한 한국의 문화가 제의문화임을 감안할 때 우리 기독교의 예배·예전의 존엄함과 그 집례의 진지성이 당연히 표현되는 상징은 필요하다고 여겨진다. 얼마 전 실시한 "한국인의 종교 의식"을 조사한 갤럽연구보고서에 따르면 오늘의 젊은 대학생을 비롯한 젊은 지성인들은 성직자의 구별된 복장과 예복의 착용을 다수가 원하고 있다. 이러한 문화적인 배경과 성도들의 바람을 수용하는 차원에서도 이 문제를 다룰 수 있다. 그렇다면 구체적으로 한국교회에 적용할 수 있는 예복의 형태는 어떠해야 할까?

먼저, 지금까지 사용해 온 제네바 가운에 변형을 가함은 많은 찬반의 의견과 혼돈이 있을 것으로 예상되어 형태는 칼빈의 전통을 따르되 앞부분의 검정 벨벳(Velvet)이나 양팔 위의 학위의 표시는 사용하지 않는 것이 좋다. 가운의 색깔은 우리의 민족이 백의민족으로서 흰색을 선호하고 있다는 점과 의식구조를 고려하여 흰색에 가까운 색상이 무난하다. 영대(領帶-스톨)는 세계의 개혁교회가 동일하게 지키는 교회력과 예전색깔(녹두색, 가지색, 붉은색, 흰색)에 따라 사용할 것이며, 스톨의 상단에는 교단의 표식을, 하단에는 그 절기의 상징(예, 십자가 또는 가시면류관)을 사용함이 타당하다고 생각된다. 그리고 이 영대는 세계의 개혁교회와 마찬가지로 말씀과 성례의 집례자인 목사에 한하여 사용되어야 한다.

또한 스코틀랜드 장로교회의 목사들을 비롯하여 많은 개신교의 목사들과 같이 본 교단의 목사들도 성직자 셔츠(Clerical Collar)를 일상적인 교회생활과 주일의 예복가운 밑에 입도록 권장함이 좋다고 여겨진다. 그 이유는 이 성직자 복장의 기본 뜻이 '노예의 상징'을 의미하는 것으로 하나님의 종으로서 사명의 수행과 자신의 언행심사에 대한 책임 의식을 갖게 하는 데 도움을 주기 때문이다. 단, 색깔은 검정색 일변도가 아닌 교회력의 색깔에 맞추어 자연스럽게 선택할 수 있다. 목사와 장로의 가운은 구별을 두지 않고 동일한 형태와 색상의 가운을 사용하되 스톨과 성직자 셔츠는 말씀과 성례의 집례자인 목사에 한하여 사용하는 것이 옳다고 본다.

끝으로 개신교의 특성은 일괄적인 중앙집권적인 교회의 구조가 아니기에 목사의 예복에 대한 어떠한 결정도 강제적인 성격을 가질 수 없다. 그러므로 권장의 차원에서 참여를 유도할 수 있을 뿐이라는 점을 밝히고자 한다.

제24장
예배의 실제적인 문제들

1. 성찬을 받는 순서

장로교의 창시자 낙스는 칼빈이 주도하고 있던 제네바의 교회를 보면서 "사도시대 이후 이 지구상에서 가장 완전한 그리스도의 학교"라고 극찬한 바 있다. 그러면서 그는 "지금껏 다른 어느 곳에서도 이와 같이 생활과 종교에 대한 진정한 개혁을 보지 못했다"라는 말을 첨가하고 있다. 그래서 그는 칼빈의 신학과 예배모범을 스코틀랜드교회의 주축으로 삼고 개혁을 하였으며 그곳에 세워진 장로교가 오늘 세계의 모든 장로교의 원조가 되었다. 우리의 대한예수교장로회도 예배모범을 비롯하여 신조와 치리의 근원을 바로 스코틀랜드교회가 주관했던 웨스트민스터 성회에서 결정된 것들과 맥을 함께하고 있다.

이러한 훌륭한 개혁을 단행했던 칼빈은 성찬 성례전을 매주일 시행할 수 없는 안타까운 현실을 보면서 이것은 곧 "악마의 농간이다"라는 과격한 표현을 아끼지 않았다. 사실 교회란 제2 스위스 신앙고백처럼 "말씀과 성례전이 바르게 선포되고 시행되는 곳"이다. 그래서 칼빈은 성찬 성례전의 집례 과정에 남다른 관심과 깊은 연구 끝에 제네바 예식서를 만들어 바른 교회의 틀을 세우는 데 심혈을 기울였다. 특별히 성찬을 받는 순서에 대하여 남다른 관심을 보이면서 정확한 질서를 지켜줄 것을 강조하고 있다.

한국교회가 성찬 성례전을 일 년에 한두 번으로 축소하여 시행하는 현실을 볼 때 성찬 성례전의 절차에 별로 큰 관심을 두고 있지 않는 듯하다. 그러나 로마 가톨릭 교회나 성공회의 신부들이 성찬 집례의 연습을 수백 번이 넘게 한 후에 서품을 받는다는 사실을 우리의 신학교육과 비교하면 이 얼마나 부끄러운지 고개를 들 수가 없다. 뿐만 아니라 그들은 회중에게 성찬에 참여하는 방법까지도 철저한 교육을 시키고 있다는 점에서 우리의 부러움을 사기에 충분하다고 하겠다.

우리는 성찬의 성물(떡과 잔)을 받는 순서마저 배운 바가 없이 집례자가 원하는 대로 시행하고 있는 실정이다. 집례 목사가 분병 분잔 위원들에게 성물(聖物)을 나누어주고, 그 위원들은 그것을 바로 회중에게 가져다준다. 세례교인들에게 떡과 잔을 빠짐없이 나누어주고 돌아온 분병 분잔 위원들에게 집례자가 성물을 받게 하고, 집례자 자신은 맨 마지막으로 받는 순서를 흔히 볼 수 있다. 이것은 칼빈의 가르침과는 전혀 상반된 순서이다. 칼빈은 성찬 성례전에서 분병 분잔의 순서는 먼저 집례자인 자신이 주 예수 그리스도의 명령에 따라 성찬을 집례하는 신분으로서 맨 먼저 스스로 들게 한다. 그리고 분병 분잔 위원들이 파송을 받아 나가기 전에 먼저 성찬에 참여한 몸들이 되기 위하여 성찬을 받게 한다. 그리고 그 파송받은 신분으로서 회중을 찾아가 전해주도록 하는 절차를 강조하고 있다.

칼빈이 시행한 절차는 대단한 타당성을 가지고 있다. 이러한 순서는 이미 정교회나 가톨릭 교회, 그리고 전통을 소중하게 생각하는 성공회나 루터교회도 일찍부터 시행하고 있는 절차이다. 예수님이 성찬을 제정하실 때에 사도들이 먼저 받았고, 그 성찬을 받은 사도들이 그들의 회중에게 성찬을 주었다는 순서는 칼빈이 행한 순서와 일치함을 알게 된다. 그리고 이것이 바로 성경적이라는 사실 또한 분명하다. 사도적 전통을 가지고 있는 우리의 교회도 이제는 이러한 부분까지도 섬세한 주의를 기울여야 한다.

2. 성찬 성례전 참여 형태

우리의 땅에 복음을 심어준 선교사들은 봄, 가을에 순회를 하면서 성례전을 거행하였다. 그래서 선교사의 순회가 있는 주일은 교회가 온통 잔치 분위기였다. 그리고 그들의 가르침은 성경 다음으로 소중하게 받아 전수해 왔다. 이러한 것은 소중한 전통이 되어 조금의 변화라도 시도하면 곧 '신신학 또는 자유신학'이라는 이름과 함께 거부반응을 일으켰다. 그러나 복음을 전해준 선교사들의 모국교회를 가보면 전혀 우리와 다른 예배 환경을 보게 되고 당황하게 된다. 그때마다 선교사들의 가르침을 성경의 가르침과 동일시했던 우리의 인식에 대한 변화를 일으키게 된다. 그 중에 하나가 일 년에 두 번만 성찬 성례전을 거행하는 것과 앉아서 분병 분잔 위원들이 가져다주면 받아먹는 것이 성경적이고 개혁교회의 전통으로 알아 왔다. 이러한 전통을 벗어나 성례전을 자주 행하고 분병 분잔의 형태를 새롭게 시도하면 그것을 마치 비성경적인 행위인 듯 쳐다보고 비판을 가하는 경우가 종종 발생한다.

그러나 이러한 고정관념은 매우 편협된 것이고 예배 역사의 지식이 모자라기 때문이다. 회중이 성찬 성례전에서 성물을 받는 형태는 종교개혁자들에 의하여 크게 세 가지가 주종을 이루었다.

먼저, 극단적인 개혁자였던 쯔빙글리의 방법이다. 그는 구교에서 행한 방법은 거의 다 거부하였기에 성찬 예식의 참여 형태도 정반대의 형태를 취하였다. 그것이 바로 오늘 우리가 성경의 가르침처럼 지키고 있는 형태이다. 즉, 앉아 있는 자리에서 가져다준 떡과 잔을 받도록 하는 형태이다. 둘째는, 칼빈의 가르침이다. 그는 성찬을 회중이 그대로 회중석에 앉아서 받는 것은 주님의 살과 보혈을 받는 데 경건성의 표현이 약하다고 지적하고 세례교인들은 모두 일어서서 경건히 받도록 하는 방법과, 성찬대 앞으로 모두 나와서 무릎을 꿇고 받는 방법 등을 택하였다. 셋째는, 스코틀랜드교회에서는 긴 성찬 테이블이나 또는 성가대석에 사도들의 숫자처럼 12명씩 나와 앉아서 받도록 하는 방법을 택하기도 하였다.

이처럼 개혁자들에 따라 성물을 받는 자세는 다양하였다. 여기서 유의해야 할 것은 어느 형태가 성경적이냐는 논쟁은 전혀 없었다. 오직 어떻게 하면 보다 더 성스럽게 주님의 희생을 재현하고 거기에 참여하는 형태가 될 것인가의 이론을 전개할 뿐이었다. 그러나 여기서 우리가 간과할 수 없는 것은 기독교 예배의 성찬 성례전 역사를 존중하고 그것을 그대로 지키려고 노력하는 동방 교회와 천주교를 비롯하여 성공회나 루터교가 지키고 있는 형태를 유심히 보아야 할 필요가 있다. 그것은 모든 회중이 줄을 서서 앞으로 나와 무릎을 꿇는 자세를 취하고 집례자가 입에 넣어주든지 또는 두 손으로 받든지 하는 형태를 취하고 있다.

이러한 역사적인 배경을 이해한다면 이제는 우리도 앉아서 가져다주는 것을 받는 형태만을 고집할 것이 아니다. 현대의 많은 개혁교회들이 시도한 것처럼 다양하게 성찬 성례전에 참여하는 형태를 갖추어볼 필요가 있다. 좀 더 신선하고 성스러운 성례전을 가져야 함을 그토록 강조했던 칼빈의 가르침도 예배의 현장에 도입할 필요가 있다. 이것이 성숙한 교회로 진입하는 또 하나의 모습이라고 생각된다. 초기 선교사들이 전해준 단 한 가지의 형태만을 고집하는 것이 성경적이고 전통이라고 생각하는 관습을 바꿀 때가 되었다.

우리 예식서에도 자주 성례전을 갖도록 제시한 것은 그만큼 발전의 발걸음을 내딛었다는 증거이다. 여기에 호흡을 함께하는 신선한 방법의 시도가 마땅히 있어야 할 때가 왔다.

3. 주기도와 마침 기도

그리스도인들이 드릴 수 있는 기도 가운데 최선의 모형은 주님이 주신 기도이다. 그 내용은 어떤 기도도 따를 수 없는 완벽함을 갖추고 있다. 우리의 기도의 내용이 모두가 한결같이 기도하는 우리 자신을 위한 내용으로 가득한 반면에, 주님이 가르쳐 주신 기도는 하나님의 뜻과 나라와 영광과 권세를 향한 내용으로 가득함을 이미 언급하였다.

그래서 우리는 예배를 비롯하여 많은 모임에서 주님이 가르쳐 주신 기도를 드리는 것을 당연시한다. 주일 예배를 비롯한 각종 예배와 기도회에서 주님이 가르쳐 주신 기도를 드리는 것은 전혀 잘못이 없다. 그러나 다음 두 가지의 경우에서 주의를 요한다.

먼저, 모임마다 너무 자주 의미를 음미하지 않고 이 기도를 드림으로 소중한 기도가 형식화되어 가고 있다는 문제이다. 이러한 결과는 주님이 가르쳐 주신 기도가 마음으로부터가 아니라 단순한 입으로부터 나오는 형식적인 기도문으로 끝나는 경우를 많이 본다. 우리의 개혁교회가 많은 성자들의 기도문을 예배에서 사용하지 않는 중요한 이유 중의 하나가 바로 기도의 형식화 문제 때문이다. 의미 없이 외우는 주술과 같은 기도의 행위를 막기 위함이었다.

특별히 이 기도가 모임의 끝맺음을 위한 하나의 방편으로 사용되는 경우는 더욱더 형식화되는 느낌을 받게 된다. 그 아름답고 소중한 내용이 이 기도를 드리는 그리스도인들의 가슴에서 음미되지 못한 채 주술을 외우듯이 모임마다 이어진다면 이 얼마나 가슴 아픈 사연이 될 것인지 깊이 생각해 볼 문제이다. 차라리 누군가가 그 모임의 마침을 위하여 기도를 드림이 오히려 주님이 주신 기도를 형식화하는 것을 막는 일이 될 수 있으리라고 본다. 또 하나의 문제는 예배 가운데서 드리는 목회기도 다음에 이어서 회중이 함께 주님의 기도를 드리는 문제이다. 개혁자들을 비롯한 예배신학자들은 예배시간에 드리는 목회기도 다음에 주님의 기도를 드린다는 것은 매우 타당한 의미를 갖는 일임을 강조한 바 있다. 이러한 관례는 두 가지 현상을 나타낸다. 하나는 목회기도의 끝을 바로 주기도문으로 이어서 드리는 경우가 있고, 또 하나는 반드시 예수님의 이름으로 그 기도의 끝을 맺은 다음 주기도문을 드리는 경우가 있다. 이 두 가지의 형태에 대한 이론적 근거는 양쪽 모두 가지고 있다. 그러나 모든 기도는 반드시 예수님의 이름으로 드려야 한다는 교육을 받아온 많은 그리스도인들은 목회기도 다음에 바로 이어지는 주기도문을 드릴 때마다 약간의 부자유스러움을 느낀다. 주님의 기도를 드리는데 한 사람이라도 마음에 불편을 느낀다면 당연히 예배인도자는 시정할 필요가 있다고 본다. 즉, 드리는 기도의 끝을 다음과 같이 맺고 주님이 주신 기도를 한목소리로 드림이 더욱 은혜가 된다. "예수님의 이름으로 기도드리오며, 이제 주님이 가르쳐 주신 기도를 한목소리로 드립니다."

주님이 가르쳐 주신 기도는 우리의 예배나 기도생활에서 가장 정확한 기도 형태이며 내용임에 틀림이 없다. 그러나 이 기도가 형식화되고 주문을 외우듯이 이어지지 않도록 각별한 주의를 기울여야 한다. 주님이 주신 기도를 드릴 때마다 나 자신을 깊숙이 연결시키는 기도자의 자세가 어느 때보다 필요한 시점에 와 있다.

4. '아멘'과 그 진위성(眞僞性)

설교자가 설교를 진행하는 동안 설교 문장의 종결어를 "…를 축원합니다", " … 줄로 믿습니다", "…을(를) 원합니다"로 맺을 때마다 회중은 '아멘'으로 답하는 경우를 흔히 볼 수 있다. 심지어 이 아멘의 함성이 적으면 크게 하라고 강요하기도 하고 그 아멘 소리가 크고 많이 터져나오면 자신의 설교가 크게 은혜를 주었다고 자부하는 설교자가 있기도 한다. 반대로 어떤 설교자는 자신의 설교 도중에는 아무 잡음이 없이 오직 경청만을 요구하기도 한다.

한국교회의 설교 역사에서 아멘의 함성이 오늘처럼 나타난 시기는 1970년 초반부터라고 본다. 전국 복음화운동이 활발히 전개되던 때와 더불어 오순절 교회들이 한참 성장하면서 이 아멘의 함성은 설교의 시간에까지 파고들기 시작하였다. 하지만 여기에 대한 비판적인 평가는 금기사항처럼 되어오고 있다. 그 이유는 부정적인 평가를 하는 사람은 은혜가 없고 영적인 열기가 없는 사람들로 취급을 받기 때문이었다. 그러나 어느 때까지 여기에 대한 논의가 없이 무절제하고 타당성 없는 '아멘'의 남발을 계속할 것인지 자성을 요구하는 시점에 우리의 교회가 서있다.

성경에서의 '아멘'은 구약에서 23회, 신약에서 27회가 사용되고 있다. 사용의 내역을 보면 주로 서약, 강복, 저주, 기도, 찬송 끝에 그 내용에 동의한다는 뜻으로 말씀을 기록한 기자 자신의 언어로 사용하였고, 몇 군데에서만이 회중에게 '아멘'을 사용하도록 명령하고 있다.

최초의 '아멘'은 아내의 순결을 확인하는 절차에서 해당 여인에게 '아멘'을 하도록 명령하는 데서 나타나고 있다. 그리고 신명기 27장에서는 12회에 걸쳐 저주의 선언에 회중이 '아멘'으로 동의할 것을 12항목에 걸쳐 명령하고 있다. 그리고 시편에서의 4회와 기타의 거의 모든 아멘은 모두가 하나님께 영광과 찬송을 돌리는 데 주로 사용되고 있다. 구약에서의 그 대표적인 예를 들면 다음과 같다.

> "그의 부모를 경홀이 여기는 자는 저주를 받을 것이라 할 것이
> 요 모든 백성은 아멘 할지니라"(신 27:16).
> "여호와 이스라엘의 하나님을 영원부터 영원까지 찬양할지어다
> 모든 백성들아 아멘 할지어다 할렐루야"(시 106:48).

신약에서는 '아멘'이 주님의 기도 말미를 비롯하여 로마서에서 5회, 계
시록에서 8회, 그리고 기타의 서신에서 사용되고 있다. 신약에서도 구약
처럼 '아멘'은 거의 모두가 하나님께 영광을 돌린다는 선언과 하나님의 은
혜를 선언하는 부분에서 사용되고 있다. 구약과 차이가 있는 것은 회중에
게 어떤 특정 부분에서 아멘을 명령한 기록은 없고 오직 성경의 기자에
의하여 스스로 사용되고 있다는 점이다. 신약에서의 대표적인 '아멘'의 경
우는 다음과 같다.

> "나라와 권세와 영광이 아버지께 영원히 있사옵나이다 아멘"
> (마 6:13).
> "이는 만물이 주에게서 나오고 주로 말미암고 주에게로 돌아감
> 이라 그에게 영광이 세세에 있을지어다 아멘"(롬 11:36).
> "하나님께 경배하여 이르되 아멘 찬송과 영광과 지혜와 감사
> 와 존귀와 권능과 힘이 우리 하나님께 세세토록 있을지어다 아
> 멘"(계 7:12).

이상에서 살펴본 성경에서의 '아멘'은 주로 하나님께 영광과 찬송과 기
도를 드릴 때와 하나님의 은총이 우리에게 주어진 것을 선언하는 경우에
회중이 "그러하옵니다. 그렇게 되어지이다"의 뜻을 가지고 사용되었음을

쉽게 알 수 있다.

여기서 한국교회는 깊은 자성의 시각을 가져야 할 때가 되었다. 우리의 설교시간에 터져나오는 '아멘'의 함성은 주로 설교자의 말을 지원하는 행위로 성행하고 있다. 심지어는 전혀 타당성이 없는 말을 하고서도 "믿으면 아멘 하시오"만 하면 언제든지 '아멘'의 함성은 우렁차다. 그러나 하나님께 영광을 돌린다는 부분에서는 아무런 소리가 들리지 않는다. 어찌하다 '아멘'이 설교자의 설교에 장단을 맞추어 주는 고수(鼓手)의 역할로 한국교회에서는 탈선하게 되었는지 참으로 괴로운 심정을 감출 길이 없다.

5. 성단의 촛불

예배를 인도하는 목회자들 중에서 흔히 듣게 되는 질문이 있는데 그것은 주일 예배 때 성단에 촛불을 켜놓는 것에 대한 의미와 그 타당성을 묻는 질문이다. 어떤 목사는 촛불을 켜는 것이 경건한 분위기를 주기에 자신의 교회는 매주일 촛불을 켠다고 한다. 반면에 어떤 목사는 마치 절간의 촛불이 연상되어서 전혀 활용하지 않는다는 말을 한다. 이 질문 역시 교회에 잔잔한 파장을 일으키는 문제임에 틀림이 없다.

기독교 예배 역사에서 사용되어 온 성단의 촛불이나 등불의 의미는 무엇인가? 그 사용의 타당성은 어떤 것인가? 이러한 물음의 대답을 찾아본다. 초대교회 때부터 촛불이나 등불의 사용은 세 가지의 경우로 요약된다. 먼저, 예배에 필요한 조명이 목적이었다. 사도행전에 기록된 사도 바울의 밤 집회(행 20:8)를 비롯하여 로마의 박해시절에 중요한 예배 장소였던 동굴에 이르기까지 밝은 조명이 필요하여 촛불이나 등불을 많이 사용하였다. 둘째는 유대문화나 헬라문화권에서 촛불이나 등불을 장식용이나 공기의 정화를 위하여 켜놓는 일이 많았다. 셋째는 기독교 예배를 비롯하여 각종 종교행사에서 의식의 도구로 사용하였다.

이상과 같은 다양한 목적을 가지고 활용되었던 촛불이나 등불이 우리 기독교 예배에서 사용될 때는 그 의미가 타종교 의식의 것과는 전혀 다른 차원의 것이었다. 먼저, 초대 기독교 안에 있던 유대계 기독교인들이 가졌던 저녁 예배의 촛불이나 등불은 한 날을 하나님의 은총 아래서 지내게 되었음을 감사하는 의식으로 여겼다. 그리고 주님의 부활에 초점을 두고 주님의 날에 드렸던 예배에서의 촛불은 주 예수 그리스도께서 어두운 죽음의 세계를 물리치고 승리하심을 찬양하는 의미를 가지고 있었다. 오늘의 많은 교회가 성단에 촛대를 세워놓고 주일 예배나 부활절과 같은 특수 절기 때에 촛불을 켜는 중요한 이유는 어둠을 물리친 주님의 승리의 정신을 기리는 데 의미를 부여하고 있다. 이러한 정신은 이미 4세기에 기록된 『사도전승』에서 "하나님이 예수 그리스도를 통해 불멸의 빛을 계시하시면서 우리를 비추셨음을 늘 상기하는 의미"가 있었음을 밝히는 데서 입증된다. 더욱 정확한 것은 계시록 4장 5절에 나타난 하나님의 보좌를 둘러싼 일곱 등불이 어둠을 밝힌 하나님의 영을 상징하는 데서 그 의미를 더해 주고 있다.

역사적으로 11세기까지는 촛대나 등잔불과 같은 것은 교회가 위치한 지역에 따라 사용 여부가 각각 달랐다. 그러나 점차적으로 성찬 성례전의 존엄한 의식이나 성자숭배 의식의 경우 활발하게 사용되기 시작하였고, 17세기에 이르러서 로마 교회는 성단의 촛대가 정식으로 세워지도록 규정되었다. 동방 교회는 예배드리는 사람의 기원을 담은 촛불을 수없이 바쳐서 마치 불상 앞에서 수많은 촛불이 타고 있는 것을 연상할 정도로 활발히 사용되고 있다. 또한 성공회를 비롯하여 루터교회도 예배시에 촛불을 켜는 것이 보편화되었다. 개혁교회는 부활절이나 특수한 절기의 예배 외에는 아직도 촛불의 사용은 적극적이지 못한 현실이다.

그러나 최근에 와서 세계의 많은 개혁교회들이 예배의 의미를 빛내기 위하여 촛불의 사용이 활발해지고 있다. 예배 시작 전에 예배위원들이 성가대와 함께 입장할 때 맨 앞에 어린이나 청소년이 촛불을 켜들고 입장하여 성단에 촛불을 켠 다음에 예배드리기 시작하는 형태가 서서히 보편화되어 가고 있다.

6. 설교단과 인도단

개신교 예배당을 들어설 때마다 많은 교인들이 혼돈과 의문을 갖게 된다. 어떤 예배당은 성단에 설교대와 인도대가 하나로 되어 있는가 하면, 어떤 교회는 설교대와 인도대가 분류되어 있기 때문이다. 심지어 어떤 예배당은 기도대를 가운데 크게 만들어 세 개를 세워놓기도 한다.

개신교는 로마 가톨릭 교회와는 여러 면에서 차이점을 가지고 있다. 로마 가톨릭 교회는 교황청의 지시에 의하여 일정한 제도 안에서 일치성을 보이고 있다. 그러나 개신교는 교단이 만든 헌법의 정치와 교리와 예배모범 이외에는 통제를 받지 않고 자율적으로 나가는 것이 그 특징이다. 비록 총회의 결의가 있었다 하더라도 그 수행의 권한은 지교회에 주어지는 것이 상례이다.

특별히 예배당의 형태나 내부구조에 대한 것은 거의 교단의 규제를 받지 않고 개 교회가 의미를 부여하면서 건축을 하고 성단을 만든다. 이러한 결과로 성단의 성구(聖具)의 수와 형태가 다양하게 이어지게 된다. 특별히 이러한 문제가 성경에 기록되어 있지 않기에 목회자가 임의로 자신의 해석에 따라서 성단의 구조와 형태를 정하는 실정이다.

성단의 변화에 대한 역사적인 근거는 이렇다. 성만찬을 중심했던 초대교회와 중세교회는 성만찬 상만을 가지고 거기서 성만찬 성례전을 집례하면서 오랜 역사를 지내왔다. 이러한 전통은 지금도 성만찬을 예배의 구심점으로 하고 있는 정교회를 비롯하여 가톨릭 교회나 성공회에서 쉽게 찾아볼 수 있다. 그러나 종교개혁자들이 말씀을 예배의 중심으로 주장하고 나설 때부터 성단의 성구들의 형태에 변화를 가져왔다. 루터와 같은 개혁자는 기존의 성찬대를 그대로 두면서 말씀의 단을 첨가하는 형태를 취했는가 하면, 칼빈은 설교대를 회중과 아주 가까운 곳에 높이 설치하였다. 쯔빙글리나 재세례파의 경우는 성찬대를 치워 버리고 설교대만을 갖도록 하기도 하였다. 이러한 혼돈은 상당기간 존속해 왔다.

1885년부터 이러한 성단의 구조에 대한 변화가 일기 시작하였다. 그것이 바로 예배복원운동이었다. 미국을 비롯한 서구의 개혁교회들이 주도한 예배복원운동에서는 우선적으로 예배의 정의를 다음과 같이 정리하였다. 그 내용은 예배란 하나님의 은총을 입은 백성들이 마음과 뜻과 성품을 다하여 받은바 은총에 대한 응답으로 드리는 그리스도인들의 행위라는 데 거의 모두가 의견을 일치하였다. 이러한 결과는 예배를 드리는 성도들은 무엇보다도 하나님께 경배와 감사와 찬양과 봉헌과 참회를 드리는 데 우선적인 관심을 가져야 하고, 은총으로 내려주신 말씀과 성례와 축도를 받아야 한다는 사실에 주목하였다.

여기서부터 예배의 내용을 좀 더 분명히 하고 의미를 가시적으로 보이기 위하여 성단에는 초대교회 때부터 있던 성찬상을 중앙에 배치하고 예배자들이 드리는 부분과 하나님이 내려주시는 말씀의 단을 구분할 필요성을 인식하게 되었다. 그리고 인간이 드리는 부분은 적게 만들어 인도대라 이름하고 거기서는 인도자가 서서 예배를 인도하고 기도나 찬송이나 기타 예배의 모든 부분이 이곳에서 드려지도록 하였다. 그리고 하나님이 주시는 부분은 크게 만들어 그곳에서는 성경 봉독과 설교와 축도만 하도록 하는 매우 합리적인 성구(聖具)들을 개신교들이 갖기 시작하였다. 그리고 무엇보다도 중요한 것은 설교대와 인도대가 성단의 중앙에 위치하여 십자가와 성찬상을 가로막는 것은 개혁신학에 어긋남을 설파하였다.

이토록 합리적인 예배신학자들의 연구와 개발은 많은 개혁교회들의 적극적인 반응을 불러일으켰고 한국교회에서도 일찍부터 정착되었다.

7. 성찬 성례전 후 남은 성물의 처리

"저는 목사로서 성찬 성례전을 집례하고 난 다음에 따르는 고민이 있습니다. 그것은 성찬 예식을 마친 다음에 남은 성물(떡과 포도즙)을 어떻게 처리해야 할지 몰라 매우 난처합니다. 여기에 대한 해답을 구합니다." 매우 현실적인 질문을 앞에 두고 생각해 본다.

이 질문은 기독교가 초창기부터 안고 있던 심각한 사안으로서 초대교회 때부터 논란이 되어온 문제이다. 초대교회 때부터 지금까지 로마 가톨릭 교회나 동방 정교회는 성찬 성례전에서 성물(빵과 포도주)을 성찬상에 봉헌한 다음에 성령 임재를 위한 기도(에피클레시스)를 드리면 바로 그 순간부터 그 성물은 주님의 살과 피가 된다는 화체설을 신봉하고 있다. 이러한 신학이 완전히 정립되기 전 3세기의 예배를 가장 잘 기록한 히폴리투스의 『사도전승』은 남은 성물의 처리에 대하여 다음과 같은 지침을 주고 있다.

먼저, 주님의 몸을 지칭하는 떡에 대하여 주는 가르침은 다음과 같다. "교회는 불신자나 쥐나 다른 짐승이 성체를 먹는 일이 없도록 유의할 것이며(성체의) 어떤 것도 떨어뜨리거나 잃어버리는 일이 없도록 해야 한다. 왜냐하면 (성체는) 모든 신자가 받아야 할 그리스도의 몸이므로 천시해서는 안 된다." 두 번째로 주님의 보혈을 의미하는 잔에 대하여 주는 가르침이다. "하나님의 이름으로 잔을 축성할 때에 너는 그 잔으로부터 그리스도의 피를 받게 된다. 잔을 쏟아 이질적인 영이 그것을 핥게 되는 일이 없도록 조심해야 한다. 그렇지 않으면 하나님께서는 이를 경멸한 너를 거슬러 분노하실 것이다. 또 너는 속량된 그 값을 업신여겼기 때문에 그리스도의 피에 대한 죄인이 된다."

이러한 가르침을 따르기 위하여 초대교회 때부터 성직자들은 많은 고민을 하였다. 한때는 남은 성물을 모두 땅을 파고 묻기도 하였으나 짐승이나 벌레들이 먹게 된다는 것 때문에 얼마 후에 중지하였다. 어느 때는 남은 성물을 버릴 수 없어 성직자가 다 먹다보니 알콜중독자가 되기도 했다고 한다. 1525년 개혁 성향이 강했던 길버티 감독은 이러한 문제의 해결을 위하여 새로운 안을 제시하였다. 그것이 16세기 트렌트 공의회에서 공인받아 지금까지 사용하고 있는 성당 제단 위쪽에 걸려 있는 감실의 설치이다. 그리하여 이들은 더 이상 이 문제에 대한 고민을 하지 않게 되었다.

문제는 우리 개혁교회가 어떻게 해야 할 것인지에 있다. 여기에 대하여 많은 개혁교회 예배신학자들은 먼저 우리의 성물에 대한 신학은 화체설이 아니기에 그렇게까지 신성시하여 모시고 그 앞에 절하는 행위는 거부한다. 그러나 함부로 버리고 나누어 먹고 하는 것은 성찬 성례전의 신성함을 절하시키는 행위라고 본다. 그래서 성공회의 수도원 같은 데서 만든 성찬 빵의 경우는 보관이 가능함으로 정중히 간수하였다가 필요한 대로 다시 사용할 수 있도록 한다. 일반 빵이나 떡의 경우는 남은 포도즙과 함께 안수받은 교회의 직분자들이 예배 후에 목회자와 함께 앉아 애찬을 갖는 심정으로 함께 남은 성물을 처리할 것을 권하고 있다. 물론 이때는 잡담하면서 먹는 일반 음식의 분위기가 아니라 지속된 성례전의 감정과 몸가짐을 가져야 함을 충고하고 있다. 남은 성물의 양이 적으면 목사 혼자서 경건한 마음으로 그것을 처리함도 가하다. 성찬 예식은 그 준비와 마무리를 목사가 어떻게 하느냐에 따라 그 존엄함이 좌우되고 은혜의 척도가 달라질 수 있기에 성물의 처리도 신중을 기해야 한다. 여기서 첨가해 두고 싶은 것은 성물은 그 양과 맛이 인간의 식욕을 불러일으키지 않도록 소량

이어야 하고 맛이 없어야 한다는 사실이다. 주님의 거룩한 희생을 재현하는 현장에 인간의 식욕이 수반되지 않도록 특별한 주의를 기울여야 한다.

8. 감사예물에 대한 축복기도

한국교회가 성숙하지 못한 면도 많지만 세계 교회 앞에 자랑할 만한 것도 적지 않다. 교회 성장에 깊은 관심을 갖고 있는 외국의 목사들이나 학자들이 우리의 교회를 돌아보면서 자신들이 따를 수 없는 한국교회의 특성을 무척이나 부러워한다. 그들은 한결같이 한국교회가 이 특성을 변함없이 보유할 수만 있다면 세계의 어느 나라 교회도 한국교회를 앞지르지 못할 것이라고 결론을 맺는다.

그 자랑거리는 다음의 네 가지이다. 하나는, 하나님의 말씀인 성경을 연구하려는 뜨거운 열심이다. 둘째는, 새벽 기도회를 비롯하여 열심히 모여 기도하는 생활이다. 셋째는, 그리스도인의 소중한 사명인 전도열이다. 그리고 넷째는, 십일조를 비롯하여 각종 헌금에 인색함이 없이 하나님께 예물을 즐겨드리는 봉헌의 생활이다.

이상과 같은 소중한 항목들 중에 일부가 요즈음에 시들어지기도 하지만 아직도 우리의 교회는 이러한 부분에 뜨거운 열심을 잃지 않고 있다. 이러한 열심이 한국교회의 부흥을 가져오는 요소가 되었고 오늘을 지탱하는 바탕이 되었다. 이러한 열심은 현대의 세계 교회에서는 좀처럼 보기 드문 일임에 틀림없다.

그런데 여기에 하나의 문제가 있다. 필자와 함께 한국교회 예배 현장을 탐방한 예배신학자들이 빠짐없이 고개를 좌우로 흔드는 부분이 있다. 그것은 다름 아닌 바로 예물을 드리는 교인들의 이름과 봉헌의 명목과 그 봉투에 기록된 사연을 알리는 문제이다. 예를 들면 어느 교인이 감사헌금을 드리면서 봉투에 감사의 사연을 기록하였으면 그 사연을 모두 읽어 주고, 그분의 이름을 일일이 불러가면서 목회자가 기도를 하는 관습이다.

이러한 관습은 분명히 문제가 있다. 희생제물을 드리면서 하나님을 예배하는 구약의 어느 기록에서도 예물을 드리는 사람의 이름을 밝히는 곳이 없다. 예수님의 사역 당시에 성전 문에 두어 헌금을 했던 연보궤에 대한 기록에서도 찾을 수가 없다. 구제를 주목적으로 하여 드렸던 사도들의 연보에 관한 어떤 기록에서도 바치는 사람의 이름을 회중 앞에 널리 알리고 그들의 소원을 읽어 주는 예가 없다. 오직 "너는 구제할 때에 오른손이 하는 것을 왼손이 모르게 하라"(마 6:3)는 주님의 말씀이 있을 뿐이다.

한국교회 성도들이 하나님께 예물을 드리면서 그 이름과 소원의 내용이 예배가 진행되는 시간에 불리고, 목회자가 기도해 주기를 원하는 관습은 이 땅의 재래종교의 시주 행위에서 그 유사성을 발견하게 된다. 흔히 우리는 불당 안의 놋그릇 위에 쌀이나 현금이 놓이고 그것을 바친 사람의 이름과 사연을 본다. 그리고 그 시주 그릇 앞에서 승려가 목탁을 두드리면서 기원하는 예불의 현장을 목격하게 된다. 이러한 종교적 심성이 우리의 예배 현장에서도 재현이 되는 듯한 착각을 일으킬 때가 적지 않다. 우리의 교회가 무분별하게 이토록 재래종교의 관습을 닮아 가는 것이 타당한지에 대한 성찰이 필요하다.

이제라도 예배 가운데서는 하나님과 바치는 사람만이 아는 예물이 되도록 노력할 필요가 있다. 분명히 누가 무엇을 바쳤다는 광고의 관습은 예배의 행위가 아니다. 모든 교인이 알아야 할 특수한 사연의 봉헌은 광고 시간을 통하여 알리는 것이 타당하다. 그리고 일반적인 것은 주보에 이름을 밝혀 영수증의 성격으로 알리는 것도 무방하다. 십일조는 성도들의 의무 행위이다. 하나님을 예배하는 시간에 당연한 의무를 실천한 사람을 내세우는 관습은 분명히 시정해야 할 부분이다.

9. 예배자의 몸가짐

어느 젊은 구도자의 질문이다. 그는 하나님을 섬기는 신앙을 갖고 싶어서 교단을 초월하여 여러 교회를 방문하였다. 그런데 개혁교회는 처음부터 앉아 있는 자세를 지속하여 졸고 있는 사람들이 많은데 구교나 성공회, 루터교 등은 앉고 서고 무릎을 꿇는 자세가 빈번하여 졸 겨를이 없을 뿐만 아니라 예배의 존엄성이 한층 더 느껴지더라는 이야기이다. 그러면서 예배자들의 그러한 자세가 갖는 의미가 무엇인지를 묻고 있었다. 사실 개혁교회가 말씀만을 강조하면서 예배의 자세에 대한 것은 거의 외면하고 있는 것이 사실이다. 그러나 예배 시에 취하는 자세마다 가지고 있는 전통적인 의미가 매우 깊음을 기독교의 권위 있는 예배학 사전들은 다음과 같이 설명하고 있다.

먼저, 일어선 자세는 자신보다 신분이 높은 분을 만날 때 존경의 표시로 취하는 기본적인 몸가짐이다. 구약에서는 에스라가 율법서를 봉독할 때 모든 회중이 일어섰음을 보여주고, 복음서에서는 기도하는 자세가 일반적으로 일어섰음을 보여준다. 이러한 자세는 초대 기독교에서도 지켜졌고 지금도 기도와 복음서 봉독과 찬송 때에는 회중이 일어서서 거룩하게 높이어 드리는 자세를 취한 것이 일반화되어 있다.

둘째로 무릎을 꿇는 자세는 경배와 기원과 애달픈 심정을 표현하는 자세이다. 시편 25편에서는 하나님 앞에 나아와 무릎을 꿇고 예배하라는 명령이 있는가 하면, 바울 사도는 자신의 간절한 간구를 무릎을 꿇고 드림(엡 3:14)을 강조하였다. 무릎을 꿇는 몸가짐은 정교회와 천주교나 성공회 예배에서 지금도 취하는 행위이다.

셋째로 앉아 있는 자세는 명상과 경청의 자세이다. 특별히 윗분의 말씀이 있을때 정좌를 하고 시선을 집중하면서 말씀을 받아들이는 자세이다. 이 자세는 예배에서는 설교의 시간과 성가대의 찬양이 있을 때와 예배를 위하여 스스로를 준비할 때 취하는 몸가짐이다.

넷째로 두 손을 드는 것으로서 여기에는 두 가지의 형태와 의미가 구별되어 있다. 하나는 기도할 때 손을 높이 드는 경우이고, 또 하나는 축도할 때 손을 앞을 향하여 드는 경우이다. 기도할 때 두 손을 높이 드는 것은 개인이 기도하는 가운데 참회의 표현을 하는 자세이다. 그리고 하나님이 복 내려주심을 선언하는 목사의 축도 때 두 손을 앞으로 드는 것은 선언하는 내용이 회중에게 전해지는 것을 의미한다. 이스라엘이 아말렉과 싸울 때 모세가 팔을 들어 하나님의 능력을 지속시켰던 것이 그 좋은 사례이다.

우리의 기독교 예배는 초대교회부터 예배에서 갖추어야 할 몸의 자세를 철저히 강조하였다. 지금까지 예배·예전을 중요시하는 교단들은 여전히 이러한 자세를 지켜 나가고 있다. 그러나 한국의 개혁교회는 예배자들이 갖추어야 할 몸가짐에 대하여 전혀 가르침이 없다. 어느 순서에서 앉고 서야 하는지와 그 필요성마저 느끼지 않는다. 오직 앉아 있는 하나의 형태로 지속하여 졸음을 가져오고 몸으로 표현한 예배자의 참여가 전혀 없는 실정이다. 더욱이 기도나 성경 봉독 순서를 맡고 성단에 올라가 앉아 있는 사람들이 두 무릎을 단정히 모으지 않고 벌리고 있거나 다리를 꼬고 앉아 있는 몸가짐 등은 참으로 안타까운 모습이다. 예배자의 자세는 내 육신의 편안함보다 하나님 앞에 경건한 자세로 공경하고 경배하는 몸가짐이 있어야 한다. 그것은 제도에 의한 것이라기보다는 예배하는 대상에 대한 가장 기초적인 상식이다.

10. 관수인가 침례인가

한국에서 자랑스럽게 목회를 하던 장로교 목사가 미국에 이민을 가서 목회를 시작하였다. 재정적으로 어려웠던 시절이었기에 그는 어디로부터인가 도움을 필요로 하였다. 마침 미국에서 막대한 교세를 자랑하는 침례교에서 도움을 줄 수 있다는 대답을 받고 그는 고민하다가 20년을 넘게 소속해 온 장로교를 떠나 경제적인 도움을 받을 수 있는 침례교로 옮겼다. 그런데 거기에 단 하나의 조건이 있었다. 그것은 장로교의 세례는 비성경적이요 진정한 세례가 될 수 없음으로 다시 자신들의 형태로 침례를 받아야 한다는 것이었다. 그는 한동안 깊은 고민을 하였다. 신학교 시절에 여기에 대한 변증을 할 수 있는 아무런 교육을 받지 못했던 그는 한마디의 저항이나 이론을 내놓지 못하고 그동안 세례를 무수히 베풀었던 자신이 세례를 다시 받았다고 한다.

여기서 문제를 제기하는 것은 장로교 목사가 침례교로 교단을 옮긴 사연에 대한 것이 아니다. 이미 받은 세례는 과연 무효가 될 수 있는 것인지의 질문이다. 그리고 과연 침례만이 진정한 세례이고 그 외의 세례 형태는 비성경적이고, 초대교회의 세례 사역과는 전혀 관계가 없는 것인지에 대한 정확한 이해의 문제이다.

여기에 대한 명쾌한 대답은 '열두 사도의 교훈'이라고 일컫는 『디다케』라는 목회지침서에서 찾을 수 있다. 『디다케』는 초대교회에서 실시되던 목회의 가르침을 100년경에 편집한 문헌으로, 사도들의 가르침과 그들의 목회현장을 가장 정확하게 파악할 수 있는 목회와 예배의 매우 권위 있는 소중한 자료이다. 이 문헌에는 다음과 같은 기록이 있다.

"세례는 흐르는 물에서 주시오. 그렇지 못하면 받아 놓은 물에서 주시오. 물이 차면 따뜻이 데워서 하시오. 아니면 성삼위의 이름으로 세 번 머리 위에 물을 부으시오."

성경에서는 흐르는 생수에서 세례를 준 기록 외에는 다른 형태에 대한 기록을 찾아보기가 힘들다. 그러나 핍박 속에서 세례를 주어야 했던 사도

시대와 속사도시대에는 세례를 반드시 흐르는 생수에서 주어야 한다는 지침을 세운 바가 없다. 모두가 주어진 현실에서 최선의 방법을 택하였다는 것은 너무 쉽게 이해가 된다. 그들은 카타콤과 같은 지하에서 성부와 성자와 성령의 이름을 부를 때마다 손으로 물을 떠서 머리에 붓는 형태를 취하였다. 초대교회는 강물에서 또는 물을 가득 채운 물통에서만 수세자를 잠기게 하는 데 초점을 두고 행한 것이 아니었다.

생각하면 예배당 안에 물을 가득히 받아놓고 물에 잠기는 침례의 경우도 물론 성경에는 기록되어 있지 않다. 오늘의 침례도 디다케에서 제시된 두 번째의 방법을 택하고 있다. 이 계열에서는 세례의 주안점을 물에 온전히 잠기는 데 두고 있다. 그러나 열두 사도의 교훈에서 가장 간단한 방법으로 제시되었고, 가장 많이 사용된 세 번 물을 머리 위에 얹으면서 주는 세례는 성삼위의 이름으로 죄를 씻고 하나님의 자녀로 뭇 증인들 앞에서 인침을 받는 데 보다 더 큰 강조점을 두고 있다.

초기 교회의 세례를 가장 잘 설명해 주고 있는 '열두 사도의 교훈'은 어느 형태의 세례가 우월하고 유일한 것인가를 가르치는 데 목적을 두고 있지 않다. 이 문헌에서 가르치고 있는 것은 세례 성례전이 얼마나 진지한 준비와 과정을 거쳐 신앙고백을 하고, 하나님의 새로운 자녀로 인침을 받게 되는지에 깊은 관심을 가지고 있다.

11. 예배를 방해하는 사단의 역사

하나님이 인간을 그의 형상대로 만들어 에덴에 머물게 하고 그들과 대화하는 모습은 창조의 역사에서 가장 아름다운 낙원(paradise)이었다. 그러나 이러한 아름다운 관계는 곧 비극으로 끝나게 되었다. 이유는 하나님의 피조물 안에 들어와서 행하는 사단의 파괴적이고 분열적인 역사(役事)

때문이었다. 사단의 간교에 의하여 인간이 선악과를 따먹은 이후에 인간은 "주의 낯을 피하여" 숨어야 하는 존재로 전락되었다.[1] 이로부터 인간이 하나님과 나눈 영적인 교제는 파괴되었고 하나님을 향하여 두려움의 장벽을 쌓게 되었다. 이처럼 사단의 일차적인 목적은 인간과 하나님과의 커뮤니케이션을 단절시키는 것이었다.[2]

사단은 에덴동산에서의 유혹을 기점으로 하여 현재의 교회에 이르기까지 인간이 하나님과 온전한 관계를 갖는 과정에 개입하여 방해를 일삼는다. 심지어 사단은 예수 그리스도가 이 땅에서 사역을 시작하기 위한 준비의 현장까지 찾아가서 현란한 유혹의 손길을 편다.[3]

오늘도 하나님을 예배하는 현장을 찾는 백성들에게 찾아든 사단의 역사는 실로 다양하다. 예수님께서 언급하였던 "네 마음을 다하고 목숨을 다하고 뜻을 다하고 힘을 다하여 주 너의 하나님을 사랑하라"(막 12:30)는 가장 크고 첫째 되는 계명의 준수를 방해하는 사단의 역사는 실로 집요하게 지속된다. 그리스도인들이 예수님을 구원의 주님으로 영접하고 하나님을 예배하는 성도로 삶의 변화를 시작할 때 예기치 않은 방해 요소가 나타났던 경험을 많이 가지고 있다. 지금도 조금의 틈만 보이면 찾아와 현대적 감각 속에서 유혹을 시도하고 하나님과의 단절을 원하는 것이 바로 사단의 역사이다. 이러한 유혹은 하나님을 섬기는 데 가장 심각한 장애 요소로 등장하여 온전한 예배를 드리지 못하도록 이끌고 있다.

이러한 사단의 역사를 물리치고 하나님 앞에 예배하는 생활을 정착시킨 성도는 승리하여 하나님의 자녀로서 예배하는 삶의 기쁨을 누리게 된다. 그러나 집요하게 유혹하는 사단의 세력에 굴복한 사람은 불행한 인생으로 그

---

1 창세기 3:8.
2 사단의 역사로 인해 인간과 하나님과의 커뮤니케이션이 붕괴된 사실에 대하여 새로운 차원의 신학적 분석이 다음의 책에 상술되어 있다. Robert Webber, 정장복 역, 『그리스도교 커뮤니케이션』 (서울: 대한기독교출판사, 1985), 제7장을 참조하라.
3 마태복음 4:1-11.

종말을 고하게 된다. 여기에 대한 경고는 성경을 통하여 일찍이 주어졌다.

> 근신하라 깨어라 너희 대적 마귀가 우는 사자같이 두루 다니
> 며 삼킬 자를 찾나니 너희는 믿음을 굳건하게 하여 그를 대적하
> 라(벧전 5:8-9).

이상과 같이 창조의 과정에서부터 인간과 하나님과의 소통의 관계를 붕괴시킨 사단의 역사는 지금도 그 활동을 멈추지 않고 있다는 사실에 오늘의 교회는 유의할 필요가 있다. 이러한 악의 세력은 무엇보다도 하나님을 예배하는 길을 방해하는 데 우선적으로 나타난다. 이 부분이 죄성을 안고 있는 인간들이 방어하기 가장 힘이 들기에 성경은 견고한 신앙의 무장을 격려하고 있다.

12. 자신의 유익을 추구한 심성

한국의 종교심성은 신 위주가 아닌 자신을 위주로 하는 경향이 대부분이다. 섬기는 신의 영광에 주안점이 있지 않고 자신의 유익을 추구하는 심성이 가득한 상태에서 예배·예전의 행위를 실행하는 것이 재래종교들이 이 민족에게 남겨 준 유산이다. 그러나 기독교는 철저하게 하나님을 영화롭게 하는 데에 예배·예전이나 신앙생활의 궁극적인 목적을 두고 있다. 이원칙이 지켜지지 않으면 일반 재래종교와 아무런 구별을 두지 못한 종교로 전락될 위험성을 언제나 가지고 있다.

기독교에서 하나님을 예배하는 기본적인 정신은 자신의 소원을 성취하는 방편이 될 수 없고, 오직 주어진 명령에 따라 하나님에게 영광이 되는

모든 예배의 절차를 준수하는 일이다.[4] 그러기에 그 예배의 현장에서는 자신의 유익을 추구하는 기도나 찬송보다는 하나님이 기뻐하는 그 나라와 그 의를 추구하는 기도가 있어야 하고 경배와 감사와 찬양의 기본 정신이 발휘되는 모든 절차의 순서가 준수되어야 한다.

예배·예전의 최초의 법규였던 레위기에서는 하나님에 의하여 주어진 모든 예전의 절차는 절대적인 법규로서 회중에게 지키도록 요구되었다. 그 법규에서는 예배드리는 자의 편의나 자의적 절차마저 용납하지 않음을 본다. 예를 들면 제사장 아론의 아들 나답과 아비후가 분향단 불을 규정된 제단에서 채취하지 않고 다른 불을 사용함으로써 하나님의 진노의 불에 의해 즉사한 장면을 보게 된다.[5]

이러한 규례와 현상이 지금도 유효하다는 것은 물론 아니다. 그러나 하나님을 향하여 드리는 예배가 자기의 유익을 추구하는 마음이 기본이 되어서 자신의 의지에 따라서 드려질 수 없다는 것을 말해주고 있다. 자기가 원하는 대로 그 형식과 내용을 조작하여 하나님을 섬기는 행위는 언제나 위험성을 안고 있다. 실질적으로 예배란 하나님의 말씀 안에 계시하신 규례를 벗어나지 않음이 상식이다.

오늘도 이단종교들의 예전의 내용과 절차에서 교주의 모습과 말이 하나님을 대신하여 위엄을 부리고 있는 것을 흔히 볼 수 있다. 자신들의 영화와 세력의 확산에 혈안이 되어서 인간적인 갖은 수단과 방법을 총동원하는 그러한 예배는 어떤 경우도 하나님의 용서를 받을 수 없다. 일찍이 『웨스트민스터 신앙고백』에서는 이러한 문제의 유발을 막기 위하여 하나님을 예배하는 일은 "성경에 기록되지 않은 다른 방법으로 사람의 상상이나 묘안에 따라 예배해서는 안 된다"[6]라고 규정해 놓고 있다.

---

4   『웨스트민스터 신앙고백』, 제21장 1항.
5   레위기 10:1-11.
6   『웨스트민스터 신앙고백』, 제21장 1항. 신명기 12:32; 마태복음 15:9; 사도행전 17:25; 골로새서 2:23.

그 외에도 하나님을 예배하는 현장에 서있는 성도가 하나님을 우러러 경외하지 않고 개인의 소원 성취에만 급급한 자세를 가지고 있다면 그것 또한 진정한 기독교의 예배 안에 참여하지 못하고 예배 밖의 세계에 서있는 불행한 실존이 된다.

13. 단절되지 못한 세속적 관심

하나님을 예배하는 데 가장 소중하게 요구되는 것은 예물이나 그 절차나 화려한 설교가 아니다. 그것은 예배드리는 성도들의 마음과 뜻과 정신이다. 하나님만을 향하여 예배하기 위하여 성결하게 준비된 예배자의 상태이다. 비록 세속적인 삶에 오염되어 있더라도 예배하는 시간만은 성결한 몸과 자세와 마음과 정신을 갖추는 것이 필요하다.

그러나 현대의 성도들은 예배를 위한 삶이 아니라 삶을 위한 예배로 그 순위를 바꾸어 살아가고 있다. 하나님을 예배하는 순간까지 자신의 가정과 사업과 일터와 인간관계에 몰두해 있어서 예배에 마음을 쏟지 못한 단순한 의식 절차로 넘기는 사례를 종종 보게 된다. 기도와 찬송을 드리는 순서나 말씀을 듣는 순간까지 자신의 관심은 모두가 세속적 사연에 집중해 있는 경우이다. 더 나아가 자신의 오염된 마음과 정신세계마저 성결하게 정리하지 못한 채 혼탁해진 그대로의 모습으로 와서 시간만을 채운다. 그리고 성결하지 못한 자신을 하나님 앞에 부끄럽게 생각하는 모습마저도 없다.

하나님은 이처럼 성결한 몸과 마음을 준비하지 못하고 예배하는 성도들을 용납하지 않은 실례가 있음을 인식할 필요가 있다. 특별히 이러한 명령은 예배를 집례하는 제사장들에게 다음과 같이 엄격하게 주어졌다.

너나 네 자손들이 회막에 들어갈 때에는 포도주나 독주를 마시지 말라 그리하여 너희 죽음을 면하라 이는 너희 대대로 지킬 영영한 규례라 그리하여야 너희가 거룩하고 속된 것을 분별하며 부정하고 정한 것을 분별하고 또 나 여호와가 모세를 통하여 모든 규례를 이스라엘 자손에게 가르치리라(레 10:9-11).

신약에서도 하나님의 존전을 찾는 사람들이 세속적인 관심을 단절하고 온전히 하나님만을 생각하면서 성결한 몸과 마음을 갖출 것을 촉구하고 있다.

하나님을 가까이하라 그리하면 너희를 가까이하시리라 죄인들아 손을 깨끗이 하라 두 마음을 품은 자들아 마음을 성결하게 하라(약 4:8).

이상과 같은 성경말씀들은 모두가 예수님께서 갈파한 "네 마음을 다하고 목숨을 다하고 뜻을 다하여 주 너의 하나님을 사랑하라"[7]는 말씀의 내용을 확인해 주고 있다. 이러한 그의 말씀은 그가 사단의 유혹에 직면했을 때에 얼마나 철저히 물리치시고 스스로 성결한 자세를 굳혔는지를 다시 상기시키고 있다. 한 인간의 기본적인 식욕과 물욕과 명예욕을 가지고 덤비는 사단의 유혹을 과감하게 물리치고 "주 너의 하나님께 경배하고 다만 그를 섬기라"[8]는 세속적 관심의 단절은 진정한 예배자의 모범된 자세이다.

시대적인 변천에 의하여 수많은 성도들이 세속적인 사연을 그대로 예배의 순간까지 가지고 와서 자제력과 분별력을 상실한다면 그것은 예배를 받으실 분 앞에 저지르는 결례이다. 오늘의 교회에 여전히 다음의 말씀은 준엄하게 들려지고 있다.

---

7 마태복음 22:37-40.
8 마태복음 4:10.

내 말을 들으라 이제 너희는 성결하게 하고 또 너희 조상들의 하나님 여호와의 전을 성결하게 하여 그 더러운 것을 성소에서 없애라(대하 29:5).

14. 실천되지 못한 용서와 화목

하나님의 자녀들이 예배를 드림에 있어서 또 하나의 장애 요소는 용서와 화해가 이룩되지 못한 점이다. 구약에서는 하나님과 인간과의 화목을 중요시하고 그 친교를 성립하기 위하여 화목제라는 제사를 갖게 되었다.[9] 그러나 이러한 화목의 제사는 신약에 와서 새로운 차원에서 하나님께 드려졌다. 그것은 예수 그리스도가 친히 하나님과 우리를 위한 화목제물이 되시기 위해 십자가에서 죽으심으로 더 이상의 화목제의 제사는 필요하지 않게 되었다.[10]

예수 그리스도의 십자가의 구속의 사건은 하나님과 완전히 단절된 인간을 새롭게 연결시켜 주었다. 그리고 인간의 죄로 원수와 같이 악화된 관계의 담을 헐어 화목하게 하는 새로운 역사의 창조가 있게 되었다.[11] 이러한 역사의 창조를 가져온 예수 그리스도는 우리의 인간들, 특히 이방인의 세계에까지 하나님을 찾아 예배드릴 수 있는 길을 열어 오늘에 이르게 된다. 여기서 예배하는 사람들이 관심을 기울여야 할 것은 하나님과의 수직적인 관계성을 해결한 예수 그리스도의 특별한 명령이다. 그것은 예배를 드리는 인간들이 그들의 사회에서 용서와 화목의 관계를 이룩하지 못하면 그 예배는 진정한 예배가 될 수 없다는 지적이다. 즉, 예배하는 인간이 머문 인

---

9 신명기 12:12, 18.
10 요한일서 2:2.
11 에베소서 2:11-22.

간 사회에서 그 관계성이 원만하지 못한 채 남에게 상처를 남기거나 인간의 도리를 다하지 못하고 하나님 앞에 나와서 예배를 드린다는 것은 합당한 자세가 아니라는 사실을 다음과 같이 지적하고 있다.

> 나는 너희에게 말한다. 자기 형제나 자매에게 성내는 사람은, 누구나 심판을 받는다. 자기 형제나 자매에게 얼간이라고 말하는 사람은, 누구나 공의회에 불려갈 것이요, 또 바보라고 말하는 사람은, 지옥 불 속에 던져질 것이다. 그러므로 네가 제단에 제물을 드리려고 하다가, 네 형제나 자매가 네게 어떤 원한을 품고 있다는 생각이 나거든, 너는 그 제물을 제단 앞에 놓아두고, 먼저 가서 네 형제나 자매와 화해하여라(마 5:22-24, 새번역).

하나님이 기뻐하시는 온전한 예배를 드림에 있어서 인간 사회의 수평적인 인간관계가 막혀 있고 원한과 미움으로 얼룩져 있다면 그것은 온전한 예배를 드리는 데 합당하지 못하다. 그러하기에 예배의 행위를 갖기 전에 예배하는 사람은 자신이 남에게 행한 무례한 행위에 대한 성찰이 있어야 한다. 그리고 주님이 가르쳐 주신 기도의 내용대로 "우리가 우리에게 죄 지은 자를 용서하여 준" 실천적인 행위가 필요하다. 바로 여기서 원망의 대상을 위하여 그 원망이 사라질 때까지 지속적으로 기도할 수 있는 힘이 생기고 하나님을 향하여 자신의 죄를 용서해 달라는 기도가 예배 가운데서 진행될 수 있게 된다.

현대를 달리는 인간들은 누구나 아름다운 인간성의 상실을 경험하게 된다. 특히 21세기의 문전에서 누구나 공감한 물량적 팽창주의와 배금주의가 팽배한 현실에서는 인간관계보다는 기타의 요소를 우선적으로 생각하는 경향이 많음을 본다. 바로 이것이 비인간화의 현상이며 비극적인 분쟁과 다툼의 장으로 인간의 삶이 바뀌고 있는 증거이다. 자신의 육적인 욕구를 위한 인간불화는 우리의 예배를 방해하는 중요한 요소임을 상기해야 한다.

우리의 예배를 받으시는 하나님은 언제나 그의 형상대로 지음 받은 인간의 본래 모습으로 예배를 드리기를 원하신다. 예배라는 소중한 행사가 단순한 요식 행위로 진행되는 것을 거부하시는 기록을 자주 보게 된다. 그러므로 예배하는 성도들은 언제나 인간 사회에서 기본적으로 수행되어야 할 인간 윤리에 힘을 쓰면서 하나님을 예배해야 한다.

15. 타성화된 예배의 심성

예배가 인간의 삶에 생활화되는 것은 가장 소중한 부분이다. 그리스도인들의 삶 속에 예배가 정착되고 필수적인 삶의 과정으로 이어진다면 그것은 실로 소중한 가치를 지닌다. 그러나 그것이 굳어진 버릇이 되고 그 예배의 본래적인 의미를 상실한 습관적인 행위로 이어진다면 그것은 실로 위험한 문제이다. 정해진 시간에 자신의 교회를 찾아가 예배의 외적인 규례나 규정을 따라 하나님과 자신과의 연결을 맺지 못하고 예배 행위만을 계속한다면 그것은 참으로 위험한 신앙인의 자세이다.

이러한 위험한 예배생활은 많은 그리스도인들이 경험하게 된다. 처음에 예수 그리스도를 발견하고 하나님 앞에 나아와 예배를 드릴 때의 감격은 모두가 신령과 진정이 모아진 예배였다. 모든 예배의 절차마다 하나님을 향한 자세에 정중함이 있었고 자신의 신앙의 표현에 정성을 다 기울이게 된다. 한 곡의 찬송을 부를 때도 때로는 눈물을 흘리는 감격이 함께하였다. 특별히 하나님의 말씀이 선포된 설교에서는 자신의 삶을 정직하게 비추어 보면서 때로는 가책을 느끼고, 때로는 기쁨을 소유하는 생생한 경험을 갖는다.

그러나 그리스도인으로서 오랜 신앙의 연륜이 쌓이면 쌓일수록 신앙의 순결함은 자취를 감추게 되는 경우가 허다하다. 예배생활이 형식화되는 경향을 본다. 더욱이 심각한 문제는 자신의 입술로는 하나님을 경배하고 찬송하면서 그 마음은 전혀 다른 세계에서 배회하고 있는 경우가 적지 않다. 바로 이러한 예배의 모습을 타성화된 예배의 심성이라고 일컫게 된다.

예배에서 형식주의라는 것은 하나님이 제일 싫어하는 요소 중의 하나로서 성경에서 자주 언급된다. 호세아서에서는 하나님은 그의 백성들이 형식적인 제사보다는 하나님을 향한 지속적인 사랑을 갖기를 원하시고, 그 백성들이 타성에 젖어서 드리는 번제의 행위보다는 하나님을 이해하는 믿음을 다음과 같이 요구하고 있다.

> 나는 인애를 원하고 제사를 원하지 아니하며 번제보다 하나님
> 을 아는 것을 원하노라(호 6:6).

예배의 형식주의가 극심했던 신약시대에서는 예수님께서 그 주역들인 서기관들과 바리새인들을 직선적으로 비난하면서 하나님을 향한 예배의 완전한 회복을 강력하게 외치셨다. 형식주의에 빠져 진정한 예배의 정신을 상실한 당시의 종교지도자들을 외식(Hypocrites)하는 무리라고 이름하면서 "이 백성이 입술로는 나를 공경하되 마음은 내게서 멀도다"[12]라는 이사야서의 말을 인용하여 경고를 하였다. 거기에 더하여 다음과 같은 지적을 하였다.

> 화 있을진저 외식하는 서기관들과 바리새인들이여 너희가 박하
> 와 회향과 근채의 십일조는 드리되 율법의 더 중한 바 정의와 긍
> 휼과 믿음은 버렸도다(마 23:23).

신약에 나타난 종교지도자들은 성경에서 보여주신 하나님을 섬기는 순

---

12 마가복음 7:6.

수하고 성결한 믿음을 소유하지 못한 존재들이었다. 그들은 오직 외적인 형식이나 규례나 규정을 문자적으로 철두철미하게 준수하는 것으로 대치할 뿐이었다. 이러한 세계를 가리켜 예수님께서는 '외식하는 무리'로 규정한 바 있다.

현대를 사는,그리스도인들도 이상과 같은 형식주의에 빠진 신앙과 예배 생활을 범할 가능성을 배제할 수 없다. 여기서 초대교회 성도들과 같은 예배생활의 자세가 새롭게 요구된다. 그들은 순수하고 열정적이고 감격적인 신앙에 살았으며, 그들의 예배는 핍박의 화살을 피하여 자발적으로 드려지는 예배였다. 그리고 성령님의 역동적인 역사에 의하여 움직이는 풍성한 은혜의 예배였다.

이상과 같은 항목은 하나님을 향하여 영과 진리로 드리게 되는 예배의 현장에서 자성적 차원에서 새겨 보아야 할 문제이다. 예배하는 무리가 이러한 방해 요소를 수반하지 않고 순수한 예배에 몰입할 수 있다면 그것은 가장 행복한 예배가 될 것이다. 우리 교회의 가장 으뜸가는 사명으로서의 예배는 진실로 순수해야 한다. 이것은 성경의 가르침이며 하나님이 기뻐 받으실 예배를 위한 지름길이다.

16. 오늘날 주일의 제정에 대한 이해

안식일이 아닌 주님의 날을 지키는 전통이 매우 초기부터 정착되었음을 알아야 한다. 이 전통은 마태복음에 "두세 사람이 내 이름으로 모인 곳에는 나도 그들 중에 있느니라"(마 18:20)는 말씀에 의지해서, 모인 사람들이 부활하신 주님께서 제자들 앞에 나타나셔서 식사를 나누신 것을 기억하며 예배한 것에 일차적으로 기원을 둔다.

역사적으로는 로마 황제에 의해 비두니아 총독으로 임명되었던 플리니

2세가 초기의 기독교인들에 대해 언급한 "플리니의 편지"에서 주님의 날을 지켰음을 볼 수 있다. 이 편지는 2세기(주후 112년경)의 기록인데, 이 서신과 더불어 순교자 저스틴(Justin) 역시 그날이 바로 로마력의 일요일(the Day of the Sun)이었음을 확증하고 있다.

> 약속된 날에 그들(그리스도인들)은 습관적으로 동이 트기 전에 만나서 하나님께 하듯이 그리스도께 응답의 찬송을 드렸다(플리니의 편지 10).
>
> 일요일(태양의 날)에 여러 도시와 지방에 사는 사람들이 한곳에 모인다. 이때에 사도들의 서신이나 선지자들의 말씀을 시간이 되는 대로 읽는다. 봉독하는 이가 읽기를 마치면 집회의 인도자가 말씀을 강론하고 말씀을 실천할 것을 권면한다. 그 후 모두 일어서서 함께 기도를 드리고, 기도가 끝난 후에 떡과 포도주와 물을 가져온다(순교자 저스틴의 제1변증서, 주후 140년경).

그러나 당시 많은 수의 유대인 출신 그리스도인들이 여전히 안식일을 지켰기에 문제가 발생한다. 위에 언급한 사도헌장에서 그 흔적을 찾아볼 수 있다.

> 여러분들은 안식일과 주일을 지켜야 한다. 왜냐하면 안식일은 창조를 기념하기 때문이고, 주일은 부활을 기념하기 때문이다. 그러나 일 년 중 여러분이 지켜야 할 유일한 하나의 안식일이 있는데, 그것은 바로 우리 주님을 장사 지낸 날이다. 그날은 사람들이 즐거워하는 날이 아니라 금식해야 하는 날이다. 그 이유는 창조주께서 땅 아래 계셨기 때문으로, 그분을 위한 탄식은 창조의 즐거움보다 더 강하기 때문이고, 창조주께서 그 본성과 위엄에 있어

서 그분 자신의 피조물보다 더욱 영화롭기 때문이다(사도헌장, 7장).

여기에서 볼 수 있듯이 우리 주님의 부활이 큰 사건으로 받아들여졌고, 주님의 부활을 기점으로 새로운 생명을 얻은 이들이 한 주를 부활과 함께 시작하기로 다짐했다. 사도행전 20장 7절의 안식 후 첫날에 우리가 떡을 떼려고 모였다는 말씀도 이를 증거한다. 주후 1세기 후반 혹은 2세기 초에 저술된 바나바의 서신도 이 새로운 날에 강조점을 두고 있다.

현재의 안식일(구약의 안식일)은 내가 받아들이지 않는다. 내가 지켜온 그날을 받아들이는데, 그날 나는 모든 일을 멈추어 쉬게 하고 제8일을 시작한다. 이것은 또 다른 세상의 시작이다. 그러므로 우리는 예수님께서 죽은 자들로부터 부활하시고 나타나셔서 하늘로 승천하셨던 제8일을 기쁨으로 기념한다(바나바 서신, 15장).

위에서 보듯이 여전히 안식일을 지키는 이들도 있었지만, 주님의 날을 구별해서 지키기로 했던 이들은 마음에 결단이 있어야 했고 이를 생명의 빛을 따르는 일로 여기며 최선을 다했다. 안디옥 감독 이그나티우스의 서신(마그네시아 서신, 115년경)을 통해 이런 마음을 읽게 된다.

고대관습을 따라서 살던 사람들이 새로운 소망을 얻었습니다. 그들은 안식일 지키기를 멈추고 비록 어떤 이들은 이것을 부인한다 할지라도 그분과 그분의 죽음에 감사하며, 그들의 생명뿐만 아니라 우리의 생명을 비춰 주는 주일(the Lord's Day, kyriaken)을 따라 살았습니다(이그나티우스, 마그네시아 서신 9장).

이런 노력이 결실을 맺어 이제까지 휴일이 아니었던 주일이 마침내 로마 황제에 의해 주후 321년 휴일로 선포되었다. 이에 더욱 많은 이들이 주 님께 예배하는 일에 전념하며 창조와 부활을 동시에 감사하며 찬양할 수 있게 되었다.

콘스탄틴 황제가 엘피디우스에게. 모든 재판관, 시민, 그리고 장 인들(craftsmen)은 태양의 신성한 날(주일)에 쉴 것이라. 그러나 그 날이 종종 씨앗을 파종하거나 포도나무를 옮겨심기에 가장 적합 한 날이기 때문에, 시골 사람들(countrymen)은 방해받지 않고 농 업에 종사해도 좋다. 농업의 적기가 매우 짧기 때문에 그렇게 함 으로써 하나님의 섭리에 의해서 제공되는 바로 그 기회를 놓치지 않게 하라(유스티니아누스 법전, III, xii, 3).

부록:
교단마다 다른 예배신학의 다양성 [1]

기독교는 2천 년이라는 거대한 역사를 거쳐 오면서 통일성과 다양성이라는 두 가지 긴장관계 속에서 발전해 왔는데, 삼위일체 하나님을 믿고 섬기는 데는 통일성을, 반면 하나님을 예배하는 형태와 그 신학에 있어서는 여러 가지의 다양성을 지니고 있다. 그렇기에 많은 그리스도인들은 때때로 혼돈스러움을 느끼면서도 자신이 소속되어 있는 교회를 통하여 자신의 신앙을 견고히 하면서 살아오고 있다.

특별히 모든 기독교의 예배하는 공동체가 사도신경을 신앙의 기초적인 고백으로 삼는 통일성을 보이면서도 자신들의 교회만이 갖는 고유한 신앙고백을 고수하고 있다는 점에서 주목할 만하다. 한 예로서 루터교회는 자신들의 신조를 정리한 '아우구스부르크 신앙고백'을, 장로교의 뿌리인 스

---

1 여기에 실린 부록은 Robert E. Webber, (ed.), *Twenty Centuries of Christian Worship* (Nashville, Tennessee: Star Song, 1994), Vol. Ⅱ, Chapter 12에서 발췌하였다.

코틀랜드교회는 '웨스트민스터 신앙고백'을, 영국 국교회(성공회)는 '39개 신조'(the Anglican Thirty-Nine Articles)를 채택하고 있는 것이 바로 그것이다.

이러한 교회들이 그들 나름대로 가지고 있는 신앙고백은 신학적인 면에서는 다소 차이를 보이나 이들 모두가 공감하는 예배의 핵심은 한결같이 말씀의 선포와 성례전인 세례와 성만찬이라고 고백한다. 이러한 동질성은 그 기본적인 뜻에서는 일치한다 할 수 있으나 자신들이 가지고 있는 고유한 신조의 정신에 따라 그 의미의 해석과 집례의 형태가 차이를 보인다는 점에서 기독교 예배의 다양성을 말하지 않을 수 없다.

그러나 21세기에 들어서서 달라진 현상은 치열한 교파간의 경쟁과 싸움이 종식되어 간다는 점이다. 이제는 예배의 형태가 다르다고 하여 적대감을 갖는 시대는 사라지고 있다고 감히 말할 수 있다. 오히려 이러한 차이점을 기독교 예배의 다양성으로 이해하려는 노력이 각 교회에서 발생하고 있다는 점에서 변화의 대단원이 시작되었음을 실감하게 한다. 그 결과 21세기에는 건전한 신앙고백과 역사적 전통을 유지해 온 뿌리 있는 교회들은 그들의 고유한 예배 전통과 유산을 서로 함께 나누고 교류하려는 경향이 오늘의 예배 현장에서 발견된다. 이러한 의미에서 초대 기독교에서부터 현대에 이르기까지 세계에 존재하고 있는 각 교회들의 예배신학에 서로가 주의 깊게 경청하는 태도는 기독교 예배의 일치와 다양성을 발전시키는 데 매우 필요한 일이라고 생각된다.

다음은 각 교단별 예배신학자들이 등장하여 자신들의 교회가 가지고 있는 예배의 신학이 무엇인지를 밝히는 글들을 모았다. 이러한 시도는 어느 개인의 예배신학을 중심하여 다른 교회의 예배신학을 조명하려는 편협한 학문의 방법을 벗어나려는 의도이다. 이러한 연구를 통하여 오늘의 그리스도인들이 동일한 하나님을 예배하는 통일성을 확인하면서 자신이 속해 있는 교회의 예배 전통을 다시 한 번 확인할 수 있다. 뿐만 아니라 다른 교파의 예배신학을 이해하면서 예배의 다양성도 인정할 수 있게 된다.

여기에 등장한 교단과 자신의 교단이 가지고 있는 예배신학을 집필한 예배신학자들은 다음과 같다.

1. 정교회의 예배신학-Alkiviadis C. Calivas
   (미국 마사세츠 주 브루클린에 있는 정교회 신학교 교수)
   Holy Cross Greek Orthodix School of Theology, Brookline, Massachusetts
2. 로마 가톨릭 교회의 예배신학-Theresa Koernke
   (미국 Washington Theological Union, Silver Spring, Maryland)
3. 루터교회의 예배신학-Gordon Lathrop
   (The Lutheran Theological Seminary, Philadelphia, Pennsylvania)
4. 영국 국교회(성공회)의 예배신학-Leonel Mitchell
   (Seabury-Western Theological Seminary, Evanston, Illinois)
5. 개혁교회(장로교회)의 예배신학-Stanley e. Niebruegge
   (Presbyterian Church USA, Franconia, New Hampshire)
6. 침례교회의 예배신학-G. Thomas Halbrooks
   (Baptist Theological Seminary, Richmond, Virginia)
7. 재침례교회 예배신학-LeoRoy E. Kennell
   (Christ Community Mennonite Church, Schaumburg, Illinois)
8. 퀘이커 교회 예배신학-Warren Ediger,
   (La Habra, California)
9. 감리교(Wesleyan)의 예배신학-Mark Horst
   (Fairmount Avenue UMC, St. Paul, Minnesota)
10. 아프리카계 미국인(흑인)교회의 예배신학-Melva Costen
    (Interdenominational Center, Atlanta, Georgia)
11. 그리스도의 제자 교회 예배신학-Philip V. Miller

(South Hills Christian Church, Ft. Worth, Texas)

12. 오순절 계열(Holiness-Pentecostal) 교회의 예배신학-Todd
    Lewis

    (Biola University, La Mirada, California)

13. 은사 중심(A Charisma) 교회의 예배신학-Gerrit Gustafson

    (Kingdom of Priests Ministries, MObile, Alabama)

1. 정교회 예배신학(An Orthodox Theology of Worship)

정교회 예배는 예수 그리스도의 신비적인 현존(presence)을 강조한다. 이
현존이란 신자의 삶이 예수 그리스도의 삶과 연합될 때 경험된다.

교회는 본래 예배하는 공동체로서, 사랑으로 품으시는 하나님의 계획하
심과 역사하심으로 말미암아 세워졌다. 교회는 하나님의 구원하시는 행위
에 의해 세워졌으며, 성령님에 의해 지탱되며, 성령님으로부터 권능을 얻기
에, 교회는 그리스도의 몸으로 세워지며 구체화된다. 예배에서의 모든 회중
은 일반적으로는 예배를 통하여, 혹은 특수한 방법인 성례전을 통하여 하나
님과의 만남을 체험하게 되며, 하나님은 회중을 자신의 삶으로 인도하신다.

정교회의 핵심은 바로 예배에 있다. 그리고 이 예배가 바로 그들의 영혼
을 이끄는 지침이 된다. 말씀과 이미지(imagery), 그리고 예전적 표현으로
가득찬 성경의 본문들은 교회의 권위와 전통을 영광스런 형태로서 더욱
확고하게 해준다. 예배를 통하여 회중은 계속적으로 가장 기본적이며 근
본적인 믿음의 진리와 접촉하게 되는데, 예배는 회중을 일깨우고, 개혁시
키며, 변화케 한다. 대체적으로 정교회 회중의 삶과 그 특징은 예배를 통
해 형성되고 인도된다. 하나님과 그분의 피조세계를 향해 열려진 창문처럼,
예배는 믿음에 생명을 불어넣어 줄 뿐만 아니라, 교회의 사회적 책임도 일

깨워 준다. 예배는 기독교인의 삶에 있어서 위대한 학교이며, 예배를 통하여 살아계신 하나님을 만나게 된다. 그래서 예배는 인간의 성품을 새롭게 변화시키며, 성별된 삶을 살도록 하는 능력을 부여하는 선구자(agent)이다.

정교회 예배의 중심은 예수 그리스도의 부활사건인데, 본질적으로 종말론적인 분위기를 자아낸다. 그러면서도 이들의 예배는 역사 안에서 행해졌던 하나님의 권능의 행위를 끊임없이 재경청하면서, 이미 완성되었고 벌써 우리에게 주어진 하나님의 나라를 기쁨으로 찬양하는 자리이다. 하나님의 나라는 예수 그리스도의 성육신, 죽음, 부활, 그리고 승천을 통하여 보증되었다. 또한 교회는 항상 미래를 향해 열려 있으며, 다가올 세대를 향해 나아가고 있다. 그리고 정교회 신자들의 정체성은 그리스도와 그분의 나라에 의해 형성된다. 예배, 특히 성례전을 통하여 이들은 그리스도의 구원의 행위에 참여하게 되며, 날마다 부활 신앙으로 인도하는 성령님의 임재를 끊임없이 경험하게 된다.

예배의 예전적 의식을 통하여 새로운 삶에 대한 소망이 구체화되며, 하나님의 은혜를 확고하게 경험하게 됨으로 구원과 성화를 이루게 된다. 물리적인 형태(떡과 잔)로 영적인 실체를 구체화하는 것은 그리스도의 성육신에 그 뿌리를 두고 있으며, 마지막 날에 육신의 장막을 벗고 홀연히 영적으로 변할 종국적인 구원과 우주가 새로운 모습으로 변하게 될 것이라는 믿음에 근거하고 있다.

정교회의 필수적인 예배 요소와 기본적인 구조는 초기 사도적 교회의 예배·예전의 모범에 근거를 두고 있다. 이들의 제의 의식과 형태는 여러 세기를 걸쳐 오면서 점차적으로 발전을 거듭해 왔는데, 비잔틴이나 콘스탄티노폴리탄 예전에 이르러 통일된 형태로의 예전을 마련하기에 이른다. 이 시기의 예전은 가톨릭과 수도원적 형태의 혼합적인 모습으로 보일 뿐만 아니라, 모든 예전의 형태를 수용, 동화(assimilation), 종합한 동방 기독교의 풍부한 예전성을 나타낸다고 할 수 있다.

예배의 기도는 많은 부분으로 나뉘는데, 다음은 이들 예배의 주요 요소이다.

　(1) 성례전 예전과 예배, 그리고 성만찬 예전
　(2) 성무일과
　(3) 절기와 교회력에 따른 금식
　(4) 성서정과
　(5) 예전적 구조 배치와 예전적 몸짓과 형식에 관한 세부적인
　지침들

A. 성례전

성례전은 회중에게 미래의 삶을 준비케 할 뿐만 아니라, 지금 바로 여기(here and now)에서의 보다 더 실천적인 삶으로 인도한다. 그리고 성례전을 통하여 회중은 그리스도와 하나님의 나라에 보다 더 가까워질 수 있는 능력을 소유하게 된다. 이러한 능력은 역동적으로 역사하며, 참여하는 모든 사람에게 발휘되도록 역사한다. 이것은 마술이나 기계적인 작용에 의한 것이 아니다. 성례전을 통해 주어지는 삶의 변화는 그들의 영성과 믿음, 그리고 헌신이 더욱 고취된다. 그리하여 구원은 하나님의 주도하심과 그에 따른 인간의 응답이라는 협동에 의하여 이루어진다. 그리고 이런 신·인 협동을 '협조작용'(synergy)이라 부른다.

성례전은 그리스도의 말씀과 자신을 내어주신 그분의 삶으로 이루어지며, 더욱 독특하면서도 특별한 의미는 성례전이 그분의 공생애 사역의 연장이며, 확장이라는 것이다. 이러한 성례전을 통하여 우리는 그리스도, 그분을 만나게 될 뿐 아니라, 참된 인간의 모습과 우리가 돌아갈 하나님 나라를 경험하게 된다.

동방 정교회는 7가지 성례, 즉 성세(baptism), 견진성사(Confirmation), 성

체성사(Eucharist), 고해성사(penance), 종부성사(anointing of the sick), 신품성사(priesthood), 혼배성사(marriage)를 인정한다. 성례전 가운데 성세와 성체성사는 상위의 위치를 차지한다.

하나님 나라의 확장은 세례를 받아 그리스도인이 될 때 비로소 시작된다. 그리고 이것은 성만찬에 참여함으로 지속되며 발전된다. 그리스도인의 삶의 중심에 위치한 성만찬은 교회의 가장 심오한 기도임과 동시에 가장 중요한 목회이다. 또한 성만찬은 교회의 교회됨과 교회로서의 최고 절정을 동시에 성취하게 하는 예전이다. 성만찬을 통하여 교회는 교회의 참된 모습을 발견하게 됨과 동시에 끊임없이 인간의 공동체에서 그리스도의 몸과 성령님의 전으로, 그리고 하나님의 백성인 교회로 변화하도록 이끄는 힘이 된다. 그러므로 하나님은 성만찬을 통하여 자신의 삶을 회중에게 내어주시며, 한자리에 모인 회중은 그분의 삶을 함께 공유하게 된다.

정교회는 성찬 성례를 거룩한 예전(The Divine Liturgy)으로 행하는데, 이는 가장 숭고한 의식이기에 그렇다. 이들의 거룩한 예전인 이 성찬 성례의 순서는 두 번의 엄숙한 입장, 성경의 독경과 그 해석, 대성찬 기도와 성체의 축성 기도, 그리고 분병 분잔으로 이루어진다. 동방 정교회의 성찬 성례는 모두 3가지 형태가 있다. 성 크리소스톰의 거룩한 예전(The Divine Liturgy)과 성 바질의 거룩한 예전, 그리고 성찬 전(前) 견신의 예전(the Pre-Sanctified Gifts)이 그것인데, 3번째 형태는 사순절 기간과 몇몇 성인 기념일과 고난주간(Holy Week) 동안에만 집례되었다.

B. 성무일과(The Daily Office)

예전적 주기는 상호 연관된 네 개의 주기에 의해 순환된다. 즉, 일(day), 주(week), 달(month), 연(year) 등이다. 성무일과의 목적은 신자를 그리스도의 신비에 연합케 하기 위함이며, 또한 평범한 삶의 시간이 아닌 매 시간을 구원의 중대한 순간으로 바꾸기 위함이다. 그러므로 매일이 은혜의 날로 변화될 수 있으며, 매 해가 주의 해로 경험될 수 있다.

하루의 성무주기는 다음과 같다. 만과(Vespers; 하루일과가 끝날 때), 종도 (Compline; 잠자리들기 전), 새벽 기도(Midnight), 찬과(Orthros; 새벽미명에), 그리고 일시과(prime; 그후 조금 있다가), 삼시과(terce; 9시), 육시과(sext; 정오), 구시과(none; 오후 3시) 등이다. 그리고 이들 중에서 하루일과를 마치고 드리는 만과와 새벽미명에 드리는 찬과는 상당히 발전된 형태를 지닌다.

이러한 성무일과의 뿌리는 초기 기독교 공동체가 드린 매일의 기도회와 수도원 공동체의 공동예배시 드린 기도에서 찾을 수 있는데, 성무일과의 예배는 매 예배시마다 그날의 대주제를 가지고 진행되는데 때로는 그리스도의 사역에 해당하는 소주제를 갖기도 한다. 특히 만과(Vespers)와 찬과 (Orthros)의 성무예배는 축제적인 요소를 가지고 있으며, 교회사에 나타난 위대한 성일과 성자들을 축하하고 기념하며, 또는 그 밖의 교회사의 기념비적인 사건들을 기념한다. 그러므로 이 예배는 인간의 역사에 개입하셔서 구원의 역사를 이루신 하나님의 현존에 중점을 둔다고 할 수 있다.

C. 절기와 금식일(Feasts and Fasts)

가장 기본적인 교회의 축일은 주일(the Lord's Day)로서 이는 매주마다 지켜지는 교회의 가장 기초적인 절기이다. 그리고 이 주일에 행하는 교회의 중심된 활동은 바로 거룩한 예전을 통하여 회중이 하나님께 예배드리는 일이다. 이로써 주일은 매 주일마다 그리스도의 부활을 기뻐하고 기념하는 날이다.

초대 기독교 공동체의 예전 전통을 이어받은 교회는 몇가지 특수한 경우를 제외하고는 매주 수요일과 금요일에 행하는 금식을 발전시켜 나갔다. 그러면서도 여러 시대를 거치면서 교회력에 있어서의 축일과 금식일은 상황에 따라 유연성을 가지고 변화되었음을 알 수 있는데, 대체적으로 두 개의 커다란 범주로 나눌 수 있겠다. 즉, "유동성이 있는"(movable) 절기와

"고정된"(fixed) 절기가 그것이다. 유동적인 절기는 사정에 따라 준수된 절기로서 부활절 같은 절기가 그것이었다. 반면 고정적인 절기는 매년 같은 날, 같은 시간에 지켜졌다. 그리고 모든 절기는 그것이 보편적이든 지역적이든 간에 언제나 엄숙하면서도 거룩한 예전의 형태를 갖추어 집례 되었는데, 그 이유는 매 예배마다 집례되는 성만찬이 교회의 영원한 축제임을 나타내기 때문이다.

그리스도의 부활을 기념하는 부활절은 교회의 가장 오래되고, 가장 엄숙하면서도 중요한 절기이다. 이 부활절은 교회력에서 가장 중심이면서 핵심적인 자리에 위치한다. 그리스도의 고난과 죽음, 부활은 그분의 핵심적인 구속사역이다. 그러므로 엄숙한 고난주간(Holy week)의 준수와 장중한 부활절 예배는 주님의 구속사역을 영광 돌리는 중심적인 절기이다.

고난주간에 앞서 40일간을 사순절로 지켰는데, 이를 대금식(Great Fast)일로 부르기도 했다. 이렇게 40일간 계속되는 사순절과 참회시간들을 통하여, 교회는 참회의 능력과 그 의미를 맛보게 되며 나아가 그리스도인의 참된 삶의 모습과 생명력을 확고히 하게 된다.

정교회는 이러한 부활절 외에도 12개의 대(大)절기를 지키는데, 이는 그리스도의 생애와 성모 마리아의 삶 가운데 나타난 여러 사건들, 게다가 성모의 무흠수태 대축일, 성탄절, 주현절, 종려주일, 승천일, 성령강림절, 변화 축일(Transfiguration) 등을 포함한다.

매주일의 주간 금식일과 사순절기간의 금식일 이외의 다른 금식일로는 성탄절을 앞두고 일정기간을 금식하는 기간으로 삼았다.

금식기간에는 기도만이 아니라 봉헌도 함께 드려진다. 금식은 경건한 공로행위로 간주되지도 않았으며, 십자가를 지는 행위로도 이해되지 않았다. 오히려 주님의 말씀인 "사람이 떡으로만 살 것이 아니요 하나님의 입으로부터 나오는 모든 말씀으로 살 것이라"(마 4:4)는 말씀의 표현이며, 그 말씀을 더욱 확고히 하기 위함이다. 그러므로 금식이란 주로 영적인 지식의 성숙과 하나님께 향한 순종, 그분의 말씀에 대한 열정, 그리고 성화됨의 성숙으로 간주되었다.

공예배시 사용되는 예배서(service books)는 크게 주로 4개의 형태로 나눌 수 있는데, 첫째, Typikon이다. 단권으로 된 이 예배서는 매일 예배를 위한 예배 모범서요, 전례규범(Rubrics)서이다.

두 번째 형태로는 'Euchologion'과 이에서 유래한 'Small Euchologion', 'Archieratikon', 그리고 'Diakonikon'을 들 수 있겠다. 이 예배서는 모든 예배를 비롯하여 성례전과 그 밖의 다른 예배시에 사용되는 제사장적 기도와 간구의 기도문을 담고 있다.

세 번째 형태로는 고정적인 형태의 성무일과와 환경에 따라 바꿔 사용할 수 있는 가변적인 형태의 성무일과 내용을 담고 있는 예배서이다. Horologion은 성무일과에 있어서의 고정적인 예배 요소와 그 밖의 다양한 예배 순서를 싣고 있다. Great Octoechos(또는 Parakletike)는 한 주간에 걸쳐 매일 드리는 예배에서 사용하는 찬양을 담고 있는데, 8주를 한 주기로 하여 반복된다. Triodion은 사순절 전야와 사순절 기간, 그리고 대금식일과 고난주간의 성무일과를 위한 찬양집이다. Pentaekostarion은 부활절 기간 중의 성무일과에 불려지는 찬양집이며, Menaia는 모두 12권으로 구성되었는데 이는 1년에 12번, 매월 한 권씩 사용할 수 있도록 하였다. 이 12권의 책은 교회력에서 빠뜨릴 수 없는 고정적인 예배나 절기예배 등을 다룬 예배서이다.

정교회의 찬송가는 감정적이기보다는 다분히 교리적이다. 모든 곡은 교회음악의 대표적 기법인 기본 8음계 중에 하나로 시작된다.

네 번째 형태는 일종의 성서정과로서, 성경을 주기별로 읽을 수 있도록 한 책이다. Evangelion은 1년을 주기로 4복음서를 순서에 맞춰 읽을 수 있도록 구성한 것으로, 복음서의 말씀을 구절씩 재구성해 놓았다. Apostolos는 사도행전부터 서신서에 이르기까지 각 구절로 나누어 1년 동안에 사용할 수 있도록 하였다. 그리고 Psalter는 시편을 크게 9개의 노래로 나누었으며 그것을 또 20개 부분으로 구분하여 놓았다. 그리고 Prophetologion은 한때 구약성경의 특정 부분을 미리 지정하여 그 부분을 읽도록 했지만, 이제는 더 이상 예배·예전서로 사용되지 않으며 단지 위에서 언급된 다른 예배서에 포함시켜 사용하고 있다.

D. 예전적 구조 배치(Liturgical Space)

전통적인 교회건물이나 성전은 몇 가지 독특한 특징과 특성을 지니고 있다. 당시의 교회 건축의 목적은 변모하는 세계의 미(美)적 수준과 부(富)를 반영키 위함이었으며, 또한 성만찬 예전의 본질을 명백하고도 뚜렷이 드러내기 위함이었다. 돔 모양(domes)의 천장과 둥근 문(arches), 그리고 천문(apses; 교회당의 동쪽 끝에 있는 반원형의 돌출부), 뿐만 아니라 잘 그려진 도해(圖解)적인 구성과 촛불을 사용한 조명과 높이와 길이 등 이러한 성전 양식을 통해 교회는 인류를 품으시는 하나님의 사랑을 드러내며, 인간과 세상을 향한 교회관을 표현하고 있다.

성전은 주로 세 부분으로 구분된다. 즉, 세례자를 위한 공간(narthex), 회중석(nave), 성단(sanctuary)이 바로 그것이다. 설교대와 설교단은 성단 밑, 회중석의 중앙에 위치하고, 성찬대나 제단은 성단의 중앙에 놓인다. 성단은 약간 올라가 있으며, 성화막(iconostasis; 동방 정교회의 제단쪽 성화병풍)에 회중석과는 분리되어 있다.

성상들은 정교회의 예배에 있어서 중요한 역할을 감당하며, 개인의 신앙 성숙에 있어서도 지대한 영향을 미친다. 이러한 성상들은 주로 교회사에 기념비적인 인물이나 사건을 다루며, 회중을 거듭난 중생의 삶으로 보다 더 효과적으로 인도하는 데 도움을 주기 위함이었다.

그렇기에 그동안 성상은 기독교의 교리를 가르치는 선생의 역할뿐 아니라, 심지어는 그것 자체가 숭상되기까지 했다. 그러나 보다 더 중요한 것은 성상이 성육신에 대한 이해를 적절히 도울 뿐 아니라, 세상을 변화시키며, 거룩케 하기 위한 전도자의 역할을 담당하고 있다.

2. 로마 가톨릭의 예배신학
(A Roman Catholic Theology of Worship)

로마 가톨릭의 예배신학의 핵심은 예수 그리스도의 공생애, 죽음, 그리고 부활에 두고 있으며, 이러한 것들은 예배의 각 부분을 통하여 나타난다.

그리스도인의 삶의 의미는 세상의 모든 것에 의미를 부여하신 예수 그리스도의 성육신과 공생애, 십자가의 죽으심과 부활에서 그 의미를 찾을 수 있다. 특히 신비로운 사건인 예수 그리스도의 부활은 신약성경에서부터 시작된 기독교 예배의 기본적인 신학이다. 그러나 최근에 이르러 로마 가톨릭 신학은 개혁교회의 신학과 같이, 중세 우주론의 가설과 스콜라 철학으로부터 시달려야 했다. 이러한 중세의 가설들은 성례전의 구체적 이해와 그 집례에 있어 끊임없는 영향을 끼쳤다. 특히 입교식과 성만찬에서 두드러졌다. 성경과 그 밖의 교회사를 통한 역사적인 연구는 성경의 여러 기록과 초대 기독교 공동체의 예배 형태를 보다 더 풍성하게 할 뿐 아니라 에큐메니칼 신학에 힘을 실어 주었다.

A. 신약성경에 나타난 예배

모든 구원의 역사(모든 사건, 목적, 성소, 하나님의 현현, 제의)는 나사렛 예수의 인간 되심과 하나님의 말씀으로 성육화하심으로 구체화되었다. 인침을 받은 그리스도는 하나님의 영원한 말씀이며(요 1:1, 14), 새 창조(고후 5:17; 갈 6:15; 롬 8:19ff; 계 5:14), 새 유월절과 어린양(고전 5:7; 요 1:29, 36, 19:36; 벧전 1:19; 계 5ff), 새 언약(마 26:28; 막 14:24; 눅 22:20; 히 8-13), 새 할례(갈

2:11-12), 하늘의 만나(요 6:30-58; 계 2:17), 하나님의 성전(요 2:19-22), 새로운 희생와 제사장(엡 5:2; 히 2:17-3:2; 4:14-10:14), 안식일 휴식의 완성(갈 2:16-17; 마 11:28-12:8; 히 3:7-4:11), 그리고 다가올 메시아 시대(눅 4:16-21; 행 2:14-36)의 도래이다. "사람이 의롭게 되는 것은 율법의 행위로 말미암음이 아니요 오직 예수 그리스도를 믿음으로 말미암는 줄 알므로 우리도 그리스도 예수를 믿나니 이는 우리가 율법의 행위로서가 아니고 그리스도를 믿음으로서 의롭다 함을 얻으려 함이라 율법의 행위로서는 의롭다 함을 얻을 육체가 없느니라 만일 우리가 그리스도 안에서 의롭게 되려 하다가 죄인으로 드러나면 그리스도께서 죄를 짓게 하는 자냐 결코 그럴 수 없느니라"(갈 2:16-17).

구약의 예전적이고 희생의 성전제사는 이제 다른 어떤 희생제사에 의해서가 아니라 그리스도의 희생으로 인해 대체되었다(히 8-9장). 그러므로 하나님을 기쁘시게 하는 유일한 참된 예배는 그리스도의 구원 사역과 죽음, 그리고 부활이며, 기독교 예배는 그리스도께 대한 전적인 반응으로서 우리는 예배를 통하여 성령님의 능력으로 말미암아 성부 하나님의 영광에 접붙임된다.

사도 바울은 로마의 그리스도인들에게 보낸 그의 편지에서 한 사람이 그리스도인이 되도록 하는 제의(rite)가 있음을 전제하고 있으며, 세례의 의미와 그 중요성도 언급하고 있다(롬 6-8장). "성령님의 역사하심으로 인해 그리스도의 죽으심과 연합되다"라는 말은 다시 말하면, 인간은 예배와 그분께의 순종, 그리고 자신의 믿음으로 말미암아 그리스도와 하나가 되는데, 이러한 '예배와 순종, 믿음'이라는 수단은 하나님께서 인간에게 주신 유일한 선물이다. 즉, 우리는 한 성령으로 하나님 보좌 앞에서 인간의 온전한 행위인 예배를 드림으로 그리스도와 접붙임 된다.

십자가에서 죽으시고 부활하신 주님과의 연합은 영원하다. 왜냐하면 예수 그리스도께서 친히 교회를 통하여, 그리고 교회 안에서 세례를 베푸시기 때문이다. 그러므로 교회가 존재하는 한 그리스도께서는 그의 몸의 지체인 성도들과 분리될 수 없다. 이처럼 그리스도께로 감히 유입(insertion)되게 하는 은혜는 그리스도인을 삼위일체 하나님의 사역(말씀의 신성함 때문에)과 모든 기독교 공동체(그리스도의 인성 때문에)와 연합하게 한다. 그러나 세례는 그리스도와의 특별한 관계를 형성시키는데, 즉 하나님께서 이미 구원하셨고, 구원코자 원하시는 세상 사람들과의 만남이다. 이러한 이유로 교회는 구원의 성례전이며, 교회의 목적은 세상을 향하여 하나님 나라를 선포함이다.

이러한 예수님과의 연합됨은 예배와 순종, 그리고 믿음에 있어서 인간의 자유로운 결정을 위한 요구를 포함한다. 그러나 인간 본성의 연약함으로 인해 우리는 예배를 거부할 수 있는 여지가 있게 되며 그렇게 될 때는 죄를 범하게 된다. 그러므로 십자가 위에서 이룬 그리스도의 구원이 모든 구원을 이루기 위한 충분한 원천이 되는 한, 구원과 예배드림으로 받게 되는 세례는 어떤 간구의 기도 없이도 주어진다. 은혜의 선물인 세례는 끊임없이 인간에 의해 성례전의 형태로 드려지고 수용되어야만 한다. 특히 주일 성만찬 예배가 그래야 한다.

B. 예전(Liturgy)-교회의 공중 예배

회중은 그리스도이신 예수님의 몸인 교회라는 실체적 공동체 안에서 세례를 받게 된다. 이것이 성령님을 통하여 드려지는 성부께 향한 예배이다. 왜냐하면 사도 바울은 예전이 그리스도인의 삶의 선물로 주어진 최초의 예배라고 했기 때문이다. 바울은 예전, 희생, 제사장 또는 제사와 같은 말을 사용하는 대신 그리스도의 삶과 주님을 삶의 모범으로 따르며 사는 삶을 말했다. 우리가 공적인 예배 혹은 예전에로 부름을 받아 한자리에 모이는 것은 그리스도 안에서 주님과 연합된다는 실제적 증거가 된다(고전 10-14; 엡 4장; 골 3:27-28).

'레이투기아'(Leitougia)라는 말에는 성전에서의 사가랴의 직무(눅 1:23), 복음 선교와 가난한 자를 위한 헌금(고후 9:12), 바울을 섬긴 에바부로디도의 헌신(빌 2:30), 뿐만 아니라 십자가의 죽음으로 하나님에게 향한 그리스도의 모든 순종(히 8:6) 등을 포함하고 있다. 다른 말로 하자면, 개인적인 기도와 공동 기도, 세상을 향한 섬김과 헌신, 그리고 공동체가 함께 참여하는 성만찬은 서로 엄격히 분리되는 것이 아니라, 하나님께로 향한 우리의 유일한 전인적인 응답의 구체적인 표현이다. 이러한 전인적인 응답으로 우리는 한 번 희생으로 모든 이를 위한 속죄를 이룬 그리스도와 성령 안에서 연합된다(히 10:10). 즉, 교회의 중심 예전으로서의 성만찬은 사회적 요구의 구체적 표현이며, 각기 분리된 성전과 예배·예전, 그리고 제사장 직분을 온전히 하나가 되게 하는 그리스도의 몸으로 세워 나가도록 해야 한다.

　말씀과 성만찬이 있는 예배는 말씀이 곧 그리스도의 육신이 되게 하는 예배로서, 이 말씀을 입고 오시는 그리스도는 온전한 인성을 입고 다가오시며, 하나님의 나라를 선포하도록 위임받은 교회의 구성원들과 결코 분리될 수 없다. 그러므로 이 땅의 제한적인 상황 속에서, '교회'라는 몸을 입고 오신 그리스도는 교회를 통하여 오늘의 상황에 구원하시는 말씀을 선포하고 있다. 이러한 관점에서 성례전은 인간에 의해 고안되거나 단순히 교회에 의해 시작된 것이 아니다. 왜냐하면 그리스도는 자신의 몸과 나뉠 수 없기 때문이다. 교회의 성례전은 정확히 말해 그리스도의 몸을 예배하는 행위이며, 그리스도의 신비의 단면을 비쳐주고 있으며, 그 안에서 교회가 살고, 움직이며, 존재할 수 있다. 그리스도의 몸인 교회에 친밀하게 연합되어 그리스도와 하나가 될 때, 매주일 드려지는 성만찬은 회중으로 하여금 자기 존재의 의미와 그리스도의 희생, 즉 그리스도 안에서의 자신의 참 모습과 미래의 소망, 그리스도로 말미암은 만물의 완성 등을 되새기게 하는 가장 효과적인 방법이다. 이런 그리스도와 함께하는 기독교인의 본질적인 연합은 성만찬 집례를 위한 본질이며, 이 성만찬을 통하여 그리스도의 희생이 '회상', '기념'(anamnesis)된다.

　그러므로 가톨릭의 신조와 신학에서 말하는 그리스도의 죽으심에 대한 아남네시스(기념)는 단지 심리학적 이해로서, 그리스도께서 십자가 위에서 죽으셨으므로 그 죽음으로 인해 한 개인이 감동을 받는 것도 아니며, 또한 미사도 십자가에 달리신 그리스도의 죽음을 재현하는 것이 아니다. (비록 왜곡된 미사의 집례가 그런 방향으로 이끈다 할지라도 말이다.) 교회가 성만찬시 "아버지, 우리의 구원을 위하여 고난을 당하신 당신의 아들의 죽음을 상기하도록 하옵소서. … 우리는 당신에게 이 거룩하고 살아있는 당신의 희생에 감사를 드리나이다"라고 기도할 때, 이것은 엄밀히 말하면 우리가 그리스도의 죽으심에 연합한 자가 되었기에 그리스도의 희생을 위한 찬양의 제사를 드리는 것이며, 나아가 2천 년 전에 당하신 그리스도의 희생을 재현함을 뜻한다.

　교회가 세례를 베풀 때, 그 세례는 교회나 집례자가 아닌 그리스도께서 친히 베푸시는 것이므로 비록 단 한 번의 세례라 할지라도 그것은 영원히 유효한 세례이다. 이와는 달리 매주 행하는 성만찬을 통하여 교회는 예수 그리스도의 죽음과 부활로 나타난 하나님의 구원행위를 매주 기념하며, 그리스도의 심판과 위로, 그리고 그리스도의 소망을 늘 새롭게 바라보게 한다. 이러한 거저 받은 은혜로 말미암아 예배의 최고 절정인 하나님께 향한 넘치는 찬양이 그의 응답으로 이어진다. 왜냐하면 은혜를 주시는 분이 바로 그리스도시며, 교회는 이러한 한 분이신 그리스도 안에서 든든히 서 가는 것이기 때문이다.

　과학을 통해 알 수 있는 것처럼 제의(ritual)라는 것은 보다 더 나은 의미의 해석과 전달을 위해 한 공동체가 만든 상징들(signs)과 몸짓들(gestures)로 이루어진 하나의 약속이다. 그러므로 예전적 예배는 믿음에 있어서의 그들의 관계를 더욱 구체화시키는 역할을 한다. 이러한 경우에 교회의 중심된 예전은 바로 성례전(sacraments)이다. 그리고 로마 가톨릭은 언제나 개혁을 마다하지 않는다. 이는 마치 제2차 바티칸 공의회의 선포를 통해 발행된 '거룩한 예전의 제정'(The Constitution on the Sacred Liturgy)처럼 말이다.

3. 루터교 예배신학(A Lutheran Theology of Worship)

루터교에 있어서 예배는 하나님의 성전에 모이는 회중의 모임으로서 설교와 성찬을 통해 선포되는 복음으로 말미암아 회중의 믿음이 반복적으로 견고케 되는 자리이다. 이 예배를 통하여 하나님께서는 역사하시며, 회중은 그에 응답한다. 형식에 있어서 루터교 예배는 복음주의적이면서도 가톨릭적인 성격을 띤다.

루터교의 예배 형태는 매우 명확하면서도 심지어 흥미롭기까지 한데, 그 이유는 이들의 예배에는 복음적인 면과 가톨릭적인 면이 동시에 역설적으로 존재하기 때문이다. 루터교 회중은 복음적인 신앙을 소유하길 원하며 예수 그리스도의 복음이 만방에 선포되기를 또한 원한다. 그러면서도 이들은 모든 시대와 역사에 걸쳐 기독교를 하나의 예전으로 통일한 가톨릭의 위대한 예전적 전통에도 서있기를 마다하지 않는다. 그리고 이들은 진정한 가톨릭 신자가 되는 것은 참된 복음주의자가 되는 가장 확실한 길이며, 복음주의자가 될 때 비로소 가톨릭 예배의 중심에 있게 된다고 믿고 있다.

한편, 루터교인들은 자유로워야 할 예배가 마치 하나님께서는 어떤 특별한 의식을 갖추어 드리는 예배만을 기뻐 받으신다고 하는 전통에 의해 예배에서의 자유함을 빼앗으려는 것을 맹렬히 비난한다. 그리스도의 복음은 특정한 예배 의식으로 하나님을 기쁘게 해야만 한다는 강박관념으로부터 우리를 자유케 하셨다. 그러면서도 이들은 또한 "그리스도인의 진정한 예배는 즉석에서 즉흥적으로 이루어지는 자유로운 예배"라고 주장하면서 예배에서 자유함만을 요구하는 주장도 통렬히 거부한다. 예배에서의 그런 '자유함'은 종종 예배인도자를 폭군적인 인도자가 되도록 유혹하며, 그로 인해 검증되지 않은 위험한 예배를 낳게 된다. 우리가 예의를 갖추어 하나님께 예배드리는 것은 하나님께서 우리의 외적인 형식을 통하여 기뻐 받으시기 때문이 아니다. 그것은 하나님 앞에서 예의를 갖추어 드림으로써 하나님 앞에 나아가는 우리의 모습을 표현하는 것이며, 또한 우리의 믿음을 재확인코자 함이다. 뿐만 아니라 우리는 기독교 예배의 역사를 통하여 우리에게 전해진 과거 기독교 예배의 위대한 유산들을 자유로이 경험할 수 있는데, 이는 귀중한 선물이다.

사실, 우리에게 전해져 내려온 이러한 귀중한 유산들 중의 일부는 너무도 중요하기에 이것들 없이는 도저히 예배드릴 수 없기까지 하다. 교회에서 읽히는 성경은 과거 교회들이 그 신성한 권위를 인정한 경전이다. 이것이 없다면 우리가 행하는 모든 것이 무의미하다. 그리고 루터교 예배의 핵심적 뼈대는 다름 아닌 그동안 교회들이 대대로 지켜왔고 전해준 것들로서, 예수님의 이름으로 씻는 행위인 '세례'와 성경의 주제이신 그리스도를 전하는 '말씀 선포', 그리고 '사죄의 확인'과 그리스도의 충만하신 임재와 언약의 확인으로서 교회가 언제나 행한 '주님의 식탁' 등이다. 그들은 이것들을 하나님께서 친히 주신 선물이라고 믿어 의심치 않았다. 이러한 하나님의 선물은 너무도 구체적인 형태로 주어졌으며('물', '성경', '하나님의 언약을 선포하는 자', '빵과 포도즙'), 바로 이러한 것들이 하나님께서 그분 자신인 성령님을 부어주시는 '은혜의 통로'이며, 우리를 온전한 믿음으로 인도하는 방편이다. 우리는 이러한 구체적인 선물 없이 그리스도인으로서 도저히 살아갈 수 없으며, 또한 이러한 '은혜의 통로'(means of grace)가 중심이 되지 않은 루터교 예배는 있을 수가 없다.

그러나 이제 또 다른 역설로 되돌아가 보자. 우리는 위에서 언급한 예배의 귀중한 유산들을 전해받아 전통에 따라 집례하되, 복음적인 시각으로 다시 비평하고 재구성하기를 마다하지 않는다. 이는 하나님의 요구이기보다는 오늘 모이는 회중의 요구에 의존한 것인데, 그럼에도 결국 하나님께서는 이러한 예배에 임하셔서 역사하신다. 주일 아침에 드리는 공적인 예배에서 예배를 집례하고 주도하는 분은 우리가 아닌 하나님이다. 예배시 우리가 하나님을 위해 무엇을 해드리는 것이 아니라, 하나님께서 한자리에 모인 우리를 위해 행하시는 것이 바로 예배이다. 하나님은 우리가 그리스도의 말씀에 따라 말할 때, 우리의 말하는 입술과 찬양하는 입술을 빌려 친히 말씀하시며, 또한 우리가 주님께서 가르치신 대로 행하는 주님의 성찬과 세례도 하나님께서 친히 집례하시는 것임을 잊어서는 안 된다. 이러한 내용이 바로 루터교 예배의 핵심인데, 그 이유는 이들은 언제나 예수 그리스도를 삶의 주인으로 따르길 원하며, 주님께서 세우신 새로운 언약의 공동체이기에 그렇다. 루터교인들에게 있어서 하나님께서 우리의 행위를 통해 일하시며 물리적인 재료를 통하여 우리와 만나신다는 믿음은 인간의 육신을 입고 세상에 오신 예수님께서 온전하신 하나님의 자기 계시였음을 믿는 믿음에서 기인한다. 위에서 언급한 기독교 예배의 두 가지 역설적인 면은 마치 신성으로 충만하신 그리스도께서 육신의 몸을 입고 이 땅에 오셨다는 엄청난 역설과 맞먹는 것이라 할 수 있겠다.

루터교인들이 말하는 그들의 이른바, '복음주의적 가톨릭주의'(evangelical catholicism) 예배의 특성은 그들의 교회론 신조에서 잘 나타난다.

우리에게는 오직 하나의 거룩한 교회만이 있으며, 그 교회는 영원히 존재할 것이라고 우리는 믿는다. 이 교회는 모든 신자의 모임으로서, 순전한 그리스도의 복음이 그들 가운데 선포되며 복음에 따라 거룩한 성례전이 집례되는 곳이다. 왜냐하면 복음의 순전한 이해를 위한 복음 선포와 하나님의 말씀에 의지한 성례전의 집례는 기독교 교회의 온전한 일치를 가져다주는 유일한 것이기 때문이다. 그러므로 모든 곳에서 행하고 있는 인간에 의해 고안된 의식은 이 땅 위에 존재하는 교회들의 일치를 위해 불필요한 것임을 알아야 한다.[2]

그러므로 이들은 최선을 다해 위대한 옛 예배 전통을 추구하면서도, 그와 동시에 끊임없이 그것들을 복음의 시각에 비추어 재구성하고 있다. 그러면서 이들은 언제나 "어떻게 해야 그리스도의 복음을 충실히 따를 수 있는가?"라고 자문하기를 주저하지 않는다. 앞에서 이미 언급한 '은혜의 통로'인 예배 전통을 중심으로 하되 비록 덜 중요시 여겨져 온 전통들 중에서 매우 유용한 것은 수용하여 행하고 있다. 루터교인들은 주일을 주님의 만찬에 참여하며, 믿음의 공동체가 한자리에 모이는 날로 여겨 거룩히 지킨다. 그들은 부활절과 성탄절, 그리고 옛적부터 내려온 그 밖의 여러 교회력을 지킨다. 이들은 몇몇 성인들의 축일을 준수하고 전통적인 성서정과를 사용한다. 또한 미사를 위해서 옛 서방 교회의 본문을 사용하고 이러한 예전적 본문을 부분부분 영창한다. 이들은 예배집례자와 세례 받을 자들을 위해 전통적인 예복(vestments)을 입는다. 이렇듯 루터교인들의 옛 전통에 대한 애착은 때때로 별로 쓸모없는 것들에까지 고수하게 하였는데, 그래서 이들은 종종 비본질적인 부분에서조차 보수적인 면을 보이고 변화에 대해 회의적인 반응을 보일 때도 있다.

찬양 역시 예배에서 매우 중요한 자리를 차지한다. 루터교가 중세 미사와의 분리를 이룬 가장 환영할 만한 개혁 중의 하나는 바로 예배 중 모든 회중이 자국어 가사로 된 곡을 부를 수 있도록 함으로써 예배에 회중의 참여를 독려했다는 사실이다. 이러한 현상은 16세기에 접어들면서 일기 시작했는데 시편가(psalms)와는 다른 찬송가(hymns)의 형태로 당시의 다른 프로테스탄트 지역에서도 이를 즐겨 사용했다. 그리고 여전히 루터교

---

2 *Augsburg Confession*, Article Ⅶ.

예배의 주요 역설적인 면으로 남아 있는 것이 있는데, 그것은 사제와 회중의 역할이다. 예배의 인도자인 목사는 전체 예배에 있어서 중대하고도 절대적인 역할을 감당한다. 그러나 그에 못지않게 루터교 예배에서 볼 수 있는 것은 모든 회중이 예배에 참여할 수 있도록 하고 있다는 점이다. 비록 구약 말씀을 교송으로 부르지 않고, 많은 부분에서 평신도의 지도력이 강화되지 않았다 하더라도 찬양을 통하여 회중이 예배에 적극적으로 참여할 수 있도록 하고자 하는 의도가 명백히 드러난다. 그렇기에 찬양은 단순히 설교를 듣기 전에 하는 그럴듯한 준비 순서가 아니라, 루터교 예배에서 그 중심을 이루는 중요한 부분이다.

이제 이들 예배에 있어서 보게 되는 마지막 역설적인 면을 살펴보자. 사실 여기까지 언급한 내용의 거의 전부는 즉, 말씀과 세례, 주님의 만찬, 옛 전통의 복음적 재구성과 회중 참여의 강화, 그리고 찬송가집의 사용 등 이러한 것들은 오늘날 기독교 세계에 넓게 퍼져 있는 보편적인 것들이며, 에큐메니칼 예전운동에서도 볼 수 있는 특징들이다. 그렇기에 제아무리 이러한 특징들을 루터교 예배만의 독특한 것이라고 한다고 한들 결코 루터교만의 전유물이 될 수는 없다. 솔직히 말한다면, 루터교만의 유일한 예배 형태는 더 이상 존재하지 않는다고 해도 과언이 아니다. 루터교 예배는 오히려 가톨릭의 예배 전통을 받아들여 복음의 시각으로 끊임없이 질문과 갱신을 거듭한 예배이다. 비록 그러한 예배의 형태가 비합법적이었음에도 불구하고 그들은 그들의 예배만이 그들이 믿는 복음을 가장 잘 운반할 수 있는 통로가 된다고 확신한다. 결론적으로, 루터교 예배의 가장 뛰어난 점은 이들의 예배는 루터주의에 찌든 편협한 예배가 아닌 가톨릭적이면서도 복음주의적인, 즉 전세계의 그리스도인들에 의해 인정받을 만한 가장 보편적인 형태의 예배라는 것과 이들의 예배는 항상 예수 그리스도를 통하여 역사하시는 하나님을 중심에 두고 있다는 것이라 할 수 있겠다.

4. 성공회 예배신학

(An Anglican/ Episcopal Theology of Worship)

성공회 예배는 기독교 신앙의 주제인 그리스도의 성육신과 성례전에 중점을 둔다. 하나님은 예수 그리스도를 통하여 구체적으로 나타나셨다. 그러므로 예배를 통하여 교회는 가시적이며 세밀한 형태로 예수 그리스도를 통해 세상을 구원하시는 하나님의 역사하심을 구체화한다.

성공회주의자들로 구성된 국가교회나 감독교회들은 공식적인 예배신학을 갖고 있지는 않다. 단지 1549년에서부터 지금까지 여러 번의 편집을 거듭한 후 사용하고 있는 『공동기도서』(The Book of Common Prayer)를 통하여 이들의 예배 형태를 이해할 수 있을 뿐이다.

1979년판의 공동기도서에서 미국 성공회는 "기독교 예배의 중심적 활동으로 주일에 행하는 거룩한 성찬과 그 밖의 다른 중요한 절기들, 그리고 매일 아침과 저녁 기도 등은 이 교회의 정규적인 공식예배이다"[3]라고 말하면서 고정된 형태로의 예배는 대중적인 호응을 불러일으킨 매일 기도와 매주일 행하는 말씀과 성례전으로서의 예배를 꼽는다.

성공회의 신학은 주로 성육신이나 성만찬적 신학으로 묘사되는데, 이것은 특히 예배의 신학에서 더욱 두드러진다. 이들 예배에는 말씀과 그 말씀의 연출(actions)이 있게 되는데, 보여지는 말씀으로의 연출은 예수 그리스도를 통해 하나님과의 내면적이면서 영적인 만남을 갖게 됨을 상징하는 외적이며 가시적인 형태의 말씀이다.[4] 그럼으로써 예배는 보다 더 구체화된다. 예배는 우리의 마음을 비롯하여 전인격으로 드리는 특별한 행위이다. 우리는 예배를 위하여 일어서고, 앉기도 하며, 무릎을 꿇고, 엎드리며, 손을 높이 들고 목소리를 발하기도 한다. 뿐만 아니라 우리는 보고, 들으

---

3 *Book of Common Prayer*, p. 13.

4 Ibid., p. 857.

며, 노래하고, 고백하고, 침묵하기도 한다. 또한 냄새를 맡고, 맛을 느끼기까지 한다. 비록 제아무리 특별한 방식으로 드린다 하더라도, 성공회 예배 시 사용되는 외적인 예배 행위에 대한 그들의 끊이지 않는 관심은 다음과 같은 확고한 신학적 신념에 의해 이루어졌다. 즉, 우리가 성령님의 인도하심에 의해 우리의 가진 모든 것을 내어 맡길 수 있고, 주님의 은혜의 보좌 앞에 주님의 자녀로 서게 될 곳인 하나님의 초월적인 신비의 자리로 이끌릴 수 있는 것은 예배시 사용되는 예전적 상징을 활용함으로써 가능하다.

하나님의 백성들이 그분의 말씀과 성례전에 참여코자 함께 나아올 때, 우리는 그리스도의 지체가 되며, 우리의 머리이신 그리스도께서 우리의 중심에 임하시며, 죽음을 이기신 주님의 부활에 동참하게 된다. 모인 제자들에게 약속하신 주님의 말씀인 "두세 사람이 내 이름으로 모인 곳에"(마 18:20)라는 이 말씀은 예배의 촉매가 되는 주요한 말씀이다. 이 예배는 그의 자녀들이 함께 협력하여 하나님께 드리는 행위이며 살아계신 하나님을 만나는 자리이다. 이들 예배의 주요 순서로는 말씀의 봉독과 선포, 예수님의 이름으로 드리는 중보의 기도와 세례와 성찬을 중심으로 한 성례전이 있다.

한자리에 모인 공동체로 예배드릴 때, 우리는 그리스도 안에 나타난 하나님의 구원하시는 전능하신 능력을 상기하게 되며, 우리의 온 힘과 온 마음과 정성을 다해 하나님께 찬양과 감사를 올려드리게 된다[5]. 여기에는 죄의 고백과 우리의 무가치함의 시인, 그리고 열렬한 간구와 온 인류를 위한 중보의 기도, 뿐만 아니라 우리 자신과 사랑하는 이웃을 위한 중보의 기도가 있게 된다. 이는 우리가 오직 성령님의 역사하심과 부활하신 주님의 능력을 힘입어 그리스도와 연합되었기에 하나님의 보좌 앞으로 담대히 나아갈 수 있기 때문이다.

세례를 통하여 우리는 물과 성령으로 거듭나게 되며, 하나님의 자녀로 새 삶을 시작하게 된다. 또한 그리스도로 말미암아 사망에서 생명으로 옮

---

5 Ibid., p. 336.

겨지게 된다. 또한 거룩한 만찬인 성찬을 통하여 그리스도의 희생을 회상 (anamnesis)하게 되는데, 이러한 기념적 성찬은 우리로 하여금 그리스도 의 죽으심과 더불어 부활에 동참케 한다. 우리가 육신으로 주님께서 명 하신 "이것을 행하여 나를 기념하라"(눅 22:19; 고전 1:24)는 말씀에 의지해 감사함으로 떡과 잔을 받아먹는 것과 같이 우리의 영은 그리스도의 몸과 피로 말미암아 살찌게 되며 우리는 주님의 신비스런 몸에 연합하게 된다.

이러한 성공회의 중심적인 신학을 통해, 예배는 그리스도의 구속적 신 비를 찬양하는 것으로서, 이는 매일의 아침, 저녁에 드려지는 성무일과의 찬양을 통해 주님의 구속을 회상하고 결혼미사와 병자들을 위한 안수, 그 리고 고해성사와 죽은 자를 위한 미사 등과 같이 개인의 삶 속에서 맞이 하게 되는 중대한 시기의 예배에서도 그리스도의 구속의 신비를 찬양하게 된다. 즉, 성공회는 주일 예배를 비롯한 주중의 모든 크고 작은 모임을 통 해 예수 그리스도의 구속의 은혜와 그 신비적 사역이 드높이 기념된다. 이 를 통해 회중의 삶의 모든 영역이 교회를 통해 그리스도 안에 나타나신 하 나님과 연합하게 되며, 자신을 죽기까지 온전한 제물로 내어주신 그리스 도를 본받아 우리도 자신의 전부를 헌신하게 된다.

그러므로 우리는 죽음을 이기시고 승리하신 그리스도의 능력을 점진적 으로 받아 사도 바울이 말한 바, "너희는 그리스도의 몸이요 지체의 각 부 분이라"(고전 12:27)는 말씀처럼 그리스도의 지체가 되어간다.

5. 개혁교회 예배신학(A Reformed Theology of Worship)

개혁주의 예배는 초월적인 하나님의 주권과 죄로 인해 무능력한 인간과 의 만남의 사건에 초점을 두고 있다. 개혁주의 예배는 복음에 근거하여 복 음을 선포하고, 복음대로 실천하는 예배이다.

개혁주의 예배신학을 소개하는 데 있어서 그간 2가지의 다소 상반된 이미지가 있어 왔다. 하나는 성전에서 이사야를 부르시고 그에게 다가오시는 하나님의 주권적인 부르심이며, 다른 한 면은 멜빌(Melville)이 쓴 『백경』(Moby Dick)의 한 장면에서 볼 수 있듯이 하늘로 우뚝 솟은 높은 강단 앞에서 하나님께 나아가고자 예배를 드리는 회중의 모습이 바로 그것이다. 단순히 보자면 요한계시록에 나오는 구원받은 자들이 드리는 예배처럼 개혁주의 예배는 하나님의 초월적인 임재하심과 주권하심을 나타내고 있다. 그것이 비록 백인 일색의 예배라고 할지라도 말이다. 개혁주의와 장로교 예배의 역사적 흐름은 언제나 하나님의 주권과 능력, 그리고 이에 반해 하나님께 나아오는 연약한 인간과의 만남이다.

　예배의 중심적인 자리로서 칼빈과 그 후예들의 주된 관심은 '말씀의 선포'에 있었다. 하나님의 말씀은 성경을 통해 선포되어야 하며, 이러한 강조는 예배의 중심적인 자리라는 견지에서 보건대 루터에게서 보다 더욱 강조된 점이었다. 하나님은 초월하신 하나님이시며 전능하신 분이다. 즉, 웨스트민스터 소요리문답에서는 "하나님은 영이시며, 무한하시며, 영원하신 하나님이시며, 불변하시는 분이며, 또한 그분은 지혜와 힘과 의와 거룩하심과 선함과 진실하신 인격의 하나님이시다"라고 말하고 있다. 왜냐하면 초기 제네바와 스코틀랜드의 개혁주의 예배가 언제나 예배의 시작 부분에서 '죄의 고백'(a general confession)이나 '참회의 시편'(penitential psalm) 순서를 갖고 있기 때문이다. 이를 통해 예배의 대상인 하나님 앞에서 하나님과 만나는 예배자의 현주소를 깨닫게 된다. 어거스틴과 칼빈의 이러한 하나님의 주권하심에 대한 관심은 개혁주의 예배의 깊은 뿌리로 작용하고 있다. 이사야는 하나님의 부르심에 경외심을 보임과 동시에 지체함없이 그의 범죄한 입술을 제하여 줄 것을 간구했으며, 말씀에 나타난 하나님의 뜻하심을 발견하고 하나님의 명령하심에 자신을 헌신하게 되었다.

　계시록에 나타나듯이 말씀은 곧 예수 그리스도이다. 그러나 다분히 환상적이고 구경거리로 전락해 버린 중세 가톨릭의 미사에 대항한 개혁교회는 계시록에 등장하는 화려한 예배의 장면을 또한 거부했다. 그러면서도 개혁교회에서는 여전히 그리스도 자신을 말씀의 중심이시며 근원으로 삼았다. 그러므로 교회사가들은 당시의 사람들이 품고 있었던 설교에 대한 개혁의 열정에 지대한 관심을 보이고 있다.

근세 개신교와 로마 가톨릭의 추세가 예배를 하나의 종합 예술 작품처럼 취급하려는 듯하나 분명히 말해 예배는 '창조적인 예술 작품'이 아니다. 히스롭(D. H. Hislop)은 그의 책, *Our Heritage in Public Worship*(공중 예배에서의 우리의 전통; 역자 주)에서 비유를 들어, 개혁주의 예배의 기본 틀은 "아래에서 위로 향하는 것"(upward)이라기보다는 "위에서 아래로 내려오는 틀"(downward)을 가지고 있다고 할 수 있다. 즉, 위로 향하는 예배는 예배의 초점이 예배드리는 예배자나 혹은 그의 감정에게 있도록 하는 것이 아니라 예배 받으시는 분께, 또한 예배자에게 말씀하시는 그분의 말씀에 두고 있다.

칼빈, 부처, 오이코람파디우스, 베자, 파렐, 쯔빙글리, 그리고 낙스와 같은 개혁자들은 매주 1회마다 성찬이 집례되기를 갈망했다. 이러한 그들의 주장은 사도들의 전승에 따른 것이었으며, 이 성찬은 주일 아침 예배의 정규적인 순서였기 때문이다. 성찬에 참여하기를 원하는 회중은 성찬에 즈음하여 자신의 죄를 회개하고 성찬을 받도록 요구되었다. 이러한 회중 각 사람이 성찬에 참여할 수 있도록 한 개혁자들의 주장은 과거 종교개혁 이전의 1년에 1회 내지는 그보다 더 적게 성찬에 참여케 한 관습보다 더 주위의 급속적인 호응을 얻게 되었다. 그러나 칼빈을 비롯한 개혁자들의 의지는 무식한 관료들에 의해 좌절되었다. 이들은 연 4회의 성찬 집례만을 주장하고 나섰다. 그리하여 결국 칼빈을 비롯한 다른 개혁자들도 그들의 소원을 이루지 못한 채 연 4회의 성찬만을 행할 수밖에 없는 처지에 이르게 되었다. (성찬이 집례되지 않는 날에는 축성 기도 부분에서 찬송과 축도로 이어짐으로 예배를 끝마쳤다.)

개혁교회에서는 성찬시 일상적인 떡을 사용했으며 떡을 받는 회중은 각자의 양에 맞게 떡을 떼었다. 잔 또한 떡과 동일하게 전달되었다. 많은 회중은 주님의 떡과 잔을 받기 위해 성찬 테이블 주위에 모였으며, 그들이 받는 성찬의 의미는 주님의 희생을 회상하기보다는 우리와 맺으신 주님의 언약을 확인하는 데 있었다. 또한 개혁자들은 성찬시 일반적으로 미리 정해진 축성 기도를 드렸으며 그 기도는 주님께서 성례에 친히 임재하시기를 기원하는 형식이었다. 이 점에 있어서 칼빈은 말씀을 통해 친히 임하시는 예수 그리스도의 임재를 강조했는데, 주님은 다음과 같은 명확한 제정의 말씀을 하셨다. "이것은 내 몸이니 … 또한 이것은 너희를 위하여 흘리는 나의 피니…." 한편 쯔빙글리는 예수 그리스도의 실제적인 임재가 모인 회중의 기억 속에서 기념되는 것으로 보았다.

개혁자들의 기도서에 대한 사용은 복잡하리만큼 다양한 차이를 보였다. 예배의 시작부분에 있는 시작을 위한 기원의 기도(The Prayers of the invocation)와 대중보의 기도는 기도서를 따랐다. 그러나 때때로 설교 후의 기도는 목회자의 자율에 따른 즉흥 기도가 행해지기도 했다. 스코틀랜드 장로교인을 위한 존 낙스의 『공동예배서』(*Book of Common Order*)는 대개 칼빈의 『제네바 예식서』(*Form of Prayer*)를 따르고 있으나 다소 성공회의 『공동기도서』(*Book of Common Prayer*)를 의식하고 있음을 볼 수 있다.

17세기에 이르러 영어 사용권의 개혁주의 국가와 대륙의 개혁교회는 서로 큰 차이를 보게 된다. 1643년 웨스트민스터 성 총회를 통해 절정에 달한 영국과 스코틀랜드의 청교도 혁명은 국교회 내의 성공회 퓨리탄과 심지어 몇몇 분리주의자들과의 합의를 통하여 보다 더 예전 중심적인 스코틀랜드 장로교의 성격을 띠게 되었다. 국교회 내의 성공회 퓨리탄들은 예배·예전에 대해 회의적인 반응을 보였고, 분리주의자나 회중교인들을 적대시하기도 했다. 그렇기에 스코틀랜드인들은 자신들의 예전 중심적인 입장을 얻어내기 위해 정치적으로 이들과의 타협이 불가피하게 되었다. 결국 이러한 타협으로 말미암아 스코틀랜드 장로교와 후대 미국 장로교, 뿐만 아니라 미국의 이민 청교도 예배에서의 예전신학과 예전적 형태가 감소하는 결과를 낳고 말았다.

같은 추세로, 그동안 여러 개혁교회에서는 비공식적이나마 지켜지던 5가지의 성경적인 절기들, 즉 성탄절, 성 금요일, 부활절, 승천일, 오순절 등이 영국, 스코틀랜드, 미국의 청교도시대에는 무시되거나 금지되기까지 했다. 그러나 반대로 북미의 대륙 계열의 개혁교회 후예들은 비록 그들로부터 갈라져 나온 다른 분파들이 반예전적 청교도주의를 택했다 하더라도 칼빈의 개혁주의 신학을 고수하고 있었다.

대림절과 사순절은 비성경적이라는 이유로 개혁자들로부터 무시당했다. 그 이유는 그것이 고행과 금욕적인 색깔을 띠고 있기에 구원론이 자칫 공로주의적 구원론으로 흐를 수 있으며, 또다시 중세적인 예전의 악용을 불러일으킬 만한 여지가 다분했기 때문이다. 이와 비슷하게 성자축일과 성인을 위한 기도 등은 개혁자들에 의해 금지되었다. 그러나 각 지역의 교회들은 여러 세기에 걸쳐 교회 역사를 빛낸 믿음의 증인들과 교사들을 본받고 그들의 노고에 감사드리기 위해 그들을 기념하는 설교를 강화하곤 했다.

초기 개혁교회의 예배에는 말씀의 선포를 3가지로 구성했는데, 구약성경, 서신서, 그리고 복음서로 나뉘었다. 이러한 말씀 사이에 몇 개의 시편 송이 불렸다. 성서정과가 사용되면서 점점 성경 봉독과 설교가 중요한 자리를 차지하게 되었으며 해당성구와 설교본문은 완성된 책으로 제공되었다. 그러나 설교자들은 짧은 구절보다는 성경의 한 장 전체를 읽는 데 긴 시간을 할애하기를 원했기 때문에 점점 성서정과가 사라지게 되는 결과를 낳게 되었다. 그리고 여기에 설교자 자신의 자유로운 본문 해석이 허용되기 시작했다. 이 때문에 비록 성경이 하나님의 감동으로 된 것이지만 레위기나 민수기와 같은 보다 심오하고 난해한 본문들은 도외시되기도 했다.

그리고 교회의 절기나 회중의 애경사가 있을 시에는 그로 인해 연속적인 성경 본문의 진행이 차단되기도 했다.

점점 교회의 절기와 축일들이 감소되는 대신 매주 부활의 축제로서의 주일(the Lord's Day)성수가 그 의미를 더해갔다. 이와 같이 주일성수에 대한 중요성과 그 강조는 다른 주요한 기독교 전통을 이어받아 온 개혁교회의 특징 중에서도 가장 특징적인 부분으로 보여진다. 그래서 장로교와 청교도 전통은 안식일에 쇼핑을 한다든지, 세상일에 몰두한다든지, 주말에 휴가를 간다는 것은 금기시 되었다.

금세기 장로교 예배의 선두 학자인 올드(H. O. Old) 박사는 그의 역작인 *Worship That is Reformed According to Scripture*(성경에 기초한 개혁주의 예배; 역자 주)에서 성경에 기초한 개혁주의 예배에 있어서의 다섯 가지 본질적 요소를 언급했는데, 첫째, 그리스도의 이름으로 드리는 예배이어야 하며 둘째, 성령님의 역사를 통해 드려지는 예배이어야 하며 셋째, 삶 속에서 성령의 열매인 성화된 모습이 있어야 하며 넷째, 예배를 통해 사랑이 충만히 넘치는 삶이 있어야 하며 다섯째, 회중을 교육하고 교회를 세워나가야 한다.

개혁교회의 세례의 이해는 성경과 어거스틴의 입장인 '언약의 확인'이라는 차원에서 이해한다. 세례는 구원을 이루어가는 회중의 거룩한 삶으로 이끄는 의식이 아니다. 즉, 회중의 훈련과 성화의 삶에 종지부를 찍고 새로운 시작을 다짐하는 의식이라기보다는 예수 그리스도의 새로운 언약을 통해 주어지는 하나님의 은혜에 그 강조점을 두고 있는 예전이다. 그러므로 세례는 그리스도의 몸이며 하나님의 언약공동체인 교회로의 입교식이며, 거룩한 삶을 사는 것은 세례 뒤에 따라오는 열매로서 기대된다. 유아세례를 받은 자는 훗날 12세에 이르러 교리문답 과정을 받아야 하며, 회중 앞에서 자신의 믿음을 고백해야만 한다. 그런 다음에야 주님의 만찬에 참여할 수 있게 된다.

그러므로 모든 개혁자는 이러한 목적을 위해 사전에 철저하고 강도 높은 교리문답 교육을 중요시했다. 그리스도 공동체의 언약인 세례는 언제나 공중 예배시에 집례되었다. 개혁자들은 세례를 구약의 언약이었던 모세의 할례와 연속선상에 두었으며, 세례시에 성령님께서 세례 받는 자에게 충만히 임하심을 보여주는 실제적인 표식이요 상징으로 여겨졌다. 이외에 기름을 사용하는 것과 같은 다른 형태의 안수는 행해지지 않았으며 순수히 성경적 전통에 따라 성경에서 말하는 물을 붓는 세례만이 허용되었다.

세례와 마찬가지로 '주님의 만찬'(the Lord's Supper)도 구약과 신약에서 행했던 대로 '언약의 식탁'으로 이해했다. 주님은 식탁을 통해 그분의 자녀들에게 실제로 임재하시지만, 그렇다고 주님의 임재가 아주 단순히 떡과 잔에 제한되어 그것 속에 임하신다는 것이 아니다. 다시 말하면 주님의 만찬은 단순히 죽은 자를 기념하고 기리기 위한 식탁이 아니라 그 자체가 주님의 임재하심의 약속이요, 언약이다. 이 식탁은 주님께서 그의 12제자에게 직접 행하시고 그들 앞에서 제정하신 예전이다. 이러한 차원에서 주님의 성만찬 예전은 중세 로마 가톨릭의 미사와 정교회 예전의 신비적이며 미신적인 요소를 제거하게 되었다. 반면 개혁교회의 성만찬은 성경을 통해 계시되는 말씀의 임재와 그 능력을 강화한다. 이 식탁에 있어서의 감사와 찬양의 모습은 시편송을 부르면서 나타나게 되며(때로는 일반적인 찬송), 중보의 대기도를 통해 창조와 타락, 성육신과 구원이라는 하나님의 구원사역을 상기하는 내용을 담았다. 요약하건대 개혁교회의 "주님의 만찬"을 일컬어 "거룩한 신비"(Holy mysteries)라고 하는 것은 적절치 못한 표현이다.

20세기 후반에 들어와 미국 장로교 예배에서 나타나는 한 가지 현상은 아마도 에큐메니칼 운동의 여파와 그동안 무미건조한 예배 의식을 탈피해 예배에서의 새로운 미적인 감각과 신비함, 그리고 드라마적인 예배의 연출을 추구하려고 하는 욕구로 인해 또다시 종교개혁 이전의 예배로 회귀하려는 경향이 나타나고 있다. 이로 인해 1989년 신학적이면서도 실제적인 검증을 토대로 한 활용 가능한 '예배지침서'(Directory for Worship)를 교회의 규정서로 지정하게 되었다. 이 예배지침서에는 즉흥적인 예배를 제외한 6가지 공식적 예배 형태가 있는데, 성만찬이 있는 주일 예배에서의 세례식, 결혼식, 장례식, 매일 기도문, 특별 예배 등을 포함하고 있다. 그리고 이 예배지침서에서는 과거 초기 개혁교회에서 행했던 세례와 병자를 위한 안수시 기름을 붓는 행위와 세례식이 있는 예배시 악령을 내어 쫓는 행위와 초기 개혁교회 인도자들의 전통이었던 예전적인 제스처와 언어가 제거되었다. 이외에도 더 큰 변화를 위해 예배시 사용하는 언어와 예배, 시편가집, 찬송가집, 심지어 성경도 합당한 목적을 위해서 적절한 변화를 가져와야 했다. 이러한 예배의 변화가 아무리 정치적으로 설득력을 갖고 있다 하더라도 장로교를 비롯한 개혁교회들의 예배의 변화는 인간의 욕구만을 채우기 위한 인간적인 도구로 전락시키는 우를 범하고 마는 위험을 내포하고 있다. 또한 이러한 예배의 변화는 과거 하나님의 입으로부터 나온 하나님의 말씀이 선포되는 자리로서의 초기 개혁교회의 예배의 이해와는 거리가 멀어지게 되는 소지를 낳고 있다.

6. 침례교 예배신학(A Baptist Theology of Worship)

침례교인들이 성경에 근거한 예배를 추구한다 하더라도 그들은 성경에만 근거한 예배의 모형보다는 일반적인 예배의 원리에 따르는 경향이 다분한 것을 보게 된다.

모든 침례교의 신학은 성경 자체에 근거한 성경 중심적 신학이다. 이것은 그들의 예배에서도 동일하게 보여지는 특징으로서, 그들의 예배의 신학과 형태를 발전시킴에 있어 예배와 연관된 성경 본문들을 중요한 자료로 사용한다. 예를 들어 시내산에서 하나님을 만나는 모세(출 33-34장), 이사야의 부르심(사 6장), 나사렛의 회당에서 말씀하시는 예수님(눅 4:16-30), 사마리아 여인과의 대화(요 4:19-24), 최후의 만찬에 관한 여러 가지 언급들(특히 고전 11:23-26), 그밖에도 초대교회의 수많은 예배의 모습과 심지어 계시록에 묘사된 천상 예배의 모습(계 4-5장)까지를 들 수 있겠다.

이러한 성경에 바탕을 두고 있는 그들은 또한 참된 예배란 삶 속에서 드려지는 온전한 예배라고 말한다. 그렇기에 개인이나 공동체가 아무리 잘 갖추어진 예전적 예배를 드린다 할지라도 그 예배를 드리는 예배자의 삶 속에서 예수 그리스도를 통한 하나님과의 믿음의 교제와 성결된 그리스도인의 삶을 살지 못한다면 온전한 예배를 드리지 못하게 된다. 이런 면에서 볼 때 기독교 예배는 예배신학만이 아닌 예배의 윤리와의 통합적인 관계를 유지해야 한다.

일반적으로 침례교의 예배는 성경에서 말하고 있는 복음적인 예배의 형태를 유지하고 있다. 이들은 개인적인 예배와 공적인 예배의 형태를 모두 가지고 있으나 이 부분에서는 공적인 예배에 초점을 두고 전개하려 한다.

이들에게 있어 공적인 예배(Corporate Worship)는 회중 예배(Congregational Worship)를 의미한다. 즉, 회집된 모임으로서의 교회의 개념과 만인 제사장적 견지에서 이들은 목사와 평신도 간의 구분이 없음을 강조한다. 그렇기에 예배시 회중의 역할은 목사의 역할 못지않게 매우 중요한 자리로 간주된다.

설교에 중점을 두면서 고정된 예전적 형태를 갖추지 않는 이들의 예배 특징은 때때로 회중의 참여를 소극적으로 만들어 왔다. 그러나 침례교 예배는 다른 형태로 회중이 예배에 참여할 수 있도록 회중의 자리를 마련하고 있다. 이들은 평신도에게 예배 기도와 예배 인도를 맡기고 있으며, 또한 회중 찬양과 응답적 성경 봉독에 중점을 두고 있다. 최근에 이르러서는 봉헌의 의미와 그 중요성의 회복에 중점을 두고 주일 예배를 위한 공동기도서와 회중 교독문을 발간해 냈다. 개인의 신앙고백으로 이끄는 '초청'은 19세기 영적 대각성 시기에 유행했던 것으로, 지금도 전 회중의 헌신과 결단을 이끄는 데 사용되고는 한다. 침례교는 또한 '주님의 만찬'(Communion)의 중요성의 회복을 통해 회중의 참여를 독려하고 있다.

침례교에서 말하는 예배란 하나님과의 만남이다. 그것은 하나님의 자기 계시에 대한 인간의 응답적 대화의 장이다. 하나님은 인간에게 자신을 드러내 보이시고 인간은 그에 응답한다. 하나님의 자기 계시의 형태는 말씀 봉독, 설교, 찬양, 침례, 그리고 주님의 만찬을 통해 우리에게 전달된다. 이런 점에서 회중의 응답 부분은 찬양과 감사로서, 예배시 회중은 하나님이 행하신 창조와 구속의 사건에 영광을 돌리기 위해 모인다. 그렇기에 회중은 찬양과 봉헌, 기도와 회중적 말씀 봉독, 교독문과 결단이라는 부분을 통해 하나님께 응답한다. 그래서 예배는 언제나 하나님에 의해서 주도되며 또한 항상 하나님께로 향하고 있다. 바로 이것이 침례교 예배의 결론이다.

이들은 예배시 언제나 성령님의 자유로운 역사를 인정한다. 비록 예배가 순서에 따라 의식과 질서 있게 드려져야 하고 예전적 부분을 적절히 사용해야 하겠지만, 고정된 예전의 형태를 유지할 필요는 없다. 왜냐하면 성령님은 예배시 회중 가운데 자유롭게 활동하셔야 하기 때문에 예배는 비교적 단순해야 한다고 생각한다. 회중과 하나님과의 만남 사이에 복잡한 것들이 가로막아서는 안 되는데, 복잡한 예전적 예배는 자칫 하나님의 임재를 경험하는 데 장애물이 되기에 그렇다. 예배시 초월적으로 역사하시는 하나님께서는 잘 짜여진 예전적 순서에 통제받는 분이 아니시다. 성령님은 복잡한 예전적 예배이든, 그렇지 않은 아주 단순한 예배이든 상관하지 않으시고 그분이 하시고자 하는 때와 장소에서 역사하신다. 그러므로 신령과 진정으로 하나님을 예배한다면 회중은 언제나 하나님을 만날 수 있게 된다.

침례교의 예배는 전적으로 하나님께로 향하고 성령님의 역사하심에 열려져 있을 뿐만 아니라, 예수 그리스도가 예배의 중심에 자리하신다. 하나님의 창조와 구속적 은총은 그리스도로 말미암아 완성되었기에 그리스도께서 예배의 초점이어야 한다. 그러므로 예수 그리스도를 통해 행하신 하나님의 말씀인 복음을 선포하는 것이야말로 예배에 있어서 핵심 부분이며, 말씀의 선포인 설교는 예수 그리스도의 복음 선포에 초점을 두기에 예배에서 매우 중요한 요소이다. 예수 그리스도의 복음은 듣는 회중에게 장래 일에 대한 소망을 주며, 하나님의 은혜와 동행하심이 언제나 회중의 삶 속에 함께하심을 확신케 하며, 각 사람의 영적, 물질적 갈급함을 채워 주신다.

주님의 만찬 역시 예수 그리스도의 복음에 초점을 둔다. 19세기의 영적 대각성 당시 침례교는 주님의 만찬을 중요하게 여기지 않았으나 그들의 침례교 전 역사를 통해 볼 때 그들에게 있어 주님의 만찬은 예배시 중요한 위치를 차지하고 있으며, 오늘날 많은 교회에서도 예배에서의 그 중요성을 다시 회복하려 하고 있다. 주님의 만찬은 과거에 행하신 그리스도를 통한 하나님의 은총의 사건을 선포하고 장차 오실 그리스도를 소망하게 하며, 오늘 주님의 만찬에 참여하는 회중의 마음과 심령 속에 그리스도께서 동일하게 임하여 주심을 선포하는 자리이다. 그리고 주님의 만찬에 참여함으로 그리스도인의 믿음과 소망과 사랑을 세상 가운데 명확히 표현하게 된다.

요약하건대, 공동체로 드리는 예배(corporate worship)는 하나님과 믿음의 공동체가 만나는 자리로서 하나님의 백성인 회중은 예수 그리스도 안에 충만히 나타난 하나님의 창조와 구속의 은총에 한목소리로 응답하는 행위이다. 이러한 만남의 사건을 통해 하나님께서는 초월적인 방법으로 회중의 구원을 이루신다. 그리고 침례교의 회중은 예배를 통해 하나님의 은총의 행위에 자신의 귀를 기울이며, 예배를 통하여 자신의 심령 깊은 곳에서부터 우러나오는 응답의 찬양과 감사를 드리며, 예배를 통하여 그들의 중심에 임재하시는 하나님의 초월적인 역사를 체험하게 된다. 그리고 이들은 예배를 통하여 하나님의 권능의 은총과 회중을 온전케 하시는 하나님의 능력을 경험하게 된다.

7. 재세례파 예배신학(An Anabaptist Theology of Worship)

재세례파는 교회를 신자들(believing disciples)의 근본적인 몸으로 본다. 이러한 믿음의 공동체의 발로가 곧 예배이며, 예배는 단순하고 평등주의를 지향한다. 또한 이들의 예배는 계속되는 믿음의 공동체의 삶 속에서 하나님의 구속적인 사랑의 메시지를 끊임없이 선포하는 행위이다.

예배는 태초부터 하나님께서 행하신 일과 또한 우리를 위해 인류의 역사를 선하게 이루시는 하나님의 일하심을 나타내는 행위이다. 또한 예배는 우리가 삶 속에서 맛보고 즐기는 여러 가지 다양한 활력소를 인정하고 존중한다. 그러므로 예배는 하나님의 계시와 예수 그리스도를 따르는 백성들 간의 상호작용이다. 우리의 삶의 현장이 곧 살아계신 예수님의 모습을 닮아가는 장소이며, 우리의 다양한 삶의 현장은 또한 하나님의 역사하심을 경험하는 장이 된다.

재세례파는 믿음의 소망(faith-vision)을 가지고 있는데, 이것으로 말미암아 그들의 예배 형태가 규정됨을 볼 수 있다. 이들의 비전은 거의 5백 년 전에 형성되었으며 메노나이트, 형제단(Brethren), 그리고 16세기 재세례파의 신학적 영향을 받은 회중교회와 몇몇 침례교까지 포함하고 있다. 이들의 신앙고백은 다른 교파의 신앙고백과 매우 흡사하다. 그러나 재세례파만의 독특한 점은 다음의 내용에서 볼 수 있다.

(1) 성경의 권위-신조나 법전으로서가 아닌 믿고 복종해야 할 이야기로서 이 성경은 우리의 정체성을 나타내고 형성한다.
(2) 신자의 침례(Baptism of believers)-유아세례가 아닌 하나님 앞에서 자신의 믿음과 이웃을 향한 사랑을 고백하는 신자의 침례(Baptism of believers)만을 인정하며 이를 통해 하나님 앞과 믿음

의 공동체 앞에서 자신의 헌신을 결단한다.

(3) 거듭난 공동체로서의 교회-교회는 변화된 공동체의 모임이며 이들은 교회의 몸을 이루는 다른 지체들과 협력하여 교회를 이루어 나간다. 그러므로 교회 안에서의 개인주의는 용납될 수 없다.

(4) 삶 속에서의 제자도-예수 그리스도의 삶에 동참하고 따르는 제자된 삶을 살아야 한다.

(5) 사랑의 윤리-삶의 모든 관계 속에서 원수까지 사랑하는 아가페의 마음과 의를 구하고 평화를 도모하며 화해의 관계를 유지하며 낭비를 금하고 검소하게 살며 환경을 소중히 여기며 믿음을 나누고 신뢰를 주는 삶을 살아야 한다.

재세례파의 예배에서 이들은 공동체로서 함께 한뜻으로 하나님께 응답한다. 이들에게 있어서 예배의 목적은 순간마다 하나님께 감사드리며, 위에서 기술한 믿음의 고백대로 삶의 모든 부분을 새롭게 변화시키고 믿음 안에서의 삶으로 재다짐케 하는 데 있다.

A. 예배와 예전

재세례파의 예배는 어떻게 구성되며 다른 예배와 비교해 어떤 유사성이 있는가? 앞서 이미 예배에 있어서의 2가지 요소인 하나님의 신적인 계시와 그에 대한 인간의 행위, 즉 계시와 응답이라는 재세례파 예배의 특징을 살펴보았다. 이제 재세례파의 예배를 이루는 3가지 요소, 즉 경험, 표현, 그리고 환경을 살펴보고자 한다.

1) 삶 속에서 겪는 경험

예배의 형태는 실제적이다. 오늘 여기에서 일어나는 구체적이며 생동적인 것들을 포함하는 것이 바로 예배이다. 오늘 이 식탁에 하나님이 복을 주시며, 교회에 가는 발걸음 위에도 하나님께서 복을 내리신다. 그리고 오늘 우리의 아이를 하나님께 바치고, 오늘 발생하는 이 문제와 저 문제들에 대한 깊은 숙고 등이 바로 예배의 부분이 된다.

이런 점에서 예배는 각기 별개이며 다른 모양으로 발생하는 우리의 삶들이 하나님을 향하여 온전케 드려진다. 하나님은 우리에게 그분의 평화를 주시며 모순된 우리의 삶에 조화와 일치를 가져다주시는 분이다. 토기장이의 비유에서처럼 하나님은 진흙을 취해 우리를 다듬으신다. 그리고 다음과 같은 우리의 노래를 들으시며 응답하신다. "살아계신 하나님이여, 당신의 영을 나에게 부으소서 … 나를 빚으시고 나를 만드소서. … 나를 채우셔서 나를 사용하소서." 그렇다고 우리는 삶 속에서 끊이지 않고 발생하는 여러 갈등과 고통을 외면하고 살아갈 수는 없기에 예배는 우리의 삶의 모든 시련 또한 포함하고 있다. 예배를 통해 삶의 고통이 진지하게 이해됨으로 진정한 예배는 우리의 삶 속에서 겪게 되는 문제와 갈등에도 주의 깊은 관심을 갖는 것이어야 한다. 그러므로 삶 속에서 발생되고 벌어지는 모든 경험이 예배를 이루는 주요 요소이다.

2) 예배의 표현

어떤 이야기를 표현하고자 할 때 우리는 어떤 상징체계를 사용하는가? 그중 대표적인 것이 바로 언어이다. 언어는 말(word)과 행동(deed)으로 나타나는데 하나님을 찬양하고, 신앙을 고백하고, 헌신하고, 선포하고, 귀담아 듣는 것을 돕는다. 예배에서의 언어는 언제나 그 활용범위가 넓다. 한 예로 '음악'이라는 것은 우리의 생각과 감정의 표현으로 하나님을 찬양함과 동시에 그리스도의 몸인 교회를 세워가는 데 지대한 영향을 주는 매체이다. 그밖에 형태도 다양하다. 행동(Action)은 드라마나 춤에서 보여지듯이 의도적일 수도 있으며 반면 즉흥적이거나 선천적일 수도 있다. 침묵(Silence)은 정적이 흐르는 아주 작은 목소리로서 어떤 의미를 전달하는 수단이 된다. 설교(Preching)는 성경말씀을 통하여 우리에게 교훈하며 살아계신 하나님께 순종하도록 이끄는 표현이며 그 자체가 우리의 삶 가운데 성육신하여 오신 그리스도 자신이시다.

3) 예전적 환경

설교자와 예배인도자는 의자에 앉아 있는 회중만으로도 예배를 위한 충분한 환경으로 만족한다. 설교자와 예배인도자는 타원형으로 둘러앉은 회중과 함께 공동체를 이루어 서로 대화하기를 원한다. 그리고 이들의 특별한 외적인 예전적 도구들을 들자면 깃발, 그림, 십자가, 활짝 펴놓은 성경책, 촛대, 장갑, 성찬기 등이다. 이러한 예전적 상징물들은 예배를 위한 강한 메시지를 더해주는 것으로서 회중으로 하여금 그 자리에 모인 것이 바로 하나님을 예배하기 위함임을 깨닫게 해준다. 그런데 이러한 성경적 예배는 단순히 집회소에서만 드려지는 것이 아니다. 예배자인 회중은 학교 교실이나 가정집의 거실에서도 주일이면 어느 곳에서도 예배를 드릴 수가 있게 된다.

B. 예배와 의식

앞부분에서 재세례파의 예배는 인간생활의 전체적인 경험을 포함하고 있음을 살펴보았다. 여기서는 신자의 모든 삶을 순례자의 여정으로 보면서 이러한 삶이 바로 하나님을 만나는 장이며 이러한 삶이 바로 예배의 예전을 이루는 뿌리로서 작용하는 것임을 일깨우고자 한다.

한 주가 시작되는 첫날에 믿음의 공동체가 모이는 행위는 하나님을 예배하는 회중의 반복된 행위이며 표시인데, 매주일의 예배시마다 말씀의 선포를 통해 그리스도께서는 새롭게 자신을 내어주신다. 삶 속에서의 반복되는 여러 행위와 같이 주일 예배는 하나님의 계시와 인간의 응답을 보다 더 공고히 하게 하는 자리가 된다. 예배에 있어서 하나님의 자기 계시를 나타내는 특별한 행위와 그에 따른 하나님 앞에서의 자신을 내어놓는 인간의 응답적 행동을 가리켜 성례전이라고 부른다. 그러나 재세례파는 이 용어를 탐탁지 않게 생각한다. 그 이유는 교회의 역사에서 성례전이 숭배의 대상이 되었을 때마다 성물이 그 본래의 뜻에서 벗어나 오용되었기 때문이다. 그렇기에 이들은 그들의 예배에서 성례전이라는 말 대신 '의식'(Ordinance)이라는 용어를 사용했다. 그러나 이 '의식'이라는 말 자체도 또 다른 형식적인 의미를 내포함으로 그들에게 있어서 골치 아픈 용어가 되어버렸다. 그래서 이들은 하나님의 백성들이 즐겨 사용하는 '연출'(Performances)이라는 용어를 사용하게 되었다.

1) 세례

세례는 그리스도의 몸에 연합됨을 뜻하는 의식으로 이는 오직 예수 그리스도를 믿음으로 받아들임으로써 행해지며, 세례로 말미암아 교회의 한 지체가 된다. 세례를 받음으로 이제 그는 긴 순례자의 여정을 예배자와 복음의 증인으로 살아가겠다는 첫발을 내딛게 된다. 또한 예수님과 연합하여 주님과 동역하는 동역자로서 부름 받은 표이다. 뿐만 아니라 세례는 세례를 받기 전 그의 거듭남과 새롭게 지음 받았음에 대한 외적인 표지로서 그 자신이 깨끗케 됨과 그의 삶 전체가 거듭남을 상징한다. 재세례파는 흔히 성인 세례라고도 불리는 신자의 세례(believer's baptism)만을 고집한다. 이들에게 있어서 신자의 세례는 결혼식과 매우 유사한 사건으로 세례는 각각 다른 남녀가 서로 사랑에 빠져 결혼의 상징인 '반지'(물)를 주고받음으로써 만인 앞에서 부부가 됨을 선언하는 것과 같다.

2) 주님의 만찬

주님의 만찬은 생생한 기억을 오늘 이 자리로 이끌어 낸다. 그것은 앞으로 오게 될 것 이상의 일을 보증하고 약속하는 것으로, 특히 주님의 만찬에 참여하는 회중은 장차 올 약속된 하나님 나라를 바라보며 "아버지의 나라가 임하옵시며, 아버지의 뜻이 이루어지길 원합니다"라는 고백을 함으로써 주님의 언약을 확인한다. 떡을 받아먹을 때 우리는 장래 일을 미리 맛보게 되며, 그리스도께서는 참여하는 각 사람에게 임재하신다. 그리스도께 향한 열려진 마음으로 떡과 잔을 취할 때 하나님과의 결합이 이루어지며 또한 떡과 잔을 받아먹을 때 영혼의 깊은 갈증과 배고픔이 만족을 얻게 된다. 만약 이러한 준비된 마음으로 주님의 떡과 잔에 참여한다면 우리는 그리스도의 승리와 더불어 고난에 참여하게 되며 주님의 충만하심과 그분의 사랑을 받아들이게 된다. 그로 인해 우리는 그리스도의 세상을 향한 영원하신 계획하심에 동참하여 복음 선교에 부름 받게 된다.

3) 그 밖의 의식들

세례와 주님의 만찬 외에 안수와 치유, 화해와 결혼, 장례와 애찬식, 세족식 그밖에 교인들의 애경사에 행하는 각종 예배와 서원 예배 등이 있다.

C. 예배와 삶

"예배를 위해 들어오시오. … 섬김을 위해 나가시오"라는 이 문구는 아주 오래된 교회의 입구에 걸렸던 문구로서 재세례파의 예배의 특성을 잘 보여준다. 재세례파의 예배는 교회 안에서 시작되지만 거기서 끝나는 것이 아니다. 오히려 예배를 통하여 하나님께서는 우리를 증인과 복음의 일꾼으로 세상으로 떠미신다. 그리고 다시 예배의 자리로 나아와 새로운 힘을 공급받게 된다. 예전(Liturgy)이라는 말은 본래 성도들이 한곳에 모여서 드리는 특수한 행위가 아니라 성도의 일상적인 행위를 뜻한다. 한 주일 동안 어떻게 살았느냐는 그 사람이 안식일을 어떻게 지내는가를 보여주는 거울이 된다. 따라서 재세례파는 예배를 통하여 신자는 세상으로 보내어진다는 성경의 가르침을 강조한다. 바울에게 있어서 예전적 예배는 복음의 증인과 일꾼으로서 사는 것이었다. 후에 그는 우리가 주를 위해 행하는 모든 것이 바로 '예배'라고 부르고 있음을 성경을 통해 보게 된다(고전 10:31).

결론적으로 이들이 말하는 믿음의 삶은 살아있는 말씀에 응답하면서 사는 삶이요, 성경을 중심에 둔 삶을 뜻한다. 나아가 이들은 성경을 단순히 기독교적 교훈을 담고 있는 경전을 넘어 오늘 이 자리에 살아계신 하나님의 목소리로 생각했다. 뿐만 아니라 성경은 예배에 관해 뚜렷한 목소리로 말씀하는 책이며, 이들은 창세기부터 계시록까지의 성경말씀을 통하여 길이요 진리요 생명이신 주님을 매일같이 만나기를 갈망했으며, 그와 같이 매일의 삶이 예배의 삶이 되고자 힘쓴 자들이었다.

8. 퀘이커 예배신학(A Quaker Theology of Worship)

전통적인 퀘이커 예배의 신학의 뿌리는 조지 폭스(George Fox)의 내적 체험에서 그 출발을 찾을 수 있다. 조지 폭스는 그의 마음속에서 강하게 역사하신 그리스도의 능력과 계시를 통해 중생을 체험했다. 그리고 예수 그리스도를 구주로 고백하고 모든 사람에게 자신의 체험과 변화를 간증하면서 그리스도를 전하고 가르치기에 이르렀다. 그러므로 이들 예배의 목적은 침묵 속에서 기다리다가 하나님의 권능과 임재하심에 즉각적으로 응답하는 것에 있다.

퀘이커교도의 예배신학은 종교개혁의 미온적 개혁의지에 대한 깊은 불만족으로 시작되었다. 특히 영국의 지배적인 세력으로 성장한 청교도들에게 깊은 반감이 있었는데, 왜냐하면 퀘이커교도들은 그들이 성령님의 자유로운 역사하심과 예배시 성령님께 사로잡힌 회중의 자율성을 무시한다고 생각했기 때문이다. 그들은 또한 예배의 현장에서 만인제사장론을 부인하거나 무시하고 사제에게만 그 중심적 역할을 제한하는 국교회를 비난했다.

1887년, "리치몬드 신앙선언"(The Richmond Declaration of Faith)은 퀘

이커의 전통적인 예배신학을 담고 있는데, 이 선언문에서 "예배는 하나님의 영인 성령님의 감동하심에 마음과 정성을 다해 경배의 응답을 드린다. 형식을 갖춘 예배를 인정하지는 않으나 또한 전적으로 무형식의 예배만을 고집하지도 않는다. 심지어 말씀도 필요치 않을 수도 있다. 그러나 반드시 성령님 안에서 진정한 준비가 있어야 한다"라고 밝히고 있다.

이들에게 진정한 예배는 오직 하나님의 영인 성령님께서 예배를 위해 모인 회중의 마음속에 역사할 때 발생한다. 그리고 계획되지 않은 침묵은 성령님께서 자유로운 역사를 가능케 하는 가장 확실한 방법이다. 그러므로 이들은 성령님의 강권하시는 신비적인 역사를 통한 하나님과 예배자와의 직접적인 만남을 강조한다. 그리고 하나님은 하나님으로부터 계시를 받은 자의 입을 통해 공동체에게 말씀하신다.

다음은 전통적인 퀘이커의 예배신학을 개관적으로 살펴본 내용이다.

(1) 그리스도는 믿음의 공동체의 모든 회중에게 그의 영을 주신다.

(2) 예배의 목적은 하나님의 영을 통한 그리스도의 임재에 개인적으로든, 집단적으로든 자신을 개방하기 위함이다.

(3) 예배 행위는 훈련된 방법에 따라 침묵으로 기다림이다. 이는 성령님의 역사하심을 위한 기다림이며, 그에 따른 내적인 응답을 드림과 성령님의 지시하심대로 말씀의 선포와 기도를 하기 위함이다.

(4) 성령님에 의한 그리스도의 임재를 위해 어떤 매개물도 필요치 않다. 그렇기에 말씀과 형식과 같은 모든 외적인 수단과 인간적인 행위는 부차적이다. 예배는 전적으로 하나님의 주도하심에 달려 있다. 그렇기에 예배에서 인간적인 준비는 필요치 않다. 심지어 예배를 위한 인도자도 필요치 않다.

(5) 성령님은 모인 전체 회중이나 어떤 특정인에게 말씀하신다. 그러므로 회중과 사제, 남자와 여자, 종이나 자유자나 구분해서는 안 된다.

(6) 하나님은 모인 전체 회중이나 어떤 특정인에게 말씀하신다. 그 이유는 모든 신자는 제사장으로서 서로를 위한 목회자이며 그렇기에 구별된 사제가 필요치 않다.

(7) 세례에 있어서의 한 가지 유일한 요소는 성령님에 의한 내적인 세례이다. 주님의 만찬도 역시 영적인 주님의 만찬만이 유일한 요소이다. 그리스도께서는 신약성경에서 발견되는 성례전이 그의 죽으심 이후에도 계속되리라 의도하지 않으셨다.

(8) 예배 음악에 있어서도 오직 자발적인 음악만이 허용되었다. 퀘이커들은 신약성경 어디에도 인위적인 음악에 대한 가르침이나 예가 등장하지 않는다고 믿었기 때문이다.

오늘날 퀘이커의 예배는 다양한 형식을 취하고 있는데 그들 중 대부분은 전통적인 퀘이커 신학의 한 변화임을 알 수 있다. 그러나 프란시스 홀(Francis Hall)은 진정한 퀘이커의 예배는 그의 특정한 형태에 관계없이 다음 아래의 통일된 형식을 유지하고 있다고 말한다.

(1) 회중은 신령한 마음으로 하나님을 예배하기 위해 모인다. 그리고 진정으로 하나님의 영의 역사하심에 응답하고 그분의 임재를 체험하기 위해 모인다.

(2) 예수 그리스도는 예배를 통해 영광 받으신다. 예배는 그리스도의 구속적 은총과 하나님의 성품의 최고의 계시자로서의 그리스도의 역할과 성령님의 전달자로서의 역할에 의해 발생한다.

(3) 진정한 예배는 하나님의 영인 성령님께서 예배자들의 마음

속에서 역사하실 때 가능하다.

(4) 퀘이커의 예배는 인간에 의해 짜여진 순서에 의해 구속받지 않는다. 성령님은 자유로우신 분이기에 예배시 성령님을 사모하는 마음을 가진 자는 또한 성령님의 자유로운 역사에 민감하게 된다.

(5) 침묵은 하나님을 경험할 수 있는 가장 효과적이며 중요한 수단이다. 그리고 성령님의 자유로운 활동을 가능케 하는 가장 확실한 통로이다. 그러므로 이 침묵은 퀘이커 예배의 특징적인 요소로서 모든 퀘이커 예배에 있어서 절대적이며 중심적인 부분이다.

9. 웨슬리 계열의 예배신학(A Wesleyan Theology of Worship)

웨슬리의 예배신학은 예배를 공적인 행위 이상으로 정의하려는 것과 깊은 관계를 가지고 있다. 예배는 삶 전체, 타인과의 관계성, 그리고 소명과 관계한다. 신자들은 계속해서 행위와 사고 속에서 그리스도와의 관계를 현실화시킨다.

존 웨슬리가 묘사했듯이, "기독교란 예수 그리스도에 의해서 우리에게 계시된 하나님을 예배하는 방법이다." 그리스도는 우리를 위한 풍부한 하나님의 사랑을 알려주고, 믿음-새로 태어난 영혼의 눈-은 이 사랑을 이해하게 한다. 믿음은 우리를 사랑한 하나님을 모방하고 경배하도록 우리가 이끌려지듯이, 우리를 예배의 삶 속으로 끌어들인다. 따라서 웨슬리 전통에서 '예배'는 공적인 예전과 개인적인 헌신뿐만 아니라 모든 충만한 의미에서 기독교인의 삶을 포함한다.

예배는 하나님을 단순히 인식하는 것 이상이다. 가장 일반적인 의미에서 예배는 하나님의 거룩함을 사랑하는 묵상이며, 경배이다. 웨슬리가 말했듯이, 예배는 우리를 하나님과의 대면으로 인도한다. 예배를 통해서 우리는

"표현될 수 없는 하나님에게로 가까이 접근하는 방법을 찾는다. 우리는, 말하자면, 얼굴과 얼굴을 대면하여 그를 보게 된다."[6] 이 하나님과의 대면 속에서 우리는 "우리의 온 마음과 정신과 영혼과 힘을 다하여 그를 사랑하는 법, 그를 기뻐하는 법, 그를 바라는 법을 배운다. 우리 자신을 정화시킴으로써 [우리는] 우리가 사랑하는 그를 모방하는 법을 배우고, … 생각과 말과 행위 모두에 있어서 우리가 사랑하는 그에게 순종하는 법을 배운다."[7]

하나님의 임재 앞에서 경배와 헌신의 의미는 가장 초기부터 감리교 예배를 특징짓는 찬송의 표현 속에서 발견된다. 찰스 웨슬리는 감리교 교리를 시와 가락으로 설정하는 데 그의 신학적 활동의 온 힘을 기울였다.

예배는 예배자들에게서 회개로의 부름을 포함하는 구원의 전 드라마를 일으키고, 용서하시는 하나님을 아는 즐거움을 일으키고, 거룩한 삶을 통하여 그리스도를 모방하려는 도전을 일으킨다.

웨슬리는 영국 성공회의 사제로서 정통해 있었고, 대체로 예배의 예전 형식을 잘 알고 있었다. 사바나에 정착한 영국 이주민들에게 선교한 젊은 선교사 조지아(Georgia)는 동방 정교회의 예전 텍스트에 대한 새로운 번역본을 깊이 생각했다. 그리고 그의 연구를 바탕으로 영국 국교회의 기도서를 개정했다. 감리교의 부흥 절정기 때, 그는 그의 추종자들에게 가능하면 자주, 가급적 매일(그는 개인적으로 평균 일주일에 다섯 번의 성찬식을 받았다.) 성찬식에 참여하라고 권고했으며, 개인적인 기도를 위해 성공회의 기도서를 추천했고, 그것의 개정편집을 미국 감리교도의 주일 예배에서 사용토록 제공했다.

웨슬리는 어떤 것도 소홀히 될 수 없는 예배의 외적 형식과 그것의 내적 힘을 구별했다. 그는 신자들 속에서 활동하는 하나님의 은혜의 힘을 소홀

---

6 *The Works of the Rev. John Wesley*, Vol. 1 (Grand Rapids : Baker Book House, 1979), p. 514. 계속된 참고문헌은 그의 작품들 속에 있다.

7 Ibid., p. 544.

히 취급하면서, 예배의 외적 형식을 지키는 명목상의 기독교인들을 비판했다. 이들에게 웨슬리는 "참된 종교는 예배의 형식과는 매우 멀리 떨어져 있다"고 말했다.[8]

동시에 그는 예배 예전을 별로 중요치 않게 만드는 "영적 예배"를 주장하는 신자들을 비판했으며, "우리의 마음속에 영으로 내재하는 성령이 하나님을 예배하기에 충분하지 않은가?"라고 질문하는 사람들을 비판했다.[9] 이들에게 웨슬리는 예배란 우리의 전인격과 관계되어야만 하고 그러므로 예배란 소그룹의 양육, 금식, 성경읽기, 성만찬, 공적이고 개인적인 기도를 포함하는 "은총의 수단"이라는 훈련 용어를 포함해야만 한다고 주장했다. 비록 여러 의식과 예전들이 남용될 수 있지만, 그는 "남용이 제거되도록 하고 그 용도는 남게 하라. 이제 모든 외적인 수단을 사용하라. 그러나 그것들을 끊임없이 너의 영혼을 의로움과 참된 거룩함 속으로 갱신시키는 데 사용하라"고 주장했다.[10]

이 외적 형식과 내적 힘의 연합이 웨슬리로 하여금 예전적 형식주의와 형식 없는 주관주의 사이를 분리하여 유기적인 예배신학을 유지할 수 있게 한다. 그리하여 예배는 하나님 임재의 객관적 실재에 중심을 두고 있으며, 동시에 회중의 관계를 변화시키도록 나아간다.

예배의 특별한 요소에 대한 웨슬리의 주장은 신자들 속에 나타난 가시적 거룩함에 중점을 두면서 예배·예전에 대한 전체적이고도 일정한 재해석을 나타내고 있다.

세례는 우리가 그리스도의 삶 속에서 시작하는 평범한 수단임을 의미한다. 그는 또한 유아 세례를 말하면서 세례적 중생의 온건한 형식을 가르치는데, "세례에 의해서 우리는 교회로 받아들여지고, 결과적으로 그리스

---

8 Ibid., p. 219.
9 Ibid., p. 532.
10 Ibid., p. 545.

도의 구성원으로 만들어진다. … 그 물, 세례의 물에 의해서 우리는 중생되거나 다시 태어난다."[11]

하지만 웨슬리는 이러한 성공회적인 견해를 복음주의적 입장에서 재해석하여 받아들였다. 가령, 그는 세례가 그리스도의 삶으로 들어가는 최초의 평범한 수단이지만, 그것이 구원에는 필수적이지 않다고 결론을 내린다. "만일 그렇다면, 내가 현명하지 못한 신자일 수 있지만, 모든 퀘이커교도들은 저주받아야만 한다."[12] 명목상의 기독교인들에게 설교하면서 웨슬리는 세례가 그들의 구원을 확신한다고 가정하고 있는 청중을 정죄하면서 모든 세례적인 객관주의를 불필요한 것처럼 여겼다. "당신이 세례에 의해 다시 태어났다고 믿고 있지만 더 이상 부러진 갈대 막대기에 기대지 말아라. 하나님의 자녀가 되었다는 것을 부인하는 사람은 … 그러나 세례에도 불구하고 이제 악마의 자녀이다."[13] 웨슬리는 세례의 참된 의미를 멀리하고 살아온 사람들에게 성령님 안에서 거듭나도록 요구했다.

성만찬에 대한 웨슬리의 가르침은 그리스도의 실제적인 임재를 강하게 강조하는 것으로 시작한다. "그가 거기서 나를 만날 것이다. 왜냐하면 그가 그렇게 하겠다고 약속했기 때문이다. 나는 그가 그의 말씀을 성취하실 것을 기대하며, 그가 이런 방법으로 나를 만나고 나에게 축복해 주실 것을 기대한다."[14] 우리는 그리스도가 거기에서 우리와 만나실 거라는 확신 속에서 주님의 만찬에 나올 수 있다.

웨슬리는 성만찬에의 그리스도의 임재를 매우 확신했기 때문에, 성만찬의 회심시키는 능력에 대해 깊은 관심을 두었다. "참여한 많은 사람들이 이미 알고 있듯이 이제 당신들은 그리스도의 증인이다. 그리고 당신의 하

---

11 "A Treatise On Baptism" in *Works*, Vol. 10, pp. 190-2.

12 *Works*, Vol. 26, ed. Frand Baker (Oxford: Clarendon Press, c. 1975), p. 36.

13 *Works*, Vol. 1, p. 430.

14 *Poetical Works*, Ⅲ, pp. 203-4.

나님께로 향한 회심은 주님의 만찬에서 이루어졌다."[15] 하나님을 찾는 사람들은 여기에서 그들에게 계시된 하나님을 발견할 수 있다. 주님의 만찬은 신자들이 그리스도의 은총을 받는 주요한 수단으로서 존재한다. 그리고 웨슬리에 의하면, 그것은 기독교인들의 삶 속에서 필수불가결한 요소로 남아 있다.

예배에 있어서 웨슬리의 또 하나의 실제적인 혁신은 언약 예배(Covenant Service)였는데, 1755년 이후부터 이는 감리교 협회의 매년 관례가 되어 버렸다. 웨슬리는 그의 예전신학의 기초를 17세기 청교도 예배에 두었는데, 언약 예배의 기도, 응답, 거룩한 서약은 도덕적이고 영적인 훈련을 보다 더 활력 있는 프로그램이 되도록 했다.

18세기 감리교 협회는 영국의 성공회 내에 존속하게 되었다. 그런 까닭에 예배의 현장에 있어서 감리교 예배는 성례전적 요소를 거의 포함하고 있지 않았다. 감리교도들은 자신들의 지역 교회에서 성례를 받도록 가르침 받았으며, 반면 감리교 예배당은 찬양과 설교를 위해서 그대로 유지되었다. 그리고 감리교 협회가 영국 국교회로부터 독립을 얻고, 드디어 1795년에 성공회와의 모든 인연이 끊어짐에 따라 그러한 현상은 특히 영국에서 점점 굳어져만 갔다. 웨슬리의 성례전적이면서도 복음주의적인, 한마디로 긴밀한 긴장관계에 있는 그의 예배신학은 다소 탈예전적인 예배를 더욱 선호하는 경향을 갖게 되었고, 이러한 경향은 특히 북아메리카 개척자들의 독자적인 문화에 의해서 보다 더 강화되었다. 그리고 이 18세기에 일어난 학생운동과 예전적 갱신운동의 영향으로 감리교는 예전 중심의 예배와 성례전적 예배 실천의 갱신을 맞이하게 되었다.

---

15 *Journal*, Vol. 2, ed. Nehemiah Curnock (London: Charles H. Kelly, n.d.), pp. 360-1.

10. 아프리카계 미국인(흑인) 교회 예배신학
(An African-American Theology of Worship)

미국 내 흑인들의 예배는 깊은 억압과 자유를 향한 애타는 갈망을 대변한다 해도 과언이 아니다. 예배를 통하여 흑인들은 예수 그리스도의 구속적 사역을 경험하며 나아가 죄의 권세와 사탄의 권세로부터 놓임을 얻게 된다.

A. 들어가는 말

미국 내 흑인 기독교인들이 예배를 위해 모일 때 이들은 교단을 초월해 한마음으로 모여 하나님을 예배한다. 비록 하나님에 대한 그들의 이해가 소외되고 억압된 사회 속에서 매우 다양하게 나타난다 하더라도 이들은 삶 속에서 겪게 되는 공통된 욕구와 세계관을 지니고 있다. 이들은 하나님의 사랑하심과 그분의 은혜에 감사하고 찬양드리며 하나님의 용서와 신실하심, 그리고 억압의 사회 속에서 역사하시는 하나님의 계획을 깨닫기 위해 예배의 자리로 나아온다. 또한 이들은 그들을 억압으로부터 자유케 하시는 하나님의 능력을 믿는 믿음을 가지고 예배의 자리로 나와 하나님으로부터 그 권능을 부여받기를 간구한다. 중생한 자들의 모임으로서 이들의 예배는 '코이노니아'라고 할 수 있다. 이들은 코이노니아의 장인 예배를 위해 모이고, 또한 성령님께서 주시는 권능을 받아 세계 선교와 복음화를 위해 세상 속으로 흩어지기를 소망한다.

미국 내 흑인 기독교는 두 종류가 있다. 하나는 아메리카 흑인 개신교 계열이며, 다른 하나는 유럽 계통의 아메리카 흑인 회중교회가 그것이며, 또한 단일 교단으로서 로마 가톨릭과 수많은 크고 작은 분파들이 있다. 그렇기에 아메리카 흑인 기독교인들은 같은 통일성 아래 다양한 신앙의 색깔을 지닌 예배공동체라고 할 수 있다. 이러한 각기 다른 교단내의 다양한 예배 형태로 인해 미국 내 흑인 예배자들은 자신들의 예배를 한마디로 규정하려는 시도를 진부한 행위로 치부한다.

그러므로 여기서는 "아메리카 흑인"(African-American)이라고 불리는 미국 내 흑인 기독교인들의 일반적인 예배를 다루고자 한다. "아메리카 흑인"이라고 부르는 이들의 이름을 통해 발견하게 되는 것은 백인과 흑인이라는 정치적 억압과 사회적 불평등의 문화 속에서 그들이 간직해 온 아프리카의 고유한 유산과 미국적 유산을 볼 수 있다.

이들의 예배는 아프리카 흑인, 미국계 흑인, 그리고 유대 기독교 신앙 전통이 서로 혼합되어 있다. 강제로 이주된 미국의 흑인 노예들의 기록에 따를 것 같으면, 이들은 삶 속에서 경험되는 다양한 삶의 시각을 통해 성경을 이해하면서 하나님께서는 친근한 사랑으로 그들 속에 다가오셔서 그들의 구체적인 삶의 현장 속에서 함께하심을 함께 이야기하며 나눈다. 그렇기에 이들의 예배는 함께 공유하는 공통된 삶의 욕구와 기쁨, 갈등, 그리고 희망 등 그들의 삶의 현장과 관계된 삶의 욕구를 발산한다. 주일의 공적인 예배에서는 개인이나 공동체의 변화가 일어날 수 있는 기회가 마련된다. 또한 이들의 예배 분위기는 삶 속에서 일어난 개인적인 회심의 체험을 간증할 수 있도록 해주기도 한다.

삶의 자리에서 하나님을 만나는 경험은 개인적인 삶을 변화시키기도 하지만 예배의 형태와 의식에도 변화를 끼치는 요인이 된다. 하나님을 만나고, 경험하고, 감사와 찬양을 불러일으키는 신앙적인 체험은 삶의 현장에서 하나님이 역사하시기를 바라는 곳에서 가능하다. 이들의 예배신학은 하나님께서는 우리가 어디에 있든지 삶의 상황 속에서 구체적인 모습으로 우리를 자유롭게 만나 주시며 성령님에 의해 마음 문이 열리고 억눌린 영이 자유케 된다는 것을 기저에 깔고 있다. 이러한 분위기 속에서 미국의 흑인 노예의 후예들은 비록 하나님을 만나기 전일지라도 은연중에 하나님을 알게 된다.

과거 낯선 이국땅에서 혹독했던 노예시대를 살았던 미국의 흑인들에게

있어서 자유란, 자신들을 억압하고 착취하는 노예의 신분으로부터 해방
되는 것이었다. 그렇지만 이들을 속박하는 노예제도하에서도 이들은 그들
을 자유케 하시는 하나님의 사랑과 은혜, 그리고 그분의 권능을 체험할 수
있었다. 그들의 특수한 삶의 상황에서 형성되고 구전을 통해 전해져 온 그
들의 노래들은 미국의 흑인 노예들만의 독특한 신학 교리를 형성하는 수
단이 되기도 했다.

B. 신학사상의 뿌리

미국 흑인들의 예배신학을 이해하기 위해서 먼저 아프리카의 기본적인
종교적 전통을 살펴보는 것이 필요하다. 우선적으로 아프리카 대륙의 문
화는 획일적이지 않다. 이들에겐 종교적 신앙과 제사를 위한 어떤 규정집
이나 경전 같은 것이 존재하지 않는다. 수없이 많은 부족들, 관습, 문화, 언
어, 사회구조, 정치적이며 경제적 제도 등 이러한 것들은 아프리카만의 특
수한 사회구조를 엿보게 한다. 이들 수많은 부족들은 문명화되기 이전에
는 나름대로의 사회의 제도와 국가 구조가 잘 발달되었다. 그러나 이러한
다양성에도 불구하고 이들은 기본적으로 공통된 세계관을 지니고 있기에
이들의 삶, 이상(ideals), 덕(virtues), 상징, 표현 양태, 그리고 제의적 행위는
그들의 정체성을 나타내 주는 요소이다. 이들의 삶 속 깊이 흐르는 세계관
은 오늘날까지도 그들의 문화와 세계관에 영향을 끼치고 있다.

대부분의 아프리카 사회는 같은 세계관을 지니는데 이들에게 있어서 인
간은 종교적 우주(religious universe)에 사는 한 개체이다. 그렇기에 자연
이나 자연현상, 물리적 사건, 그리고 삶의 전 부분은 하나님의 섭리와 관
계되어 발생한다.[16] 삶, 다시 말해 생명은 전인적으로 이해되며, 이러한 삶
에 대한 전인적인 이해는 성과 속을 분리하지 않는 통전적이며 일원론적
인 이해이다. 아프리카인들의 인간에 대한 존재론적인 이해는 세상을 주

---

16   John S. Mbiti, *Concepts of God in Africa* (New York: Praeger, 1970), chapters 8-13.

관하시는 이와 상호관계(interrelated)를 맺은 상태에 있는 존재이다. 인간은 신에 의해 창조된 우주에 속해 있는 한 전인적이며 통전적인 존재로 살아가며 우주와 그 우주를 이루고 있는 모든 것과 결속된 관계로 존재한다.

북아프리카의 기독교 전통은 유대 기독교 신학의 형성에 직접적이면서도 깊은 연관을 맺고 있다. 아프리카인들은 아브라함이 우르를 떠나 애굽에 정착했을 때부터 시작하여 초기 기독교 교회가 기독론과 신앙에 대한 뜨거운 논쟁이 시작된 때까지 기독교 신학의 발전에 중심적인 역할을 감당해 왔으며, 뿐만 아니라 이들은 신학의 체계적인 조직과 신조(Creed)의 형성에 직접적인 영향을 끼친 주역들을 배출했다. 그렇기에 세계 기독교를 꽃피우고 발전시킨 위대한 신학자 9명이 바로 북아프리카 출신이다. 클레멘트, 오리겐, 터툴리안, 시프리안, 디오니시우스, 아타나시우스, 디디무스, 어거스틴, 그리고 알렉산드리아의 시릴 등이 바로 그들이다.

오늘날 미국의 흑인 예배신학을 형성하는 데 지대한 영향을 끼쳤던 많은 아프리카인들은 북쪽 세네갈에서 남부 앙골라까지 이르는 서쪽 아프리카의 해변에서 끌려와 노예로 팔려갔다. 미국의 흑인 예배신학에서 볼 수 있는 그들의 주된 세계관은 다음과 같이 정리될 수 있다.

(1) 하나님께서는 세상을 질서 있게 창조하셨으며 역사를 통하여 지속적으로 그분의 창조 사역을 이루시고 계신다.

(2) 인간은 하나님의 창조세계의 일부분이며, 그렇기에 인간은 모든 피조세계와 서로 깊은 연결과 상호관계성 속에 있는 존재이다. 이러한 우주론적인 인간이해는 인간이 관계적이며 상호 결속적인 존재라는 인식을 확고히 한다.

(3) '상호 결속'(Communal solidarity)이라는 말은 대가족적인 사회에서 말하는 아주 친근하며 가까운 친족관계를 말할 때 쓰는 용어이다. 이 용어는 살아있는 자와의 관계뿐만 아니라 죽었지만

살아있는 자들의 기억 속에 존재하는 자들과의 역동적인 관계까지 포함하는 말이다. 이 개념은 종종 지구상에 사는 사람들이 과거의 성자들과 계속적인 교제를 경험하는 수직적이면서도 수평적인 공동체로 표현되기도 한다.

(4) 인간이 삶의 의미와 목적을 깨닫게 된다면, 개인적이면서 공동체적인 삶이 서로 어울린다는 통전적인 우주이해는 기꺼이 받아들여져야 한다.

(5) 우주의 주기적인 법칙은 하나님의 질서와 조화, 그리고 역사하심에 대한 구체적인 현상이다. 또한 그러한 우주의 법칙은 인간의 삶의 법칙을 형성하는 기초가 된다.

(6) 시간은 상대적이며 순환적이고 과거에 의해 좌우되며 현재의 개념은 광대하다. "과거와 현재"라는 시간의 2가지 기본 차원은 현재와 미래에 끊임없이 발생하는 자연현상의 주기적인 운동과 연결되어 있다. 므비티(John S. Mbiti)는 "이들에게 앞으로 2년 정도의 시간은 현재로부터 어느 정도 앞서 있는 시간으로 여긴다 하더라도 아프리카 사람들에게 있어 사실 미래라는 것은 시간개념에서는 존재하지 않는다"라고 말했다. 므비티가 제시한 샤스(Sas)와 쟈마니(Zamani)는 2개의 시간 개념을 뜻하는 말인데, 그는 영국인들에게 익숙해 있는 과거, 현재, 미래라는 논리적 시간 개념을 피하기 위해 샤스와 쟈마니를 제안한 것이었다. 샤샤(Sasa)는 아프리카 사람들의 즉각적이며 순간적인 시간과 관계된 시간 용어이다. 이는 보다 더 현재에 가깝고 즉시적인 시간을 나타내는 말이다. 미래의 일들은 필연적인 자연법칙의 테두리 안에서 일어나는 것처럼 보인다. 그러나 미래의 시간은 수치로 나타낼 수 없다. 쟈마니는 제한받지 않는 과거를 포함하고 있는데, 이 쟈마니는 과거뿐만 아니라 현재와 즉시적인 미래를 내포하고 있기에 영국인들의

과거 개념과는 사뭇 다르다.

　(7) 공간과 시간은 삶 속에서 경험되는 개념이다. 이 공간과 시간
은 때때로 같은 의미의 말로 사용되기도 한다. 시간과 같이 공간도
상대적이며 어떤 의미를 전하기 위해서는 반드시 경험되어야 한다.
마치 샴샤(Samsa)가 사람들이 같은 시기에 경험하는 삶의 모습을
담고 있듯이 공간도 지리적으로 가까운 것에 의해 결정된다. 그러
므로 땅은 아프리카인들에게는 성스러운 것으로 받아들여진다.
왜냐하면 땅은 조상 때부터 그들이 의지해 온 존재의 원천이며 신
비적으로 산 자와 죽은 자를 함께 묶어 놓는 끈과 같기 때문이다.

　대개 아프리카인들은 하나님의 피조세계를 성스러운 것으로 이해하고
확고히 믿고 있다. 예를 들어 함께 조화를 이루어 나가는 우주의 구조라든
지 인간의 전인화(human wholeness)를 위한 기본적인 욕구 등 말이다. 제
의적인 행위는 인격적으로 하나님과 하나님의 나라와 만나도록 하는 하나
의 통로이다. 예배시 하나님과의 연접은 상징과 기호를 통하여 가능하다.
예를 들어 땅과 같이 물은 생명의 기원과 자양분임을 상징한다. 또한 물은
종종 창조주 하나님과 동의어로 이해되었는데, 그분의 임재하심과 계속적
인 창조 사역은 비가 내리고, 홍수가 나고, 큰 바다를 이루는 것을 볼 때
뚜렷해진다. 물은 또한 죽음의 의미와 새 삶의 의미를 말해준다. 그러므로
물로 씻는다는 것은 유한한 생명이 창조의 과정으로 다시 돌아가는 것을
뜻한다. 그러므로 물은 많은 제의적 활동에서 사용되는데, 특히 피조세계
의 우주적 관계를 나타내고, 조상들의 죽음을 상징하며 재창조와 중생, 그
리고 성화됨을 상징하는 제의에서 볼 수 있다.

　아프리카인들에게 있어 제의적 행위를 통한 하나님에 대한 인간의 응답
은 악의 세력으로 가득찬 세상 속에서 존재론적인 조화를 유지해 나가기
위해서 필수적이다. 이러한 인간의 응답의 형태는 의식적일 수도 있고 그

렇지 않을 때도 있다. 또 즉흥적일 수도 있고 예전적일 수도 있다. 또한 개인적일 수도 있으며 공동체적일 수도 있다. 신적인 계시를 받은 어떤 사람은 공동체 속에서 사는 동안 혹은 불균형이 발생했을시 적절한 제의적인 형식을 갖춘 제사를 행할 수 있다. 이러한 사람들은 '제사장' 혹은 '중재자'라고 불리고 공동체를 대신하여 조정자의 역할을 하도록 세움 받게 된다. 그리고 이들은 신적인 영과의 접촉을 통해 능력을 행사하도록 인정받는다. 예배는 일반적으로 묵상의 형태보다는 음성과 신체로 표현된다.[17] 하나님께 드리는 공중의 예배는 이성적이라기보다는 경험적인데, 단순히 정보 전달이라기보다는 현실에 대한 공동체의 나눔에 초점을 맞춘다. 전통적 아프리카의 종교들 속에서 단순히 누군가가 다른 사람들에게 전하는 일련의 생각에 의해 하나님의 존재가 한정되지는 않는다. 하나님은 간단하게 하나님이 모든 창조물 속에서 경험될 수 있기 때문에 존재한다. 아산티 속담에 "아이에게 궁극적 실체를 증명할 수 있는 사람은 없다"라고 가장 잘 표현되어 있는데, 이는 본질적으로 아이들조차 마치 본능에 의한 것처럼 하나님을 안다는 것을 의미한다.[18]

예배가 기본적으로 신성에 대한 상황적·경험적 응답이기 때문에, 공동체에게는 평범한 상징과 상징적 형식이 상호 의사소통에 있어서는 가장 표현력 있는 수단을 제공한다. 종종 거울이나 음성 재생기 혹은 자연환경 속에서의 움직임 같은 상징을 통해서 공동체는 말로 표현하기 힘든 것을 나타낼 수 있다. 음악, 육체의 움직임(춤), 몸짓, 동족간의 하나됨 같은 다양한 형식과 모양은 아프리카 민족들에게는 평범한 상징이다. 물, 산, 나무, 큰 바위, 그리고 동물의 생명과 같은 자연 요소들 또한 세상 속의 하나님의 거룩한 현존에 대한 상징이다. 다른 전통 속에서처럼 상징은 낳아지고, 적용되고, 새로운 상징이 등장하면 소멸한다.

---

17   Mbiti, *African Religion and Philosophy*, p. 75.
18   Ibid., p. 38.

아프리카 민족들이 예수 그리스도를 통한 하나님의 이야기 속에서 자신들의 여정을 계속할 때, 이제 이 상징은 디아스포라 아프리카 민족들 속에 깊이 뿌리내려진 신학적 토대가 된다.

C. 기독교와의 첫 만남

현존하는 기록에 의하면, 미국 내 흑인 기독교의 신학을 최종적으로 구체화했을 몇몇 아프리카인들은 당시 식민지였던 북미 대륙에 도착하기 전에 기독교를 이미 접했다. 아프리카 흑인들을 포획하고 노예화하는 것에 대한 정당성을 찾기 위해 유럽인들은 기독교라는 명분을 내세워 단시일 내에 많은 세례를 베풀었다. 이 '급작스런' 세례는 노예화된 아프리카 흑인들이 대서양을 건너 새로운 식민지로 향하는 배에 오르기 전 급속히 행해진 것으로 알려진다.

북미의 대지 위에서 영국교회의 권위 아래 세례를 받은 첫 흑인 아이들의 부모는 1619년 버지니아 제임스타운에 우연히 보내진 흑인 노예 부부였다. 이것이 바로 유럽계 미국인들이 흑인들을 속박하면서 조금이나마 그들의 정당성을 찾기 위해 마지못해 기독교화하려 한 역사의 첫 시작이다. 이러한 기독교의 모순된 역사는 위선의 탈을 벗어 던진 신학을 형성하려 했던 미국 내 흑인들에게는 확실한 증거를 제공하고 있다.

식민의 땅, 북미에서는 수많은 흑인들이 유럽계 미국인들에 의하여 제정된 일련의 법 아래 노예가 되도록 강요받아야 했다. 그리고 1624년과 1641년에 흑인들에 의해 베풀어진 얼마 되지 않는 그들만의 단독 세례 사건을 제한다 하더라도, 당시 회중 20명으로 구성된 가장 큰 흑인교회의 예배·예전에조차도 당시의 예전학자들은 일말의 관심을 갖지도 않았다. 이는 당시 북미 대륙의 백인 개척자들이 아프리카 흑인들의 정신적이며 영적인 능력을 인정치 않았기 때문인데, 이를 뒷받침하는 많은 자료들이 전해진다. 또한 흑인 노예들은 기독교의 교리도 이해할 수 있는 지적 능력조차도 없다고 하는 백인들의 부정적인 견해로 말미암아 점점 노예들의 기독교화를 독려하지 않는 경향이 나타났다. 심지어 어떤 농장주들은 기독교인이 된 노예들은 건방져서 통제하기가 불가능해진다고 하였다. 이렇게 되자 백인들 사이에서는 흑인 노예들을 계속적으로 전도하고 기독교화할 것인가에 대한 뜨거운 논란과 논쟁이 일기 시작했다. 그리하여 결국 노예 전도에 관한 긍정적, 부정적 결론을 이끌어내기 시작했다. 이들은 노예의 자유에 관련하여 "세례 받은 노예의 신분"에 관한 구조적인 논쟁이 다름 아닌 심각한 신학적 문제임을 인식하게 되었는데, 이들의 첫 번째 질문은 "무엇이 인간을 상징하는가?", 그리고 "과연 어느 누가 어떤 민족은 하나님의 형상대로 창조된 인간이고 어떤 민족은 그렇지 않다고 정죄할 자격을 가졌는가?"라는 것이고, 두 번째 질문은 "그리스도와 연합됨"의 의미와 연관되어 있었다. "삼위일체 하나님의 이름으로 세례를 받은 자가 그리스도 몸의 한 지체로 여겨지지 않을 수 있는가? 신체의 한 부분이 전체의 가치보다 더 귀중할 수 있는가? 이러한 판단이 인간의 결정에 맡겨질 수 있겠는가?" 하는 물음들이었다. 그런데 결국 이러한 질문들은 미연방 법정에서 변형된 형태로 해결되었는데, 이는 새롭게 부각하고 있던 미합중국이 자기들에 의해 저질러진 이러한 사회문제에 궁색한 해결책을 마련해야 했기 때문이다. 인간이 인간을 노예로 부리고 비인륜적으로 처우하는 행위를 합법화하기 위한 법들을 실행하기 위하여 미연방은 성(聖)과 속(俗)을 분명하게 이분화시켰다. 그리하여 흑인 노예들은 세례를 받아 그의 영이 자유하게 되었을지라도 육신의 신분인 노예의 의무로부터는 자유하게 될 수 없음을 명시했다. 이후 미국에서는 세례 받은 노예들을 계속하여 비인륜적이며 차별적으로 대우하면서 아프리카 흑인들을 전도하고 세례 주는 일에 대단한 열정을 쏟았다.

초기 백인 지주들은 노예들을 온전한 교회 구성원으로 인정하지 않았고 예배자로서도 완전하게 받아들이지도 않았다. 그리하여 이들의 예배 참여는 그리스도 몸의 이 '의문스러운' 지체들이 백인 자신들에게 아무런 악영향을 끼치지 않는다는 것을 확신하는 관대한 농장 주인에 의해서만 허락되었다. 더군다나 흑인 노예들은 예배의 형식에 관한 문제에 참여할 합법적인 목소리를 인정받지 못하게 되자 비밀스런 종교적 모임을 은밀히 만들게 되었다. 농장주의 감시를 벗어난 숲속의 외딴 "덤불 은신처"에서 노예들은 자신들만이 예배할 수 있고 자신들의 신앙 경험을 자유롭게 나눌 수 있는 첫 흑인교회를 마련하게 되었다. 이들은 신앙의 핵심, 생존을 위한 투쟁, 그리고 이스라엘과 모든 믿는 자에 대한 하나님의 자유케 하시는 사역을 자신들의 정황에 맞추어 재해석한 내용으로 구체화되었는데, 신학화의 토착화 방법이 발견된 것이었다.

영적 각성운동을 통한 자유로움과 예배에서 종종 나타나는 자유분방한 열광주의는 후대의 예배자들에게 영향을 주었다. 자유로움에 익숙해 있는 미국 내 흑인과 노예들은 연합예배에 열정적으로 참여하였고, 오랜 뒤 미국의 부흥운동가들은 미국의 영적 부흥의 축복이 바로 과거 흑인 노예들의 "덤불 은신처"에서 기인했음을 인정하게 되었다. 이들은 자신들만을 위한 예배 처소에서 설교와 찬양, 그리고 모든 진정어린 기도를 통하여 자신들을 하나님께 내어드리며 찬미하였다. 이처럼 다분히 소외된 예배자들은 하나님의 이야기들을 오랫동안 기억했고 구약성경에 나오는 믿음의 공동체들의 삶과 자신들의 삶이 일치되는 것으로 재구성하였다. 또한 예배 요소들의 형태는 억압받는 민족의 진솔한 표현에서 만들어졌다.

미국의 흑인들은 명맥하게 타불라 로사(Tabula Rasa)에 도착하지 않았을 뿐더러 하나님의 이야기에도 익숙지 않았다. 백인들이 전해준 하나님은 하나님이 그레꼬-로만 역사를 통해서만 오신 분이라는 것이었다. 그리고 성경에 명시된 대로 하나님께서 예수 그리스도로 성육신하셨다는 이야기는 그들에게 새로운 것이었지만 이것 또한 그들의 상황에서 이해할 수 있는 복음의 토착화가 절실히 요구되었다. 이 땅에서의 삶이 자신들의 삶과 유사했던 나사렛 예수는 노예의 신분인 자신들의 삶의 자리에선 해방자 예수가 되셨다. 인종차별에 찌든 예배당, 인종차별을 불러일으키는 의자와 압제적 교회환경 속에서 드리는 예배는 흑인 노예들에게 있어서 더 이상 참된 예배를 드릴 수 없게끔 만드는 것이었다. 그렇기에 이들은 위선적이며 스스로 혼동 가운데 있는 복음전도자들에 의해 방해받지 않고 자신들이 영성의 진보를 촉진시킬 수 있는 구별된 장소와 시간이 필요하였다.

이러한 배경 속에서 성경이 그들이 추구하려 한 새로운 신학을 낳게 한 가장 유일하며 중요한 자료가 되었다. 투쟁과 고독으로 가득찬 그들의 삶이 성경의 이야기들을 투과해 볼 수 있는 렌즈가 되는 것 같은 특별한 해석학적 원리는 복음을 노예들의 삶에 적용하기 위해서 반드시 필요했다. 노예들이 자신들의 힘으로 성경을 발견하여 하나님의 말씀을 읽을 수 있기 오래 전에, 그들이 들어 왔던 자유에 대한 이야기들은 자신들이 경험으로 알게 된 신과 성경의 하나님이 같은 신이라는 것을 확신시켜 주었다. 만약 하나님이 사자굴 속의 다니엘과 풀무불 속의 사드락, 메삭, 아벳느고와 같은 히브리 아이들을 자유케 했다면, 동일한 하나님이 북미 대륙에 와있는 노예들을 억압에서 자유케 하실 것을 확신했다. 예수 그리스도 안에 성육신한 하나님의 복음은 그들이 전하기 시작한 하나님과 더불어 자신들의 삶에 함께했다. 사도행전에서 볼 수 있듯이 각양각색의 문화에서 온 사람들이 각기 다른 자신들의 언어로 복음을 들었지만 오순절 성령의 강림은 그들 모두에게 똑같은 능력과 복음 전파라는 공통된 사명을 부여하였다. 그러므로 흑인 노예들에게 자유로이 영어를 배울 수 있게 됨으로 이들은 노예의 신분으로 획기적인 전환점을 맞이하게 되었는데, 그것은 그동안 백인들만이 소유하던 하나님의 말씀을 그들 자신의 하나님의 말씀으로 번역하여 자신의 삶 속에서 하나님을 이해할 수 있게 되었다.

D. 토착화로 균형을 이룬 새로운 예배신학

미국 내의 흑인 기독교의 신학화 작업은 위에서 언급한 아프리카의 원시적 세계관에 기초한다. 선택한 자들을 자유롭게 부르시는 하나님, 한 민족의 삶과 역사에 깊이 개입하시고 하나님의 말씀을 계속적으로 전하기 위하여 그들을 자유케 하시는 하나님은 이 땅의 유한한 존재를 불러 그분을 예배케 하신다. 그리고 예수 그리스도 안에 나타난 하나님, 그 하나님께 향한 신앙의 메시지를 증거해 온 전통적인 방법은 노예들의 노래에서 발견하게 된다. 그렇기에 디아스포라 아프리카 민족을 위한 기호화된 통신의 기본적 형태로서는 음악과 노래를 들 수 있는데 이러한 그들의 선천적인 은사는 아직도 큰 효력을 발휘하고 있다.

노예들을 위한 신학화 작업은 어떤 한 개인의 체계적인 노력이 아니었고, 그들 공동체의 "민족적 과업"으로서 계속되었다. 다문화 속에서 구전이라는 민간전승이 연속되는 삶에 기초하는 반면에, 새로운 대륙에서의 아프리카의 전통적인 종교들을 존속시키고, 자신들만의 독자적인 민족전통을 실현해 나가고자 하는 것은 미국 내 흑인들의 생존을 위한 가장 기본적 수단이었다. 그렇기에 이들이 구전으로 전해 내려온 기초적 신앙의 내용에 전적으로 의존했던 것은 새롭고 역동적인 문화의 형성 과정을 더욱 강화시켰으며, 새로운 방법으로 신학을 체계화하기 위한 중추적 조절 '화음'이 되었다. 하나님과 인간, 그리고 생명과 자연에 대한 체계적인 이해는 새로운 상황이라는 현실과 삶의 흐름에 창조적으로 응답할 수 있는 능력을 주었다. 혼합주의(Syncretisms)는 신학적 강연과 최종적인 신학적 결정을 위한 모임에 개의치 않고 자연스럽게 발전되었다. 아프리카에서 하나님이라는 개념은 그들의 삶의 경험으로부터 나왔다. 아프리카인들은 전지한, 편재하는, 전능한, 초월적인, 내재적과 같은 그레꼬-로만식의 표현을 사용하지 않았다. 그럼에도 불구하고 그들의 경험은 하나님이 모든 앎이고, 모든 지혜이며, 영원하시고, 어디에나 계시고, 만물 위에 계시고, 만물을 넘어서 계시는 분임을 가르쳐 왔다. 그리고 이러한 개념은 예배에서 특히 그 효력을 발하게 되었다.

구별된 신성한 장소인 교회에서조차 "거룩하게 도둑맞은" 그들의 자유는 하나님에 의해 부름 받은 교회가 바로 '에클레시아'여야 한다는 교회론을 형성하는 데 도움을 주었다. 그들을 소외하는 사회의 변두리에서 언제나 외롭고 이방인이었던 노예들은 자신들이 예배자로서 하나님과 서로에게 속해 있다는 것을 깨닫게 됨으로 비참한 삶의 경주를 극복하게 되었다. 흑인교회는 처음부터 자유스런 예배공동체로 구성되었다. 이 교회의 생명력은 언제나 지속되었고 참된 예배의 진정성과 지속성의 조화에 계속해서 부합하였다. 교회는 제도로서 기능하기에 앞서 사람들과 공동체 전체가 보여지고 발견되는 살아있는 단체로서 작용해야 한다. 자신들만의 신성한 공간을 갖게 된 아프리카계 미국인들은 성령님의 능력 아래에서 그들이 하나님을 찬양할 때 자신들의 최고의 가치를 발견할 수 있게 되었다. 이런 가운데 거룩한 능력은 축적되고 생존을 위한 희망이 부여된다. 하나님의 말씀인 성경은 하나님의 음성을 구체화하기 위한 중요한 수단이 되어왔다. 노예들은 하나님의 부르심에 예배와 삶으로 응답하는 것 못지 않게 하나님의 말씀에 전적으로 의존하였다. 수세기 동안 예배가 발전되면서 성경의 말씀은 흑인들의 신앙과 영성의 기초가 되었다. 처음부터 흠정역판(King James) 성경에 몰두된 흑인 예배자들은 점차적으로 영어에 대해 질문하기를 꺼려했고, 심지어 그들에게 부정적인 영향을 끼칠 수도 있는 비유 말씀도 그러했다. 그러나 신학교를 졸업한 목회자나 다른 교회지도자들에 의해 새롭게 번역되어 도입된 성경에 회중은 조심스레 귀를 기울이기 시작했다. 그리하여 미국 내 흑인 예전학자나 성서학자, 음악가들에 의해 연구된 최근의 연구는 모두 이러한 과정과 작업에 그 의미를 더해주고 있다 하겠다.

미국 흑인들의 성경에 대한 견해는 매우 다양하다. 그러나 이들은 성경이 하나님의 역사에 대한 기록으로서 가장 근본이 되는 경전인 것에는 입장을 같이하고 있다. 이들이 이해하는 하나님의 역사의 기록인 성경은 예수 그리스도 속에 나타난 하나님의 구원 사역을 증거하는 책이며 현대를 살아가는 인간들의 삶의 경험과 그리스도인으로서의 삶의 규범을 교훈하고 있는 말씀이며 구원의 진리이다. 그렇다고 해서 성경이 모든 흑인 회중의 예배의 요소를 포함하고 있으며 그렇게 지속하도록 항상 결정을 내려주는 것은 아니다. 그럼에도 불구하고 설교는 다른 어떤 것보다 자주 성경에 기초하며, 예배시 영감을 얻게 되는 원천이다.

미국 내 흑인들은 예언자, 목사, 그리고 하나님의 치유의 거룩한 도구로서 하나님께 부름 받은 흑인 설교자의 역할을 언제나 존중한다. 흑인 설교자들의 유명한 은사 중의 하나는 "하나님의 말씀을 전달하는" 능력이며 모인 회중이 그 말씀을 그들의 삶에 적용하도록 도와준다. 아프리카의 그리옷(griot; 이야기의 화자이며 구전 역사가)처럼 이야기의 전개 방식은 "부름-응답"의 방법으로 공동체에 의해 지탱되고 고무된다. 설교자가 설교 도중에 회중과 개방적으로 대화를 나눌 때 보다 더 친근한 결속이 맺어지게 되며, 이러한 결속은 찬양과 예배의 다른 순서들과 그 밖의 계속되는 공동의 친교 속에서 자유로워진다.

설교자들은 노예 기간 동안에 그들의 공동체에서 가장 지성적인 존재로 여겨졌기에 모든 지도력을 인정받을 수 있었다. 또한 설교자는 신학화 작업에 필요한 기본적인 여러 자료를 제공했으며, 회중은 그 자료를 바탕으로 그들의 전통적인 형태로 재구성했다. 이들의 신학적 핵심은 종종 찬양 가사를 통해 엿볼 수 있으며 예배와 매일의 노동 현장 속에서 표현되고 증거되었다. 이들의 삶의 주제는 교회의 음악을 통하여 알 수 있었고, 그렇기에 성(聖)과 속(俗)을 통전적으로 받아들이는 인식 아래 하나님을 예배하게 되었다.

이들의 종교적 제의 행위는 그 내용과 상징에 있어서 대부분 자신들의 고향인 아프리카의 향수를 자아내게 한다. 그러나 다른 여타의 제의 행위와의 가장 큰 유사점은 제의 형태와 그것이 속해 있는 문화와의 역동적 관계에 있다 할 수 있는데, 이는 삶의 자리에서와 예배 절정의 순간마다 하나님께 창조적으로 응답하는 예배자의 모습을 통해 드러나게 된다. 또한 그 형태와 모양은 예배자가 겪어온 삶의 경험에 의해 규정되는 예배의 성격과 각각의 공동체의 욕구와 기대감에 따라 다르게 나타난다. 미국 내 흑인들에게 있어서 제의 행위인 예배는 원래 그들을 사회 중심된 구조로부터 소외시키려는 미국 사회에 대항하려는 반사회적 조직으로 기능하기 위해 시도된 것이었다.[19]

묵상적이든 무아지경으로 이끌든지 간에, 예배는 성령님에 의해 주도되어야 한다. 그리고 이들은 예배를 통하여 사회로부터 떠밀린 사회의 끝자락에서 그것도 제한적인 차원으로만 하나님을 경험하게 된다. 하나님의 전능하신 권능 아래 하나님께 응답의 행위를 할 때 우리의 전 인격체가 변화하며 주님께서 주시는 영감과 비전을 보게 된다. 그러므로 이들 예배를 말할 때 독특성을 말하지 않을 수 없는데, 한마디로 미국 내 흑인 기독교의 예배는 경험적이며 상황적(Contextual)이라 할 수 있다. 그리고 이 예배는 다양한 성품으로 다가오시는 하나님에 대한 이해, 즉 인격적이면서 내재적이며, 초월적이면서 권능적이신 하나님을 통합적으로 경험하는 예배라고 할 수 있다. 예배자들은 절대 존재이시며 신비로우시며 광대하신 하나님 앞에 두렵고 떨리는 마음으로 서게 되며 그럴 때 하나님은 신실하시며 미쁘신 분임을 깨닫게 된다. 하나님께 드리는 예배는 그리스도인의 믿음의 대상이신 예수 그리스도를 통해서만 가능하다. 육신의 몸을 입고 이 땅에 오셔서 압제의 세력을 능히 정복하신 예수 그리스도는 그분 자신이

---

19 J. Randall Nichols, "Worship as Anti Structure: The Contribtion of Victor Turner," *Theology Today 41* (January 1985): 401-2; See also Victor W. Tuner, *The Ritual Process: Structure and Anti-Structur* (Itaca, N.Y.: Cornell University Press, 1963).

'만남의 장소'이며 제단(alter)이 된다. 우리는 이 제단 위에서 하나님과의 만남을 이룰 수 있다. 예배의 사건은 그리스도와의 만남이 있는 어느 곳에서나 발생될 수 있지만 믿음의 공동체가 함께 한자리에 모이는 주일 예배를 통해 발생한다. 이들은 예배시 뛰기도 하며 말하며, 찬양과 더불어 소리를 높여 외치기도 한다. 그리고 그리스도와의 진정한 만남은 부활하신 그리스도께서 자신에게 살아서 임재하심을 깨닫게 되었을 때 온전한 회심을 체험함으로 가능하게 된다. 그러므로 예배자들은 기도와 찬양과 설교를 통하여 동일한 고백을 하게 되는데, 그것은 바로 예수 그리스도가 하나님이라는 사실이다.

미국의 흑인 예배신학에 있어서 또 하나의 중요한 부분이 있는데 그것은 바로 성령님의 역할이다. 성령님은 예배의 역동적인 권능으로, 인격적이면서 강권하시는 분이다. 그렇기에 성령님은 단순히 감정적 분위기를 조성하시는 분이 아니다. 성령님의 친근하면서도 우리를 변화시키는 권능은 구원을 가능케 하며, 예배에 생동감을 부어주시고 교회의 사역뿐만 아니라 선교와 목회를 더욱 견고케 해주신다. 이외에 이들의 예배신학을 결정짓는 중요한 단서는 제의적 행위와 성령님에 대한 이해에 따른 신학의 차이점을 발견함으로 결정할 수 있다. 또한 여기에 교단의 정책도 간과할 수 없다. 이러한 차이점과 교단의 정책은 앞에서 이미 기술한 여러 교파들의 경우와 같이 주님의 만찬과 세례에 있어서 더욱 뚜렷이 보여진다.

여기서 주지하고 넘어가야 할 것이 있는데, 그것은 이들 예배에서 보게 되는 "자유양식"(liberation key)이 바로 그것이다. 이들의 예배에서 나타나는 자유양식은 과거 노예제도 하에서 신앙의 자유를 찾아 은밀히 조직된 '덤불 은신처'의 분위기 속에서 그 뿌리를 찾을 수 있다. 나아가 이 '자유양식'은 미국으로 이주해 온 흑인들의 마음속에서 처음 발견되고 타올랐으며, 지금도 흑인 복음송과 운율 찬송가 속에서 느낄 수 있다. 이렇듯 자유로움을 추구하는 이들의 본성은 따로 구별된 예배 처소를 원했던 초기 전통 신학자들의 아프리카 원시 세계관에서 분명한 그 근원을 찾을 수 있다. 이와 같은 바탕 위에 믿음의 공동체는 하나님의 권능을 체험하게 되며, 믿음의 공동체는 각각의 회중으로 하여금 그들이 삶의 구체적인 상황 속에서 신앙의 고백을 표현하고 찬양으로 증거하도록 독려한다. 그리고 교파간의 차이로 인해 유일하면서도 독자적인 색깔을 드러낼 때에도 미국의 흑인 교회는 하나님의 권능이 모든 믿는 자에게 동일하게 임함으로 하나님에 의해 자유케 된 그의 백성은 성화된 삶을 살아야 한다는 다짐과 '말한 대로 살자'라는 결단을 하게 된다.

11. 그리스도의 제자 교회 예배신학
(A Restoration Theology of Worship)

예배신학의 회복은 그리스도와 성경만을 위해 과거의 전통과 신조를 거부함으로 일어났다. 결국 예배에 대한 모든 생각은 이 전제로부터 형성된다.

A. 교리가 아니라 그리스도!

예배 회복운동의 신학을 연구하고자 한 예배 관련 서적과, 교회의 중심된 행위로서 대두된 예배의 신학을 토론하고자 한 노력은 오래되었으면서도 여전히 해결할 수 없는 문제로 남아 있다. 그동안 사람들은 '신학'이라는 용어로 예배 회복운동의 흐름을 한정하려 했다. 그들은 '신학'의 차원에서 이야기하는 것을 꺼려하면서도 만약 그들이 그러한 방향으로 이야기할 경우 그들은 자신들이 다양한 입장을 수용하고 있음을 깨닫게 된다. 역사학자 드고르트(A. T. DeGoort)는 다음의 내용을 환기시키면서 '신학'적 논쟁을 꺼려하는 "제자회"를 설명했다.

… 그들은 그것을 보았다는 이유로 교회에서 추방당했다-중세와 후기 종교개혁시대의 교회는 신학적 논쟁에 지나치게 빠져든 나머지 토론학의 형제요, 정치에 깊숙히 관련된 것처럼 세상에 내비췄다.[20]

예배회복운동의 경종을 울렸던 유명한 투쟁은 "교리가 아닌 그리스도!"라는 것이었다. 많은 교회들은 자신들의 공식적인 신앙의 변증을 신자의 자격과 안수 혹은 이 둘 모두를 결정하는 시험으로서 사용했다. 건전한 신조를 고백하는 사람은 받아들였고, 잘못된 신조에 사로잡힌 사람들은 추방되었다. 회복운동의 창시자들은 이러한 신학의 오용을 거부했기 때문에 이들의 후예들도 '신학'은 피해야 하는 것으로 단정지었다. 이렇듯 반지성적 경향을 가지고 있던 사람들은 이런 식으로 그들의 신학에 대한 불신을 정당화했다.

제자 교회들은 그들의 회원이 되고자 하는 자들에게 회원이 되기 위한 기본적이면서 정통적인 자격시험인 신학의 사용을 계속해서 거부했지만, 다른 한편 그들은 다른 교파의 기독교인과의 대화를 위해서 자신들의 신앙을 명료화하기 위한 신학의 중요성을 깨닫게 되었다. 신학의 목적은 신앙의 내용을 변호하고 설명하기 위함이 아니라 무엇을 믿고 있는가를 분명하게 표현하기 위함이었다.

사람들이 어떤 교회에 입교하고자 할 때, 그들은 다음과 같은 질문을 받는다. "당신은 예수님이 그리스도이시며 살아계신 하나님의 아들이신 것을 믿으며, 그분을 당신의 주님이며 구원자로 믿으십니까?" 이것은 비록 쉽게 풀어서 썼지만, 이 질문은 베드로의 신앙고백을 거의 반영하고 있다 (마 16:16). 위와 같은 신앙고백은 매우 단순한 고백이다. 두 번째 물음에서 '당신의' 라는 단어는 질문에 대한 긍정적인 답변에 따라오는 개인적

---

20 A. T. DeGroot, *Disciple Thought: A History* (Fort Worth: Texas Christian University, 1965), p. 23.

인 헌신을 강조한다. 그러나 그와 동시에 그것은 신학적인 중요한 또 다른 물음을 대두시킨다. 비록 이 글이 기독론에 관련된 중요한 물음을 연구하는 글은 아니지만, 윌리암 바(William R. Barr)는 이 주제를 연구한 "제자들의 전통에서의 기독론: 하나의 평가와 제안"이라는 글을 썼다. 이 글은 캐넷 로랜스(Kenneth Lawrence)가 편집한 *Classic Themes of Disciples Theology*(제자회 신학의 전통적 주제; 역자 주)에 실려 있다. 만약 예수님이 '그리스도'이며 '구원자'라고 한다면, "그는 무엇으로부터 우리를 구원하는가?" 하는 질문이다. 다른 말을 빌리면, "무엇이 죄인가?" 그리고 "무엇 때문에 예수님이 우리를 구원하는가?" 하는 것이며, 다시 말하면 "무엇이 우리의 희망이며 인생인가?", 만약 우리가 예수님을 "살아계신 하나님의 아들"이며 "주님"이라고 부른다면, "하나님"은 어떤 의미를 가지고 있는가? 어떤 방법으로 예수님은 인간이며, 어떤 방법으로 신이신가? 하는 의문이다. 유진 보링(M. Eugene Boring)의 마가복음 연구인 *Truly Human/Truly Divine*(온전한 인간이며, 온전한 하나님; 역자 주)은 위와 같은 물음을 오늘날의 제자회의 빛 아래서 탐구하고 있다. 우리는 위와 같은 문제들을 토론하는 동안 어떤 권위에 호소하게 되는데, 스톤 캠벨(Stone-Campbell)의 회복운동으로부터 연유된 모든 분파 중에 성경에서 발견된 이 권위, 즉 "책이 아니라 성경"이라는 것은 "신조가 아닌 그리스도"라는 외침에 귀를 기울이게 된다. 그러나 이 운동의 각기 다른 지류들은 성경이 어떻게 연구되고, 이해되고, 적용되어야 하는가에 대해서는 분명하게 차이를 드러낸다.

이러한 질문들을 숙고하는 가운데, 제자회와 예배 회복운동의 또 다른 후예들은 그 운동의 초기 사상가들이 무슨 말을 했는가에 대해 알고 싶어 한다. 로얄 험벌트(Royal Humbert)는 *The Christian Baptist, The Millennial Harbinger*(기독교인의 세례와 천년왕국의 예언; 역자 주), 그리고 몇몇 다른 자료들에 나타난 알렉산더 캠벨(Alexander Campbell)의 저작들을 분석하는 데 30년을 보냈으며 그의 연구의 산물로는 *Compend of*

Alexander Campell' Theology(알렉산더 캠벨 신학 개론; 역자 주)가 있다. 험벌트는 캠벨의 신학을 "신앙과 이성", "성경", "계시", "하나님", "주님으로서 그리스도", "성령", "은총", "교회", "은총의 수단", "인간", "기독교 윤리", 그리고 "종말론"이라는 12개 주제의 분야로 구성했다. 이러한 방법으로 험벌트는 알렉산더 캠벨이 결코 조직신학을 편집하지 않았음에도 불구하고 영향력 있는 신학자라는 것을 보여줄 수 있었다.

알렉산더 캠벨의 풍부한 저작물은 예배회복운동의 신학에 다른 어느 저술가들보다 깊은 영향을 끼쳤다. 그러나 그의 오랜 활동 기간 동안 알렉산더 캠벨의 관념과 태도는 진지한 형태로 변화를 겪었다. 초창기 동안 그는 인습 타파적인 사람으로 불렸다. 그래서 "기독교인의 세례"라는 책에서는 그의 많은 저작들에 대한 부정적인 지적이 있었다. 그러나 "천년왕국의 예언"을 편집하는 동안 그는 좀더 점잖고 긍정적인 어조를 취하게 되었다. 이러한 변화 때문에 알렉산더 캠벨이 직접적으로 동일한 주제에 대해 서로 상반되는 두 가지의 주제를 언급하고 있음을 쉽게 발견하게 된다.

이와 비슷한 예로, 비록 회복운동시 캠벨과 함께했던 다른 종교개혁가들이 기독교의 연합을 이루기 위한 기초 단계로서 사도적 교회의 신앙과 실천을 회복하고자 하는 중심된 목적에 접근했다 하더라도 결국 그들은 캠벨과는 다른 입장에 서있었으며, 초기 사도적 교회의 신앙과 실천에 대한 신념에 있어서도 서로 다른 견해를 갖고 있었다. 예를 들어 신자들의 몸을 지칭하는 호칭을 한 번 생각해 보자. 여기에 대해 토마스 캠벨(Thomas Campbell), 바통 스톤(Barton W. Stone), 그리고 월터 스콧(Walter Scott) 모두는 "그리스도인" 또는 "그리스도 교회"라는 단순한 이름을 선호한 반면, 알렉산더 캠벨은 "그리스도의 제자"라는 이름을 사용하고자 주장했다.

여기서 중요한 것은, 이 예배 회복운동에 참여했던 사람들 모두가 생각의 자유와 사상의 다양성을 가치 있게 평가했다는 사실이다. 이러한 이유로 이 운동의 신학에 대한 보편화는 항상 지나칠 정도로 단순화되어 왔다. 그럼에도 불구하고 예배와 관련된 네 개의 주제에 대한 이어지는 언급은 현재 기독교 교회에 소속된 사람들 사이에 유행하는 신학적 대화의 유형을 제시하고 있다.

B. 성경

유진 보링 교수는 알렉산더 캠벨의 성경에 대한 관점을 "다른 책들과 비슷하면서도 같지 않은" 것으로 묘사했다.

> 성경이 인간에 의해 인간의 언어로 쓰여졌으며 인간의 단어와 이념으로 표현되었으며, 그렇기에 다른 모든 책과 같은 문법적·역사적 방법으로 해석되어야 한다는 점에서 다른 책들과 비슷하다. 그러나 성경은 계시된 계획적인 진리로 이루어진 책이며, 전체적으로 신적인 영감을 받은 책이다. 그러므로 다른 모든 책과는 다른 범주로 다루어져야 한다.[21]

캠벨은 성경학적인 깊이가 전문적인 학자들뿐만 아니라 일반적인 독자들에게도 가능하기를 원했다. 그는 또한 환상적이며, 복잡하며, 유비적인 해석으로부터 성경을 자유롭게 하며, 뿐만 아니라 독자들로 하여금 성경 말씀을 통해서 말씀하시는 하나님의 음성을 듣지 못하게 했던 역사비평적 해석으로부터 성경을 자유롭게 하는 해석의 법칙을 제시했다. 그는 성경의 어떤 부분은 다른 부분보다 더 강한 빛을 발한다고 믿었으며, 창조기사와 족장기사는 별빛과 같으며, 모세의 율법과 이스라엘의 역사는 달빛과 같으며, 기독교 교회의 역사와 서신서들은 햇빛과 같다고 했다. 그리고 가장 강력한 빛은 히브리서로부터 비취고 있다고 말한다.

---

21 Eugene Boring, "The Formation of a Teadition: Alexander Campbell and the New Testament," *The Disciples Theological Digest 2:1* (1987): 5-62.

오늘날의 기독교인들과 학자들은 성경을 연구함에 있어 역사비평과 문학비평이라는 방법으로 연구하면서, 성경은 경배되어야 할 대상이 아니라, 하나님의 뜻을 발견하고자 갈급해 하는 사람이 전마음과 열의를 가지고 연구해야 하는 장서이다.

C. 교회

토마스 캠벨의 '선포와 연설'(Declaration and Address)은 신약성경 속에서 하나의 일치된 표준이 되며, 재현될 수 있는 하나의 모델을 발견하게 되는데, 그는 이렇게 말했다.

> 구약성경이 구약성경 시대의 교회의 예배와 훈련, 치리를 위해서, 그리고 그 구성원들의 개별적인 의무를 위해서 그랬던 것처럼, 신약성경은 신약성경시대의 교회의 예배와 훈련, 그리고 치리를 위한 하나의 완벽한 법전이었으며, 그 구성원들의 개별적인 의무를 위한 완벽한 규칙이었다.

캠벨은 그동안 기독교인 사이의 분열과 갈등을 해결하기 위한 방법으로, 신약성경이 가지고 있는 단순하면서 오랫동안 잊고 있던 해결책을 찾고자 노력하고 있었다. 그러한 해결책은 토마스 캠벨에 의해서도, 그의 아들 알렉산더에 의해서도, 그리고 그들의 연구 속에서 그들과 함께 참여했던 사람들에 의해서도 결코 발견되지 못했다.

마크 툴루스(Mark Toulouse) 교수에 의하면 문제점 중 하나가 그들의 역사읽기가 객관적이었기보다는 오히려 향수에 젖어 있었다는 것이며, 사도시대의 원시교회는 유일하며 단순한 모델을 제공하지 않았으며, 더욱이 하나의 이상적인 모델은 더욱 아니라는 사실이다. 게다가 "하나의 법전"(a constitution)으로서 성경을 읽는 것은 씻을 수 없는 실수였다. 그들은 정확한 지점에 서있었지만 그들의 방법은 잘못된 방법이었다.

그럼에도 불구하고 그들은 예배와 삶의 질서를 바로 세우기 위해 인간의 권위 대신에 하나님의 음성을 간절히 간구했으며, 이것을 하나의 잣대로 하여 세상이 기대하는 교회의 참된 모습을 끊임없이 이뤄나갈 뿐만 아니라, 오직 마음을 새롭게 함으로 변화를 받아 하나님의 선하시고 기뻐하시고 온전하신 뜻이 무엇인지 분별할 수 있는 교회가 되도록 하고자 하였다. 아마도 이러한 그들의 노력 중 가장 값진 열매는 예배의 중심으로 새롭게 자리 잡게 된 주님의 만찬에 있었다.

D. 주님의 만찬

케잇 왓킨스(Keith Watkins) 교수는 다음과 같이 말하면서 주님의 만찬에 관한 한 권의 책을 소개했는데, 그의 책에서 다음과 같이 말하고 있다.

> 기독교 예배에 있어서 중심된 행위는 주님께서 주인이시며, 모든 곳에 있는 그의 백성들이 손님이 되는 식탁이며, 이 식탁은 기쁨의 향연이다.[22]

이 같은 주장은 세 가지의 중요한 신학적인 관점을 담고 있다.

첫째, 주님의 만찬은 예배의 본질적인 요소이다. 스톤 캠벨 회복운동의 모든 추종자는 매주일마다 성만찬을 거행했는데, 이것은 아마도 당시 어떤 이들에 의해 주님의 만찬의 중요성과 그 의미가 더욱 퇴색됨으로 해서 성만찬이 설교 사역보다 덜 중요한 사역으로 여겨졌기 때문일 것이다. 그러나 이들조차도 떡을 떼고 잔을 나누는 성만찬이 없는 주일 예배는 상상조차 하지 않았다. 그리하여 점점 수를 더해가는 교회들은 과거의 어느 때보다도 예배로 부름 받는 이유가 주님의 만찬에 있음을 더욱 절실

---

22   Keith Watkins, *The Feast of Joy* (St. Louis: Bethany Press, 1977), p. 11.

히 깨닫게 되었다.

둘째, 주님의 만찬은 기쁨의 잔치이다. 이것은 또한 감사의 만찬인데, 이 식탁에서 우리는 예수 그리스도 안에서의 하나님의 구원의 은총을 기억하며 그것을 맘껏 즐거워한다. 예배의 열쇠가 되는 이 '기억'(Remembrance)이라는 말은 과거의 재생이 아니라, 신선하고도 현대적인 의미로 과거에 일어난 사건을 오늘의 상황 속에서 새롭게 경험하는 것을 뜻한다. 최근의 추세는 개인적인 묵상을 위한 엄숙한 시간으로서의 성만찬에서 벗어나 (비록 개인적인 깊은 변화를 일으키지만) 공동체와 기념적 축제로서의 성만찬으로 그 방향을 전환하고 있다. 그렇기에 교회는 주님의 살과 피에 참여케 하는 주님의 식탁으로 부르시는 주님의 부르심을 만인에게 선포하기 위한 방법으로 성배(聖杯)를 교회의 상징과 로고(logo)로서 사용한다.

셋째, 예수 그리스도는 그 식탁의 보이지 않는 주인으로 자신을 우리에게 내어주신다. 그분께서 바로 그곳에 오도록 우리를 초청하신 분이기 때문에, 그분의 부르심을 받은 어떤 사람과 집단도 어느 한 개인도 거부할 자격이 없다. 이 주님의 식탁은 모든 사람에게 열려져 있다. 또한 예배회복운동의 대다수 참여자들에게 던져주는 성만찬의 이면적인 의미로는 그리스도께서 부르신 주님의 식탁에 나아올 때마다 우리의 잊혀지기 쉬운 세례의 참된 의미를 끊임없이 되새기게 된다. 그러나 교회에서조차 "제한 초청"(성찬에 참여할 수 있는 자격으로 침수침례를 요구하는 것)이라는 것으로 성찬 참여자의 제한을 두어 실행했지만, 항상 "열려진 성찬"이라는 방법도 있었다. 예수 그리스도께서 성만찬의 보이지 않는 주님이심을 믿는다는 것은 곧 예수 그리스도께서 그 자리에 임재하셨다는 것을 확실히 증거하는 길이다.

E. 세례

여러 교파들 간의 에큐메니칼적 대화에 있어서 그리스도의 제자 교회가 갖는 세례 신학은 존경을 받아왔다. 이들은 끊임없이 성경을 통하여 세례의 이상적인 형태나 세례의 정확한 집례 방법을 찾아내려 한 것이 아니라 세례의 진정한 의미를 발견하고 그를 따르고자 했다. 이런 과정 속에서 이들은 성례전에 대한 자신들의 이해를 발전시켜 왔다. 일생의 일회적 사건으로, 그렇기에 반복될 수 없는 유일회적인 은총의 사건으로, 그와 동시에 하나님에 의한 직접적인 사건인 이 세례는 또다시 하나님의 은혜로우신 부르심에 대한 인간의 응답이 수반된다.[23]

콜벌트 칼트라이트(Colbert Cartwright)는 "우리 그리스도의 제자 교회에게 있어서 근본적인 문제는 우리가 무엇을 믿는가가 아니라 우리가 누구를 믿는가이다"라고 말했다.[24] 이러한 우선적인 물음 앞에서 스톤 캠벨의 예배회복운동의 세 가지 주요 분야는 하나로 정립될 수 있는데, 그것은 우리가 성경을 문자적으로 해석하든지 고등비평의 방법으로 해석하든지 간에, 또한 우리가 다른 종파를 외면하거나 교회 연합을 하든지 간에 가장 중요한 것은 예수 그리스도를 주님으로 고백하게 한다는 사실이다.

12. 오순절 계열의 예배신학
(A Holiness-Pentecostal Theology of Worship)

이들 예배에 있어서 중요한 요소는 찬양이다. 찬양이란 노래일 뿐만 아니라 이 세상에서 하나님께서 하신 일에 대한 경배요 증거이다. 예배에서 그리스도인은 예배자의 삶 가운데 역사하여 주시는 하나님의 구원과 치유의 사역에 대하여, 그리고 하나님의 성품에 대하여 찬양한다.

오순절 교회의 회중에게 있어 예배의 초점은 믿는 자들이 하나님을 찬

23 Clark M. Williamson, *Baptism: Embodiment of the Gospel, The Nature of the Church, Study Series 4* (St. Louis: Christian Board of Publication, published for the Council on Christan Unity, 1989).

24 Colbert S. Cartwright, *People of the Chalice* (St. Louisd: CBP Press, 1987), p. 69.

양하기 위해서 함께 모이는 집회라는 점이다. 그들이 자신들에게 끊임없이 상기시키듯이, 하나님은 그의 백성의 "찬양 중에 거하시는" 분(시 22:3)이기 때문에 하나님을 찬양하는 것이 중심이다. 그러나 합당한 찬양을 만드는 것은 예수님과 사도 바울에 의해 약속된 자유함과 사도 바울의 다른 말들, 즉 "예언하는 자들의 영은 예언하는 자들에게 제재를 받나니"(고전 14:32)와 "모든 것을 품위 있게 하고 질서 있게 하라"(고전 14:40)의 말씀대로 어떤 정해진 형태를 갖고 있는 다양함이다.

오순절주의자들은 그들이 기존 교회들의 냉담하고 형식화된 듯한 모습에 불만을 품고 자의로 기존 교회들을 떠났든지, 혹은 떠날 것을 종용받았든지 간에 예전에 대하여 별다른 관심을 갖기를 원하지 않았다. 방언을 말하고(행 2:4) 다른 영적 은사들-적어도 오순절 교리 중 이 부분의 지조 격인 찰스 파햄(Charles Parham)에 따른-을 동반한 그들 자신의 성령 세례에 대한 열심은 그들로 하여금 그들이 공적 모임에서 비슷한 영적인 열렬함을 기대하도록 만들었다. "주님께서 당신을 위해 하실 일을 와서 보라"라는 말은 "너희는 여호와의 선하심을 맛보아 알지어다"(시 34:8)의 말씀과 함께 공공연한 초대의 말이었다. 그럼에도 불구하고 그들은 다양한 방식으로 자유함과 형식이라는 두 가지의 요구가 충족되는 예전을 무의식적으로 발전시켰다.

오순절 교회의 음악은 창의적이고 표현력이 풍부하다. 오순절 교회의 음악은 대중문화의 음악적인 표현방식을 사용한다. 즉, 복음성가는 하나님에 대한 인간의 반응을 이야기함에 있어서 "나는 지치고, 야윈, 그리고 슬픔에 가득찬 모습으로 예수님께 왔다오. 그런데 그가 나의 죄를 없애 주셨소", "십자가에 달리신 내 주님을 모시지 않은채, 허영과 교만 속에서 내가 보낸 수많은 나날들이여"와 같은 표현방식을 사용한다. 성가곡들은 성경 말씀에서 인용되었는데, "내가 여호와를 찬송하리니 그는 높고 영화로우심이요 말과 그 탄 자를 바다에 던지셨음이로다"(출 15장), "내가 여호와를 항상 송축함이여 그를 송축함이 내 입에 계속 하리로다"(시 34장)와 같은 표현이 있다. 경배의 노래, 초대와 선교적이고 복음적이고 부흥에 관계된 노래, 그리고 계절에 의한 찬송가는 모두 미국 개신교 찬송가에서 자유롭게 빌려온 것이다. 그러나 성령님에 대한 독특한 경험으로 인해, "오 주님, 지금 권능을 보내소서", "예수님 오셔서 지금 나를 채우소서", "오순절의 불이 떨어지고 있으니, 내게 부어주신 주님을 찬양하라"와 같은 새로운 찬양과 성가곡들이 쓰여졌다.

악기들은 당연히 찬양보다는 덜 중요하긴 했지만 보통 노래를 위한 반주로서 언제나 중요하게 여겨져 왔다. 구세군의 금관 악기와 북들, 피아노와 오르간, 드럼, 탬버린, 그리고 기타와 같은 모든 것이 대중음악적인 표현 방식에서 수용되었다. 젊은 예배자들이 맨 먼저 현대적인 양식을 받아들여 그것들을 수정하였고, 점차적으로 그것들을 수용 가능한 방식으로 예배에 통합시켰다. 회중을 교화시키는 것 그 이상으로 오순절 음악에 있어서 심미적인 것은 없다.

대중기도는 독특한 형식을 갖고 있지 않으며, 진실성을 가라앉히기 위한 어떠한 억제도 없이 오직 회중에 행하는 개인기도에 불과하다. 열렬함과 자발성은 오순절 기도의 특징이다. 오순절 교인들에게 있어서 문서화된 기도는 열등하며 비영적인 기도이다. 그들이 사랑하는 하나님 아버지께 향하여 직접 지시받기 때문에 대중 기도에서도 아무런 부끄러움이 없이 개인적인 문제가 언급될 수 있다. 또한 기도하고 있는 사람이 성령님의 중재하심에 의해 인도될 때에 지역, 국가, 그리고 세계 역시 기도 내용의 일부분이 되기도 한다. 만약 기도하는 자가 그렇게 기도하도록 인도함을 받지 않는다 해도 그것 역시 괜찮다. 왜냐하면 성령님께서 기도자를 직접 지시하고 있기 때문이다.

"성령님 안에서의" 기도란 단순히 예배자들의 언어에서 성령님께 향하는 기도일 뿐만 아니라, 또한 성령님께서 주시는 언어, 보통 방언이라고 불리는 언어로 기도하는 것을 의미한다. 방언으로 말하는 것은 크게 두 가지의 형식으로 일어나는데, 하나는 다른 사람들이 큰 소리로 기도하는 것을 멈추고 듣고자 할 때 예배자들의 언어로 통역이 뒤따르는 방언에의 메시지가 있고, 다른 하나는 어떠한 통역도 추구되거나 기대되지 않기 때문에 모두가 큰 소리로 기도하는 중에 방언으로 기도하게 된다. 방언에 관한 후자의 사용은 때때로 한 개인의 "기도언어"로 불리기도 하며, 개인적인 덕을 세우는(고전 14:4) 것으로 이해되기도 한다. 또한 성령님께서 사람을 통하여 완전하게 기도하시는 분이기에(롬 8:26-27) 인간의 모든 장애를 초월하는 중재의 일종으로 이해되기도 한다. 예언 역시 독특한 기도의 행위인데, 이것은 모임 중에서 누군가가 예배자들에게 덕을 세우며 권면하며 안위하는(고전 14:3) 짧은 메시지이지만, 방언으로 진행되지는 않는다.

오순절 교회의 증거와 설교는 웨슬리 교파의 설교에 많은 영향을 끼쳤는데, 설교는 종종 "이것이 하나님께서 나를 위해 하신 일입니다. 그리고 그분께서 당신을 위해서도 이 일을 행하실 것입니다"라는 증거의 확장이다. 다시 말해서 그 수단이 열렬함과 자발성이었기에, 만약 찬양이나 기도 또는 회중적인 고백이 충분하게 지속된다면 설교는 필요하지 않게 되거나, 혹은 예배의 다른 부분에서 성령님에 의해 성취되었다고 생각하게 된다. 다른 나라들에서는 예배 모임이 시간의 제약을 받지 않기 때문에(서구의 오순절주의에서도 이런 경향은 증가하는 추세이다) 상황에 따라서는 좀 더 많은 설교들이 추가될 수 있다. 그럼에도 불구하고 오순절교의 예배자는 "말보다는 체험", 즉 설교자로부터 하나님의 축복에 대하여 듣는 것보다 자신이 직접 그것들을 경험하는 자가 되어야 한다고 말한다. 그래서 예배는 강단 중심적이라기보다는 예배자 중심적인 경향이 있다. 그러나 설교자가 성령님 안에서 가장 큰 체험을 한 사람으로 여겨지기 때문에 예배는 적어도 하나님께서 행하신 일에 대한 최고의 계시로서 설교자에게 초점이 맞춰지는 경향도 있다. 그래서 예배는 종종 인기 있는 연기자로서 설교자에 초점을 두기도 한다.

하나님의 사람인 남성 또는 여성은 성령님의 인도하심을 받아야 한다. 이것은 일반적인 교회생활에서뿐만 아니라 예배에서도 마찬가지이다. 대부분의 미국 오순절교들은 비록 가장 높은 직책은 아닐지라도 여성들과 지역교회의 몇몇 리더들에게, 그리고 환영받지 못하는 사람들에게도 성직을 수여한다. 그러면서도 사람을 통한 영적인 리더십이 자기의 멋대로 주도되는 것을 경계한다. 다시 말해서 "영들이 하나님께 속하였나 분별하라"(요일 4:1)와 "나의 기름 부은 자에게 손을 대지 말며"(대상 16:22)의 두려움 사이에서의 긴장관계가 있다. 오순절교에서 말하는 성령님 안에서의 삶은 성령님의 지시를 받고 성령님께서 주시는 자유함의 울타리 안에서 자신의 책임을 지속해 나가는 것인데, 흔히 "성령님 안에서" 말한다고 하면서 돈에 집착하는 사람을 옛날에는 사기꾼으로 간주했다.[25]

오순절 교회들의 예배는 그동안 개신교의 예배 형태와 상징을 모범으로 삼았지만 최근에 이르러 가톨릭적인 은사주의를 수용하였다. 전통적인 오순절교의 예배에 있어서, 이 가톨릭 은사주의의 수용에 따른 그 첫 번째 공헌은 새로운 노래와 성가곡들에 있었다. 그리고 두 번째 공헌은 성령님 안에서의 삶의 출발이 위기가 아닌 하나님의 섭리에 있음을 강조했다. 이러한 시작은 성령님에 대한 체험이 이미 모든 그리스도인을 위한 것이라는 면에서, 그리고 구속함을 받은 인간의 본성은 성령님의 각종 은사와 은총을 받을 수 있고 또한 나타낼 수 있다는 면에서 하나님의 섭리이다. 마지막으로 가톨릭적인 은사주의자들은 모든 오순절교에게 예배는 그리스도 중심적인 목적을 두고 드려야 함을 상기시켰다.

그러나 오순절 예배에 있어서 개신교의 영향은 적지 않다. 예배실 내에는 거의 장식이 없고, 강단은 회중의 주목을 끌 만한 제단 뒤편 중앙에 위치한다. 침수침례를 위한 침례통과 성찬대도 위치해 있으며, 여러 색깔이

---

25 『디다케』 11, 12.

나 가운들, 조각 또는 깃발이든지 상징으로 만들어진 것은 거의 사용되지 않는다. 그러나 십자가는 종종 비둘기 모양과 함께 널리 사용된다. 성경이 펼쳐져 있기도 하고, 때로는 그리스도의 재림에 관한 성구나 "나는 너희를 치료하는 여호와임이라"(출 15:26)와 같은 성구가 예배당 벽에 내걸리기도 한다. 비록 교회력이 무시된다고 할지라도 부활절, 성령강림절, 성탄절, 그리고 드물게는 종교개혁주일과 같은 기독교의 절기들이 지켜지고, 이뿐 아니라 국경일에는 그 의미에 맞는 찬송가를 부르기도 한다. 평범한 주일에는 헌신의 주일, 사랑의 주일, 그리고 매달에 한 번씩 선교주일과 같은 독자적인 프로그램을 진행한다.

예전으로는 주님의 만찬으로 불리는 성찬식이 한 달에 한 번씩 보통 예배에서 설교 후에 연장하여 거행된다. 성찬의 형태는 공개 성찬(open Communion)이 일반적이고, 신학은 쯔빙글리의 기념설을 따른다. 물세례는 과거보다 현대에 이르러서 덜 중요하게 여겨지고 그 횟수도 드물게 거행되지만, 이것은 미국을 제외한 세계 다른 곳에서는 중요하고 자주 거행되기도 한다. 십일조와 헌금은 오순절주의의 예배에서 절대적으로 필요한 요소이다. 교회에서의 결혼식은 장례식과 마찬가지로 일반적인 일이다. 유아 세례는 없지만 대부모(代父母)들 없이 하나님께 바쳐지는 헌신식이 있다.

미국 오순절교의 예배는 19세기 말에 본격적으로 발전하게 되었는데, 미국 오순절교는 성결교와 그 외 다른 복음주의적 교단들이 강조하는 '믿음으로 말미암은 구원', '기도를 통한 질병의 치유', '성령의 은사 체험', '구원 이후에 있게 되는 성도의 성화와 봉사에로의 헌신', '다가올 하나님의 나라와 임박한 그리스도의 재림 사상' 등에 동일한 신학적 강조점을 두고 있다. 그렇기에 이러한 신학적 강조점에 부합되는 예배 형태를 지니기 위해 이들은 복음주의적인 교회들의 예배와 예전을 필요한 부분만큼 모델로 삼게 되었다. 그리고 영적인 활력을 체험한 회중이 성령님과 연합될 때 새로운 형태의 예배가 발전되기도 했다. 이들 예배의 요소와 형태를 결정짓는 시금석은 세 가지로 간추려질 수 있다. 첫째 "그것이 실제적인가?" 하는 것인데, 이는 "그것이 회중에게 변화와 감동을 주는 것인가?" 하는 것이다. 둘째, "그것이 성경적인가?"는 "그것이 성경에 근거하고 있는가?"를 통해 검증하며, 셋째로 "그것이 영적인 것인가?"는 "성령님께서 그대로 행하도록 허락하고 계신가?" 하는 내용이다.

13. 은사 중심 교회의 예배신학
(A Charismatic Theology of Worship)

성령님의 은사를 중심한 예배의 신학은 성령님과의 생생한 관계와 영적인 은사의 회복을 강조하는데, 이 둘 모두는 예배에서 경험된다.

> "오직 성령으로 충만함을 받으라 시와 찬송과 신령한 노래들로 서로 화답하며 너희의 마음으로 주께 노래하며 찬송하며 범사에 우리 주 예수 그리스도의 이름으로 항상 아버지 하나님께 감사하며"(엡 5:18-20).

은사주의 운동은 주로 성령님과 성령님의 선물인 카리스마(즉 치유, 예언, 기적, 방언, 기타 등등)의 회복에 대한 강조로서 알려져 있다. 그러나 일반적으로 이 운동이 교회에 끼친 가장 중요한 공헌점 중의 하나는 예배와 관계되어 있다.

비록 정확하게 은사주의자가 된다는 것은 무엇을 의미하는가에 관해서는 논란이 있겠지만 하나의 주된 증거에는 논란의 여지가 거의 없는데, 그것은 신령과 진정한 마음으로부터의 예배이다. 사도 바울은 에베소서 5장에서 성령으로 충만한 존재는 우리의 입술에 시와 찬송과 신령한 노래들이 있을 것이며, 또한 우리의 마음에는 아름다운 신율의 감사가 있을 것이라는 것을 지적한다. 성령님의 역할이 성자 예수 그리스도를 영화롭게 하는 것이기에(요 16:14) 예배를 통하여 성령님과의 살아있는 생생한 관계와 예수님께 영광을 돌리고자 하는 욕구가 더욱 깊어가는 결과를 가져온다는 것은 당연하다.

많은 사람들에게 있어서 "은사주의파"라는 말을 떠올릴 때 마음에 떠오르는 모습은 거룩해진 얼굴과 손을 높이 든 열광적인 그리스도인의 모습이다. 은사주의자들은 열광적인 신앙과 몰입하는 기쁨뿐만 아니라 성경에 나타나는 노래들, 성가곡들, 기타와 드럼, 박수와 춤, 예배 스탭들과 깃발, 악보와 O.H.P., 예배 세미나와 그에 관계된 각종 회의 같은 것들이 교회에 등장하게 하였다.

왜 이러한 고정관념이 발생하게 되었는지를 신학적으로 설명하는 것은 어려운데, 이는 은사주의자들 사이에는 상당한 신학적인 다양성이 있기 때문이다. 은사주의 운동은 많은 다른 교파들에서 나타났기 때문에 이것은 다양한 역사적 전통에 의해 영향을 받았다. 예를 들자면 가톨릭 은사주의 운동은 아마도 모든 면에 있어서 침례교 은사운동과 동일한 신학을 공유하고 있지는 않다. 그러나 양쪽 모두 다 공동으로 가지고 있는 것은, 하나님과 동행하는 그들의 발걸음과 그들이 드리는 예배를 더욱 풍성케 하시는 성령님을 충만히 경험하게 된다는 것이라고 말할 수 있다.

이러한 경험은 엠마오로 가는 길에서 예수님을 만났던 제자들의 경험과 비슷하다. 비록 그들이 이전에 예수님에 대하여 많이 배웠고 그가 다시 살아났다는 것을 들었지만, 이제는 그 차원을 뛰어넘어 그들의 눈이 열려지게 되었고 그들이 정말로 부활하신 주님을 '보게' 되었다. 그들의 신학은 크게 변하지는 않았지만, 이제 그들의 믿음은 살아있는 믿음이 되었고 그들에게 실재하는 것이 되었다.

이러한 은사주의 운동의 예배 형태를 좀 더 깊이 이해하기 위해서 우리는 이들의 예배 유형의 다섯 가지 원칙과 그들의 신학적인 기반을 고찰해 보고자 한다. 은사주의의 다섯 가지 원칙은 첫째, 성령님의 중재하시는 현존은 예배자들의 성직자로서의 기능을 활력 있게 하신다. 둘째, 예배는 영과 혼과 몸의 전인을 포함한다. 셋째, 예배의 행위는 명백한 하나님의 현존 안으로 진행한다. 넷째, 예배는 하나님의 능력이 드러나는 분위기를 창출한다. 그리고 다섯째, 예배는 노래 이상의 것으로서 예배는 '섬김'이다.

A. 성직자의 역할

"너희도 산 돌 같이 신령한 집으로 세워지고 예수 그리스도로 말미암아 하나님이 기쁘게 받으실 신령한 제사를 드릴 거룩한 제사장이 될지니라"(벧전 2:5).

성령님께서 성직자에게 능력을 북돋우어 주신다는 성경의 말씀은 성직자의 직분을 감당키 위한 기름 부으심으로 묘사된다. 베드로전서 2장 9절에 의하면 하나님의 백성이란 우리를 어두움에서 불러내어 그의 기이한 빛으로 들어가게 하신 그분을 선전하는 왕 같은 제사장이 되는 것을 의미한다. 같은 장의 5절에서 베드로는 우리가 함께 지어져 가고 있으므로, 또한 우리는 받으실 만한 희생제사를 드리는 거룩한 제사장이 되어가고 있다고 말한다. 우리는 찬양하도록 만들어진 제사장이다(9절). 또한 우리는 제사장이 되어가고 있다(5절). 다른 말로 하자면, 우리는 하나님께서 우리를 만드시고자 하셨던 대로, 즉 예배공동체로 되어가고 있으며 자신이 서 있는 직분에 따라 진정한 제사장으로 되어간다.

구약시대의 제사장들은 태어나면서부터 제사장이었지만, 그들은 그들이 제사장으로서의 기름부음을 받을 때까지는 제사장으로서의 의무를 행하지 않았다(출 29장; 민 8장). 이와 마찬가지로, 모든 그리스도인은 새로운 피조물이 된 결과로서 왕 같은 제사장들 가문의 일부 분이 되었다. 기능이 활기 있게 되며, 또한 우리는 음성으로 드리는 찬양을 포함한 신약시대의 희생제사를 드리고 있는 우리 자신을 발견하게 된다(히 13:15).

만인 제사장으로서의 교회에 대한 이해는 확실히 은사주의 운동에게는 진기한 일이 아니다. 그러한 이해는 종교개혁의 근본적인 강조점이었다. 그러나 오늘날 성령으로 충만해진 예배자들은 그들도 제사장이 될 수 있다는 것이 무엇을 의미하는가에 대한 새로운 이해를 가져오고 있다. 우리가 보통 이야기할 때, 우리가 제사장이라는 말에 대한 전통적인 이해는 우리가 그리스도 외에는 더 이상 다른 중재자가 필요하지 않다는 사실이다. 또한 마틴 루터의 시대에도 만인이 제사장이 된다는 것이 무엇을 의미하는가에 대해서는 부분적인 이해에 제한되었다. 제사장들은 하나님께로 가까이 나아갈 뿐만 아니라, 그들 자신이 하나님을 섬기기도 한다. 즉, 제사장들은 희생제사를 드린다. 만인 제사장으로서의 역할에 대해 이야기했던 잭 해이포드(Jack Hayford)는 "500년 전의 논쟁점은 '관계성'(relationship)에 대한 것으로 이는 개인으로서 자신이 하나님께 나아가는 것을 회복하기 위한 것이지만, 오늘날에 있어서의 논쟁점은 하나님 앞에서 우리가 할 수 있는 찬양의 잠재력을 맘껏 드러내는 '예배'이다.[26]

그러므로 은사주의파에게 있어서 성령님은 우리를 명확하지 않은 상태로부터 이끌어내시며 또한 다양한 표현의 예배를 격려하셔서 활력을 북돋아 주시는 분이다. 그때야 비로소 예배는 하나님께 향한 자신들의 역할을 발견한 활력 있는 제사장들에 의해 드려지는 감사의 희생제사로서 이해된다.

---

26   Jack Hayford, *Worship His Majesty.*

B. 영과 혼, 그리고 몸

"네 마음을 다하고 목숨을 다하고 뜻을 다하고 힘을 다하여 주
너의 하나님을 사랑하라"(막 12:30).

이러한 "활력화"에 함축된 의미 중 하나는 예배가 신체적 행동을 포함
한다는 의미이다. 은사주의적 예배는 표정이 강하게 나타나는 예배라고도
말할 수 있다. 그것은 예배자가 하는 적극적인 일이다. 은사주의적 예배는
수동적이지 않고 적극적으로 마음을 다해 노래와 손을 높이 들며, 경배의
인사와 손뼉치기, 춤추기, 외치기를 포함한다.

성령님으로 충만한 예배자에게는 하나님을 우리의 영혼과 마음과 몸
을 다하여서 사랑하라는 지상명령이 곧 삶의 동기가 된다. 예배는 곧 하나
님을 향한 사랑이 표현되는 자리이다. 그러므로 만약에 우리가 하나님을
영, 혼, 육의 전인적 존재로 사랑한다면 우리가 그분께 예배드릴 때 역시
우리의 영, 혼, 육의 전 존재로 예배드려야 한다. 대부분의 예배 전통에서
는 예배의 정신적이고 영적인 측면만을 인정하려 하나 은사주의파에 따르
면 예배의 신체적이고 감정적인 표현까지도 잊지 말아야 한다고 확언한다.

은사주의의 성경교사이며 선교사인 드렉 프린스(Derek Prince)는 로마
서 12장 1절의 말씀을 주석하면서 왜 하나님께서는 우리의 몸을 통해서
드리는 것이 예배라고 구체적으로 기록하셨는가에 대하여 질문한다. 왜
그분은 우리의 마음 또는 정신을 바치라고 말씀하지 않으셨을까? 프린스
는 이에 대한 대답을 하면서, 히브리인들에게 있어서 몸은 마음과 영혼의
운반자이기 때문이라고 말한다. 그러므로 예배의 신체적인 표현은 예배의
영적인 표현보다 열등한 것이 아니다. 몸은 영적 예배의 전달수단이다. 예
를 들어 손을 높이 드는 신체적인 행동은 경배와 항복을 나타내는 영적
인 의향의 표시이다. 춤추는 것은 큰 기쁨과 즐거움을 드러내는 표시이다.

예배의 신체적인 측면과 밀접히 관계된 것은 예배에서의 감정 표현이다. 성령님으로 충만한 자는 은사주의를 뛰어넘는 새로운 경험이다. 이와 같이 은사주의적 예배는 우선적으로 잘 정돈된 정신적인 진행이라기보다는 오히려 감정이 제자리를 찾는 자발적이고 영적인 만남이라고 할 수 있다. 은사주의자들은 예배에 있어서의 감정적인 구성 요소를 부끄러워하지 않는다.

예배에 있어서 신체적이고 감정적인 특징에 더 큰 의미를 부여하는 것은 결국 은사주의적 예배에 있어서의 '뮤지컬' 양식에 큰 영향을 미쳤다. 가장 두드러진 특징은 예배 음악에 있어서 보다 더 리듬을 강조한다는 점이다. 곡조나 음의 조화보다는 리듬이 인간 인격의 신체적인 측면에 상응하는 사실이다. 은사주의적 예배의 악기연주자들은 일반적으로 오르간 중심이라기보다는 피아노 또는 기타와 베이스, 드럼과 같은 리듬부분을 중심으로 짜여진다. 오르간은 손뼉을 치며 찬양하는 음악에 쉽게 쫓아가지 못하는 경향이 있다.

은사주의적 예배에 있어서 신체적이고 감정적인 면은 예배의 영적인 차원을 더욱 증대시켜 준다. 은사주의 운동에 있어서 독특한 예배 의식 중의 하나가 성령 안에서 행하는 노래이다. 고린도전서 14장 15절의 말씀을 근거로 한 이 의식은 고정된 코드나 천천히 움직이는 코드진행을 배경으로 자발적인 말이나 가락을 노래하는 것을 의미한다. 때때로 자유예배 또는 열린 예배로 언급되는 이러한 예배 형식은 은사주의자들 사이에서 정규적인 회중예배에 영향을 주었다. 오래 지속되던 4성부 하모니의 유형을 바꾸었으며, 은사주의자들 사이에서 하모니와 음성줄(vocal lines)에 대한 자유형식 접근이 나타나게 되었다. 이러한 예배의 자발적인 특징은 예배에 있어서의 개인적인 경험에 대한 새로워진 욕구와 함께 현대에 싹트기 시작한 새로운 모음집과 간증적이며 배우기에 쉬운 성가곡들을 창출하였다. 그러므로 은사주의적 예배의 생동감 있는 성격은 자신의 전 존재로 하나님을 사랑하라는 예수님의 명령에 그 뿌리를 두고 있다.

C. 하나님의 존전에 나아감

"기쁨으로 여호와를 섬기며 노래하면서 그의 앞에 나아갈지어
다 … 감사함으로 그 문에 들어가며 찬송함으로 그 궁정에 들어
가서…"(시 100:2, 4).

은사주의적 예배를 이해하기 위한 또 다른 열쇠는 하나님의 현존이다.
은사주의 예배에서 "하나님의 존전으로 나아가는 모습"은 쉽게 볼 수 있
다. 이러한 말과 행동은 하나님께서 모든 시간 가운데 어느 곳에나 계신다
고 배워 왔던 우리에게는 낯설지 않다. 우리는 "내가 주의 영을 떠나 어디
로 가며 주의 앞에서 어디로 피하리이까"(시 139:7)의 말씀이나 또는 "내가
세상 끝날까지 너희와 항상 함께 있으리라"(마 28:20)는 말씀을 자주 인용
하는데, 이러한 성구들은 하나님께서 모든 장소에 언제나 동일하게 계신
다는 사실을 확신케 하는 말씀이다.

은사주의의 예배에서 하나님의 현존에 대한 이해는 그분의 무소부재와
그분의 특정한 현존(하나님께서 특별히 어떤 시간과 장소에 계시다는) 사이에서
구별된다. 다윗이 그가 하나님의 현존을 벗어난 어느 곳으로도 피할 수 없
다고 말했을 때에 그는 하나님의 무소부재하심에 대하여 언급하고 있었다.
그가 하나님께 하나님의 현존하심을 거두지 말아 달라고 간청했을 때에는
(시 51:11), 그는 하나님의 특정한 현존에 대하여 이야기하고 있었다. 야곱
은 "여호와께서 과연 여기 계시거늘 내가 알지 못하였도다"(창 28:16)라는
말씀에서처럼 베델에서 하나님의 분명하신 현존을 만났다.

이러한 개념에서 한 걸음 더 나아가서, 은사주의자는 감사를 드리며 찬
송하는 행위는 하나님의 분명한 현존 안으로 들어가는 문이라고(시 100:2,
4) 믿는다. 어떤 저자들은 그의 분명한 현존의 다양한 특징을 뜰 밖, 성소,
그리고 지성소로 구별하기도 한다.

그래서 은사주의적 예배에서 음악은 히나님을 만나는 데에 있어서 부수적인 것이 아니고 근본적이다. 그 결과로서, 예배의 인도자(더 이상 "찬양인도자"가 아닌)는 교회에서 지극히 중요한 위치를 차지한다. 예배인도자의 예배인도 능력은 회중의 분명한 하나님의 현존에 대한 경험에 영향을 끼친다. 하나님의 존전으로의 나아감을 창출하기 위해서 때때로 새로운 기술이 요구되는데 여기에는 어떤 곡을 택할 것이며, 그것들을 어떻게 자연스럽게 연결시켜야 하는가? 하는 것들이다.

D. 찬양의 능력

"그 노래와 찬송이 시작될 때에 여호와께서 복병을 두어 유다를 치러 온 암몬 자손과 모압과 세일 산 주민들을 치게 하시므로 그들이 패하였으니"(대하 20:22).

찬양으로 하나님의 존전으로 나아가는 경험과 가장 가깝게 관계된 것은 찬양과 그 속에서 나타나는 하나님의 권능과의 상호관계이다. 시편 22편 3절은 은사주의자들 사이에서 공공연하게 간직된 하나님은 그의 백성의 찬양 위에 보좌로 거하신다는 신앙의 기초를 형성한다. 또는 생각을 더욱 발전시켜서, 우리의 찬양은 하나님께서 그의 권능을 행하시는 또는 행하실 수 있는 왕좌를 만드신다. 제사장의 예표론을 사용하는 데 있어서, 그러한 권능의 드러냄은 하나님께서 불로써 흠양할 만한 구약의 희생제사에 응답하셨던 것에(레 9:24; 창 15:17; 대하 7:1; 히 12:28-29) 비교할 수 있다.

기적과 치유, 그리고 악한 영들로부터의 구원에 대한 믿음은 생동감 있는 예배에서 더욱 쉽게 뒤따라오는 듯이 보인다. 미국 복음전도자인 오스본(T. L. Osborne)은 아프리카에서는 거룩한 전쟁이 시작되기 전에 큰 확성기를 동원해 30분 동안 "모든 사람들아 왕 되신 주님을 찬양하라"라는 유명한 은사주의 예배의 찬양 테이프를 정기적으로 틀 수 있었으며, 설교 전에조차도 예배의 찬양으로 말미암은 카리스마적 분위기 때문에 기적이 일어났다고 하였다. 캘리포니아에 사는 목사이자 작곡가인 잭 헤이포드는 그의 교회에 아이를 가지지 못한 한 여성에게 정기적으로 찬송을 부를 것을 처방했다. 이는 이사야 54장 1절의 말씀을 기반으로 한 것이었고, 협의회는 행동에 들어갔으며 급기야 일 년 후에는 그 여성이 딸아이의 어머니가 되었다. 엘리사는 그가 예언하기 전에 거문고 타는 자를 불렀다(왕하 3:15). 사울왕은 다윗이 그의 악기를 연주할 때 악령들의 눌림에서 벗어나게 되었다(삼상 16:23). 신약성경에서 바울과 실라는 감옥에서 노래하고 기도했으며 그때 하나님께서 지진으로서 응답하셨다(행 16:25-26).

믿음과 예배는 통합적으로 연결되어 있다. 아브라함은 "믿음으로 견고하여져서 하나님께 영광을 돌렸다"(롬 4:20-21). 믿음과 예배 사이의 관계는 초대교회의 기록에 의해 하나로 이어지게 되는데, 즉 우리는 예배드림으로서 믿게 된다(Lex orandi lex credenti). 나이지리아의 한 목사는 다음과 같은 비교로 미국의 기독교를 평했는데, "미국에서는 믿기만 하지만 나이지리아에서는 예배가 드려진다."

E. 찬양의 울타리를 넘어

"그러므로 우리가 예수로 말미암아 항상 찬송의 제사를 하나님께 드리자 이는 그 이름을 증언하는 입술의 열매니라 오직 선을 행함과 서로 나누어주기를 잊지 말라 하나님은 이 같은 제사를 기뻐하시느니라"(히 13:15-16).

마지막으로 은사주의 예배에 대한 우리의 견해를 정리하기 위해서, 우리는 예배라는 한 사건을 뛰어넘어서 삶으로서의 예배로 관심을 전환해야 한다. 은사주의 예배는 음악과 노래를 넘어선다. 그것은 하나님께 대한 희생 제사로서, 활기와 생동감이 넘치는 삶이며 다른 사람들에 대한 봉사이다. 사도 바울은 예배란 우리 자신을 산 제사로 드리는 것이라고(롬 12:1) 정의 했다. 히브리서의 저자는 하나님의 백성에게 목소리로 드리는 찬양뿐만 아 니라 삶의 선행을 통하여 드리는 예배도 명령했다(히 13:15-16).

이러한 예배에 대한 보다 넓은 이해는 왜 은사주의 운동이 국제적인 선 교지에서 뿐만 아니라, 가난한 자들과 학대받는 자들, 중독된 자들, 심령 이 상한 자들과 관계된 사역들에서도 활동적인 참여로 주목을 받게 되는 가에 대한 이유를 설명해 주고 있다. 한마디로 이러한 사역들은 그 자체 가 바로 예배의 행위이기에 그렇다. 하나님께 찬양의 제사를 드리고자 모 여 전 마음을 다하여 드리는 예배는 우리가 주변 세계의 요구에 우리 자 신을 내어주는 삶으로서의 예배에 대한 예행연습이다. 만약 우리가 찬송 에 열정적이라면 또한 우리는 아마도 우리의 삶의 봉사에 있어서도 열정 적인 삶이 될 것이다.